R 29151

Paris
1845

Blanc de Saint-Bonnet, Antoine

De l'unité spirituelle...

Tome 2

DE
L'UNITÉ SPIRITUELLE.

DE L'UNITÉ SPIRITUELLE,

ou

DE LA SOCIÉTÉ

ET DE SON BUT

AU DELA DU TEMPS.

Sint unum sicut et nos.

PAR

ANT. BLANC St-BONNET.

DEUXIÈME ÉDITION.

II.

PARIS.

LANGLOIS ET LECLERCQ, RUE DE LA HARPE,

ALGER.	LEIPZIC.
DUBOS FRÈRES.	LÉOPOLD MICHELSEN.

M DCCC XLV.

XI.

La volonté n'a-t-elle pas à sa disposition un instrument composé d'organes matériels ? — Ou, qu'est-ce que le corps humain ?

Nous avons vu que la matière est le lieu dans lequel on retrouve l'homme déporté en dehors de la Réalité infinie, par suite de la création ;

Qu'elle est cet intermédiaire opaque qui intercepte les rayons intelligibles, de peur que la vision du bien infini ne rompe notre libre arbitre, et ne nous enlève par là le pouvoir de mériter nous-mêmes ce bien ;

Que la rationalité devient pour la créature spirituelle, déportée sur la terre par suite de la création, la loi qu'elle doit suivre afin de retourner dans la Réalité absolue ;

Que la causalité devient pour cette même créature, le pouvoir de suivre et de réaliser cette loi ;

Nous avons vu enfin que cette causalité, responsable devant Dieu des actes qu'elle a produits, par suite du pouvoir qui lui a été conféré à cet effet, reste inviolable devant les hommes :

Maintenant, comme la causalité humaine est une puissance spirituelle, et que l'esprit fait à l'image de Dieu n'a point de rapports avec les propriétés étendues, successives et limitées de la matière, la causalité humaine ne doit-elle pas avoir un instrument qui la mette en relation avec de telles propriétés ? Ne faut-il pas que cet instrument ramène les volontés sans bornes de l'esprit aux proportions du fini ; qu'il les formule et les définisse en actes matériels finis, successifs, limités et progressifs ?

En sorte que si l'homme est placé au milieu de la matière, pour que les mouvements de sa volonté spirituelle puissent arriver jusqu'à elle, et qu'en un mot les actes de notre liberté deviennent des actions matérielles (puisque tel est le nouveau caractère qu'ils vont prendre dans la création), ne faut-il pas que l'homme soit doué d'un instrument de communication, 1° en rapport avec sa volonté, pour que cet instrument se meuve sous elle ; 2° en rapport avec cette matière, pour qu'il agisse sur elle ? Cet instrument matériel joint à nous et pris au milieu des corps, porte précisément le nom de *Corps* ; formé de la substance même de la matière, il a pour direction la volonté. Voyons quelle est la nature et quelles sont les propriétés de cet instrument.

Tout être créé ne repose que sur des conditions d'existence. La condition générale de l'existence, celle qui les renferme toutes, est, pour l'être créaturel, de communiquer avec la substance qui lui fournit ces conditions : l'âme avec Dieu, le corps avec la matière. Or, pour cela, il faut que l'être créé suive ses lois ; parce que ce sont les lois d'un être qui le maintiennent sous l'empire des conditions de son existence.

Cette condition générale pour tout être, de se tenir dans ses rapports naturels avec la réalité qui l'entretient, peut se diviser ensuite en plusieurs autres conditions. Ici, pour le corps humain, d'après le rôle qu'il est appelé à jouer, il y en a quatre. Et d'abord,

La première condition de l'existence du corps n'est-elle pas celle qui consiste à enlever à la matière la substance dont il a besoin pour s'entretenir ?

La seconde condition de l'existence du corps n'est-elle pas celle qui consiste à recevoir en lui des impressions de la matière, qui l'avertissent de son contact avec tous les objets extérieurs ?

La troisième condition de l'existence du corps n'est-elle pas celle qui consiste à pouvoir se porter sur tous les points de la matière avec laquelle il lui importe de se mettre en relation ?

La quatrième condition n'est-elle pas celle qui consiste (par suite de la vie passagère et successive du corps) à pouvoir transmettre sa vie, pour qu'un nouvel individu remplace celui qui doit périr ? la propagation ne faisant que continuer et étendre plus loin la vie qui a commencé dans un être.

Par le premier cas, on considère donc le corps humain dans son rapport de nutrition avec la matière ; par le second, dans son rapport de sensation avec la matière; par le troisième, dans son rapport de relation avec la matière; et par le quatrième, dans son rapport de génération ? Car la nature du corps humain est telle, qu'il est à la matière ce que l'âme est à la Réalité intelligible; c'est-à-dire, que le corps humain tire de la matière sa substance et sa vie, et que toutes ses relations sont avec elle.

Alors, le corps humain ne doit-il pas être doué pour cet objet de quatre sortes de fonctions organiques, ni plus ni moins : 1° de celles qui sont destinées à opérer sa nutrition ; 2° de celles qui sont destinées à opérer ses sensations ; 3° de celles qui sont destinées à opérer ses relations ; 4° de celles qui sont destinées à opérer la reproduction de l'espèce ? Et, en effet, le corps humain ne possède-t-il pas

Pour le premier cas : *Les organes de la nutrition;*

Pour le second : *Les organes des sensations;*

Pour le troisième : *Les organes du mouvement ;*

Pour le quatrième : *Les organes de la génération ?*

Puis, ces organes généraux, ou plutôt ces appareils, ne se composent-ils pas à leur tour de la réunion de plusieurs autres organes ? Ainsi,

1° *L'appareil général de la nutrition*, destiné à préparer au corps humain la substance qu'il puise dans le monde extérieur, ne se compose-t-il pas des organes de la mâchoire et du pharynx, pour la mastication, l'insalivation et la déglutition; des organes de l'estomac et des intestins, pour la trituration, la chimification et l'assimilation ; des organes chylifères pour charrier le résultat de la digestion; des organes de la respiration, pour la vitalisation du sang; des organes du cœur, pour la circulation; des organes sécréteurs, pour la nutrition; et des organes excréteurs, pour l'expulsion des substances nuisibles et inutiles?

2° *L'appareil général de la sensation*, destiné à recevoir l'impression des corps environnants, ne se compose-t-il pas d'organes tous placés à l'extérieur du corps humain, pour former ce qu'un anatomiste appelle une enveloppe sensitive, essentiellement différente, sous ce rapport, de l'enveloppe des corps bruts? Cette enveloppe sensitive de l'homme ne se compose-t-elle pas des organes de la vue, des organes de l'ouïe, des organes du goût, des organes de l'odorat, et enfin de l'organe spécial du toucher? Le corps humain, sous ce rapport, n'est-il pas comme une sorte de timbre que tout contact matériel fait vibrer?

3° *L'appareil général du mouvement*, destiné à le mettre en relation avec tous les objets et tous les lieux du monde extérieur, ne se compose-t-il pas des jambes et des bras, des pieds et des mains, pour former ce que nous appellerons le pouvoir motile de l'homme? Ce pouvoir motile ne se compose-t-il pas des os, qui forment la charpente de nos membres; des articulations, qui déterminent le nombre et la direction des mouvements qu'ils peuvent exécuter; des tendons, par lesquels les muscles s'attachent aux os; et enfin des nerfs, par lesquels la volonté contracte les muscles?

4° *L'appareil général de la génération*, destiné à la conservation de l'espèce, comme celui de la nutrition l'est à la conservation de l'individu, n'est-il pas, ainsi que les précédents, doué de tout ce qui lui est nécessaire pour la reproduction de l'espèce humaine ? Ce pouvoir de reproduction ne se compose-t-il pas des glandes séminales et des organes de l'accouplement ; des organes éducateurs internes, comme l'utérus, et des organes éducateurs externes, comme les mamelles ?

Aussi, 1° par les organes de la nutrition, le corps humain n'absorbe-t-il pas effectivement, dans les objets extérieurs, les éléments nécessaires à son entretien ? 2° par les organes des sensations, ne communique-t-il pas avec ces objets extérieurs de manière à apprécier ceux qui lui sont utiles, comme ceux qui lui sont nuisibles ? 3° par les organes du mouvement ne se transporte-t-il pas sur tous les points de la matière, avec lesquels il lui est utile de se mettre en relation ? 4° par les organes de la génération ne transmet-il pas sa constitution et sa vie au nouvel individu qui doit le remplacer ?

De sorte que l'appareil général du corps humain, qui se compose de ces divers organes, est tout à la fois, 1° un pouvoir nutritif, 2° un pouvoir sensitif, 3° un pouvoir motile, 4° un pouvoir reproductif. Il réunit les avantages de la plante à ceux d'une machine : vit comme la première, se meut comme la seconde ; l'estomac lui sert de racine, le système nerveux de grands ressorts ; il jouit enfin, de plus que les plantes et les machines, de la faculté *sentiendi et ambulandi*.

Et l'homme, ainsi renfermé dans le corps, se trouve également plongé au milieu des corps du monde extérieur ; de telle sorte qu'il devient susceptible d'en recevoir des modifications par ses sens, et de leur en communiquer par ses membres, comme s'il était lui-même un être matériel ! Il peut à son gré recevoir les impressions, les aller chercher ou les repousser; mais tout cela dépend, comme on le pense, de sa liberté : le corps humain ne fait ici que profiter de la propriété que lui confère l'être spirituel, dont il est l'enveloppe matérielle. Après tout, le corps humain n'en retire pas grand profit : qu'il obéisse à l'instinct que lui impose la nature, ou à la volonté que lui impose l'homme, il obéit toujours.

Parmi les phénomènes qu'exécutent les organes de la nutrition, celui qui nous frappe le plus, c'est, indépendamment de la nutrition elle-même, que l'on pourrait considérer comme une véritable cristallisation vitale, c'est, dis-je, celui de l'assimilation. Car enfin l'assimilation est une sorte de transubstantiation; or, comment peut s'opérer une transubstantiation ? Il est vrai que, dans l'ordre spirituel, nous sommes frappés d'un phénomène tout semblable : comment, par la volonté, par l'exercice d'une vertu, l'homme attire-t-il en lui des propriétés qui n'appartiennent essentiellement qu'à la Réalité absolue ? comment la substance de Dieu, pour opérer la nutrition de l'âme, se change-t-elle en la substance de la créature spirituelle ?.... Tous les jours on voit, par suite du travail de la digestion, le corps se réparer et s'augmenter ; tous les jours on voit, par suite de l'exercice d'une vertu, l'âme développer une de ses facultés ; le premier s'assimile la substance physique ; la seconde s'assimile la substance intelligible : et ce sont là des faits dont on voit le résultat, mais qu'on ne peut expliquer.

Parmi les phénomènes qu'exécutent les organes de la sensation, celui qui nous frappe le plus, c'est la sensation elle-même. Car enfin, la sensation matérielle (l'impression) est véritablement contraire à l'axiome physique de l'impénétrabilité de la matière ; et, en effet, comment deux choses peuvent-elles occuper le même point dans l'espace ? car la sensation est bien quelque chose de hors de nous, qui est en nous ! Il est vrai que dans l'ordre spirituel nous sommes frappés d'un phénomène tout semblable par rapport à l'intuition, qui nous vient de la substance intelligible, et qui est à l'âme ce que la sensation est au corps ; mais ici, les esprits se pénètrent. Comment se fait-il que l'objet extérieur sorte de lui-même pour se trouver en nous, d'une manière ou d'une autre? Et comment pénétrons-nous aussi dans le sein de l'objet qui nous verse son phénomène ?... La sensation matérielle, qui fait pénétrer en nous le phénomène de la nature, l'idée rationnelle, qui fait pénétrer en nous la lumière de Dieu, sont aussi des faits dont on voit le résultat, mais qu'on ne peut expliquer.

Puisque nous parlons de la sensation, c'est le cas d'observer qu'il ne faut point confondre la sensation et le sentiment. La sensation est une modification de l'âme, survenue à propos d'une impression physiologique produite par la réalité physique ; le sentiment est une modification de l'âme, survenue à propos d'une intuition psychologique produite par la Réalité intelligible. De sorte que, l'impression de la matière sur les sens se nomme sensation, comme l'impression de Dieu sur la raison s'appelle sentiment. Et en effet, le sentiment est la sensation de l'esprit, comme d'ailleurs l'indique l'étymologie de ce mot : senti-ment est formé de *sentit-mens*.

Parmi les phénomènes qu'exécutent les organes du mouvement, celui qui nous frappe le plus, c'est le mouvement lui-même. Le mouvement, c'est là ce que la raison humaine a depuis longtemps avoué impossible à comprendre ! Aussi, n'a-t-on jamais cherché à le définir en lui-même. On a seulement défini son résultat : le transport d'un objet d'un lieu dans un autre. Eh bien ! pour opérer ce phénomène, il y a des articulations dans les os, qui forment la charpente de nos membres ; et les faces des os qui se regardent sont couvertes d'un cartilage poli et rendu plus coulant par une liqueur qui est en quelque sorte l'huile de la charnière humaine, puisqu'elle favorise les mouvements de torsion et de flexion que les membres accomplissent pour notre usage.

Enfin, le phénomène qu'exécutent les organes de la génération dépasse aussi tous les mystères.

Puis, comme l'homme a trois besoins généraux, quant au mouvement : 1° celui qui consiste à rester debout dans le même lieu, 2° celui qui consiste à se transporter d'un lieu à un autre, 3° celui qui consiste à saisir autour de lui les objets qu'il désire ; les organes du mouvement lui permettent en effet : 1° la station, 2° la marche, 3° la préhension. — C'est ainsi que le corps humain se retient dans l'état de *station* par un effort soutenu des muscles extenseurs de toutes les articulations des jambes, tandis que les autres parties du corps se disposent de façon à prendre facilement l'équilibre sur les jambes, et que les pieds s'élargissent au dessous, pour lui faire une base vers le sol. — Il peut rompre l'équilibre de la station par la *marche*, au moyen de laquelle il se transporte sur le sol d'un lieu à un autre. L'homme porte un de ses pieds devant l'autre et entraîne sur lui le centre de gravité de son corps ; chaque jambe fait de même à son tour, de sorte qu'à chaque pas le corps est porté en avant, c'est-à-dire qu'il franchit l'espace par le mouvement. Il varie la marche par la course et par le saut. — Enfin, l'homme peut exécuter la *préhension* ; au moyen de ses bras, il étend la main sur l'objet dont il veut s'emparer, l'empoigne en le serrant des doigts, et l'apporte vers lui en retirant les bras. La fibre musculaire, par la propriété qu'elle a de se raccourcir sous l'action des nerfs, entraîne les différents mouvements dont nous venons de parler.

Après ces phénomènes qui nous frappent le plus, voici les organes que nous devons le plus remarquer : 1° la vue, parmi les organes des sensations ; 2° la main, parmi les organes du mouvement ; 3° la voix, qui est un organe tout spécial comme nous allons le voir.

I. L'influence de la matière en général, sur la matière particulière de notre corps, ne doit plus paraître extraordinaire à cette heure que nous observons l'influence de l'être spirituel sur l'instrument corporel, qui cependant est d'une autre nature que lui : car les mille mouvements que produit l'appareil de relation ne sont-ils pas excités par la volonté ? Il est vrai que cette influence de la volonté, toute spirituelle, sur le corps, instrument tout matériel, s'explique ici par une loi, et que les lois ne s'expliquent pas, puisque c'est par elles, au contraire, qu'on explique les phénomènes. Or, parmi les sens, qui sont les organes destinés à recevoir les impressions de la matière, le plus remarquable est le sens de la vue; quoique l'œil opère au fond le même phénomène que l'organe du toucher ordinaire. Ainsi, le phénomène du sens de l'odorat s'explique par l'action des parties volatiles emportées avec l'air dans les narines; le phénomène de l'organe du goût s'explique par cette contexture spongieuse s'impreignant avec facilité des substances liquides introduites dans la bouche, etc.; mais enfin que les corps se volatilisent plus ou moins, pour pénétrer jusqu'aux nerfs; que nos organes se découvrent plus ou moins volontiers, pour s'offrir à eux, reste toujours le phénomène de la modification nerveuse par le contact des objets extérieurs avec les nerfs! Eh bien, l'organe de la vue n'est que celui du toucher porté à son développement le plus délicat. Ici, nous recevons l'impression d'une substance que ni la main, ni la bouche, ni le nez, ni l'oreille ne peuvent reconnaître. « Voir, a dit avec esprit un philosophe, c'est en quelque sorte toucher immatériellement; car on dirait que la lumière n'a rien de matériel, et la rapidité des sensations qu'elle nous procure indique qu'elle peut servir d'intermédiaire entre la matière et l'esprit; on devrait en dire autant de la vie. » Par l'œil nous recevons donc l'impression de la lumière que réfléchissent les corps; et par cette lumière nous distinguons la grandeur, la hauteur, la profondeur, l'éloignement, la proximité, la forme et jusqu'à la couleur de ces corps. Et comme la matière de notre corps est ce qui nous ferme la vue de Dieu, nous pouvons dire que l'introduction de l'âme dans les organes des sens, lui ouvre un jour sur le monde matériel, et lui en ferme un sur le Monde intelligible.

On se sert du mot rayon, comme on le sait, pour exprimer la substance fluide de la lumière, ainsi que sa direction. Or, nous ne nous apercevons de la lumière que lorsque ses rayons viennent frapper la rétine de l'œil ; ils nous procurent alors une sensation représentatrice des corps : cette sensation est celle de la vue. Pour que nous ayons la vue d'un corps il faut que les rayons de la lumière qu'il nous réfléchit arrivent à l'œil dans l'ordre selon lequel ils sont renvoyés par ce corps. « Cette nécessité, dit Cuvier, est une chose de simple expérience ; car on conçoit que nous ne connaissons pas plus la nature intime de la vue que celle de toutes les autres sensations. »

Enfin, par suite des différentes modifications que reçoivent les rayons de la lumière en traversant notre œil, il se forme sur la rétine une image de l'objet que nous voyons : phénomène physiologique aussi merveilleux, aussi inexplicable en soi que le phénomène psychologique de l'idée sur l'œil spirituel. Cet organe si délicat, est doué du voile mobile des paupières. Les paupières, par leur clignotement, protègent l'œil contre la poussière, ouvrent ou ferment l'entrée aux rayons lumineux, selon que la vision l'exige, et le recouvrent dans le repos. On pourrait définir l'œil : L'instrument optique de la vision.

II. Nous savons que par la propriété de la fibre musculaire sous l'action des nerfs, qui sont à leur tour sous celle de la volonté, l'homme peut étendre ses bras et s'emparer des objets : eh bien, la main est l'instrument avec lequel il exécute cette préhension. Nous parlions tout à l'heure des articulations, qui déterminent le nombre et la direction des mouvements des bras et des jambes; des tendons, qui servent de cordes mobiles à chacun de ces mouvements; c'est ici qu'il faut admirer cette complication merveilleuse d'articulations, qui rend la main si propre à exécuter toutes les opérations que lui demande l'intelligence humaine ! La division de la main en cinq doigts est, si l'on fait abstraction du cerveau qui la dirige, la cause de la supériorité mécanique et artistique de l'homme sur tous les autres habitants du globe. [1]

La main est composée d'un grand nombre de petits os dont toutes les articulations la rendent excessivement mobile; puis de plusieurs espèces de muscles, tels que les extenseurs, les fléchisseurs, les abducteurs, et l'opposant, par lesquels l'homme peut mouvoir ses doigts séparément, opposer le pouce aux autres doigts, et

---

[1] « Mais nos mains », dit Cicéron, de quelle commodité et de quelle utilité ne sont-elles pas ? les doigts s'allongent ou se plient sans la moindre difficulté, tant les jointures sont flexibles. Avec leur secours, les mains usent du pinceau et du ciseau; elles jouent de la lyre, de la flûte : voilà pour l'agréable. Pour le nécessaire, elles cultivent les champs, bâtissent des maisons, font des étoffes, des habits; travaillent en cuivre, en fer. L'esprit invente, les sens examinent, la main exécute. Tellement que si nous sommes logés, si nous sommes vêtus et à couvert, si nous avons des villes, des murs, des habitations, des temples, c'est aux mains que nous les devons. »

On peut voir également ce qu'Aristote dit de la main : *De part. anim.*, lib. III, caput 10.

exécuter enfin tous ces actes divers par lesquels nous saisissons les objets les plus minces, nous apprécions leurs inégalités, nous palpons toutes les formes des corps. Cette mobilité est, dit l'auteur de l'*Anatomie générale*, l'apanage essentiel des membres supérieurs de l'homme ; car ses membres ne sont que des leviers propres à saisir ou à rejeter, à rapprocher ou à écarter, à modifier dans tous les sens les objets vers lesquels nous transportent les membres inférieurs.

A propos, l'homme est le seul être de la nature qui puisse opposer le pouce aux autres doigts et à la paume de la main ; c'est pourquoi le muscle chargé d'opérer cette fonction porte en anatomie le nom d'*opposant*. Avez-vous remarqué cette propriété particulière ! il me semble, à moi, que dans ce seul pouvoir on retrouve un emblême de sa constitution spirituelle. L'homme seul, en effet, peut s'opposer à lui-même ; l'homme seul peut se défendre contre sa nature, commander à son corps, résister ou obéir à sa loi. Or, dans tous ces actes, la liberté se roidit; à l'image du pouce, elle s'oppose à quelque chose. Toutefois, quoique toute la surface de notre corps, pourvue de la sensibilité animale, puisse servir au toucher, au toucher qu'on pourrait appeler d'une manière générale le sens de la matière, la main est spécialement chargée de cette fonction. Indépendamment de ce qu'elle est l'organe de la préhension, on pourrait la définir : L'instrument mécanique du toucher.

III. Mais parmi les objets extérieurs, avec lesquels l'homme communique dans ce monde, se trouvent ses semblables, tous doués d'un corps, comme nous venons de le voir. Ici, bien entendu, il ne s'agit de faire usage ni des organes de la digestion, ni des organes supérieurs du mouvement pour les attaquer, ni même des organes inférieurs du mouvement pour les fuir : mais il s'agit d'en recevoir l'entretien dans l'enfance, l'éducation dans la jeunesse, les secours dans l'âge mûr et l'assistance dans la vieillesse ; pour qu'à notre tour nous rendions à l'enfance ce que nous reçûmes enfant, à la jeunesse ce que nous reçûmes jeune homme, à l'âge mûr ce que nous reçûmes homme fait, à la vieillesse ce que vieillard nous recevrons. En un mot, êtres appelés à secourir et à être secourus, il faut que nous jouissions d'un organe par lequel nous puissions communiquer nos idées, nos besoins, nos joies et nos peines à ceux qui doivent nous secourir ; et par lequel nous puissions être avertis des idées, des besoins, des joies et des peines de ceux qu'au contraire nous devons secourir.

De plus, comme, par suite de la création, les êtres libres et moraux se trouvent enfermés dans un monde corporel ; comme tous leurs actes ne peuvent alors s'y manifester que corporellement ; et comme ces êtres, tout spirituels qu'ils sont, ne s'aperçoivent réciproquement de leur présence, qu'à la vue de leurs propres corps, et qu'enfin ils ne se révèlent les uns aux autres que par des moyens corporels, ne fallait-il pas aussi que le corps humain fût pourvu d'un organe spécial, par lequel l'esprit pût transmettre ses idées d'une manière corporelle ?

Cet organe est celui de la voix. Avec la voix nous communiquons à l'air des vibrations produisant à nos oreilles divers bruits, dont les sons, par l'association des idées aux signes, servent à manifester nos besoins, nos désirs, nos pensées et nos peines; en un mot, toutes nos manières d'être spirituelles ou physiologiques. Par les modifications qu'elle prend dans l'usage de la parole, comme l'observe Bichat, que nous citions tout à l'heure, la voix fixe l'immense intervalle qui sépare le corps humain des animaux. « La plupart des animaux qui ont la voix, ajoute-t-il, s'en servent principalement dans le temps du rut : un grand nombre est muet à toute autre époque. De sorte qu'on ne peut disconvenir que la nature ne donna primitivement à l'homme que la voix brute, dont la destination spéciale fut d'établir les rapports qui rapprochent les sexes : aussi voyez quelle immédiate connexion entre les différents états de la voix et ceux des parties génitales ! elle a comme elles un état d'enfance et une véritable puberté. Mais l'homme social a immensément agrandi le domaine de cette fonction, *il lui a créé une destination* dont l'étendue n'a de bornes que celles de son intelligence; et le larynx a joué dans la société un rôle non moins important que celui des organes locomoteurs [1]. » Cuvier dit aussi : « Les modifications exprimables par les lettres de l'alphabet, ont lieu dans la bouche et dépendent du plus ou moins de mobilité de la langue et surtout des lèvres : de là la perfection de la vocalisation de l'homme. Quelques animaux qui sembleraient, d'ailleurs, avoir assez de facilité dans leurs organes, ont des parties accessoires qui empêchent le bon effet des autres [2]. » De sorte que, par la propriété qu'a la

---

[1] Bichat, *Anatomie descriptive*, Appareil de la voix, tome II, pag. 375.

[2] Cuvier, *Anatomie comparée* : De la voix, tome 4, xxvii° leçon, pag. 449.

voix de prendre toutes les modifications des alphabets et de porter à l'oreille tous les sons qui rendent nos paroles, lesquelles expriment nos pensées, on pourrait la définir: L'instrument phonétique du langage.

Eh ! ne fallait-il pas que le corps de l'homme possédât tout ces organes ? Retenue dans ce monde, l'âme ne devait-elle pas recevoir de la nature les instruments qui lui sont nécessaires pour s'établir des relations indispensables avec une sphère qu'elle doit habiter quelque temps? Or, comment l'âme verrait-elle sans l'œil, entendrait-elle sans l'ouïe, s'exprimerait-elle sans la voix ; comment agirait-elle parmi et sur les corps, sans un corps ? Lorsque la prisonnière de la création sera près de rentrer dans sa patrie, elle n'aura qu'à se dépouiller de tous ces organes que lui prêta le monde physique au moment où elle vint l'habiter ; elle lui rendra le corps, ce vêtement du temps. Mais en attendant, il faut que le corps fasse ici-bas le service de l'âme.

Or, pour que le corps fasse le service de l'âme, il faut qu'il lui obéisse ; et cette obéissance est un phénomène plus merveilleux encore que tous ceux que nous avons rencontrés. Car les mouvements des différents membres du corps humain ne répondent-ils pas ponctuellement aux différents désirs de la volonté ? Que l'articulation soit mise en état de mouvement par un muscle, que le muscle soit mis en état de contraction par un nerf, que le nerf soit mis en état d'inervation par le cerveau, que le cerveau soit mis en état d'excitation par le principe vital, ce sont là des effets qui se transmettent le long de la matière : mais comment ensuite la volonté agit-elle sur le principe vital [1] ?.. Toutefois, les membres du corps humain sont si parfaitement et si irrésistiblement liés à toutes les modifications de la volonté, que celle-ci n'a qu'à former son désir, et, sans qu'elle ait d'autre soin à prendre, les organes du corps se meuvent à l'instant, comme d'eux-mêmes, et produisent immédiatement à la suite de la volition, des mouvements si pleins d'une harmonieuse exactitude avec elle, qu'étonnés à chaque fois que nous l'observons, nous serions tentés de prendre l'être qui exécute pour l'être qui veut, ou l'être qui veut pour l'être qui exécute ; et de confondre ainsi l'âme et le corps en un seul être. Du reste, il est bien assez de physiologistes qui s'y sont laissé prendre ; les matérialistes sont tous victimes de cette erreur.

---

[1] « La cause irritante, la volonté, n'agit que par l'intermédiaire des nerfs : de sorte que, si un nerf est coupé ou lié, les muscles auxquels ils se distribue n'obéissent plus. L'action de la volonté n'est donc pas immédiate : elle dépend d'une action du nerf sur la fibre, que nous pouvons déterminer en vertu de cet empire à jamais incompréhensible que l'âme exerce sur le système nerveux. Pour ce qui est de la nature du rapport des nerfs avec la fibre musculaire, il n'est pas impossible que nous la découvrions un jour. Le physiologiste nous montre bien qu'il y a un ordre de mouvements corporels qui correspondent exactement aux mouvements de notre volonté et de nos idées : ce sont là des faits que la métaphysique peut établir historiquement, mais que la physiologie ne peut expliquer. »

Cuvier, *Anatomie comparée* : Action du système nerveux, t. II.

Nous savons que si le sentiment naît d'un contact de l'âme avec Dieu, l'impression naît d'un contact du corps avec la matière ; mais la sensation, qui n'est ni le sentiment, quoique ce soit l'âme qui l'éprouve, ni l'impression, quoiqu'elle ait son origine dans le corps, la sensation, qui ne vient alors immédiatement ni de la Substance intelligible, ni de la substance physique, est ce qui résulte du rapport de l'âme avec le corps. La sensation est ce que l'âme éprouve lorsque le corps reçoit une impression. Maintenant, pour que l'âme et le corps aient entre eux des relations, il faut qu'il y ait entre eux un intermédiaire qui les établisse : cet intermédiaire c'est le principe vital, c'est la vie. C'est la vie qui unit le corps à l'âme ; c'est elle qui établit leur relation : aussi, cette union et ces relations commencent avec la vie et finissent aussitôt que disparaît la vie. Entre la Physiologie et la Psychologie, il y a donc la Biologie, comme entre le corps et l'âme il y a le principe vital.

Et remarquez bien que la volonté n'a même pas besoin de connaître l'organisation de l'instrument corporel, pour s'adresser à propos et convenablement aux organes dont elle veut user. La volonté a-t-elle jamais appris l'anatomie pour savoir quel nerf aboutit à tel muscle ; quel muscle est attaché à telle articulation et la fait mouvoir ?.. En elle se passe cet acte : je veux marcher : instantanément les nerfs et les muscles des jambes exécutent une opération que la volonté ne connaît pas, et nous marchons. Tous les mouvements que le corps peut opérer, sont ainsi également à la disposition de la volonté.[1]

C'est ainsi que l'âme se sert de tous les organes de la vie de relation. Elle agit même jusque sur les organes de la vie de nutrition, quoique l'exercice de ceux-ci ait été, et devait être, exclusivement confié aux soins de la nature. Dans l'état ordinaire, observe Cuvier, notre âme n'a aucun empire sur les organes de la circulation, la volonté ne peut en arrêter le jeu : néanmoins, les idées qui occupent notre esprit parviennent à exalter toutes les parties du système nerveux, et leur influence s'étend jusque sur les fibres musculaires qui président à

---

[1] « Je lève, je baisse, je tourne, je roule mes yeux ; j'en dilate, j'en rétrécis la prunelle, selon que je veux regarder de près ou de loin ; et sans même que je connaisse ce mouvement, il se fait dès que je veux regarder négligemment ou attentivement un objet. Je respire sans y penser, et quand je veux, je suspends ou je hâte ma respiration ; et encore que je ne connaisse ni la dilatation ni le resserrement des poumons, ni même si j'en ai ; je les ouvre, je les resserre, j'attire, je repousse l'air, avec une égale facilité. Pour parler d'un ton plus aigu ou plus gras, je dilate ou je resserre la trachée-artère, quoique je ne sache même pas si j'en ai une ; il suffit que je veuille parler ou haut ou bas, pour que cela se fasse comme de soi-même. Quand je me remue d'une façon ou d'une autre, je sais seulement que je veux me remuer de cette façon ou d'une autre. Qui a donné cet empire à ma volonté, et comment puis-je mouvoir également ce que je connais et ce que je ne connais pas ? »

la circulation. Ainsi, l'espoir d'un événement très désiré, fait palpiter le cœur ; les idées voluptueuses portent le sang dans les cellules des corps caverneux ; la colère, la honte le portent au visage ; une terreur subite augmente sur-le-champ la sécrétion des sucs intestinaux et cause une diarrhée ; l'aspect d'un bon repas fait jaillir la salive d'un affamé, et il lui suffit d'en entendre parler pour que *l'eau lui en vienne à la bouche ;* la tristesse et la joie augmentent tellement la sécrétion des larmes, qu'elles ne peuvent s'écouler par les points lacrymaux et qu'elles tombent sur la joue ; la crainte et l'espérance produisent une sensation singulière dans la région pectorale ; des efforts pour se rappeler à la mémoire certains états douloureux, ramènent quelquefois ces états eux-mêmes. Le sexe de l'individu, la manière dont il a été élevé, corporellement et moralement, l'empire que sa raison a sur son imagination, l'état particulier de son âme, produisent sur la susceptibilité du système nerveux, ainsi gouverné par l'imagination, des différences étonnantes. [1]

Notre causalité, ainsi pourvue d'extrémités matérielles, réalise au milieu de la matière tous les actes qu'elle produit spirituellement en elle. De sorte que cet ensemble de facultés, que nous appelons le corps humain, n'est qu'un seul instrument à plusieurs fonctions, mis au service de notre liberté dans ce monde.

Toutefois, quelle que merveilleuse que soit l'organisation de son corps, l'homme le couvre d'un vêtement,

---

[1] Cuvier, *Anatomie comparée* : Action du système nerveux, article 2, tom. II.

parce qu'il a honte de montrer ce qu'il a de commun avec les animaux ; seulement il laisse voir son visage et ses mains, parce que son visage est le miroir de son âme, et que ses mains sont un attribut exclusif de l'espèce humaine. Aussi, les amis se serrent la main et se baisent au visage ; et s'ils se pressent de leurs bras, c'est sur cette partie du corps où se trouve le cœur. La femme ne laisse prendre à son vêtement que la forme de la partie supérieure de son corps, parce que cette partie est faite sur le modèle de l'ange ; mais elle a soin d'envelopper la partie inférieure d'un vêtement qui en dissimule toutes les formes, et laisse tomber sa robe jusque sur ses pieds, parce qu'elle veut cacher ce par quoi elle tient encore à la terre. Celle qui dérobe son cœur aux yeux des hommes pour ne montrer son âme et ses vertus qu'à Dieu, couvre même son visage d'un voile. Enfin, c'est un usage infiniment délicat parmi nous, que l'homme, pour respecter la main de la femme, couvre la sienne d'un tissu qui en défende le contact.

Par la relation si bien établie entre notre volonté et son instrument matériel, sans parler de l'empire que celui-ci exerce sur notre volonté, et que l'on nomme *appétits* et *passions* [1]; par cette relation, disons-nous, cet instrument a encore pour résultat, comme nous l'observions à propos de la matière, de servir merveilleusement les desseins de Dieu dans la création. C'est le corps qui

---

[1] « L'âme et le corps c'est le cavalier et le cheval unis pour une seule course ; ils s'élancent, combattent, s'étreignent, passant de la victoire à la défaite, et de la défaite à la victoire, jusqu'au moment où l'animal épuisé tombe expirant sur l'arène. »

enferme notre esprit dans sa boîte d'organes [1], et qui l'enchaîne sur le roc du temps, comme Prométhée sur le Caucase; c'est lui, en un mot, qui expose notre volonté, notre rationalité et jusqu'à notre cœur, à toutes les épreuves du fini. Aussi a-t-il, sous ce rapport, une grande influence sur notre âme.

En effet, c'est à propos de l'apparition de la nature, que notre esprit est tiré du sommeil de l'ignorance, dans lequel il se trouve d'abord. Les sens lui envoient alors des images finies; les objets que ceux-ci lui montrent sont tous limités, soit en étendue, soit en degré. Or c'est par l'acquisition successive de ces perceptions de la matière, que se fait la première éducation de l'esprit : car la lumière rationelle dont il est doué, reste en lui à l'état latent, tant que la lumière extérieure des phénomènes matériels ne vient pas le solliciter à porter sur eux ses notions de cause, d'analogie, de loi et d'unité [2]. De là le fini devient si naturel à notre esprit, qu'il forme le caractère fondamental de tout système de signes représentatifs de la pensée : les langues, en effet, ne se com-

---

[1] Quand on dit que l'âme est enfermée dans le corps, c'est seulement pour exprimer l'assujétissement où se trouve l'esprit par rapport aux sensations; car l'âme, quoique indissolublement liée au corps pendant cette vie, ne se tient point au dedans de lui comme dans une loge : elle y est par l'empire qu'elle exerce sur lui. Si l'âme, retenue ici-bas par le lien du corps, traîne véritablement le boulet, au moins fait-elle servir le corps à son usage.

[2] « Lorsqu'on passe en revue les diverses facultés spirituelles, les unes après les autres, nous remarquons d'abord que la nature, en vertu de son harmonie avec la vie du nouveau-né, lui offre non-seulement les substances nécessaires à la formation de son corps, comme le lait et l'air, mais encore des phénomènes reçus par les sens qui servent de stimulant et de matériaux pour son développement moral. A chaque force intérieure de son être correspond harmonieusement une disposition du monde extérieur, comme condition extérieure de son développement. »

BURDACH, *Traité de physiologie*, *De la première enfance*, voir depuis la page 398 jusqu'à la 422° du 4° volume.

posent que de *termes.* Aussi, l'art de parler consiste-t-il à trouver dans les paroles un *moule*, une *forme* pour nos pensées ; et l'art d'écrire, à *tracer* nettement ces pensées, ou à les *définir* par des expressions et des phrases arrêtées.

Par suite de l'usage du fini dans les opérations intellectuelles, la notion de l'infini moins habituellement employée, se retirant dans les profondeurs de la raison, ne paraît plus à l'esprit qu'un sublime mystère plein d'inabordables vérités ; et la vraie poësie, moins familière à notre esprit que la science, n'est plus que le secret des intelligences élevées. C'est même ce qui fait qu'elle a été niée de quelques penseurs ; ils ont cru que l'idée de l'infini n'était qu'une négation du fini, comme s'il était possible de concevoir le changement sans avoir conçu l'immuable ; de concevoir l'erreur, si ce n'est comme privation de la vérité ; le subordonné, si ce n'est comme privation du nécessaire ; le néant, si ce n'est comme privation de l'existence ; l'imparfait, si ce n'est comme privation du parfait ; en un mot, de concevoir les êtres finis, qui ne sont que des diminutifs de l'être, sans avoir la conception de l'Être infini, qui est la plénitude de l'être ? Ce qui est, a bien dû nécessairement se concevoir avant ce qui n'est qu'une diminution de l'être !

C'est l'observation de ce fait qui faisait dire à un grand penseur, à propos de l'idée du temps : « Notre imagination nous grossit si fort le temps présent, à force d'y faire des réflexions continuelles, et amoindrit tellement l'éternité, manquant d'y faire réflexion, que nous faisons du néant une éternité, et de l'éternité un néant ;

et cela a ses racines si vives en nous, que notre raison ne nous en peut défendre. »

Puisqu'il est certain que sans le corps humain la volonté ne saurait se manifester sur la terre ; puisque le corps est un instrument indispensable à l'homme dans ce monde, disons encore que quel que soit l'état naturel de l'homme sur cette terre, cet état ne peut être nécessairement que celui dans lequel le corps humain rencontrera toutes les conditions de son existence, de son exercice et de son développement, pour mieux y remplir ses fonctions.

Enfin, comme, sans la rationalité et sans la causalité, l'homme n'existerait pas dans la réalité absolue, de même sans le corps, la causalité de l'homme ne se manifesterait pas sur la terre. Cherchons à cette heure : Quel est l'instrument qui a été mis à la disposition de la rationalité, pour qu'elle puisse envoyer sa lumière absolue sur la sphère temporelle, où l'homme, d'après le plan de la création, se trouve ainsi attaché par l'anneau de son corps ; cherchons l'instrument sans lequel la rationalité ne se manifesterait pas sur la terre ; en un mot, l'instrument qui rend à la rationalité le même service que le corps rend à la volonté.

Sommaire. — Comme la causalité est une puissance spirituelle, et que l'esprit, fait à l'image de Dieu, n'a point de rapports avec les propriétés étendues, successives et limitées de la matière, la causalité ne devait-elle pas posséder un instrument qui ramenât ses volontés aux proportions du fini, qui les formulât, les réalisât dans cette nouvelle sphère ? — Si l'homme est placé dans la matière, pour que les actes de sa volonté spirituelle puissent arriver jusqu'à elle, ne faut-il pas qu'il soit doué d'un instrument de communication : 1° en rapport avec la volonté, pour qu'il se meuve sous elle ; 2° en rapport avec cette matière, pour qu'il agisse en elle ? — Cet instrument, mis au service de la volonté, et pris au milieu des corps, porte précisément le nom de *Corps*. Voyons quelle est la nature et quelles sont les propriétés de cet instrument : — Tout être créaturel ne repose que sur des conditions d'existence ; la condition générale pour un être, celle qui les renferme toutes, est de conserver ses relations avec la substance qui lui fournit l'existence. — Ainsi, la première condition de l'existence du corps n'est-elle pas celle qui consiste à enlever à la matière la substance dont il a besoin ? La seconde, à recevoir en lui, de la matière, des impressions qui l'avertissent de son contact avec elle ? La troisième, à pouvoir se transporter sur tous les points de la matière avec laquelle il doit avoir des relations ? La quatrième, à pouvoir transmettre sa vie passagère, pour qu'un nouvel individu le remplace ? — De là, il doit y avoir pour le corps humain quatre espèces de fonctions : la première, destinée à opérer la nutrition ; la seconde, les sensations ; la troisième, les relations ; la quatrième, la reproduction. — En effet, le corps humain ne possède-t-il pas pour le premier cas : Les organes de la nutrition ; pour le deuxième : Les organes des sensations ; pour le troisième : Les organes du mouvement ; pour le quatrième : Les organes de la génération ? — *L'appareil de la nutrition* ne se compose-t-il pas de la mastication, de l'insalivation, de la déglutition, de la trituration, de la chimification, de l'assimilation, de la respiration, de la circulation, de la nutrition, proprement dite, et de l'excrétion? — *L'appareil de la sensation* ne se compose-t-il pas d'organes qui, tous placés à l'extérieur, forment une enveloppe sensitive à l'homme; tels que les organes de la vue, de l'ouïe, du goût, de l'odorat, et les organes spéciaux du toucher? — *L'appareil du mouvement* ne se compose-t-il pas des jambes, des pieds, des bras, des mains, formant le pouvoir motile de l'homme; ces organes n'ont-ils pas besoin des os, des articulations, des tendons, et enfin des nerfs? — *L'appareil de la génération* ne se compose-t-il pas des organes des testicules, des organes de l'accouplement, des organes éducateurs internes, comme l'utérus, des organes éducateurs externes, comme les mamelles? — Ainsi, le corps humain est un pouvoir nutritif, sensitif, motile et reproductif; et l'homme ainsi renfermé dans ce corps, qui le plonge au milieu des autres corps, est susceptible d'en recevoir des modifications par ses sens, ou de leur en communiquer par ses membres, comme s'il était lui-même un être matériel. — Le phénomène de la nutrition, qui est une véritable transubstantiation, le phénomène de la sensation matérielle, qui est contraire à l'axiome de l'impénétrabilité de la matière; enfin, les phénomènes du mouvement et de la génération, sont inexplicables: nous savons seulement toutes les opérations qu'exécutent les organes pour produire ces phénomènes. — Les organes les plus intéressants du corps sont : 1° ceux de la vue, 2° ceux de l'ouïe, 3° enfin, l'organe tout spécial de la voix. — *L'organe de la vue* est celui du toucher porté à son développement le plus délicat, car la lumière est la substance la plus insaisissable; on a dit que voir, c'était en quelque sorte toucher immatériellement. — Nous nous apercevons de la lumière, lorsque ses rayons viennent frapper sur la rétine de l'œil, ils nous procurent alors une sensation représentatrice des corps, qui est la sensation de la vue. — Par suite des modifications que les rayons lumineux reçoivent des objets, ils forment sur la rétine les images de ces objets : phénomène physiologique aussi merveilleux que le phénomène psychologique de l'idée. L'œil est l'instrument optique de la vision. — *L'organe du toucher* est aussi chez l'homme celui de la préhension ; par suite de la propriété qu'a la fibre musculaire sous l'action des nerfs, régis par la volonté, il peut étendre les bras et s'emparer des objets avec la main. — Comme le nombre des articulations détermine le nombre et la direction des mouvements possibles, la main est composée d'une complication si admirable d'articulations qu'elle est propre à exécuter toutes les opérations que lui demande l'intelligence. — Les cinq doigts et la main elle-même, sont composés d'un grand nombre de petits os qui font autant d'articulations, puis de plusieurs espèces de muscles comme les extenseurs, les fléchisseurs, les abducteurs, et l'opposant, qui fait que l'homme peut opposer le pouce aux autres doigts. — Quoique toute la surface de notre corps soit pourvue de la sensibilité du toucher, la main, qui peut palper, empoigner, apprécier les inégalités et faire juger des corps, est spécialement chargée de cette fonction. La main est l'instrument mécanique du toucher. — Parmi les objets corporels avec lesquels l'homme communique en ce monde, se trouvent ses semblables ; les rapports qu'il a avec eux sont : dans son enfance, l'entretien ; dans sa jeunesse, l'éducation ; dans son âge mûr, les secours ; dans sa vieillesse, l'assistance. — Ainsi appelés à être secourus et à secourir, ne faut-il pas que les hommes jouissent de la faculté de se communiquer leurs besoins, leurs idées, leurs joies et leurs peines ? De plus, comme ces êtres spirituels sont dans une sphère où rien ne peut se manifester que corporellement ; ne fallait-il pas que notre corps fût doué d'un organe spécial, par lequel l'esprit transmît ses idées d'une manière corporelle ? — Et *l'organe de la voix*, est celui qui communique à l'air certaines vibrations par lesquelles, à l'aide de l'association des idées aux signes, nous manifestons nos pensées, nos idées et nos peines. Bichat remarque que l'homme social a créé la destination de cet organe que, du reste, d'après Cuvier, l'homme seul possède. La voix est l'instrument phonétique du langage. — Ne fallait-il pas que l'âme trouvât dans le corps tous ces organes ? Comment, en ce monde, aurait-elle vu sans l'œil, entendu sans l'ouïe, parlé sans la voix ? Comment aurait-elle agi sur les corps sans un corps ? Au surplus, quand il aura fait son service, elle en sera débarrassée. — Mais pour que le corps fasse le service de l'âme, il faut qu'il obéisse à la volonté, et c'est bien ce qui a lieu : les articulations sont mises en mouvement par les muscles, les muscles par les nerfs, les nerfs par le cerveau, et la volonté agit sur le cerveau, mais, par exemple, d'une manière inexplicable. — Toutefois, l'instrument corporel produit des mouvements d'une si harmonieuse exactitude avec les désirs de la volonté, que l'on serait tenté de prendre le corps qui exécute pour l'être qui veut, ou l'être qui veut pour le corps qui exécute, et ne faire des deux qu'un seul être. — Or, il faut bien remarquer que l'âme n'a pas besoin de connaître l'organisation de son instrument pour s'en servir; sans jamais avoir étudié l'anatomie, elle sait toujours s'adresser au nerf qui fait mouvoir le muscle, puis le membre dont elle a besoin. — Son influence s'étend même jusque sur les fonctions des organes de la nutrition ; nombreux exemples qu'en cite Cuvier. — Notre causalité, ainsi pourvue d'extrémités matérielles, peut réaliser, au milieu de la matière, tous les actes qu'elle produit spirituellement ; et cet ensemble de facultés que nous venons d'examiner, ne forme qu'un seul instrument à plusieurs fonctions, qui est le corps humain. — Quelque merveilleuse que soit l'organisation de son corps, l'homme le couvre d'un vêtement, comme s'il avait honte de montrer ce qu'il a de commun avec les animaux. — Indépendamment de ce que cet instrument, fixé à l'âme par la relation étroite établie entre eux, lui communique ses appétits matériels, et l'enchaîne sur le roc du temps, l'âme est encore obligée d'attendre, pour que la rationalité agisse, que la lumière extérieure du phénomène matériel vienne éveiller en elle ses propres idées de cause, de loi, d'unité, etc.; — de sorte que le fini devient pour elle la condition chronologique des idées de l'infini. Cette position est cause de beaucoup d'erreurs ; nous allons jusqu'à nous faire un néant de l'éternité, et de l'éternité un néant. — Puisque sans le corps, la volonté ne pourrait réaliser ses actes sur la terre, affirmons ici que, quel que soit l'état naturel de l'homme, dans le temps, ce ne peut être, d'abord, que celui dans lequel le corps rencontrera toutes les conditions de son existence, de son exercice et de son développement. — Cherchons maintenant quel est l'instrument qui a été mis à la disposition de la rationalité pour qu'elle puisse envoyer sa lumière absolue sur la sphère temporelle, où l'homme est attaché par l'anneau de son corps ; instrument qui rende à la rationalité le même service que le corps rend à la causalité.

XII.

La raison n'a-t-elle pas à sa disposition un instrument composé de facultés intellectuelles ? — Ou, qu'est-ce que l'intelligence ?

De même que la causalité, pour effectuer, ou produire des actes dans la sphère matérielle, a reçu un organe qui la met en relation avec cette sphère ; de même la raison, pour pouvoir appliquer ses notions absolues à l'ordre relatif et servir de lumière à la causalité au milieu de la création, a pareillement besoin d'un système d'organes, 1° intellectuels, puisque leur fonction doit être de connaître ; 2° analytiques, puisqu'ils ont à percevoir les objets limités, finis et divisibles de la matière, afin de les révéler à la raison. De là l'*Intelligence*.

Mais nous venons de nommer l'intelligence : il y a d'abord, avant tout, une grande observation à faire à son égard, à savoir qu'elle ne peut pas être, comme la raison ni comme les sens, une faculté objective. Une faculté objective est celle par laquelle nous prenons immédiatement connaissance des objets, des réalités qui sont en dehors de nous. Ainsi, par la raison, nous recevons la connaissance de la Réalité intelligible, et par les sens, de la réalité sensible. Tandis que l'intelligence est une faculté toute subjective ; c'est-à-dire qu'elle a pour fonction, non point de nous révéler l'existence de quelque réalité en dehors de nous, mais seulement de construire, en dedans de nous, des pensées avec les idées, ou notions, qui lui sont fournies par les facultés objectives. L'intelligence est une faculté subjective, parce que toutes ses opérations viennent d'elle, qu'elle est le sujet qui les produit ; parce que, comme nous le verrons : *Nihil est in intellectu quod non prius fuerit in ratione aut in sensu.*

Revenons à notre question :

De là, disions-nous, l'intelligence, qui est à la raison ce que le corps est à la volonté ; c'est-à-dire, l'instrument au moyen duquel la raison, qui naturellement ne doit avoir que la conception des réalités de la sphère absolue, parvient à communiquer, par la perception, avec les réalités de la sphère dans laquelle nous sommes plongés par suite de la création. Mais il est nécessaire de prendre cette idée de plus loin, pour qu'elle soit plus facile à expliquer.

Nous savons qu'il y a en dehors de nous deux sphères de réalités : 1° celle de la Réalité absolue, essentielle, et qui subsiste par elle-même ; 2° celle de la réalité créée, conditionnelle, et qui n'existe point par elle-même. L'homme, sorti de la première de ces réalités quant à son âme, est passé par l'acte de la création dans la seconde, où il a pris un corps. Participant de l'essence et conséquemment de la vie de ces deux réalités, l'homme est obligé de puiser en toutes deux, d'abord les substances qui correspondent à son être, ensuite la connaissance de leurs lois, pour les appliquer à sa propre conservation. Son corps puise donc ses aliments dans la réalité physique; son âme, dans la Réalité intelligible. Le corps, par son estomac et ses sens, qui le mettent en relation avec la matière; l'âme, par sa raison qu'elle tient enfoncée dans la Réalité intelligible, comme une racine par où lui viennent la substance et la lumière dont elle a besoin pour sa conservation et son développement.

Ainsi, l'entretien de l'âme par Dieu n'est pas plus embarrassant à expliquer que celui du corps par la matière : il suffit au corps et à l'âme de ne pas s'écarter des rapports qu'ils doivent conserver avec leurs sources respectives, pour n'en pas tarir le cours. Car ces rapports sont des lois immuables; celui qui les viole, les détourne de leur fonction réparatrice, et se constitue en état de ruine.

On conçoit également la propriété qu'a la raison de recevoir la lumière intelligible, et de trouver ainsi en elle le dépôt des idées absolues; ou du moins, on se l'explique par analogie, comme on s'explique la propriété qu'a l'œil de recevoir la lumière corporelle; car, sans savoir comment des substances de même nature peuvent se pénétrer et exercer les unes sur les autres une telle influence, on voit que c'est là un phénomène universel. Mais comment l'être moral, plongé dans le temps, où tout est fini, spécial, matériel, successif, peut-il avec sa raison, dont la lumière au contraire est infinie, spirituelle, impersonnelle, identique, comment, dis-je, peut-il établir avec une telle sphère quelques rapports de compréhension ? Les yeux voient les corps, ils en ont la vision ; la raison conçoit la Réalité intelligible, elle en a l'intuition ; mais que la raison puisse avoir la perception des choses de la sphère créée, cela paraît aussi impossible qu'il l'est à l'œil d'avoir la conception des choses de la sphère éternelle.

Et cependant les idées rationelles nous ont été données pour éclairer notre conduite au milieu de la création ; cette conduite au milieu de la création exige de continuels rapports avec les objets qui s'y trouvent ; ces rapports continuels avec les objets qui s'y trouvent exigent que nous en ayons la connaissance, afin que nous les appliquions à leur usage ; cette connaissance des corps avec leur usage, exige que nous sachions les lois qui les dirigent et les propriétés qu'ils possèdent, lois et propriétés nécessairement finies et relatives : or comment la raison pourra-t-elle nous en rendre compte? Car enfin, si nous ne sommes sur la terre que pour trouver, par les choses créées, le moyen de nous approcher des choses incréées, il faut que nous découvrions le rapport qu'ont les choses créées avec les choses incréées ; que par conséquent notre raison, qui a déjà la notion des choses incréées, fasse arriver sa lumière jusque sur les choses créées. En un mot, il faut à la raison, un instrument au moyen duquel elle ramène ses conceptions infinies aux proportions du fini ; il lui faut une sorte de filière par où la lumière rationelle puisse passer avec assez de finesse pour venir toucher et envelopper les petits objets de ce monde.

Et enfin, l'homme n'a-t-il pas besoin, au milieu de la création, d'une faculté qui lui rende les mêmes services que l'instinct rend aux animaux ?

Alors, cet instrument de relation intellectuelle avec les choses extérieures, ne doit-il pas avoir :

1° La faculté de percevoir en soi la lumière impersonnelle de la raison, puisque sans cela on ne pourrait comprendre la vérité ;

2° La faculté de ramener les idées infinies de la raison à des formules limitées, qui les rendent saisissables et comparables aux objets d'ici-bas ;

3° La faculté de rendre l'absolu relatif, pour pouvoir descendre des lois universelles, à la multitude des effets qu'elles produisent ;

4° La faculté, par suite de celle qui précède, de ramener le relatif à l'absolu, pour remonter de la multitude des effets, à la loi universelle qui les produit ;

5° La faculté de rendre l'éternel successif, puisque nous ne pouvons comprendre le temps que sous la condition du passé, du présent et de l'avenir ;

6° La faculté de briser l'unité d'un objet, puisque nous ne pouvons comprendre un tout composé, sans en avoir étudié chaque partie isolément ;

7° La faculté, par suite de celle qui précède, de ramener la diversité à l'unité, en recomposant le tout primitif que l'on avait divisé ;

8° La faculté, pour servir les précédentes, de comparer les objets entre eux, afin de trouver leurs rapports, et de les ranger en classes, en espèces, et en genres ?

Et enfin, toutes ces facultés ne doivent-elles pas être, 1° spirituelles, puisqu'il s'agit de comprendre, et que la matière est ce qui ne pense point; 2° actives, puisqu'elles appartiennent à un être libre, et que l'inertie est ce qui est privé de causalité?

Ne sont-ce pas là évidemment toutes les facultés dont la raison a besoin pour que sa lumière une, impersonnelle, absolue, identique, universelle, puisse devenir d'abord personnelle dans l'homme, et lui faire connaître ensuite la diversité, la relativité, la variété, la particularité de tous les objets de ce monde?—Or, précisément d'après l'expérience:

1° La *Perception* n'est-elle pas cette faculté de l'homme, qui consiste à recevoir en soi l'idée de quelque chose d'extérieur à soi? car le moi est placé entre deux mondes, le monde intelligible et le monde sensible; et comme les choses dont nous n'avons pas d'idée sont pour nous comme si elles n'étaient point, le moi saurait-il que ces deux réalités existent hors de lui, s'il n'en avait pas d'idée? Nous savons que la raison est ce quelque chose en nous qui n'est point nous; eh bien, le contact de sa lumière révélatrice sur le moi, occasionne la *Perception*. De sorte que la perception naît du rapport de la raison et du moi; c'est la capacité qu'a celui-ci de recevoir la lumière rationnelle, c'est le fait qui résulte de l'action de cette lumière sur le moi. Or ce fait est ce qu'on appelle *l'Idée* [1];

---

[1] Aussi lit-on ce qui suit en psychologie : « L'idée, ou la perception, voilà le premier élément de l'intelligence, le premier rayon de lumière intellectuelle qui pénètre dans le moi. Tant que cette lumière n'a pas brillé, rien n'existe pour le moi ; il s'ignore lui-même et il ignore tout ce qui n'est pas lui. »
M. NOIROT, *Psychologie*, 21ᵉ question, *Qu'est-ce que l'attention?*

et la propriété qu'a le moi de recevoir cette impression de la lumière rationelle, ou l'idée, est l'entendement.[1] — Ainsi l'entendement (par la Perception duquel l'impersonnelle lumière devenant idée personnelle, tombe dans la propriété de l'individu, et sert à ses usages temporels) n'est-il pas la faculté qui correspond au premier besoin de la créature spirituelle, énoncé ci-dessus ? Si l'intuition est l'introduction de la lumière intelligible dans la rationalité, *la Perception est l'introduction de la lumière rationelle dans le moi.*

2° *L'Imagination* n'est-elle pas cette faculté de l'homme, qui consiste à ramener les idées infinies à des formules finies, limitées, c'est-à-dire à des *images*, et à les couvrir de formes, comme en ont tous les objets de ce monde ? Il ne suffit pas, en effet, que la lumière rationelle entre instantanément dans le moi ; pour qu'il en profite, il est nécessaire qu'elle y reste. Or, pour que cette lumière reste dans le moi, ne faut-il pas qu'elle prenne son caractère ? Par la perception du moi, la conception impersonnelle est bien devenue l'idée personnelle, mais cette idée est encore toute infinie et toute insaisissable ; l'homme condamné au fini, la sent en lui, mais il ne peut la voir ; et comme elle n'est pas visible, il ne saurait la peindre ou l'exprimer à son semblable, et celui-ci ne saurait la saisir. Alors, le moi ne pouvant comprendre qu'à la condition du fini, ne faut-il pas que l'idée en lui prenne des limites, en un mot, qu'elle soit *formulée ?*

---

[1] « Considérées dans leur rapport avec l'esprit, les idées sont des perceptions ; tout comme, considérées dans leurs rapports avec leur objet, elles sont des représentations. »
Id. Origine de la formation des idées.

L'idée, qui est une vue spirituelle de la réalité, pourrait-elle passer de la sphère intelligible et sans bornes de la raison, dans la sphère individuelle et finie du moi, autrement qu'en prenant une sorte d'incarnation qui, la revêtant de formes (ou apparences du fini), la rendît perceptible dans ce monde? Or, pour obtenir ces formes, ne faut-il pas que l'idée s'adresse à la nature, qui peut seule les fournir à discrétion? Eh bien, la faculté qui incarne les idées en les revêtant de formes empruntées au monde extérieur, est l'*Imagination*. L'Imagination est, comme l'indique son étymologie, la faculté d'*imager;* son nom grec φαντασια le dit également. C'est elle qui recueille, à la suite de la sensation, le phénomène que présente chacun des objets matériels; et comme tous ont leur forme, leur apparence, elle en conserve le souvenir, ou l'image, prête à l'offrir à l'idée pour la rendre recevable dans le domaine de la science, où le fini et le limité sont la condition de toute pensée claire et précise, c'est-à-dire, de toute bonne pensée. Au reste, l'idée ainsi formulée est précisément ce qu'on nomme pensée: car la pensée est une idée circonscrite et définie; et c'est parce que l'Imagination est la faculté d'imager, qu'elle *définit* la pensée. Définir une propriété, une pensée, un objet, c'est le finir, c'est tracer ses limites pour qu'on ne le confonde pas avec un autre; voilà pourquoi toute bonne définition consiste d'abord à dire ce que l'objet n'est pas, avant de dire ce qu'il est. Aussi voyez avec quelle naïveté le langage exprime, du même mot, et l'opération par laquelle on circonscrit l'idée, et l'opération par laquelle on la rend compréhensible : en effet, ne dit-on pas que mieux un objet est *défini*, mieux on le comprend [1]? Imaginer, définir, formuler, même phénomène psychologique; imager, c'est revêtir d'images; définir, c'est tracer des limites; formuler, c'est donner des formes : or, où prendre des images, des limites, des formes, sinon parmi les corps ? Lors donc que le moi trouve une certaine analogie entre le sentiment qu'il a de l'idée, et la sensation qu'il a de l'image, il la lui associe ; alors la forme représente le fond, et une pensée existe désormais dans l'ordre intellectuel. — Ainsi l'Imagination (par laquelle l'insaisissable idée devient une pensée circonscrite et définie, qui ne peut plus échapper au moi) n'est-elle pas la faculté qui correspond au second besoin de la créature spirituelle ici-bas ? *l'Imagination est le vestiaire de la pensée.*

8° La *Déduction* n'est-elle pas cette faculté de l'homme, qui consiste à rendre l'absolu relatif, en descendant d'une loi universelle à toute la variété des phénomènes qu'elle produit ? ne consiste-t-elle pas, conséquemment, à tirer d'un principe général toute la multitude des conséquences qu'il renferme ? Et, en effet, la Déduction possédant la cause, veut descendre à tous les effets. Elle va aussi du genre à l'espèce, de l'espèce à la famille, de la famille à l'individu; d'une vérité générale à une qui l'est moins, de celle-ci à une qui l'est moins encore, et ainsi jusqu'à sa dernière application sur les ex-

---

[1] La psychologie nous fait des aveux aussi intéressants que la langue : «*Définir*, c'est *limiter*, comme le mot l'indique ; toutes les fois qu'on ne peut définir un objet quelconque, on doit conclure, sans hésiter, qu'on ne le connaît pas. » Idem. *psychol.*, 33° question : *Qu'est-ce que la définition ?*

trémités du fini. Toutes ces opérations s'exécutent parfaitement aussitôt que les idées sont formulées par l'imagination et qu'elles peuvent ainsi se présenter à l'esprit comme de véritables entités bien distinctes (car c'est le seul moyen qu'a le moi de faire poser l'idée devant lui). Sans leur formule, les idées redeviennent insaisissables pour le moi ; et si elles lui échappent, comment pourrait-il exécuter des actes aussi compliqués ? Pour aller de l'absolu au relatif, pour tirer ainsi une vérité d'une vérité, il est évident qu'il faut partir de la vérité, de l'absolu, de la raison. Aussi, voyez avec quel bonheur le langage a su appeler cette opération le *raisonnement*, comme qui dirait : *fait au moyen de la raison*. Le mot Déduction exprime la marche ; le mot raisonnement, le point de départ. Le raisonnement est un acte du moi fait au moyen de la raison. La raison ne peut avoir que la conception du vrai par l'intuition de la substance intelligible, ou reconnaître la vérité lorsque la sensation lui révèle un fait du monde extérieur ; et il faut alors que le moi prenne soin de préparer l'idée de ce fait, jusqu'à ce qu'il parvienne à la rendre en tout point conforme à l'idée absolue du vrai, que la raison porte en elle [1].

---

[1] Remarquez si l'idée que nous donnons du raisonnement ne correspond pas à celle que s'en est formée la psychologie par la méthode d'observation : « Le raisonnement, tout le monde le sait, dit M. Jouffroy, est essentiellement infécond ; aller du même au même ou du tout à la partie, voilà son rôle ; et *il ne peut rien mettre dans la conséquence qu'il n'ait trouvé implicitement contenu dans le principe.* » Or, c'est la raison qui fournit le principe. KANT, après avoir défini la raison, la *faculté des principes*, dit : « Tout « raisonnement est une forme de la « dérivation d'une connaissance de « quelque principe.

Critique de la raison pure. Logique transcendantale, page 403.

Soit qu'on descende de la raison, la lumière à la main, soit qu'on y remonte, pour l'aller prendre, c'est toujours un *raisonnement*, c'est toujours une opération faite au moyen de la raison. — Ainsi la Déduction (par laquelle la lumière absolue devient relative, en se distribuant sur tous les détails qui appartiennent à un même principe) n'est-elle pas la faculté qui correspond au troisième besoin de la créature spirituelle ici-bas ? *La Déduction est le pouvoir qu'a le moi de détailler la vérité.*

4° L'*Induction* n'est-elle pas cette faculté de l'homme, qui consiste à ramener le relatif à l'absolu, en remontant de la multitude des effets observés à la loi universelle qui les régit ? ne consiste-t-elle pas alors à ramener toutes les conséquences dans le principe dont elles sont sorties ? Et, en effet, lorsque, en vertu de la faculté précédente et par des abstractions (entités imagées), qui ne sont que dans notre esprit, nous avons divisé le genre en ses espèces, l'espèce en ses familles, la famille en ses individus ; que, pour contenter notre esprit, nous sommes descendus d'une propriété générale à une qui l'est moins, et ainsi, jusqu'à ce que nous soyons arrivés sur l'extrémité du fini, alors ne pouvons-nous pas suivre une marche inverse, et remonter de l'individu à la famille, à l'espèce, au genre, de la variété à la généralité, pour reconstituer dans notre esprit la notion complète de la réalité, telle qu'elle existe effectivement ? Lorsque le moi nous a tout-à-fait plongés dans le fini, et que notre horizon intellectuel a été rétréci pour être plus clair, sans l'Induction nous resterions perdus dans les étroites sphères de l'expérience phénoménique. C'est l'Induction qui, en face du fini, implique rigoureusement l'infini ; en face du relatif, l'absolu ; en face du temps, l'éternité ; en face du créé, l'existence incréée [1]. La déduction part de la cause, elle veut descendre à tous les effets : l'Induction part des effets, elle veut remonter à leur cause ; la première fait venir la raison sur les objets de ce monde pour les reconnaître : la seconde porte ces objets vers la raison pour qu'elle les éclaire. — Ainsi l'Induction (par laquelle les lumières particulières et relatives redeviennent générales et absolues, en ramenant la multitude des détails observés au principe universel qui s'étend sur eux, et en plaçant l'être et son unité sous la variété des phénomènes (n'est-elle pas la faculté qui correspond au quatrième besoin de la créature spirituelle ici-bas ? *L'Induction est le pouvoir qu'a le moi de recomposer le rayon brisé de la lumière rationelle.*

5° La *Mémoire* n'est-elle pas cette faculté de l'homme, qui consiste à rendre l'éternel successif, en rendant possible la décomposition de la durée en passé, présent et

---

[1] La psychologie nous l'avouera également : « Par l'induction, nous affirmons beaucoup plus que nous ne percevons ; cette affirmation repose donc sur autre chose que l'expérience, elle repose sur ce principe rationel que ce qui est vrai pour un être dans un point de l'espace et de la durée, est vrai aussi pour tous les êtres de même nature dans tous les points de l'espace et de la durée. Ce principe, qu'on nomme l'induction, suppose la croyance à la stabilité et à l'universalité des lois de la nature ; or, cette croyance, loin de venir de l'expérience, est précisément le contraire de l'expérience. L'expérience est toujours au présent : ce principe embrasse le passé et l'avenir ; l'expérience est toujours individuelle : ce principe embrasse tous les temps et tous les lieux ; l'expérience s'arrête aux faits : ce principe nous montre l'invisible dans l'apparent, l'espace au-delà de l'étendue, la substance au-delà du phénomène, la durée au-delà de la succession, le beau au-delà de l'agréable, le juste au-delà de l'utile, le vrai au-delà du vraisemblable. »

M. Noirot, *Cours de philosophie*, 39° question : *De l'induction et de la déduction.*

avenir ? Le fait même de la création, c'est-à-dire de l'introduction de l'être spirituel dans le temps, ne consiste-t-il pas à le localiser perpétuellement 1° dans la durée, par la succession ; 2° dans l'espace, par la localisation ? En un mot l'état créaturel, pour l'homme, ne consiste-t-il pas précisément à lui enlever tous les caractères de l'éternité, de laquelle il a fallu momentanément le sortir ? L'homme ainsi exposé avait donc besoin de retrouver tout à la fois 1° son identité au milieu de la durée, 2° son unité au milieu de l'espace ? Eh bien, pour ramasser son unité et son identité au milieu de la multitude des lieux où il s'est trouvé, de la multitude des pensées différentes qu'il a eues, de la multitude des volontés diverses et des actes sans nombre qu'il a produits, situations, pensées, volontés, actions, toutes séparées par la succession, l'homme a reçu le don de la Mémoire. Il y a là une chose qu'il ne faudrait point confondre : ce n'est pas la Mémoire qui constitue l'unité et l'identité du moi, ce n'est pas la Mémoire qui est le moi (nous verrons plus loin dans quelle faculté réside le moi), mais c'est à l'aide de la Mémoire que le moi reconnaît son unité et son identité. La Mémoire opère cette merveilleuse association d'idées par laquelle il lui suffit de reproduire une seule de ces idées pour en retirer du passé toute une longue chaîne. Et la Mémoire reproduit si parfaitement les idées que nous avons eues, les émotions que nous avons éprouvées, les lieux que nous avons remarqués ; elle replace si fidèlement devant le moi actuel le tableau de ce que nous regardons comme le passé, qu'on l'appelle vulgairement la faculté de se ressouvenir. Non-seulement sans elle,

n'ayant aucune idée du passé ni conséquemment de l'avenir, nous serions perpétuellement bornés dans la perception actuelle; mais encore, l'homme, éparpillé par ses pensées, par ses volontés et par ses actes, ne pourrait se retrouver au milieu de la création, pour prendre conscience de lui-même, de son unité, de son identité [1]. Sans elle, l'homme ne saurait pas qu'il est le même individu qui s'est trouvé sur mille points de la durée, sur mille points de l'espace, qui a pensé et voulu mille choses différentes ; le même être qui, restant toujours identique à lui-même à travers cette succession ininterrompue et cette multiplicité infinie de manières d'être, a dit : moi. Or, « en vertu de son identité, l'être qui en moi a conscience de sa pensée, de sa volonté, de ses manières d'être actuelles, sent qu'il est le même que celui qui a eu conscience d'une longue suite de manières d'être ; il a survécu, il a duré sans changement, sans altération, inépuisable et toujours actif, au milieu de la décadence et de l'évanouissement de ces modes passagers qu'il appelait ses manières d'être [2]. » L'homme fait pour l'éternité, cherche à retrouver ici-bas sa vie ; il lutte contre le temps. La Mémoire facilite et l'effort que

---

[1] Sous le rapport scientifique, voici ce que la psychologie dit de la mémoire : « La mémoire est cette faculté en vertu de laquelle notre activité reproduit, par elle-même et sans aucun autre secours, des idées que déjà nous avons eues ; et une fois que des idées ont été produites, l'activité seule, sans le secours de l'expérience externe et interne, a le pouvoir de les faire surgir de nouveau, de les évoquer à son gré... La mémoire est, en quelque sorte, la plus importante de nos facultés personnelles ; c'est elle qui conserve, reproduit les résultats divers de toutes nos autres facultés, et qui nous permet de combiner tous ces résultats : or, toute découverte scientifique est le résultat d'une combinaison intellectuelle dont la mémoire fournit les matériaux.
Idem ; Psychologie : *De la Mémoire.*

[2] Idem ; *Du moi et de ses caractères.*

fait le moi pour retirer son passé dans son présent afin de les transporter tous deux dans son avenir, et l'effort que fait le moi pour ajouter, en les identifiant dans sa vie actuelle, la vie qui est encore espérance, à la vie qui n'est plus que souvenir. — Ainsi la Mémoire (par laquelle l'homme, tout à la fois diversifié en lui-même par ses diverses opérations, et dispersé dans le temps par suite de la succession, retrouve son unité et son identité) n'est-elle pas la faculté qui correspond au cinquième besoin de la créature spirituelle ici-bas ? *La Mémoire est le pouvoir qu'a le moi de retrouver le sentiment de son unité et de son identité.*

6° L'*Abstraction* n'est-elle pas cette faculté de l'homme, qui consiste à briser l'unité d'un tout, lorsque nous ne pouvons le comprendre sans en avoir observé chaque partie isolément ? Si la grandeur d'une idée est en raison de l'importance de l'objet qu'elle représente dans notre esprit, sa valeur, comme tout le monde le sent, est en raison de sa clarté. C'est la clarté qui fait la réalité de l'idée : une idée obscure n'est qu'un commencement d'idée; l'idée claire est l'idée parfaite, achevée. Si la réalité de l'idée est dans sa clarté, sa clarté est dans sa précision ; sa précision, dans l'exactitude que l'on a mise à la circonscrire ; sa circonscription, dans le soin que l'on a mis à la distinguer et à la séparer de toute autre ; et si la réalité de l'idée vient de sa clarté, la clarté de la précision, la précision de la circonscription, la circonscription de la distinction, la distinction de la séparation, la séparation ne peut se faire sans la division [1]. Et, en effet,

---

[1] « Pour arriver à la connaissance d'un objet quelconque, la première condition est d'établir ce qu'on appelle une division, ou, en d'autres termes, de faire l'énumération de ses propriétés les plus distinctes et les plus essentielles. »

la matière, que nous sommes bien obligés d'étudier, est divisible à l'infini ; ses grandes lois s'emparent de tout, depuis l'astre le plus énorme jusqu'à l'atôme perdu dans son sein ; ses propriétés se retrouvent aussi bien dans la molécule que dans le corps entier (seulement ici on l'appelle gravitation, et là affinité); or, pour connaître ces lois et ces propriétés, n'est-il pas besoin d'une sonde qui les aille chercher jusque là? Il fallait donc à l'homme, pour qu'il pût porter les lumières de sa raison sur tous ces points, la faculté de diviser pour séparer et isoler, afin de suivre la matière dans toutes les subdivisions de sa divisibilité infinie : eh bien, l'Abstraction est cette faculté. C'est elle qui divise l'objet en ses diverses propriétés, qui les sépare, puis en tire une, sur laquelle elle fixe aussitôt l'attention exclusive du moi ; c'est elle qui les présente à l'imagination comme de véritables êtres distincts, et la convie à en faire autant d'entités, en les revêtant chacune d'un corps spécial. La psychologie n'en donne pas une autre idée : « L'Abstraction, dit-elle, consiste à séparer, à isoler, au moins par la pensée, une propriété d'un être, pour l'étudier exclusivement. L'idée abstraite est donc celle qui représente ou fait connaître une propriété isolée de toutes celles avec lesquelles elle existe dans l'ordre des réalités. L'Abstraction, comme opération, détache, pour ainsi dire, les propriétés des êtres et les tire les unes des autres ; de là le mot *abs-traction*, appliqué soit à l'opération, soit à son résultat. Elle ne s'arrête pas à ce premier travail: après avoir isolé les propriétés d'un être les unes des autres pour les observer individuellement, elle considère les divers aspects de chaque propriété, et fait sur chacune de nouvelles distinctions, de nouvelles abstractions qui n'ont d'autres bornes que la patience même de l'esprit humain [1]. » Les abstractions sont, comme on le voit, la source de toute lumière véritablement scientifique; sans elles, nulle distinction, nulle précision, nulle clarté; mais elles sont en même temps ce qu'il y a de plus obscur pour le vulgaire, qui ne les a pas faites, et qui n'est point averti de l'opération que le savant a exécutée pour les produire. L'Abstraction, c'est-à-dire la particularité jusqu'à l'infini, existe dans l'essence des choses créées, aussi bien que l'universalité; mais elle n'existe pas dans l'apparence de ces choses, et celui qui a pris l'habitude de ne les voir qu'ainsi, ne sait plus ensuite d'où peut venir l'abstraction. L'Abstraction est une sonde qui retire du fond de la mer une perle qu'elle montre aux regards étonnés de la foule. Le vulgaire n'a jamais vu dans l'affinité, dans l'attraction, dans la porosité, que *des abstractions*. Les abstractions sont souvent, aussi, ce qu'il y a de plus trompeur pour les savants eux-mêmes [2]. — Ainsi l'abstraction (par laquelle l'homme, obligé de porter la lumière de sa raison sur tous les points et sur toutes les propriétés des

---

[1] Idem; Psychologie : *De l'abstraction.*

[2] « Si les abstractions sont la source de toute lumière, il faut ajouter aussi qu'elles sont, pour bien des personnes, la source des plus grossières erreurs, non-seulement pour les opinions vulgaires, mais même dans l'ordre des connaissances scientifiques. L'esprit humain, après avoir formé des abstractions à son insu, est porté à prendre ces abstractions pour des êtres réels; il donne une existence positive à ce qui n'existe qu'en lui-même; il fait plus, il personnifie ses créations après les avoir réalisées; il va plus loin encore, il les déifie, il en fait des causes absolues. Cette dernière transformation a été la première erreur générale du genre hu-

choses pour en connaître les lois, parvient à les détacher en effet, à les tirer à part pour les étudier isolément) n'est-elle pas la faculté qui correspond au sixième besoin de la créature spirituelle ici-bas ? l'Abstraction est le pouvoir de personnifier, comme l'entendement de percevoir, l'imagination d'imager, la déduction de détailler, la mémoire d'identifier, etc. *L'Abstraction est le pouvoir qu'a le moi de personnifier comme un être complet, ce qui n'en est qu'une partie.*

7° La *Généralisation* n'est-elle pas cette faculté de l'homme, qui consiste, par suite de celle qui précède, à ramener la diversité des entités produites par l'abstraction à la généralité de l'objet dont elles représentent les diverses parties ou propriétés, pour recomposer, dans l'esprit, l'idée intégrale du tout primitif, tel qu'il existe en réalité ? Si, par le moyen de l'abstraction, on est arrivé à l'analyse, ne faut-il pas, au moyen de la Généralisation, revenir à la synthèse ? C'est pourquoi la psychologie dit « que s'il n'existait point d'idées abstraites, « il n'y aurait point d'idées générales. » Car l'idée générale est celle qui renferme une collection plus ou moins complète d'idées abstraites. La Généralisation fait tomber en pâte toutes les abstractions dans l'homogénéité de l'idée

---

main; c'est d'elle, en partie, qu'est sorti le polythéisme, ce qu'on appelle vulgairement le paganisme. La seconde erreur est particulière à l'esprit poétique, qui a peuplé le monde d'êtres qui n'ont jamais existé que dans l'imagination. La troisième transformation se trouve encore plus ou moins aujourd'hui dans toutes les sciences ; il n'en est presque aucune où l'on ne prenne encore pour des réalités ce qui n'a aucune existence hors de l'ordre idéal. Ainsi, par exemple, ce qu'on appelle en physique *Attraction*, en chimie *Affinité*, en physiologie *Irritabilité*, *Sensibilité*, ne sont que des idéalités avec lesquelles on explique des faits réels. »

Idem ; Psychologie : *De l'abstraction*.

définitive, que le moi remporte enfin de son ingénieuse perquisition. Par cette faculté, nous ramenons toutes les idées isolées dans lesquelles nous laissa l'abstraction, à une idée générale ; nous recueillons, en un mot, les fruits de notre analyse préalable. Car on appelle analyse (αναλυσις) le phénomène que produit l'abstraction, comme on doit appeler synthèse (συντιθημι) le phénomène que produit la Généralisation. Ainsi, dire que toute synthèse suppose une analyse, mais que toute analyse demande une synthèse, c'est dire, en d'autres termes, que toute généralisation véritable suppose bien des abstractions, mais que toutes les abstractions demandent leur généralisation [1]. Ces deux opérations du moi s'impliquent réciproquement l'une l'autre. « Lorsque l'esprit humain a subdivisé et décomposé à l'infini un objet, il connaît des abstractions, mais il ne connaît pas une réalité. Il faut réunir ces parties isolées, les rapprocher, les grouper ; cette opération est la synthèse. » Alors la valeur de l'idée générale, comme représentation parfaite d'une chose qui existe, est en raison de la valeur des idées abstraites, comme représentations parfaites des véritables propriétés de cette chose. Mais, indépendamment des abstractions que nous faisons sur un seul individu, ne prenons-nous pas aussi en masse dans la nature tous les individus qui ont une grande analogie apparente, et ne les renfermons-nous pas dans une idée générale, comme si ces individus étaient le résultat de nos abstractions ? Ici, ce ne sont plus les idées abstraites que nous

---

[1] « Il faut décomposer le tout primitif, c'est l'œuvre de l'analyse ; il faut le recomposer, c'est l'œuvre de la synthèse. » V. Cousin, Fragm. philos.

réalisons, que nous érigeons en entités, ce sont les idées générales ; parce que, dans le premier cas, c'étaient les idées abstraites qui n'existaient pas dans la nature, tandis que dans le second, ce sont les idées générales [1]. Par ces idées générales, nous favorisons le besoin qu'a notre esprit de porter ses jugements sur des objets dont il n'a pas toujours le loisir de faire une étude plus détaillée ; aussi les généralisations du vulgaire sont faites en gros, elles ne reposent que sur l'observation des propriétés les plus saillantes qu'offrent les différents êtres ; les généralisations de la science, refaites avec beaucoup plus de soins, reposent sur l'observation des propriétés les plus essentielles. Ces dernières portent le nom de *Classifications*, parce qu'en effet elles disposent, selon leurs propriétés réelles, leur analogie, leur différence, leurs rapports entre eux et leur but, les êtres que renferme la création, et rendent par là leur théorie possible. Enfin, la Généralisation produit la classification, comme l'abstraction produit la spécification. — Ainsi, la Généralisation (par laquelle nous recomposons le tout primitif que nous avions divisé par l'abstraction, et par laquelle nous étendons une même idée sur une grande multitude d'individus, qui le sont du fait de la nature) n'est-elle pas la faculté qui correspond au septième besoin de la créature spirituelle ici-bas ? Comme l'indique l'étymologie, *la Généralisation est*

---

[1] .... « Les idées générales, ainsi considérées, sont ce qu'on appelle vulgairement genres, espèces, classes ; dans l'ordre des réalités, il n'existe ni genre, ni espèce, ni classe ; et cette vérité, clairement établie par la philosophie, a été la source réelle de tous les progrès qui se sont faits dans les sciences, depuis qu'elle a été appréciée par les savants. »

Idem ; Psychologie : *De la généralisation*.

le pouvoir qu'a le moi de généraliser, soit des abstractions, soit les réalités.

8° La *Comparaison* n'est-elle pas cette faculté de l'homme qui consiste, par suite des facultés précédentes, à examiner plusieurs objets à la fois, afin de distinguer les rapports de ressemblance ou de différence qui décident de la manière dont on doit les grouper scientifiquement, pour former les idées générales de genres, d'espèces, et de classes ? Car les êtres de la création sont si nombreux, leurs propriétés si diverses, que l'esprit ne parviendrait jamais à former des idées générales s'il ne classait pas d'abord ces objets en familles, puis ces familles en espèces, et enfin ces espèces en genres. Or, pour établir ainsi de véritables classifications (des classifications qui ne se bornent point à porter un nom générique arbitrairement imposé, mais qui révèlent par elles-mêmes et la nature des êtres qu'elles renferment, et leurs rapports avec d'autres êtres) ne faut-il pas que ces classifications soient composées des êtres entre lesquels existe une homogénéité de nature, et une communauté des propriétés les plus fondamentales de leur constitution ? Et pour que ces propriétés soient ainsi appréciées, ne faut-il pas distinguer celles qui ont de l'analogie de celles qui ont des différences? Eh bien, les jugements de distinction ou d'analogie que nous portons sur les êtres, sont le résultat de la Comparaison. Comme il y a tout à la fois dans la nature, diversité des êtres et unité de plan; que l'abstraction, par ses spécifications, étudie la première; et que la généralisation, par ses classifications, retrouve la seconde, ceux qui prennent ces deux voies ne se rencontreraient jamais, et ces deux principes resteraient dans une contradiction éternelle parmi les savants, s'il n'y avait pas un troisième principe qui établît une relation entre eux : ce troisième principe est celui par lequel on remonte de la variété des individus à l'homogénéité de l'espèce. Or, c'est la Comparaison qui fait retrouver cette homogénéité de l'unité, au milieu de la variété où nous plonge l'abstraction. Puis, comme il y a des êtres qui échappent à notre observation, il suffit que nous ayons la connaissance de quelques-unes de leurs propriétés, pour qu'avec l'analogie nous puissions conclure que des êtres qui se ressemblent sous quelques points fondamentaux, se ressemblent probablement tout-à-fait ! Comment Cuvier, par exemple, reconstruisit-il dans la science le monde antédiluvien, sinon par l'analogie ? L'analogie étend ainsi notre sphère de compréhension ; elle rend les plus précieux services à l'induction en faisant conclure d'un individu à un autre individu renfermé dans la même espèce, et ainsi de suite. C'est avec la Comparaison qu'on parvient à raisonner par analogie; et le jugement par analogie, qui ne peut se faire sans la Comparaison, est une nouvelle application de l'induction. Comme on le voit, la Comparaison est indispensable aux autres facultés. — Ainsi la Comparaison (par laquelle nous reconnaissons les ressemblances ou les différences qu'il y a parmi les êtres) n'est-elle pas la faculté qui correspond au huitième besoin de la créature spirituelle ici-bas ? Comme l'indique l'étymologie, *la Comparaison est le pouvoir qu'a le moi de comparer des rapports.*

Ainsi donc 1° la *Perception*, qui introduit l'idée absolue de la raison dans le moi ;

2° L'*Imagination*, qui, pour y fixer l'idée, la circonscrit, la définit, et l'image ;

3° La *Déduction*, qui la détaille en la distribuant sur tous les phénomènes ;

4° L'*Induction*, qui la recompose en ramenant tous les phénomènes à leur loi ;

5° La *Mémoire*, qui conserve au moi dispersé dans le fini, le sentiment de son unité et de son identité ;

6° L'*Abstraction*, qui distingue, en les personnifiant, les propriétés des objets à étudier ;

7° La *Généralisation*, qui reconstruit le tout primitif qu'avait divisé l'abstraction ;

8° Enfin, la *Comparaison*, qui découvre les analogies et les différences,

Ne sont-elles pas effectivement des facultés que l'homme possède pour le service de sa raison ?... Ne sontelles pas les moyens par lesquels la lumière impersonnelle, infinie, une, absolue, identique, et universelle que lui donne la raison, devient personnelle, finie, diverse, relative, variée, et particulière ?

Or, cette faculté personnelle, relative, particulière, par opposition à la raison impersonnelle, absolue, universelle, n'est-elle pas ce qu'on appelle L'INTELLIGENCE [1] ?

---

[1] Ce mot lui-même nous révèle quelque chose de la nature du fait qu'il exprime. *Intelligence* est formé de *inter legere*, dont on a fait, par euphonie, en changeant la consonne précédente *r* en *l*, *Intellegere* ; or *inter legere*, ne signifie autre chose que cueillir à travers, parmi, dans ; c'est-à-dire, prendre à travers, parmi, au milieu de la réalité quelque chose de particulier.

Et, en effet, l'intelligence n'a-t-elle pas toujours été reconnue : 1° spirituelle dans sa nature, puisqu'elle devait communiquer avec la raison, 2° active dans son action, puisqu'elle devait appartenir au moi ? Et enfin, cette faculté ne rend-elle pas véritablement à l'être spirituel le même service que rend l'instinct aux animaux, en l'éclairant à se conduire au milieu des objets de ce monde?

Les actes du corps sont des mouvements, ils réalisent dans le fini les désirs de la volonté; les actes de l'intelligence sont des pensées, elles réalisent dans le fini les idées de la raison. De sorte que si le corps est un instrument *vital* à la disposition de la volonté, l'intelligence est un instrument *spirituel* à la disposition de la rationalité : c'est la main de la raison. Quand nous disons que l'intelligence est la main spirituelle de l'homme, ce n'est point là une comparaison faite au hasard; car les extrémités de l'intelligence, je veux dire les organes d'observation qui avoisinent le plus les sens, sont réellement disposés pour, en quelque sorte, palper intellectuellement les objets de ce monde. En cela l'intelligence partage la conformation du corps, où les extrémités des organes vont se divisant et se ramifiant pour mieux se

---

« Latinis verum et factum reciprocantur, seu, ut scolarum vulgus loquitur, convertuntur; atque iisdem idem est *intelligere*, ac perfecte *legere* et apperte cognoscere. *Cogitare* autem dicebant, quod nos vernacula lingua dicimus *pensare*. Quare quemadmodum *legere* ejus est, qui colligit elementa scribendi, ex quibus verba componuntur; ita *intelligere* sit colligere omnia elementa rei, ex quibus perfectissima exprimatur idea. »

J. B. Vico, *De antiquissima Italorum sapientia ex linguæ latinæ originibus eruenda*, liber I, cap. I, publié par M. Ballanche dans la première édition de la *Palingénésie sociale*.

trouver en rapport avec la petitesse et le détail du fini. ¹

Ce n'est pas tout. Comme le corps, avec ses divers appareils, n'est qu'un seul instrument confié à la volonté pour que, toute spirituelle qu'elle soit, elle puisse réaliser ses actes dans le monde matériel : de même l'intelligence, avec les diverses facultés que nous lui avons reconnues, n'est qu'un seul instrument à plusieurs fonctions, confié à la raison pour que, toute absolue qu'elle soit, elle puisse se faire des idées qui l'éclairent sur les objets relatifs de ce monde. C'est pourquoi, ainsi que l'a déjà très bien remarqué la psychologie, l'homme s'aperçoit d'abord qu'il n'a pas un moi pour les sens, un moi pour la perception, un moi pour l'imagination, un moi pour l'induction, un moi pour la déduction, un moi pour la mémoire, pour l'abstraction, la généralisation, la comparaison, non plus qu'un moi pour la volonté et pour la raison ; mais qu'il est la même individualité qui sent et qui pense, qui perçoit et imagine, qui raisonne et se souvient, qui abstrait et généralise, le même être qui croit et qui veut, qui veut et qui agit, qui produit enfin la multitude des opérations auxquelles le provoque sa vie au milieu de la création. Enfin, pour achever notre parallèle, comme l'intelligence et le corps sont deux instruments, deux esclaves, ils pouvaient bien avoir quelque ressemblance !

---

¹ « C'est une loi générale de l'organisation que le nombre des rayons augmente à mesure qu'ils s'éloignent du principal centre d'irradiation, et que leur volume diminue dans la même proportion. Ainsi, au lieu d'un seul os long, comme au bras et à la cuisse, on en retrouve deux plus petits à l'avant-bras et à la jambe ; vingt-six aux pieds, et vingt-sept à la main, toujours plus petits.

J. MÉCKEL, *Anatomie générale*, Règles de la formation, tom. I, pag. 25.

Non-seulement l'intelligence avec toutes ses facultés n'est, comme le corps, qu'un seul instrument à plusieurs fonctions, mais encore l'intelligence, instrument de la raison, sert le corps, comme le corps, instrument de la volonté, sert la raison : car lorsque l'intelligence fait connaître les lois et les propriétés des objets matériels, elle établit le règne de l'homme physique sur la nature ; et lorsque l'homme, par son industrie, contraint la nature à lui fournir d'abondantes productions, il se réserve le loisir de développer sa raison et de cultiver son intelligence.

De plus, tandis que le corps sert la volonté, il obéit implicitement à la raison, puisque c'est d'après la raison que la volonté doit se décider. Or obéir à la raison, c'est suivre les lois naturelles de notre existence ; suivre ces lois, c'est se conserver et se développer : de sorte que le corps en retire tout le premier ses avantages. Puis, de même que le corps, instrument de la volonté, sert la raison et en tire ses avantages, de même l'intelligence, instrument de la raison, sert la volonté en formulant, en détaillant, en éclaircissant les prescriptions de la loi qu'elle doit suivre. L'intelligence sert d'intermédiaire entre la raison et la volonté, comme on en a un exemple dans la législation, où la raison fournit la notion absolue du Juste, et où l'intelligence en déduit les différentes applications à tous les cas possibles ; de telle sorte qu'il ne reste plus à la volonté qu'à s'y conformer.

Enfin, l'intelligence rend à l'homme, par rapport à la nature, au milieu de laquelle il vit, le même service que l'instinct rend aux animaux. Cette analogie a paru si frappante qu'on a souvent dit de l'intelligence qu'elle n'était qu'un instinct plus développé. [1]

L'intelligence n'est pas seulement un instinct plus développé, c'est un instrument au service d'une causalité spirituelle; tandis que l'instinct est l'impulsion intelligente, mais inflexible, avec laquelle les êtres matériels se trouvent dirigés par la cause étrangère qui les fait mouvoir. L'intelligence est *au* pouvoir d'un être libre; c'est avec elle que

---

[1] « L'homme avec ses armées, ses villes, ses palais, semble n'être que le plus intelligent des animaux !.... toutes les facultés dont il se vante, je les trouve attachées à la matière, dans la brute.... Ce que nous sentons, les animaux le sentent ; ce que nous voulons, ils le veulent : seulement l'homme a plus d'étendue, parce que ses organes sont plus parfaits.... Dirons-nous que les animaux agissent sans intelligence ? Voilà mon chien qui vient de s'endormir : son sommeil est agité, il a un songe, et dans ce songe il poursuit sa proie, il la voit, il l'entend, il la dévore : il a des sensations, des passions et des idées. Je l'appelle, je le tire de sa vision, il redevient calme. Je prends mon chapeau : il s'élance, saute, me regarde, m'étudie, se traîne à mes pieds, court à ma porte, se réjouit ou s'attriste suivant la volonté que j'exprime : quelle liaison d'idées entre mes paroles et la promenade qu'il prévoit ? Il espère et il me flatte ; il me caresse et s'humilie pour que je l'exauce. Les combinaisons de mon intelligence n'iraient pas au-delà ; je l'observe et je m'effraie : voilà un animal qui pense, qui veut, qui se ressouvient, qui combine... »

Après avoir cité des exemples frappants d'intelligence parmi les animaux, M. Aimé Martin ajoute : « Nous ne reculerons pas devant la vérité, nous dirons : Les idées des animaux et les idées des hommes ont une source commune, elles se multiplient par le même moyen, la mémoire, la comparaison, le jugement ; elles s'exercent sur la même faculté, le vouloir. Ainsi, penser, sentir, se ressouvenir dans le cercle de la matière, sont des facultés animales ; il faut s'arrêter à ce premier point, car dans les systèmes des philosophes, ces facultés appartiennent à l'âme et constituent, pour ainsi dire, l'être humain tout entier ; une pareille vue donne le vertige... »

Il y a des savants, il est vrai, qui placent l'homme à la tête de la série animale et se contentent de signaler entre lui et les bêtes, une différence de degrés. Cette vue doit, en effet, donner le vertige à ceux qui n'ont aperçu dans l'homme qu'une intelligence ; car si l'homme ne possédait que l'intelligence, il n'y aurait effectivement entre lui et les animaux que du plus au moins. Cependant, pour les personnes qui ne sont pas ordinairement superficielles, il y a à faire une observation qui, tout en laissant l'intelligence pour ce qu'elle est, un instrument exclusivement destiné à notre usage dans ce monde (instrument qu'on doit par conséquent retrouver dans les animaux puisqu'ils ont à soutenir des rapports avec ce même monde, et que c'est là toute leur des-

celui qui s'appartient *se dirige* lui-même : l'instinct est *le* pouvoir d'un être passif; c'est par lui que *ce* qui ne s'appartient point *est dirigé* par une autre cause que lui-même. Voilà pourquoi la simple observation de l'intelligence et de l'instinct, doit déjà nous avertir de la nature tout-à-fait contraire des êtres qui sont doués de l'un ou de l'autre. Au surplus, si l'homme n'avait que l'intelligence, il n'y aurait entre lui et les animaux que du plus au moins : la liberté seule met entre eux un abîme.

tinée), il y a à faire une observation qui ne nous eût pas laissé douter un instant de la nature de l'être qui se sert de l'intelligence : c'est la distinction toute simple, toute vulgaire que l'on fait de l'intelligence et de l'instinct.

Ainsi, nous savons que les êtres physiques sont inertes, qu'ils n'ont d'autre mouvement que ceux qu'ils reçoivent, et qu'ils cèdent irréfragablement à leurs lois : qu'au contraire, les êtres moraux sont libres, qu'ils ne peuvent opérer d'autres actes que ceux qu'ils produisent par eux-mêmes, et qu'ils obéissent volontairement à leur loi. De sorte que tous les phénomènes que nous observons parmi les astres, les minéraux, les végétaux, les plantes et les animaux, doivent être constamment les mêmes, en ce qu'ils ne peuvent pas ne pas être régis par leurs lois ; tandis que tous les actes que nous observons parmi les hommes, qu'ils soient opérés par la volonté, par le corps ou par l'intelligence, doivent être constamment subordonnés à la liberté humaine.

Et, en effet, l'intelligence, comme l'ont déjà observé les psychologistes, est douée de l'activité volontaire et libre : pense qui veut, imagine qui veut, raisonne qui veut, est attentif qui veut; tandis que l'animal suit aussi aveuglément et aussi inévitablement son instinct, que l'astre le mouvement d'impulsion qui lui est imprimé. L'abeille construit aussi invariablement et aussi parfaitement sa ruche, depuis le commencement du monde, que les astres suivent leurs sentiers dans l'espace. Aussi personne n'admire les abeilles pour elles-mêmes, sans quoi nous serions obligés de leur supposer une nature bien au dessus de la nôtre ; puisque toujours dans l'ordre, toujours conformes à leur loi, les ruches surpasseraient de beaucoup les sociétés humaines.

Quand nous admirons le cours harmonieux des astres, la constance industrieuse de la fourmi, l'ordonnance merveilleuse d'une ruche, comme quand nous admirons l'éclat de la lumière, la beauté de la rose, l'élégance de la plante, nous n'admirons au fond que l'intelligence de celui qui dirige l'astre, l'abeille et la fourmi ; qui compose la lumière, la plante et sa fleur, et qui, pour l'homme, répand avec une si touchante naïveté, sur la nature, les choses utiles pour le satisfaire, et les choses belles pour réjouir son cœur. Tandis que nous admirons certaines sociétés humaines, quoiqu'elles soient bien au dessous des ruches, sous le rapport de l'ordre et de l'harmonie : c'est qu'alors nous apprécions que tout ce qui se fait de bien dans ces sociétés, est l'œuvre de la libre volonté humaine.

Comme nous l'avons observé en partant des lois absolues de la Réalité, la rationalité fait que l'homme *est*; mais comme être sans avoir été créé, c'est être panthéistiquement confondu en Dieu, il y a un second élément qui fait l'homme *être créé*. De sorte que, sans la rationalité, l'homme ne saurait être; et sans la causalité, il ne saurait être lui-même. La rationalité et la causalité étant les deux éléments nécessaires, indispensables de la créature spirituelle, nous devions présumer que ces deux éléments qui, par leur essence, tiennent de la nature de l'absolu, devaient être doués d'instruments de relation qui les missent en rapport avec la sphère temporelle où nous retient la création. Et c'est, en effet, ce que vient de nous prouver l'observation des organes du corps et celle des facultés de l'intelligence.

Ces idées sur la nature de l'homme, cette manière de considérer, d'après les conceptions ontologiques, 1° la rationalité et la causalité comme les éléments fondamentaux, comme les parties essentielles de la nature humaine; 2° le corps et l'intelligence comme des parties relatives, comme des suppléments indispensablement exigés par la vie temporelle; ces idées, disons-nous, loin de paraître nouvelles et extraordinaires, ainsi que l'on pourrait le croire, nous semblent au contraire aussi vieilles que le monde. D'abord, nous en avons trouvé des traces dans la constitution des mots, qui sont incontestablement l'œuvre du sens commun : car les mots ne portent-ils pas témoignage pour la génération qui les créa, comme pour les générations qui s'en servirent plus tard? Ensuite les Pères de l'Église (qui avaient, il faut l'avouer, plutôt le génie que la science de la psychologie) nous paraissent aussi avoir considéré les choses sous ce point de vue. St. Augustin, par exemple, après avoir expliqué ce que c'est que la raison, comment elle fournit les éléments de toutes nos connaissances ; après avoir signalé les traces qu'elle laisse dans les sciences, et dans tous les arts qui prennent en elle la source du beau, comme la musique, l'architecture, la poésie; St. Augustin ajoute : « Mais c'est l'esprit qui a fait ces sciences et ces arts ; c'est « l'intelligence qui est en nous, c'est-à-dire, *cette partie* « *de nous-mêmes qui fait usage de la raison, et qui se* « *conduit selon ses règles.* »

Enfin, comme sans la rationalité et sans la causalité, l'homme n'existerait pas dans l'absolu, de même sans le corps et sans l'intelligence, la causalité et la rationalité de l'homme ne se manifesteraient point sur la terre.

Or, comme la causalité, renfermée dans les organes du corps et exposée au milieu des forces de la nature, est obligée de vaincre souvent et le corps et la nature, ce qui est la cause de toutes ses misères comme de toutes ses gloires ici-bas : voyons ce que devient à son tour la rationalité, ainsi renfermée dans les facultés de l'intelligence, et livrée à la discrétion de la liberté humaine, par suite de la création.

LIV. II. — DES ÉLÉMENTS

Sommaire. — Nous savons qu'il y a en dehors de l'homme deux sphères de réalités : la Réalité intelligible, qui est absolue, essentielle; et la réalité physique, qui est créée, conditionnelle, subordonnée; — que l'homme tire son âme de la première, et son corps de la seconde; que, conséquemment, l'âme puise sa substance et sa vie dans la Réalité intelligible, et son corps dans la réalité physique ; — qu'alors l'entretien de l'âme par Dieu, s'explique comme celui du corps par la matière : c'est-à-dire, qu'il suffit que l'âme et le corps restent dans les rapports naturels et nécessaires avec les réalités respectives qui sont leur source d'existence. — Nous savons de plus, que la raison, par suite de la lumière intelligible, a l'intuition des réalités spirituelles, comme l'œil, par suite de la lumière physique, a la vision des réalités matérielles : — mais comme l'homme a été plongé dans le temps, au milieu de ces réalités matérielles, nous ne voyons plus comment les idées rationnelles, qui cependant nous ont été données pour nous conduire au milieu de la création, pourront nous éclairer dans le temps, où tout est matériel, fini, spécial, successif. — Alors, ne faut-il pas que l'homme ait un moyen par lequel la lumière impersonnelle, infinie, absolue, identique, universelle de la raison, puisse devenir aussi personnelle, finie, relative, variée, successive, particulière? — Car, comme la causalité, pour produire des effets dans la sphère matérielle, a reçu un instrument qui la met en relation avec elle; ainsi la raison, pour envoyer sa lumière dans cette même sphère ne doit-elle pas être douée d'un instrument qui la mette également en relation avec elle ? — Alors, cet instrument de relation avec les choses extérieures doit avoir : 1° la faculté de percevoir la lumière de la raison, puisque sans elle on ne peut comprendre la vérité? — 2° de ramener les idées infinies de la raison à des formules limitées et finies comme les objets de ce monde? — 3° de rendre l'absolu relatif, pour faire descendre les lois universelles à tous les effets qu'elles produisent? — 4° de ramener le relatif à l'absolu, pour remonter de la multitude des effets à la loi universelle qui les produit? — 5° de rendre l'éternel successif, pour le ramener sous le mode de notre conception dans le temps? — 6° de briser l'unité de l'objet, puisque nous ne pouvons comprendre un tout composé sans en avoir étudié chaque partie? — 7° de ramener la diversité à l'unité, en recomposant le tout primitif? — 8° enfin, de comparer les objets entre eux, pour trouver leurs rapports et les ranger en classes, en espèces et en genres? — Or, 1° la *perception* n'est-elle pas cette faculté qu'a l'homme de recevoir en soi l'idée de quelque chose hors de soi? La perception est l'introduction de la lumière rationelle dans le moi. — 2° *l'imagination* n'est-elle pas cette faculté de ramener les idées infinies à des formules finies, en les imageant? L'imagination est le vestiaire de la pensée. — 3° La *déduction* n'est-elle pas cette faculté de rendre l'absolu relatif, en descendant d'une loi universelle à la variété des phénomènes qu'elle produit? La déduction est le pouvoir de détailler la vérité. — 4° L'*induction* n'est-elle pas cette faculté de ramener le relatif à l'absolu en remontant de la variété des phénomènes à la loi universelle qui les produit? L'induction est le pouvoir de recomposer le rayon de la lumière rationelle. — 5° La *mémoire* n'est-elle pas cette faculté qu'a l'homme, de retrouver l'unité et l'identité de son moi, diversifié par ses actes et dispersé dans le temps par la succession? La mémoire est le pouvoir de retrouver le sentiment de l'unité et de l'identité au milieu du temps. — 6° L'*abstraction* n'est-elle pas cette faculté de briser l'unité d'un tout et d'en prendre chaque partie comme un être réel, pour l'étudier isolément? L'abstraction est le pouvoir de personnifier comme un être complet ce qui n'en est qu'une partie. — 7° La *généralisation* n'est-elle pas cette faculté de ramener les diverses entités produites par l'abstraction, à la généralité de l'objet dont elles ne représentaient que des parties? Comme le dit l'étymologie, la généralisation est le pouvoir de généraliser. — 8° Enfin, la *comparaison* n'est-elle pas cette faculté d'examiner plusieurs objets à la fois, afin qu'en reconnaissant leurs rapports de ressemblance ou de différence, on puisse les grouper dans leurs classes, espèces, genres naturels. Comme le dit l'étymologie, la comparaison est le pouvoir de comparer. — Or, toutes ces facultés ne sont-elles pas au pouvoir de l'homme? et ne sont-elles pas les moyens par lesquels la lumière impersonnelle, infinie, absolue, identique, universelle de la raison, devient personnelle, finie, diverse, relative, variée, successive, particulière? — Comme le corps, avec tous ses appareils, n'est qu'un seul instrument à plusieurs fonctions, de même toutes les facultés que nous venons d'énumérer ne forment qu'un seul instrument à plusieurs opérations : cet instrument est l'*Intelligence*. — Seulement, le corps est un instrument vital à la disposition de la volonté, et l'intelligence est un instrument spirituel à la disposition de la rationalité : elle est la main de la raison. — Comment l'intelligence, instrument de la raison, est utile à la volonté, et comment le corps, instrument de la volonté, est utile à la raison ; comment le corps tire des avantages de la raison, et comment l'intelligence est utile à la volonté. — Enfin, l'intelligence rend à l'homme, vis-à-vis de la nature, le même service que l'instinct aux animaux ; et même l'analogie est si frappante qu'on a cru que l'intelligence n'était qu'un instinct plus développé. — Cependant, il y a une distinction toute simple à faire entre l'instinct et l'intelligence : l'instinct est la lumière par laquelle les êtres bruts sont conduits ; l'intelligence est la lumière par laquelle les êtres libres se conduisent. — L'intelligence est une lumière au service d'un être libre, une lumière qu'il prépare lui-même, qu'il augmente, qu'il diminue, enfin qui dépend de lui : l'instinct est une impulsion intelligente, mais inflexible, qui dirige irrésistiblement l'être matériel ; c'est une lumière qu'il ne peut ni augmenter, ni diminuer, ni modifier, et enfin dont il dépend. — Par l'intelligence, l'être libre s'éclaire et se dirige lui-même ; par l'instinct, l'être brut est éclairé et dirigé par une autre cause que lui-même. — De sorte que si, par l'intelligence, il n'y a entre les brutes et l'homme qu'une différence de degré, comme au fond de l'intelligence on retrouve la liberté, la liberté suffit pour mettre entre eux un abîme. — Or, ne devions-nous pas présumer que la rationalité et la causalité, qui, par leur essence, tiennent de la nature de l'absolu, devaient être munies d'instruments qui les missent en relation avec la sphère temporelle : que la raison devait avoir l'intelligence, et que la liberté devait avoir le corps ? — Comme sans la rationalité et sans la causalité, l'homme n'existerait pas dans l'absolu ; de même, sans l'intelligence et sans le corps, sa rationalité et sa causalité ne se manifesteraient pas dans le temps. — Il faut voir, maintenant, ce que devient la raison, ainsi enfermée dans l'intelligence et livrée à la liberté, par suite de la création.

XIII.

Que devient la raison enfermée dans l'intelligence, et livrée à la liberté humaine, par suite de la création ?

Ainsi, la raison est une lumière qui vient incessamment et directement de Dieu, et demeure impersonnelle en nous : l'intelligence est une lumière allumée par la raison, mais qui reste tout-à-fait au service personnel du moi. L'intelligence a pour objet de rendre l'idée rationelle 1° successive, par rapport au temps, 2° relative, par rapport à l'espace et à tous les objets qu'il renferme ; c'est-à-dire qu'elle a pour objet, s'il est permis de parler ainsi, de *créaturaliser* l'idée rationelle pour la mettre à la disposition de l'être spirituel enfermé dans la création. C'est dans l'intelligence, en un mot, que l'idée rationelle prend ses lettres de naturalisation pour ce monde. Il faut appliquer à l'intelligence tout entière ce qu'en psychologie on dit du raisonnement : savoir qu'elle est essentiellement inféconde, qu'elle ne peut rien mettre dans son résultat qu'elle n'ait trouvé implicitement dans la source qui lui fournit ses matériaux ; puisque dans toutes ses opérations elle ne peut employer une autre lumière que celle qu'elle emprunte à la raison. Toute vérité n'est qu'un principe rationel transvasé de la raison dans l'intelligence.

Seulement l'intelligence, par la nature même de sa destination, a l'avantage de se mouvoir en tous sens et de porter la lumière rationelle sur tous les points, de toutes les manières ; de prendre ainsi les objets finis sur toutes leurs faces et de pénétrer jusqu'aux plus petits détails. Sans l'intelligence, lors même que l'homme aurait eu la conception de tous les principes sur lesquels repose le monde physique, comme il possède en lui ceux qui doivent diriger le Monde moral, sans l'intelligence, disons-nous, l'homme n'eût jamais fait de science.

Néanmoins, sous le seul point de vue de la vérité scientifique, la raison, indépendamment de son objet fondamental, a ses avantages aussi bien que l'intelligence. Si sa lumière est obscure pour nous, par rapport aux objets de ce monde, qu'elle ne peut éclairer sans subir les opérations dont nous avons parlé tout à l'heure, elle est, après tout, la plus sûre et la plus certaine que nous puissions avoir, en ce qu'elle vient immédiatement de Dieu. La raison possède en certitude ce qu'elle n'a pas en intellectualisation ; comme ce que l'intelligence gagne en clarté, en intellectualisation, elle peut le perdre en certitude. Ce n'est pas à dire pour cela que la raison soit toujours obscure et l'intelligence toujours incertaine : c'est la raison toute seule, sans être desservie par l'intelligence, qui est obscure ; et c'est l'intelligence toute seule, lorsqu'elle veut faire ses opérations indépendamment de la raison, qui est incertaine ; au reste, tout le monde le sait bien.

Eh ! pour peu que nous jetions un simple coup-d'œil sur la fonction de la raison et sur celle de l'intelligence, nous trouverons tout simple que la raison qui n'est pas desservie par l'intelligence, reste obscure, et que l'intelligence, qui ne prend point ses principes dans la raison, soit incertaine!

La raison est bien un rayon de la Substance intelligible ; comme telle, elle est bien la vérité, la certitude par excellence (car si nous pouvions l'employer en tout, dans l'état où Dieu nous l'envoie, nous ne serions point exposés à nous tromper) ; mais étant une, impersonnelle et absolue, l'homme ne peut s'en servir dans cet état, il faut qu'il la rende diverse, personnelle, relative. La raison, enfin, renferme bien l'idée pure du vrai, mais il s'agit de la rendre visible de la visibilité de ce monde ; et c'est ici l'objet de l'instrument intellectuel. En effet, l'intelligence, comme nous le savons, rend successive, personnelle, relative la lumière rationelle, pour qu'elle nous éclaire au milieu du temps et de l'espace ; l'intelligence perçoit, image, divise, recompose, identifie, personnifie, compare, généralise, en un mot créaturalise de toute manière l'idée rationelle. Or si, dans toutes ces opérations, l'intelligence a soin de ne pas perdre un seul instant la lumière rationelle, qu'elle se borne absolument à lui faire traverser toute cette filière pour l'amener ainsi, sans la rompre, jusqu'à la dernière déduction qu'elle puisse produire, il est clair que ce qu'on recueillera au bout du canal intellectuel, aura tout à la fois, et la certitude de la raison, et la clarté de l'intelligence ; ce sera l'idéal de la pensée scientifique, ce sera la pensée véritable.

Amener ainsi la lumière du plus profond de la raison, pour la faire descendre le long de l'intelligence jusque sur ce monde, c'est, comme nous l'avons déjà observé, exécuter cette opération que le langage, qui sait tout vraiment, appelle *raisonner*. Le raisonnement est ce qui se fait au moyen de la raison.

Aussi le vulgaire ne s'y trompe pas ; en parlant de celui qui débite des erreurs, il n'est pas en peine de dire : « Cet homme *ne sait pas raisonner...*, cet homme « *raisonne mal...*, cet homme *n'a point de raison...* » Et de fait, s'il ne la montre pas, il est pour ses semblables comme s'il n'en avait point. Si donc nous ne pouvons profiter que de cette partie de la raison que nous faisons passer à travers la filière de l'intelligence, il est clair que la raison qui n'est pas desservie par l'intelligence, reste obscure, comme l'expérience nous le montre chez tous les hommes privés d'instruction ; car l'instruction est effectivement ce qui développe l'intelligence et l'exerce à se servir de la raison. Si d'ailleurs la raison, telle qu'elle descend de Dieu, était suffisante, le Créateur n'y aurait point ajouté l'instrument intellectuel.

Voilà pour l'hypothèse où la raison n'aurait pas à sa disposition une intelligence convenablement exercée ; et c'est l'hypothèse du plus grand nombre : le travail du corps ne laissant pas aux classes ouvrières le loisir du travail de l'esprit. Du reste, la science n'apprend rien au sens commun, en fait de vérités indispensables; elle ne peut que lui donner une intelligence plus claire de ce qu'il trouve spontanément en lui. La science vient toujours la dernière, et les Académies ne voient le jour qu'au milieu de civilisations toutes faites. L'intelligence ne nuit pas à la raison quand elle en dérive; mais le sens commun la remplace toujours avantageusement. Cette position (de posséder plutôt la raison que l'intelligence) est, comme on le voit, plus incommode que dangereuse.

D'ailleurs il ne résulte pas, et c'est ce qui nous importe le plus, de ce que la raison traverse difficilement l'intelligence, qu'elle ne puisse point arriver jusqu'à la volonté pour l'éclairer; nous verrons plus tard qu'elle a deux écoulements dans l'homme. D'abord, par l'intelligence, on ne produit que des pensées, tandis que par la volonté on produit des actions; et, soit pour l'entretien du corps, soit pour la vie de l'âme, *bien agir* est autrement utile que *bien penser*. Une bonne action est au dessus d'une bonne pensée, comme la fin est au dessus du moyen. Or, lors même que la raison n'est pas suffisamment desservie par l'intelligence, qui produit les pensées, cela ne l'empêche point d'éclairer parfaitement la volonté, qui produit les actes. D'ordinaire, l'intelligence est toujours assez exercée pour que l'homme puisse s'en servir dans les circonstances habituelles de la vie pratique. Le genre humain jusqu'à présent n'a vécu qu'avec le sens commun : il vivra bien encore ainsi.

Oui, le sens commun remplace toujours avantageusement l'intelligence, parce qu'il donne en réalité, et met en notre possession, ce sur quoi l'intelligence ne peut tout au plus que nous éclairer faiblement. En effet, l'intelligence nous donne bien quelque lumière, mais elle ne nous donne pas toujours la vérité. Or, il ne faut point confondre les lumières avec la vérité : car les savants possèdent les lumières, et avec ces lumières ils ont rencontré quelques vérités ; mais les vérités en masse sont dans le sens commun. Dans le sens commun, il est vrai, la vérité est, s'il est permis de le dire ainsi, privée de lumière, elle est une vérité non encore scientifiquement prouvée, elle est à l'état de préjugé ; mais ce n'en est pas moins là qu'on la retrouve toujours le plus féconde en résultats.

Aussi, il ne faut pas se tenir derrière les savants pour ne croire qu'à ce qu'ils enseignent ; parce qu'ils n'enseignent que ce dont ils ont pu découvrir les preuves, c'est-à-dire fort peu de choses en comparaison de la quantité, encore inexpliquées, de vérités que renferme le sens commun. Le sens commun, sous ce rapport, dépasse la science de tout l'avenir promis à celle-ci ; car la science ne se développe qu'à mesure qu'elle avance dans le sens commun. Les esprits légers se laissent éblouir par les lumières, il leur arrive souvent de céder le sens commun pour quelques nouvelles données scientifiques. Il est bien de demander à la science ce qu'elle sait ; mais, en général, il vaut mieux suivre les masses ; il ne faut pas abandonner le genre humain.

Nous observions tout à l'heure, que l'état de sens

commun est pour l'homme celui qui rend sa volonté le plus féconde ; nous devrions presque en dire autant de son esprit. En effet, remarquez bien que la certitude existe indépendamment de la science : la science ne consiste précisément qu'à trouver tous les rapports que les faits ont avec les principes du sens commun, qui est la source de la certitude. Toute science repose tellement sur des principes qui sont dans la raison, que la formation de la science consiste simplement à trouver comment les faits se rapportent à ces principes. Aussi toutes les fois qu'elle a trouvé à rattacher les faits aux principes, elle dit qu'elle les a expliqués, elle dit qu'elle a obtenu une vérité. Toute science qui n'est pas basée sur les principes est fausse, c'est-à-dire, qu'elle n'est pas une science. Ce qui fait une science, c'est lorsque, disons-nous, l'observation est parvenue à rattacher les faits à un principe reconnu du sens commun. Bien loin de pouvoir se passer du sens commun, la science n'existe que par lui ; bien loin de l'entretenir, c'est de lui qu'elle emprunte la vérité, qu'elle emprunte ce qui fait sa vie. Or puisque le sens commun a tant d'avantages sur la science, on n'a point trop à se plaindre de lui appartenir !.. [1]

Une science parfaite n'est réellement qu'un ensemble d'explications exactement conformes aux principes du sens commun. Et les savants eux-mêmes tiennent tout

---

[1] Quelques philosophes allant un jour rendre visite à saint Antoine dans le désert, cherchaient à le railler un peu sur son ignorance dans les sciences du temps ; il leur demanda, avec une simplicité admirable : « Qui de la raison ou de la science est la première, et laquelle des deux a produit l'autre ? — C'est sans doute la raison, eurent le bon sens de répondre ceux-ci. — Le bon sens suffit donc, reprit le Saint. »

ce qu'ils sont du sens commun ; car les savants ne savent que parce qu'ils croient, c'est-à-dire, que parce qu'ils adhèrent aux principes sur lesquels la science repose. S'ils n'ajoutaient pas foi à ces principes, ils ne chercheraient pas à leur rattacher les faits pour les comprendre et les expliquer. Or, si les principes auxquels le savant rattache les faits, les lui expliquent, rien ne lui explique ces principes ; s'il regarde ces faits comme démontrés dès qu'ils s'appuient sur ces principes, rien ne lui démontre ces principes : c'est bien de son propre mouvement et d'une manière immédiate qu'il croit au sens commun qui les lui fournit ! Et comme savoir, pour les sciences, c'est expliquer par les principes, et qu'on ne peut posséder ces principes que par croyance, voilà pourquoi les savants ne savent que parce qu'ils croient. — Je tiens à faire observer par là, qu'après tout, les savants se conduisent comme le peuple. Car si celui-ci croit assez aux vérités que lui fournit le sens commun pour en faire des actes, ceux-ci y croient assez également pour en faire de la science : la science, ou l'ensemble des faits expliqués, étant l'œuvre du savant, comme les mœurs, ou l'ensemble des actes réalisés, sont l'œuvre du peuple. Quand la volonté n'est pas conforme au sens commun, elle produit des actes de folie ; quand l'intelligence n'est pas conforme au sens commun, elle produit des pensées absurdes.

Si, comme nous venons de l'observer, on rencontre, en général, dans ce qu'on appelle le peuple, la raison sans beaucoup d'intelligence, par contre, on trouve dans les savants de l'intelligence sans beaucoup de raison. L'homme resserré par sa nature, et faible par sa volonté, n'excelle presque jamais sur plusieurs points à la fois. Le savant, dont toutes les pensées sont le fruit lent et pénible du travail de l'intelligence; le savant, qui a passé toute sa vie à diviser, à abstraire, à comparer, à généraliser, à imager, à se servir, en un mot, de toutes ses facultés intellectuelles, et qui en a obtenu des résultats, s'habitue à croire qu'on produit la vérité en divisant, en comparant, en imageant, en généralisant, etc.; le savant se persuade enfin, qu'on fait la vérité avec de la science; tandis que c'est avec la vérité que la science se fait.

Non qu'il n'y ait point de raison dans toutes les opérations que le savant exécute, car s'il arrive à de bons résultats, c'est bien assurément, parce que la raison a présidé à ses opérations; mais le savant ne saurait avoir une conscience aussi positive de l'effet impersonnel de lumière que la raison produit dans ces mêmes opérations, que des efforts intellectuels qu'il fait personnellement pour les exécuter. La raison nous échappe par son intimité même.

Le savant est alors exactement semblable à l'ouvrier qui, habitué à voir sa main et son pied exécuter tout ce qu'il veut, s'imagine que son adresse réside entièrement dans ces deux organes, et ne se doute pas qu'au fond il ne palpe et ne marche qu'avec sa tête [1]. Il est vrai que tout homme qui se sert de son intelligence, n'est pas plus

---

« Ce n'est pas dans les organes extérieurs que nous sentons, mais seulement dans le centre du système nerveux; du cerveau partent aussi tous les mouvements; les organes extérieurs ne servent qu'à recevoir l'action des objets extérieurs, ou à la transmettre au centre cérébral, etc. »
. Cuvier, *Anatomie comparée*, tom. 2: Action du système nerveux.

tenu de connaître la psychologie pour savoir quelle faculté produit telle opération, que l'ouvrier qui se sert de ses bras, n'est tenu d'étudier la physiologie pour savoir quel muscle amène tel mouvement. Mais il s'agit simplement ici d'observer que celui qui fait continuellement travailler son intelligence, et qui arrive à des vérités, s'accoutume aussi facilement à la considérer comme la source de la vérité, que l'ouvrier qui fait continuellement travailler ses doigts, s'accoutume à les considérer comme la source de son adresse : et cependant l'intelligence, comme la main, n'est qu'un simple instrument.

Or, on devine d'ici où peut conduire une pareille illusion ! qu'il arrive, par exemple, au violoniste habile, de se livrer aux intempérances de la boisson (ce qu'il pense pouvoir se permettre d'autant plus volontiers, qu'il ne craint qu'une chose, de se gâter la main) ; il s'abrutit, la délicatesse de son goût disparaît, et il se trouve un jour tout surpris de ne faire que des gaucheries, parce qu'il croyait que tout son art résidait au bout de ses doigts. Il en est de même pour le savant, qui est l'ouvrier intellectuel, habitué à comparer, à diviser, à classer, à généraliser ; habitué enfin à ne pas quitter la logique, dans toutes ses déductions, il finit par se persuader qu'il suffit de suivre un enchaînement logique pour arriver au vrai, sans s'inquiéter de la valeur du principe rationel sur lequel doit s'appuyer la logique. De là il va jusqu'à prétendre que tout ce qui a la forme d'un bon raisonnement, la tournure d'un axiome, c'est-à-dire que tout ce qui est pourvu d'une définition, d'un point de départ et d'une conséquence, doit être naturellement une vérité.

L'intelligence devient alors un atelier où l'on forge des pensées sans matériaux; à moins que l'on ne donne le nom de pensée aux idéalités réalisées que, dans ce cas, l'abstraction s'empresse de fournir. Le paralogisme, le sophisme, le syllogisme avec ses propositions, ses grands et petits termes, sa majeure, sa mineure, ses prémisses et ses conclusions ne tarissent plus [1]; l'enthymème, le prosyllogisme, le dilemme, l'épichérème, le sorite, etc., construisent leurs prétentieux échafaudages, et font tous les frais de la gnose humaine. De là enfin, l'inépuisable abstraction coulant à pleins bords dans le lit de la science au point que celui qui étudie a toujours plus de peine à éviter d'abord les erreurs qui l'embarrassent, qu'à saisir ensuite les vérités qui restent. Les savants eux-mêmes ne se plaignent que de cela.

Et, en effet, la scolastique prise en général est l'éternelle faiblesse de la pensée scientifique. Dans l'antiquité, on en faisait sur les sciences religieuses; au moyen-âge, sur les sciences physiques; aujourd'hui, on en fait sur les sciences morales, et les sciences physiques n'en sont point pour cela exemptes. Personne n'ignore avec quelle subtilité et quelle adresse la scolastique jouait sur les idées et sur les mots; parce qu'on sait avec quelle profusion l'on peut tirer des conséquences d'un principe une fois admis. Tandis que le grand point est précisément d'établir la valeur du principe : soit qu'on le prenne dans

---

[1] Les paralogismes sont si nombreux et si variés, que la philosophie en a pu faire une classification générale, mais qui est loin d'être complète. Elle les réduit en cinq classes : 1° l'ignorance du sujet; 2° la pétition de principe; 3° prendre pour cause ce qui ne l'est pas; 4° prendre pour absolu ce qui n'est qu'accidentel; et 5° l'énumération imparfaite.

la tradition, s'il s'agit des sciences religieuses ; soit qu'on le prenne dans la raison, s'il s'agit des sciences morales ; soit qu'on le puise dans l'expérience, s'il s'agit des sciences physiques. Or, c'est précisément ce que ne permettait point la scolastique [1]. « La logique seule, dit Descartes, « ne peut pas nous donner la connaissance de la vérité, « car avant de construire un syllogisme, il faut en trouver « les matériaux, il faut déjà posséder la vérité. » En effet, il ne s'agit pas seulement d'apprendre avec Aristote qu'il y a des règles pour déduire des principes leurs véritables conséquences ; mais il s'agit de découvrir auparavant ces véritables principes, et de s'assurer de leur réalité.

Malgré Descartes, malgré Bâcon, nous faisons de la scolastique comme par le passé. Ainsi, dans les sciences physiques il faut partir des faits, ou de l'observation externe : on part d'abstractions réalisées ! dans les sciences morales il faut partir de la raison, ou de l'observation interne : on part de phénomènes climatologiques ! dans les sciences religieuses il faut partir de la révélation, ou de l'observation traditionnelle : on part du raisonnement !.. Quand une fois on quitte la raison et l'expérience, ces deux sources de nos idées, et que l'on se renferme exclusivement dans l'intelligence, on pourrait imager, raisonner, diviser, abstraire, généraliser et com-

---

[1] « L'esprit scolastique consistait à exclure l'observation interne, ou externe, pour se conformer exclusivement à la déduction. Les vrais scolastiques ne connaissaient qu'une voie pour arriver au vrai : le raisonnement ; et qu'une règle pour bien raisonner : c'est que la conséquence fût renfermée dans le principe. Tout principe était vrai, il suffisait qu'une proposition eût la forme d'un axiome pour en avoir la valeur ; on ne s'inquiétait nullement de son origine : *Contendenti principia respondere nefas*, était une maxime reçue dans toutes les écoles. »

Cours de philosophie : Des principes philosophiques de la scolastique.

biner ainsi des pensées artificielles jusqu'à l'infini, sans communiquer un seul instant avec une des trois sphères de réalités, conséquemment sans produire une seule idée réelle, et sans retirer de tout ce travail une seule connaissance positive. Car de pareils raisonnements, quelque vrais qu'ils soient en eux-mêmes comme facture logique, n'ont aucune valeur objective.

L'intelligence ne produit que des systèmes : c'est avec la raison ou avec l'expérience qu'on élève des théories. Que l'on prenne seulement un fait relatif pour une loi absolue, quelle que soit la rigueur du raisonnement qu'opère l'intelligence; ou bien mieux encore, plus le raisonnement sera juste, plus les conséquences déduites seront incomplètes et fausses : la logique alors sert plutôt à engendrer des erreurs qu'à retrouver la vérité. Puisque le mensonge consiste à affirmer ce qui n'est pas, le scolasticisme est en définitive un état mensonger de l'esprit.[1]

Aussi l'inconvénient à quitter soit la tradition, qui nous révèle les réalités historiques, soit la raison, qui nous révèle les réalités spirituelles, soit l'expérience, qui nous révèle les réalités matérielles, revient toujours au même : substituer une abstraction à une idée réelle, ce qui n'est pas à ce qui est. Si nos pères, avec un seul principe arbitraire, construisaient mille systèmes de morale, nous, sur une seule observation, nous avons construit

---

[1] L'auteur du livre *De la vérité universelle*, fait sur le mot *Mentir* une observation remarquable : « Ce mot, dit-il, composé de *mens* (esprit) et d'*ire* (aller), exprime une pure opération de l'esprit, et par conséquent un mouvement hors de la réalité des choses. Le mensonge (songe de l'esprit) est donc contraire à la vérité. On dit de l'homme menteur qu'il *im-pose*, c'est-à-dire, qu'il *pose* un fait de sa création dans un ordre de faits qui ne l'a pas produit. »

Livre VII, *du Dialecte français*.

plus d'un système de physique. Calculez combien on a créé de systèmes faux depuis que l'esprit humain poursuit la vérité, et nous saurons combien de fois l'esprit humain est tombé dans l'erreur de la scolastique ; c'est-à-dire, combien de fois l'intelligence a fonctionné indépendante de l'expérience pour les sciences physiques, et indépendante de la raison pour les sciences morales. Telles sont les erreurs les plus communes de l'intelligence agissant indépendamment de la raison ; telles sont les erreurs que l'intelligence commet, en quelque sorte, à son insu.

Mais l'intelligence ne produit pas seulement des erreurs par substitution du raisonnement à la raison, de l'abstraction à l'idée réelle, de l'imagination à l'expérience ; elle nous expose encore à en commettre de plus grossières, de moins permises, mais plus rares il est vrai : ce sont les erreurs par négation de réalité. Ces erreurs ne viennent qu'à la suite des premières, parce qu'elles ne sont, après tout, que la conséquence finale de l'abus excessif que l'intelligence peut faire d'elle-même, en oubliant : 1° la tradition, qui est la révélation faite au genre humain ; 2° la raison, qui est la révélation faite à l'individu ; 3° l'expérience, qui est la révélation faite aux sens.

En effet, l'intelligence s'habitue à croire que, par ses diverses opérations, elle produit à elle seule la vérité, sans qu'elle ait besoin de la puiser à ses sources ; elle s'habitue à croire qu'il lui suffit de raisonner et de remuer ses facultés, pour que la réalité se présente en elle. L'intelligence fait alors comme l'œil qui, parce qu'il saurait que les objets qu'il voit se peignent en lui, fermerait aussitôt ses paupières, et continuerait à mouvoir sa prunelle dans son orbite pour y faire apparaître d'autres objets.

De même, habituée à vivre renfermée dans son orbite, l'intelligence plongée dans ce monde idéal d'abstractions réalisées, d'imaginations coordonnées, de raisonnements combinés, finit par se complaire au milieu du palais magique dont la spéculation élève si brillamment autour d'elle les murs enchantés. Elle oublie, dans sa suffisance, non-seulement que c'est par la raison que lui viennent toutes les idées de la sphère spirituelle, et que c'est par l'expérience que lui viennent les images de la sphère matérielle; mais elle se trouve insensiblement amenée à perdre de vue et à oublier ces réalités elles-mêmes. Comme elle s'imagine tout trouver dans son sein, et, s'il est permis de parler ainsi, produire la vérité de son propre sang, la vérité devient pour elle une entité. La vérité n'est plus pour elle la représentation dans l'esprit humain, de ce qui est dans la réalité; c'est un fruit de l'homme, quelque chose *sui generis*, qui a une existence propre; c'est un petit être qui se conserve dans l'intelligence comme un fœtus dans l'esprit-de-vin!

Quand l'intelligence croit ainsi posséder en elle-même la Vérité, comment pourrait-elle penser que la vérité soit encore en dehors d'elle? Alors comment se déciderait-elle à sortir de son merveilleux olympe, et à la chercher dans un espace pour elle imaginaire? L'intelligence fait, en ce cas, comme l'œil qui, persuadé que les objets restent peints sur sa rétine, abaisserait sa paupière, et finirait par s'endormir oubliant le monde extérieur sur lequel il s'était fermé : c'est-à-dire, qu'elle oublie d'abord ce qu'elle a perdu de vue, et finit ensuite par nier ce qu'elle ne voit plus. Ainsi, pendant que l'intelligence crée des entités, et que, d'une part, elle donne une valeur objective à ce qui n'en a point, d'une autre part, elle enlève aux choses qui existent, leur réalité. Qui ne se rappelle l'histoire si remarquable de l'idéalisme de Fichte ? on conçoit que pour arriver à un état si extraordinaire, il faille avoir fait un long abus de l'intelligence, et avoir bien longtemps repoussé les lumières de la raison et celles de l'expérience. Aussi n'y a-t-il, en général, que les savants qui puissent se porter à ces erreurs; le peuple en est rarement atteint.

Or, comme il n'y a que trois ordres de réalités, on voit d'ici qu'il ne peut y avoir que trois sortes d'erreurs de ce genre ; c'est-à-dire, qu'il ne peut y avoir que trois négations de réalité, savoir : 1° *l'Idéalisme* qui, rejetant le témoignage des sens, nie au nom de l'idée le monde matériel ; 2° le *Matérialisme* qui, rejetant le témoignage du sens intime ou de la raison, nie au nom de la matière le Monde moral ; 3° et *l'Athéisme* qui, rejetant le témoignage de la raison, nie au nom de l'être créé le Monde intelligible de la substance incréée.

Ainsi, le métaphysicien, qui s'est plus particulièrement servi de la raison pour étudier les choses spirituelles, en s'occupant des faits psychologiques moraux et ontologiques, se trouve plus naturellement porté à nier les réalités matérielles et à devenir idéaliste. Le physicien, qui s'est plus particulièrement servi de ses sens pour étudier les objets physiques, chimiques et physiologiques, se trouve plus naturellement porté à nier les réalités spirituelles et à devenir matérialiste. Le sensualiste enfin, qui a passé sa vie à ne cultiver que les organes d'observation pour ramasser des faits, sans jamais s'être inquiété de leur loi et de leur cause, finit, après avoir si complètement négligé ces notions de la raison, par oublier qu'il existe une cause première et une loi universelle, et par devenir athéiste [1]. On peut dire que quiconque nie une réalité, ferme les yeux sur elle : l'œil de la raison, s'il s'agit de la réalité spirituelle, l'œil des sens, s'il s'agit de la matière.

Aussi, puisque nous avons appelé *croyance* l'acte par lequel la raison laisse pénétrer jusqu'à elle la manifestation d'une réalité objective, nous devons donner, par opposition, le nom d'*incrédulité* à l'acte par lequel la raison refuse de s'ouvrir aux manifestations de l'une des trois réalités (intelligibles, morales ou sensibles). L'incrédulité peut être ainsi un sommeil de l'intelligence, mais non point un aveuglement de la raison : une faculté de nature absolue ne peut être détruite comme on crève les yeux du corps. Tout ce que l'homme peut faire contre la raison, c'est de ne pas s'en servir, et d'en éviter la lumière lorsqu'elle pourrait contrarier sa volonté ; encore est-il obligé, pour appaiser sa conscience, de se persuader qu'il n'a point rejetté cette lumière : car, dans l'intérêt de sa conservation, l'être spirituel, comme l'être physique,

---

[1] « Ils vous diront combien de poils a la chenille, combien de pattes à le ciron : toute recherche au-delà leur paraît oiseuse ; ils ne voient pas même la loi, comment s'élèveraient-ils à la notion du Législateur ? Morcelants, parce que la partie est plus facile à saisir que le tout, et le détail plus que l'ensemble, ils entassent fragments sur fragments, puis s'égarent eux-mêmes dans leur propre labyrinthe. »

est rappelé par la douleur aussitôt que quelque chose en lui s'éloigne de l'état normal.

Pour se faire une idée de l'illusion complète dans laquelle ces erreurs réussissent à jeter l'esprit, il faudrait y avoir passé. Par exemple, celui qui n'a jamais douté de Dieu, ne se figure pas qu'on puisse perdre aussi complètement de vue le Monde intelligible; celui qui ne s'est pas engagé dans l'idéalisme, ne peut pas croire à la bonne foi et à la quiétude avec laquelle on se trouve obligé de nier le monde matériel; enfin, quant à la négation de soi-même, tout le monde se rappelle les pyrrhoniens de la Grèce.

Il semble que, par suite de sa faiblesse et de sa situation au milieu du fini, l'esprit de l'homme soit exposé aux mêmes vicissitudes que son corps; le développement exagéré d'une faculté attire toute la vie à elle, et abandonne les autres à l'atrophisme. L'empirique exclusif devient aussi inhabile à se servir de la raison pour pénétrer aux vérités morales et intelligibles, que l'idéaliste à faire de l'expérimentation. La plupart du temps, les savants à système ne se combattent réciproquement que parce qu'ils ne se comprennent pas; et ils ne se comprennent pas, parce que leurs esprits ne sont pas dans les domaines de la réalité : s'ils y étaient, ils se rencontreraient!

On conçoit néanmoins que des erreurs aussi grossières que celles de l'idéalisme, du matérialisme et de l'athéisme, pour être entretenues dans l'esprit, demandent à être constamment cultivées par les soins de l'intelligence. Ces erreurs sont inabordables aux masses, qui se reposent et se renferment avec une sérénité, en quelque sorte éternelle, dans le lit du sens commun, comme l'Océan dans ses rivages. Il est vrai qu'au dessous des savants, on trouve encore quelques individus se prétendant matérialistes, idéalistes ou athéistes; mais ce n'est, en général, de leur part, qu'une affaire d'amour-propre : quelques philosophes, depuis le dix-huitième siècle surtout, s'étant trouvés sérieusement exposés à ces erreurs, on pensa quelquefois à s'en vernir comme d'un brillant scientifique.

En général, pour se débarrasser de ces erreurs, il suffit de s'abandonner au mouvement naturel du sens commun, et de laisser agir en nous les lois de notre constitution psychologique ; car ces erreurs ne pouvant exister sans être en réaction continuelle contre la raison générale, elles ne subsistent que par de grands efforts de notre part. « La source de l'idéalisme, dit un philosophe, étant la négation des faits extérieurs, il est clair que le remède à cette erreur est dans l'admission de ces faits; c'est-à-dire, qu'il faut que ceux qui se croient supérieurs au vulgaire, se résignent à croire à leurs organes, comme le vulgaire y croit. La source du matérialisme est la négation des faits de conscience : or, ces faits n'ont été niés que par les naturalistes, les chimistes, les physiciens et les physiologistes; il faut donc qu'ils se résignent encore à croire leur sens intime comme le vulgaire. L'athéisme a sa source dans la négation de la raison, comme faculté impersonnelle; il ne s'agit donc, pour détruire cette erreur, que de reconnaître le fait de l'impersonnalité de la raison. On voit d'abord qu'il ne faut ni talent, ni effort de génie, ni science, ni esprit pour sortir de ces erreurs; seulement il faut être homme; ne rien nier de ce qui appartient à la nature humaine, ni les sens, ni la conscience, ni la raison; être simple de cœur et d'esprit. Un sensualiste, un matérialiste, ou un idéaliste, est un homme qui s'est mutilé, puisqu'il a retranché un élément essentiel à sa nature.[1] » — S'enfermer dans un de ces systèmes, c'est ne connaître du monde que ce qu'on en peut voir par un trou.

Telles sont les erreurs principales auxquelles l'intelligence peut exposer la raison[2]. Nous ne parlerons pas des erreurs secondaires, parce qu'elles rentrent dans celles-ci, dont elles ne sont que des diminutions, et qu'elles s'expliquent toutes conséquemment par la même cause : indépendance de l'intelligence négligeant les deux canaux par lesquels lui vient toute lumière, la raison et l'expérience.[3]

Le sens commun, plus répandu dans les masses, l'intelligence, plus commune chez les savants, font que ces deux classes de la société ne peuvent jamais s'entendre. D'abord les savants font en général assez peu de cas du sens commun; ils se persuadent que les lumières

---

[1] M. Noirot, *Cours de philosophie : De la logique*.

[2] Ce phénomène de l'intelligence détruisant elle-même la raison, est bien reconnu; il y a longtemps que le sens commun l'a exprimé par ces mots d'un de nos poëtes : *Le raisonnement a banni la raison*. Les jurisconsultes se plaignent du même fait, lorsqu'ils disent : *Les commentaires et la jurisprudence étouffent la loi*. Les artistes ne se plaignent-ils pas aussi de ce que : *La soumission trop attentive aux règles éteint le génie*. Dans la morale, comme dans les sciences, comme dans les arts, ce que l'on doit à la raison, c'est le bien, c'est le vrai, c'est le beau; ce qu'il y a de mal, au contraire, y vient d'un usage exclusif, inhabile et intempestif de l'intelligence.

[3] Nous ne parlons pas de la foi, parce qu'elle n'est que l'adhésion de la raison aux faits qui lui sont rapportés par l'expérience historique, ou le témoignage des hommes. La foi, c'est la croyance à des faits; et la croyance est un acte de la raison. C'est par la raison que la foi entre dans l'homme; la révélation est une lumière qui s'adresse à la raison, et qui lui sert de complément.

leur donnent, comme hommes, comme êtres intellectuels, une incontestable supériorité sur le vulgaire, et le jugement qu'ils en portent, se rapproche passablement du mépris. Mais, du reste, le peuple s'en dédommage bien; les philosophes, surtout, ne sont pas près d'être délivrés de ses railleries! Les savants, ne considérant jamais qu'un côté des choses à la fois, et excluant les autres faces des réalités, n'ont jamais été et ne pourront jamais être d'accord avec le peuple. Le peuple ne s'accorde bien qu'avec les grands poëtes, parce que ceux-ci voient avec le coup d'œil de l'ensemble, à la manière des masses; seulement, ils expriment les choses avec plus d'enthousiasme, parce que, comme artistes, ils dégagent plus énergiquement la pensée de l'infini, en lui donnant une forme inspirée.

Le savant, au contraire, n'a aucune des allures du vulgaire. Le vulgaire pense spontanément : le savant pense par réflexion; le vulgaire embrasse tout, ne sait rien nier, parce qu'il se fie à toutes ses facultés et ne fait aucun effort pour condamner l'usage de l'une d'elles : le savant ne voit qu'une face exclusive, nie le reste, se tient toujours sur ses gardes contre ses facultés, et fait toutes sortes d'efforts pour se renfermer dans un système; le vulgaire est porté à la croyance, parce que c'est un état naturel de l'âme, un état naturel de l'être spirituel, qui a la vérité en lui : le savant est porté au scepticisme, parce que c'est l'état naturel de l'esprit qui soupçonne ses propres facultés, l'état naturel de celui qui est obligé d'aller chercher la vérité hors de lui. Toutefois, que la science méprise le sens commun, là-dessus on sait à quoi s'en tenir : la science ne fera pas tomber le sens commun; mais le sens commun fait bien de conserver une certaine considération pour la science qui, après tout, s'expose, à ses risques et périls, et dans l'intérêt de l'humanité, à tant de systèmes ridicules et à ce scepticisme surprenant qu'on lui reproche. Eh mon Dieu ! il faut en accuser la faiblesse de notre intelligence; si la raison ne nous trompe pas, c'est que Dieu la met en œuvre !..

Mais il est facile de faire le lot de la raison et celui de l'intelligence. Tout ce à quoi nous croyons immédiatement, sans nous l'être prouvé par le raisonnement, s'appelle *préjugé*; tout ce qui nous est prouvé par un raisonnement, mais qui ne se trouve pas conforme à la raison ou à l'expérience, s'appelle *erreur*; enfin, tout ce qui ne nous est prouvé ni par la raison, ni par l'intelligence, s'appelle *absurdité*, quand on est de bonne foi, et *sophisme*, quand on est de mauvaise foi. De là, il résulte que la classe de la société qui a le plus de préjugés, est celle du vulgaire ; que la classe où il y a le plus d'erreurs, est celle des savants; que la classe qui dit le plus d'absurdités et fait le plus de sophismes, est celle des littérateurs. Ainsi, l'inconvénient de n'avoir pour soi ni la raison, ni la science, conduit aux inutiles sophismes et aux vaines absurdités de la littérature; l'inconvénient de n'avoir que le raisonnement, conduit aux erreurs systématiques de la science; enfin, le désagrément de ne posséder que la raison et d'être nus d'intelligence, tels que le bon Dieu nous fit, conduit à avoir les préjugés du peuple.

Celui-ci, dans le partage, n'est pas le plus à plaindre ; cependant, les plus grandes vérités n'en sont pas moins pour lui des préjugés tant qu'il n'a pas trouvé le loisir de se les expliquer. Il est vrai que ce dernier inconvénient est le moins grave : quand on tient la vérité, qu'importe par quel bout ! qu'importe d'en chercher les preuves extérieures, surtout si on la réalise bien ? Eh mon Dieu ! le genre humain ne roule que sur des préjugés ; les masses n'ont pas le temps de réfléchir ; les savants eux-mêmes ne peuvent transformer tous leurs préjugés en points scientifiques, parce qu'il est impossible à une vie d'homme de revenir, par la réflexion, sur tout ce que l'on sait. D'ailleurs, la science n'a pas encore pu donner l'explication d'une multitude de choses que nous faisons tous les jours sans les comprendre, et sur lesquelles repose cependant notre existence.

Et puis, en fait de préjugés, si l'on voyait du grand savant à l'homme simple, combien il y a peu de différence !... entre eux, il n'y a que du plus au moins. Beaucoup de gens crient contre les préjugés, ils ont certes bien raison ; mais, comme je l'entendais dire à M. Noirot, si tous les préjugés se retiraient de la société, elle retomberait dans la barbarie. Et d'abord, les vérités d'une science, ne sont-elles pas des préjugés pour tous les hommes étrangers à cette science ? Les vérités astronomiques ne sont-elles pas des préjugés pour l'homme de lettres, par exemple, qui connaît ces vérités, et ne saurait les démontrer ? Les vérités physiques et chimiques ne sont-elles pas des préjugés pour le légiste, qui connaît ces vérités et en ignore les preuves ? Les vérités de l'arithmétique ne sont-elles pas des préjugés pour le commerçant, qui tous les jours s'en sert et n'en connaît pas les principes mathématiques ? Les vérités médicales ne sont-elles pas des préjugés pour le peuple, qui tous les jours en fait usage, et n'en connaît pas l'explication thérapeutique ? Enfin, les vérités d'une science ne sont-elles pas, la plupart du temps, des préjugés pour cette science même ? On sait, par exemple, en médecine, que le quina guérit de la fièvre; eh bien, cette connaissance n'est qu'un préjugé, car on n'a pas encore pu expliquer comment il opère cet effet. Mais ira-t-on interdire l'usage de ce remède indispensable, et attendre, avant de s'en servir, que l'on ait trouvé son explication thérapeutique ? Il en est de même de toutes les vérités encore à l'état de préjugé, sur lesquelles vit le monde. Heureux le temps où les préjugés seront tous convertis en connaissances scientifiques, et se trouveront ainsi débarrassés des erreurs qu'ils peuvent cacher parmi eux ! Mais ce temps n'est pas encore venu, et, en attendant, il faut bien vivre et profiter de la vérité telle que nous l'avons.

D'après tous ces faits, nous voyons 1° que l'intelligence est une faculté de la nature humaine, tout-à-fait distincte de la raison, puisque souvent elle est en opposition avec elle; 2° que l'intelligence est aussi différente de la raison, dont elle élabore la lumière, que le corps l'est de la volonté, dont il réalise l'acte; 3° que l'intelligence peut, par ses sophismes, repousser la raison et produire des pensées contraires à ses principes, comme le corps peut, par ses passions, s'insurger contre la volonté et produire des actions contraires à ses désirs; 4° que l'intelligence, comme le corps, faite seulement pour ce monde, peut comme le corps se refuser à l'obéissance ; 5° nous voyons qu'elle peut vivre de sa propre vie intellectuelle-idéaliste, comme lui de sa vie corporelle-matérialiste, et qu'elle peut se renfermer ainsi en elle-même jusqu'à nier la réalité, elle qui n'a été faite que pour l'étudier; 6° enfin, que si le corps, en suivant exclusivement les instincts de ses passions, produit des crimes, l'intelligence, en s'abandonnant aux instincts de sa vanité, commet des erreurs. Or, par un dernier point de conformité, l'erreur et le crime, c'est-à-dire le mal dans la pensée et le mal dans l'action, s'engendrent mutuellement par une funeste fécondité. Aussi, l'homme doit-il se défier de son intelligence comme de son corps, et veiller à ce que ces deux esclaves ne s'entendent pour asservir leur maître.

Ainsi, puisque la raison toute seule n'arrive pas à la science, qu'elle ne produit que le sens commun ; puisque l'intelligence toute seule, ne produit ni la science, ni le sens commun ; puisque la raison a besoin d'être servie par l'intelligence, et que l'intelligence a besoin d'obéir à la raison; puisque le devoir de la raison est de lui fournir la lumière et que le devoir de l'intelligence est de l'accepter ; enfin, puisque la fonction de la première est de donner à celle-ci la vérité absolue, et que la fonction de la seconde est de l'approprier au temps, le tout pour que l'homme jouisse de son état normal et puisse remplir ses destinées: il en résulte qu'il faut maintenir uni ce que Dieu a uni, et subordonné ce qu'il a subordonné : l'intelligence à la raison, le corps à la volonté; la sagesse humaine à la sagesse absolue, l'instrument à l'organe, et l'organe à l'être qui le possède.

DE LA NATURE DE L'HOMME.

Et, d'ailleurs, tout cela s'explique parfaitement, comme on le voit, par la seule hiérarchie des fonctions respectives de ces différentes facultés :

1° Le corps n'a-t-il pas été donné à la volonté pour réaliser ici-bas ses déterminations ? Or la volonté, par exemple, désire qu'une chose soit faite, mais elle ne sait point l'exécuter ; il faut donc que le corps, par la flexibilité de ses mouvements et à l'aide de son intelligente main, essaie mille opérations jusqu'à ce qu'il ait achevé cette chose. Mais si le corps, enorgueilli du service qu'il rend à la volonté, ne lui reste pas humblement soumis, qu'il veuille lui résister et lui substituer ses passions, le libre arbitre s'évanouit de la volonté, et l'homme devient comme la brute, privé de liberté.

2° l'intelligence n'a-t-elle pas été donnée à la raison pour intellectualiser ici-bas ses conceptions ? Or, l'intelligence, par la flexibilité et la multiplicité de ses actes, est comme la main spirituelle de la raison ; elle parvient à formuler ses idées absolues en pensées définies. Mais si l'intelligence, enorgueillie du service qu'elle rend à la raison, ne lui reste pas soumise, qu'elle veuille la rejeter et lui substituer ses sophismes, la lumière rationelle s'évanouit, et l'homme devient comme le fou, privé de sens commun.

D'après ce que nous venons d'observer 1° de la nature de la raison et de celle de l'intelligence, 2° de leurs fonctions l'une par rapport à l'autre, on pourrait tirer en passant une règle applicable à la conduite psychologique que l'on doit suivre dans la recherche de la vérité. Alors cette règle générale (nous ne parlons pas de toutes les règles de détail que renferme la logique pour se servir de l'induction, de la déduction, de l'abstraction, de la généralisation, ou de toute autre faculté), cette règle générale, disons-nous, consisterait à tenir continuellement l'intelligence soumise à la raison, et empressée à la servir.

Mais combien d'hommes, au lieu de consulter sans cesse la raison et d'écouter attentivement le langage qu'elle parle en nous, épuisent au contraire leur intelligence à vivre de ses propres forces ? combien ne font qu'entasser raisonnements sur raisonnements, après avoir pris pour base des affirmations qui n'ont d'autres rapports avec le véritable principe, que la tournure axiomatique dont on les a scolastiquement affublées ? Combien aussi, n'enfantent que des systèmes ? En s'éloignant ainsi du sens commun, ils marchent de sophismes en sophismes, jusqu'à ce qu'ils arrivent à la folie complète ; ces hommes sont les scribes du royaume de la science. C'est pourquoi l'on pourrait aujourd'hui, en faisant ses réserves, appliquer à la science le jugement que cet ancien portait sur la philosophie, lorsqu'il disait : « Qu'il n'est pas une « erreur dans le monde qu'elle n'ait soutenue. » La science, comme la philosophie, comme l'intelligence, comme la raison, comme le corps, comme la langue, comme l'action, comme boire et manger, comme tout acte qui nous est indispensable, est un bien en soi ; il ne s'agit que d'en bien user et de s'en servir à propos.

Le mal vient encore de ce que parmi les hommes qu'on appelle *instruits*, il y en a peu de sérieusement occupés de la recherche de la vérité. La vérité demande beaucoup de désintéressement et, en général, on préfère l'intelligence à la raison, parce qu'avec de l'intelligence on brille plus volontiers, et que la raison passe pour être plus commune : il est vrai que, sous le nom de sens commun, elle est le patrimoine du genre humain, tandis que la science, comme le dit un philosophe, est l'héritage exclusif d'un petit nombre d'hommes privilégiés sous le rapport du talent et de la fortune. Or, pour briller par l'intelligence, on fait ce que l'on appelle *de l'esprit* ; c'est-à-dire que l'on prostitue son intelligence pour en retirer profit et plaisir, comme d'autres prostituent leur corps dans la même vue. Le sophiste voudrait pouvoir en faire autant de la raison ; mais la raison, qui ne doit point, comme le corps et comme l'intelligence, finir sur la terre, ne saurait se prêter à ces jeux.

On *fait de l'esprit !* mais savez-vous ce qu'en pensait Montesquieu ? « Faire de l'esprit, disait-il, c'est chercher des rapports entre des choses différentes, ou des différences entre des choses semblables. » Cette observation appliquée à tous les jeux d'esprit, est d'une exactitude remarquable. Maintenant ; comme l'esprit scientifique consiste précisément à chercher les véritables rapports qui existent entre les êtres, ou à constater leurs différences, que pensez-vous du progrès que doit faire une intelligence qui s'exerce ainsi à rebours ? C'est à peu près comme celui qui prétendrait faire de la gymnastique en se tordant les bras et les jambes.

Il est plus rare de trouver un homme véritablement de bon sens, parmi les gens instruits, qu'un homme vraiment intelligent, parmi ceux qui ne reçurent aucune instruction. Les savants, à qui leur intelligence ne fit point tourner la tête et qui restèrent sains d'esprit, sont peu nombreux dans le monde ; on les compte : ce sont les hommes de génie. Il en est donc de ces hommes chez qui l'intelligence se renfermant dans la limite de ses attributions, ne cherche point à supplanter la raison ? il en est donc de ces esprits sains dans lesquels la raison établit son trône légitime ? Oui, il faut dire son trône légitime, car la raison, comme étant la loi, veut être reine; seulement il est tout naturel qu'elle ne veuille établir son règne que par *la raison*! C'est l'intelligence, comme venant du moi, qui seule peut faire de la violence et de l'arbitraire au sein de notre conscience, qui seule peut troubler cet état normal de l'esprit, durant lequel la vérité pénétrerait aussi naturellement en lui, que la lumière dans l'œil lorsque nous ouvrons nos paupières.

Mais on conçoit que pour arriver à cette harmonie sublime des fonctions psychologiques, il faut beaucoup de force et d'humilité de la part de l'intelligence; c'est la rareté de ces qualités qui fait la rareté des hommes de génie. Les hommes à intelligence sont toujours les plus nombreux. Comptez combien on a fait de découvertes et élevé de théories réelles depuis que l'homme poursuit la vérité, et nous saurons combien de fois l'esprit humain est arrivé à l'état de génie ; c'est-à-dire, combien de fois une forte intelligence a fidèlement assisté la raison.

L'humilité intellectuelle est ainsi le principe de tous les progrès de l'esprit ; car celui qui croit savoir, se complaît dans sa suffisance et ne va pas plus loin. Celui-là seul qui éprouve sans cesse le sentiment de son insuffisance, poursuit la vérité par des efforts assez empressés pour l'atteindre. Oui, dire qu'il faille que l'intelligence soit toujours soumise à la raison, c'est énoncer la grande loi de la logique, et le premier principe de l'art de chercher la vérité. Aussi, observez les ouvrages des hommes de génie, ceux-là même où sont consignées leurs plus grandes découvertes : vous croyez suivre un cours d'humilité intellectuelle, tant il est vrai que l'humilité était la disposition ordinaire de ces vastes esprits !

Voulez-vous savoir, par exemple, ce que celui qui a opéré la révolution philosophique des temps modernes, ce que Descartes pensait de ses connaissances en philosophie? Après avoir passé en revue l'état de son esprit sur les diverses sciences, voici ce qu'il ajoute : « Je ne diray « rien de la philosophie, sinon que voyant qu'elle a esté « cultivée par les plus excellents esprits qui ayent vescu « depuis plusieurs siècles, & que néantmoins il ne s'y « trouve encore aucune chose dont on ne dispute, & par « conséquent qui ne soit douteuse, je n'ai point assez de « présomption pour espérer d'y rencontrer mieux que les « autres [1]. »—Croiriez-vous que l'on rencontre ces lignes au premier Chapitre du *Discours de la Méthode*, dans ce livre même où, quelques lignes plus loin, l'auteur a posé la base expérimentale du spiritualisme !

Le génie procède de la raison, les systèmes viennent de l'intelligence, comme la vertu naît de la liberté, et les passions, du corps. De même que nous deviendrions des

---

[1] *Discours de la Méthode*, pour bien conduire sa raison, et chercher la vérité dans les sciences, 1re partie, par René Descartes, 1668.

Héros et des Saints si nous avions soin de développer en nous la liberté morale, et si nous nous décidions à lui assujétir complètement notre corps, au lieu d'entretenir, de flatter et d'irriter ses instincts ; de même les savants, avec leur esprit si bien exercé, obtiendraient la grâce du génie [1] s'ils prenaient plus de soin de développer en eux l'intuition que de cultiver leur imagination, et s'ils se décidaient à tenir en eux l'intelligence toujours humblement soumise à la raison. En effet, comme l'homme par nature est doué 1° de la raison, 2° de l'intelligence, et que la difficulté ne consiste plus qu'à maintenir l'intelligence sous l'empire de la raison, l'humilité se trouve donc la première et la seule condition du génie.

Aussi, est-il passé en proverbe que les hommes de génie sont simples comme des enfants [2]. Et c'est effectivement à ces *pauvres d'esprit* qu'appartient le royaume de la pensée. Bâcon, qui pouvait se connaître sur cette matière, ne disait-il pas : « L'empire de l'homme, qui est fondé sur les sciences, est semblable à celui des Cieux, où l'on ne peut entrer qu'avec l'innocence d'un nouveau-né [3]. » Vraiment, je commence à croire à la généralité pratique de la sublime pensée de l'Évangile : *Laissez venir à moi*

---

[1] « Les cieux l'appellent grâce et les hommes génie, » a dit le poëte.

[2] « Le véritable homme de génie est celui qui agit par impulsion sans jamais se contempler et sans jamais se dire : Oui, c'est par génie que j'agis ; car on ne le possède point quand on se le dit à soi-même. Cette simplicité si vantée comme le principal caractère du génie dans tous les ordres, tient à ce principe. Comme il ne se regarde pas, il marche à la vérité sans penser à lui-même, et son œil étant simple, la lumière le pénètre entièrement (S. Matth. VI, 22.)

De Maistre, *Du génie des découvertes*, II° chapitre : De l'Examen de la philosophie de Bâcon.

[3] « At non alius ferè sit aditus ad regnum hominis, quod fundatur in scienciis, quàm ad regnum cœlorum, in quod, nisi sub personâ infantes intrare non datur. »

Bacon, *Novum organum*.

les petits enfants, car le royaume du Ciel est à eux et à ceux qui leur ressemblent! Nous venons de le voir, il faut être comme un petit enfant pour aller trouver la vérité : elle n'ouvre qu'à l'humilité de l'intelligence.

Rappelons-nous en finissant, que la raison est antérieure et supérieure à l'intelligence, et que celle-ci suppose celle-là, comme le fleuve suppose sa source. L'acte de la raison, ou la croyance, étant la possession spirituelle de la réalité, il faut croire avant de penser; car avant de former la pensée, il faut avoir le principe sur lequel elle repose. L'intelligence n'est qu'un artiste spirituel qui travaille à percevoir, à imager, et définir l'idée que la raison lui fournit par l'intuition et la croyance. L'intelligence, pour croître, doit toujours avoir sa racine dans la raison, car la raison a elle-même la sienne en Dieu; et de cette manière, la vérité nous arrive directement de sa source. La raison est comme un calice tourné vers la lumière intelligible pour la recueillir : une fleur que l'on retient dans l'obscurité, n'est pas longtemps à perdre ses couleurs, ainsi la plante humaine ne saurait non plus être privée de sa lumière sans s'étioler d'abord. Cet étiolement peut avoir lieu de deux manières, ou par la raison elle-même, ou par l'intelligence : par l'intelligence, c'est ce qu'on nomme idiotisme; par la raison, c'est ce que nous avons appelé incrédulité.

L'anatomie du corps humain nous montre que l'homme, comme le dit spirituellement Bâcon, est *une plante renversée*; puisque la tête est la racine des nerfs et des facultés, et que les parties séminales sont en bas. De même l'anatomie de l'âme humaine nous prouve que la créature spirituelle est une plante renversée, puisque la raison est la racine des facultés de l'intelligence, et que les organes producteurs des actes sont tournés vers la terre. Cette analogie n'est-elle pas excessivement remarquable ? Au reste, tout cela est très naturel ; la plante tire d'en bas son origine : c'est en bas que doivent être ses racines, tandis que sa semence et sa fleur se montrent à la partie supérieure, où se produisent effectivement ses fruits. L'homme tire d'en haut son origine : c'est en haut que doivent être ses racines, tandis que sa semence et sa fleur nous arrivent sur la terre, où se produisent effectivement ses actes. Il était tout simple que par sa constitution, le corps de l'homme nous offrît un emblème de la constitution de son esprit. Ces emblèmes sont, en général, ce qu'il y a de plus beau et de plus intéressant dans la nature. « Le véritable observateur, disait Novalis, est celui qui sait découvrir l'analogie de la nature avec l'homme, et celle de l'homme avec le Ciel. »

Ainsi, voilà ce que deviennent la raison et l'intelligence livrées à la discrétion de la liberté humaine, par suite de la création : du génie et du bon sens, quand l'intelligence fonctionne et se développe selon la raison : de l'erreur et de la folie, quand elle s'en sépare.

Nous avons vu, dans le Ier chapitre de ce Livre, que la rationalité est la faculté de connaître les lois de la réalité ; dans le IIIe, que l'intuition est le produit de la rationalité ; dans le IVe, que la causalité est le pouvoir d'agir par nous-mêmes ; dans le VII°, que la volition est le produit de la causalité ; dans le VIII°, que sans la raison et sans la causalité, l'homme n'existerait pas dans la réalité absolue ; dans le IX°, que la raison et la liberté, déportées dans la création, y deviennent, l'une la loi, ou le devoir, l'autre le droit, ou l'inviolabilité ; dans le XI°, que le corps est l'instrument de la volonté ; dans le même, que l'action est le produit du corps ; dans le XII°, que l'intelligence est l'instrument de la raison ; dans le même, que sans le corps et sans l'intelligence, l'homme ne se manifesterait pas dans le temps ; et enfin dans celui-ci, nous voyons ce que devient la raison desservie par l'intelligence. Examinons maintenant, s'il suffit à la raison d'être ainsi créaturalisée par l'intelligence, et s'il ne faut pas à la pensée un corps pour qu'elle achève de se fixer sur la terre.

Sommaire. — Si la raison est une lumière qui vient directement de Dieu, et demeure impersonnelle en nous, l'intelligence est une lumière allumée par la raison, et qui reste tout-à-fait au service personnel du moi. — L'intelligence a pour objet de créaturaliser sur tous les points l'idée rationelle, afin de la mettre à la disposition de l'être spirituel, enfermé dans la création. — Mais il n'est rien de vrai dans l'intelligence qui ne vienne de la raison : toute vérité n'est qu'un principe rationel transvasé de la raison dans l'intelligence. — Seulement l'intelligence a, par sa nature, l'avantage de porter cette lumière en tous sens autour des objets finis, pour les éclairer ; sans elle, l'homme, malgré tous ses axiomes, n'eût jamais fait de science. — Toutefois, la raison conserve aussi des avantages sous le point de vue scientifique : si la raison toute seule, sans être desservie par l'intelligence, est obscure, elle est après tout plus certaine. La raison possède en certitude ce qu'elle n'a pas en intellectualisation, comme ce que l'intelligence fait gagner en clarté, elle peut le faire perdre en certitude. — Mais si, dans tous ses actes de perception, d'imagination, d'abstraction, de recomposition, de comparaison, de généralisation, l'intelligence a soin de ne pas laisser échapper un instant le filet de lumière rationelle, il est clair que ce que l'on recueillera au bout de la filière intellectuelle, aura tout à la fois et la certitude de la raison et la clarté de l'intelligence ; ce sera l'idéal de la pensée scientifique. — Faire venir ainsi la lumière du fond de la raison, pour la faire descendre le long de l'intelligence jusqu'à ce monde, c'est ce qu'on appelle *raisonner ;* comme l'étymologie l'indique, le *raison*-nement est ce qui se fait au moyen de la raison. — L'intelligence qui n'est pas développée par l'instruction, ne peut servir convenablement la raison ; or, c'est là la position du plus grand nombre : le travail du corps ne lui laisse pas le loisir du travail de l'esprit. — Cependant, le sens commun peut se passer de la science, qui après tout ne fait que rendre plus clairs les principes qu'il fournit ; tandis que la science ne peut se passer du sens commun, dans lequel elle puise ses axiomes. — De plus, parce que la raison traverse difficilement l'intelligence, cela ne l'empêche pas de descendre facilement à la volonté, pour l'éclairer ; or, la bonne action, qui vient de la volonté, n'est-elle pas au dessus de la bonne pensée, qui vient de l'intelligence, comme la fin est au dessus du moyen ? — Au reste, le sens commun est peut-être aussi fécond pour l'esprit que pour la volonté; n'est-ce pas en lui que la science vient puiser ses principes et toute sa certitude? — La science fait-elle autre chose que de chercher à rapporter les faits à ces principes, pour que ces principes les expliquent? — La science n'avoue-t-elle pas qu'elle a obtenu une vérité, chaque fois qu'elle a pu rattacher des faits à un principe reconnu du sens commun? — Le savant lui-même tient tout ce qu'il est du sens commun : s'il n'avait pas cru aux principes du sens commun avant qu'ils lui fussent prouvés, il n'aurait pas cherché à leur rattacher des faits pour les leur faire expliquer. — Comme savoir, pour la science, c'est expliquer par des principes de sens commun, et que ces principes, n'étant démontrés nulle part, ne peuvent être possédés que par croyance, les hommes ne savent que parce qu'ils croient. Aussi les savants, après tout, agissent comme le peuple, d'après le sens commun. — Si le peuple croit assez au sens commun pour produire ses actes d'après lui, le savant y croit assez pour créer la science sur lui. — Quand la volonté n'est pas conforme au sens commun, elle produit des actes de folie; quand c'est l'intelligence, elle produit des pensées absurdes. — Si dans le peuple on trouve la raison sans beaucoup d'intelligence, dans les hommes instruits on trouve de l'intelligence sans beaucoup de raison. — Le savant qui a passé sa vie à comparer, diviser, généraliser, etc., et qui de ces opérations a retiré des résultats, finit par croire que c'est en comparant, divisant, généralisant, etc., qu'on produit la vérité. On ne fait pas la vérité avec de la science; c'est avec la vérité, au contraire, que la science se fait. — Cela vient de ce que le savant a conscience des efforts de son intelligence, tandis que la raison lui échappe par son intimité même; il est comme l'ouvrier qui place son adresse dans ses doigts, au lieu de la placer dans le cerveau, auquel les doigts obéissent. — Le savant qui tombe dans cette erreur finit par croire qu'il suffit de faire fonctionner ses facultés intellectuelles dans un certain ordre logique, pour arriver au vrai; alors, tout ce qui a la forme d'un bon raisonnement, la tournure d'un axiome, est pour lui une vérité. — De là, la scolastique, qui est l'éternelle faiblesse de la pensée scientifique : dans l'antiquité, on en faisait sur les sciences religieuses; dans le moyen-âge, sur les sciences physiques; aujourd'hui, on en fait sur les sciences morales. — Assurément il faut déduire d'un principe ses véritables et logiques conséquences; mais le grand point est d'établir la vérité du principe, soit qu'on le puise dans la tradition pour les sciences religieuses, dans la raison pour les sciences morales, dans l'expérience pour les sciences physiques : c'est ce que ne fait point la scolastique. — Le scolasticisme est un état mensonger de l'esprit. En comptant combien on a créé de systèmes faux depuis que le monde existe, on saurait combien de fois l'esprit humain est tombé dans l'erreur de la scolastique, c'est-à-dire, combien de fois l'intelligence a fonctionné indépendante de la raison. — Mais ce ne sont là que les erreurs par substitution du raisonnement à la raison; l'intelligence nous expose à en faire de plus grossières encore : ce sont les erreurs par négation de réalité. — L'intelligence, croyant qu'il lui suffit de fonctionner pour que les réalités apparaissent en elle, ressemble à l'œil qui, sachant que les objets qu'il voit se peignent en lui, fermerait sa paupière et continuerait à se mouvoir dans son orbite pour faire apparaître en lui d'autres objets. — L'intelligence enfermée de même dans son orbite, s'imaginant tout trouver en elle, et engendrer la vérité de son propre sein, ne peut plus se résoudre à aller la chercher hors d'elle; alors la vérité n'est plus une représentation dans l'esprit humain de ce qui est dans la réalité, c'est une entité qu'elle produit par ses opérations. — Dans ce cas, il arrive, de même que pour l'œil qui après avoir fermé ses paupières s'endort et oublie le monde extérieur, que l'intelligence oublie ce qu'elle a perdu de vue, et qu'elle finit par nier ce qu'elle ne voit plus : nous avons l'exemple tout récent de l'idéalisme de Fichte. — Or, comme il n'y a que trois ordres de réalités, on prévoit qu'il ne peut y avoir que trois sortes d'erreurs de ce genre : l'*Idéalisme* qui, après avoir rejeté le témoignage des sens, nie le monde matériel ; le *Matérialisme* qui, après avoir rejeté le témoignage de la raison, nie le monde moral ; l'*athéisme* qui, après avoir rejeté le témoignage de la révélation, nie le Monde intelligible. — On ne nie une réalité que parce qu'on a depuis longtemps fermé les yeux sur elle. Ainsi, l'homme peut sommeiller, mais il ne peut pas être aveuglé, parce qu'on ne saurait détruire sa raison comme on crève les yeux du corps. — Toutefois, ces trois erreurs ne peuvent être entretenues qu'à grands frais de la part de l'intelligence ; elles sont inabordables aux masses qui vivent dans l'atmosphère salubre du sens commun. — La source de ces trois erreurs est dans la négation des sens, du sens intime, et de la raison ; pour y remédier, il faut que ceux qui se jugent supérieurs au vulgaire, se résignent à croire à leurs sens, au sens intime et à la raison, comme le vulgaire y croit ; en un mot, il faut ne pas se mutiler. — Le sens commun prédominant dans les masses, et l'intelligence chez les savants, ces deux classes de la société ne sont jamais d'accord, et se critiquent réciproquement. — Au contraire, le véritable poëte a, pour la manière de voir, les plus grandes affinités avec le peuple ; aussi, s'entendent-ils parfaitement. — Contraste du savant et du vulgaire. Considération que doivent, cependant, conserver réciproquement l'un pour l'autre le sens commun et la science. — Inconvénients de ces différentes positions : le peuple est plus particulièrement exposé aux préjugés, le savant aux erreurs, le littérateur aux absurdités. — Grandes obligations que la Société doit aux préjugés, en attendant qu'ils aient passé à l'état de notions scientifiques. — Nous voyons dans tout cela, que l'intelligence, qui est à la raison ce que le corps est à la volonté, peut engendrer l'erreur, en repoussant la raison pour n'écouter que sa vanité, comme le corps peut commettre le crime, en s'insurgeant contre la volonté pour n'écouter que ses passions. — L'erreur et le crime, c'est-à-dire le mal dans la pensée et le mal dans l'action, s'engendrent mutuellement encore ; aussi, l'homme doit se défier de son intelligence comme de son corps, et veiller de près à ce que tous deux restent soumis. — Puisque la raison sans l'intelligence, comme l'intelligence sans la raison, ne peuvent arriver à leur résultat ; que la raison a besoin d'être servie par l'intelligence, qui la prépare pour le temps, et que l'intelligence a besoin d'obéir à la raison, qui lui procure la lumière absolue, il faut donc que ces deux facultés restent unies et subordonnées. — Si l'inconvénient qui résulte de la révolte du corps contre la causalité, est que l'homme devient, comme la brute, privé de liberté ; l'inconvénient qui résulte de la révolte de l'intelligence contre la rationalité, est qu'il devient, comme le fou, privé de sens commun. — Mal qui résulte de ce que peu d'esprits sont assez désintéressés pour chercher réellement la vérité ; on est amené à ce qu'on appelle *faire de l'esprit :* or, le procédé que l'on emploie pour cela est précisément le rebours de l'esprit scientifique. — Pour que l'esprit soit à la fois, et dans son état normal et dans toute sa force, il faut que l'intelligence soit instruite et qu'elle reste soumise au service de la raison ; comme la raison ne prescrit rien par force, c'est à l'intelligence à se soumettre d'elle-même. — Ce développement et cette harmonie sublimes des facultés psychologiques, supposent une grande force et une grande humilité de la part de l'intelligence : c'est la rareté de ces qualités qui fait la rareté des hommes de génie. — Autre raison pour laquelle l'humilité est une condition du génie. Les ouvrages où ces grands hommes ont enseigné leurs plus belles découvertes, sont des modèles d'humilité intellectuelle. — Comme nous deviendrions des héros et des saints si le corps était toujours soumis en nous à la liberté morale, de même les savants, avec leur intelligence si bien exercée, deviendraient plus souvent des génies, s'ils la tenaient toujours humblement soumise à la raison. — Or, comme l'homme est, par nature, doué 1° de la raison, 2° de l'intelligence, et qu'il ne lui reste plus qu'à soumettre entièrement celle-ci à la disposition de celle-là, l'humilité devient ainsi la première condition du génie. — Aussi, selon le proverbe, les hommes de génie sont simples comme des enfants. Bacon disait : L'empire de la science est comme celui des Cieux, où l'on ne peut entrer qu'avec l'innocence d'un nouveau-né. — De sorte que l'intelligence, pour croître, doit toujours avoir sa racine dans la raison, parce que la raison a elle-même la sienne en Dieu. La raison fournit l'idée, l'intelligence n'est qu'un artiste qui la travaille et lui donne sa forme. — L'homme est une plante renversée, puisque la source et la racine de ses facultés sont à la partie supérieure, et que ses fruits comme ses facultés productrices, sont tournés vers la terre. C'est tout naturel ; la plante tire d'en bas son origine : c'est en bas que doivent se trouver ses racines ; l'homme tire d'en haut son origine : c'est en haut que devaient être les siennes. — Voyons, maintenant, s'il suffit à la raison d'être créaturalisée par l'intelligence pour finir de se fixer dans le temps.

XIV.

Ne faut-il pas un corps à la pensée pour qu'elle achève de se fixer dans le temps ?

Une grande partie de ce qui se trouve dans le chapitre précédent, regarde en quelque sorte la logique ; mais comme notre objet ici n'est pas d'établir les règles pratiques qui doivent diriger l'intelligence vers la possession de la vérité, retournons au point où nous en étions, pour ajouter quelques mots encore sur la différence qu'il y a entre les fonctions de la raison et celles de l'intelligence, entre l'intuition que donne celle-là, et la pensée que forme celle-ci, et sur la transformation de la première en la seconde. — Nous avons bien vu 1° comment l'idée rationelle se personnalise dans le moi par la perception de l'entendement, 2° comment l'idée personnelle du moi se créaturalise en recevant de l'imagination des formes qu'elle emprunte au fini ; mais l'être spirituel, pour rester ici-bas, n'a pas été seulement créé ; n'a-t-il pas été aussi revêtu d'un corps ?... De même, il faut que l'idée intellectualisée s'incarne ; c'est-à-dire, il faut que la pensée sorte du monde intellectuel, où nous l'avons vue se former, pour faire apparition et résidence dans le monde phénoménique, où elle doit se fixer pour nous.

Mais, comme la vérité, ou la connaissance de ce qui est, doit venir de toutes les réalités vers l'esprit de l'homme, la manière dont nous avons posé ces problèmes de psychologie ontologique, le point où nous les avons amenés, demandent que, parmi ces doubles faits de conscience, occasionnés, d'un côté, par l'action du monde intelligible, et de l'autre, par l'action du monde sensible, demandent, disons-nous, que nous fassions auparavant le triage des idées qui nous viennent de l'un de ces mondes, de celles qui nous viennent de l'autre. Car il est indispensable que nous ne confondions pas le produit de la raison, qui est l'œil intelligible, avec le produit des sens, qui sont l'œil sensible, si nous voulons distinguer ce qui vient de l'observation interne, de ce qui vient de l'observation externe ; c'est-à-dire, si nous ne voulons pas confondre les axiomes avec l'expérience, la raison avec les sens, et savoir ainsi à qui s'adresser en cas de besoin.

En effet, le moi n'a pas seulement la sensation (comme le croyait une École aujourd'hui oubliée) pour faire aborder les réalités jusqu'à lui. Le moi a la raison ouverte sur la Réalité intelligible, et les sens sur la réalité sensible ; de plus, il a une intelligence qui élabore les produits de la raison ainsi que les produits des sens, se les approprie, les emploie à son usage, et revêt les premiers des formes des seconds afin de leur donner le caractère du fini, caractère indispensable pour qu'ils restent visibles dans le temps. C'est ce dernier point surtout qu'il faut observer; car la raison ne sert pas seulement à nous offrir les idées de la Nature intelligible, et les sens à nous offrir les images de la nature physique, mais par une harmonie admirable, si la raison vient éclairer les sens, en leur fournissant l'idée de substance, l'idée de cause, l'idée de loi, l'idée d'unité, à eux qui ne perçoivent que l'effet, le phénomène, la diversité; les sens, à leur tour, apportent leurs matériaux à l'intelligence et l'engagent à revêtir des images qu'ils empruntèrent à la nature, les idées rationelles, afin de les définir et de leur assurer une existence scientifique.

L'intelligence, disons-nous, n'a pas seulement la sensation pour faire poser la nature devant elle; car elle possède une faculté que l'on regarderait comme une continuation des sens, si elle n'appartenait pas exclusivement à la partie spirituelle de l'homme : cette faculté est l'imagination. L'imagination est, du moins, cette partie de l'âme sur laquelle les organes des sens produisent la sensation lorsque le moi, par suite de son activité, se porte au devant des impressions sensibles. L'imagination est, nous le répétons, cette partie de l'âme sur laquelle les sens apportent la sensation, sensation qu'elle continue, qu'elle conserve, qu'elle reproduit, qu'elle combine par ce pouvoir actif inhérent à toutes les facultés de l'âme. Cette faculté réceptive et active, comme toutes les autres, se trouve tout à la fois, et le miroir dans lequel toutes les formes, toutes les couleurs, toutes les images venues de la nature par la sensation, sont reçues et conservées, et le miroir qui les réfléchit ou les renvoie sur les idées rassemblées dans l'esprit. C'est une propriété de recevoir et de conserver les images que les corps impriment à nos sens, et que nos sens peignent à notre âme; et c'est bien parce qu'elle est la faculté des images, qu'on l'a nommée *Imagi*-nation. De sorte que si la rationalité est le miroir vital où viennent se représenter les attributs de la Réalité intelligible, l'imagination est aussi un miroir vital où viennent se peindre les objets de la réalité sensible [1]. Et en effet,

1° Puisque l'homme est placé entre deux mondes, 2° puisqu'il participe de la nature de tous deux, 3° puis-

---

[1] Il y a en nous une certaine faculté qui, étant impressionnée par l'action des objets extérieurs, a la propriété d'en former une image et de la reproduire même en leur absence. Or, comme ce qui a dans la nature la puissance de former et de reproduire ainsi l'image d'un objet, au moyen des rayons lumineux modifiés d'une certaine manière, s'appelle miroir ; nous pouvons donc affirmer que *l'imagination*, qui produit en nous un effet pareil, est le miroir de l'esprit ; c'est-à-dire, ce par quoi il peut représenter en lui, les images des choses qui existent hors de lui. Mais ce miroir est spirituel et vivant, et comme tel il a un pouvoir que n'ont pas les miroirs matériels, c'est de reproduire l'image, même quand l'objet n'agit plus sur les sens. Ces représentations des choses extérieures existent donc dans notre esprit, et souvent nous avons la faculté de les reproduire pour en faire l'objet d'une considération nouvelle, bien longtemps après qu'elles ont affecté nos sens. Car, en général, on pense après coup ; l'opération de l'esprit se fait sur l'image de l'objet, et non sur l'objet lui-même. Quand donc nous disons que *l'imagination* est le miroir de l'esprit, nous n'entendons nullement faire une métaphore, nous énonçons un fait positivement psychologique. Si maintenant nous voulions ajouter des figures à cette constatation du fait, nous pourrions dire avec Locke, que l'entendement ressemble à la chambre obscure des physiciens, dans laquelle, au moyen d'un certain arrangement de verres qui modifient les rayons lumineux, les images des choses extérieures viennent se peindre sur un plan avec tous leurs caractères. Cette comparaison est encore bien plus remarquable d'exactitude, depuis que M. Daguerre a trouvé, par sa merveilleuse découverte, le moyen de conserver sur le plan de la chambre obscure, les images des objets qui sont

que la conservation de sa double vie repose sur la connaissance des attributs et des lois de l'un et de l'autre, et 4° puisque cette connaissance ne peut lui venir que par des organes spécialement chargés de la recevoir : pour que ces organes reçoivent cette double communication, ne fallait-il pas qu'ils eussent une nature analogue à ces deux sortes de réalités ? L'homme, dis-je, puisqu'il en est ainsi, ne doit-il pas avoir en lui, de toute nécessité, une faculté également propre à recevoir les communications que lui transmet le Monde intelligible et celles que lui envoie le monde physique ? Nous savons bien jusqu'à présent que la raison s'ouvre sur le premier de ces mondes, et les sens sur le second ; mais ces notions de deux mondes tous différents, comment peuvent-elles être perçues par le même

---

venus s'y peindre. L'imagination, 1° en ce qu'elle a le pouvoir de représenter les images des objets, 2° en ce qu'elle a le pouvoir de les conserver, pour les reproduire quand ces objets n'agissent plus sur elle ; l'imagination, disons-nous, ressemble donc exactement au daguerréotype qui 1° reçoit les images des objets, et 2° conserve ces images. Il est même probable que la conception de cet appareil, comme toutes les inventions de l'homme, a été suggérée par la nature à celui qui l'a inventé ; et qu'il en aura pris le modèle dans l'admirable organisation de l'œil, ou peut-être même dans celle de l'imagination. Ce qui est sûr, c'est que longtemps avant que les physiciens eussent fait une chambre obscure, Platon l'avait déjà vue dans l'entendement humain. De là sa fameuse caverne où la plupart des hommes sont enchaînés, le visage tourné vers le fond ; là ils regardent les images des choses véritables existant dans une région supérieure, et qui en passant entre le foyer de la lumière et l'ouverture de la caverne, projettent leurs ombres sur un plan obscur. L'imagination n'a pas seulement la propriété de représenter les choses extérieures qui affectent les sens, elle peut encore représenter les images, les impressions qui lui arrivent du dedans ; impressions spirituelles partant de l'âme et qui viennent s'épanouir, pour ainsi dire, et prendre forme dans ce miroir magique. Par ce moyen, notre esprit, habitué dès le bas âge à comprendre les choses en images et par des formes sensibles, parvient à s'objectiver à lui-même, à peindre tout ce qui se passe en lui, ses pensées les plus abstraites, ses idées les plus subtiles, ses sentiments les plus profonds. — Voir M. Bautain, dans sa *Psychologie expérimentale*. Première partie : Psychologie intellectuelle.

esprit ? Ainsi, la réalité matérielle offre aux sens des images, des formes corporelles, et la réalité intelligible offre à la raison des idées, des images spirituelles, c'est-à-dire, des représentations qui sont à la substance intelligible ce que les images sont à la figure et aux couleurs des objets sensibles. Or, l'intelligence, par sa position entre la raison qui, d'un côté se trouve au dessus d'elle, et les sens qui, d'un autre côté se placent au dessous, l'intelligence n'est-elle pas cette faculté également propre à recevoir les communications que l'homme tient de deux réalités de nature si différente ? Alors, comment l'intelligence qui perçoit les idées, perçoit-elle aussi les images ? ou bien, comment l'intelligence qui perçoit les images, perçoit-elle aussi les idées ?... nous l'avons vu sans le remarquer : c'est 1° par la perception, qui est une faculté spéciale qu'a le moi de laisser pénétrer en lui la lumière rationelle, et 2° par l'imagination, qui est une faculté spéciale qu'a le moi de laisser arriver jusqu'à lui les images corporelles. Par ces deux propriétés, l'intelligence devient cette faculté mitoyenne dont l'homme avait besoin pour construire dans son esprit la pensée de deux mondes.

En effet, ne trouvons-nous pas dans notre esprit des idées et des images ? Or, qu'est-ce que l'image, sinon la représentation des formes d'un objet du monde physique ? Qu'est-ce que l'idée, sinon la représentation d'une réalité du monde spirituel ? Les corps n'offrent que leur surface, la matière cache sa substance sous ses phénomènes : des apparences, c'est tout ce que la nature nous donne à connaître. La Réalité intelligible ne se découvre pas non plus à nous dans sa substance, sans quoi nous vivrions déjà de la vie éternelle, et la terre ne serait plus le champ de l'épreuve, le creuset de notre préparation. Les réalités nous tenant ainsi leur substance cachée, la manifestation phénoménique par laquelle elles se révèlent à nous, est tout ce que nous en pouvons connaître.

Ainsi, lorsque le phénomène de la Réalité intelligible nous pénètre par l'intuition, qui est la sensation de l'esprit, l'idée suit l'intuition; tout comme lorsque le phénomène de la réalité physique nous pénètre par la sensation, qui est l'intuition des sens, l'image suit la sensation. L'idée est la perception de l'intuition que l'âme a éprouvée dans son contact avec le monde intelligible; l'image est la perception de la sensation que l'âme a éprouvée dans son contact avec le monde physique. En un mot, les idées sont les images que nous avons de la réalité spirituelle; et les images sont les idées que nous avons de la réalité matérielle : l'entendement perçoit les unes, et l'imagination reçoit les autres : *Nihil est in intellectu quod non prius fuerit in ratione, et nihil est in imaginatione quod non prius fuerit in sensu.*

Seulement, n'oublions pas que l'entendement et l'imagination ne sont que les deux manières d'opérer d'un même instrument, l'intelligence. Car l'imagination est ce côté du moi par lequel il communique avec la nature, comme l'entendement est le côté par lequel le moi communique avec la lumière rationelle. — Au surplus, il paraît que l'idée que nous nous formons ici de l'imagination, était celle que s'en était faite Bossuet, car il dit que *l'imagination est la sensation continuée.* « Il y a un si grand rapport, dit aussi Malebranche, entre les sens et l'imagination, qu'on ne doit pas les séparer, et même ces deux puissances ne diffèrent entre elles que du plus au moins. » Pour nous, regardons l'imagination, dans tous les cas, comme une faculté de représenter intellectuellement les images et les formes des objets de la nature. L'imagination n'est point un sens, mais une faculté du moi ouverte sur les sens.

Si la modification que la substance intelligible produit sur la raison, est l'intuition, et si le moi avec sa perception, vient aussitôt ravir à la raison la lumière qu'elle a reçue, pour se l'assimiler; de même la modification que la substance sensible produit sur les sens, est l'impression, et le moi avec son imagination, vient aussitôt ravir aux sens l'image qu'ils ont reçue, pour se l'assimiler aussi. Puis, quand une fois l'entendement, par ses perceptions a rempli d'idées l'intelligence, celle-ci sent le besoin de les formuler, ou d'en faire des pensées, d'abord pour les mieux voir, ensuite pour ne pas être exposée à les perdre à chaque instant. Et quand une fois l'esprit est pourvu de beaucoup d'images par les soins de l'imagination, alors il sent aussi, en quelque sorte, le besoin de réfléchir ces images sur les idées qui reposent, de l'autre côté, dans la partie obscure de l'intelligence.

Ce double besoin nous est représenté par les penseurs ou les philosophes, qui cherchent des formules à leurs idées, et par les littérateurs ou les artistes, qui cherchent des idées pour les revêtir des belles formes que recèle leur brillante imagination. Le grand soin des premiers est de trouver le vrai; le grand soin des seconds, de saisir le beau ; et c'est qu'en effet le beau ne doit être que la forme du vrai. Ceux qui parviennent à unir les dons de la pensée à ceux de l'imagination, sont rares ; ce sont les grands écrivains. La raison fournit le vrai, l'imagination fournit le beau ; et comme dans la réalité le beau est la splendeur du vrai, de même dans la pensée ce sont les produits de l'imagination qui servent à vêtir les produits de la raison. Le philosophe représente la raison, l'artiste représente l'imagination ; et le poëte, plus grand qu'eux tous, réunit en lui le philosophe et l'artiste, la raison et l'imagination ; c'est entre ses bras que l'homme boit avec ivresse

« Le breuvage du vrai dans la coupe du beau. »¹

La pensée étant précisément l'idée descendue de la raison dans l'intelligence, (en ce qu'elle vient s'y fixer par le moyen d'une formule dont l'imagination a fourni les matériaux) ; et toute pensée ne pouvant pas plus exister sans son image qu'un corps sans ses limites, remarquez que l'acte par lequel on pense, est l'acte même par lequel l'imagination réfléchit ses images sur les idées qui traversent l'intelligence. De là suit que le langage, par une profondeur qui à chaque instant nous étonne de plus en plus, a donné à cet acte le nom de *Réflexion*. Oui, pauvre philosophe (le premier peut-être qui t'en sois aperçu), le langage lui a donné ce nom mille ans avant que tu eusses découvert ce fait par suite de la série de tes observations !... Je crois que bientôt il ne faudra plus chercher la science que dans les langues ! En sorte que *réfléchir*,

---

¹ M. V. DE LA PRAOR, Ode sur Platon, adressée à M. Ed. Quinet, précisément à propos de cette alliance du vrai et du beau, chez le Poëte.

c'est *penser*, c'est renvoyer une image sur une idée encore toute rationelle pour en faire une pensée; aussi, dit-on effectivement d'un homme qui pense, *qu'il Réfléchit*.

Mais on conçoit qu'un pareil phénomène psychologique ne s'opère point facilement : tandis que, d'un côté, l'entendement fait des efforts inouïs de perception pour recevoir la lumière rationelle, qui ne pénètre en lui que par jets interrompus; et que l'intelligence, dans toute l'humilité de son indigence, supplie et excite ainsi la raison à descendre en elle; l'imagination, d'un autre côté, compose, décompose, recompose ses images, les grossit, les diminue, les taille, les combine de mille manières, pour les ajuster à toutes les conditions, à tous les états, à tous les caractères différents avec lesquels les idées s'introduisent en nous ; opérations qu'elle poursuit jusqu'à ce que, trouvant une formule qui offre une sorte d'équivalence (indéfinissable mais très positive), avec l'idée à représenter, cette formule rappelle aussitôt l'idée à l'esprit, par l'effet de notre merveilleuse faculté de l'association des idées aux images. L'homme, créé à l'image de Dieu, fait ainsi passer, par la parole, l'idée qui est en lui à l'état d'extériorité, jusqu'à ce que, comme Dieu, comparant l'idée qui est en lui à sa réalisation hors de lui, il trouve *que cela est bon !..*

Comme l'imagination est le pouvoir de combiner les images prises dans la nature et, par là même, les formes de la pensée, sa culture devient l'objet exclusif des sciences esthétiques; c'est pourquoi les artistes et les littérateurs ne parlent que de leur imagination. Car, les artistes et les littérateurs, en combinant leurs images, remarquent bientôt que les idées qu'elles représentent éprouvent aussi une espèce de combinaison correspondante; et ils finissent par croire que c'est en cela que consiste toute l'opération qu'on appelle penser. Ils regardent alors l'imagination comme la faculté par excellence, comme la faculté qui engendre les idées, et vont jusqu'à dire d'un esprit fécond, qu'il a beaucoup d'imagination. Nous entendons si souvent employer cette expression en ce sens, dans le cours de nos études littéraires, que ce mot d'imagination, qui ne signifie autre chose que l'acte ou la faculté d'imager, prend dans le langage ordinaire le même sens que pour les rhétoriciens : il devient, à tort, synonyme de création, de conception, et il semble déjà qu'*imaginer*, soit *inventer*.

Indépendamment de l'intuition rationelle, et de la perception de l'entendement, pour que la pensée soit constituée, il y a donc encore trois phénomènes : 1° celui de l'impression sensible, lorsque les corps sont là pour la produire; 2° celui de l'imagination, qui la recueille et conserve toutes les images de la nature, qu'elle a le pouvoir de faire poser devant elle, même en son absence; 3° enfin l'acte de réflexion qui, renvoyant cette image sur l'idée qui l'attend, réalise définitivement celle-ci dans notre esprit. Cette imagination, je voudrais pouvoir dire cette *imageation* de l'idée, est conséquemment ce qui constitue la pensée, œuvre principale de l'intelligence.

L'homme a donc un double système de perception pour communiquer avec les deux sphères de réalités : il reçoit les images des objets matériels, par l'imagination, il reçoit les idées des réalités spirituelles, par l'intuition. Mais, comme il arrive que les images des objets matériels nous servent à revêtir les idées des réalités spirituelles, et qu'en un mot les images, comme les idées, ne sont que les deux différentes manifestations de deux réalités différentes, beaucoup de philosophes ont confondu les images avec les idées, et les idées avec les images; ce qui ne va rien moins qu'à confondre, comme on le pense, la réalité spirituelle avec la matière. Ceux qui ont confondu les idées avec les images, ont abouti au sensualisme, c'est-à-dire, à la négation de la réalité que représentent les idées; ceux qui ont confondu les images avec les idées, ont abouti à l'idéalisme, c'est-à-dire, à la négation de la réalité que représentent les images.

Cette confusion qui nous fait prendre la faculté de combiner les images pour la faculté de combiner des idées, c'est-à-dire, qui nous fait prendre l'imagination pour l'entendement, est une preuve remarquable de l'analogie de fonctions que l'on trouve, sans s'en rendre compte, entre les idées et les images. Toutes deux, en effet, ne sont que des représentations dans l'homme de ce qui est au dehors de lui. Cette confusion des idées et des images vient surtout, il faut le croire, du mutuel secours qu'elles se prêtent dans la composition de la pensée : car, pour qui n'a pas observé cette composition, la pensée, n'étant autre chose qu'une idée incarnée, se présente, ainsi que l'homme, comme un seul être; et l'on ne fait plus en elle la distinction de l'âme et du corps.

Les idées et les images, étant pour nous les seuls moyens

par lesquels nous prenons connaissance des deux sphères qui existent en dehors de nous, les idées et les images ont donc cela de commun : 1° qu'elles nous donnent des notions de ce qui n'est pas nous ; 2° qu'elles s'unissent ensemble pour la confection de la pensée. Or, quoique la pensée soit ce que notre intelligence possède de plus simple et de plus clair, il arrive à beaucoup d'esprits peu habitués à comparer et à distinguer les différents éléments dont se forme la pensée, de confondre l'idée aux objets spirituels avec l'idée aux objets matériels, comme si ces deux sortes d'idées étaient de même origine, comme si elles étaient occasionnées par une même réalité objective. C'est pourquoi il n'est pas rare de les voir employer l'une pour l'autre. On fait alors de l'imagination, qui est l'esprit adapté au monde physique, l'entendement, qui est l'esprit adapté au monde spirituel. Or, l'entendement est à la Réalité intelligible ce que l'imagination est à la réalité sensible. L'entendement et l'imagination sont les deux courriers de l'intelligence : l'un et l'autre nous apportent les nouvelles de deux mondes qu'il importe de ne pas confondre.

L'analogie de destination entre l'idée et l'image, c'est-à-dire la fonction commune qu'elles remplissent l'une et l'autre chez l'homme, en lui donnant les notions de la réalité objective qu'elles représentent en lui, a été tellement reconnue par le bon sens général qui a présidé à la formation des langues, que du mot grec εἶδος, qui signifie image, représentation matérielle, on a fait le mot *idée*; parce qu'en effet, l'idée est en nous l'image, la représentation d'une réalité objective. D'après le sentiment de Kant, Platon n'a jamais entendu autrement le mot idée.

Au reste, dans toutes les langues on fait usage de la métaphore pour la simplicité de la pensée, et pour ne pas être obligé sans cesse de doubler les mots, lorsque ces mots expriment des phénomènes qui sont à l'une des réalités, exactement ce que de semblables phénomènes sont à l'autre. C'est ainsi qu'il y a des propriétés, des harmonies, des lois, dans le monde physique comme dans le monde moral, et dans le monde moral comme dans le Monde intelligible ; et qu'alors ces mots de propriété, d'harmonie, de loi, nous servent pour les trois mondes. Par ce moyen, non-seulement la métaphore simplifie le langage, mais elle facilite encore la pensée, en appliquant un même mot aux analogues des différentes réalités, et cela nous fait mieux comprendre leurs rapports ainsi que leurs différences. La confusion de l'idée et de l'image n'a donc commencé que lorsque, oubliant l'usage métaphorique pour lequel il fut introduit dans le langage, on prit à la lettre le mot εἶδος ou image.

Mais il ne suffit pas, avons-nous dit, que la lumière intelligible descende par l'intuition dans la rationalité ; puis, que la conception rationelle se personnalise dans le moi par la perception ; puis, que cette idée personnelle se créaturalise en recevant, de l'imagination, des formes empruntées aux objets créés : ne faut-il pas aussi qu'elle s'incarne dans l'homme, qu'elle prenne un corps comme lui ? En d'autres termes, ne faut-il pas que la pensée descende, non-seulement de l'Ordre intelligible dans l'ordre-

intellectuel, mais encore de l'ordre intellectuel dans l'ordre physique, pour que dans ce dernier, comme tout ce qui s'y trouve, elle fasse ou du bruit ou du mouvement, qu'elle ait une forme ou une autre, en un mot qu'elle s'extériorise, afin de présenter une propriété de la matière susceptible de frapper nos sens ? Or, cette dernière métamorphose s'accomplit par le phénomène à jamais merveilleux du langage. [1]

Mais, qu'est-ce à dire ? *la pensée s'incarner comme l'homme !* Est-ce donc une enveloppe de chair et de sang qu'elle va prendre ?.. Non, l'enveloppe que doit lui procurer le langage sera coupée sur l'étoffe dont l'artiste suprême a paré la création ; pour revêtir la pensée, cette fille de l'être spirituel, le langage sait choisir tout ce qu'il y a de plus beau sur le sein de la nature. Selon les poëtes anciens, lorsque Dieu vint à créer le corps de l'homme, il y réunit, comme dans sa créature centrale, toutes les perfections qu'il avait jusque là répandues sépa-

---

[1] « De même que le principe spirituel de la vie se lie à un support matériel et donne à la matière la forme d'un corps organisé, afin de pouvoir, par cette union avec une chose finie, se représenter comme individu ; de même aussi le langage est un mouvement du corps organique par lequel l'âme se révèle immédiatement dans la sphère des objets sensibles, et qui prend toutes les formes, s'attache à toutes les excitations de l'existence intérieure, une sorte d'appareil qui est inépuisable et infini dans ses productions et qui repose sur des lois simples, éternelles, d'une application générale. Puis, de même que le corps, le langage devient aussi un point d'appui pour l'âme ; les activités de cette dernière se représentent désormais sous des formes déterminées, le torrent des idées est renfermé dans un lit, et à ce chaos flottant succèdent des configurations arrêtées. Les idées, par cela même qu'elles sont mieux frappées, deviennent plus précises et plus claires ; leur persistance plus grande rend l'âme plus indépendante des sens et le monde intérieur plus puissant contre le monde extérieur ; car les idées ainsi arrêtées préparent la pensée, puisqu'on peut les associer ensemble, ou les résoudre en leurs parties. »

Burdach, *Traité de physiologie* : De la seconde enfance, chap. 2, *Des facultés intellectuelles*, tom. IV, *page 492*.

rément dans la nature : c'est ce que fait l'imagination. D'accord avec le langage, elle va, comme l'abeille, ramassant de partout son butin, et rapporte à l'intelligence le fruit de ses recherches.

Pour vêtir la pensée, l'imagination cueille les images de toute belle chose : c'est le soleil, c'est la lumière; ce sont les cieux et les horizons, les ténèbres et les étoiles, les nuages et les vents, les forêts et les sables, les montagnes et les vallées, les fleuves et les océans; ce sont toutes les formes et toutes les couleurs, tous les parfums et tous les bruits; ce sont toutes les propriétés des trois règnes; c'est tout ce qui se meut, qui va, qui vient, qui monte, vole, glisse ou s'enfuit; c'est la naissance, c'est la vie, c'est la croissance et la reproduction; c'est tout ce qui nous plaît, c'est l'arbre où les vents gémissent, le ruisseau où les flots murmurent, le firmament où le jour luit; ce sont les champs où les troupeaux bondissent, le métal que la flamme épure, et les bois où la feuille bruit; ce sont les fruits que l'été dore, la plante où la fleur vient d'éclore, et sur les lèvres le souris; c'est le jour, c'est la nuit, c'est le soir, c'est l'aurore ; c'est la force et la durée, la douceur et la beauté, la grâce et la simplicité, c'est le regard de l'innocence; c'est enfin toute la nature dans ses aspects les plus charmants, dont l'imagination, pour vêtir la pensée, prend en elle-même les poétiques tableaux! L'imagination est au dedans comme un atelier d'artiste.

Puis, pendant que l'imagination s'enrichit d'images pour la pensée, la parole, selon les climats, essaie tous les sons que peut produire la voix humaine, de manière à rendre, par la musique de ses onomatopées, la peinture des tableaux de l'imagination.

Nous aurons, plus tard, l'occasion de nous occuper de la voix, qui est l'instrument phonétique du langage. Mais observons seulement ici que cet organe répond parfaitement au besoin qu'a l'imagination de revêtir de signes qui frappent les sens, les images que déjà elle a empruntées de la nature pour frapper l'intelligence ; de telle sorte que ces signes rappellent ces images, comme ces images rappellent elles-mêmes les idées qu'elles ont moulées en pensées. La parole répète tout haut ce que l'imagination a dit tout bas. De sorte que la nature, par ses images, par ses sons et ses signes, se prête à la naturalisation de la lumière absolue, qui nous descend toute pure des sphères de la Réalité intelligible. La nature devient pour nous comme un vaste symbolisme où va se pourvoir le langage.

C'est par la parole que la pensée prend un corps pour achever de se fixer dans le temps.

Aussi, c'est attacher trop de prix à l'existence matérielle, disait Mme de Staël, que de la donner pour dernier but à la nature... Les vraies causes finales de la nature, ce sont ses rapports avec notre âme et avec notre sort immortel. Les objets physiques eux-mêmes ont une destination qui ne se borne point à la courte existence de l'homme ici-bas ; ils sont là pour concourir au développement de nos pensées, à l'œuvre de notre vie morale. Les phénomènes de la nature ne doivent pas être compris seulement d'après les lois de la matière, quelque bien combinées qu'elles soient; ils ont un sens philosophique et un but religieux dont la contemplation la plus attentive ne pourra jamais connaître toute l'étendue. » [1]

De ce que l'être physique se développe toujours avant l'être moral ; de ce que les sens fonctionnent déjà parfaitement quand la lumière rationelle commence à peine à poindre ; c'est-à-dire, de ce que les premières relations objectives de l'homme s'établissent avec la nature avant de s'établir avec la Réalité intelligible, il résulte que l'imagination se développe avant l'entendement. De sorte que toute l'instruction de l'homme par rapport à l'imagination, est peut-être acquise quand la raison n'a pas encore commencé à pénétrer réellement dans l'intelligence. C'est ainsi que les lois reconnaissent dans l'homme ce qu'elles appellent *l'âge de raison*.

Les images remplissent donc l'intelligence longtemps avant que les idées y apparaissent ; et si cet ordre est indispensable 1° pour la possibilité du langage, dont nous avons besoin dès notre entrée sur la terre, 2° pour que

---

[1] « Les sciences naturelles sont comme un miroir dans lequel on peut mieux contempler les formes corporifiées de chacun des grands attributs de l'Être suprême ; elles sont comme l'empreinte du sceau de la création, sur lequel ont été gravés les caractères mystiques et les charmes tout-puissants de la plus profonde sagesse, ainsi que les emblèmes les plus expressifs d'un amour qui conserve tout. Si les œuvres de Dieu sont la vraie quoique faible image de lui-même, elles doivent, en quelque sorte, participer à son immensité ; et comme la contemplation de sa beauté sans voile sera l'aliment éternel et toujours désiré des esprits immortels, ainsi il y a une proportion entre la vue de son image manifestée dans ses œuvres et les facultés de notre condition présente. C'est ainsi que Dieu, ne pouvant donner aux beautés de son ouvrage cette infinité qui n'appartient qu'à ses attributs, leur accorde la qualité qui peut le mieux suppléer cette infinité et la représenter : car en rendant progressives nos connaissances, il a rendu ces beautés inépuisables. »

WISEMAN, *sixième discours sur les sciences naturelles*, prononcé à Rome en 1839, tom. I, *page* 388.

les idées trouvent en arrivant l'imagination toute prête à les formuler, on conçoit combien cela peut aussi leur nuire sous un autre rapport. En effet, dans la jeunesse, on se laisse si naturellement séduire par l'idée du beau, que l'idée du vrai arrive souvent trop tard ; la première a déjà pris toute la place. Alors, on fait vivre son esprit d'images, de simulacres et de rêves, sans penser qu'il y a des idées pour lesquelles ces images ont été préparées, comme font les enfants, les littérateurs, et l'artiste sensualiste qui demande exclusivement à la forme l'idéal que les arts cherchent à réaliser. La vérité n'est, hélas ! que le symbole intellectuel de la réalité ; si avec la vérité l'homme se trouve déjà si misérable, que sera-ce donc de ceux qui ne se prosternent encore que devant son symbole ?

Mais lorsque la raison se développe, la Réalité intelligible vient se peindre dans l'intuition, comme la nature s'était peinte auparavant dans l'imagination. Lorsque les idées aux objets spirituels viennent ainsi prendre place dans l'intelligence à côté des idées aux objets matériels, et qu'en un mot, les véritables idées descendent dans les images, les jeunes intelligences, comme les jeunes peuples, habituées jusque-là à se servir de mots qui rappellent des réalités imaginatives, ne quittent point tout-à-coup la langue des images : elles l'introduisent au contraire avec soin dans l'ordre des idées. Elles font ce qu'on appelle de la métaphore ; c'est-à-dire, qu'elles emploient dans un sens intellectuel, tous les mots empruntés à l'ordre matériel, qui peuvent s'y prêter par une bonne analogie. De sorte que la même langue devient par là un double instrument de symbolisation.

Les nerfs, par exemple, ont été irrités; on a appelé cette modification un *tourment*, une *douleur*, une *souffrance* : l'âme souffre-t-elle, on dit *le tourment*, *la douleur*, *la souffrance* de l'âme. Les sens ont *palpité* de plaisir : l'âme émue par la joie, *palpite* également. Enfin, il y a des *amertumes* et des *douceurs* pour le cœur, comme il y en a pour les sens; il y a du *beau* pour l'esprit, comme il y en a pour les yeux; du *bon* pour la conscience, comme il y en a pour le goût; il y a de la *lenteur* et de la *rapidité*, de la *force* et de la *faiblesse*, de *l'activité* et du *repos* pour la pensée, comme pour les mouvements du corps; il y a pour l'œil des horizons et des abîmes inaccessibles, comme pour l'intelligence des vérités qu'elle ne peut comprendre. En un mot, il s'érige dans le sein d'une même langue toute une réalité spirituelle, à côté de la réalité matérielle dont l'imagination avait déjà construit en nous l'édifice.

Ainsi 1° le développement de notre imagination et conséquemment des images, étant antérieur à celui de notre raison et conséquemment des idées, (d'où la nécessité d'exprimer celles-ci par celles-là, qui sont les premières arrivées); 2° l'homme, par sa position au milieu du temps et de la matière, se développant plus facilement quant au corps que quant à l'âme; et par conséquent le côté du moi qui correspond aux sensations étant ordinairement plus exercé que celui qui correspond aux conceptions, il en résulte que l'on se sert souvent d'images toutes pures de l'imagination pour exprimer des réalités tout-à-fait spirituelles; de sorte que l'on remplace et que l'on exprime des idées par des images. Quelquefois aussi, pour relever la matière, on remplace ses images par des idées ; c'est là ce que l'on appelle la langue poétique.

Par exemple, lorsque nous parlons de la vie, de l'âme, de la beauté, ou de la pureté de la nature, nous empruntons ces idées à la réalité spirituelle; ou bien lorsque nous parlons de la solidité, de la puissance, ou de la force de la pensée, nous empruntons ces images à la matière. Il semble que par ce stratagème l'on ait la sensation des choses de l'esprit, et que l'on ait le sentiment de celles du corps. C'est qu'en effet, on idéalise la matière en l'exprimant par des idées, et l'on matérialise l'esprit en l'exprimant par des images. Double opération qui fait bien voir, au reste, 1° la position qu'occupe l'homme : situé entre le monde spirituel et le monde matériel ; 2° sa véritable nature : union et identification momentanée d'une vie spirituelle et d'une vie matérielle. On peut appeler ce procédé du langage, matérialiser les objets spirituels, et spiritualiser les choses matérielles.

Or, dans ce commerce, les choses matérielles ne perdent rien ; car, comme le remarque si bien un philosophe, « c'est souvent ce qui les rend plus vives, plus belles que la réalité, par la teinte idéale que l'âme donne toujours à ce en quoi elle se mêle. Tout comme lorsque l'imagination représente en images des objets spirituels, par cela qu'elle les revêt de couleurs et de formes sensibles, ces symboles seront d'autant plus éclatants, que les sens sont plus impressionnables, et la nature avec laquelle ils se trouvent en rapport, plus vivante et plus belle. » Aussi, remarquez que c'est là la grande tactique des poètes : *Ut pictura poësis*. Ce mot pourrait se dire de tous les arts, comme de la peinture, car tous ne sont que de précieux suppléments au langage.

Lorsque ces deux langues, l'une à la réalité spirituelle, l'autre à la réalité matérielle, se sont ainsi élevées parallèlement dans le corps d'une seule, qui est la langue véritable, la langue complète, la langue dont se sert l'homme; vient, après avoir symbolisé de la même expression les analogies, la nécessité d'établir les différences, et de les pourvoir également de mots spéciaux. C'est ainsi qu'on donne le nom de *plaisir* à la satisfaction du corps, et celui de *bonheur* à la satisfaction de l'âme; de *vision* à l'opération de l'œil, et d'*intuition* à celle de la rationalité; de *volition* à l'acte de la volonté, et de *mouvement* à l'acte des organes; de *sensations* aux modifications des sens, et de *sentiments* aux modifications de l'esprit; de *désirs* aux besoins du cœur, et *d'appétits* aux besoins du corps, etc.

Ce n'est pas tout, il s'agit encore de nommer, pour chaque réalité, les propriétés qui manquent complètement dans une autre. Par exemple : l'homme est essentiellement créé, et Dieu essentiellement incréé; l'homme essentiellement libre et cause, la matière essentiellement inerte et effet; la Réalité intelligible essentiellement absolue, infinie, nécessaire, éternelle; la réalité sensible essentiellement relative, finie, conditionnelle, temporelle. Enfin les organes n'ont-ils pas des modifications particulières inconnues de l'âme, comme les saveurs, les couleurs, les odeurs et le bruit ? et l'âme, des manières d'être inconnues aux sens, comme l'innocence, la bonté, la justice, la pitié, l'admiration, la gloire et la charité ? alors ne faut-il pas que toutes soient pourvues d'un nom spécial ?

Il doit donc y avoir dans toute langue humaine : 1° les signes représentatifs des images qui se trouvent dans l'imagination ; 2° les signes représentatifs des idées qui se trouvent dans la raison ; 3° les mots doubles, qui peuvent s'adapter à des objets analogues dans les différentes réalités ; 4° les mots spéciaux, qui représentent des propriétés ou des objets sans analogues (tels que les mots exclusivement propres aux réalités spirituelles, et les mots exclusivement propres aux réalités matérielles) ; 5° enfin, comme il y a une troisième réalité, où viennent se peindre les deux autres, la réalité morale, la réalité de l'être qui conçoit, veut, et agit, ne doit-on pas aussi retrouver dans les langues des mots qui correspondent à toutes les propriétés spéciales de cette réalité ? Ainsi, dans toute langue, trois mondes se rencontrent : le monde physique, le monde moral, et le monde intelligible.

Il résulte de ce que nous venons d'observer, que l'emploi juste et précis d'une langue est le plus difficile et le plus sublime de tous les arts. Il exige d'abord beaucoup de raison et d'entendement, pour que l'intelligence soit riche en idées ; puis, beaucoup de raisonnement, de mémoire, et de généralisation, pour qu'elle soit riche en pensées ; enfin, beaucoup d'impressions et de sensations, pour que l'imagination soit riche en images, et qu'elle puisse retenir, reproduire, augmenter, diminuer, tailler, combiner de toute manière ces images, afin de les réfléchir sur les idées. L'emploi d'une langue exige une grande perspicacité pour penser, c'est-à-dire, pour se servir de la langue intellectuelle; — un grand talent pour imaginer, c'est-à-dire, pour se servir de la langue imaginative; — puis, beaucoup d'esprit pour ne pas prendre ces deux langues l'une pour l'autre dans la pensée, et les absorber l'une dans l'autre par la parole; — assez de logique pour arriver rigoureusement à toutes les conséquences contenues dans un seul principe; — assez de sens pour donner à la langue rationelle le caractère de la Réalité qu'elle exprime; — assez de goût pour donner à la langue imaginative un caractère qui ne sorte pas de la nature. L'emploi d'une langue, en un mot, exige que l'homme mette en œuvre, et d'une manière puissante, toutes ses facultés à la fois; aussi n'est-il pas étonnant que les grands écrivains soient si rares à travers les siècles! (Nous avons bien besoin de cette observation pour nous consoler nous-même du chagrin que nous éprouvons en voyant nos idées si maladroitement rendues; au moins, si nous avions réussi à nous faire comprendre, il n'y aurait qu'un demi-mal!)

Nous voyons donc que, si l'intelligence est la faculté de rendre personnelles, successives et relatives les idées impersonnelles, éternelles et absolues de la raison, le langage est le moyen que l'intelligence emploie pour produire ces diverses opérations. Sans cette incarnation de l'idée, qui l'extériorise, l'objective, la fait poser devant nous, l'induction, la déduction, l'abstraction, la généralisation ne parviendraient jamais à la modifier en tous sens, selon le besoin de la pensée. On pourrait dire que l'intelligence n'est, en quelque sorte, qu'un organe fait pour employer le langage; lequel n'est, à son tour, que l'instrument de l'imagination. Car toutes nos connaissances, toutes nos pensées, toutes nos richesses intellectuelles, reposent sur des configurations formées par l'imagination, et que répète ensuite la parole.

Rien de spirituel ne pouvait entrer dans l'espace sans participer de sa propriété, c'est-à-dire, sans perdre son unité et sans avoir, comme l'étendue, ses parties les unes auprès des autres; et rien de spirituel ne pouvait entrer dans le temps sans participer de sa propriété, c'est-à-dire, sans perdre son identité et sans avoir, comme la succession, ses parties les unes après les autres. Il fallait donc que notre intelligence imprimât aux idées absolues le caractère de *l'extension*, pour qu'elles fussent de mise dans l'espace, et le caractère de la *succession*, pour qu'elles fussent de mise dans le temps. Or, les idées rencontrent tout cela dans l'intelligence : d'abord par l'imagination, qui leur donne des formes, des limites, et les soumet à l'espace; ensuite par la parole, qui les rend successives, discontinuelles, et les soumet au temps. Aussi, ne pouvons-nous avoir de pensée que sous la condition du temps et de l'espace.

Ainsi, 1° la perception de l'entendement personnalise la lumière rationnelle, c'est-à-dire, qu'elle la fait descendre de la raison dans l'intelligence ; 2° l'imagination créaturalise l'idée perçue, c'est-à-dire, qu'elle en fait une pensée; 3° enfin, le langage incarne la pensée, c'est-à-dire, qu'il la fait passer de la sphère intellectuelle dans le monde phénoménique. Car c'est là que nos pensées viennent rejoindre nos actes, comme si tous les produits de l'homme se donnaient rendez-vous dans le temps avant de rentrer dans l'Absolu !.. Toutefois il fallait que la pensée, comme l'acte de la volonté, comme l'homme lui-même, prit un corps pour venir en ce monde.

Nous ne parlerons pas des arts, parce qu'il faudrait répéter, à propos de chacun d'eux, ce que nous disons du langage ; à savoir : que c'est un système d'emblèmes matériels et de signes sensibles, par lesquels nous manifestons notre pensée au dehors de nous, et lui donnons en quelque sorte une existence physique. Comme on le voit, cette définition s'applique aussi bien à la musique qu'à la sculpture, à la peinture, à l'écriture, qu'au langage. Seulement, comme le beau est l'objet des recherches de tous les arts, nous dirons ce qui constitue le beau dans un objet de ce monde :

D'abord, rappelons-nous que l'idée rationelle est infinie, divine ; et que la pensée intellectuelle est finie, humaine. Or l'idée, pour parvenir à ce qui établit la réalité dans le temps, est obligée de se fixer dans quelque chose qui jouisse de la permanence temporelle; mais alors elle imprime à cette chose, toute matérielle qu'elle soit, son caractère, et cette chose devient belle. La beauté, dans un être, n'est que la manifestation de l'idée infinie qui s'aperçoit en lui. Une fois que l'infini, l'idéal, est ainsi devenu fini, matériel, et qu'il s'est fixé dans la forme temporelle, celle-ci laisse transpirer l'infini, l'idéal, et le rappelle à tout esprit qui le considère.

Telle est, en deux mots, la théorie ontologique de l'art ; c'est la même que celle de la pensée, définissant la conception, et que celle de la parole, incarnant la pensée. Ainsi, la parole est un art, le premier et le plus considérable des arts; dans le même sens, la musique est un art, la peinture est un art, la sculpture un art, l'architecture un art, la mimique un art, la danse un art; enfin la nature elle-même est un art, et le plus grand de tous : car elle est cet ensemble de signes que Dieu a employés pour rendre sa pensée. Puis, par là même, tous ces différents arts sont autant de sortes de langages qui se suppléent les uns les autres; chacun exprime plus particulièrement ce que les autres ne peuvent rendre; mais ils se rencontrent tous sur un même point : celui d'exprimer le beau. Or le beau, comme nous l'avons vu, c'est la forme de l'être, l'ineffable apparence de Dieu. L'art est donc positivement l'infini dans le fini; l'idée descendue du Ciel pour se créaturaliser sur la terre, et venir nous consoler au milieu de l'exil. Aussi, l'homme cherche-t-il à entourer sa vie d'art, de poësie et de beauté.

De ce qui précède on arrive à cette conclusion, que la pensée la plus belle est tout à la fois : 1° celle qui contient le plus de lumière rationelle, c'est-à-dire, qui est le plus infinie; 2° celle qui est le mieux contenue dans l'imagination, c'est-à-dire, qui est le mieux définie. Observez, par exemple, sous ce double rapport, la pensée si connue de Malebranche : *Dieu est le lieu des esprits comme l'espace est le lieu des corps;* pensée infinie contenue dans une formule exactement définie ! Cela s'accorderait aussi parfaitement avec la théorie de Kant sur la poësie : « La véritable poësie, c'est l'infini dans le fond et le fini dans la forme. » Ceci, comme on le voit, doit s'entendre de tous les arts aussi bien que de la poësie ; c'est même la définition la plus profonde et la plus exacte qu'on puisse donner de l'art en général. — Je suis aise, toutefois, que cette pensée de Kant vienne si bien confirmer le résultat auquel nous sommes arrivés. [1]

Nous nous en tiendrons là quant à l'objet du langage, parce que plus tard il doit nous révéler d'autres choses sur le mystère de l'intelligence. En effet, nous avons bien vu comment la raison est mise en mouvement par la réception de la lumière intelligible ; mais nous ne savons encore, ni comment l'intelligence se réveille au devant de cette lumière pure, ni quel est le médiateur qui vient établir un rapport entre ses perceptions finies et la nature infinie de la lumière rationnelle. Ce qui nous importe en ce moment, c'est de nous rappeler un peu ce que nous venons de reconnaître :

L'intuition flotte d'une manière encore tout infinie dans le sein de la raison ; et l'intelligence, qui est l'esprit

---

[1] C'était aussi, à ce qu'il paraît, l'idée de Bossuet sur le beau ; car dans son Élévation intitulée : *Admirable singularité de la création de l'homme*, après avoir fait remarquer que l'homme n'a point été fait, comme les autres créatures, par une parole de commandement: *Fiat* ; mais par une parole de conseil : *Faciamus* ; que Dieu prend conseil en lui-même en allant faire, comme il le dit, un ouvrage d'une plus haute perfection et où reluisit plus excellemment la sagesse de son auteur, Bossuet ajoute : « Dieu nous montre dans la création du corps de l'homme, un dessein et une attention particulière. C'est de là aussi qu'est venue à l'homme cette singulière beauté sur le visage, dans les yeux, dans tout le corps. D'autres animaux montrent plus de force, d'autres plus de vitesse et plus de légèreté, et ainsi du reste : l'excellence de la beauté appartient à l'homme ; et c'est comme un rejaillissement de l'image de Dieu sur sa face. » (Xe Élévation sur les Mystères). — N'est-ce pas là absolument la définition du beau que nous a donnée Kant : *Le beau est le resplendissement de l'Infini à travers le fini?*

de l'homme à l'état fini, formule l'intuition par le moyen des images. Formuler, imager, définir, parler une idée, c'est une même chose, c'est une opération que produit l'intelligence au moyen du langage. Formuler, c'est revêtir d'une forme ; or, où prendre des formes, sinon parmi les objets de la nature ? Imaginer, c'est revêtir d'images ; or, où prendre des images, sinon parmi les choses de la nature ? Définir, c'est donner une limite ; or, où existe-t-il des limites, sinon parmi les objets finis de la nature ? Enfin, parler, c'est prononcer des sons qui représentent des images de la nature qu'on applique aux idées pour les rappeler. Appliquer ces images aux idées, c'est les définir ; et prononcer les sons qui rappellent ces images, c'est parler.

La parole dit avec bruit ce qui se fait tout bas dans l'homme par l'imagination. Réfléchir, c'est renvoyer les images sur les idées, c'est imaginer ; et parler, c'est rendre ces images par des sons. Aucune intuition, aucune idée n'est *com-prise*, c'est-à-dire, contenue par l'intelligence, sans avoir été renfermée dans une formule ; et l'idée ainsi imagée, c'est-à-dire formulée, c'est-à-dire rendue compréhensible, est une pensée.

La pensée se forme donc en dedans de nous par le moyen de l'imagination, qui est la parole intérieure, la parole intellectuelle ; tout comme elle se forme en dehors de nous par le moyen de la parole vocale, qui est l'imagination extérieure, l'imagination matérielle. L'intuition alors peut exister sans la parole, c'est-à-dire que la rationalité peut éprouver le juste, le beau, le vrai, le saint, indépendamment du langage ; les déterminations peuvent aussi exister sans la parole, c'est-à-dire, que la volonté peut produire des actes de volition avant de les avoir vus exprimés par le langage : mais, pour la pensée, elle ne peut exister sans le langage, car l'intelligence, qui est la faculté de former la pensée, ne peut faire un seul acte sans employer les images et les sons. Penser c'est *imaginer*, c'est *réfléchir*, c'est *comprendre*. Le moi produit la pensée par le moyen des facultés de l'intelligence, comme le moi réalise l'acte par le moyen des organes du corps.

La pensée ne peut exister sans l'image ou sans la parole, parce que c'est sur les images seulement que l'intelligence peut produire toutes les opérations de ses huit facultés. C'est avec le langage qu'elle exécute tous ses actes de logique : tantôt elle fait dériver une conséquence d'un principe, comme dans la nature un effet dérive de sa cause ; tantôt elle rattache une conséquence à un principe, comme dans la nature un fait se rattache à sa loi. Par exemple, on appellera la cause, *principe* ; l'effet, *conséquence* ; et l'acte par lequel la cause donne son effet, *produire* ; alors quand l'intelligence s'aperçoit que telles idées sont contenues dans telle autre, elle les en tire toutes une à une en leur donnant leur étiquette ou leur image ; autrement dit, elle fait *produire* à son *principe* toutes ses *conséquences*.

De sorte que l'intelligence, selon qu'il en est besoin, démontre un principe dont on ne voyait que les effets, ou, déduit des conséquences dont on ne connaissait que le principe. De là, si c'est la loi que l'on tient pour certaine, comme dans le Monde moral, l'intelligence emploie la méthode rationnelle, et prouve que tels faits doivent résulter de cette loi ; ou, si ce sont les faits que l'on tient pour certains, comme dans le monde physique, l'intelligence emploie la méthode expérimentale, et prouve que ces faits résultent de telle cause. Enfin, c'est par le moyen des images et des mots, que l'intelligence fait ses abstractions, ses comparaisons, ses généralisations et tous les actes dont elle a les facultés. La logique elle-même n'est qu'un bon emploi du langage, c'est-à-dire des mots appliqués aux idées par l'imagination; car c'est sur des images et des termes que la logique opère.

De là, deux opérations fondamentales de l'intelligence pour former la pensée, au moyen de l'idée que lui offre l'intuition rationelle : 1° imaginer, ou définir les idées au moyen des termes ; 2° produire sur ces idées définies toutes les opérations du raisonnement, pour leur faire rendre tout ce qu'elles contiennent implicitement. Et c'est par ce moyen que l'on peut aller d'une vérité à une vérité voisine, d'une vérité passée à une vérité future, d'une loi de ce monde à une loi de l'autre, ou d'une loi de l'autre à une loi de celui-ci ; pour reconstruire (à force de joindre le fini au fini), un microcosme intellectuel qui soit en nous la représentation des deux mondes qui sont en dehors de nous. Ce microcosme intellectuel, c'est la vérité, que St. Thomas et Bâcon appelaient, *Une équation entre la pensée et la réalité.* Car la vérité, ce n'est ni la Réalité, ni la pensée, c'est-à-dire, ni Dieu, ni l'homme : mais c'est la connaissance de Dieu dans l'homme, c'est-à-dire, la réalité connue de l'esprit.

Ainsi, la fonction de l'intelligence est de venir en aide à la raison, qui ne peut seule arriver à une contemplation claire et parfaite de la réalité; l'intelligence est l'emploi de la perception, qui personnalise l'idée, du raisonnement, qui l'élabore, et de l'imagination, qui la définit. Il ne faut donc plus confondre la pensée, qui est de fabrication logique, avec la conception, qui est l'apparition de la réalité à la raison. Nous voyons et nous sentons spirituellement par la raison; nous regardons, et nous formulons analytiquement par l'intelligence. Cependant, ce n'est pas toujours la pensée, telle que la donnent l'intelligence et le langage, qui reste dans l'esprit de l'auditeur, c'est souvent l'idée telle qu'elle a pu apparaître dans la raison. Il en est ainsi des sentiments en général, ils passent d'un esprit dans un autre sans se transformer en pensées positives : le regard, le sourire, le geste, servent souvent de canal entre deux âmes pour leur mutuel épanchement.

Puisqu'il est certain maintenant que sans l'intelligence, qui créaturalise la lumière absolue, la raison ne saurait nous être utile sur la terre, et que sans le langage, qui incarne les pensées définies, l'intelligence ne pourrait exécuter ses indispensables opérations : affirmons aussi que, quel que soit l'état naturel de l'homme dans le temps, cet état ne peut être nécessairement que celui dans lequel l'intelligence et le langage rencontreront toutes les conditions de leur existence, de leur exercice et de leur développement; état dans lequel conséquemment toutes les sciences et tous les arts seront en pleine prospérité.

La théorie que nous donnons ici, 1° sur la fonction

psychologique de l'intelligence ; 2° sur l'impuissance de la raison dépourvue de l'intelligence ; 3° sur les désavantages de l'intelligence employée sans la raison ; 4° sur le rapport et sur la distinction de l'intuition et de la sensation ; 5° sur la différence de l'idée, qui nous vient de la réalité spirituelle, et de l'image, qui nous vient de la réalité matérielle ; 6° enfin sur la fonction spéciale de l'imagination ; cette théorie, disons-nous, quoique formée de vérités que l'on retrouve à tout bout de champ dans le langage, et qui s'accordent, pour la plupart, avec les résultats les plus certains qu'ait obtenus jusqu'à présent la psychologie, est néanmoins tout-à-fait étrangère à la manière de voir et de faire d'aujourd'hui. Ces idées demanderaient sans doute que l'on recomposât certaines parties de la psychologie, tout en conservant les vérités que cette science possède déjà. Mais la connaissance des éléments de la nature de l'homme, n'est pas le seul but de cet ouvrage ; cette connaissance n'est ici qu'une science préparatoire, que nous sommes obligés d'économiser afin de laisser assez de place à l'exposition des lumières que nous devons en retirer pour la Science sociale. D'ailleurs, il nous reste à connaître un élément de la nature humaine, plus important et plus sublime encore que tous ceux que nous venons d'étudier. En effet :

Nous n'avons observé jusqu'à présent que des éléments de la nature humaine. La rationalité, la causalité, et leurs deux instruments, l'intelligence et le corps, ne sont que les différentes parties de l'être appelé *homme* : mais l'homme, où est-il ?... Car enfin, il faut dire de l'âme ce que Cuvier disait du corps : « Toutes ses parties sont liées; elles ne peuvent agir que d'autant qu'elles agissent toute sensemble : vouloir en séparer une, c'est la reporter dans l'ordre des substances mortes, c'est en changer entièrement la nature. Or les machines qui font l'objet de l'anatomie comparée, ne peuvent être démontrées sans être détruites. » Mais aussi, regardez donc : la nature compose, et nous, pour étudier, nous décomposons! elle forme des organisations et leur donne la vie; nous, nous détruisons ces organisations et leur donnons la mort! Si la nature ne donne la vie qu'en composant pour rendre à l'unité, est-il étonnant qu'en décomposant pour étudier la variété, nous ne trouvions que la mort?

Si donc, reconnaissant que la considération de Cuvier sur la physiologie s'applique également à la psychologie, nous voulons retrouver la vie de l'être spirituel, la vie, ce grand mystère de la nature, laissons là les sanglants débris de l'analyse, et prenons la réalité telle qu'elle est, embrassons l'homme tout entier. Alors, pour savoir comment les différentes facultés que nous avons étudiées ne forment qu'un seul être, appelé homme, ne faut-il pas que nous cherchions le centre auquel ces facultés viennent toutes se rattacher? — Quel est conséquemment le point où convergent la raison et la volonté, l'intelligence et les appétits du corps; en un mot, quel est le centre vital de toutes les facultés de l'homme?

LIV. II. — DES ÉLÉMENTS

Sommaire. — De même que l'homme n'est pas seulement un esprit créé, mais qu'il est revêtu d'un corps, de même, il faut que la pensée intellectualisée s'incarne. — Ce fait s'opère dans l'homme d'une manière admirable : nous savons que le moi a la raison ouverte sur la Réalité intelligible, et les sens sur la réalité sensible ; eh bien, la raison ne sert pas seulement à nous révéler des idées absolues, et les sens, des idées finies ; — car, si la raison vient éclairer les sens en leur fournissant l'idée de cause, l'idée de loi, etc., les sens, à leur tour, apportent leurs images à l'intelligence, et l'engagent à revêtir de ces formes finies, les idées rationelles, pour les définir. — L'intelligence, pour connaître la nature, n'a pas seulement les sens, elle a une faculté que l'on prendrait pour la continuation des sens, si elle n'était spirituelle ; et comme elle est la faculté des images, elle a reçu le nom d'*imagi*-nation. — L'imagination est le miroir dans lequel toutes les formes, toutes les images de la nature sont reçues, intellectualisées, combinées, puis réfléchies et renvoyées sur les idées, qu'alors elles *imagi*-nent. — Placé entre deux mondes, participant de la vie de chacun, ayant la rationalité pour recevoir les communications du premier, les sens pour recevoir celles du second, l'homme ne devait-il pas avoir une faculté mitoyenne qui, d'un côté, perçût les idées, représentations des réalités spirituelles, et de l'autre, reçût les images, représentations des réalités matérielles ? — L'intelligence est cette faculté mitoyenne : par l'entendement n'a-t-elle pas la perception des idées rationelles ; et par l'imagination, la perception des images corporelles ? — L'entendement est l'intelligence adaptée au monde spirituel, et l'imagination est l'intelligence adaptée au monde matériel ; aussi trouvons-nous dans notre esprit des idées et des images : les idées sont des images que nous avons des réalités spirituelles ; les images sont des idées que nous avons des réalités matérielles. — De même que la perception vient aussitôt ravir à la raison l'idée qu'elle a reçue par l'intuition ; de même l'imagination vient ravir à la sensation l'image qu'elle a reçue par l'impression. — Quand une fois la perception a rempli d'idées l'intelligence, celle-ci sent le besoin de les formuler pour les conserver et les mieux voir; et quand les sensations ont rempli d'images l'imagination, celle-ci sent également le besoin de les réfléchir sur les idées pour les formuler. — Ce double besoin est représenté par les penseurs, qui cherchent des formules à leurs idées; et par les littérateurs, qui cherchent des idées à revêtir de leurs images. — La pensée étant l'idée descendue de la raison dans l'intelligence, où elle vient se fixer par le moyen de l'image dont l'imagination l'a revêtue; ou en d'autres termes, l'acte par lequel on pense étant l'acte par lequel l'imagination *réfléchit* ses images visibles sur les idées obscures de l'entendement, le langage, par une profondeur inouïe, a donné à cet acte le nom de *Réflexion*. — Pendant que l'intelligence, par une prière et une attention continuelles, invite la raison à descendre en elle, l'imagination combine et taille ses images pour les ajuster à nos idées, jusqu'à ce qu'elles parviennent à les rappeler, par suite de l'association des images aux idées. — Aussi, de ce qu'en combinant des images, les littérateurs se sont aperçus que les idées qui leur correspondaient recevaient les mêmes modifications, ils ont cru que là était toute l'œuvre de la pensée; et ils ont fait de l'imagination, la faculté de concevoir, la faculté de créer la pensée. — La pensée repose donc sur quatre conditions : 1° l'intuition de la rationalité, 2° la perception de l'entendement, 3° l'impression des sens, qui reçoivent les images, et 4° l'acte par lequel l'imagination réfléchit l'image sur l'idée pour l'imaginer, la constituer pensée. — Les idées et les images ayant de commun : 1° leur analogie de fonctions, en ce que toutes deux sont des représentations dans l'homme, de deux mondes qui sont hors de lui; 2° leur mariage dans la pensée, en ce qu'elles s'unissent et se prêtent un mutuel secours pour sa composition ; il en est résulté que beaucoup de philosophes ont confondu les idées et les images. — La confusion des idées avec les images, a conduit au sensualisme, ou négation des réalités représentées par les idées : la confusion des images avec les idées, a conduit à l'idéalisme, ou négation des réalités représentées par les images. — Cette analogie de fonctions des idées et des images a été tellement reconnue par le bon sens qui a créé les langues, que le mot είδος (éidos), qui signifiait d'abord image matérielle, a été pris aussitôt par métaphore pour le mot idée, qui signifie l'image spirituelle. — Mais il ne suffit pas encore que la conception rationelle se personnalise, en entrant dans le moi par la perception, et qu'elle se créaturalise, en recevant des formes de l'imagination ; ne faut-il pas que, comme l'homme, elle prenne définitivement un corps ? C'est le langage qui le lui donne. — C'est dans la nature que le langage va prendre cette enveloppe matérielle. Tandis que l'imagination, comme l'abeille, cueille les images de toutes les belles choses, le langage essaie tous les sons, afin de rendre, par la musique de ses onomatopées, les peintures de l'imagination. — Puis la voix, qui est l'instrument phonétique du langage, par ses signes articulés rappelle ces images, comme ces images rappellent les idées qu'elles ont mises en pensées. — Il fallait que les sens et l'imagination se développassent les premiers pour rendre possible le langage, dont l'homme avait besoin en arrivant sur la terre ; mais il en résulte un inconvénient : c'est que les images, arrivant les premières dans l'esprit, ne laissent quelquefois plus de place aux idées. — L'esprit ayant d'abord été pourvu d'images, lorsque à côté d'elles les idées viennent à leur tour prendre place dans l'intelligence, l'homme fait de la métaphore ; c'est-à-dire, qu'il emploie dans un sens intellectuel toutes les notions qu'il a retirées de l'ordre matériel, et réciproquement. — De sorte que dans le sein d'une même langue, s'érige tout un système de réalités spirituelles à côté de la réalité matérielle ; c'est par là que nous pouvons spiritualiser les objets matériels, et matérialiser les réalités spirituelles, ce qui est le propre de la langue poétique. — Dans toute langue on doit donc retrouver : 1° les mots qui représentent les images de la réalité matérielle, 2° les mots qui représentent les idées de la réalité spirituelle, 3° les mots qui s'adaptent à ces deux ordres de réalités, 4° les mots spéciaux à ces deux ordres de réalités, et 5° les mots qui se rapportent à l'ordre de la réalité morale. — Difficulté de se bien servir d'une langue ; combien il faut de conditions ; rareté des grands écrivains. — Ainsi, la perception personnalise l'idée rationelle ; l'imagination créaturalise l'idée perçue ; et le langage incarne la pensée imagée : et tout cela afin de faire descendre la lumière, de l'éternité dans le temps, pour le besoin de l'homme. — Nous donnons la théorie de l'art en donnant celle du langage, qui est lui-même le premier des arts ; or les arts ne sont que des systèmes d'emblèmes matériels manifestant des choses spirituelles. — Il suffit que l'idée absolue vienne imprimer son caractère à un objet matériel pour le rendre beau. La beauté dans un être n'est que la manifestation de l'idée infinie qui apparaît en lui ; c'est pourquoi la nature est si belle. — Pour résumer : réfléchir des images sur les idées rationelles, c'est penser ; et prononcer les sons qui rappellent ces images, c'est parler : la parole dit tout haut ce qui se dit tout bas dans l'intelligence. — C'est ensuite, sur ces idées imagées que l'intelligence peut seulement exécuter toutes les opérations de ses huit facultés ; et c'est ainsi enfin que la pensée prend un corps pour achever de se fixer dans le temps. — Puisqu'il est certain maintenant que sans l'intelligence, la lumière rationnelle ne pourrait nous servir sur la terre, et que sans le langage, l'intelligence ne pourrait remplir ses fonctions : affirmons aussi que, quel que soit l'état naturel de l'homme dans le temps, ce ne peut être que celui dans lequel l'intelligence et le langage trouveront toutes les conditions de leur existence et de leur développement.

Jusqu'à présent, nous n'avons étudié que des éléments de la nature humaine ; rationalité, causalité, intelligence, corps, ne sont que les différentes parties de l'homme : mais l'homme, où est-il ?... Ne faut-il pas que nous cherchions le centre vital auquel viennent se rattacher toutes ces différentes facultés.

XV.

Le centre vital où se rattachent la raison et la volonté, l'intelligence et le corps, autrement le siége de l'homme, n'est-il pas ce qu'on appelle le Cœur?

Jusqu'a présent nous n'avons fait, en quelque sorte, que l'anatomie de l'homme spirituel. Pour la facilité de l'intelligence, il fallait que la nature humaine fût ainsi divisée jusques en ses principes indécomposables, afin que chacune de ses parties pût être considérée isolément. C'est la marche que l'on suit pour l'étude des corps organisés, comme pour l'étude des corps bruts, comme pour tous les objets que l'on veut soumettre à une véritable investigation; c'est ainsi enfin que procède universellement la science. La nature de l'esprit humain exige qu'avant de nous élever à la conception du tout, nous passions par la connaissance des parties qui le constituent.

Mais une fois cette première opération achevée, on

n'a pour tout résultat, que des abstractions, des propriétés spéciales, des organes épars, et non point un être réel et complet. Il est nécessaire alors de réunir ces parties détachées, et de les reconstituer dans leur état véritable, pour que l'être étudié dans ses éléments, reparaisse dans son ensemble, c'est-à-dire, tel qu'il est dans la réalité. Toute analyse décomposant le tout primitif, demande une synthèse qui le recompose ; toute anatomie demande une physiologie qui rattache la multitude des organes à leur centre commun d'activité, à leur cause inervatrice.

Et, en effet, nous ne connaissons que des éléments pris dans la nature humaine ; nous ne connaissons que des facultés spéciales de l'homme, mais non point encore l'homme tel qu'il existe, tel qu'il agit, tel en un mot qu'il vit dans la création. Nous savons, par exemple, ce que c'est que la raison, et quels sont ses résultats ; ce que c'est que la volonté, et quels sont ses produits ; ce que c'est que l'intelligence, et quelles sont les diverses fonctions qu'elle exécute pour l'usage de la raison ; ce que c'est que le corps, et quels sont les divers mouvements qu'il opère pour le service de la volonté : mais la raison et la volonté sont de l'homme et ne sont point l'homme ; l'intelligence et le corps sont à l'homme et ne sont point l'homme. Or, si la raison, la volonté, l'intelligence, et le corps ne sont que les diverses facultés de l'homme, où donc est l'homme ?...

Car il faut bien que ces parties forment un tout ; il faut bien que ces quatre organes fondamentaux se rattachent à un centre auquel ils se rapportent et qui en soit comme le tronc ? Ce tronc ne sera-t-il pas l'homme lui-même, c'est-à-dire, cet être doué de la raison, de la volonté, de l'intelligence et d'un corps ? Par conséquent, si nous trouvons le centre où viennent se rattacher la raison et la volonté, l'intelligence et le corps; si nous trouvons la cause qui les meut, les vivifie et les emploie à son usage, ne posséderons-nous pas, non plus seulement un ensemble de fonctions isolées, mais un tout organisé complet, une unité où chacune des fonctions précédemment examinées, concourant à son but, constituerait enfin l'être appelé homme ?

Puisque le point où viennent converger la raison et la volonté, l'intelligence et le corps, doit être non-seulement 1° le centre auquel ces diverses facultés se rattachent, 2° la cause inervatrice de leur activité, mais encore le but pour lequel ces facultés ont été faites, et la partie à laquelle toutes les autres parties ont été appropriées comme moyens; puisqu'en un mot ce point doit être le fond même de l'homme : pour découvrir la nature et les propriétés de cette partie centrale, il faudrait donc déterminer ce qu'est l'homme, non, ainsi que nous l'avons fait, dans ses facultés apparentes, dans ses organes de relation avec le temps, mais en lui-même et dans son essence.

Or, pour déterminer l'essence de l'homme, pour connaître non plus les facultés dont il se sert ici-bas, mais sa nature dans son rapport avec l'Absolu, il ne s'agirait pas de savoir comment il se fait qu'un être fini, qu'un être non essentiel puisse subsister réellement, (quand il semble que l'être absolu devrait seul naturellement exister), mais de savoir de quelle existence peut subsister cet être spirituel exilé de la Réalité infinie ; de savoir ce qu'il peut faire au milieu de ce monde; pourquoi il y est ; et enfin quelle est la situation dans laquelle il s'y trouve, lui être créé, être conditionnel, ainsi éloigné de la source de son existence.

Maintenant, pour savoir de quelle existence peut vivre une pauvre créature spirituelle finie et subordonnée, une créature privée de toute puissance conservatrice, n'ayant point en elle la source de sa joie, dénuée de tout ce par quoi elle pourrait se suffire, enfin, de tout ce qui fait de Dieu une existence infinie, complète et bienheureuse, nous n'avons pas d'autre moyen que de partir encore des lois nécessaires et essentielles de la Réalité. Car il faut bien avoir la notion de l'existence absolue, pour pouvoir observer ce qui reste de l'être à celui qui est privé de cette existence absolue, et ce que devient alors son existence relative; il faut bien avoir la notion de l'existence absolue, pour pouvoir connaître la situation dans laquelle il se trouve, lui être fini et subordonné, par rapport à l'existence absolue, sans laquelle cependant il ne subsisterait point.

D'ailleurs, n'est-ce pas une loi reconnue en physiologie, que, dans l'étude de toute génération, il faille considérer tout à la fois l'être qui procrée et la procréation ; mais qu'avant l'être procréé, il faille examiner d'abord l'être qui le procrée ? Eh ! pour connaître l'homme dans son essence, n'est-il pas tout naturel d'étudier en Dieu, le type de l'homme créé à l'image de Dieu !

Mais avant de parler de la nature positive de Dieu, excusons-nous humblement de la liberté qu'ose prendre une de ses créatures, de lever les yeux de son esprit sur celui que les Cieux n'adorent qu'en tremblant ! Peut-être y aurait-il un sacrilége plus réel dans cet attouchement de Dieu par l'esprit de l'homme, que dans celui de ses mortelles mains, si nous ignorions que ce créateur ne nous donna la raison que pour le connaître et pour lire dans sa sagesse les lois de notre vie, afin que nous nous éclairions nous-mêmes sur notre destination, et conséquemment sur le but que nous devons atteindre. Oui, il n'y a que cette considération qui puisse nous faire vaincre le tremblement dont notre âme est saisie lorsqu'il s'agit d'étudier la nature de Dieu avec cette même intelligence qui forme déjà si grossièrement la science de ses œuvres.

Nous savons que Dieu est celui qui est par lui-même, ou tout simplement, l'Être. Mais, avant tout, ne nous laissons pas étourdir par les mots; voyons de suite jusqu'où peut aller l'intelligence dans la conception de l'être. Et d'abord, nous n'ignorons pas que l'homme ne peut concevoir l'être en lui-même, puisque ce serait concevoir Dieu; que concevoir Dieu, ce serait le posséder, et que notre existence dans ce monde consiste précisément dans la privation momentanée de la possession de Dieu. Néanmoins, nous avons aussi remarqué que tout être a ses éléments, qu'il est doué de ses attributs, et qu'il repose sur des conditions d'existence : nous les avons comptées pour la matière, comptées pour l'esprit, ou du moins en partie; pour Dieu, nous pouvons également les recueillir dans sa double création, où il en a certainement manifesté quelques unes.

Nous savons, par exemple, d'après le monde physique que Dieu est la toute-puissance, la toute-sagesse, et la Réalité absolue ; comme nous savons, d'après le Monde moral, qu'il est la toute-beauté, la toute-justice et l'amour absolu. Mais non-seulement Dieu possède à l'infini ces éléments et ces conditions de l'être ; il est encore la réunion et l'identification infinies de tous les attributs connus et inconnus de l'être [1]. Dieu nous apparaît comme l'être par excellence, comme LA RÉALITÉ.

Or, peut-être joindrons-nous au sens que possède déjà cette notion rationelle des explications qui dévoileront quelque propriété fondamentale de l'être, et qui nous en donneront en quelque sorte une connaissance plus scientifique ; mais il ne faut pas espérer que l'on puisse descendre plus avant dans cette conception : l'être ne se voit pas en dedans.

Nous ne pensons donc pas qu'il soit possible d'ajouter ontologiquement à la notion de l'être un sens plus profond que celui qu'elle possède dans la raison humaine. Toutefois, si la raison ne peut agrandir le cercle visuel de son intuition, le raisonnement peut toujours tirer les conséquences renfermées dans cette notion ; c'est ce que nous allons lui faire faire.

---

[1] Voir dans le dernier volume de cet ouvrage, au livre VI, la note de la quatrième page du chapitre 8, intitulé : L'humanité ayant été divisée pour aimer, la Société n'est-elle pas la recomposition, par le moyen de l'amour, de l'unité du genre humain ?

Premièrement, nous déterminerons la notion de l'existence absolue;

Secondement, nous tirerons la notion de l'homme de cette notion de Dieu;

Troisièmement, nous observerons quelle est, d'après cela, la position de l'homme dans ce monde.

I. Dieu est la Réalité infinie, éternelle, complète. Renfermant toute substance, il se suffit pleinement à lui-même, il est l'inépuisable et éternelle source de sa félicité. Car la félicité naît de la nature même de Dieu, elle est le fruit de sa constitution infinie. Nous allons voir comment :

Le bonheur consiste dans la possession de ce qu'on appelle le bien; et le bien, c'est la possession de l'être. Aussi, par opposition, le mal n'est-il, pour un être, que la privation d'une partie de l'être que comportait sa nature. Tout être jouit à mesure que la santé lui rend la vie qui lui échappait; tout être souffre à mesure que la maladie lui enlève la vie qui lui appartenait.

Si le bonheur consiste dans la possession du bien, et, si le bien est la possession de l'être, celui qui possède la plénitude de l'être se trouve conséquemment dans la plénitude de la félicité. De plus, la possession de tout l'être que comporte une nature, constitue pour elle la perfection; et la perfection est, pour un être, le bien par excellence. Maintenant, si Dieu renferme la substance infinie, il possède donc la perfection infinie; s'il possède la perfection infinie, il possède le bien infini;

s'il possède le bien infini, il possède la félicité infinie.[1]

Alors, pour que Dieu fût privé de la félicité, il faudrait qu'il fût privé de la perfection; pour qu'il fût privé de la perfection, qu'il fût privé de quelque chose de l'être; et s'il était privé de quelque chose de l'être, il ne serait point infini. Or, il ne peut pas ne pas être infini, puisque si quelque part en lui l'être faisait défaut, il deviendrait sujet à la dissolution, et que l'idée de dissolution est ici contradictoire, puisqu'il s'agit de l'Être nécessaire, essentiel, indestructible.

Ce n'est pas tout. Dieu étant nécessairement infini, est nécessairement heureux. Car le bonheur étant la possession de l'être que comporte une nature, et la nature divine comportant l'infini, le bonheur infini est, par conséquent, l'état nécessaire de Dieu, sa vie naturelle. Dieu, c'est la grande joie; il n'a besoin pour être infiniment heureux, que de la complète possession de lui-même.

Si le bonheur doit nécessairement éclater dans l'Être infini parce qu'il contient toute substance, le bonheur est donc l'état naturel, la manière d'être pure et simple de l'Existence absolue. Le bonheur est l'état de l'Être. Il résulte de l'être comme la clarté du rayon; comme la pesanteur de la matière; le bonheur est en un mot

---

[1] La perfection n'est pas une qualité spéciale de Dieu, un attribut tout distinct au milieu de sa nature, comme la sagesse, la justice, la puissance : la perfection, c'est l'état général de son être, elle tient à sa nature infinie. Dire que Dieu est parfait, qu'il est infini, qu'il est absolu, qu'il existe par lui-même, c'est dire la même chose : car il n'est parfait que parce qu'il est infini, il n'est infini que parce qu'il est absolu, il n'est absolu que parce qu'il existe par lui-même. Voilà sans doute pourquoi Spinosa disait : *La perfection n'est que la Réalité.*

la propriété universelle, inhérente, inséparable de la Réalité.

Or, l'existence de Dieu ne repose point sur une inerte fatalité; Dieu ne s'endort point, semblable à la matière, sur une puissance étrangère qui lui impose l'existence : son existence au contraire, découle entièrement de lui; elle est le produit continuel de son intarissable causalité. Et l'on peut dire que sa vie prend tellement sa source en lui-même, que (s'il est permis d'avancer une hypothèse impossible) Dieu s'anéantirait, s'il venait à suspendre l'acte éternel de son engendrement spontané.

Ainsi, il y a dans Dieu, comme dans tous les êtres, un principe de vie. Ce principe de vie n'est rien moins que la puissance d'embrasser l'infini et de le ramener à l'unité. En effet, tout être repose sur une ou plusieurs conditions de l'existence, selon qu'il s'élève dans l'échelle des êtres; mais Dieu, comme être absolu, possède l'ensemble des conditions de l'existence. Eh bien, en Dieu, toutes ces conditions de l'existence, c'est-à-dire toutes les propriétés de l'être, saisies d'une mutuelle attraction, se portent incessamment les unes vers les autres pour rentrer dans leur ineffable identité. Cette identité fait que ces propriétés de l'être se retrouvent toutes à la fois dans chacune; et, comme le bonheur résulte de la complète possession de l'être, il faut donc que les innombrables puissances de l'infini soient les unes dans les autres comme une seule puissance; qu'elles s'attirent et se concentrent toutes, au gré de leur mutuelle inclination, pour se pénétrer avec félicité! De cette manière, l'existence éternelle se comprend, se sent vivre, et jouit du bonheur dans toute l'étendue de son être.

Aussi, loin de rester immobile en lui-même, Dieu est centre vital sur tous les points de son être; et sous son action universelle, les substances infinies se meuvent délicieusement les unes dans les autres, comme un concert dont les joies retentissent d'éternité en éternité, dans toutes les sphères de l'infini. Cette puissance, par laquelle les propriétés, les vertus et les substances essentielles s'attirent et pénètrent ainsi les unes dans les autres, comme une seule substance; cette puissance, qui n'est autre chose que l'attraction divine, est ce qu'on appelle L'AMOUR. L'amour est le mouvement de l'être vers l'être.

De sorte que l'amour, qui est le mouvement naturel de l'être vers l'être, est tout à la fois en Dieu, le principe de la vie et le principe du bonheur. C'est par l'amour que Dieu rassemble, sous sa puissante unité, les divines substances de la Réalité, et qu'il les embrase de l'inervation éternelle. Le bonheur est en raison de l'amour. Et comme Dieu ne peut perdre une partie de sa félicité, un seul point de son être ne peut échapper à cette vivification universelle; par conséquent, son amour, qui est le lien de toutes ces divines substances, ne peut pas ne pas être infini comme ces substances elles-mêmes. Sur les limites de son amour, Dieu trouverait les limites de son être; or, son être ne peut avoir de bornes : telle est l'immensité de l'amour. Maintenant, jugez de quelle énergie doit être douée la puissance qui, embrassant l'infini, le ramène harmonieusement à l'unité : telle est la puissance de l'amour.

Comme, dans le corps humain, un battement du cœur envoie le fluide nutritif jusque dans les plus petites extrémités des organes; de même, le mouvement vital, dans l'être absolu, consiste à s'embrasser dans toute l'étendue de sa substance infinie. Toute substance, par cela qu'elle est divine, conspire à rentrer dans l'éternelle et enivrante unité; c'est-à-dire que toute substance, par cela qu'elle est divine, est entraînée, par son mouvement naturel d'amour, à se plonger dans le foyer de l'être; et comme le bonheur est dans cette plénitude de l'être possédant l'être, la tendance à embrasser l'infini, ce mouvement éternel vers la vie absolue, n'est que le battement de cœur naturel de la Divinité.

En sorte que l'éternité et l'indestructibilité de Dieu viennent de ce qu'il est un, et de ce qu'il renferme dans cette unité les universelles conditions de l'existence. Or il possède toutes les conditions de l'existence, parce que sa suprême puissance d'identification ramène l'infini dans son sein; et il retire ainsi dans son sein toutes les substances de l'infini, parce qu'un mouvement irrésistible d'amour les porte toutes à se pénétrer les unes dans les autres; et elles se pénètrent toutes les unes les autres, dans cette ineffable communion, parce qu'elle est le foyer des éternelles voluptés. Par son amour, Dieu est perpétuellement en lui-même la cause de son bonheur comme de l'éternité de son existence.

Ainsi, pour que l'existence absolue se détruisît, il faudrait qu'elle consentît à repousser la sainte et éternelle envie qu'elle a de sa félicité ; et pour qu'elle voulût s'exposer à la souffrance, il faudrait qu'elle détachât en elle l'être de l'être ; et pour qu'elle détachât en elle l'être de l'être, il faudrait qu'elle suspendît l'amour nécessaire qui émane en elle de toute substance et porte l'être vers l'être, c'est-à-dire, qu'elle anéantît la sublime et éternelle sexualité de son essence.

Or, comme l'essence d'une chose est ce qui la constitue telle qu'elle est en soi ; et comme l'amour, qui constitue la substance infinie, est dans son essence même ; qu'il est à la substance divine ce que l'attraction est à la matière, la substance infinie ne peut anéantir l'amour en elle sans s'anéantir elle-même. Et elle ne peut s'anéantir elle-même, puisqu'il est contradictoire que l'être par excellence, que ce par qui tout existe, que ce qui ne peut pas ne pas exister, que ce qui est précisément le contraire du néant, soit aussi le néant. « Dieu, dit S. Paul, ne peut pas être contraire à lui-même. »

Donc Dieu s'aime ; et s'il s'aime, toutes les substances de l'infini sont réunies en lui dans une ineffable identité ; et si en lui toutes les substances de l'infini se possèdent mutuellement et à la fois dans leur universelle identité, elles possèdent la félicité infinie ; et si elles possèdent dans cette union la félicité infinie, le mouvement naturel de Dieu consiste à s'emparer de l'infini : ce que nous appellerons le mouvement naturel de l'être à la vie absolue, ou au bonheur.

En sorte que Dieu, pour jouir de sa félicité, n'a besoin que de la complète possession de lui-même ;

pour se posséder lui-même, il n'a qu'à s'abandonner à l'action unitive de l'amour, propriété inhérente, inséparable de sa substance ; et l'amour opère l'identité des universelles substances, d'où s'exhale l'éternelle joie, qui est la vie divine. L'amour, ou le mouvement à la vie absolue, est ainsi la propriété la plus essentielle de l'être, celle sur laquelle toutes les autres reposent. Car, si le bonheur, ou la vie divine, repose sur l'union de l'être, et si l'union de l'être repose sur l'amour, l'amour est donc le principe constitutif de l'être, ce que nous appellerions, s'il s'agissait d'une créature : La loi fondamentale de son existence.

Ainsi pour résumer, Dieu, comme tout être, a son essence, sa nature et sa vie ; puis le principe constitutif qui appartient à son essence, sur lequel repose sa nature, et duquel découle sa vie. Or, l'essence de Dieu, c'est la Réalité ; sa nature, c'est l'Infinité ; sa vie, c'est la Félicité ; et son principe constitutif, c'est l'Amour ;

Ou plutôt, amour, félicité, infinité, réalité, toutes expressions qui se rapportent à Dieu, n'expriment qu'une même chose : l'Existence absolue. Seulement, le bonheur repose sur la réalité, la réalité sur l'infinité, l'infinité sur l'amour, et l'amour sur la soif de l'être pour l'être, c'est-à-dire sur l'amour. Ici le cercle est infini : il n'y a que l'amour qui, dérivant de l'amour, engendre et ne soit point engendré. L'amour est la cause des causes, lui-même sans cause. Il est en Dieu ce que nous appellerions, s'il s'agissait d'une créature : La cause première de son existence.

Mais, pendant que nous y sommes, il resterait, pour compléter cette sublime notion, à faire une observation importante : Si pour exprimer les différents attributs de la Réalité essentielle, nous avons employé quelques fois le mot *propriété*, qui appartient à la matière, ce n'est absolument que pour nous rendre compte de la nature divine par des idées déjà familiarisées avec notre intelligence. On conçoit bien que s'il existe trois natures aussi incomparables entre elles que celles de Dieu, celle de l'Homme et celle de la Matière, la même notion ne peut servir à les expliquer toutes trois ! La matière est une chose inerte, l'homme une créature active, et Dieu une cause incréée; il y a bien de la différence. En effet, la nature de Dieu est d'engendrer, ou de produire la substance; la nature de l'homme est d'agir, ou de produire des actes; et la nature de la matière est de n'avoir que des manières d'être passives. Ainsi :

La matière n'agit ni n'existe par elle-même ; alors ses différentes manières d'être ne sont que des *propriétés*, qui se comportent en elle avec fatalité.

L'homme n'existe point par lui-même, mais il agit par lui-même ; alors ses différentes manières d'agir sont des *facultés*, qu'il exerce avec imputabilité.

Dieu, au contraire, existe et agit à la fois par lui-même; alors toutes ses manières d'exister et toutes ses manières d'agir ont leur source en son être. Or, le pouvoir de se posséder ainsi, et de trouver en soi le principe de sa substance et de ses actes, ne constitue-t-il pas la *personnalité?*

C'est pourquoi, de même que dans la nature humaine nous avons substitué le mot *faculté* à celui de *propriété*, de même, dans la nature Divine, ne faut-il pas substituer le mot *personnalité* aux deux autres ?

La *Propriété* exprime donc une force au pouvoir d'une cause étrangère ; ainsi, les différentes manières d'être de la matière, comme l'inertie, l'impénétrabilité, l'affinité, l'étendue, la porosité, sont des propriétés.

La *Faculté* exprime donc une force qui s'appartient et trouve en elle sa propre cause ; ainsi, les différentes manières d'agir de l'âme, comme la raison, l'intelligence, la volonté, l'amour, sont ses facultés.

La *Personnalité*, enfin, exprime donc une puissance complète en soi et qui se suffit à elle-même ; aussi, les différents attributs de la Divinité, comme la réalité, la perfection et la félicité ; la vérité, la justice et la beauté ; la puissance, la sagesse et l'amour, sont ses Personnes.

Car la Personne, dans sa véritable acception philosophique, signifie l'être complet en lui-même, absolu, indépendant. Ce n'est que par extension que nous avons appliqué ce mot à la créature spirituelle pour exprimer son indépendance de la matière, et sa position comme être moral au milieu de son petit domaine de liberté et d'inviolabilité). Or, comme Dieu peut être complet, absolu, et se suffire à lui-même sur tous les points de son être ; puisqu'il n'en est pas un dans lequel il ne se pénètre de toute sa substance, par conséquent, de toute sa puissance et de toute sa félicité, il ne peut donc y avoir en Dieu que de véritables Personnes.

Ainsi, tout être a ses manières d'être, mais Dieu ne peut

avoir de manière d'être sans y porter toute sa divinité; par conséquent, sans en faire une Personnalité infinie. Alors, comme il n'est pas un point de son être qui ne soit absolu, infini en lui-même; pas un attribut de son être, dans lequel il ne trouve le principe de sa substance et de ses actes; pas un attribut qui ne soit doué, en un mot, d'une sexualité complète, et qui ne puisse par conséquent se suffire à lui-même; il n'est donc pas un point de son être, dans lequel Dieu ne puisse établir son centre, pas un point de son être, dans lequel il ne puisse placer son moi. Et, s'il n'est pas un point de son être, pas un attribut dans lequel il ne puisse placer son moi, il doit donc y avoir en Dieu pluralité de Personnes infinies.

Cependant, comme chaque élément de la Réalité veut jouir de l'étendue infinie de l'être, comme toutes ces Personnes se portent les unes vers les autres par suite de l'amour éternel dont elles sont nécessairement embrasées, elles ne forment toutes qu'un seul être. De sorte que, si Dieu, par son innombrable quantité d'attributs, est la diversité infinie, il est aussi, par son ineffable amour, l'unité et l'identité infinies. L'essence divine, tout au milieu de ses splendides variétés, reste toujours une, toujours identique à elle-même.

Mais, pour arriver à cette identité sublime, les innombrables attributs de la Réalité ne doivent-ils pas, en rentrant les uns dans les autres, être ramenés à des Personnes fondamentales ? Or, pour déterminer maintenant le nombre des Personnes générales dans lesquelles la Réalité

DE LA NATURE DE L'HOMME.

tout entière vient se constituer afin de se plonger dans la suprême et éternelle communion des Cieux, il faudrait certainement avoir recours à d'autres lumières qu'à celles de la raison.

On pourrait toutefois, d'après ce qui précède, avancer cette idée, que Dieu doit être nécessairement : 1° comme possédant tout l'être; 2° comme engendrant tout ce qu'il possède; 3° comme aimant tout ce qu'il engendre. On ramènerait ainsi le nombre infini d'attributs qui se trouvent dans la nature divine, à trois Personnes générales. Car si Dieu s'engendre lui-même, il connaît tout ce qu'il engendre, et il aime tout ce qu'il connaît [1].

Ainsi, Dieu est tout à la fois, 1° l'être qui donne l'existence et l'être qui la reçoit; 2° l'être qui connaît et l'être qui est connu; 3° l'être qui aime et l'être qui est aimé. Il y a comme un éternel engendrement, 1° de Dieu voulant posséder Dieu; 2° de Dieu voulant connaître Dieu; 3° de Dieu voulant aimer Dieu; de Dieu se dédoublant en quelque sorte pour s'engendrer et se posséder, se connaître et s'admirer, s'aimer et jouir

---

[1] Chaque personne divine étant infinie, tout ce qui est dans la première est dans la seconde; tout ce qui est dans la seconde est dans la première; et tout ce qui est dans la première et dans la seconde, est dans la troisième.

Seulement, tout y est différemment : la première, par exemple, est l'être, la seconde est la connaissance de l'être, et la troisième est le lien de l'être, ou l'amour. *L'être, la connaissance, et l'amour*, comme disait Bossuet.

La première personne est en quelque sorte à Dieu ce que la rationalité est à l'homme, la source de l'être; la seconde personne est à la première ce que dans l'homme l'intelligence, ou le verbe qui la réfracte, est à la raison; la troisième personne est aux deux autres ce que l'amour est dans l'homme à la raison et à la parole.

Les éternelles conceptions de l'Être se réfléchissent et passent dans le Verbe, comme les nôtres dans le langage; et elles se réalisent dans l'Amour, comme les nôtres dans la volonté du cœur.

de son bonheur. De sorte qu'étant ainsi son principe, son moyen, et son but; l'être qui est heureux, l'être par le moyen duquel il est heureux, et l'être pour lequel il est heureux, Dieu se satisfait complètement lui-même. Ce sont ces trois Personnes dont les fonctions se trouvent si admirablement déterminées par les expressions si connues de Père, de Fils, et de St-Esprit [1].

Dieu, d'après la notion du monothéisme, serait une unité morte et immobile. Sans la pluralité des personnes, la variété des attributs, la multitude des conditions d'existence, on ne conçoit en Dieu aucun mouvement, aucun amour, aucune vie; et l'être absolu n'est plus qu'une molécule panthéistique frappée de stérilité et de mort. Car,

---

[1] La divinité simultanée de ces trois personnes, vient de ce que chacune d'elles se trouve dans toutes les autres, et toutes les autres dans chacune; et leur unité, comme nous le savons, résulte de leur identification par l'amour. C'est ainsi que la physiologie observe que « trois organes principaux sont présents à la fois dans toutes les parties du corps humain par le prolongement de leur propre substance : que l'homme est tout foie, par les veines qui en partent ; tout cœur, par les artères ; et tout cerveau, par les nerfs. » De même, Dieu est toute-puissance, par sa causalité, ou ce qu'on appelle le Père ; toute intelligence, par sa sagesse, ou ce qu'on nomme le Verbe; tout amour, par l'Esprit-Saint, qui d'ailleurs porte le nom d'amour.

Je me rappelle que dans le catéchisme que j'ai appris, tout ceci était exprimé d'une manière bien remarquable : « Y a-t-il plusieurs dieux ? — Non, il n'y a qu'un seul Dieu. — Y a-t-il plusieurs personnes en Dieu ? — Oui, il y a trois personnes en Dieu : le Père, le Fils, et le St-Esprit; et c'est ce qu'on appelle la sainte Trinité. — Qu'est-ce que la sainte Trinité ? — La sainte Trinité est un seul Dieu en trois personnes. — Ainsi, le Père est-il Dieu? — Oui le Père est Dieu. — Le Fils est-il Dieu ? — Oui le Fils est Dieu. — Le St.-Esprit est-il Dieu ? — Oui le St-Esprit est Dieu. — Le Père, le Fils et le St.-Esprit sont-ils trois Dieux? — Non, ces trois Personnes ne sont qu'un seul et même Dieu. — Pourquoi ces trois Personnes ne sont-elles qu'un seul et même Dieu ? — Parce que ces trois Personnes n'ont qu'une seule et même nature, une seule et même divinité. Seulement ces trois Personnes sont distinguées entre elles, en ce que l'une n'est pas l'autre. »

Catéchisme de Monseigneur le cardinal Fesch, IIe leçon, *De la S[e]. Trinité.*

dans cette hypothèse, Dieu ne pourrait pas plus se dédoubler pour se connaître, ou pour s'aimer, qu'un œil ne peut se dédoubler pour se voir lui-même. Le Monothée (dieu un), ou l'idée de l'unité de Dieu sans variété de personnes, a quelque chose d'effrayant qui glacerait la pensée, si ce n'était une impossibilité ontologique.

Non, le Dieu de la réalité n'est point le dieu stérile que le Fatalisme dépose tout emmailloté au delà des temps, comme une momie éternelle, pour voir passer le monde ; le Dieu de la réalité n'est point le dieu aveugle que l'empirisme place comme un grand ressort au sommet de l'univers, pour imprimer le mouvement au monde ; le Dieu de la réalité n'est point non plus un dieu abstrait [1], un roi solitaire relégué par delà la création sur le trône désert d'une éternité silencieuse et d'une existence absolue qui ressemble au néant même de l'existence : c'est un Dieu à la fois puissance, connaissance, et amour ; étant connaissance et amour dans sa puissance ; étant amour et puissance dans sa connaissance ; étant connaissance et puissance dans son amour ; c'est-à-dire étant un et plusieurs, identité et variété, unité et triplicité infinies, et dans toute l'étendue de son être, perfection, vie, et félicité.

Telle est la nature de l'Existence absolue, du moins autant qu'on peut en juger par les conceptions que nous fournit la raison, et par les pensées certainement trop imparfaites et trop grossières, que l'intelligence parvient à former avec ces notions. Mais, en définitive,

---

[1] Voir la notion de Dieu que donne M. Cousin, dans sa préface de la seconde édition des *Fragments philosophiques*.

nous avons toujours retiré de l'étude précédente, ces résultats : que l'essence de Dieu est la Réalité ; que son principe constitutif est l'Amour; et que sa manière d'être, ou sa vie naturelle, est la Félicité. Maintenant que nous nous sommes à peu près formés sur Dieu les notions que nous pouvions attendre de la raison humaine, poursuivons notre question [1].

Oui, si l'union éternelle des Personnes infinies de la Réalité s'opère par l'amour, et que l'amour soit conséquemment le principe constitutif de l'Être; et si cette possession par lui-même de l'être infini, ou ce que nous avons appelé la vie absolue, produit nécessairement le bonheur, le bonheur, qui résulte de cette possession de l'infini, est donc l'attribut essentiel, la manière d'être naturelle de l'Existence absolue ?

---

[1] On a dû s'apercevoir que le grand inconvénient d'arriver à de pareilles notions par l'intelligence, vient de ce que celle-ci procède comme le scalpel, par dissection, par analyse. Cela va bien tant que l'on fait de l'analyse sur les êtres physiques : là, d'abord, la matière est finie et divisible; ensuite, chaque partie a sa loi, sa fonction, son but, et son importance, quoiqu'elle ne prenne sa valeur entière que dans le tout. Mais faites donc de l'analyse sur un être dont la nature est d'être essentiellement un et indivisible : puis arrivez, et voyez avant que la recomposition soit opérée !!. Chaque idée, chaque division faite, la connaissance de chaque attribut, seront autant d'erreurs, parce que chacune de ces choses seront considérées abstractivement, tandis qu'elles sont parties intégrantes d'un tout.

Ainsi, par exemple, que l'on prenne cette notion de la nature divine au moment où nous avons reconnu que Dieu est l'ensemble des conditions de l'existence ; qu'il n'y a pas une de ces conditions d'existence, pas un de ces attributs de son être qui ne soit absolu; et qu'il n'y a pas un de ces attributs, pas un des points de son être conséquemment, où Dieu ne puisse établir son moi, s'y trouver complet, et s'y suffire à lui-même : qu'on surprenne là, disons-nous, cette idée, et au lieu d'une vérité, nous aurons la plus grossière absurdité peut-être dont l'histoire nous ait conservé le souvenir, le polythéisme, en un mot, remis à la place de l'unité de Dieu.

C'est pourquoi nous recommandons bien aux esprits qui ont l'habitude de procéder par synthèse pour arriver de

Or, si l'amour est le principe constitutif de l'Être absolu et le bonheur son état naturel : quelle sera la nature, la manière d'être de ce qui existe à l'état fini? c'est-à-dire de ce qui, ne possédant pas tout l'être, est cependant doué de l'existence? de ce qui, ne possédant pas la vie absolue, est cependant doué de la vie?... C'est là un phénomène, il est vrai, qui ne peut se rencontrer qu'en dehors du sein de Dieu : mais précisément, descendons des sphères de la Réalité essentielle dans la création, et cherchons quelle est l'existentialité de l'être créé ; cherchons dans quelle situation doit se trouver l'être qui, ne possédant pas la Réalité complète, est dès-lors privé des conditions indispensables du bonheur ; du bonheur ! qui pourtant est la vie naturelle, la propriété essentielle de l'Etre. Cherchons-le, car c'est là notre question.

suite au fait intégral, de ne pas trop s'attacher à cette démonstration de l'amour comme étant la vie, le principe vital de Dieu. Il leur serait inutile de scruter ici toutes les propositions successives prises à part, pour essayer si chacune d'elles se trouve conforme au dogme, puisque cette notion ne peut se rapprocher de la réalité que vers sa conclusion. Et encore ! par sa nature philosophique, ne peut-elle pas se donner comme notion complète ; car on ne saurait dire que la raison puisse arriver à tout. La raison va jusqu'où elle peut ; passer au delà, c'est sortir du domaine de la philosophie. Or, comme ce travail a surtout pour objet une *Démonstration philosophique*, nous devons toujours éviter avec soin de confondre le point de départ de la philosophie, qui est la raison, avec le point de départ de la théologie, qui est la révélation.

Cette notion ne peut être confiée qu'aux esprits scientifiques, qu'une longue habitude de procéder dans les sciences physiques par analyse et recomposition, a accoutumés à trouver la vérité par de tels moyens. Une pareille démonstration est tout-à-fait une affaire d'intérieur de philosophie ; ici seulement l'on sait à quoi s'en tenir sur la manière dont notre pauvre intelligence est obligée de défigurer la vérité avant d'en prendre entièrement possession. Ailleurs, où l'on ne tiendrait pas compte de l'inconvénient attaché à la science, cette notion pourrait être vue comme une erreur.

II. D'abord, rappelons-nous qu'exister c'est avoir quelque chose de l'Être; et qu'avoir quelque chose de l'Être, c'est avoir quelque chose de Dieu, c'est participer des attributs de la Réalité. Si l'homme existe, il participe donc des attributs de Dieu en proportion de la valeur de son être. Nous en avons eu effectivement la preuve expérimentale, lorsque nous avons retrouvé la raison et la causalité comme éléments de la nature humaine; la raison, qui est un rayon de la sagesse de Dieu, et la causalité, qui est un rayon de sa puissance. Mais, indépendamment de ces éléments spéciaux, il y a dans Dieu, ainsi que nous venons de le reconnaître, une propriété générale, une manière d'être essentielle, inséparable de sa substance : c'est le bonheur. Si donc l'homme participe de l'être, il doit participer, dans sa mesure, de la propriété générale, de la modalité essentielle de l'être, en un mot, du bonheur.

Mais nous avons vu précisément aussi que le bonheur ne peut résulter que de la complète possession de l'être, et que Dieu ne jouit du bonheur que parce qu'il rassemble, sous sa puissante unité, les éternelles puissances de la Réalité. Alors, dans quel état inexplicable doit se trouver la créature, elle qui, tout à la fois, possède une existence réelle, et est privée de l'existence absolue; elle qui, tout en recevant l'être, fut séparée de la Réalité essentielle ?... car telle est la position de l'homme. Réfléchissons bien à ce qui précède.

D'abord, en tant qu'être réel, l'homme tient de la nature de l'être essentiel; il participe de ses tendances, et il ne lui est pas donné de les étouffer; car pour se dénaturer ainsi, c'est-à-dire pour enlever à l'être qui est en lui sa propriété essentielle, qui est le besoin de la vie absolue, il faudrait qu'il s'anéantît. En tant qu'être réel, l'homme tient donc nécessairement de la nature, de la vie et des caractères de l'être essentiel. De sorte que l'être absolu, en nous faisant participer de lui par l'existence, nous fait participer à ses propriétés. En un mot : l'homme existe, donc il repose sur quelques-unes des conditions de l'existence absolue; l'homme vit, donc sa nature est, jusqu'à un certain point, à l'image et ressemblance de la nature divine [1]. En sorte que,

Répéter, d'après les traditions, que Dieu nous a créés pour le bonheur, ce n'est pas dire autre chose, sinon qu'il nous a créés à son image, qu'il nous a donné, dans de certaines limites, une nature semblable à la sienne; et proclamer qu'il nous a créés semblables à lui [2], ce n'est pas dire autre chose, sinon qu'il nous a donné l'être, l'être réel, l'être spirituel et cause; enfin, reconnaître qu'il nous a donné l'existence réelle, qu'est-ce dire, sinon que nous ne pouvons être heureux que de ce qui le rend heureux lui-même? Or, le bonheur de Dieu provenant de la complète possession de sa substance infinie, le bonheur de l'être créé ne peut résulter également que de la complète possession de Dieu.... Mais précisément, l'homme par la création possède l'existence, et ne possède pas Dieu! — Alors, qu'arrivera-t-il?

Si le fils de l'Être tient, comme tel, des propriétés et

---

[1] « Faisons l'homme à notre image et ressemblance. — *Genèse*.

[2] « Nous sommes semblables à Dieu, mais non pas égaux. » — DE BONALD.

des tendances essentielles de l'Être, ces tendances doivent se déclarer en lui, en quelque lieu qu'il ait été déporté hors du sein de la Réalité éternelle. Car si l'homme est le fils de Dieu, ne doit-il pas retrouver en lui tous les instincts de vitalité suprême par lesquels Dieu répand, dans l'infinie substance, l'ineffable et vivante attraction d'où résulte sa félicité ? Par conséquent l'homme, quoique enfermé dans le temps, ne doit-il pas, par cela qu'il possède de l'être, trouver en lui un inexplicable et irrésistible mouvement au bonheur, ou à la possession de la vie absolue ? Le poisson qu'on sort de l'eau ne continue-t-il pas d'agiter ses ouïes comme s'il pouvait encore respirer?

Alors si, existant, l'homme est privé de la possession de l'être, donc il lui reste le besoin de l'être ; si, vivant, il est privé de la vie absolue, donc il lui reste le besoin de la vie absolue, donc il est naturellement emporté par un mouvement irrésistible vers l'être absolu, vers ce qui seul peut lui donner ce bonheur dont il éprouve jusqu'au fond de lui-même la soif indispensable.

Or, ce mouvement de l'être vers l'être, ou vers le bonheur (puisque le bonheur résulte de la possession de l'être) ; ce mouvement qui se fait ainsi sentir dans le sein de la nature humaine, n'est autre chose que L'*amour*. L'amour, qui identifie toutes les puissances de la Réalité dans cette union divine d'où résulte la suprême félicité ; l'amour, qui resterait encore comme un lien distendu entre les trois divines Personnes, s'il était possible que, jetées par delà les sphères inconnues, elles rompissent leur éternelle union ; l'amour, qui demeure entre l'être créé et l'être infini lorsque la création les sépare ; l'amour, qui fait incliner l'être absolu vers sa créature, et qui soulève celle-ci vers son créateur; l'amour enfin qui fait la vie de Dieu, oui, cet amour brûle aussi dans le sein de l'homme!.. Brisez un corps en deux, chacune de ses parties, quoique séparée de l'autre, ne conserve pas moins l'essence qu'elle avait auparavant, et ses molécules n'en restent pas moins liées par une attraction de même nature; eh bien, il en est ainsi de l'être créé, que la création a séparé de l'être incréé : l'amour, qui est la vie, le principe de cohésion de toute substance spirituelle, se trouve dans l'un comme dans l'autre.

Maintenant, si l'homme est essentiellement doué d'amour, c'est-à-dire du mouvement à la vie absolue, ou au bonheur, nous n'avons plus qu'à chercher à quelle noble faculté, que nous n'aurions pas encore observée, il faut rapporter ce grand fait de la nature humaine, et nous aurons trouvé le centre de l'homme, le siége de sa personnalité. Car, ainsi que nous avons rapporté 1° les notions absolues et impersonnelles du juste et de l'injuste, du bien et du mal, du beau et du laid, en un mot, les idées rationelles à une faculté que nous avons appelée *Raison*; 2° nos jugements, nos raisonnements, nos abstractions, nos comparaisons, nos généralisations, en un mot, nos opérations intellectuelles à une autre faculté que nous avons appelée *Intelligence*; 3° enfin, tous nos actes libres et volontaires à une faculté que nous avons appelée *Volonté*, et nos mouvements corporels à une autre faculté que nous avons appelée *Corps*; de même, ne faut-il pas que nous rapportions notre amour, ou nos mouvements vers la vie absolue, à une faculté ¹ ? et cette faculté ne sera certainement pas la moins apparente de la nature humaine, puisque le fait qui en résulte est le plus important de l'existence humaine. C'est ce fait qu'il faut d'abord bien constater.

Le principe constitutif de l'Être essentiel étant l'amour, c'est-à-dire, la puissance qu'a cet être de s'embrasser dans l'infini afin de se procurer le bonheur par la possession de la vie absolue; et cette propriété fondamentale de l'être ne pouvant pas ne pas se rencontrer partout où il y a réellement de l'être : n'arrive-t-il pas nécessairement que, même dans la création, l'homme doit retrouver en lui le même besoin de la vie absolue, la même tendance à embrasser l'infini ? Car tel que l'être est en Dieu, tel aussi l'être est dans l'homme ; avec cette différence que

---

¹ En cela nous avons suivi les lois indiquées par la psychologie : « Le moi produit des actes divers ; ces actes sont des effets, et tout effet suppose une cause analogue. Or, les actes que le moi produit étant non-seulement distincts, mais différents, il en résulte que les causes qui les produisent sont non-seulement distinctes, mais différentes. Quoique le moi soit un, quoiqu'il soit le même être qui produit tous ces actes différents, le moi est donc doué de pouvoirs d'une nature différente : ce sont ces pouvoirs auxquels on a donné le nom de *facultés*. Une théorie complète des facultés du moi ne serait rien moins que la connaissance de la nature intime du premier des êtres créés. Mais rien n'est plus opposé encore que les opinions des philosophes sur les facultés du moi ; tous ont mis cependant un grand intérêt à cette question, mais presque toujours elle a été imparfaitement résolue, parce qu'elle avait été mal posée et mal comprise. Pour déterminer l'existence des différentes facultés du moi, il faut : 1° partir des faits réels et individuels positivement donnés par la conscience, et les recueillir tous ; 2° les observer tous successivement et chacun à part ; 3° les rapprocher, et mettre ensemble ceux qui ont plus de rapport que d'opposition ; et enfin donner un nom à chaque groupe ainsi formé, soit en se servant des noms anciens, soit en créant de nouveaux mots : alors on aurait une classification réelle et scientifique des facultés de l'âme. »

M. Noirot, *Psychologie* : Qu'est-ce que déterminer l'existence d'une faculté ?

l'homme est un être créaturel, et non pas l'être essentiel, c'est-à-dire, que celui-ci vit de la possession de la vie absolue, et que celui-là vit du besoin de la posséder.

Par conséquent, si de l'être dont la propriété fondamentale est la possession nécessaire de la vie absolue, on soustrait la vie absolue, reste l'être avec un mouvement nécessaire à la possession de la vie absolue ; si, de l'existence parfaite, c'est-à-dire, jouissant de la félicité par suite de l'amour qui réunit en elle toute la substance de l'infini, on soustrait la substance infinie, reste le mouvement nécessaire de l'être vers l'être infini : or voilà en effet l'être créé, tel qu'il se trouve dans son exil de la Réalité divine ! voilà de quelle existence peut subsister l'être privé de la complète existence, la vie privée de la vie absolue : VOILA L'HOMME enfin, tel qu'il est en lui-même et dans son essence ! L'homme, c'est l'être moins le bonheur; et, comme l'être ne peut avoir pour vie que le bonheur, c'est l'être à la poursuite du bonheur ; et, comme le bonheur ne peut résulter que de la possession de l'être infini, c'est l'être à la poursuite de l'être infini ; et, comme ce mouvement nécessaire de l'être vers l'être est l'amour, *l'Homme n'est autre chose qu'un être doué d'amour.*

Ainsi, lorsque par la création, Dieu détacha de son sein la créature, il se fit en elle comme une grande douleur. L'être, par sa propriété naturelle, ne pouvait pas ne pas aspirer à retourner dans la Réalité essentielle ; car, aussitôt que l'être créé est séparé de l'être absolu, il ne peut moins faire que d'aimer encore, c'est-à-dire, de se porter encore vers le bonheur, vers la vie absolue : et voilà précisément dans quelle position il se trouve surpris sur la terre. En effet, remarquons-le, ce n'est que parce qu'il ne possède pas son bien, ce n'est que parce qu'il est privé du bonheur, que l'être créé y tend aussi énergiquement, qu'il est mu par une aussi irrésistible impulsion d'amour. Car ce n'est pas le bonheur qui produit l'amour, c'est, au contraire, l'amour qui produit le bonheur.

Oui, pour que l'homme n'éprouvât pas, du milieu de la création, cette tendance à la vie absolue, il aurait fallu qu'il ne fut pas un être; et pour qu'il ne fût pas un être, qu'il ne fût pas aussi bien créé à l'image de Dieu !.. C'est pourquoi, si, doué de l'existence, l'homme est privé de l'existence infinie, il doit rester frappé du besoin de l'existence infinie; et, parce qu'il est enfermé dans le temps, il doit être emporté par un irrésistible mouvement vers le bonheur. Alors l'expérience doit nous montrer l'homme sur la terre, éperdu, entraîné, demandant compte de la faim de son être à tous les objets de la création, et les poursuivant tous, dans son infatigable pèlerinage, comme aliment de son bonheur ?

Effectivement, n'est-ce pas le fait de l'expérience la plus universelle, que le bonheur est l'objet des recherches de toute créature humaine ? l'homme ne vit et ne respire que par l'amour; c'est-à-dire, qu'il ne forme pas un désir, qu'il ne suit pas une pensée, qu'il n'essaie pas un mouvement, qu'il ne réalise pas un acte, que ce désir ne soit celui d'arriver à la possession de son bien; que cette pensée ne soit la connaissance de ce qu'il faut faire pour y parvenir; que ce mouvement, que cet acte, ne soit un moyen, plus ou moins éloigné, d'en obtenir la possession?

DE LA NATURE DE L'HOMME.

Oui, l'amour est le mouvement naturel de l'homme vers la possession de son bien ; la possession de son bien est le bonheur, et le bonheur est le mobile et le but de toutes les actions humaines [1]! — Ici, redoublons d'attention, nous touchons au résultat de notre question.

---

[1] « Tout art, toute recherche, toute action, toute détermination se propose un bien pour but ; aussi a-t-on raison de dire que le bonheur est la fin vers laquelle tendent tous les efforts. Mais qu'est-ce que le bonheur ? voilà la question. » — ARISTOTE, Mor.

« Toute cité, tout État est une association, et toute association ne peut se former qu'en vue du bonheur ; car c'est pour leur bonheur, ou ce qui leur semble tel, que les hommes font tout ce qu'ils font. » — ARISTOTE, Pol.

« D'être heureux, en naissant, l'homme apporte l'envie.

« Mais il n'est point, dit-on, de bonheur en la vie. » — OEDIPE.

« Que demandez-vous autre chose que d'être heureux ? » — S. AUGUSTIN.

« Tous les hommes s'accordent dans l'idée et dans le désir qu'ils ont de leur bonheur. » — ABADIE.

« L'homme veut invinciblement être heureux ; car il est fait pour aimer, chercher et posséder le bien. Aussi, ce désir d'être heureux est chez lui invincible ; dans tout ce qu'il fait de bien ou de mal, il ne cherche que le bonheur. » — MALEBRANCHE.

« Le mobile du monde est la soif du bonheur. » — BOSSUET.

« Tous les mouvements de l'homme tendent au bonheur. » — FÉNELON.

« La soif du bonheur est le mobile de l'homme. » — AIKINS.

« Tous les hommes désirent être heureux : cela est sans exception, quelques différents moyens qu'ils emploient, ils tendent tous à ce but. C'est ce qui fait que l'un va à la guerre, et que l'autre n'y va pas... La volonté ne fait jamais de démarche que vers cet objet ; c'est le motif de toutes les actions de tous les hommes, jusqu'à ceux qui se tuent et qui se pendent. » — PASCAL.

« Toutes les agitations du monde n'ont de cause et de but que la recherche du bonheur. » — Le P. SYAUS.

« L'homme veut nécessairement et toujours être heureux, c'est donc pour lui un besoin que d'aimer. » — L'ab. PLUQUET.

« Il y a cela de commun entre la vie des gens du monde et celle des Saints, que les uns et les autres aspirent au bonheur ; ils ne diffèrent que dans l'objet où ils le placent. » — NICOLE.

« Le désir d'être heureux est le premier que nous imprima la nature, et le seul qui ne nous quitte jamais. Mais où est le bonheur ? chacun le cherche et nul ne le trouve. » — J. J. ROUSSEAU.

« Le bonheur est l'incessante et l'invincible nécessité de notre être ; à chaque instant et de tous les points de notre être, nous voulons être heureux. » — J. BENTHAM.

On n'ouvre pas un livre qui traite de l'homme, sans y trouver cette pensée exprimée d'une manière ou d'une autre. Elle n'est devenue le lieu commun de tous les auteurs que parce qu'elle est la pensée commune de tous les hommes. S. Augustin, faisant une énumération des sectes de philosophie qui s'étaient occupées du bonheur, citait déjà, de son temps, deux cent quatre-vingt systèmes!!.

Puisque l'homme ne peut exister sans vouloir être heureux, le caractère propre du moi est l'amour, ou le mouvement vers le bonheur. Le rapport de l'amour et du moi n'est donc pas seulement un rapport de co-existence; c'est un rapport d'identité. Être pour le moi n'est pas une chose, et vouloir être heureux n'en est pas une autre; car alors, le moi pourrait exister sans vouloir être heureux, ce qui est impossible. Exister pour le moi, c'est éprouver le besoin du bonheur : l'amour est donc la manière d'être du moi [1]. — Or, si ce besoin d'amour est la manière d'être du moi, ou plutôt, si ce besoin d'amour est le moi lui-même, voyons dans quelle faculté se trouve l'amour, nous saurons dans quelle faculté se trouve le moi ; c'est-à-dire, cette partie qui est le siége de l'homme, et qu'en psychologie on a été obligé d'appeler *le moi*, avant de la connaître.

Puisque l'homme, c'est l'existence moins le bonheur, par conséquent l'être à la poursuite du bonheur, par conséquent l'être essentiellement doué d'amour ; puisqu'être ainsi affamé d'amour, c'est là le fond de la créature, c'est là l'homme, non plus dans ses organes de relation avec le temps, ainsi que nous l'avions d'abord étudié, mais l'homme dans son essence, l'homme tel qu'il est vis-à-

---

[1] Comme nous le voyons, on peut dire mot pour mot de l'identité de l'amour et du moi, ce que les psychologues disent de l'identité du moi et de la volonté (voir les admirables observations de M. Cousin sur l'identité de la volonté et du moi, dans sa Préface des *Fragments philosophiques*); et on peut le dire à meilleur titre, puisque ce que la psychologie appelle *volonté*, n'est autre chose que la direction que prend l'amour vers un objet. Car toute volonté n'est qu'une nouvelle décision du désir d'être heureux ; et le désir d'être heureux n'est que l'amour, ou le mouvement vers la vie absolue. Exister, pour nous, vouloir être heureux, ou aimer, toutes expressions synonymes d'un même fait : l'existence du moi.

vis de l'absolu, et tel que nous voulons aujourd'hui le connaître ; enfin, puisque la partie de la nature humaine où se fait sentir ce besoin d'amour, ou de bonheur, doit être alors celle où se trouve l'homme lui-même, et, cette partie de la nature humaine où se fait sentir ce besoin d'amour étant ce qu'on nomme le *Cœur*, LE CŒUR EST DONC L'HOMME LUI-MÊME ;

Le Cœur est donc ce que, jusqu'à présent, les psychologistes appelaient le moi ! [1]

---

[1] Malebranche croyait que la pensée seule était l'essence du moi, parce qu'il regardait comme impossible de concevoir un esprit qui ne pense pas ; tandis que vouloir, imaginer, avoir de la joie, de la tristesse, n'étaient, selon lui, que les différentes modifications du moi ; en sorte que ces choses ne lui étaient point essentielles, puisqu'il était possible de concevoir un esprit qui n'imagine point, qui n'éprouve ni tristesse, ni joie, et même qui ne veuille point ; et de là cette dénomination fameuse de *principe pensant* que les philosophes modernes donnent encore à l'âme aujourd'hui. (Voir la *Recherche de la vérité*, livre III, De l'Entendement, chap. 1 : *La pensée seule est essentielle à l'esprit*).

M. Cousin a établi, au contraire, que la volonté seule était l'essence du moi, puisqu'il était impossible de concevoir le moi sans volonté, que nous ne nous imputons que ce que nous causons, et que nous ne causons que ce que nous voulons. Ce philosophe aurait pu réclamer, d'après sa théorie, que l'âme fut appelée le *principe voulant* ; il se serait rapproché de la dénomination de St-Thomas, qui appelait l'âme, le *tout potestatif*.

Ici, nous sommes donc obligé de nous éloigner de l'opinion de ces deux philosophes, et surtout du premier. Malebranche, qui est bien certainement le génie à qui la psychologie doit le plus de découvertes, s'est fait illusion sur ce point, comme il est facile de le reconnaître maintenant : le philosophe moderne se trouve beaucoup plus près de la vérité ; car tout ce qu'il a dit de la volonté, si un pas de plus eût été fait dans la nature intime et le principe de la volonté, il l'aurait dit de l'amour. Et même tout ce qu'il avance de l'identité de la volonté et du moi, ne se trouve aussi justement vérifié, que parce que la volonté n'est précisément que la direction que prend l'amour vers un objet, par suite de notre liberté.

Pour nous, nous n'avons pas besoin de donner à l'âme une nouvelle dénomination qui soit en rapport avec notre théorie ; le sens commun (comme nous le ferons observer bientôt), nous en a dispensé en prenant continuellement dans le langage le mot *Cœur* pour l'homme lui-même. Ainsi, pour signifier que tel homme est bon ou mauvais, on ne dit pas que c'est un bon ou un mauvais *principe pensant*, ni un bon ou un mauvais *tout potestatif*, mais on dit que c'est un bon *Cœur*, ou bien, un mauvais *Cœur*.

L'analyse nous amène droit là : la condition de tous nos actes, c'est la volonté ; la condition de la volonté, c'est le désir ; la condition du désir, c'est l'amour. L'amour, ou le besoin du bonheur, est donc le fond de notre personnalité. Et, comme on ne peut trouver l'amour ailleurs que dans le Cœur, on ne peut donc trouver ailleurs le moi. Le Cœur est le fond même de l'homme ; ce que Dieu a séparé de lui par la création.

Oui, c'est par le Cœur que l'homme souffre de sa séparation de l'Être absolu ; c'est par le Cœur qu'il brûle du besoin de le retrouver ; c'est par le Cœur qu'il veut et qu'il produit tous ses actes ; c'est par le Cœur qu'il cherche son but ; c'est par le Cœur qu'il se porte vers lui ; enfin, c'est par le Cœur qu'il l'atteindra et qu'il le possédera un jour. L'homme est tout entier dans le Cœur ; c'est là le siége de sa personnalité, c'est là cet organe central que nous cherchions pour connaître décidément le fond de sa nature.

Aussi, savez-vous d'où vient le mot *Cœur!*.. En traversant Καιω, l'étymologie grecque, on arrive au verbe hébreu כיה (*couo*), qui signifie brûler ! Il y a également le substantif כיה (*couoh*), enhardir, donner du Cœur, dont les Grecs ont fait Ιχύω, être fort, et les latins *Queo*, pouvoir. Et enfin, dans l'hébreu, le mot לבב, qui signifie proprement Cœur, veut dire aussi le fond de l'âme. Ainsi, d'après les sources en quelque sorte traditionnelles du langage, le Cœur, c'est ce qui brûle et c'est ce qui peut ; autrement dit, ce qui aime et ce qui veut ; et c'est en même temps, le fond de l'âme. L'étymologie ne pouvait pas être plus près de la vérité philosophique !

C'est maintenant que toutes les autres facultés de

l'homme s'expliquent, et trouvent à se rattacher à leur centre !

En effet :

Qu'est-ce que la raison, desservie par une intelligence, sinon l'organe par où le Cœur reçoit la lumière qui l'éclaire sur l'objet infini de son amour? Qu'est-ce que la volonté, desservie par un corps organisé, sinon la faculté par où le Cœur se détermine et exécute les actes nécessaires pour atteindre cet objet de tous ses désirs ? Et de même, sans le Cœur, qu'était-ce que la raison, desservie par une intelligence pour faire descendre la lumière absolue, si la raison n'avait personne à éclairer? Sans le Cœur, qu'était-ce que la volonté, desservie par un corps organisé pour se déterminer et exécuter des actes, si la volonté n'avait les désirs de personne à satisfaire? La raison et son intelligence, la volonté et son corps peuvent-ils s'expliquer tant que l'on ne connaît pas le Cœur, pour lequel ces diverses facultés ont été faites?

Conséquemment, si la raison doit se rattacher quelque part, comme à son centre, n'est-ce pas à l'être auquel elle sert de lumière? et si la volonté doit se rattacher quelque part, comme à sa source, n'est-ce pas à l'être dont elle réalise les désirs ? — Conséquemment, si la raison est interrogée, et l'intelligence provoquée à donner sa lumière, n'est-ce pas par l'être qui en a besoin pour s'éclairer sur ses fins? et si la causalité est mise en usage, et le corps en mouvement, n'est-ce pas par l'être qui en a besoin pour exécuter les actes qui l'approchent de ces mêmes fins ? — Conséquemment, si la raison et l'intelligence, la volonté et le corps, ne trouvent que dans l'être qui les emploie à son usage, la source de leur exercice et de leur mouvement, n'est-ce pas en lui que doit être la source de leur vie? — Conséquemment, si le Cœur est l'être qui se sert de la raison et de l'intelligence, de la volonté et du corps, le centre vital où viennent converger la raison et la volonté, l'intelligence et le corps, autrement le siége de l'homme, n'est-il pas ce qu'on appelle le Cœur?

De là, une chose bien remarquable : c'est l'organe physiologique auquel les hommes ont, de tout temps, donné le nom de cœur. Sentant que quelque chose de vital se remuait sans cesse dans leur sein, et que ces mouvements continuels s'accéléraient ou se ralentissaient suivant leurs diverses émotions, ne dirait-on pas qu'ils furent naturellement amenés à prendre pour le centre de leur vie, en un mot, pour leur Cœur, l'organe physiologique qui porte aujourd'hui ce nom [1] ? Aussi, a-t-on appelé SEIN (*sinus*, ce qui renferme par excellence) la partie où se

---

[1] C'est pourquoi dans toutes les langues, même dans celles de l'antiquité, on trouve que le mot qui exprime le Cœur, est également employé, et par les moralistes, pour désigner la faculté psychologique, ou le moi ; et par les médecins, pour désigner la faculté physiologique.

On a toujours été tellement préoccupé des propriétés du Cœur, que souvent on a attribué à l'organe physiologique qui porte ce nom, les fonctions de l'organe psychologique. La médecine, par exemple, a longtemps fait du cœur (*organe cardiaque*) le siége de toutes les affections, des sentiments, comme des passions. Aujourd'hui, l'on reconnaît l'influence puissante des passions sur les maladies du cœur ; mais cette action, qui vient entièrement du cerveau, se manifeste plutôt par le développement des maladies nerveuses du cœur, que par celui de ses lésions organiques.

Voir sur ce point MM. Schina, Bouillaud, Corvisart ; ce dernier dit expressément :

« Si quelqu'un pouvait nier de bonne foi, ou douter seulement des funestes influences physiques des affections morales sur le cœur, qu'il lui suffise de savoir qu'il se déchire dans un accès de colère. »

Corvisart. *Traité des maladies du cœur*, page 383.

trouve renfermé cet organe. Il semble que depuis lors, l'homme n'ait pas craint de laisser à son Cœur le nom d'un tel organe; et même de le prendre comme emblême : emblême d'autant plus juste qu'à chacun de ses battements, le cœur artériel semble vouloir ouvrir notre sein pour s'en échapper, et qu'il nous donne ainsi une image du Cœur en cette vie...

Alors, puisque c'est le Cœur qui désire le bonheur, et que c'est en vue de l'obtenir que l'homme forme toutes ses pensées et entreprend toutes ses actions; puisque c'est pour le Cœur qu'il profite des lumières de la raison, qu'il se sert de son intelligence, qu'il emploie sa volonté, et qu'il fait usage de son corps; puisqu'enfin ce que nous appelons le Cœur est réellement la créature de Dieu, ce qu'il a détaché de lui et envoyé se former dans le temps, et que les autres facultés que nous venons de nommer n'ont été annexées au Cœur absolument que pour rendre possibles sa vie et ses relations au milieu d'une sphère si étrangère à lui, il faut conclure :

Que le Cœur est ce principe vital auquel la raison et la volonté, l'intelligence et le corps viennent se rattacher; que le Cœur est cet organe souverain auquel tous les autres organes ont été appropriés comme moyens; que le Cœur est le centre de l'organisme spirituel, la cause innervatrice de toutes ses facultés; que le Cœur, en un mot, n'est que le moi lui-même.

Tel est cet organe fondamental à la recherche duquel nous nous étions mis pour retrouver l'unité de la nature humaine. Le Cœur, c'est l'homme; c'est-à-dire cet être qui est doué de raison et de volonté, d'intelligence et d'un corps. Mais avant d'étudier la nature et les fonctions psychologiques du Cœur, faisons-nous bien une idée de la position dans laquelle il se trouve, ainsi exilé de la Réalité infinie; car dans cette position est le secret de son caractère, et la clé de toute son histoire.

III Nous disions précédemment, pour expliquer la causalité humaine, qu'il y a un endroit où Dieu suspend son être et sa puissance, et où l'être et la puissance de l'homme commencent. Mais ce n'est point, comme on le voit, un fait indifférent : car où Dieu s'arrête, s'arrête aussi la félicité, et où l'homme commence, commence par conséquent le besoin de la félicité. Or, l'amour est le sentiment douloureux de ce besoin de la félicité, l'amour est ce mouvement par lequel l'être créé tend à retourner vers l'être incréé. Car l'être à qui rien ne manque, qui est en lui-même sa propre cause et la source de son bonheur, étant la source de l'être à qui tout manque, de l'être qui n'a d'autre vie que celle qu'il reçoit du premier, il est clair que celui qui est le plus près du néant se rejette instinctivement vers celui qui est la source de l'être pour en recevoir l'existence. Les êtres spirituels aiment Dieu par une nécessité de leur nature.

Quoique l'homme soit ainsi séparé de son bonheur par le fait de la création, il en trouve le besoin tellement vif en son être que, par un instinct merveilleux, ce besoin le dirigerait encore, quand même la raison ne lui en donnerait pas la connaissance positive, ainsi qu'on a pu le remarquer dans le paganisme pour quelques âmes sublimes. Comme le poisson enlevé à son élément et jeté au loin sur la plage, se tourne instinctivement vers le fleuve où il a reçu la vie, et s'en rapproche par ses bonds multipliés; ainsi la créature, par ses mouvements naturels, cherche à rentrer dans la Réalité absolue; ou, s'il est permis d'employer encore de telles comparaisons, de même que les tronçons du serpent que le fer a coupé cherchent, dit-on, à se renouer, ainsi les êtres créés tendent, par un mouvement vital irrésistible, à se rattacher à l'Être incréé, source de leur existence [1].

Comme ce mouvement de l'être vers l'être n'est autre chose que l'amour, et que par l'amour les différents attributs de l'infini s'identifient pour constituer l'unité de l'être essentiel, lorsque l'être créé fut séparé de l'être essentiel, n'emporta-t-il pas avec lui la partie de cette attraction inhérente à son essence? Or, comme cette attraction est l'amour, et que l'amour se trouve dans le Cœur : le Cœur est donc la *rompure* de l'homme; ce qui saigne après le brisement de l'être; l'endroit, en quelque sorte, par où l'homme a été détaché de Dieu. C'est pourquoi, au sortir de son sein, Dieu, pour fermer la plaie de notre cœur, y applique aussitôt le cœur d'une mère!

---

[1] Aussi, un phénomène bien remarquable dans l'enfance de l'homme, phénomène qui a frappé les physiologistes (comme si dans l'enfance l'être spirituel pouvait déjà sentir sa position), c'est que : « nul animal, après sa naissance, « n'est aussi impatient et ne désire avec « tant de passion que l'homme ; lui seul « trouve aussitôt les bornes de sa vie « insupportables, comme s'il était déjà « averti qu'il est doué d'une vie supérieure. »

Burdach, *Traité de physiologie, comme science d'observation* ; De la première enfance, tom. 4.

Car si, à l'instant de la création, Dieu eût laissé l'amour à tous ses emportements ; s'il n'eût pas pris soin d'envelopper sa créature dans les langes de l'enfance, il se serait fait une explosion de douleur que l'homme n'eût jamais supportée. Tandis que, déposé tout enfant en ce monde, son amour ne s'échappe que peu à peu, à mesure que son être se délie, que les forces lui viennent, et que la famille se trouve toute prête autour de lui, pour satisfaire et appaiser les prémices de cette passion divine... Ainsi fut ménagé à la créature spirituelle son passage de la Réalité absolue dans la vie du temps. C'est bien le cas de s'écrier avec Rousseau : « On se plaint de l'état d'en-« fance; on ne voit pas que la race humaine eût péri, si « l'homme n'eût commencé par être enfant ! » Oui, Rousseau, je le crois comme toi !

Or, l'amour qui reste nécessairement du côté de la créature après le brisement de l'être; le mouvement douloureux de celle-ci pour rentrer dans la félicité, et la souffrance qui résulte de l'obstacle qu'elle y trouve, ne sont point des inconvénients que le créateur redoutât en faisant passer l'être de la Réalité absolue dans la sphère contingente du temps : c'était précisément, au contraire, ce que Dieu attendait du phénomène de la création, et ce sur quoi il comptait pour en atteindre le but. En effet, partons du point de vue divin :

Dieu entreprend la création pour que l'homme vienne partager sa félicité; et pour que l'homme puisse partager cette félicité, il faut que ce qui fait la félicité de Dieu fasse également celle de l'homme; et pour que l'homme puisse être heureux de ce qui fait la félicité de Dieu, il faut qu'il soit de la même nature que Dieu, et pour qu'il puisse être de la même nature que Dieu, il faut qu'il soit créé en puissance de devenir de lui-même à cette ressemblance ; et pour qu'il puisse se former de lui-même à la ressemblance de Dieu, il faut qu'il jouisse d'une causalité qui lui donne le pouvoir d'agir par lui-même ; et enfin, pour qu'il se décide à se servir de cette causalité, ne faut-il pas qu'un mobile irrésistible l'y engage et l'y porte constamment ? Car,

La raison et la causalité, l'intelligence et le corps, ne sont, après tout, que des instruments mis à la disposition de l'homme, et que l'homme, conséquemment, peut employer ou ne pas employer. Le point capital est donc le mobile qui porte la volonté à mettre en œuvre ces divers instruments ? Or, précisément, ce mobile est l'amour, ou le mouvement de l'être vers l'être. C'est lui qui embrâse le Cœur d'impatience, c'est lui qui éveille la raison, c'est lui qui provoque la causalité et amène toutes les volitions ; c'est lui enfin qui pousse l'homme à tous les actes qu'il produit en ce monde.

De sorte que, si c'est par la causalité que l'homme fait tout ce qu'il fait, c'est l'amour qui le porte à le faire : L'homme ne se sert de sa volonté que pour répondre aux besoins de son Cœur. Sans l'amour, il n'y aurait point de volonté ; cette faculté resterait inactive, n'ayant ni motif ni but pour se déterminer. L'homme n'essaierait point d'employer un pouvoir dont il ne sentirait pas la nécessité. Il lui fallait un besoin à satisfaire pour vouloir le satisfaire ; il lui fallait la soif du bonheur pour mettre en marche ce bel organisme dont nous le savons pourvu. C'est l'amour qui donne la vie à l'être spirituel.

Car l'amour est la vie de l'âme, comme le mouvement est la vie des corps. De même que si la matière était sans mouvement, elle resterait inerte et sans vie, puisqu'elle ne pourrait recevoir aucune forme ni aucune de ces modifications qui l'animent à nos yeux ; de même, si l'âme était sans amour, elle resterait inerte et sans mouvement, puisqu'elle ne pourrait éprouver aucun désir, et qu'elle ne se porterait vers aucun objet. Aussi, l'homme n'est pas plus maître de résister à l'impulsion de l'amour, que la matière de résister au mouvement. Il est tellement inquiété, tellement agité par l'amour; l'idée fixe du bonheur reste si impérieusement devant ses yeux, et il la poursuit si infatigablement qu'il ne forme pas un désir, qu'il n'entreprend pas un acte que ce ne soit en vue du bonheur. Or, tout acte étant inspiré par l'amour, c'est-à-dire par le besoin du bonheur, chaque acte de l'homme, qu'il le sache ou qu'il l'ignore, n'est qu'un nouvel effort pour s'approcher de Dieu.

De sorte que ce besoin du bonheur, cet amour irrassasié, loin d'être un inconvénient de la translation de l'être spirituel dans le temps, devient précisément le moyen par lequel cet être spirituel et cause, remonte de lui-même par les degrés de l'être, jusqu'à ce qu'il arrive dans la sphère d'où il est descendu. C'est sur cet amour que repose l'économie de la création; il est la force d'ascension de l'homme. C'est ainsi que, dans la nature, nous voyons l'eau conserver sa force de pesanteur pour remonter jusqu'au point d'où elle est descendue, afin d'obéir à ce qu'on appelle la *loi du niveau d'eau*, et de retrouver son équilibre naturel. Le degré où l'eau peut s'élever est toujours égal à celui d'où elle est descendue. Il faut de même que l'homme, tombé dans les régions du temps, remonte, avec la puissance d'amour qui est en lui, jusqu'à la hauteur de son origine, afin de retrouver son niveau et de rentrer dans son équilibre éternel. L'homme, qui descend de Dieu, doit par l'amour remonter à Dieu.

Dieu se serait donc bien gardé d'enlever du Cœur le besoin de la félicité, et d'étouffer en lui le mouvement d'amour vers la vie absolue, puisque c'est justement sur quoi il comptait pour que la créature pût revenir d'elle-même vers lui. Aussi, ne dépend-il pas de l'homme d'aimer ou de ne pas aimer, de vouloir ou de ne pas vouloir être heureux : c'est là sa nature. L'homme n'est autre chose que le besoin d'être heureux. « Ne me « demandez pas, disait Malebranche, pourquoi je veux « être heureux, demandez-le à celui qui m'a fait! »

Le besoin du bonheur n'est donc pas seulement le mobile principal de l'homme; c'est le seul et l'unique mobile de toutes ses déterminations. Car (et c'est une observation généralement faite [1]), ce mobile meut tellement le Cœur, que les autres mobiles ne sont mus que par lui. Prenez-les tous, ils ne sont que les diverses branches de ce

---

[1] « Le désir du bonheur est essentiel à l'homme ; il est le mobile de toutes nos actions. La chose du monde la plus véritable, la mieux entendue, la plus éclaircie, la plus constante, c'est non-seulement qu'on veut être heureux, mais qu'on ne veut être que cela. C'est à quoi nous force notre nature. » — St. Augustin.

mobile général ; et vous vous apercevrez qu'ils n'ont précisément de force comme mobiles, qu'en raison du bonheur qu'ils promettent à l'homme. Mobile de la fortune! mais c'est parce qu'il croit qu'elle conduit au bonheur. Mobile de la gloire! mais c'est parce qu'il croit qu'elle rend heureux. Mobile de l'amour, de l'amitié, de la science, etc. ! mais c'est toujours parce que l'homme en attend du bonheur.

L'amour, ou le mouvement de l'être vers l'être, n'est pas seulement non plus le sentiment principal de l'homme ; c'est le seul et l'unique sentiment de son Cœur. Car (et c'est aussi une observation généralement faite [1]), l'amour est tellement le seul sentiment du Cœur, que les autres sentiments ne le sont que par lui. Prenez-les tous, ils ne sont que les diverses branches de ce sentiment général; et vous vous apercevrez qu'ils n'ont précisément de puissance comme sentiments, qu'en raison de ce qu'ils se rapprochent davantage de l'amour pur. Sentiment de la gloire! mais qu'y a-t-il de plus grand, après Dieu, que l'humanité qui la décerne? De l'amour platonique! mais qu'y a-t-il de plus doux au cœur de l'homme, après Dieu, que celui de la femme qu'il aime? Sentiment de l'amitié! mais qu'y a-t-il de plus tendre pour l'homme, après le cœur de l'épouse, que celui de son ami? Sentiment de bonté, de bienveillance, de pitié, de générosité, etc.! mais c'est toujours parce que l'homme y trouve de l'amour.

---

[1] « La première maîtresse et capitale de toutes passions est l'amour, qui est de divers subjects, et de diverses sortes, et de divers degrez ; il y en a trois principaux auxquels tous se rapportent, etc. »

P. Charron, *De la sagesse*. De l'amour en général, livre 1, chap. 21.

Eh bien! si au fond, le Cœur n'a qu'un seul mobile, le bonheur, et s'il n'a qu'un seul sentiment, l'amour; au fond, il n'aime qu'un seul être, Dieu. Car, et c'est encore une observation facile à faire, c'est tellement Dieu que nous aimons dans tous les objets qui attirent notre cœur sur la terre, que nous les aimons en raison de ce qu'ils possèdent davantage des attributs de Dieu. En effet,

Prenons la nature. — L'ordre, le beau et le vrai ne sont que des attributs de Dieu; quand nous aimons la vérité, l'ordre et la beauté, au fond, nous aimons Dieu lui-même : vérité, ordre, beauté, n'étant que des manifestations divines. Or, comme nul homme n'a été sans admirer et sans aimer la vérité, l'ordre ou la beauté, tout homme a aimé Dieu en quelque manière. Et c'est si bien l'être infini que nous aimons, que ces manifestations de sa substance ne nous suffisent point; le poëte, à la vue des merveilles de l'univers, perçoit comme une autre merveille par delà toutes les splendeurs de la création, et il s'écrie en soupirant : « Qui es-tu donc, « toi qui as fait l'immensité de l'espace, et l'harmonie de « ses sphères, et la lumière dans les cieux! »

Prenons la famille. — L'amour filial, l'amour conjugal, et l'amour paternel, ne sont que des éléments de l'amour de Dieu; quand nous aimons notre père, notre femme, ou nos enfants, au fond, nous aimons Dieu lui-même : amour filial, conjugal et paternel n'étant que des démembrements de l'amour divin. Or, comme nul homme n'a été sans aimer ou son père, ou sa femme, ou ses enfants, tout homme a aimé Dieu en quelque manière. Et c'est si bien l'être infini que nous aimons, que ces images de sa personne ne nous suffisent point; l'époux au comble de l'ivresse, sent comme un autre amour plus ineffable par delà tous les mystères de son cœur, et il s'écrie dans son transport : « Qui es-tu donc « toi qui as fait la tendresse du père, la beauté de « l'épouse et l'innocence de l'enfant ! » [1]

[1] Cette situation du cœur est rendue admirablement dans le livre de M. de Sainte-Beuve, intitulé *Volupté*, et dans l'*Ahasvérus* de M. Quinet. Ce dernier surtout, qui est le seul poëme que, par l'élévation des idées et la grandeur du sujet, la France puisse opposer aux chefs-d'œuvre de Klopstock et de Goëthe, exprime d'une manière frappante le vide que laisse au fond du cœur le sentiment le plus riche et le plus profond que l'on puisse éprouver sur la terre. J'avais dix-neuf ans lorsque ce livre parut; ce fut un événement de ma vie. Il vint donner le jour à un sentiment qui, depuis quelque temps, m'agitait sans que je pusse m'en rendre compte. *René* avait donné l'essor à mon cœur; celui-ci m'ouvrit les portes d'un séjour qu'il n'aurait plus voulu quitter. Je désire que le lecteur connaisse un passage que je ne revois jamais sans émotion. C'est un dialogue entre AHASVÉRUS, personnification de l'humanité errant sur la terre de civilisation en civilisation, et RACHEL, personnification de la femme cherchant à adoucir les misères de l'homme.

RACHEL. Oui, si tu le veux, nous resterons dans cette vallée sans nom, pendant que les mondes achèveront de mourir, toi et moi, ici, sans nous quitter une heure, nous recommencerons à vivre, comme nous faisions à Linange. Avec toi, je te le jure, je n'ai besoin de rien. Les âmes remonteront au Ciel; et nous, nous ne dépasserons jamais cette bruyère fleurie.

AHASVÉRUS. Nous pourrions être heureux ainsi, je le crois, mais ce bonheur est trop facile; demain ou après, nous le retrouverons; allons encore plus loin, jusqu'au bout du monde; c'est là, c'est là que je voudrais être.

RACHEL. Nous y sommes; après cela, vient le Ciel.

AHASVÉRUS. Quoi ! voilà tout ? c'est là déjà notre barrière ! elle est trop près; au Ciel, je crois, je serais mieux.

RACHEL. Autrefois, quand je te donnais une fleur, tu ne désirais plus rien; à présent que je suis toute à toi, je ne suis plus rien pour toi; dis la vérité ?

AHASVÉRUS. Pardonne-moi, mon cœur, ce ne sont que des moments qui passent; il y en a, tu le sais, où un brin d'herbe me ferait pleurer de joie...

RACHEL. Ce monde, qui s'en va, ne me fait pas pleurer, moi, mais je ne suis plus pour toi ce que j'ai été; c'est cela qui me fait mourir.

AHASVÉRUS. Le mal ne vient pas de moi, sois en sûre; mais, ici, je ne peux pas guérir. Quand je suis le plus à toi, et que je sens mon cœur respirer dans ton cœur, c'est précisément alors que mes oreilles tintent, et qu'il y a une voix qui me crie : PLUS LOIN ! PLUS LOIN ! Va-t'en jusqu'à ma mer d'amour.

RACHEL. Quoi ! aussi, lorsque je te serre dans mes bras ?

AHASVÉRUS. C'est là la maladie de mon âme. Quand mes lèvres ont bu ton haleine, j'ai encore soif, et la même voix me crie : Plus loin ! plus loin ! va-t'en

DE LA NATURE DE L'HOMME.

En effet, l'homme n'aime pas seulement son père, il n'aime pas seulement sa mère, sa femme, et ses enfants; car, lorsque son cœur les a aimés, il trouve encore en lui une surabondance d'amour qu'ils n'ont pu satisfaire. Or, je le demande ! si un seul être était tout à la fois pour l'homme comme son père, et comme sa mère, comme sa femme, et comme son fils; si cet être était couronné de toute la grandeur et de toute la beauté de la nature; si de plus, il possédait à l'infini, tous ces dons que l'homme n'a trouvés que finis sur la terre, n'est-ce pas sur cet être que l'homme réunirait, comme malgré lui, toutes les affections qui partageaient son cœur ? C'est pourquoi, sans le savoir, l'homme aime celui qui a fait la sagesse de

jusqu'à ma source. Et, quand je te presse sur mon sein, mon sein me dit : Pourquoi n'est-ce pas la Vierge infinie qui demeure au Ciel ?

RACHEL. Oh ! Ahasvérus ! ne me rend pas jalouse de Marie ; pour un sourire de toi, je me perdrai encore mille fois.

AHASVERUS. Je ne t'en aurais jamais parlé le premier ; mais, dans toutes mes joies, il y a une peine au fond ; et cette peine est si amère, si amère, que tes baisers jamais ne m'en ont ôté le goût : j'ai cru que cela passerait, et cela ne fait que s'accroître !

RACHEL. Tes désirs sont trop immenses; c'est ma faute de ne les avoir pas su remplir.

AHASVERUS. Non, ce n'est pas ta faute. Pour me faire illusion, j'ai voulu t'adorer dans toutes choses : si j'entendais le ruisseau passer, je me disais : C'est son soupir ! Si je voyais l'abîme sans fond, je pensais : C'est son cœur ! De la vapeur des îles, et des nues, et de l'étoile, et du souffle haletant du soir, je me faisais une Rachel éternelle, qui était

toi, et toujours toi, et toi mille fois répétée. Ecoute-moi ! Si seulement une heure, je savais ce que c'est que d'être aimé du Ciel, je serais plus tranquille ; car c'est une folie plus forte que moi qui me pousse à aimer plus que d'amour je ne sais quoi dont je ne connais pas même le nom ; je voudrais me noyer dans cette mer d'infini que je n'ai jamais vue. Conduis-moi sur son rivage.

RACHEL. Mais mon Christ est cette mer ; viens, viens t'y perdre avec moi.

AHASVERUS. Sa roche est-elle haute ? sa grève escarpée ? es-tu sûre, dis-moi, que je ne sentirai plus là ce dégoût ni ce désir que tout attise, et que mon cœur, à la fin, s'arrêtera ?

RACHEL. J'en suis sûre.

AHASVERUS. Et que ton Dieu me suffira toujours, entends-tu ? et qu'il ne m'en faudra pas demain un plus grand pour un plus grand désir ?

RACHEL. Non, viens, tu n'en voudras plus jamais d'autre. . . . .
. . . .

son père, celui qui a fait la bonté de sa mère, et la tendresse de son épouse, et l'affection de ses enfants, et les beautés de l'univers. Père, mère, enfants, époux, frères, amis, ne sont que des moyens dont Dieu se sert pour développer tous les côtés de notre cœur : les divers sentiments sont autant d'épreuves et d'intermédiaires que l'homme doit franchir pour s'initier au grand et ineffable amour de l'Être infini. Ce monde-ci a été tendu comme une échelle pour remonter vers Dieu.

Si nous cherchons quelles sont les choses qui nous plaisent dans ce monde, nous trouverons que ce sont celles où règne l'ordre, l'harmonie, ou la beauté; et si nous cherchons pourquoi l'ordre, l'harmonie, ou la beauté nous plaisent, nous trouverons que c'est parce qu'ils ont précisément, eu égard à nous, quelque chose de la nature de Dieu. Si nous cherchons quelles sont les personnes que nous aimons dans ce monde, nous trouverons que ce sont celles qui ont pour nous de la tendresse, de la bonté, ou de l'amour; et si nous cherchons pourquoi nous aimons ceux qui nous sont tendres, bons, ou affectionnés, nous trouverons que c'est parce qu'ils sont précisément, à notre égard, ce que Dieu est pour nous. C'est l'infini que l'homme poursuit à travers tous les objets de ce monde.

Oui, partout l'homme cherche le bonheur, ou le complément de son être; c'est-à-dire que tout homme, qu'il le sache ou qu'il l'ignore, ne cherche réellement que Dieu. L'homme, c'est l'être qui a besoin de Dieu... Maintenant, nous pouvons nous faire une idée de la situation où il se trouve dans le temps !

L'homme vient donc en ce monde avec le besoin du bonheur, c'est-à-dire avec une prédisposition à l'amour de Dieu. Mais Dieu, au lieu de s'offrir à lui, lui présente la nature qu'il a eu soin de revêtir des attributs de sa substance, autant que cela se pouvait dans le fini. Alors le cœur de l'enfant vole aussitôt sur la nature, comme une âme à qui l'on ouvrirait le séjour éternel, irait directement vers Dieu. Il prend la nature pour l'être infini ; tout ce qu'il voit en elle l'enchante et le persuade qu'elle renferme, et au delà, tout ce qui peut satisfaire les besoins de son cœur. Il sourit à sa mère, il sourit à son père, il sourit au rayon de lumière qui vient baigner ses yeux, il sourit à toutes les formes sensibles que lui présente la nature. L'homme entre ainsi dans ce monde tenant à la main le rameau d'or de l'illusion.

Puis, lorsque son cœur dépasse les proportions de l'enfance, la nature, à ses yeux, s'embellit et s'agrandit encore ; il lui trouve des charmes qu'il ne lui connaissait point, et son imagination, réveillée par les pressentiments d'un bonheur infini, le précipite alors dans cette vie avec toute l'ardeur qui le pénètre pour celui dont il éprouve le besoin au fond de lui-même. Il entrevoit des délices inouïes, son cœur s'embrâse, il s'échappe de son sein, il ne lui appartient plus, quelque chose d'inconnu l'appelle, et rien n'est capable de le retenir : c'est le mouvement de l'être vers l'être, ou vers le bonheur, qui vient de l'envahir tout-à-fait !... Et comme ce monde avec ses beautés et ses charmes, s'est offert d'abord à ses regards, ses premiers soupirs sont pour lui ; il lui demande naïvement le bonheur qui doit combler l'amour infini qui le tourmente.

Aussi, lorsque l'homme n'est pas averti de son illusion, il réclame le bonheur à qui ne peut le rendre heureux; il aime, c'est-à-dire il prend pour Dieu, ce qui n'est pas Dieu, il tombe dans l'idolâtrie. Et l'idolâtrie est la grande erreur du genre humain, comme elle est l'éternelle méprise du cœur. Car il y a deux sortes d'idolâtries : l'idolâtrie innocente, qui naît de l'ignorance de l'esprit; et l'idolâtrie coupable, qui naît de la faiblesse du cœur. La première est celle de l'homme à qui Dieu n'est point révélé, mais qui voyant cet univers si beau, le prend pour Dieu lui-même, et lui adresse tous les hommages qu'il trouve dans son âme pour la Beauté infinie. C'est là l'idolâtrie des premiers âges du monde. La seconde est celle de l'homme à qui Dieu a été révélé, mais qui, en attendant, voyant les objets de ce monde si propres à flatter son corps, leur adresse toute l'affection que dans son misérable cœur il possédait pour la Bonté infinie. Et c'est là l'idolâtrie dans laquelle nous sommes. Nous nous portons vers les objets de ce monde comme s'ils pouvaient nous rendre heureux, c'est-à-dire, nous prenons ces objets pour Dieu même. Car c'est prendre ces objets pour Dieu que de chercher en eux le bonheur.

Si les causes de la première idolâtrie n'existent plus sur la terre, les causes de la seconde sont loin de disparaître; la première a duré autant que l'ignorance de l'esprit, la seconde durera, hélas ! autant que la faiblesse du cœur. Comme la beauté et la bonté sont les principe de tout ce qui plaît dans les choses d'ici-bas, et comme il n'y a rien dans la nature physique qui ne porte ainsi des traces de la nature éternelle, il n'y a rien sur la terre qui ne puisse séduire l'homme. Car dans ses plus grands égarements, dans ce qui flatte le plus ses sens, ce qui plaît à l'homme, ce sont toujours les vestiges de cette beauté éternelle qu'il abandonne pour ce qui n'en est qu'une ombre vaine et fugitive. Mais alors chacun de ses efforts pour se rapprocher du bonheur, ne fait que l'en éloigner; plus son amour est ardent, plus il le sépare de l'objet de tout-amour; et le mouvement de l'être vers l'être, qui part du fond de son cœur, ne sert plus qu'à le précipiter vers sa perte.

Il ne faut donc pas croire que ce soit par surabondance d'amour, que nous nous jetons à la poursuite des objets de ce monde. Nous n'avons jamais trop d'amour: tout péché n'est qu'un amour mal placé. Le mal, pour l'homme, n'est pas de trop désirer le bonheur, mais de le désirer trop tôt; mais de vouloir ce que Dieu a précisément voulu éviter lorsqu'il a enfermé l'homme dans ce monde; c'est-à-dire de vouloir jouir de la félicité, avant que sa personnalité se soit formée; de vouloir jouir du bien-être, avant que son être se soit solidement constitué. Si Dieu avait pu rendre l'homme heureux tout de suite, il ne lui aurait pas fait traverser la création !

Car, vous le comprenez bien, pour que des êtres qui ne fussent pas Dieu, pussent jouir de sa félicité, il fallait que ces êtres ne fussent réellement pas Dieu ; pour que ces êtres ne fussent réellement pas Dieu, il fallait qu'ils eussent le temps de constituer leur personnalité distincte de la personnalité de Dieu, afin que ce fussent réellement ces êtres qui jouissent de la félicité, et non pas Dieu seul, comme auparavant; et pour que ces êtres pussent constituer leur personnalité distincte et indestructible, il fallait que d'eux-mêmes ils fussent soumis à la plus forte épreuve que puisse subir l'être, savoir, d'être séparés du bien-être : or c'est en cela effectivement que consiste notre état dans la création.

De sorte qu'il était nécessaire tout à la fois, et que les objets de ce monde eussent assez de charmes pour attirer le cœur de l'homme, et que l'homme eût assez de force pour leur résister et porter toutes ses préférences sur Dieu. Aussi, est-ce un spectacle digne d'une grande compassion que celui de l'homme enfermé dans ce monde, et y devenant le jouet de toutes ses illusions!

Le papillon, qui nous donne un symbole si frappant de la transformation que l'homme subit à la mort, nous offre également une image fidèle de notre vie :

Dieu ayant jeté la matière entre lui et nous, comme un rideau tiré sur les splendeurs de sa substance, l'homme, au milieu de la nature, se trouve surpris comme le papillon emprisonné derrière la vitre qui lui défend de pénétrer vers le jour. L'homme cherchant la splendeur infinie, se précipite partout où le beau l'attire, comme ce papillon cherchant la lumière, se précipite sur le corps transparent qui la lui laisse entrevoir; et comme lui, l'homme va donner de la tête partout où la beauté, cette forme accessible de la substance de Dieu, lui offre l'espoir de trouver la véritable lumière.

Les yeux fixés sur votre fenêtre, sans doute vous avez souvent considéré avec quelle patiente illusion ce pauvre animal enfermé poursuit tous les coins de cette vitre trompeuse, la parcourt mille fois, en touche chaque point, croyant toujours qu'il va s'échapper vers la lumière. Il passe là des jours et des nuits sans même se retourner pour savoir s'il n'est point dans sa prison quelqu'autre issue qui lui permette de s'enfuir. Enfin, épuisé de lassitude, il se cramponne à cette vitre; ne croyez pas qu'il ait perdu l'espoir, il n'a perdu que ses forces, et il attend patiemment qu'elles reviennent pour renouveler ses infatigables tentatives. Or vous savez qu'il recommencera ainsi, jusqu'à ce qu'il périsse victime de son illusion. Eh bien! ce pauvre insecte nous fait là l'histoire de notre cœur... Quand l'homme ignore le sens de la nature, tous les biens de ce monde sont autant de séductions qui l'attirent; et il se précipite vers eux, croyant toujours qu'il va saisir le grand idéal qu'entrevoit son âme altérée.

Mais aussi, quand l'œil de l'homme a percé les voûtes de la création; quand une fois sa pensée, délivrée des langes de l'idolâtrie, est allée au delà des atmosphères du temps, et que son âme, frissonnant de bonheur, approche du sanctuaire de la Beauté éternelle, elle ne peut plus s'en éloigner....

BELLE nature! toute couverte encore de fleurs et de rosée, comme au jour où tu sortis du sein de l'Être, c'est en vain que tu cherches à me plaire! pourquoi mon âme ne veut-elle plus sourire à tes charmes? Mon âme, qui trouvait autrefois dans ta contemplation des extases inouïes, mon âme, qui pleurait à tes beaux spectacles, pourquoi ne les cherche-t-elle plus?... Ah! ton crépuscule vers le soir n'a plus assez de tristesse, ta brise du matin n'a plus assez de fraîcheur, et la lumière de ton aurore n'éveille plus aussi naïvement en moi l'espérance, depuis qu'une autre image s'est levée dans mon cœur.

J'avoue que tu m'as rempli des plus enivrantes émotions; et voilà pourquoi je m'étonne que tu me sois si insensible aujourd'hui. Ce qui m'était si doux en toi, m'est amer à cette heure; de quel breuvage inconnu ai-je donc approché mes lèvres? Tu fus cependant le lait de ma pensée dans son enfance; d'où vient qu'elle ne te désire plus? Tu n'as donc plus tes vagues bruits, tes lointains séduisants, et ton ciel plein d'étoiles? Ou bien, n'aurais-je plus l'oreille ni les yeux par où tu prenais le chemin de mon âme?

Parmi les fleurs que tu portes sur ton sein, il en est une que tu as préparée de tous tes soins, pour séduire et enchanter les hommes; pourquoi ne veux-je point respirer de ses parfums? Images brûlantes des vierges, pourquoi n'embrâsez-vous pas mon cœur? Ah si!... lorsque vous passez près de mon âme, vous lui faites sentir davantage le besoin qu'elle a de Dieu. DIEU! ai-je dit? Oui, c'est toi qui as remplacé dans mon cœur les illusions de l'enfance du cœur. Mon âme a soif, et je suis las de mendier à la nature une goutte d'eau qu'elle ne me donne pas. C'est de celui qui a fait les océans, c'est de celui qui a fait les monts et leurs vallées profondes, c'est de celui qui a fait la voix de ma mère, de celui qui a fait le sourire de ma sœur, et tout ce qui dans cette création m'enchante, c'est de celui-là que mon âme a besoin !

Voulez-vous savoir comme il est doux à aimer ? C'est lui qui a fait l'ingénuité dans l'enfance. Mon Dieu ! tu es ingénu comme un de ces petits enfants que les jeunes mères ne peuvent éloigner de leurs lèvres !

Voulez-vous savoir comme il est beau et grand ? C'est lui qui donne aux soleils leurs crinières de feu, et qui remue les océans pour en faire des tempêtes. Mon Dieu ! tu es puissant comme les attractions qui emportent en mugissant ces mondes dont tu poudroies l'espace !

Voulez-vous savoir comment il aime ? C'est lui qui a fait le cœur de votre père et le sein à jamais adoré de votre mère. Oui, je t'aime, ô mon Dieu ! parce que tu es à l'infini ce que ma mère et mon père avaient de tendresse pour moi sur cette terre !

Beautés de sa création, je ne vous injurierai plus : c'est vous qui me l'avez fait comprendre ! J'ai vu l'aurore réveillant la nature qu'elle fait rougir par son premier baiser ; j'ai vu le soleil versant du haut des Alpes ses torrents de lumière dans les vallées et les plaines sans bornes ; j'ai vu la nuit peuplant les cieux d'étoiles, et faisant descendre son silence dans les airs ; j'ai vu des montagnes que l'œil de l'homme peut à peine gravir ; j'ai vu des nuages et des fleuves qui roulent plus vite que le temps ; j'ai vu des mers soulever leur sein comme si quelques passions tumultueuses s'agitaient au fond de leurs abîmes; j'ai vu toute la nature, ô mon Dieu ! et j'ai compris combien il y avait en vous de poësie.

Je me suis vu protégé par le bras de mon père, et j'ai compris, mon Dieu, combien il y avait en vous de sollicitude. Je me suis senti pressé dans les bras de ma mère, et j'ai compris, mon Dieu, combien il y avait en vous de tendresse. J'ai vu le sourire sur les lèvres de la vierge, et j'ai compris ce qu'il y avait de délices à te posséder, ô mon Dieu!... mais depuis, je n'ai plus pu rester sans chagrin sur la terre.

Oui, pourquoi tout ce qui, dans cette belle nature, pouvait exercer une séduction sur mon cœur, ne fait-il aujourd'hui que me rappeler plus vivement à vous? pourquoi tout m'y devient-il un motif de vous aimer? Quand un regard de bonté se fixe sur moi, ou qu'une main bienveillante cherche à presser la mienne, oh! je sens quelque chose qui me fait dire : Qui êtes-vous donc, ô vous qui faites entrer déjà tant de délices dans nos tristes demeures? Et si la plus douce de tes apparitions sur la terre, la jeune vierge passe près de nous, mes yeux se couvrent d'un voile, et je voudrais aller au Ciel... O vous qu'il a ainsi placées auprès de nos cœurs, tenez-vous mieux voilées, vous nous en dites trop de la beauté de Dieu ! comment pourrions-nous ensuite supporter cette vie?

Car enfin, mon Dieu, je ne puis m'empêcher de vous juger à vos œuvres; et, je vous le dis, il y a des moments où elles me ravissent à ce point que je me sens tout-à-coup saisi du besoin de vous voir, et je cherche à m'élancer vers vous! Alors je voudrais ne pas vous aimer, que je ne le pourrais pas; aussi, je sens bien que je n'ai point de mérite dans cet amour.

Beautés de la nature, et vous, bontés de sa création, vous n'êtes donc que pour nous faire venir au cœur la soif des choses immortelles?

La poësie et la beauté, ô mon Dieu! sont les traces que vous avez laissées sur la terre. C'est en vain que la nature cherche à faire servir pour son compte votre riche parure : ses séductions ne font que réveiller nos tentations pour ta Beauté infinie. Car on sait que tous ces rayons affaiblis de ta splendeur, que tu as dispersés sur tant d'objets en ce monde, et dont un seul a suffi si souvent pour rafraîchir nos cœurs dans le besoin; on sait que tu les possèdes tous rassemblés, multipliés les uns par les autres jusques à l'infini, dans ton sein ruisselant de beauté. Je comprends maintenant pourquoi tu veux que l'on t'aime de toutes les forces de son cœur : c'est toi qui es tout ce qui attirait nos cœurs sur cette terre!

Aussi, je t'aime comme mon père, je t'aime comme ma mère, je t'aime comme la vierge de mes amours; je t'aime comme mon ami, je t'aime comme mon enfant, je t'aime comme ma plus douce et ma plus belle pensée;

je t'aime comme l'aurore, je t'aime comme le jour, je t'aime comme le rayon de la lune, la nuit, lorsque je pense à toi !... Tu es celui devant qui l'âme extasiée s'écrie : Non, rien n'est semblable à toi !

Est-ce à dire pour cela que nos cœurs ne pourront plus s'ouvrir aux affections de cette vie ?.. Je le vois bien : vous avez voulu, mon Dieu, leur assurer, au contraire, un fondement impérissable ! Oh ! si j'aperçois se former sur la tige de mon cœur quelque beau fruit d'amour, je saurai qu'il est rempli d'un suc tiré de votre substance exquise, et qu'en aimant sur la terre, c'est de votre amour que j'aimerai. Car à l'impression délicieuse que l'amour fait en nous, nous ne pouvons nous empêcher de reconnaître votre présence. Voyez ! vous ne pouvez le nier : c'est vous qui habitez en nous; c'est vous qui êtes l'amour dans nos cœurs; ou plutôt, c'est vous qui êtes nos propres cœurs; et c'est vous que nous aimons, sans le savoir, dans tout ce qui semble éveiller notre amour sur la terre. Hélas ! Hélas ! comment se peut-il ensuite que nous fassions quelquefois un si mauvais usage de cet amour !

Mais rappelez-vous, mon âme, le long voyage que vous avez à faire : est-ce le lieu de vous désaltérer à la première source que vous rencontrez ? Je sais bien que vous vous êtes mise en route parce que vous étiez tout à la fois altérée et pleine d'espoir; mais vous êtes loin encore du but que vous voulez atteindre. Je sais que vous venez de rencontrer le Cœur, que le Cœur est la faculté d'aimer, et que l'amour est la grande question qui vous agite; eh bien! si vous venez de reconnaître, en partant des lois de l'absolu, que l'homme est doué d'un Cœur, et qu'il est l'élément fondamental de sa nature, cherchons maintenant, en partant de l'observation de cette même nature, si nous serons conduits au même résultat.

Oui, faisons pour le Cœur ce que nous avons fait pour les autres éléments de la nature humaine : à la démonstration ontologique, ajoutons la preuve psychologique. Là, nous verrons si réellement c'est au Cœur que viennent se rattacher toutes les autres facultés, comme à leur tronc, comme à leur centre vital, comme à l'organe central de la nature humaine.

Car, si en partant des lois nécessaires et essentielles de la Réalité, nous sommes obligés de conclure qu'un être, en dehors d'elle, ne peut subsister sans participer, en sa mesure, du principe vital qui fait que l'être absolu subsiste ; — si, par cela que la création détache la créature du créateur, elle ne fait que rendre plus violent le sentiment d'amour qui, portant l'être vers l'être, se trouve si douloureusement rompu par une telle séparation ; — et si, de quelque manière qu'on aborde dans le temps une créature spirituelle telle que l'homme, on doit la trouver nécessairement en proie à l'amour : le Cœur, étant l'organe de l'amour, doit être, par sa nature, sa motilité spirituelle, ses fonctions et ses tendances, l'élément fondamental de cette créature. — Et enfin, si le Cœur est l'élément fondamental de l'être créé, s'il est le siége du moi, s'il est réellement ce qui a été séparé de Dieu quand la création s'est opérée, c'est là réellement que toutes les autres facultés de la nature humaine doivent se rattacher ; c'est là réellement que doit être leur centre. La raison, la volonté, l'intelligence, le corps, doivent être les organes, et le Cœur doit être l'homme.

Voyons si nous ne le retrouverons point tel par l'observation psychologique.

———

Sommaire. — En étudiant isolément les divers éléments de la nature de l'homme, nous avons fait ce qu'on est obligé de faire dans toutes les sciences : étudier les parties pour avoir la connaissance du tout. — Mais cette première opération ne laisse que des abstractions, des propriétés spéciales, des organes épars ; il faut alors les rattacher pour que l'être ainsi étudié dans ses éléments reparaisse dans son ensemble — N'est-ce pas de cette manière que nous venons d'étudier les divers éléments dont se compose la nature de l'homme; tels que la raison, la volonté, l'intelligence et le corps ? — Or, la raison, la volonté, l'intelligence et le corps, sont de l'homme, mais ne sont point l'homme. Alors, comme ce ne sont là que les diverses facultés de l'homme, où donc est l'homme ? — L'homme, ne sera-ce pas le centre auquel toutes ces facultés viennent se rattacher et recevoir la vie ? — Maintenant, pour déterminer quel est ce centre vital, auquel les autres parties ont été appropriées comme moyens, ne faudrait-il pas savoir ce qu'est l'homme, non plus envisagé dans ses relations temporelles avec la création, mais dans sa nature essentielle, dans ses rapports avec l'Absolu ? — Pour savoir ce qu'est l'homme dans sa nature essentielle, ne faudrait-il pas déterminer de quelle existence peut subsister une créature spirituelle ainsi séparée de la Réalité infinie ? — Et pour savoir de quelle existence peut subsister une créature spirituelle toute subordonnée, privée de la vie absolue, n'ayant point en elle la source de sa joie, dénuée de tout ce qui fait de Dieu une existence complète et bienheureuse, ne faut-il pas savoir en quoi consiste l'existence absolue, pour observer ensuite ce qui reste de l'être à celui qui est privé de cette existence absolue ?

I. Dieu, ou l'être absolu, est celui qui est, c'est l'être par excellence. Dans l'étude que nous allons faire, peut-être donnerons-nous une connaissance plus scientifique de cette notion ; mais n'espérons pas descendre plus avant en elle : l'être ne se voit pas en dedans. — Dieu donc, c'est l'ensemble des conditions de l'existence ; or, le bonheur étant la possession de l'être (le mal en étant la privation), celui qui possède la plénitude de l'être, possède la plénitude du bonheur, ou la félicité. — Pour que Dieu fût privé de la félicité, il faudrait qu'il fût privé de la perfection ; pour qu'il fût privé de la perfection, qu'il fût privé de quelque chose de l'être ; et, s'il était privé de quelque chose de l'être, il ne serait point infini, il ne serait point Dieu. — Aussi, Dieu étant nécessairement infini, est nécessairement heureux. — Dieu n'a besoin, pour être infiniment heureux, que de la complète possession de lui-même. — Si le bonheur éclate nécessairement dans l'être qui renferme toute substance, le bonheur est donc l'état naturel, nécessaire de l'existence absolue : le bonheur est la vie de Dieu. — L'existence de Dieu ne repose point sur une inerte fatalité ; son existence, au contraire, découle entièrement de lui ; elle est le continuel produit de son intarissable causalité. — Or, en Dieu, le principe vital n'est rien moins que la puissance d'embrasser l'infini et de le ramener à l'unité. — Car toutes les innombrables substances de l'être, saisies d'une mutuelle attraction, se portent les unes vers les autres pour rentrer dans leur ineffable identité. — Et comme le bonheur résulte de la complète possession de l'être, ces substances s'attirent et se concentrent ainsi au gré de leur mutuelle inclination, pour se pénétrer avec félicité. — Cette puissance infinie, en vertu de laquelle les innombrables conditions de l'existence absolue s'attirent et se portent les unes vers les autres, n'est autre chose que l'Amour. L'amour est l'attraction divine. — De sorte que l'amour, qui est le mouvement de l'être vers l'être, est tout à la fois dans Dieu le principe de sa vie et le principe de son bonheur. C'est par l'amour que Dieu rassemble sous sa puissante unité les divines substances de la Réalité, et qu'il les embrâse de l'innervation éternelle. — Ce mouvement éternel de tous les attributs et de toutes les substances de l'infini pour se plonger dans leur enivrante unité, est comme le battement de cœur naturel de la divinité. — Pour que l'existence absolue voulût se détruire, il faudrait qu'elle repoussât la sainte et éternelle envie qu'elle a de sa félicité; pour qu'elle voulût s'exposer à la souffrance, qu'elle détachât en elle l'être de l'être; pour qu'elle détachât en elle l'être de l'être, qu'elle suspendît le mouvement d'amour qui porte les substances de l'infini les unes vers les autres; il faudrait en un mot qu'elle anéantît la sublime sexualité de son essence. — Donc Dieu s'aime; et s'il s'aime, toutes les substances de l'infini sont unies en lui dans une ineffable identité; et, si en lui toutes ces substances se possèdent dans une éternelle communion, elles possèdent la félicité infinie; et si dans cette union, elles possèdent la félicité, le mouvement naturel de Dieu consiste à s'emparer de l'infini. — C'est là ce que nous appellerons le mouvement naturel de l'être à la vie absolue. Or ce mouvement, qui n'est autre chose que l'amour, est la propriété la plus essentielle de l'être, c'est le principe constitutif de l'existence absolue. — Ainsi, Dieu, comme tout être, a son essence, sa nature, et sa vie; puis, le principe constitutif sur lequel reposent ces trois choses. Son essence est la Réalité, sa nature l'Infinité, sa vie la Félicité, et l'Amour son principe constitutif. — La félicité repose sur la réalité, la réalité sur l'infinité, l'infinité sur l'amour, et l'amour sur la soif de l'être pour l'être, c'est-à-dire sur l'Amour. Il n'y a que l'amour qui, dérivant de l'amour, engendre et ne soit point engendré. — Enfin, si on appelle *propriétés* les attributs de la matière, parce que la matière n'existe ni n'agit par elle-même, et *facultés* les attributs de l'homme, parce que si l'homme n'existe point par lui-même, il agit par lui-même ; on nomme *personnalités* les attributs de Dieu, parce que Dieu existe et agit à la fois par lui-même. — La *Propriété* est une manière d'être passive, au pouvoir d'une cause étrangère ; la *Faculté* est une force active qui s'appartient, et trouve en elle sa propre cause ; la *Personnalité* est une puissance complète en soi, et qui se suffit à elle-même. — Or, comme Dieu peut être complet et se suffire à soi-même sur tous les points de son être ; comme il n'en est pas un seul sur lequel il ne puisse porter son moi et toute sa divinité, il ne peut y avoir en Dieu que de véritables Personnes. — Cependant, comme toutes ces Personnes se portent les unes vers les autres par suite de l'amour éternel dont elles sont nécessairement embrâsées, elles ne forment toutes qu'un seul être. — C'est ainsi que Dieu, au milieu des splendides variétés de ses attributs, reste, par son ineffable amour, l'unité et l'identité infinies. — Maintenant, si l'on voulait déterminer par la raison le nombre des Personnes fondamentales dans lequel la Réalité absolue vient se constituer pour rentrer dans l'éternelle communion des cieux, on pourrait observer que : — Dieu doit être nécessairement, 1° comme engendrant tout l'être ; 2° comme connaissant tout ce qu'il engendre ; 3° comme aimant tout ce qu'il engendre et connaît. — Ce sont ces trois Personnes dont les fonctions ont été si admirablement déterminées par les expressions si connues de Père, de Fils, et de St-Esprit ; car la première de ces expressions représente la puissance ; la seconde, la connaissance ; la troisième, l'amour. — Telle est la notion qu'au moyen de la raison, nous parvenons à nous former de l'Existence absolue. Nous en avons toujours retiré ce résultat, savoir : que l'essence de Dieu est la Réalité, que sa vie est la Félicité, et que son principe constitutif est l'Amour.

II. Si l'amour est le principe constitutif de l'Être absolu, et le bonheur sa manière d'être, que sera la vie, ou la manière d'être de ce qui, ne possédant pas l'existence infinie, est cependant doué de l'existence? de ce qui, ne possédant pas la vie absolue, est cependant doué de la vie ? C'est là notre question. — D'abord, nous savons qu'exister, c'est avoir quelque chose de l'être, et qu'avoir quelque chose de l'être, c'est avoir quelque chose de Dieu ; si l'homme existe, il participe donc, en proportion de son être, des attributs de Dieu. — N'est-ce pas ce fait que les traditions ont exprimé, en disant que l'homme fut créé à l'image de Dieu ? Or s'il en est ainsi, l'homme ne participera pas seulement, par sa raison, de l'attribut de la Sagesse ; et, par sa causalité, de l'attribut de la Puissance ; il devra participer également de l'attribut général, de ce qui fait la vie, la manière d'être essentielle et inséparable de Dieu, c'est-à-dire du bonheur. — Mais, si le bonheur ne peut résulter que de la complète possession de l'être, dans quel état inexplicable doit se trouver la créature, elle qui tout à la fois a reçu l'être, et est privée de l'être absolu ? — C'est tout simple : si de l'être dont l'attribut fondamental est la vie absolue, on soustrait la vie absolue, reste l'être privé de la vie absolue : or, voilà précisément l'être créé, voilà de quelle existence il subsiste dans son exil de la Réalité infinie, en un mot, VOILA L'HOMME ! — l'Homme, c'est l'être moins le bonheur ; par conséquent, c'est l'être à la poursuite du bonheur ; par conséquent, c'est l'être à la poursuite de l'être infini ; et, comme ce mouvement de l'être vers l'être est l'amour, *l'homme n'est qu'un être doué d'amour.* — Car, lorsque par la création Dieu détacha de son sein la créature, il se fit en elle comme une grande douleur ; et par la propriété naturelle à son être, elle ne put moins faire que d'aimer encore, c'est-à-dire, que de se porter encore vers le bonheur. — C'est dans cette position que l'homme se trouve surpris sur la terre. Effectivement, n'est-ce pas un fait d'expérience universelle, que l'homme n'a d'autre mobile ici-bas que la soif du bonheur, et que tous ses mouvements tendent à l'obtenir ? — Ce mouvement de l'être vers l'être, ou vers le bonheur, n'étant autre chose que l'amour qui identifie les divines personnes de la Réalité, et l'homme étant un être essentiellement doué d'amour, ou du mouvement vers la vie absolue, nous n'avons qu'à chercher à quelle faculté de la nature humaine il faut rapporter cet amour, et nous aurons le centre de l'homme, ce qu'en psychologie, on est convenu jusqu'à présent d'appeler *le moi*. — Puisque l'homme ne peut exister sans vouloir être heureux, le caractère propre du moi est l'amour. Alors, puisque l'amour est la manière d'être du moi, ou plutôt, puisque l'amour est le moi lui-même, voyons dans quelle faculté se trouve l'amour, nous saurons dans quelle faculté se trouve le moi. — Eh bien, la partie de la nature humaine où se fait sentir ce besoin d'amour, étant ce qu'on nomme *le Cœur*, LE CŒUR EST DONC L'HOMME LUI-MÊME, le Cœur est donc ce que jusqu'à présent les psychologistes appelaient le moi ! — Le Cœur est le fond de l'homme, ce que Dieu a séparé de lui par la création, ce qui reste frappé du besoin de la vie absolue. — C'est par le Cœur que l'homme cherche son but, c'est par le Cœur qu'il se porte vers lui, c'est par le Cœur qu'il l'atteindra et qu'il le possédera ; aussi le mot *Cœur*, d'après les étymologies grecques et hébraïques, signifie brûler, vouloir, et fonds de l'âme. — C'est maintenant que toutes les autres facultés de la nature humaine s'expliquent !.. Ainsi la raison, desservie par l'intelligence, n'est-elle pas l'organe par où le Cœur reçoit la lumière qui l'éclaire sur l'objet infini de son amour ? et la causalité, desservie par le corps, n'est-elle pas la faculté par où le Cœur se détermine, et exécute les actes nécessaires pour le conduire vers cet objet ? — Si donc la raison et l'intelligence doivent se rattacher quelque part comme à leur centre, n'est-ce pas à celui auquel elles servent de lumière ? et si la volonté et le corps doivent se rattacher quelque part comme à leur source, n'est-ce pas à celui dont elles réalisent les actes ? — Si toutes ces facultés ont été faites pour l'usage du Cœur, n'est-ce pas lui qui s'en sert ? si c'est le Cœur qui se sert de toutes ces facultés, n'est-ce pas en lui qu'est la source de leur exercice et de leur mouvement ? Si c'est dans le Cœur qu'est la source de leur exercice et de leur mouvement, n'est-ce pas en lui qu'est la source de leur vie ? — Conséquemment, le centre vital où viennent converger la raison et la volonté, l'intelligence et le corps, autrement le siége de l'homme, n'est-il pas ce qu'on appelle le Cœur ? — Le Cœur est donc le centre de l'organisme spirituel, l'organe à la recherche duquel nous étions, pour retrouver l'unité de la nature humaine ? — Ainsi le Cœur c'est l'homme, c'est-à-dire, cet être doué de la raison et de la volonté, de l'intelligence et du corps. Avant d'étudier la nature et les fonctions psychologiques du Cœur, faisons-nous une idée de la position dans laquelle il se trouve, ainsi exilé de l'infini : car là est le secret de son caractère, et la clé de toute son histoire.

III. L'homme, étant ainsi séparé de l'être absolu par le fait de la création, tend par un mouvement invincible de sa nature à se rattacher à lui, afin de recouvrer la vie absolue. — Or, ce mouvement de l'être vers l'être n'étant autre chose que l'amour, et l'amour se trouvant dans le Cœur, le Cœur est donc la *rompure* de l'homme, l'endroit par où il a été détaché de Dieu, ce qui saigne après le brisement de l'être. — Delà, si au sortir de son sein, Dieu n'eût pas pris soin d'envelopper sa créature dans les langes de l'enfance, il se fut fait en elle une explosion de douleur que l'homme n'eût jamais supportée. — Ne fallait-il pas, à mesure que son être se délie, que la famille fût toute prête autour de lui pour appaiser les prémices de cette passion divine? — L'amour qui reste ainsi du côté de la créature après le brisement de l'être, et le besoin douloureux de celle-ci de rentrer dans la félicité, bien loin d'être un inconvénient que redoutât le créateur lorsqu'il fit passer l'être spirituel de l'absolu dans le temps, sont précisément ce sur quoi il comptait pour atteindre le but de sa création. — Car la raison et l'intelligence, la volonté et le corps ne sont que des instruments mis à la disposition de l'homme, et que l'homme conséquemment peut employer ou ne pas employer; le point capital est donc le mobile qui doit donner une impulsion irrésistible à toutes ces facultés. — Ce mobile est précisément l'amour. C'est l'amour qui embrâse le cœur d'impatience, qui éveille la raison, qui provoque la causalité, et produit tous nos désirs, toutes nos volitions et tous nos actes. — De sorte que si c'est par la causalité que l'homme fait tout ce qu'il fait, c'est l'amour qui le porte à le faire. Il fallait à l'homme la soif du bonheur pour mettre en marche ce bel organisme dont nous le savons pourvu. — En effet, l'amour est la vie de l'âme, comme le mouvement est la vie des corps; et l'homme n'est pas plus maître de résister à l'amour que la matière au mouvement. — Aussi, ne forme-t-il pas un désir, n'a-t-il pas une volition, n'accomplit-il pas un acte, que ce ne soit en vue du bonheur. Or, tout acte étant inspiré par l'amour ou le besoin du bonheur, chaque acte de l'homme, qu'il le sache ou qu'il l'ignore, n'est qu'un nouvel effort pour s'approcher de Dieu. Ce besoin du bonheur, cet amour irrassasié devient donc le moyen par lequel l'être spirituel cherche à remonter dans la sphère absolue; il est la force d'ascension de l'homme. — De même que, dans la nature, nous voyons l'eau conserver sa force de pesanteur pour remonter au point d'où elle est descendue et rentrer dans son niveau naturel; de même l'homme, avec la puissance d'amour qu'il conserve, doit remonter à la hauteur de son origine et rentrer dans son niveau éternel. — De sorte que c'est sur ce mouvement d'amour vers la vie absolue que Dieu comptait pour que la créature pût revenir d'elle-même vers lui; aussi ne dépend-il point de l'homme de vouloir ou de ne pas vouloir être heureux. L'homme n'est autre chose que le besoin d'être heureux. — Le bonheur n'est pas seulement le mobile principal de l'homme, il en est le seul mobile ; et ce mobile meut tellement le Cœur que les autres mobiles ne sont mus que par lui. — L'amour n'est pas seulement non plus le sentiment principal de l'homme, il en est le seul sentiment; et l'amour est si bien le seul sentiment du Cœur que les autres sentiments ne sont tels que par lui. — Si au fond le Cœur n'a qu'un mobile, le bonheur ; qu'un sentiment, l'amour ; au fond il n'aime qu'un seul être, Dieu. Car, c'est tellement Dieu que nous aimons dans tous les objets qui attirent nos Cœurs, que nous les aimons en raison de ce qu'ils possèdent davantage des attributs de Dieu. — Ainsi, dans la nature, l'ordre, le beau, le vrai, ne sont que la manifestation des attributs de Dieu; dans la famille, l'amour filial, l'amour conjugal, l'amour paternel, ne sont que des éléments de l'amour de Dieu : quand nous aimons la vérité, l'ordre et la beauté, quand nous aimons notre père, notre femme et nos enfants, au fond nous aimons Dieu lui-même. — Les choses qui nous plaisent ici-bas sont celles où règnent l'ordre et la beauté; et l'ordre et la beauté nous plaisent parce qu'elles nous offrent quelque chose de la nature de Dieu. — Les personnes qui nous plaisent sont celles qui ont pour nous de la bonté et de l'amour; et celles qui ont pour nous de la bonté et de l'amour nous plaisent parce qu'elles se montrent comme Dieu est à notre égard. — C'est l'infini que l'homme poursuit à travers tous les objets de ce monde. Oui, tout homme, qu'il le sache ou qu'il l'ignore, ne cherche réellement que Dieu. L'homme, c'est l'être qui a besoin de Dieu. — L'homme venant ainsi dans ce monde avec une prédisposition à l'amour de Dieu, et trouvant la nature revêtue des divins attributs de l'ordre et de la beauté, prend la nature pour Dieu; il lui demande naïvement le bonheur qui doit combler l'amour infini qui le tourmente. — Aussi, lorsque l'homme n'est pas averti de son illusion, il tombe dans la grande erreur du genre humain, parce qu'elle est l'éternelle méprise du Cœur, il tombe dans l'idolâtrie. — Car il y a deux sortes d'idolâtries : l'idolâtrie innocente, qui naît de l'ignorance de l'esprit; et l'idolâtrie coupable, qui naît de la faiblesse du Cœur. L'une est celle des premiers âges du monde; l'autre est celle où se trouvent encore nos Cœurs aujourd'hui. — En effet, nous nous portons vers les objets de ce monde comme s'ils pouvaient nous rendre heureux, c'est-à-dire que nous prenons ces objets pour Dieu : car c'est les prendre pour Dieu que de chercher en eux le bonheur. — Ce n'est point par surabondance d'amour que nous nous jetons à la poursuite des objets de ce monde, nous n'avons jamais trop d'amour; tout péché n'est qu'un amour mal placé. — Le mal, pour l'homme, n'est donc pas de trop désirer le bonheur, mais de le désirer trop tôt, mais de le désirer sur la terre; c'est-à-dire de vouloir ce que Dieu a cherché à nous faire éviter : la possession du bien-être avant que nous ayons constitué notre être. — Or, pour constituer notre être, n'était-il pas nécessaire que la créature libre et raisonnable fût soumise à la plus forte épreuve à laquelle on peut exposer l'être, à savoir : de le tenir séparé du bien-être ? — Ainsi, il fallait tout à la fois, et que les objets de ce monde eussent assez de charme pour attirer le Cœur de l'homme, et que l'homme eût assez de force pour leur résister et porter ses préférences sur Dieu. — De sorte que la matière se trouvant jetée entre Dieu et nous, comme un rideau tiré sur les splendeurs infinies, l'homme, au milieu de la nature, nous offre exactement l'image du papillon surpris derrière la vitre qui l'empêche de pénétrer vers le jour. — Mais quand une fois la pensée de l'homme a percé les voûtes de la création, et que son âme approche du sanctuaire de la Beauté éternelle, la nature n'a plus de charme à ses yeux. — Et lorsque la plus douce des séductions de la terre s'offre à lui, elle ne fait que réveiller plus vivement en son âme le besoin qu'il a de Dieu. Les beautés de la création lui font venir au Cœur la soif des choses immortelles. — Alors, l'homme comprend que si Dieu veut que nous l'aimions de tout notre Cœur, c'est parce qu'il est à l'infini tout ce qui attirait nos Cœurs sur cette terre.

Telle est la démonstration ontologique de l'existence du Cœur, c'est-à-dire tel est l'organe auquel, en partant des lois de l'absolu, nous avons été conduits comme à l'élément fondamental de la nature humaine ; nous allons maintenant partir de l'observation des faits que nous offrira la nature humaine vue du temps, pour entrer dans la preuve psychologique.

XVI.

Retrouve-t-on, dans le temps, le Cœur comme l'élément fondamental de la nature humaine ?

Pour savoir quel est le mouvement primordial de la nature humaine, sa manière d'être nécessaire, celle qui doit être le fond de tous ses actes, voici comment on peut raisonner : L'homme est un être créé, donc il a le besoin de l'être incréé ; l'homme est un être fini, donc il cherche l'être infini ; et si la possession de l'existence infinie est son bien et la seule chose qui puisse le satisfaire, donc son mouvement naturel, nécessaire, primordial, aveugle même, est vers le bien. De là, si la raison découvre ce bien à l'homme, l'homme se porte vers lui ; si les sens trompent l'homme en lui montrant un faux bien, comme il ne peut moins faire que de chercher un bien dont il éprouve le besoin continuel, l'homme s'attache alors aux choses périssables que lui offrent les sens. Mais, soit qu'il se porte vers le véritable bien, soit qu'il se porte vers de faux biens, au fond il ne fait qu'aimer, c'est-à-dire, que se porter vers ce qu'il regarde comme le bien ; c'est là le mouvement essentiel et inséparable de son être. On définit quelquefois l'homme un être doué de raison, c'est ne signaler qu'un de ses attributs : l'homme est un être doué d'amour, c'est là son essence. Or, comme aimer est le fait du Cœur, le Cœur est donc le fond même de l'homme, ce que Dieu a séparé de lui par la création.

Voilà comment nous avons procédé quand il s'agissait de partir de l'absolu pour déterminer quelle devait être la nature essentielle de l'être créé : nous avons donné par là ce qu'on peut appeler la démonstration ontologique de l'existence du Cœur. Maintenant, pour savoir si, dans le temps, nous retrouvons le Cœur comme l'élément fondamental de la nature humaine, il s'agit de partir de l'observation des faits : nous donnerons par là ce qu'on appelle la preuve psychologique.

Pour retrouver expérimentalement l'existence du Cœur, le moyen est simple : c'est de voir d'abord si tous les faits psychologiques que nous avons déjà observés, sont les seuls que puisse produire l'homme ; ou, s'il se trouve d'autres faits, de chercher à laquelle des facultés que nous avons étudiées, ils peuvent se rapporter ; puis enfin, si ces faits ne peuvent se rapporter à aucune d'elles, il faudra bien nécessairement, ainsi que l'on reconnaît une cause spéciale à tous les effets de même nature, il faudra bien rapporter ces faits à une faculté nouvelle que nous n'aurions point encore étudiée, et savoir alors quelle peut être cette nouvelle faculté ?

DE LA NATURE DE L'HOMME. 527

Or, nous avons trouvé, comme produits de l'homme, 1° des idées impersonnelles et absolues : nous les avons rapportées à la raison, qui possède effectivement ces deux caractères ; 2° des actes libres et tout-à-fait indépendants des agents physiques : nous les avons rapportés à la volonté, qui est effectivement douée de causalité ; 3° des faits de perception, d'imagination, de mémoire, d'abstraction, de raisonnement, etc. : nous les avons rapportés à l'intelligence, qui jouit effectivement de toutes ces facultés ; 4° des mouvements réalisateurs de toutes les volitions de la causalité : nous les avons rapportés au corps, qui possède effectivement les membres nécessaires pour les exécuter. Enfin, nous avons retrouvé, je crois, tous les organes dont se sert l'homme, mais l'homme ?.... celui-là, j'espère, est un fait important dans l'étude de l'homme !

Nous avons bien assigné la fonction et la place de tous ces organes : mais, où est celui qui en fait usage ? L'homme qu'est-il ? La raison est-elle l'homme ? L'intelligence est-elle l'homme ? Le corps est-il l'homme ? La volonté est-elle l'homme ? L'imagination est-elle l'homme ? La mémoire, le raisonnement, l'abstraction sont-elles l'homme ? L'homme n'est-il pas, au contraire, celui qui emploie et la raison et l'intelligence, et le corps et la volonté, et l'imagination et toutes les autres facultés ? Alors, l'homme ne peut être ni dans la raison, ni dans l'intelligence, ni dans la volonté, ni dans le corps ; seulement, dans la raison, dans l'intelligence, dans la volonté et dans le corps, il y a de l'homme. Si l'homme ne réside ni dans la raison, ni dans l'intelligence, ni dans la volonté, ni dans le corps : où est donc l'homme ? où est le trône d'où il commande à tout ce magnifique empire d'organes ?

Car, s'il est le roi de cet empire, de même qu'un roi qui se trouve présent par sa puissance et par son action sur tous les points de son empire, habite cependant un palais, de même, l'homme n'a-t-il pas un palais où sa personne se retire et se tient ? Eh bien ! au milieu des facultés de l'homme, quel est le siége où se tient sa personnalité, et quel nom porte-t-il parmi les éléments de la nature humaine ? nom, sans doute bien connu ; nom que souvent l'on doit prendre pour l'homme lui-même, puisque la partie de la nature humaine qu'il exprime est celle où réside l'homme ! Enfin, où se trouve cet être que Dieu a créé, et qu'en envoyant dans le temps, il a doué d'une raison pour connaitre sa loi, d'une volonté pour l'accomplir ; puis, d'une intelligence et d'un corps pour faire le service ici-bas de la raison et de la volonté ?

Or, après avoir énuméré, ainsi que nous l'avons fait, tous les organes de la nature humaine, et toutes les facultés qui les servent ; après avoir parlé de *raison* et d'*intelligence*, de *volonté* et de *corps*, mots si souvent répétés à propos de l'homme, n'en est-il pas un dont nous n'avons pas encore parlé ? mot, cependant, qui est plus employé et plus populaire que tous ceux-là ; mot, prononcé cent fois à propos de l'homme, quand on prononce une seule fois les autres ; et ce mot n'est-il pas celui de *Cœur?*

En Effet, si dans leurs abstractions les savants se servent plus particulièrement des premières expressions, le mot *Cœur*, lorsqu'il s'agit de l'homme tout entier, n'est-il pas celui dont le peuple se sert le plus habituellement? Ainsi, quand on veut qualifier un homme, parler de sa grandeur ou de sa bassesse, de son courage ou de sa faiblesse, de sa bonté ou de sa méchanceté, de ses vertus ou de ses vices; quand on veut exprimer enfin tout ce qu'il peut être de bon, ou tout ce qu'il peut être de mauvais, n'est-ce pas de son Cœur qu'on le dit? Trouvez des expressions plus universelles que celles-ci : *un grand Cœur... un Cœur bas... un bon Cœur... un mauvais Cœur*, etc!.. Dans le langage, le Cœur serait donc pris pour l'homme même, préférablement à tous les autres éléments de sa nature ? Alors pourrions-nous précisément oublier cet élément majeur, nous, qui voulons une anthropologie complète ; nous, qui tenons maintenant tous les membres de l'homme, et qui cherchons le tronc auquel ils appartiennent! — Le Cœur sera-t-il donc le siége de la personnalité, sera-t-il l'homme lui-même?

Pour savoir si nous retrouverons le Cœur comme l'élément fondamental de la nature de l'homme, et le siége de sa personnalité, voici comment nous devons raisonner :

Aimer, ou se porter continuellement vers le bien, c'est agir ; et, comme nous l'avons reconnu, l'homme agit librement. Or, agir librement, n'est-ce pas accomplir une action de soi-même ? Accomplir une action de soi-même, n'est-ce pas accomplir une action quand on a le pouvoir de ne pas l'accomplir ? Accomplir une action quand on a le pouvoir de ne pas l'accomplir, n'est-ce pas préférer l'accomplir à ne pas l'accomplir ? Préférer accomplir une action à ne pas l'accomplir, n'est-ce pas, pour l'accomplir, avoir des motifs plus forts que pour ne pas l'accomplir ? Des motifs plus forts et des motifs plus faibles, ne signifient-ils pas que les premiers agissent plus puissamment que les autres sur celui qu'ils doivent décider ? Des motifs qui agissent plus puissamment que d'autres sur celui qu'ils doivent décider, ne supposent-ils pas que l'être qui doit se décider d'après eux, les reconnaît comme les plus propres à satisfaire les besoins de sa nature, en le conduisant au but vers lequel il se sent porté ? Reconnaître un but qui doit satisfaire les besoins de sa nature, et se sentir porté vers ce but, n'est-ce pas l'aimer ? Or, l'amour n'est-il pas l'acte du *Cœur ?* Et le Cœur n'est-il pas cet être qui, sentant le besoin qu'il a de posséder le bonheur, reconnaît que la réalisation de certains motifs est propre à l'y conduire, les préfère à tous autres, sait qu'il peut les réaliser de lui-même, et s'y décide effectivement par l'acte définitif de la volition ?

Ainsi : Tu dois faire, est l'acte de la raison ; Je veux faire, est l'acte du Cœur ; Je fais, est l'acte de la volition s'exécutant par les organes. L'acte à réaliser se présente comme un devoir à la conscience, le Cœur l'adopte, et, se décidant en sa faveur, produit la volition, laquelle produit l'action. De sorte que, demandée par la raison, acceptée par le Cœur, et commandée par la volonté, l'action est exécutée par les organes.

Ici nous devons remarquer une erreur que l'on a toujours commise en psychologie : celle de confondre le Cœur avec la volonté, c'est-à-dire, de prendre la volonté pour le Cœur. C'est ce qui nous explique pourquoi jusqu'à présent les psychologistes, qui cependant se sont occupés d'une manière positive de l'étude des facultés de l'homme, n'ont jamais parlé du Cœur. Eh! il eût été effectivement difficile pour eux de retrouver un fait auquel ils en substituaient continuellement un autre. Kant, Reid, Stewart, Royer-Collard, Cousin, et leur illustre école, qui nous ont certainement donné tout ce que la philosophie possède de plus profond, de mieux analysé, de mieux compris enfin, sur la science des facultés de l'homme, n'ont pas dit un seul mot du Cœur. L'idée du Cœur, comme élément de la nature humaine, est reléguée dans les moralistes, dans les traditions et dans les langues, où elle a toujours été admise ; c'est-à-dire, qu'elle ne se trouve plus que dans le sens commun. S'il n'y avait pas là une erreur de la nature de celle que nous signalons (une substitution), on comprend que des esprits aussi clairvoyants n'auraient jamais laissé échapper un fait d'une pareille importance.

Non, la volonté n'est point le Cœur, mais nous allons voir de suite qu'il était bien aisé de confondre l'un avec l'autre; car il est aussi impossible, partout où le Cœur se manifeste, de faire disparaître la volonté, que de faire disparaître l'effet partout où l'on trouve sa cause ; puisque ce qu'on appelle *volonté* n'est autre chose qu'un acte du Cœur, l'acte par lequel il se détermine.

En effet, la volonté, si l'on peut parler ainsi, est la partie du Cœur la plus voisine du corps, c'est la détente des organes. C'est parce qu'ordinairement on la considère du monde extérieur, et qu'on la trouve toujours derrière les organes, que les psychologistes lui attribuent toutes les fonctions du Cœur, dont elle émet définitivement les actes quand une fois celui-ci les a élaborés. Cependant, derrière la volonté il y a le Cœur, auquel elle appartient, comme derrière les organes il y a la volonté, à laquelle ils obéissent : et de même que les organes physiologiques de la vie de relation ne se mettent pas en exercice sans que leurs mouvements soient déterminés par la volonté, de même la volonté ne se décide pas avant d'avoir été déterminée par ces mobiles. En un mot, si l'action ne peut venir que de la volonté, la volonté ne peut venir que du Cœur.

Et, à proprement parler, ce n'est pas la volonté, c'est la volition qui est l'acte du Cœur; mais, comme on n'attribuait point la volition au Cœur, on la rapportait à une faculté qu'on nommait pour cela *volonté*. La volonté n'est point une faculté spéciale, c'est une manière d'être du Cœur, ou plutôt, c'est sa manière d'agir. Il ne faut pas donner au mot volonté d'autre sens, à moins qu'on ne veuille appeler de ce nom le Cœur au moment où il se détermine, au moment où il devient volition. Mais alors, il faudrait le dire :

Car la volonté, telle que nous l'offre la psychologie, ressemble, en quelque sorte, à un petit ressort spontané qui lâcherait l'action, et rentrerait aussitôt sur lui-même pour recommencer. Or, je le demande, est-ce là le Cœur de l'homme? est-ce là cette substance que Dieu a détachée de lui par la création? est-ce là cette créature qu'un éternel besoin d'amour reporte à la source de son existence? est-ce là cet être qui, enfermé dans le temps plonge par la raison, son regard dans l'absolu, en retire la connaissance de la voie qu'il doit prendre pour y rentrer, et se met par sa causalité en marche sur cette voie? est-ce là la chambre du conseil où tant de graves motifs sont appréciés, prisés et jugés? est-ce là le sanctuaire où se passe une aussi sublime chose que la préparation de l'homme à la vie absolue?

Ceux qui n'ont vu du Cœur que la volonté, sont comme ceux qui ne voient d'une manufacture que la porte par où sortent les produits; ou comme ceux qui, dans la naissance d'un enfant, ne sont frappés que du phénomène de la parturition, et ne songent point à sa conception et à sa formation dans le sein producteur. Derrière la volonté il y a le Cœur, qui élabore les actes que celle-ci met au jour; comme derrière l'organe parturiteur, il y a le sein maternel, où s'est opérée la conception. Mais, une fois qu'on eut ainsi attribué à la volonté toutes les fonctions que remplit le Cœur, il aurait été difficile ensuite à l'analyse de le retrouver dans l'homme, à moins qu'il en eût deux.

Il faudrait donc, maintenant, dire du Cœur tout ce que les psychologistes ont dit jusqu'à ce jour de la volonté. Et cela ne suffirait pas encore, puisque prenant l'habitude de considérer la volonté comme une espèce de grand ressort de nature spirituelle, comme une causalité pure et simple, sans point de départ antérieur, causalité agissant par elle-même parce qu'elle agit par elle-même, libre parce qu'elle est libre : la notion devenue en quelque sorte toute mécanique, que les psychologistes finissaient par donner de la volonté, ne peut plus convenir, sur plusieurs points, à celle que nous devons nous former du Cœur. La volonté n'est qu'une des fonctions du Cœur; comment la science qui décrit la volonté serait-elle la science complète du Cœur?

De sorte que, pour profiter des lumières laissées par l'école psychologique, il faudrait d'abord appliquer au Cœur tout ce qu'on a dit de la volonté, et tout ce que nous en avons dit nous-mêmes, à propos de la causalité; puis, comme la volition n'est que l'acte par lequel se terminent les laborieuses fonctions du Cœur, faire ensuite une étude, 1° de la nature du Cœur et de son mouvement premier et fondamental; 2° de l'action des différents mobiles sur ce mouvement naturel; 3° de la manière dont le Cœur les pèse, les apprécie et les préfère, avant d'arriver à la détermination, ou à la volition, qui est l'acte définitif.

Le premier de ces trois points, le plus important et le plus difficile à établir au premier abord, est bien celui que nous avions en vue dans le chapitre précédent; je désire l'avoir mis en lumière, assez au moins pour que mon sujet puisse passer entre les mains de ceux qui voudront y consacrer tous les soins et toutes les études qu'il mérite. Nous allons nous occuper dans ce chapitre des deux autres points. Pour laisser quelque chose de convenable, il faudrait nécessairement, surtout dans l'état philosophique où se trouve cette question, entreprendre dans une de toute autre dimension cette étude spéciale du Cœur, qui doit servir de base à un traité complet de psychologie. Mais comme il ne faut disposer, pour cette partie de notre travail, que du temps et de l'espace qu'elle doit naturellement y occuper, nous ne pouvons ici qu'entamer le sujet. Seulement nous le ferons de manière à ce que nos idées, quelque peu mûries et peu ordonnées qu'elles soient encore, puissent cependant nous éclairer assez sur ce que nous avons besoin de savoir de la nature de l'homme ; et, en même temps, servir de première donnée à ceux qui voudront compléter cette étude.

Au reste, il ne faut pas tant regretter que, parmi les fonctions du Cœur, on n'ait été frappé que du phénomène de la volition : car celle-ci n'est pas sa fonction la moins importante, puisque tout ce qui se passe dans le Cœur n'a pour but que d'aboutir à la volition, qu'elle dépend complètement de lui, et qu'elle seule lui est tout-à-fait imputable. Mais prenons la question à son origine :

En dehors de l'homme, il n'y a que deux choses, Dieu et la matière. Comme notre être se compose de ces deux substances, nous avons un moyen de communication avec la Nature divine et un moyen de communication avec la nature physique ; le premier est dans la raison, et le second dans les sens. Le sentiment est la sensation spirituelle que la Nature divine produit en nous par l'organe rationel ; la sensation est le sentiment matériel que la nature physique produit en nous par l'organe nerveux. C'est pour prendre connaissance de Dieu que notre raison a été faite : alors Dieu s'offre à nous par les intuitions de la raison ; c'est pour prendre connaissance de la nature que nos sens ont été faits : alors la nature s'offre à nous par les impressions des sens.

De sorte que nous nous apercevons de Dieu par le

sentiment, comme nous nous apercevons de la nature par la sensation. Dieu descend jusqu'à nous comme rayon intelligible, par le moyen de notre raison; de même que la matière monte jusqu'à nous, comme rayon phénoménique, par le moyen de nos sens. Or, ce *Nous*, jusqu'où descend et aboutit le rayon intelligible, ce *Nous*, jusqu'où monte et atteint le phénomène sensible, c'est le Cœur, c'est l'homme, celui pour qui ont été faits la raison, qui s'ouvre sur Dieu, et les sens, qui s'ouvrent sur la nature.

Dieu ayant fait l'homme pour le bonheur, et l'homme, comme tout être, ne pouvant se séparer du sentiment qu'il a de son existence, ne peut perdre le désir qu'il a de son bonheur; ces deux sentiments n'en forment en lui qu'un seul : l'un est l'être, l'autre est la manière d'être; voilà tout. De sorte que s'il y a quelque chose en l'homme d'inséparable de son existence, c'est l'amour, ou le désir qu'il a du bonheur; ce qui signifie, en d'autres termes, que s'il y a quelque chose en l'homme d'inséparable de son être, c'est ce par quoi il aime, c'est le Cœur. Et il le faut bien, puisque le Cœur, c'est l'homme même.

L'amour, ou le mouvement vers le bonheur, est donc un sentiment aussi primitif que celui que nous avons de notre existence : ces deux sentiments viennent l'un avec l'autre, ils viennent l'un de l'autre, et ils ne peuvent être l'un sans l'autre. Ce sentiment qui le porte vers le bon-

---

[1] C'est ce qui faisait dire à Bossuet : « que le sentiment du bonheur commence à paraître dans l'enfance, et que, comme on l'apporte en venant au monde, on doit l'avoir eu jusque dans le sein de sa mère. » (IXe Élévation). Le fait est que c'est par ce sentiment que la créature a dû s'apercevoir la première fois de son existence; car elle n'a pu commencer à exister que par le Cœur.

heur, n'en faisant qu'un avec le sentiment de son existence, constitue donc le fond même de l'homme, ce qu'on appelle le Cœur: aussi, le Cœur est-il considéré comme l'organe qui aime. Quand la raison commence à paraître dans l'homme, elle ne fait que lui indiquer ce qui peut lui procurer le bonheur et l'éclairer sur les moyens de l'obtenir. Alors, on peut juger ici combien il est important que la raison lui découvre la vérité. Car l'amour n'est qu'un sentiment confus du bonheur, et un mouvement aveugle vers lui; si la croyance lui indique un faux objet, le Cœur est naturellement trompé, et plus il aime, en ce cas, plus il s'égare. Le Cœur ne peut qu'aimer, c'est à la raison à lui montrer ce qu'il doit aimer.

La raison se borne à nous faire connaître le bien et le mal. Elle nous donne par la conscience, qui est un de ses éléments, l'idée du juste et de l'injuste : le Cœur, par lequel nous aimons l'un et nous repoussons l'autre, ne pourrait sans cela se former et marcher à ses fins. La raison montre la voie et le but ; le Cœur est la force active qui s'y porte. Si nous n'avions pas la raison, nous ne serions que des espèces de miroirs inertes, propres seulement à réfléchir passivement quelques rayons de la suprême Réalité. Si, au contraire, nous n'avions que le Cœur, nous aimerions les premières choses venues, sans savoir quel est l'objet pour lequel nous avons été faits.

Le Cœur n'est donc qu'un mouvement naturel et nécessaire vers le bien. Seul, il n'a pas d'yeux, car il n'est qu'une force pour se porter et s'attacher à ce que les yeux spirituels lui montreront comme devant lui procurer sa satisfaction. Si on lui découvre un bien fini, matériel, avant qu'il sache que ce bien n'est point le sien, et qu'il est un bien infini, essentiel, qui seul peut le satisfaire, le Cœur se portera de suite vers le premier. Et même quand il sait, par expérience, que ce bien fini, loin de le satisfaire, le détourne de celui-là seul dont il peut attendre le bonheur, dans le besoin pressant qui l'entraîne, ses mouvements d'amour sont encore pour ce bien le plus près. Alors, il est vrai, les remords et les déceptions attendent le Cœur; mais souvent il recommence ainsi pendant toute la vie, parce que, quel que soit son égarement, toute sa vie est d'aimer, ou de chercher le bonheur.

Par l'effet de la raison, qui l'attire vers Dieu, et des sens, qui l'attirent vers la matière, le Cœur se trouve placé comme entre deux pôles. Mais aucun de ces deux pôles ne possède assez d'empire sur le Cœur pour l'attirer inévitablement; aucun de ces deux pôles ne peut l'attirer vers lui sans que le Cœur ne s'y prête, et ne fasse une partie des efforts. Il faut toujours que la force propre du Cœur s'ajoute à celle qui l'attire, pour que le Cœur se porte vers tel ou tel objet. Cette force que le Cœur fournit de lui-même et qu'il dirige dans le sens de sa préférence, cette détermination bien positive de sa part, n'est autre chose que la causalité; et le pouvoir de s'en servir, est ce qu'on appelle la volonté.

Ainsi, le Cœur n'est pas seulement la volonté, il est tout ce qui sert à la former et à la produire. Le Cœur est bien plus que la volonté, il est la faculté volitive de l'homme. Mais, du reste, pour ne pas confondre ces deux choses, il suffit de distinguer l'amour de la volonté; remontons donc à l'origine de l'un et de l'autre :

Dieu est la source de toute vie, en lui comme en dehors de lui. La vie qu'il fait descendre dans les corps est le mouvement; la vie qu'il fait descendre dans les esprits est l'amour. Dieu est la cause du mouvement qui agite les corps, comme il est la source de l'amour qui agite les Cœurs : seulement dans la matière, ce sont des impulsions; et dans l'esprit, ce sont des inclinations. Le mouvement vers le bien que Dieu imprime sans cesse au Cœur, est donc ce qu'on appelle l'amour.

Mais il y a une grande différence entre la manière dont les corps reçoivent les impulsions du mouvement, et celle dont les Cœurs reçoivent les inclinations de l'amour. Lorsque le mouvement descend dans la matière, il trouve une substance inerte, sans action, et incapable de réagir sur lui pour le modifier, lui résister, ou lui donner la direction qui lui plairait. Aussi tous les mouvements dans la matière sont en ligne droite; à moins qu'une cause étrangère ne se trouve sur leur passage et ne change leur direction.[1]

Lorsque l'amour, au contraire, descend dans l'âme, il trouve un être actif, source d'action, et capable de réagir sur lui pour le modifier, lui résister, et lui imprimer la direction qui lui plaît. Aussi, toutes les inclinations dans notre Cœur sont entièrement libres, lui seul peut s'opposer à leur passage et changer leur direction. Or le pouvoir d'imprimer dans le Cœur une direction à

---

[1] Voir Malebranche dans son livre *De la recherche de la vérité*.

l'amour, est ce qu'on appelle la volonté. De sorte que, *l'amour* est le mouvement qui nous porte vers le bien en général ; et la *volonté* est le pouvoir qu'a le Cœur de diriger cette impulsion vers chaque bien en particulier.

Ainsi, l'amour est le mouvement que Dieu imprime continuellement à notre âme pour la porter vers le bien ; la volonté est l'emploi momentané que notre causalité fait de cet amour pour se porter vers tel ou tel bien. Le Cœur, poussé vers le bien en général par l'amour, dirige son mouvement vers un bien spécial par la volonté. Par les soins de Dieu le Cœur étant toujours plein d'amour, la volonté est comme la soupape qui laisse échapper cet amour vers tel ou tel objet ; elle est le coup de piston que donne le Cœur pour mettre en jeu les organes. — Mais ce phénomène si simple en apparence, se compose de plusieurs autres ; comme nous allons le voir :

La conception rationelle, en entrant dans le Cœur, produit l'inspiration ; mais celle-ci y rencontre la sensation, qui vient prendre la cause des organes. De sorte que le Cœur se trouve comme un champ de bataille que se disputent les envoyés de deux mondes ; avec cette différence qu'il est le maître de choisir son vainqueur. Si, par une longue habitude, le Cœur n'est déjà décidé ou pour l'un ou pour l'autre (et, même dans l'âge mûr, le Cœur n'est jamais complètement fixé, puisqu'il n'est pas de Sage qui ne commette des fautes, ni de criminel qui ne puisse faire une bonne action), le Cœur, disons-nous, se tient comme en équilibre entre ces deux sortes de mobiles. Il est certain alors, il faut l'avouer, qu'il incline, qu'il penche du côté où il a pris l'habitude de céder : et c'est de là qu'on dit les *inclinations* et les *penchants* du Cœur. Cependant, comme c'est de son propre mouvement qu'il s'est donné de telles inclinations, il peut toujours se relever et s'incliner du côté opposé à celui de sa pente naturelle. Le Cœur se balance ainsi dans l'indécision, jusqu'à ce qu'il la rompe en se décidant, et c'est là la Volition, qu'on appelle aussi pour cela *résolution*, *détermination* ; parce qu'effectivement, comme l'indique l'étymologie de ces mots, l'opération du Cœur est *terminée*, elle est arrivée à sa *solution*.

Ici se présentent les organes du corps, qui obéissent instantanément à la volition ; à moins que, par ses prétentions exagérées, celle-ci ne dépasse toutes les limites du pouvoir musculaire donné à ces organes, ou à moins que ceux-ci ne soient eux-mêmes enchaînés, et qu'une cause étrangère ne les retienne dans l'inaction. Mais quel que soit la cause de ce refus d'obéissance de la part des organes, il n'abolit point la volition : le Cœur l'a émise, bonne ou mauvaise elle reste à sa charge, et il en répondra. Car, soit que la volition se manifeste par l'opération des organes, soit qu'elle ne puisse franchir la sphère du Cœur, peu importe ; elle a été accomplie dès qu'il y a eu détermination, résolution. L'action ne peut que donner à la volition une forme visible, mais elle n'ajoute rien à sa réalité. La volition restée ainsi contre son gré sans exécution, rentre alors dans ce qu'on nomme l'*in-tention* ; c'est-à-dire que le Cœur a *tendu*

---

[1] Nous disons *détermination*, en tant que l'on considère l'acte par lequel le Cœur se décide ; et *volition*, en tant que l'on considère le Cœur comme faisant exécuter sa détermination par les organes.

vers une fin, et que ce n'est point sa faute s'il ne l'a pas atteinte. Aussi, est-il dit de là que l'intention est réputée pour le fait. C'est le Cœur qui donne la vie à l'acte, et non pas le corps : *L'esprit vivifie, la chair ne sert de rien.* [1]

Tous ces phénomènes successifs, conception, inspiration, inclination, indécision, décision, intention, volition, et action, peuvent être prompts comme l'éclair, ou peuvent durer des mois ; d'abord, selon la vivacité du Cœur, ensuite selon la nature des objets dont il s'agit. Toutefois, comme l'appareil du Cœur est considérable, et que l'homme devait être souvent obligé de s'en servir d'une manière vive et prompte, ne fallait-il pas que le Cœur fût doué d'un pouvoir tout spécial qui, quelle que soit la difficulté des délibérations, la lenteur des mobiles et l'indécision de ses propres choix, pût brusquer toutes ces opérations, et produire instantanément la détermination ? Eh bien, de même que dans un vaisseau, quelque grand qu'il soit, le gouvernail, qui en est la plus petite partie, suffit pour le faire mouvoir tout entier et lui imprimer subitement une direction ; de même la volonté peut opérer une semblable action sur l'organe général du Cœur ; elle peut, comme un gouvernail, lui imprimer subitement une direction.

Mais ce à quoi il faut prendre garde ici, c'est de confondre la délibération, l'indécision, et la conclusion, avec l'irrésolution, la préférence, et l'adoption. C'est l'intelligence qui, dans le cas où ses calculs deviennent nécessaires, délibère, décide, et conclut ; tandisque c'est

---

[1] Spiritus est, qui vivificat : caro non prodest quidquam. *Evangelium secundum Joannem*, caput VI, verset 64.

le Cœur qui, d'après la nature de l'objet présenté, se tient en suspens, préfère, et adopte. Les premiers de ces actes sont des jugements, des appréciations intellectuelles, qui n'ont d'autre effet que de bien établir la vérité ; mais ce ne sont point encore là des faits qui servent à former la volition ; car il arrive souvent que le Cœur ne profite même pas de ces lumières. Tous ces actes, que l'intelligence produit d'accord avec la raison, ne sont qu'un travail préparatoire pour arriver à composer le motif; mais l'opération du Cœur ne commence réellement que lorsque le motif lui est offert et qu'alors, selon ses préférences, ses penchants, sa nature, et son propre mouvement, il l'accepte ou le repousse. — C'est bien parce que les psychologistes attribuaient à l'intelligence tous ces actes d'irrésolution, de choix, de préférence, d'adoption, qu'ils étaient parvenus à dépouiller le Cœur d'une partie de ses fonctions, au point de le réduire à n'être plus que la volonté pure et simple. C'est en divisant ainsi les attributs du Cœur en deux parties, dont on donnait la première et la plus considérable à l'intelligence, et la seconde à la volonté, qu'on parvenait jusqu'à un certain point à satisfaire la psychologie, en la mettant à même de se passer du Cœur. L'erreur ne pouvait pas devenir plus glissante.

Lorsqu'aux deux extrémités du Cœur, celle qui regarde le bien et celle qui regarde le mal, sont suspendus les deux mobiles de l'inspiration et de la sensation, comme deux poids qui cherchent à l'entraîner chacun de son côté, le Cœur présente alors, si l'on veut, le spectacle d'une balance en équilibre; mais avec cette différence que la balance, inerte, tombe nécessairement avec le poids le plus lourd; tandis que le Cœur, quel que soit le rapport des deux mobiles qui pendent à chacune de ses extrémités, reste le maître de s'incliner vers celui qui lui plaît. Le Cœur est une balance, mais une balance vivante qui se donne le mouvement au lieu de le recevoir.

Ce n'est que dans le cas où, soit par indifférence, soit par un abattement complet, il tombe dans l'inertie, qu'il devient la proie du mobile le plus fort. Mais dans son état normal, le mobile le plus fort n'est que celui qui lui donne le plus de peine à vaincre; et voilà tout. Dans la balance du Cœur, ce n'est pas aux extrémités du bras de levier qu'est la force qui détermine, c'est dans l'endroit même où il est suspendu. Le Cœur est un bras de levier dont la force déterminatrice est au centre, au lieu d'être aux extrémités. C'est dans ce centre qu'est la causalité; et la direction qu'alors elle prend, est la volonté. De sorte que la volition est le produit de la causalité, laquelle est elle-même le pivot du Cœur.

Ainsi, c'est dans le Cœur que réside le pouvoir exécutif de l'homme; le pouvoir législatif habite les parties rationelles. L'acte que le Cœur produit est la volonté; et comme le corps est soumis à la volonté, l'acte qu'au moyen du corps la volonté produit est le mouvement, que l'on nomme proprement l'action, et qui réalise matériellement la détermination du Cœur.

L'amour est la vie du Cœur, les volitions en sont les actes. La volonté, qui est l'action du Cœur, prouve l'amour; comme le mouvement, qui est l'action du corps, prouve la vie. Tout être vivant est doué d'un principe vital qui se manifeste par des mouvements ; de même le Cœur est un être vivant, doué du principe vital spirituel (l'amour), qui se manifeste par des volontés.

Ainsi, l'amour est au Cœur ce que le principe vital est à l'être physiologique; et la volonté est à l'amour ce que le mouvement est à la vie. De même qu'on définit l'animal : Un être doué de vie, produisant des mouvements; il faut définir le Cœur : Un être doué d'amour, produisant des volontés.

Le corps est doué de la vie, c'est-à-dire de la puissance, non pas d'exécuter tel ou tel mouvement spécial, mais tous les mouvements en tous sens qui ne sortent pas du cercle de ses organes : de même le Cœur est doué de l'amour, c'est-à-dire de la puissance, non pas d'exécuter telle ou telle volonté spéciale, mais bien toutes les volontés en tous sens qui ne sortent pas du cercle d'action dont il est le centre.

L'amour est le principe général d'où sortent toutes les volontés ; c'est-à-dire que la vie du Cœur se porte vers tel ou tel objet, d'après la nature de ses inclinations, de ses désirs et de sa détermination propre, comme la vie physiologique exécute tel ou tel mouvement vers tel ou tel objet, d'après la nature de ses besoins et de ses fonctions. Ainsi que l'on peut juger de la vie d'un être par la connaissance des mouvements qu'il exécute, ainsi l'on peut juger de la nature de l'amour qui est dans le Cœur par les volitions qu'il produit.

L'amour remplit le Cœur; il circule continuellement en lui comme un courant d'électricité spirituelle ; et les volitions sont comme les étincelles qui en partent au contact de tous les objets susceptibles de le provoquer Pour se faire une idée du rôle que l'amour et la volition jouent l'un par rapport à l'autre dans le Cœur, voici à quoi nous le comparerions : Supposons une fronde à laquelle on donne d'abord un mouvement de rotation, afin qu'à l'instant où on lui imprimera une direction quelconque, le projectile profite de tout le mouvement ramassé pour aller atteindre le but vers lequel il est dirigé ; eh bien, le mouvement continuel de rotation serait celui de l'amour dans le Cœur de l'homme, et le mouvement de projection serait la volition par laquelle il s'élance vers l'objet qu'il a choisi.

Le Cœur produit donc la volition par le moyen de l'amour, comme l'intelligence produit la pensée par le moyen de l'imagination. Puis le corps réalise la volition, comme la parole formule la pensée. Sans l'imagination notre raison serait muette pour le monde extérieur : sans le corps il en serait de même de notre volonté. Comme nous le voyons, le corps n'obéit à la volonté que pour servir le Cœur; et si l'on en croit cette étymologie : *Corpus*, formé de *cor* (cœur), et d'*us* (usage), signifierait tout simplement, ce qui est à l'usage du Cœur.

Toutefois, comme la partie centrale de la nature humaine, celle où toutes ses facultés se rattachent, est le Cœur; c'est sur le Cœur qu'agissent les appétits du corps, c'est sur le Cœur qu'agissent les inspirations de la raison ; c'est pour le Cœur que l'intelligence élabore la lumière rationelle, c'est pour le Cœur que le corps se donne souvent tant de fatigues; et c'est le Cœur enfin qui, au milieu de toutes ces influences, produit l'acte important de la volonté, laquelle n'est autre chose, comme nous l'avons observé, que le Cœur en tant qu'il se détermine.

Il faut bien remarquer que si le Cœur, par la place qu'il occupe, se trouve sous l'influence, et des facultés qui lui fournissent les différentes lumières d'après lesquelles il forme ses déterminations, et des facultés qu'il met en jeu pour réaliser ces déterminations; il faut bien remarquer qu'il a sur ces mêmes facultés une influence non moins grande. Si c'est par elles que lui viennent sa loi, ses mobiles, ses inspirations, ainsi que ses tentations, en un mot tout ce qui est capable d'entraîner une détermination, le Cœur, comme foyer de la causalité, n'en fait pas moins ce qu'il veut. Pour cela, sans doute, il n'est pas nécessaire que le Cœur réussisse, par exemple, à fausser la raison, c'est-à-dire à lui faire trouver juste ce qui est injuste, et vrai ce qui est faux: seulement, à force de repousser la lumière de la raison, il finit par ne plus la recevoir. Il n'est pas nécessaire non plus que le Cœur réussisse à séduire la conscience, c'est-à-dire à lui faire trouver bien ce qui est mal: seulement, à force de repousser sa voix, il finit quelquefois par ne plus l'entendre. Ou, au contraire, s'il veut faire le bien, il n'est pas nécessaire qu'il réussisse à détruire les passions jusque dans leur germe, seulement: à force de repousser leurs offres, il finit par les contraindre au silence.

Aussi, dès que le Cœur de l'homme a changé, dès qu'il a pris une nouvelle direction, toutes les facultés ne tardent pas à faire leur service dans ce sens; car toutes ne sont que ses instruments. Instruments, il est vrai, fournis par Dieu et qui devraient rester fidèles à la mission qui leur a été donnée ; mais le Cœur, une fois qu'il les tient à sa disposition, peut les séduire, et, par ses corruptions, les faire passer du service naturel de Dieu, au service de ses propres faiblesses.

La volition résulte du Cœur ; c'est dans le Cœur qu'elle prend naissance, qu'elle puise les éléments qui lui donneront tel caractère plutôt que tel autre ; car le Cœur est le dépôt de tous les mobiles de l'homme, puisque c'est en lui que viennent aboutir l'action de la raison, celle de l'intelligence et celle du corps ; c'est-à-dire, l'inspiration, la réflexion et la tentation. Tous nos mobiles étant dans le Cœur, c'est là que se forment nos sentiments, et c'est de là que partent nos volontés; aussi dit-on, pour exprimer que l'on connaît parfaitement un homme : *Je lis jusqu'au fond de son Cœur*.

Le Cœur est donc le lieu d'élaboration de la volonté : — si le Cœur se remplit des mobiles qui lui viennent du corps, et s'il prend toutes ses inclinations vers lui, la volonté est charnelle, elle cède à la tentation ; — si le Cœur se remplit des jugements et des calculs qui lui viennent de l'intelligence, et s'il ne prend aucune détermination sans elle, la volonté est prudente, elle agit d'après l'intérêt ; — si le cœur se remplit des sentiments qui lui viennent de la raison, et s'il prend son mouvement vers elle, la volonté est vertueuse, elle obéit à l'inspiration. Dans le premier cas, l'homme est passionné : il tombe dans le sensualisme ; dans le second cas, l'homme est intéressé : il se renferme dans l'égoïsme ; dans le troisième cas, l'homme est réellement moral : il peut s'élever jusqu'à l'héroïsme. Ainsi, ces trois grands états de l'homme, sensualisme, égoïsme, héroïsme, qui forment toute l'échelle de son développement, dépendent des trois états principaux de son Cœur. Le Cœur ne fait l'homme ce qu'il est, que parce que le Cœur est l'homme même.

Il se peut donc que le Cœur s'ouvre plus aisément à tel plutôt qu'à tel autre des différents mobiles qui lui viennent, ou de Dieu par le canal de la raison, ou de la nature par le canal des sens. Car, ou le Cœur est faible, ou le Cœur est volage, ou le Cœur est indifférent, ou le Cœur est fort ; alors voici ce qui arrive :

Si le Cœur est faible, s'il n'a pas l'habitude de vouloir, il se laissera pénétrer par toutes les impressions, et y cédera ; c'est-à-dire que la volonté, sans force, sera toujours asservie.

Si le Cœur est volage, s'il a l'habitude de vouloir tantôt d'une façon et tantôt d'une autre, il s'abandonnera sans réflexion et sans but arrêté à toutes les impressions possibles, même les plus contraires ; c'est-à-dire que la volonté, sans raison, sera toujours inconstante et légère.

Si le Cœur est indifférent, ce qui arrive lorsqu'il s'est épuisé à la poursuite de mille objets frivoles, et qu'il a cédé aux caprices les plus vains, il perd l'habitude et en quelque sorte la faculté de vouloir ; c'est-à-dire que la volonté, sans mobile, sera toujours inerte et insensible.

Si le Cœur est fort, ce qui arrive lorsqu'il est toujours resté maître chez lui, il repoussera tous les mobiles qui sont contraires à sa direction, et parviendra à ne laisser pénétrer en lui que les impressions qu'il veut se donner pour mobile ; c'est-à-dire que la volonté, vraiment libre, sera puissante et inébranlable.

Toutefois, ce dernier fait n'a point lieu sans un grand combat intérieur ; car les diverses inclinations qui luttent dans le Cœur, font toutes des efforts, chacune dans le sens qui lui est propre. C'est le triomphe du Cœur au milieu de ce combat, qu'on nomme la vertu : la vertu n'est qu'une continuelle victoire de la volonté. Aussi, le mot vertu, comme on l'a remarqué, vient de *virtus*, qui veut dire force.

Nous disions qu'il ne faut point confondre le Cœur avec la volonté, comme l'a fait jusqu'à présent la psychologie : je vous demande si, dans le vulgaire, on s'est jamais trompé sur l'acception différente qu'il faut attacher à ces deux mots ! Remarquez bien que lorsqu'on veut exprimer que l'on connait complètement un homme, on dit : *Connaître son Cœur*, et non point, Connaître sa volonté. Connaître sa volonté, ce serait seulement lui avoir entendu exprimer sa détermination sur tel ou tel point donné ; tandis que connaître son Cœur, c'est savoir comment il se déterminera dans toutes les circonstances possibles. Quand on connait la volonté de quelqu'un, c'est sur un seul cas ; quand on connait son Cœur, on a d'avance des données sur toutes les volontés qu'il peut avoir.

Voyez si, pour dire que l'on a une parfaite connaissance des hommes, il est dans le langage une expression préférablement employée à celle de *Connaître le Cœur humain ?* Pourquoi alors ne dit-on pas tout aussi bien : connaître la volonté humaine... connaître l'esprit humain... connaître la raison humaine ?... Connaître la raison humaine, ce serait tout simplement avoir étudié dans la psychologie le chapitre qui traite de la raison ; connaître l'esprit humain, ce serait avoir étudié dans Bossuet ou dans Tennemann, l'histoire de la philosophie. Connaître le Cœur humain, au contraire, c'est connaître l'homme, ou plutôt c'est connaître les hommes ; car c'est connaître leurs inclinations, les mobiles qui les déterminent ordinairement, leurs sentiments les plus habituels, et leur manière de se décider et de faire dans toutes les circonstances de la vie. Avoir la connaissance d'un être, c'est savoir quels sont les actes par lesquels il se manifeste : il est donc tout naturel que pour connaître les actes de l'homme, il faille en savoir la source, et que la connaissance du Cœur humain soit la connaissance de l'homme. Or,

Si connaître le Cœur humain, c'est connaître l'homme, l'homme, comme nous l'avons dit, se trouve donc tout entier dans le Cœur.

Oui, le Cœur seul est vraiment nôtre. Tout le reste, la raison avec toutes ses conceptions, le corps avec toutes ses fonctions, l'intelligence avec ses diverses aptitudes de mémoire, d'imagination, d'abstraction, etc., tout est pour le service du Cœur. C'est le Cœur qui comporte l'homme ; qui a donné son Cœur n'est plus à soi.

Le Cœur est tellement la fin des opérations de la raison, de celles des organes physiques, et de toutes les facultés de l'intelligence ; enfin, le Cœur est si bien l'homme lui-même, que Dieu, qui nous veut tout entiers, ne nous demande jamais que notre Cœur. Il semble tenir peu de compte de l'estimation que les hommes font d'eux-mêmes sur ce qu'ils peuvent avoir plus ou moins d'idées, d'intelligence, d'imagination ou d'agréments du corps. Les savants, les littérateurs, les Académies, qui n'en appellent qu'au développement de l'intelligence ou de l'imagination, méconnaissent la partie essentielle de l'homme : aussi, n'entendent-ils rien à l'éducation. L'éducation est la formation et le développement de l'homme; c'est donc la formation et le développement de son Cœur ! développement auquel doit concourir, il est vrai, la culture de la raison, de l'intelligence et de la volonté, en ce que ces facultés aident et desservent le Cœur.

Si Dieu, sans avoir égard à l'avis des littérateurs et des Académies, estime que le Cœur est ce qu'il y a de meilleur en nous, et ne nous demande pas autre chose, le sens commun pense absolument comme Dieu sur ce point. N'est-ce pas de notre Cœur que nos semblables sont avides? N'est-ce pas dans notre Cœur qu'ils veulent une place ? Ce qu'ils aiment en nous, n'est-ce pas un bon Cœur ? N'est-ce point par le Cœur que nous communiquons avec ce que nous avons de plus cher au monde, notre père, notre mère, notre femme et nos enfants? Ces personnes se sont-elles jamais avisées de nous demander le don de notre imagination, de notre raison ou de notre intelligence ? Le don le plus précieux que l'homme puisse faire, est le don de son Cœur, parce qu'il n'a rien de plus précieux que lui-même.

L'homme sent si bien que le Cœur est le siége de son individualité, qu'il dit de la personne qu'il aime : *Son image est gravée dans mon Cœur*. C'est le sentiment de cette

DE LA NATURE DE L'HOMME.

vérité, que le Cœur est l'homme même, qui fait qu'on attache une si grande importance comme emblème à l'organe physique qui porte ce nom : on conserve le cœur des Saints, des héros, des grands hommes.

C'est le Cœur qui nous fait bons ou méchants, selon qu'il se porte vers le bien ou qu'il a sa pente vers le mal ; c'est-à-dire, que c'est dans le Cœur que nous sommes bons ou méchants. C'est le Cœur qui nous fait élevés ou abjects, selon qu'il a laissé pénétrer en lui les sentiments rationels ou les appétits corporels ; car c'est par la raison, dont la source est en Dieu, et par les sensations, dont l'origine est au corps, que tout entre dans le Cœur. Le Cœur ne reçoit immédiatement de Dieu que l'amour, c'est-à-dire le mouvement de l'être vers l'être ou vers le bonheur ; et le Cœur doué de ce mouvement, selon qu'il se dirige en haut ou en bas, selon qu'il se tourne à droite ou à gauche, profite de cette impulsion pour se porter vers le bien ou vers le mal. L'amour est le mouvement de projection de l'homme : puis, par sa volonté, comme par un gouvernail, l'homme se donne sa direction vers le but qui lui plaît. [1]

Voici à quoi il faut comparer le Cœur, l'amour, et la

---

[1] Il y a des Cœurs sans volonté ; ils sont la proie de tout amour qui s'empare d'eux, comme la barque sans gouvernail est la proie du premier vent qui souffle sur elle. Il y a des Cœurs qui n'ont que la volonté ; ils sont toujours froids et sans mouvement, comme la barque dont la voile n'est pas enflée par le vent, reste immobile. Un Cœur sans volonté, est un Cœur qui ne s'appartient point ; il ne peut, au milieu des vents, se diriger vers le port : c'est là le Cœur de l'homme faible, du sensualiste. Un Cœur sans amour, est un Cœur incapable de mouvement et d'enthousiasme, il ne peut, au milieu de ce calme plat, s'approcher du port : c'est là le Cœur de l'homme froid, du stoïcien. Un Cœur tout à la fois riche d'amour et puissant de volonté, est un Cœur à qui appartient l'avenir ; il profite de la force des orages pour se porter plus rapidement vers le port : c'est là le Cœur du grand homme, du héros et du Saint.

volonté : le Cœur est une barque sur l'océan de la vie ; l'amour est le vent qui lui imprime le mouvement ; la volonté est le gouvernail par lequel elle se dirige vers tel ou tel but.

Comme nous l'avons remarqué, il n'y a dans le Cœur de l'homme qu'un seul sentiment, l'amour ; mais selon le point où se trouve le Cœur par rapport à son objet, ce sentiment se modifie et prend différents noms qui expriment alors les différents états du Cœur :

Si l'objet est loin encore, l'état dans lequel l'amour met notre Cœur, s'appelle *désir* [1] ; s'il voit le moyen de le posséder, l'état dans lequel est notre Cœur s'appelle *espoir* ; si enfin, il le possède, son état s'appelle *joie* ; et si le Cœur est accoutumé à posséder son bien, il devient doux et prompt à aimer. Aussi, l'on dit que la joie *dilate le Cœur*, c'est-à-dire, qu'elle en laisse naturellement s'échapper l'amour.

Mais si le Cœur voit, au contraire, près de lui l'objet de son malheur, il s'en éloigne par cela même qu'il se porte vers le bonheur ; et l'état *d'a-version* dans lequel est notre Cœur, s'appelle *haine* ; si ce malheur le menace,

---

[1] Le *désir* n'est que le premier mouvement de l'amour ; la *volition* achève ce que le désir commence. Aussi avons-nous toujours plus de désirs que de volontés formelles ; « il ne s'élève point « tant de flots et d'ondes en la mer, « dit Charron, que de désirs au cœur « de l'homme. » De là les désirs se teignent de tous les caractères de l'amour que nous avons dans le Cœur ; ils sont bons, justes, légitimes, élevés, constants ; ou mauvais, injustes, illégitimes, bas, inconstants, etc. Le *désir* est le premier mouvement de l'amour au devant de son bien ; par *l'espoir* il s'échauffe et augmente jusqu'à la volition ; enfin il trouve son accomplissement dans la *joie* de la possession : et si ce bien nous a été procuré par quelqu'un, notre Cœur éprouve alors pour lui de la *reconnaissance*. *L'appréhension*, au contraire, est le premier mouvement de l'amour s'éloignant de son mal ; par la *crainte*, ce sentiment s'échauffe et augmente jusqu'à la *colère* ; enfin il trouve son paroxisme dans le *désespoir* de la douleur : et si ce mal nous vient de quelqu'un, notre Cœur éprouve alors pour lui du *ressentiment*.

l'état dans lequel est notre Cœur s'appelle *crainte* ; si enfin, ce malheur lui arrive, son état s'appelle *tristesse* ; et si le Cœur est accoutumé à souffrir le malheur, il devient irascible et prompt à la haine. Aussi, l'on dit que la tristesse *resserre le Cœur*, c'est-à-dire, qu'elle empêche naturellement l'amour d'en sortir.

Maintenant, si ce malheur est pour autrui, l'état dans lequel l'amour met notre Cœur, se nomme *pitié* ; si ce malheur est pour nous, l'état de notre Cœur se nomme *chagrin*. S'il nous arrive par notre faute, l'état de notre Cœur s'appelle *remords* ; si ce n'est point par notre faute, l'état de notre Cœur se nomme *regret*.

Puis, si nous éprouvons de la joie du bien que les autres possèdent, et que nous leur en désirions, l'état dans lequel est notre Cœur, est ce qu'on appelle *bienveillance* ; si nous éprouvons de la douleur du succès et du bien que les autres obtiennent, et que nous leur désirions du mal, l'état dans lequel est notre Cœur est ce qu'on nomme *envie* ; si nous souffrons du mal des autres jusqu'à prendre plaisir à les soulager, l'état dans lequel est notre Cœur se nomme *compassion* ; si nous jouissons du mal des autres jusqu'à prendre plaisir à leur en faire nous-mêmes, l'état dans lequel est notre Cœur s'appelle *cruauté*.

Enfin, si nous avons l'habitude d'aimer et de faire le bien, l'état de notre Cœur est ce qu'on appelle *vertu* ; si nous avons l'habitude de haïr et de faire le mal, l'état de notre Cœur est ce qu'on appelle *vice*.

Nous disons que lorsque le Cœur se voit obligé de

s'éloigner de l'objet qui fait son malheur, l'état dans lequel il se trouve est la haine, ou *l'a-version*, qui, d'après l'étymologie même de ce mot, signifie que le Cœur se retourne pour revenir sur son mouvement naturel. Car, remarquez bien que la haine n'est point un sentiment spécial du Cœur, comme serait par exemple le sentiment du beau, ou du bien ; ce n'est point, comme on pourrait se le figurer, un sentiment que Dieu aurait positivement formé, et qu'il aurait mis à la disposition de l'homme pour qu'il s'en servît au besoin : la haine n'est absolument que l'absence totale de l'amour ; et le Cœur ne peut retirer ainsi tout son amour en lui, qu'en présence d'un objet qui lui refuse toute possibilité d'aimer. La haine n'est qu'un désespoir d'amour. [1]

Le Cœur, avant tout, cherche à aimer. Si une personne à qui instinctivement il ne veut que du bien, ne lui fait que du mal, le Cœur est repoussé dans ses dispositions naturelles, et, comme on le dit, le Cœur se trouve *indisposé* contre cette personne. Si enfin elle redouble ses mauvais traitements jusqu'à ce que le Cœur ne puisse plus espérer de se rapprocher d'elle et de l'aimer, alors le Cœur se trouve dans cette *indisposition* qu'on nomme la haine ; c'est-à-dire, qu'il revient sur lui avec le même

---

[1] « Songez-y bien ; il faut désormais que mon cœur,
« S'il n'aime avec transport, *haïsse* avec fureur. » RACINE.

Et si la haine, sentiment négatif, ne s'expliquait pas comme une corruption de l'amour, sentiment positif, on ne concevrait pas l'existence de la haine ; parce qu'on ne verrait pas pour quel but Dieu en aurait doté notre nature. Aussi, ne suis-je point étonné que M.me de Staël, n'ayant point constaté le principe et l'origine psychologique de la haine, de la vengeance et de l'envie, ait dit : « Il est des passions qui n'ont « *pas précisément de but*, et qui cependant remplissent une partie de la « vie. »

mouvement qui l'avait porté hors de lui. La haine ne saurait naître que du besoin d'aimer.

Il n'y aurait pas plus de haine sans l'amour, que de néant sans l'être. La haine est l'impatience et le dépit du Cœur qui ne peut aimer ; de sorte que, par le mouvement même de l'amour, le Cœur s'éloigne de l'être qui ne peut souffrir son amour. La haine prouve que nous cherchons l'amour avec furie. *Utrum amore vel odio*, dit l'Écriture.

Aussi, ne sait-on pas que pour être capable de haine, il faut être capable d'amour ; et que beaucoup de haine ne peut venir que d'un Cœur qui devait beaucoup aimer ? Voilà pourquoi le Cœur passe si promptement de l'un de ces sentiments à l'autre ; et pourquoi l'on n'est susceptible d'avoir une grande haine que contre les personnes pour qui l'on devait avoir un grand amour : qu'y a-t-il de plus implacable que la haine des frères [1] ? *Socius et amicus in inimicum convertentur*, dit l'Ecclésiaste. Au lieu que l'on n'a jamais de haine contre les personnes qui devaient nous rester indifférentes : on ne peut en avoir contre les animaux.

C'est parce que la haine ne saurait être qu'un désespoir d'amour, et que l'amour est le fait de notre Cœur, que l'on dit vulgairement, *avoir la haine dans le Cœur*, *avoir la vengeance dans le Cœur*, comme on pourrait le dire de l'amour. *Haïr cordialement*, *détester de tout son Cœur*, sont des expressions aussi connues que celles

---

[1] Aristote cite ce proverbe comme étant bien répandu de son temps : *Fratrum inter se odia sunt acerbissima*. Les Latins ne disaient-ils pas aussi : *Rara concordia fratrum?* Ecclesiasticus, cap. xxxvii, v. 2.

d'*aimer de tout son Cœur*. Et, comme si l'on prenait la haine pour un amour aigri, on dit également, *aigrir* quelqu'un, c'est-à-dire, le fâcher, l'irriter, le porter à la haine ; ou bien, *s'aigrir* soi-même contre quelqu'un.

Mais ce désespoir du Cœur ne s'en tient pas là ; comme le propre de l'amour est de faire du bien à celui que l'on aime, dans le délire où jette la haine, on cherche à faire du mal à celui que l'on ne peut aimer, en fut-on soi-même la première victime. L'amour, dans son transport, consentirait à céder le Ciel à celui qu'il aime ; la haine, dans sa violence, irait jusqu'à vouloir rouler dans les enfers pour y entraîner celui qu'elle hait. Le Cœur n'était fait que pour aimer : c'est pourquoi il ne peut plus souffrir celui qu'il ne peut plus aimer...

Les fureurs où nous portent la haine prouvent donc jusqu'à quel point nous sommes faits pour aimer. Cependant il ne faut pas manquer d'observer ici que la haine est la plus grave indisposition dont puisse être atteint le Cœur. A force de retirer l'amour dans le Cœur et de l'y comprimer, de crainte que revenant à son mouvement naturel il se porte encore vers l'objet de ses maux, la haine resserre tellement le Cœur, qu'elle finit par l'étouffer ; c'est-à-dire, par le priver entièrement de l'amour, qui est pour lui la vie. Les autres vices sont loin d'être aussi à craindre, parce qu'ils ne se portent point, comme celui-ci, sur le centre de sa vie ; et même ils ne sont si dangereux, que parce qu'à force d'épuiser le Cœur, ils finissent aussi par le conduire à la haine. Du reste, si l'amour est la vie du Cœur, il est clair que la haine ne doit pas le tenir dans un état bien éloigné de la mort. Le lan-

DE LA NATURE DE L'HOMME.

gage semble nous avertir de la plaie incurable que la haine ouvre en nous, lorsqu'il dit qu'elle *envenime* le Cœur. Ainsi, la haine passe pour resserrer le cœur, l'aigrir, lui donner de l'humeur, l'envenimer et le ronger.[1]

En sorte que désir et appréhension, espoir et crainte, tristesse et joie, douceur et colère, pitié et chagrin, reconnaissance et ressentiment, amitié et haine, bienveillance et envie, compassion et cruauté, regrets et remords, vertus et vices, ne sont que les différents états du Cœur relativement à l'amour. Ne soyons pas étonnés que tant de faits opposés soient le produit du Cœur : c'est au Cœur qu'appartient la liberté, c'est de lui conséquemment que sort le bien et le mal.

Comme l'amour est la propriété générale du Cœur, selon que l'amour se combine avec telle ou telle vertu, tel ou tel vice, et je veux dire par là, selon que le Cœur s'arrête et se tient plus ou moins dans l'un de ces diffé-

---

[1] Ce propos me rappelle ce que j'ai entendu souvent dire à mon père : « Je ne puis comprendre que l'on soit assez dupe pour avoir de la haine ; car si je hais quelqu'un, je me fais beaucoup de mal, par le tourment que j'en éprouve ; tandis que cela n'en fait aucun à celui que je hais. Alors c'est donc moi que je punis, par ma haine, du mal que m'aurait fait, je le suppose, celui qui en est l'objet ? » Et effectivement pendant que celui qui hait s'envenime le Cœur, celui que l'on hait peut jouir d'une sérénité parfaite ; pendant que celui qui hait se ronge au dedans, celui que l'on hait est tranquille et en paix ; pendant que celui qui hait se tourmente et se sèche de dépit, celui que l'on hait souvent n'y pense même pas. Celui qui hait est son propre bourreau. La nuit, il veille ; le jour, il se brûle le Cœur par le désir de la vengeance. Dévorer, sécher, tourmenter, envenimer, brûler, ronger soi-même son propre Cœur, quel plaisir !

C'est ainsi que celui qui hait se fait à lui-même toute la peine et tout le mal qu'il veut à autrui. De sorte que si, par l'amour, nous jouissons du bonheur dans un autre, et si nous sommes heureux tout à la fois et de notre bonheur et du bonheur d'autrui ; par la haine, nous souffrons de la douleur dans un autre, et nous sommes malheureux tout à la fois et de notre malheur et du malheur d'autrui. Je ne vois pas ce que l'on peut gagner à la haine !

rents états, cela constitue ce qu'on appelle *le caractère*, et ce qui distingue un homme d'un autre. Le caractère est ce qui rend un homme différent d'un autre, ce qui fait son naturel, sa manière d'être spéciale : — Si l'amour est combiné avec l'orgueil, il produira la soif du pouvoir, de la grandeur, des richesses ; — si l'amour est combiné avec l'humilité, il produira les vertus discrètes, les mérites cachés ; — si l'amour est combiné avec la conception du bien et du juste, il produira l'homme juste, l'homme de bien ; — si l'amour est combiné avec la conception du vrai, et avec l'intelligence, il produira le philosophe, le savant ; — si l'amour est combiné avec la conception du beau, il produira l'artiste, le poëte ; — si l'amour est combiné avec les appétits du corps, il produira les différentes affections sensuelles, comme la luxure, la gourmandise, la paresse ; — si l'amour est combiné avec un esprit rétréci, et qu'il soit pressé de jouir, il se jettera au devant de toutes les apparences de plaisir que lui offre ce monde et perdra Dieu de vue ; — enfin, si l'amour est combiné avec un esprit vaste, et qu'il sache se contenir, il méprisera tous les biens passagers de ce monde pour s'élever à la possession de Dieu.

De là, mille caractères différents parmi les hommes, parce qu'il y a mille degrés pour l'amour entre ces deux extrêmes. Tel individu ne rejette pas tout bien de ce monde, comme les Saints, qui sont l'élite de l'humanité ; mais tel individu ne se fait plus illusion sur la gourmandise, qui espère encore en la volupté ; tel autre ne se fait plus illusion sur la gourmandise, ni sur la volupté, qui espère encore en la richesse ; tel autre ne se fait plus illusion sur ces plaisirs, qui espère encore dans la joie que procurent les honneurs; tel autre ne se fait plus illusion sur la joie des honneurs, qui espère encore en la gloire; tel autre, enfin, ne se fait plus illusion sur aucune de ces choses, et reconnaît qu'il n'y a pas d'autres satisfactions que celles que procure l'acquisition de la vertu. Ainsi, depuis celui qui se jette à cœur perdu et à travers tous les crimes, sur les jouissances que nous promet ce monde, jusqu'à celui qui les repousse toutes, comme vides, pour ne désirer et n'aimer que Dieu, il y a une multitude infinie de degrés, sur chacun desquels se trouvent placés les hommes. C'est cette multitude de degrés qui fait la multitude des caractères. Parmi tous les hommes, il y a une chose diverse : l'état du Cœur, ou ce qu'on appelle le *caractère*; parmi tous les hommes, il y a une chose commune : l'amour ou la poursuite du bonheur.

Comme c'est pour le Cœur qu'agissent et la raison, et l'intelligence, et la volonté, et les sens; comme c'est dans le Cœur que viennent aboutir toutes les diverses modifications psychologiques, il en résulte un phénomène bien remarquable, à savoir : que c'est dans le Cœur que l'homme prend conscience de l'unité et de l'identité du moi. C'est dans le Cœur que nos facultés se trouvent en effet ramenées à l'unité et qu'elles constituent ainsi pour nous, le sentiment de notre existence.

Car 1° le Cœur, qui est cette partie centrale de l'homme dans laquelle viennent aboutir tous les phénomènes psychologiques, ne peut nous attester cette multitude d'opérations diverses et successives, sans nous donner en même temps le sentiment de notre existence personnelle : c'est-à-dire, de l'existence de celui qui éprouve tous ces phénomènes ; 2° le Cœur, qui est cette partie centrale de l'homme de laquelle part toute causalité, toute intentionalité et toute volonté, ne peut nous attester cette multitude d'actes divers et successifs, sans nous donner en même temps le sentiment de notre existence personnelle : c'est-à-dire de l'existence de celui qui produit tous ces actes.

En effet, n'est-ce pas dans le sentiment de notre causalité, dans le sentiment que nous avons de notre faculté de vouloir et d'aimer, que nous nous retrouvons, que nous prenons possession de nous-mêmes ? Or, ceci revient à dire que c'est dans le Cœur que nous vivons ; puisque c'est en lui que nous prenons conscience de toutes les modifications de nos organes, de toutes les opérations de nos facultés, enfin de notre identité personnelle. Mais une marque certaine à laquelle l'homme reconnaît que c'est dans le Cœur qu'il se trouve, c'est que c'est dans le Cœur qu'il éprouve la joie et la douleur [1] ! N'ayez crainte qu'il se trompe sur ce point et qu'il

---

[1] Un grand physiologiste a même remarqué que le plaisir naissait, dans l'être organisé, du sentiment de l'unité de son organisme, au milieu des choses extérieures ; à ce compte, ce ne pourrait être encore que dans le Cœur que l'homme éprouverait le plaisir. Au reste voici ce passage : « Le sentiment d'un défaut d'unité intérieure, d'un conflit comme défaut d'unité dans l'organisme, est l'origine de la *douleur* qui, saisissant l'embryon dès son entrée dans la vie terrestre, l'accompagne fidèlement jusqu'au tombeau. Mais lorsque l'organe central réagit, comme dominateur, et qu'il fait cesser ce conflit, il ramène l'unité dans la vie, et le rétablissement de l'harmonie amène le *plaisir*. Le plaisir consiste à se retrouver soi-même dans le conflit des choses, à reconnaître l'unité permanente au milieu de la contradiction apparente des phénomènes. »

BURDACH. *Traité de Physiologie*, tome IV, page 144.

place dans quelqu'autre faculté sa douleur et sa joie. Aussi, dit-on d'un homme qui souffre : *Qu'il a le Cœur brisé de douleur !* et d'un homme joyeux : *Qu'il a le Cœur rempli de joie !*

C'est parce que tous les actes produits par nos facultés, en tant qu'actives, partent du Cœur; c'est parce que toutes les modifications éprouvées par nos facultés, en tant que restées passives, aboutissent au Cœur, qu'il n'a pu se passer en nous un seul de ces faits, sans qu'à l'instant nous ayons eu le sentiment de notre existence ; et c'est pour cela également que deux de ces actes ne peuvent avoir lieu l'un après l'autre, sans que nous n'ayons le sentiment de l'unité et de l'identité de notre personnalité. Assurément ce n'est point par le Cœur que nous concevons, que nous pensons, que nous raisonnons, que nous imaginons, etc. ; mais c'est par le Cœur que nous savons que nous opérons tous ces actes, car c'est par sa volonté que tous ces actes sont provoqués. De sorte que c'est sur ce sentiment de notre existence que nous trouvons dans notre Cœur, que repose le sentiment de tous les actes que nous pouvons opérer par nos diverses facultés. Seulement, ainsi que cela a lieu pour le cerveau, *sensorium commune* de l'organisme physiologique, nous rapportons tous ces actes aux organes qui en sont les instruments, au lieu de les rapporter au Cœur, *sensorium commune* de l'organisme spirituel.

Aussi, les diverses opérations psychologiques de l'entendement, du goût, de la conscience, de la mémoire, du raisonnement, de l'imagination, peuvent varier et se renouveler à leur aise ; ces opérations peuvent se recommencer, s'interrompre ou s'achever ; elles peuvent rester isolées, se suivre précipitamment, ou cesser tout-à-coup ; peu importe : le sentiment de notre identité personnelle ne subsiste pas moins toujours le même, au milieu de ce flux et reflux. Le Cœur se sent aujourd'hui celui qu'il était hier ; il se sent dans l'acte du vouloir celui qu'il était dans l'acte de la conception, et ainsi dans tous ses actes. De sorte que c'est dans le Cœur que l'homme se retrouve au milieu du temps, et qu'il se retrouvera toujours au milieu de la diversité perpétuelle des actes que produisent tant de facultés différentes ; c'est dans le Cœur enfin que l'homme se retrouvera après la révolution inouïe qui doit s'opérer à son passage de la vie temporelle à la vie éternelle.

Car l'homme n'emportera que son Cœur dans la vie future ; toutes les autres facultés ne lui ont été annexées que pour son usage en ce monde. En le quittant il n'a plus besoin d'elles : le papillon n'emporte pas dans les airs le tégument qui enveloppait la chrysalide sur la terre ! C'est au Cœur qu'appartient l'immortalité.

Et l'homme sait si bien que son Cœur est cette partie de lui qui restera, qu'il dit d'une personne qu'il aime : *Son souvenir ne s'effacera jamais de mon Cœur.* Jamais il ne parle de graver autre part ses souvenirs et ses affections. Notre corps est pourriture sur pourriture, c'est un tourbillon perpétuel de molécules, qui se décomposent et se recomposent ; notre intelligence est erreur sur erreur, c'est un tourbillon perpétuel de raisonnements qui se composent et se décomposent : qu'avons-nous de durable que le Cœur ? aussi, les hommes avouent tous que l'intelligence et le corps baissent avec l'âge, mais ils disent que *le Cœur ne vieillit pas.* C'est dans le Cœur que l'on aime : or, l'amour a Dieu pour preuve de son éternité! ¹

Oui, l'homme sait bien qu'il n'est pas attaché à cette partie qu'on appelle intelligence, jugement, imagination, corps ; tout cela n'est qu'un ensemble d'idées, d'images, de souvenirs, de sensations, qui disparaissent et sont remplacés par d'autres. Cet ensemble d'idées et de désirs qui forment à cette heure ce que j'appelle mon esprit ; cet ensemble de molécules en circulation, qui forment actuellement ce que j'appelle mon corps, seront remplacés par d'autres avant peu de temps. Alors, ce qui compose maintenant mon corps et mon intelligence sera sans doute dissipé et loin de moi, et *moi* cependant je subsisterai. Eh bien, c'est dans mon Cœur que je subsisterai ! c'est là que je me trouverai moi, avec tous les sentiments que j'aurai nourris, les inclinations que je me serai données, les habitudes que j'aurai prises, les vertus et les mérites que j'aurai amassés ; c'est là, dans mon Cœur, que je retrouverai ce que j'aime, c'est là que je me retrouverai moi-même, tel que je me suis fait. Et comme mes facultés obéissent à la volonté de mon Cœur, elles ne seront en attendant que ce que mon Cœur les aura faites, elles auront les qualités que je leur aurai acquises, elles seront selon mon Cœur.

Ainsi, parmi tant d'opérations produites par nos différentes facultés ; au milieu de la multitude de nos sensa-

---

¹ La haine passe pour resserrer le Cœur, l'aigrir, lui donner de l'humeur, l'envenimer et finir par le ronger ; comprenez combien, dans l'intérêt de notre conservation immortelle, nous devons avoir soin de développer l'amour dans notre Cœur! aussi toute l'hygiène religieuse aboutit-elle, je crois, dans ce grand précepte.

tions, de nos conceptions et de nos pensées, c'est dans le Cœur que l'homme dit : moi ! Ce moi qui, par ses diverses facultés, conçoit, raisonne, imagine, abstrait, se souvient, n'est autre chose que le Cœur se servant de la conception, du raisonnement, de l'imagination, de la mémoire; ce moi qui délibère, choisit, se détermine et agit, n'est autre chose que le Cœur se servant du jugement, de la détermination de la volition et des organes du corps ; ce moi qui se sert tantôt de la raison, par le moyen de l'intelligence, tantôt du corps, par le moyen de la volonté; ce moi enfin, qui éprouve la joie et la douleur, ces deux manières d'être générales de l'homme, n'est autre chose que le Cœur. Le Cœur, comme nous l'avions déjà entrevu en partant des notions ontologiques, le Cœur est donc l'homme lui-même ; il est cet être spirituel et libre qui, pour arriver à ses fins, emploie toutes les facultés que nous avons successivement étudiées ; il est cet être spirituel et libre que la création tient dans un intarissable besoin de la félicité ; il est cet être spirituel et libre qui devient le fruit de ses œuvres, et que Dieu a créé pour la vie absolue.

L'homme n'étant qu'un être créé, il n'est entretenu, cela est clair, que par la substance qu'il reçoit de l'Être incréé. Alors il devait y avoir en l'homme un organe central auquel s'adressât cette substance; un organe qui la reçût et la répartît dans tout l'être spirituel, pour sa conservation et son développement. C'est, en effet, dans le Cœur que s'opère ce mystérieux phénomène de nutrition spirituelle. Le Cœur est l'organe assimilateur qui change la substance divine en la substance humaine ; c'est-à-dire, la lumière intelligible en lumière rationelle, l'intuition en croyance, l'inspiration en vertus, l'amour en volitions, pour que l'homme devienne, à son tour, lui être humain, à l'image de l'être divin. Car, l'homme n'est sur la terre que pour accroître en lui la substance de Dieu. Il faut que par la puissance qui lui a été donnée d'élaborer sa propre essence, l'homme rapproche sa nature de la nature divine, s'il veut un jour trouver le bonheur dans ce qui fait celui de Dieu. C'est là le but de la création. *Estote sicut Pater vester.*

Pour que la nature humaine devienne, autant qu'il est en elle, à la ressemblance de la nature divine, ne faut-il pas que la nature humaine participe des propriétés de la nature divine ? Pour que la nature humaine participe des propriétés divines, ne faut-il pas que Dieu les lui présente, et qu'elle, au moyen de sa liberté, puisse les accepter et se les assimiler ? Or, c'est le Cœur qui, par les rayons rationels, reçoit et toutes les idées de ce qu'il doit savoir de la substance intelligible, et toutes les propriétés de cette substance qu'il doit avoir pour contracter ses affinités avec elle. C'est à lui maintenant de ne pas laisser perdre les rayons du vrai, du juste, du bon, du bien, du beau et du saint, que Dieu lui envoie pour sa nutrition spirituelle ; c'est à lui de les recueillir précieusement et de se les incorporer par la volonté et par l'action.

La conscience, c'est la facette du Cœur qui réfléchit le rayon du juste ; le goût c'est la facette du Cœur qui réfléchit le rayon du beau ; l'entendement c'est la facette du Cœur qui réfléchit le rayon du vrai. Aussi l'on dit :

Conserver la justice dans son Cœur, Conserver la vérité dans son Cœur. Il n'y a qu'un rayon intelligible qui descende directement sur le Cœur et le frappe au centre, c'est le rayon d'amour; aussi l'on dit : *Aimer de tout son Cœur.* Par les autres rayons de la substance intelligible, l'homme reçoit l'alimentation spirituelle; par celui-ci, il reçoit la vie.

Quand le juste est une fois entré dans le Cœur, il prend le nom de bien, et l'homme de bien est celui qui s'est assimilé le rayon de justice, comme l'homme de génie est celui qui s'est assimilé le rayon du vrai, comme le grand artiste est celui qui s'est assimilé le rayon du beau. C'est ainsi que selon ses dispositions et son goût, le Cœur peut se nourrir plus particulièrement de l'une de ces substances, ou de toutes ensemble.

Étant la partie fondamentale à laquelle viennent se rattacher toutes les facultés de la nature humaine, le Cœur a nécessairement 1° un côté qui touche à la raison et aux facultés de l'intelligence, et correspond naturellement avec elles; 2° un côté qui touche à la causalité et aux organes du corps, et correspond naturellement avec eux. Le côté qui correspond avec les organes de l'action, et qui la décide, nous le savons, c'est la *volition*; le côté qui correspond avec l'intelligence, et qui en reçoit la lumière, c'est le *bon sens.* Le bon sens et la volonté sont les deux conditions sans lesquelles l'homme ne peut vivre parmi ses semblables : l'absence du premier donne le fou; l'absence de la seconde fait l'incapable.

C'est par le bon sens que l'idée entre dans le Cœur pour se faire croire; c'est par l'amour qu'elle y est attirée

DE LA NATURE DE L'HOMME.

pour se faire accepter; c'est par la volition qu'elle en sort pour se faire réaliser. De sorte que si c'est par la raison que nous vient l'idée à croire, c'est par le Cœur que nous croyons ; tout comme, si c'est par le corps que nous exécutons l'acte qui réalise la croyance, c'est par le Cœur que nous agissons. Aussi dans le langage, où toutes les vérités percent, il est des expressions consacrées pour rendre témoignage de ce phénomène psychologique : on dit *un Cœur crédule* et, *un Cœur incrédule*; déclarant par là que c'est dans le Cœur que s'opère la croyance. De là vient, sans doute, ce que l'on retrouve de volontaire et de libre dans tout acte de foi. [1]

---

[1] Ceci m'explique ce passage de la psychologie de Fichte, que je n'avais jamais compris : « Ce que je crois, « dit-il, je ne le crois pas parce que « je dois le croire, parce qu'il faut que « je le croie : je le crois, parce que je « veux le croire. »
Fichte, *Destination de l'homme*, page 248, traduit par M. Barchou de Penhoën.
Mais ce qui me frappe bien davantage à propos de cette idée, c'est l'instinct de vérité avec lequel les Pères de l'Eglise étaient arrivés à ce fait qui vient de nous être révélé par l'observation psychologique du Cœur. Il y a un passage de S. Jean où il est dit des Juifs qu'ils *ne pouvaient croire* ; S. Augustin s'écrie alors : « Pourquoi ne pouvaient-« ils croire ? Si vous me le demandez, « je réponds de suite : *parce qu'ils ne le* « *voulaient pas.* » (Tract. 53). S. Thomas disait : « Croire dépend du libre arbitre; « *Credere, subjacet libero arbitrio.* » (S. quæst. ii, art. 9). S. Irénée disait que « Dieu conserve en tout notre libre ar-« bitre, *même dans la foi.* » S. Augustin observait également que « l'homme « peut tout le reste sans le vouloir, « mais qu'*il ne peut croire qu'en le* « *voulant.* » Suivant le concile de Trente, la foi vient d'un *mouvement libre* de l'homme. Suivant un concile de Tolède, la *foi doit être libre.* Suivant la doctrine de l'Eglise, la foi dépend, moyennant le secours de Dieu, de *la volonté libre* de l'homme. Et d'ailleurs, si la foi ne dépendait pas de notre Cœur, si la foi n'était pas libre, comment pourrait-elle être une vertu, ainsi que l'enseigne également l'Eglise ! M. Gerbet, dans son livre si admirable, si profond et si court, *Des doctrines philosophiques sur la certitude*, observe « que la foi est une vertu, qu'elle est méritoire; si donc, ajoute-t-il, elle ne dépendait pas de la volonté libre de l'homme, il faudrait dire que la vertu peut exister sans liberté, qu'on peut mériter sans liberté. Ainsi, quoique la foi dépende, sous un rapport, de l'intellect, elle dépend, sous un autre rapport, de la volonté libre, parce que l'homme est maître de céder ou de résister à l'autorité. Suivant une expression de S. Thomas, *la foi est un acte de l'intellect acquiesçant à la vérité divine par la détermination de la volonté.* » (S. quæst. ii. art. 9.)

En effet, la croyance est une adhésion ; toute adhésion demande de l'amour ; or, pour avoir de l'amour, il faut s'adresser au Cœur. Le Cœur agit pour opérer la croyance, comme pour opérer la volition ; de sorte que la croyance et l'action, qui sont cependant les deux extrémités, puisque c'est par l'une que commence et par l'autre que se termine la série entière des opérations psychologiques de l'homme, la croyance et l'action ont une même source, le Cœur. *In corde tuo credideris*, dit Saint Paul.

C'est ainsi, toutefois, qu'en descendant jusqu'au fond de l'homme, jusqu'à sa partie indivisible, jusqu'au moi, on finit par ne plus trouver que l'amour.

Le *bon sens* est ce sens du Cœur qui apprécie, juge et reçoit les idées de la raison et les pensées de l'intelligence, pour les résoudre en actions, c'est-à-dire, pour les faire adopter par son amour et les transformer en volitions. Quand le Cœur ne se sert pas du bon sens, alors toutes les pensées que peut former l'intelligence, jusques aux plus bizarres, pénètrent en foule dans le Cœur pour se faire réaliser ; et l'on dit de celui qui agit ainsi, *qu'il n'a point de bon sens* [1]. Quand la pensée s'apperçoit qu'elle

---

[1] Il est tellement vrai que le *bon sens* est le côté du Cœur qui touche l'intelligence, et en quelque manière la porte par où le Cœur reçoit ou repousse, accueille ou rejette les pensées que l'intelligence lui présente, que dans la langue latine le mot *Cordatus*, signifie *Sensé*, qui *jouit du bon sens*. Et cependant, à considérer l'étymologie du mot *Cor-datus*, il semblerait plutôt devoir signifier, *doué de cœur*, que, *doué de bon sens*. Si par un instinct merveilleux de psychologie, comme on le retrouve dans toutes les langues, on n'avait placé le *bon sens* dans le Cœur, on n'aurait jamais dit *Cor-datus* pour signifier *doué du bon sens*.

DE LA NATURE DE L'HOMME.

sera repoussée par le bon sens, placé comme un juge à la porte du Cœur qui regarde l'intelligence, et qu'elle se sent plus de rapport avec l'inclination spéciale du Cœur, alors elle s'adresse à cette inclination, et c'est ainsi que les passions s'y prennent. Elles ne pénètrent jamais dans le Cœur que contre l'avis du bon sens ; et c'est parce qu'elles ont été obligées de forcer le passage et d'entrer en maîtresses dans le Cœur, qu'elles portent le nom de *passions*, car elles mettent le Cœur dans un état de passivité [1]. Quand on ne laisse pénétrer dans son Cœur que les appétits du corps, et qu'on repousse les inspirations de la raison, ces appétits remplissent le Cœur et deviennent ses uniques mobiles; alors on dit de celui qui agit ainsi, que c'est un *homme qui n'a point de raison*. Tous les hommes, comme tels, sont bien doués de la raison, mais tous ne sont pas raisonnables. Pour que l'homme soit raisonnable, il faut qu'il ait laissé pénétrer dans son Cœur les lumières de la raison.

Mais le Cœur n'est pas seulement la partie fondamentale à laquelle viennent se rattacher toutes les facultés de

---

[1] Lorsque l'intuition rationnelle, en s'introduisant dans le Cœur, s'y mêle avec l'amour, il en résulte ce qu'on appelle un sentiment ; lorsque la sensation matérielle, en s'introduisant dans le Cœur, s'y mêle avec l'amour, il en résulte ce qu'on appelle une passion. Il faut donc bien distinguer un Cœur animé par les sentiments, d'un Cœur excité par les passions. Les sentiments sont, si l'on veut, les passions spirituelles du Cœur, nobles et sublimes passions ; comme les passions sont les sentiments matériels du Cœur, sentiments abjects et indignes de lui.

Ainsi le sentiment, c'est l'inspiration adoptée par le Cœur, c'est-à-dire vivifiée par l'amour ; la passion, c'est la sensation adoptée par le Cœur, c'est-à-dire rallumée par l'amour qui est en lui. Car rien ne prend vie que par le Cœur. C'est lui qui aime ; aimer, c'est chercher l'Être ; chercher l'Être, c'est soi-même être *un* être, et non pas l'Être intégral ; c'est être celui qui a besoin de l'Être, c'est être l'homme.

la nature humaine, il est encore leur centre vital ; car, comme il reçoit continuellement le rayon d'amour, c'est de lui que part l'innervation spirituelle qui vivifie tout l'organisme psychologique. Ainsi, comme la vitalité physiologique se mesure à l'abondance de l'innervation cérébrale, de même la vitalité spirituelle se mesure à l'action du Cœur sur les autres facultés. L'intuition rationelle, la perception du sentiment, la volition et tous les actes psychologiques, s'opèrent lentement, quand l'innervation cordiale ne donne pas de ton à nos facultés. Or, l'amour est ce fluide nerveux, de nature spirituelle, que le Cœur envoie dans tout l'appareil psychologique pour le vivifier. Quand l'amour vient frapper contre la raison, il la porte jusqu'à l'inspiration et l'enthousiasme ; quand l'amour vient frapper contre l'intelligence, il l'élève vers les notions divines de la raison ; aussi dit-on dans le langage vulgaire, *que les grandes pensées viennent du Cœur*. Enfin, quand l'amour s'amasse dans le Cœur même, qu'il le remplit de sa vie de feu, la volonté embrâsée devient capable d'héroïsme et de martyre. Les hommes qui ont beaucoup de Cœur, qui sont pleins d'amour... il n'y a que ceux-là qui soient en vie.

Tout ce qui n'a pas passé par le Cœur et qui n'est pas entré dans sa composition, est nul pour l'homme, est nul comme valeur méritoire. Dieu ne nous demande pas combien nous avons de génie, car c'est lui qui envoie cette lumière rationelle ; combien nous avons eu de bonnes inspirations, car c'est lui qui envoie cette grâce surnaturelle ; mais il demande ce qui, de tout cela, est resté dans notre Cœur. Et il n'y a dans notre Cœur que ce qu'il a lui-même emprunté aux rayons de la substance intelligible ; il n'y a dans notre Cœur que les vertus qu'il y a lui-même édifiées, avec cette substance, par son vouloir et par l'action. Rien ne compte pour l'homme que ce qui est dans son Cœur; car tout ce qui est hors de son Cœur n'est pas lui. C'est à l'entrée du Cœur qu'est le pylore de l'être moral : et de même que l'être physiologique ne se répare qu'avec la substance qui a franchi le passage de cet organe, de même l'être moral ne profite que de ce qui est entré dans le Cœur.

Le Cœur n'est pas seulement le sommaire de l'homme il en est la résultante ; il n'est pas seulement l'abrégé de l'homme, il est l'homme tout entier. C'est dans le Cœur que s'opère l'effet de tous les actes de sa vie; les autres facultés ne sont que les instruments par lesquels il exécute ces actes ; mais tout le mérite ou le démérite en revient au Cœur. Ce qui se fait dans le Cœur, se fait dans l'homme. Rapprocher la nature humaine de la nature divine, c'est conformer notre Cœur à celui de Dieu.

Le Cœur, c'est ce qui se développe quand l'homme se développe; c'est ce qui s'améliore quand il s'améliore ; c'est ce qui devient pur quand l'homme se purifie ; de même que c'est ce qui devient corrompu et dégradé, quand l'homme se corrompt et se dégrade. Enfin, tout ce qu'est l'homme, il l'est dans son Cœur. Il n'a été mis sur la terre que pour former son Cœur; toutes les autres facultés ne lui ont été données que pour ce résultat [1]. Que l'homme exerce sa raison, qu'il cultive son intelligence,

---

[1] Aussi, ne lit-on pas en propres termes, dans tous les ouvrages de piété, que la réforme du Cœur est la fin que doit se proposer toute la vie ?

qu'il dresse son corps, afin de rendre ses organes plus habiles et plus propres au service qu'il en attend, tout cela ne peut jamais que lui donner plus de prix en ce monde ; mais c'est l'amélioration et le développement de son Cœur qui donnent à l'homme sa valeur absolue. Lorsque Dieu veut apprécier un homme, ce n'est pas à la culture de sa raison, de son intelligence, ou de son corps, qu'il regarde, mais bien à l'état de son Cœur, parce que c'est là l'état de l'homme. « Ne regarde ni au « visage, ni à la hauteur de la taille, dit le Seigneur à « Samuel, car moi je ne juge point selon le regard de « l'homme : l'homme voit les choses qui paraissent, mais « DIEU REGARDE LE CŒUR. » [1]

Et en effet le corps, ce n'est point nous; c'est une sorte de clavier à impressions sensibles, où chaque propriété de la nature physique met une touche en vibration : nos sens, avec toutes leurs sensations de la vue, de l'ouïe, du goût, de l'odorat et du toucher, ne sont pas autre chose. L'homme ne peut répondre des mouvements de sa chair, parce qu'ils viennent non point de lui mais de la nature ; d'ailleurs, l'homme n'est pas un être corporel, c'est un être doué d'un corps. L'homme ne doit point rendre compte des mouvements de sa chair, si ce n'est de ceux qu'il aura laissé pénétrer jusqu'à son Cœur. — Seulement, comme le Cœur peut à son tour exciter la chair, éveiller l'imagination et provoquer les sensations

---

[1] Et dixit Dominus ad Samuelem : Ne respicias vultum ejus, neque altitudinem staturæ ejus : quoniam non juxta intuitum hominis ego judico : homo enim videt ea quæ parent, Dominus autem intuetur cor.

Regum, liber primus, caput XVI, versus 7.

du clavier matériel, l'homme répondra donc aussi des désirs de la chair nés dans son propre Cœur.

La raison, ce n'est point nous; c'est une sorte de clavier à intuitions, c'est-à-dire à impressions intelligibles, où chaque attribut de la substance divine met une touche en vibration : nos sentiments avec toutes leurs conceptions du vrai, du beau, du bien et du saint, ne sont pas autre chose. L'homme ne peut se faire un mérite des mouvements rationels, parce qu'ils viennent non point de lui mais de Dieu; d'ailleurs, l'homme n'est pas un être rationel, c'est un être doué de raison. L'homme ne doit point se faire un mérite des mouvements rationels, si ce n'est de ceux qu'il aura laissé pénétrer jusqu'à son Cœur. — Seulement, comme le Cœur peut à son tour, par l'amour qui est sa vie propre, exciter la raison, éveiller l'enthousiasme et provoquer l'explosion des grands sentiments, l'homme se fera aussi un mérite des inspirations qui ont pris naissance dans son Cœur.

C'est parce que le Cœur est l'homme lui-même, que les rayons de la substance intelligible viennent tous se précipiter sur lui, et cherchent à le pénétrer. Mais le Cœur, recouvert de l'égide impénétrable de sa liberté, derrière laquelle sa propriété méritoire se tient à l'abri, ne reçoit en lui cette substance réparatrice qu'autant qu'il l'y appelle lui-même. Et comme le corps ne peut absorber des aliments qu'en raison de son appétit et de l'exercice qu'il fait, de même cette substance intelligible ne pénètre dans le Cœur qu'en raison de ce qu'elle y est attirée par la prière ou par l'action. Alors il se fait, en quelque sorte, à travers les parois du Cœur, comme un suintement de la substance intelligible du vrai, du bien, du beau et du saint, qui, en le pénétrant peu à peu, vient former au dedans de lui les plus belles vertus. C'est ainsi qu'on retrouve dans le sein d'une grotte de véritables statues que les eaux supérieures ont formées en traversant, goutte à goutte, ses pores souterrains. Les vertus sont ainsi dans le Cœur de l'homme comme des stalactites du Ciel.

Nous savons que le Cœur peut se nourrir de la vie terrestre, par le canal des sens, aussi bien que de la vie céleste, par le canal de la raison. Seulement, s'il se nourrit de la première, il s'abrutit et change sa destinée contre celle de la brute ; s'il se nourrit de la seconde, il se divinise, et acquiert ses affinités avec la substance éternelle. Dieu, au jour du dépouillement de l'homme, sentira passer à côté de lui les Cœurs des bons, parce qu'ils se précipiteront vers lui par leur propre polarité. Comme le pôle des créatures spirituelles, Dieu se trouvera les attirer plus ou moins, selon qu'elles seront d'une nature plus ou moins conforme à la sienne. Dieu n'aura pas de peine à nous juger ; il ne lui sera point nécessaire pour cela de compter nos différentes actions : il jugera de leur résultat par l'état de notre Cœur, par le degré de perfection où elles l'auront amené. Dieu ne nous demandera pas plus combien nous avons eu de bons mouvements, qu'on ne demande à l'homme bien portant combien il peut avoir de livres de sang et quelle est la quantité de nourriture qu'il a prise : il regardera si nous avons la santé du Cœur, si nous pouvons vivre de la vie éternelle. Ce n'est pas en vain que Dieu a été appelé Καρδιογνωστης, *Celui qui sonde le Cœur !*

C'est par le Cœur que l'homme vit et mérite en ce monde; c'est par le Cœur que l'homme vivra et jouira dans l'autre.

Mais, avant de terminer cette étude expérimentale du Cœur, n'oublions pas un dernier et grand problème de psychologie dont on ne peut trouver la solution qu'en partant de la distinction que nous avons établie entre le Cœur et la volonté :

Le plus grand psychologiste de notre siècle, M. Cousin, a établi dans la conscience, entre la spontanéité et la réflexion, une distinction admirable, qui se trouve à cette heure parfaitement expliquée par la distinction du Cœur et de la volonté. Ainsi, jusque là on avait attribué, comme cela est vrai, la réflexion à la volonté; mais la spontanéité était restée sans origine. Ce philosophe, dans une de ces analyses qu'on pourrait presque appeler infaillibles, avait reconnu que le phénomène de la volonté présentait deux éléments : 1° la délibération de l'acte à faire ; 2° sa résolution. Or, délibérer emportant l'idée de réflexion, la réflexion est donc la condition de tout acte volontaire. Mais une opération réfléchie peut-elle être une opération primitive ? Vouloir, n'est-ce pas, sachant qu'on peut se résoudre et agir, délibérer si l'on se résoudra et si l'on agira ? Mais savoir que l'on peut se résoudre, et délibérer si l'on se résoudra et si l'on agira, cela ne suppose-t-il pas qu'on s'est résolu et que l'on a agi antérieurement sans délibération, sans réflexion ? La réflexion est un retour : si aucune opération antérieure n'avait existé, il n'y aurait pas lieu à la répétition volontaire de cette opération. Or, l'opération antérieure à la réflexion est la spontanéité [1]. — Eh bien, si la réflexion vient de la volonté, c'est du Cœur que vient cette spontanéité dont il est parlé ici : la spontanéité n'est que le mouvement même de l'amour.

Aussi, l'illustre psychologiste, en voulant peindre les caractères de la spontanéité, lui donne-t-il tous ceux que nous retrouvons dans le Cœur. « C'est un fait, dit-il, que nous agissons sans avoir délibéré, et que l'activité personnelle entre spontanément en exercice et se résout par une sorte d'inspiration immédiate, supérieure à la réflexion et souvent meilleure qu'elle. La réflexion, au contraire, suppose une opération préalable à laquelle elle s'applique, puisque la réflexion est un retour. La réflexion en principe et en fait suppose donc la spontanéité ; c'est pourquoi il ne peut rien y avoir de plus dans la réflexion que dans la spontanéité. La spontanéité contient tout ce que contient la volonté, et elle le contient antérieurement à elle, sous une forme moins déterminée, mais plus pure. Seulement, le propre de tout acte volontaire, est de pouvoir se répéter à volonté; tandis que le caractère propre d'un acte spontané étant de n'être pas volontaire, l'acte spontané ne se répète point à volonté. La spontanéité reste nécessairement obscure de cette obscurité qui environne tout ce qui est primitif et instantané. » — L'analyse psychologique ainsi conduite, pouvait-elle accuser plus naïvement le besoin d'expliquer le phénomène nécessairement postérieur de la réflexion, par un phénomène naturellement antérieur,

---

[1] Voir M. Cousin, *Fragments philosophiques*, préface, 2ᵉ édition.

qui en fut la source ? Pouvait-elle accuser plus naïvement le besoin de placer derrière les actes réfléchis de la volonté, les mouvements spontanés du Cœur ?

Aussi, après avoir observé que tout ce qui paraît dans le point de vue réflexif préexiste enveloppé dans le point de vue spontané, M. Cousin s'écrie : « Mais ce fait n'est « encore pour nous qu'une induction logique ! Quel est-« il ce point de vue spontané ? où le saisir ? » Et ce philosophe, ordinairement si plein de pénétration, abusé sans doute par l'erreur que la psychologie a faite jusqu'à ce jour sur la volonté, se voit obligé, pour expliquer la spontanéité, de recourir à l'hypothèse toute ingénieuse de ce qu'il appelle une *conscience primitive*, pour l'opposer à la *conscience naturelle*. Alors, ajoute-t-il, « je pense que cette conscience primitive, où a lieu la spontanéité, présente les mêmes éléments, les mêmes faits que la conscience naturelle, où a lieu la réflexion, avec cette seule différence que dans la seconde ces faits sont précis, et que dans la première ils sont obscurs et indéterminés. » Il est clair que s'il y a en nous des faits spontanés et des faits réfléchis, nous devons avoir la conscience (c'est-à-dire la connaissance, ou la science avec nous, *scientia cum*) des faits spontanés et des faits réfléchis, mais il n'est pas nécessaire que nous ayons deux consciences ! une conscience primitive, et une conscience naturelle : celle-ci sur le devant de l'âme, et l'autre sur le derrière, comme un sanctuaire obscur et réservé. Cette idée d'une conscience primitive, qui, en cherchant à réparer une théorie incomplète de la volonté, accuse le besoin de placer quelque part la spontanéité ; cette conscience primitive qui vient ici au secours de la psychologie pour expliquer des faits que son observation, si loyale du reste, avait recueillis ; cette conscience primitive, disons-nous, n'est autre chose que le Cœur. [1]

En effet, lorsque nous agissons sans avoir délibéré, et que l'activité personnelle entre spontanément en exercice et se résout par une sorte d'inspiration immédiate, supérieure à la réflexion et souvent meilleure qu'elle, ne dit-on pas que de pareils actes partent du Cœur ? Au contraire, lorsque nous agissons après avoir délibéré, et que l'activité personnelle n'entre en exercice et ne se résout qu'après avoir prévu, pesé, et apprécié, ne dit-on pas que de pareils actes partent d'une volonté mûre et réfléchie ? Ainsi vouloir, n'est-ce pas, sentant que le Cœur se porte vers tel objet, se déterminer positivement en faveur de cet objet ? Mais pour vouloir se déterminer ainsi en faveur d'un objet, ne faut-il pas antérieurement que le Cœur se soit instinctivement porté vers lui ? Or, l'opération antérieure à la volonté est l'amour. L'acte du Cœur précède nécessairement l'acte de la volonté, parce qu'en principe et en fait la volition, toute réfléchie, suppose l'amour, tout spontané. Et de là cette vérité vul-

---

[1] Ici, on peut voir les avantages d'une bonne et profonde observation. L'école rationaliste, par ses savantes analyses, avait déjà parfaitement déterminé et recueilli les faits qui dérivent du Cœur, et elle les avait déjà admirablement caractérisés en les qualifiant de spontanés, quoiqu'elle ne sût pas encore à quelle faculté les rattacher positivement. Ce qui prouve que lorsque l'on suit avec loyauté une méthode aussi prudente que féconde, jamais tout n'est perdu. Je voudrais qu'il me fût possible d'exprimer combien la philosophie doit à l'école écossaise, à l'école rationaliste, et surtout à M. Cousin. Je ne vois aucun philosophe, depuis Bacon et Descartes, qui ait plus mûri que lui les idées auxquelles il a touché.

gaire : il ne peut y avoir dans la volonté que ce qu'il y a dans le Cœur. La volonté agit de l'abondance du Cœur. Le Cœur contient tout ce que contient la volonté, et il le contient antérieurement à elle, sous une forme moins déterminée, mais plus pure. Seulement, le propre de tout acte volontaire est de pouvoir se renouveler à volonté ; tandis que le caractère propre de l'amour étant de n'être point volontaire, il ne se renouvelle point à volonté. Et c'est aussi une vérité vulgaire que l'homme est maître de ses volontés, mais qu'il n'est point également maître de son Cœur. Enfin, le Cœur de l'homme n'est-il pas toujours environné d'une obscurité que n'offrent point les déterminations de sa volonté? Aussi parle-t-on des profondeurs et des abîmes du Cœur.

De sorte que la spontanéité et la réflexion, que la psychologie appelle les deux modes généraux de l'activité de l'homme, ses deux manières de se manifester, ne sont que les deux modes généraux du Cœur, ses deux manières d'agir. Lorsque nos actes partent d'un brusque mouvement du Cœur, sans passer en quelque sorte par la volonté, nos actions sont ce qu'on appelle spontanées ; et l'on dit de l'homme qui a l'habitude d'agir ainsi : Qu'il obéit toujours à son premier mouvement, qu'il agit d'après son Cœur. Lorsque nos actes sont retenus dans le Cœur à mesure que l'amour les émet, et qu'ils y sont longuement pesés et examinés par la volonté, nos actions sont ce qu'on appelle réfléchies ; et l'on dit de l'homme qui a l'habitude d'agir ainsi : Qu'il ne se laisse pas aller à son premier mouvement, qu'il n'agit que sur une volonté bien arrêtée.

Tout ce qui sort immédiatement de l'amour est spontané ; tout ce qui passe par la volonté est réfléchi. De là, dans l'homme, deux sortes d'activités bien distinctes : l'activité spontanée, et l'activité réfléchie. L'activité spontanée, ce sont nos facultés agissant d'après l'impulsion ordinaire qu'elles reçoivent naturellement de l'innervation du Cœur ; l'activité réfléchie, ce sont nos facultés agissant pour obéir aux ordres et aux sollicitations réitérées de la volonté.

Ainsi, la spontanéité et la réflexion, ces deux modes généraux que la philosophie retrouve dans l'homme, comme dans l'humanité, dans la conscience de l'individu comme dans les époques de l'histoire ; la spontanéité et la réflexion s'expliquent et peuvent se rattacher toutes deux à leur source dès que l'on distingue le Cœur de la volonté. Le Cœur est la source de toute spontanéité, la volonté, de toute réflexion. La spontanéité est le fait de l'amour impersonnel, de l'amour tel qu'il descend de Dieu dans le Cœur ; la réflexion est le fait de l'amour déjà reçu dans le Cœur, et disposé par notre volonté personnelle. Tous les actes volontaires sont plus ou moins réfléchis, égoïstes et intéressés, ils signalent une origine exclusivement humaine ; tous les actes spontanés sont plus ou moins empreints d'enthousiasme, d'héroïsme et de générosité, ils signalent une origine plus spécialement divine. Aussi, tous les hommes spontanés, tels que les poëtes, les artistes, les héros, sont regardés comme des hommes divins.

Cette distinction de la volonté et du Cœur, ainsi que

la nature et les prérogatives de celui-ci et le rôle qu'il joue dans cette vie, nous mettent sur la voie du rôle qu'il est appelé à jouer dans l'autre. Tout en suivant son étude psychologique, nous avons déjà laissé échapper quelques mots à ce sujet. Et puisque nous venons de trouver le Cœur comme l'élément fondamental de la nature de l'homme, comme cette partie où siége sa personnalité, celle en laquelle il vit, agit et mérite, et sur laquelle conséquemment porte le perfectionnement de son être : voyons maintenant, si c'est cette partie de lui-même qui se présentera à la vie absolue, si c'est sur le Cœur que porte positivement sa sanctification, c'est-à-dire sa préparation à la béatification éternelle. En un mot,

Voyons si le Cœur est l'élément de la nature humaine appelé à jouir de la vie absolue.

Sommaire. L'homme est un être fini, donc il a besoin de l'être infini, donc le mouvement nécessaire et primordial de sa nature est de se porter vers lui. — Or ce mouvement de l'être vers l'être n'est autre chose que l'amour; et, soit que l'homme se jette sur de faux biens, soit qu'il s'élève vers le bien véritable, au fond, il ne fait qu'aimer, ou se porter vers le bonheur. — Ainsi, l'homme est un être doué d'amour, c'est là son essence ; et comme aimer est le fait du Cœur, le Cœur est le fond même de l'homme. — Telle est en abrégé la démonstration ontologique de l'existence du Cœur; pour en trouver la preuve psychologique, il ne s'agit que d'observer s'il n'est pas encore dans la nature humaine un fait que le Cœur seul puisse expliquer. — En effet, si l'homme agit librement, il produit des actes de lui-même ; produire un acte de soi-même, c'est avoir voulu l'accomplir ; avoir voulu l'accomplir, c'est avoir eu un motif pour cela ; avoir un motif, c'est espérer en un moyen de satisfaire un de ses besoins ; prendre le moyen de satisfaire un de ses besoins, c'est se porter avec désir vers la chose qui peut le combler ; se porter avec désir vers une chose, c'est aimer ; et aimer c'est l'acte du Cœur. — Les psychologistes ont confondu jusqu'à présent le Cœur avec la volonté ; mais, leur notion de la volonté, qui ne serait d'après eux qu'une sorte de ressort spontané fait pour lâcher l'action et rentrer aussitôt sur lui-même, ne suffit point pour nous donner la notion du Cœur. — La volonté n'est qu'un acte du Cœur, celui par lequel il se détermine ; par la place qu'elle occupe dans le Cœur, la volonté pourrait être considérée comme la détente des organes du corps. — Or, de même que derrière les organes, il y a la volonté, qui les fait mouvoir ; derrière la volonté, il y a le Cœur, qui la fait vouloir. — Le Cœur est bien plus que la volonté, il est la faculté volitive de l'homme. Aussi, faut-il distinguer la volonté de l'amour, lequel pousse le Cœur à la volonté. — *L'amour* est le mouvement que Dieu nous imprime pour nous porter vers le bien en général ; la *volonté* est le pouvoir qu'a le Cœur de diriger cette impulsion vers chaque bien spécial. — Le Cœur, par les soins de Dieu, étant toujours plein d'amour, la volonté est comme la soupape par laquelle le Cœur laisse échapper l'amour vers tel ou tel objet ; elle est le coup de piston du Cœur pour mettre en jeu les organes. — L'homme ayant été fait pour le bonheur, le sentiment qui le porte vers le bonheur est inséparable de celui qu'il a de son existence ; il constitue le fonds même de l'homme, ou ce qu'on appelle le Cœur. — L'amour est un sentiment confus du bonheur, et un mouvement aveugle vers lui ; le Cœur ne peut qu'aimer, c'est à la raison à lui montrer ce qu'il doit aimer. — La raison montre la voie et le but ; le Cœur est la force active qui s'y porte. — Mais comme il y a deux mondes qui se disputent le Cœur, celui-ci se trouve placé comme entre deux pôles ; — toutefois, aucun de ces deux pôles ne peut l'attirer vers lui sans que le Cœur ne s'y prête, et ne fasse une partie des efforts. — Le monde intelligible pénètre dans le Cœur comme inspiration, le monde sensible, comme sensation ; et chacun cherche à l'attirer dans son sens. — Alors, le Cœur, selon les *inclinations* et les *penchants* qu'il s'est donnés, penche et incline vers l'un ou vers l'autre. — Le Cœur peut se tenir dans l'indécision entre ces deux sortes de mobiles, jusqu'à ce qu'il la rompe par sa *résolution*, par sa *détermination*; mots qui indiquent que l'opération du Cœur est *terminée*, qu'elle a sa *solution*. — Cette détermination est la volition, laquelle, pour être exécutée, met aussitôt en jeu les organes du corps. — Si, par quelque obstacle étranger, les organes ne peuvent exécuter la volition, celle-ci reste ce qu'on appelle une *intention*. — Car *L'in-tension* indique que le Cœur a tendu vers une fin qu'un obstacle étranger lui a seul empêché d'atteindre ; aussi l'intention est-elle réputée pour le fait. — Ne pas confondre la délibération, l'indécision, et la conclusion, qui sont des actes de l'intelligence, avec l'irrésolution, la préférence, et l'adoption, qui sont des actes du Cœur. — Ces trois premiers actes ne sont qu'un travail préparatoire de l'intelligence pour arriver à former le motif qui doit être présenté au Cœur dans le but d'obtenir ses préférences et son adoption. — Lorsqu'aux deux extrémités du Cœur sont suspendus les deux mobiles de l'inspiration et de la sensation, le Cœur ressemble alors à une balance ; mais c'est une balance vivante qui se donne le mouvement au lieu de le recevoir. — Le Cœur est un bras de levier dont la force déterminante est au centre, au lieu d'être aux extrémités. C'est dans ce centre que réside la causalité, laquelle est le pivot du Cœur. — C'est dans le Cœur que réside le pouvoir exécutif de l'homme. L'amour est la vie du Cœur; les volitions sont ses actes. — Le Cœur est un être vivant doué d'un principe vital spirituel qui se manifeste par des volitions. — L'amour circule continuellement dans le Cœur; et les volitions sont les étincelles qui en partent au contact des objets extérieurs. — L'amour est dans le Cœur comme un continuel mouvement de rotation, et la volition, comme un mouvement de projection par lequel il s'élance vers l'objet. — Comme le Cœur est la partie centrale de la nature humaine, c'est pour le Cœur qu'agissent toutes les autres facultés : appétits du corps, inspirations de la raison, calculs de l'intelligence, se rendent en lui. — Mais le Cœur exerce sur ces facultés une influence bien plus puissante : il lui suffit de changer de direction pour que toutes ces facultés se mettent aussitôt à agir dans son sens. — C'est dans le Cœur que toutes nos volitions se forment, et qu'elles prennent leur caractère : si le Cœur ne reçoit que les instincts du corps, les volitions sont charnelles; si les calculs de l'intelligence, les volitions sont prudentes; si les inspirations de la raison, les volitions sont morales et vertueuses. — De là, les trois grands états de l'homme, dans l'échelle de son développement, sensualisme, égoïsme, héroïsme, dépendent des trois états principaux de son Cœur. — Le Cœur ne fait ainsi l'homme ce qu'il est que parce que le Cœur est l'homme lui-même. — Dans le Cœur sont tous les mobiles de nos sentiments et de nos volontés; aussi dit-on, pour signifier que l'on connaît parfaitement un homme : *Je lis jusqu'au fond de son Cœur !* — Ainsi entouré de l'influence de toutes les autres facultés, le Cœur prend son caractère de la conduite qu'il tient au milieu de ces facultés. — S'il se laisse pénétrer par le premier mobile venu, le Cœur est faible; s'il s'abandonne tantôt à l'un et tantôt à l'autre, le Cœur est volage; s'il est insensible à tous les mobiles, le Cœur est indifférent; — Et si enfin le Cœur est maître chez lui, s'il ne se laisse pénétrer que par les impressions qu'il veut se donner pour mobile, le Cœur est fort, et sa volonté énergique et inébranlable. — Le vulgaire ne confond pas la volonté et le Cœur; aussi, c'est toujours dans le Cœur qu'il place la personne; on dit : *Connaître le Cœur humain* et non pas connaître la raison ou la volonté humaine; connaître la raison et la volonté, ce serait avoir étudié ces deux facultés en psychologie. — Le Cœur seul est vraiment nôtre: rationalité, intelligence, organes physiques, ne sont que pour son service. — Le Cœur est si bien l'homme lui-même, que Dieu ne nous demande jamais que notre Cœur; ce sont les littérateurs et les académies qui estiment l'homme sur le développement de son intelligence, de son imagination, ou de ses agréments physiques. — Dans le sens commun les hommes pensent comme Dieu sur ce point : n'est-ce pas dans notre Cœur qu'ils veulent une place? n'est-ce pas notre Cœur qu'ils veulent posséder? — Les personnes qui, comme Dieu, nous sont chères, s'avisent-elles jamais de nous demander le don de notre imagination, de notre raison, ou de toute autre faculté? — Le don le plus précieux que l'homme puisse faire est le don de son Cœur, parce qu'il n'a rien de plus précieux que lui-même. — C'est le Cœur qui nous fait ce que nous sommes; c'est dans le Cœur que nous sommes bons ou méchants, grands ou abjects, etc. Tout ce qu'est l'homme, il l'est dans son Cœur. — Le Cœur est une barque sur l'océan de la vie; l'amour est le vent qui lui imprime le mouvement; la volonté est le gouvernail par lequel cette barque se dirige vers tel ou tel but. — Explication du Cœur qui n'a que l'amour, sans volonté; du Cœur qui n'a que la volonté, sans amour; du Cœur qui a tout à la fois beaucoup d'amour et une grande volonté. — Il n'y a dans le Cœur qu'un seul sentiment, l'amour; mais seulement ce sentiment se modifie selon le point où se trouve le Cœur par rapport à l'objet qu'il poursuit; — de là, le désir, l'es-

poir et la joie, ou l'appréhension, la crainte et la douleur; le contentement ou le regret, la satisfaction ou le remords, la reconnaissance ou le ressentiment, la bienveillance ou l'envie, selon que le Cœur s'approche de l'objet par l'affection ou qu'il s'en éloigne par l'aversion.
— La haine n'est point un sentiment positif du Cœur, ce n'est que l'absence totale de l'amour. — D'abord, par son premier mouvement, le Cœur est porté à aimer, mais s'il est complètement repoussé, c'est par *l'a-version* qu'il se retourne pour revenir sur son mouvement naturel. La haine ne saurait naître que du besoin d'aimer. — La haine est un désespoir d'amour, elle est le dépit du Cœur lorsqu'il ne peut aimer; voilà pourquoi l'on ne saurait concevoir une grande haine que contre les personnes que l'on devait beaucoup aimer. — Comme le propre de l'amour est de faire du bien à celui que l'on aime, le propre de la haine est de faire du mal à celui que l'on hait. — La haine est la plus grave indisposition du Cœur; à force de refouler l'amour, qui sans cela s'en échapperait naturellement, la haine resserre tellement le Cœur qu'elle finit par l'étouffer.
— Duperie de la haine; celui qui hait se tourmente et se ronge le Cœur, tandis que celui que l'on hait vit en paix et ne s'en aperçoit même pas. — Comme le Cœur peut s'arrêter plus ou moins dans l'un des différents états cités plus haut, et que l'amour qui est en lui peut alors être modifié par telle ou telle de ces positions, de là résulte ce qu'on appelle *les caractères*, ce qui fait les hommes différents les uns des autres. — Il y a une chose qui est diverse chez tous les hommes : l'état du Cœur, ou le caractère; il y a une chose qui est commune à tous les hommes : l'amour, ou la poursuite du bonheur. — Comme c'est dans le Cœur que viennent aboutir toutes les opérations de nos diverses facultés, il en résulte un phénomène bien remarquable : à savoir que c'est dans le Cœur que l'homme prend conscience de l'unité et de l'identité du moi;

— l'homme reconnaît bien que c'est dans le Cœur qu'il se retrouve et qu'il prend le sentiment de son existence, puisque c'est dans le Cœur qu'il éprouve la joie et la douleur. — C'est parce que tous les actes que l'homme a produits partent du Cœur, et c'est parce que toutes les modifications qu'il éprouve aboutissent au Cœur, qu'un seul de ces faits ne peut avoir lieu sans que l'homme ait eu dans le Cœur le sentiment de son existence. — Ainsi, au milieu de la multitude de nos opérations psychologiques, c'est dans le Cœur que l'homme dit : moi. — Car ce moi qui, par ses diverses facultés, conçoit, raisonne, se souvient, délibère, se détermine et agit, n'est autre chose que le Cœur se servant de la raison, de l'intelligence, de la volonté et du corps. — C'est dans le Cœur que l'homme se retrouve, et qu'il se retrouvera toujours ; car, c'est son Cœur qu'il emportera dans la vie éternelle ; les autres organes ne lui ont été donnés que pour le temps. — Et l'homme a tellement conscience que son Cœur est cette partie de lui-même qui doit rester, qu'il dit de ce qu'il aime : *Son souvenir ne s'effacera jamais de mon Cœur!* — C'est au Cœur qu'appartient l'immortalité : c'est dans son Cœur que l'homme retrouvera tous ses sentiments, toutes ses vertus, tous les mérites qu'il a gagnés sur la terre ; c'est là qu'il retrouvera ce qu'il aime ; c'est là qu'il se retrouvera lui-même dans la vie absolue. — Le Cœur opère sa propre nutrition ; il est l'organe assimilateur qui s'incorpore, par la vertu, la substance divine que le créateur lui envoie pour son entretien spirituel et son développement. — Car l'homme n'est sur la terre que pour accroître en lui la substance de Dieu. Il faut qu'il se rapproche ainsi de la nature divine pour pouvoir trouver son bonheur là où Dieu trouve le sien. — Le bien, le vrai et le beau sont les rayons qui descendent de la substance intelligible sur le Cœur. Le rayon du bien arrivé dans le Cœur, fait l'homme de bien ; le rayon du vrai arrivé dans le Cœur, fait l'homme de génie ; le rayon du beau arrivé dans le

Cœur, fait l'artiste. — Le bon sens et la volition forment les deux extrémités du Cœur; le bon sens est le côté du Cœur qui regarde l'intelligence, la volition est le côté du Cœur qui regarde le corps. — Le premier se tient comme un juge à la porte du Cœur qui donne sur l'intelligence, pour veiller sur les idées que celle-ci lui envoie; la seconde se tient vers la porte du Cœur qui donne sur les organes du corps, pour les décider à l'action. — C'est par le bon sens que l'idée entre dans le Cœur pour se faire croire; c'est par l'amour qu'elle y est accueillie et adoptée; c'est par la volition qu'elle en sort pour se faire réaliser. — De sorte que, si c'est par la raison que nous vient l'idée à croire, c'est par le Cœur que nous croyons; tout comme, si c'est par le corps que nous exécutons l'acte, c'est par le Cœur que nous agissons. — Aussi, le langage ne dit-il pas: *Un Cœur qui croit à tout; un Cœur qui ne croit à rien; avoir la conviction au fond du Cœur?* — C'est du Cœur que part l'innervation spirituelle qui vivifie tout l'organisme psychologique; la vitalité et l'énergie de la raison, de l'intelligence et de la volonté, sont en raison de l'amour que leur envoie le Cœur. — Tout ce qui n'est pas entré dans le Cœur, et tout ce qui ne lui est pas assimilé, est nul pour l'homme. — C'est dans le Cœur que se produit l'effet de tous les actes de notre vie; c'est dans le Cœur que l'on jugera tout notre mérite ou tout notre démérite. — Ce que vaut le Cœur, c'est ce que vaut l'homme. La culture de sa raison, de son intelligence, ou de son corps, peut lui donner quelque prix dans ce monde; mais c'est la nature de son Cœur qui donne à l'homme sa valeur devant l'absolu. — En effet, le corps, ce n'est point nous, c'est une sorte de clavier à impressions sensibles; et l'homme n'aura point à rendre compte des mouvements de sa chair, sinon de ceux qu'il aura laissé pénétrer jusqu'à son Cœur. — La raison, ce n'est point nous, c'est une sorte de clavier à impressions intelligibles; et l'on ne tiendra point compte à l'homme des inspirations rationnelles, sinon de celles qu'il aura laissé pénétrer jusqu'à son Cœur. — Les rayons de la substance divine descendent sur le Cœur en cherchant à le pénétrer; et l'homme en se nourrissant de cette substance, se divinise et acquiert ses affinités avec l'Être absolu. — De sorte que, au jour du dépouillement de l'homme, Dieu sentira venir à lui les Cœurs des bons sans qu'il les appelle, parce qu'ils se précipiteront vers lui par leur propre polarité. — La grande distinction que l'on a faite entre le spontané et le réflexif ne trouve son explication que dans la distinction que nous venons de faire entre le Cœur et la volonté. — En effet, si toute réflexion a son origine dans la volonté, c'est dans leur Cœur que toute spontanéité a la sienne. La spontanéité n'est que le mouvement même de l'amour. — Aussi, les philosophes qui ont voulu peindre la spontanéité, lui ont donné précisément tous les caractères du Cœur. — Comme la spontanéité par rapport à la réflexion, le Cœur contient tout ce qu'il y a dans la volonté, et il le contient antérieurement à elle : il ne peut y avoir dans la volonté que ce qu'il y a dans le Cœur. — De là, la différence que les hommes savent établir entre les actes qui partent du Cœur, c'est-à-dire, les actes spontanés, et les actes qui partent de la volonté, c'est-à-dire, les actes réfléchis. — Les premiers sont plus ou moins empreints d'enthousiasme, d'héroïsme et de générosité, ils signalent une origine plus spécialement divine; les seconds sont plus ou moins réfléchis, égoïstes et intéressés, ils signalent une origine plus spécialement humaine.

Enfin, puisque le Cœur est l'élément fondamental de la nature de l'homme, le point sur lequel porte son perfectionnement : voyons si le Cœur n'est pas alors ce qui chez l'homme est appelé à jouir de la vie absolue.

ERRATUM. A la page 537 de ce XVI° Chapitre, au lieu de :
Si nous n'avions *pas* la raison, etc.,
Lisez : Si nous n'avions *que* la raison, etc.

XVII.

Le Cœur n'est-il pas l'élément de la nature humaine appelé à jouir de la vie absolue ?

En distinguant le Cœur de la volonté, avec laquelle on le confondait, nous avons remarqué que la volition, ordinairement rapportée à une faculté toute spéciale, n'est que le Cœur en tant qu'il se détermine et provoque les organes à réaliser sa détermination. Par là nous avons rendu à la volition, qui n'est que le dernier résultat d'une série d'opérations, le cortége d'actes antérieurs sans lesquels elle ne peut avoir lieu. Mais aussi nous avons reconnu que la volition est bien l'acte important, l'acte principal du Cœur, puisque c'est pour elle que tous les autres actes s'opèrent; et que même, elle seule dépend complètement du Cœur, attendu que, la plupart du temps, celui-ci n'est que le lieu du rendez-vous de toutes les inspirations, de tous les mobiles qui viennent le presser de produire la volition en leur faveur; mais qu'en définitive cependant, c'est le Cœur qui la produit et c'est le Cœur qui en est responsable.

De manière que le Cœur se trouve divisé en deux parties bien distinctes : dans l'une il reçoit l'action, dans l'autre il la produit. L'une est le centre de toute réceptivité, l'autre est le foyer de toute intentionnalité ; dans celle-ci conséquemment il est responsable, et dans celle-là il ne l'est point. Car le Cœur ne peut répondre de tous les mouvements qui se passent en lui, soit à propos des impulsions que lui communique la réalité physique, par le moyen des sens, soit à propos des inspirations que lui communique la Réalité intelligible, par le moyen de la raison. Les inspirations, comme les sensations, qui sont les tentations qu'exercent sur lui ces deux sortes de mondes, se passent en lui, mais ne viennent point de lui ; il en est le théâtre, mais non l'acteur. Ce qui vient de lui, ce qui seul peut lui être imputé, c'est sa détermination, c'est sa résolution, son intention, sa volition, en un mot le parti qu'il prend au milieu de ces diverses sortes de mobiles.

Il ne faut point nous étonner qu'il y ait ainsi dans le Cœur de l'homme une partie responsable et une partie irresponsable. En effet, s'il y a dans le Cœur une partie active, qui produit ses propres modifications, et une partie passive, qui reçoit au contraire ses modifications, il est bien clair que l'imputabilité ne peut s'étendre que sur la première. Or, il est aisé de voir qu'il y a tout à la fois dans l'homme une partie active et une partie passive : car, puisque l'homme est nécessairement doué 1° de facultés de réceptivité, par lesquelles il reçoit la vie et la connaissance de ce qui est en dehors de lui, 2° d'organes d'activité, par lesquels il use de la vie et de la connaissance qu'il a reçues, il faut bien que dans le fond de l'homme, dans cet endroit où ces deux sortes de facultés différentes viennent se fixer à la nature humaine, il y ait une partie toute propre à recevoir les impressions des facultés de réceptivité, et une partie toute propre à rendre les déterminations des facultés d'activité ! Et si maintenant ce milieu, ce centre, ce tronc de la nature humaine est le Cœur, nous devions donc trouver (et c'est là une preuve de la vérité de notre théorie) qu'effectivement le Cœur n'a point à répondre de tout ce qui se passe en lui, mais seulement des actes qui émanent exclusivement de sa causalité. C'est ainsi que des deux grandes fonctions du Cœur : aimer et vouloir, la première, comme tout le monde le sait, ne dépend point de lui, tandis que la seconde ne dépend absolument que de lui.[1]

Il doit donc y avoir au fond de l'être créé, une partie en rapport avec le système de réception dont il est le terme, et une partie en rapport avec le système d'impulsion ou d'activité dont il est le point de départ. En sorte qu'on peut dire qu'il y a dans le Cœur de l'homme spirituel, comme dans l'organe physiologique à qui l'on a donné ce nom, parce qu'il est aussi dans le corps humain l'organe

---

[1] « Aimer ou n'aimer pas ne dépend point de nous-mêmes...... Les sentiments ne dépendent pas des principes ; on peut rester fort honnête et cesser de vous aimer. » J. J. ROUSSEAU, *De l'Éducation*, Livre v, tom. 3.

central d'impulsion ; qu'il y a, disons-nous, dans le Cœur spirituel une partie qui correspond à ce qu'on appelle en anatomie les oreillettes, et une partie qui correspond à ce qu'on appelle les ventricules ; l'une est pour recevoir, et l'autre pour renvoyer. Si la première est plus développée, l'homme est ce qu'on appelle plus sensible, l'amour et les affections prédominent en lui; si c'est la seconde, l'homme est plus actif, c'est la volonté et l'action qui prédominent.

Mais à ce qui a été dit, que dans l'homme l'amour ne dépend point de son Cœur, comme en dépend sa volonté, nous avons à faire une sublime restriction que réclame l'honneur attaqué de la liberté humaine. Car nous allons reconnaître que l'homme peut réagir sur son propre Cœur, au point de finir par lui faire réellement aimer ce qu'il devrait aimer, tout comme nous savons qu'il peut à son gré lui faire vouloir ce qu'il veut ; de sorte que si l'amour qui est dans son Cœur, est habituellement le maître de sa volonté, sa volonté peut devenir aussi la maîtresse de l'amour. Mais ceci tient à une autre loi qui découle de la nature libre de l'homme, et de sa position dans le temps. Il est important d'abord de bien l'établir.

Il n'est pas rare de trouver dans la nature spirituelle de l'homme des lois semblables à celles qui régissent sa nature physiologique. Ainsi, nous reconnaissons dans le corps humain deux systèmes d'organes entièrement différents, dont l'un est connu sous le nom d'*Organes de nutrition*, et l'autre, sous le nom d'*Organes de relation*. Ce dernier, entièrement dans le domaine de la volonté, dont il fait le service, se meut à notre gré; l'autre au contraire, entièrement indépendant de notre volonté, mais ayant pour objet l'entretien des organes qui en font le service, n'obéit qu'aux lois physiologiques. Eh bien, dans l'âme humaine nous venons d'observer également deux systèmes pareils : la réceptivité et l'activité. A la première se rattachent les organes de nutrition, à la seconde, les organes de relation de l'âme.

1°. Ainsi premièrement, notre intelligence exécute tout ce que nous lui commandons : elle observe, elle juge, elle déduit, elle imagine, elle se souvient, en un mot elle pense ou ne pense pas, tout cela au gré de nos désirs ; secondement, notre volonté se détermine ou ne se détermine pas, suspend ses résolutions ou les poursuit avec constance, veut ou ne veut pas, commande au corps mille mouvements divers, en un mot agit ou n'agit pas, tout cela au gré de nos désirs. — Or, ne sont-ce pas là les *organes de relation* de l'âme ? Semblables à ceux de l'être physiologique, n'est-ce point par eux que s'exécute l'action ? Aussi tous ces actes personnels, étant provoqués par nos volitions, sont-ils imputables à l'homme !

2°. Puis maintenant, n'avons-nous pas premièrement la rationalité, dont les conceptions impersonnelles sont complètement soumises aux lois de la nature intelligible; secondement le Cœur, dont les sentiments primitifs et les dispositions natives dépendent de la nature qu'il a reçue ? Éprouver des mouvements de prédilection ou d'aversion, d'amour ou d'indifférence, de pitié ou de sécheresse ; recevoir plus ou moins vivement les conceptions du bien, du vrai, ou du beau, tout cela ne se fait point au gré de nos désirs, mais en vertu de certaines lois de l'organisme spirituel en dehors de notre volonté. — Or, ne sont-ce pas là les *organes de nutrition* de l'âme ? Aussi tous ces sentiments impersonnels, à moins qu'ils ne soient provoqués par nos volitions, ne sont-ils point imputables à l'homme !

En effet, nous ne sommes pas maîtres de trouver instantanément dans notre Cœur un sentiment d'amour ou de haine pour quelqu'un : nous sommes seulement maîtres de repousser ou de manifester ce sentiment, parce que cela dépend de notre volonté. Nous ne sommes pas maîtres d'empêcher notre Cœur de s'ouvrir ou de se fermer à la pitié devant un malheureux : nous sommes seulement maîtres de le secourir malgré la sécheresse de notre âme, parce que le mouvement par lequel on tire de sa poche une obole, dépend de notre volonté. Nous ne sommes pas maîtres d'empêcher notre rationalité de s'ouvrir ou de se fermer aux rayons intelligibles du bien, du beau, et du vrai : nous sommes seulement maîtres d'en profiter plus ou moins, parce que l'acte d'attention par lequel on les reçoit dans l'intelligence, et l'acte de croyance par lequel on les reçoit dans le Cœur, dépendent de notre volonté. Dieu sait si bien que nous ne sommes pas maîtres de l'aimer, de croire, ou d'espérer en lui, qu'il nous a prévenus que ces trois grandes vertus étaient des dons de sa part, mais qu'il fallait les lui demander par la volonté.

Or, pourquoi les lui demander quand nous ne nous sentons pas le désir de les avoir ? pourquoi quand on hait une personne ne pas le lui manifester ? Pourquoi lorsque le Cœur nous porte vers le mal, nous déterminer néanmoins à pratiquer le bien ? Pourquoi faire l'aumône lorsque la pitié ne parle pas en nous ? Pourquoi vouloir persister à adorer Dieu, lorsque nous sommes dans la sécheresse et que nous sentons qu'il refuse lui-même de toucher notre Cœur ? Pourquoi enfin agir à contre-Cœur? Au lieu d'agir spontanément et selon les dispositions de notre nature, pourquoi nous efforcer d'émettre des actes qui ne partent point du Cœur, mais seulement de la volonté, violant alors les inclinations du Cœur?

Nous allons le voir :

Comme, pour la vie physiologique, il est vrai que l'homme ne peut par un seul acte de volonté faciliter la circulation du sang, la digestion, la respiration, ou suspendre sur le champ ces fonctions des organes de la nutrition, d'où dépend sa vie animale; mais que l'homme peut, à la longue, par un bon usage de ses organes de relation, c'est-à-dire par un exercice salutaire, une alimentation saine et une tempérance générale, parvenir à influer assez sur ses organes de nutrition pour les développer et les rendre à leur état normal s'ils en étaient sortis (tout comme il pourrait, par un usage contraire de la volonté, régissant les organes de relation, pervertir et détériorer insensiblement les organes de nutrition jusqu'à aboutir à la destruction de la vie animale) :

De même, pour la vie psychologique, il est vrai de dire que l'homme ne peut par un simple acte de volonté, ni augmenter le phénomène de l'intuition rationelle du bien, du vrai et du beau, ainsi que le sentiment d'amour qu'il a pour ces réalités, ni suspendre sur le champ ces fonctions d'où dépend sa vie spirituelle ; mais que l'homme peut à la longue, par un bon usage de ses organes de relation spirituelle, c'est-à-dire par un exercice salutaire de l'intelligence s'appliquant à rendre plus pénétrante la lumière rationelle, et de la volonté s'appliquant à exercer des actes de justice et d'amour, parvenir à influer assez sur sa raison et sur son propre Cœur pour accroître dans la première les rayons de la lumière intelligible, et développer dans le second les sentiments de justice et d'amour (tout comme il pourrait par un usage contraire de la volonté régissant les organes d'action, détourner ou éteindre peu à peu les lumières de la raison, et affaiblir ou altérer les sentiments de son Cœur jusqu'à aboutir à la destruction de sa vie spirituelle).

De là, comme pour la vie du corps, lorsque nous exerçons convenablement les organes de relation, qui dépendent de la volonté, les organes fondamentaux de nutrition participent à notre insu de l'état normal des premiers : de sorte que l'on peut dire que la santé et la force de notre constitution physiologique dépendent de la sagesse de nos actions ; de même, pour la vie de l'âme, lorsque la volonté s'efforce de produire continuellement des actes d'intention, de justice, et de résolution pour le bien, tous ces actes influent tellement, et à notre insu, sur le fond de notre nature, qu'ils finissent par améliorer notre constitution spirituelle : de sorte que l'on peut dire aussi que la sainteté et l'énergie de notre Cœur dépendent de la sagesse de nos volitions.

Voilà comment la volonté peut à son tour se rendre maîtresse de l'amour et réformer le Cœur ! voilà comment *l'homme peut devenir le fruit de ses œuvres*, selon que nous l'a appris Celui qui devait connaître l'homme !

Ainsi, nous savons que le corps élabore lui-même sa substance, opère sa nutrition par ses organes, et concourt à sa propre formation ; pareillement, l'être moral élabore lui-même sa substance, opère sa nutrition spirituelle par ses organes, et concourt à sa propre formation. Pour l'un comme pour l'autre la vie de nutrition, dont les fonctions ne peuvent être instantanément suspendues sans que la mort s'en suive, dépend des lois constantes et assurées de la nature ; et la vie de relation, dont les fonctions peuvent être sans inconvénient quelque temps suspendues, dépend des libres déterminations de la volonté. Mais, pour l'un comme pour l'autre, un bon usage des organes libres de la vie de relation peut réagir sur les organes tout régis de la vie de nutrition, au point de réformer et d'améliorer le fond même de leur constitution. Cette loi que nous retrouvons dans l'organisme psychologique, comme dans l'organisme physiologique, pourrait, s'il est permis d'emprunter cette expression à un phénomène de la physique, être appelée *La loi du choc en retour.*

Noble et précieuse loi qui émane de notre liberté, par toi, l'homme concourt à sa propre création ! par toi, de méchant, l'homme peut devenir bon ; par toi, fut-il né avec tous les vices, l'homme peut arriver à toutes les vertus ; par toi, eut-il trouvé dans sa nature les penchants les plus monstrueux, l'homme peut élever son Cœur jusqu'à la perfection. Chose inouïe, que ce que peut l'homme sur son être ! c'est lui qui se fait. Dieu lui on fournit les moyens, c'est lui qui les emploie. N'est-ce pas la plus sublime loi qui ait été faite en faveur de l'homme ? Ah ! les résultats de la volonté humaine sont incalculables ; nous voyons maintenant les effets qu'elle produit sur l'homme par la détermination, que sera-ce quand nous reconnaîtrons les effets qu'elle produit sur Dieu par la prière !.. Nous avions bien raison de dire que la liberté tient dans sa main les destinées de l'homme.

De sorte que l'homme dépend de sa volonté plus qu'il ne semble d'abord ; puisque par sa volonté l'homme peut totalement réformer son Cœur. Or, ces efforts et ces déterminations de la volonté pour faire le bien, lors même que les mouvements de notre nature ne nous y porteraient pas, s'appellent vertu. Aussi, la vertu n'est qu'un élan vers l'innocence. En effet, par la vertu, la volonté tend à remettre la nature humaine sous sa véritable loi. La vertu, c'est le bien laborieusement fait par les déterminations de la volonté ; et l'innocence, c'est le bien naturellement fait par le seul mouvement du Cœur. Par la vertu, nous tendons à rendre telle notre nature qu'elle fasse le bien spontanément et sans effort ; c'est-à-dire que nous travaillons à la ramener, par la vertu, à l'état de perfection qu'elle connaissait déjà par l'innocence. Seulement, l'innocence nous vient de Dieu, et la vertu nous vient de nous-mêmes. Mais l'innocence peut se perdre : celui qui la possède n'en sait pas le prix, d'ailleurs elle n'a point encore été éprouvée. La vertu au contraire est inaliénable : c'est elle précisément qui sort de l'épreuve, et l'homme ne se résout point à abandonner un bien qui lui a tant coûté. Innocents, c'est tels que Dieu nous a faits ; vertueux, c'est tels que nous nous faisons. Et Dieu nous a créés lui-même innocents, pour que nous devenions nous-mêmes vertueux. Or, c'est aussi être vertueux que de conserver son innocence ; c'est par là que commence l'œuvre de la volonté.

Tout ce qui précède nous amène à conclure, conformément à la pratique générale : que la volonté, par ses surprises, doit nous déterminer pour le bien, lors même que les inclinations de notre Cœur seraient dirigées vers le mal ; et que la volonté, toute seule, doit également se déterminer à implorer le secours de Dieu, lors même que nous ne trouverions dans notre Cœur aucun sentiment de confiance et de piété. Car la bonne action que nous réaliserons dans le premier cas, et la prière que nous ferons dans le second, indépendamment de ce qu'elles concourront à réformer notre Cœur, auront toutes deux bien plus de mérite aux yeux de Dieu, par les efforts qu'elles nous auront coûtés, que si toutes deux étaient naturellement parties de notre Cœur. « Quelle merveille ! s'écrie l'auteur de l'*Imitation*, que vous sentiez de la joie et de la dévotion lorsque la grâce vous visite ! c'est un moment que tout le monde souhaite. Ah ! c'est une douce et agréable voiture que la grâce de Dieu ; il ne faut pas s'étonner que l'on ne trouve rien de lourd lorsqu'on est soutenu par le Tout-Puissant. »

Il arrive souvent parmi nous que certaines personnes à qui nous avons rendu de grands services, cherchent par toutes sortes de protestations à nous persuader de leur reconnaissance ; et si nous sentons que ces témoignages ne partent pas du Cœur, mais que la volonté seule les profère, nous n'en sommes point aussi satisfaits : nous voudrions que cette reconnaissance fût naturelle au lieu d'être acquise, qu'elle s'exhalât toute seule du Cœur au lieu d'en être arrachée. Cependant en un sens nous devrions peut-être, de même que Dieu, non pas faire plus de cas, mais tenir un meilleur compte de la reconnaissance qui part de la volonté que de celle qui s'élève du Cœur. Car du moins, la première prouve l'effort, l'intention, le travail de la vertu; tandis que la seconde, toute spontanée, peut naître sans effort d'une nature innocente. Si la reconnaissance qui part du Cœur nous plaît davantage, elle est aussi la plus facile, celle qui coûte le moins; si la reconnaissance qui part de la volonté nous paraît moins agréable, elle est aussi la plus difficile, celle qui mérite le plus. Dans l'homme qui a de la reconnaissance spontanée, nous voyons l'homme heureusement né, l'homme naturellement bon ; dans l'homme qui s'efforce d'en avoir, nous voyons l'homme qui tend à le devenir. La vertu est d'un être faible par sa nature et fort par sa volonté.[1]

L'observation que nous faisons ici sur la reconnaissance, s'étend à toutes les autres vertus et perfections du Cœur : ou l'homme naît sans avoir ces vertus, mais alors il apporte le moyen de les obtenir; ou l'homme naît avec ces vertus, ou plutôt avec ces qualités, mais alors il apporte le moyen de les développer. C'est-à-dire que les uns, si l'on peut s'exprimer ainsi, acquièrent à la

---

[1] « Quoique nous appelions Dieu bon, nous ne l'appelons pas vertueux, parce qu'il n'a pas besoin d'efforts pour bien faire. » — Rousseau, Émile, livre v.

sueur de leur volonté les vertus que d'autres possèdent ; tandis que ceux-ci travaillent, en vertu de la loi dont nous avons parlé, à acquérir celles qu'ils ne possèdent point encore. « C'est, a dit excellemment Aristote, après avoir agi d'une manière conforme à la vertu, que nous acquérons des vertus. Il en est de même de tout ; la pratique est notre principal moyen. En pratiquant la justice on devient juste, comme en bâtissant on devient maçon. »

L'homme naît perfectible, parce que c'est à lui de devenir parfait. Toutefois, il apporte en naissant un cerain nombre d'inclinations vertueuses pour servir d'engrenage à sa volonté, et il trouve toujours au fond de son Cœur quelques bonnes qualités toutes prêtes, qui lui servent comme de première mise de fonds pour gagner sa fortune éternelle. Oui, si par cette précieuse loi l'homme n'avait pas dans son Cœur le moyen de refaire son propre Cœur, à quoi lui servirait la causalité ?... Dieu a créé l'homme en puissance d'être, c'est à lui d'arriver à sa réalité d'être, c'est-à-dire, à la vie absolue. Je pense qu'elle est assez grande et assez glorieuse, la mission de l'homme !

Si l'homme ne s'était pas fait lui-même, il n'aurait point mérité. Et Dieu ne lui a donné l'être, que pour qu'en se formant de lui-même il concourût à sa raison d'être. Ainsi, quand on désire faire exécuter un objet par un artiste habile, on lui fournit la matière première, que celui-ci forme ensuite selon son génie : de même Dieu nous a donné l'être, c'est à nous de le former, par la perfection, pour le bien-être. En nous, l'être n'est que la matière première que nous devons façonner sur le plan du type éternel. L'homme est l'artiste de son propre Cœur.

Que font les artistes ? ils représentent dans leurs œuvres mortelles les caractères du bien, du beau et du vrai. Et le bien, le beau et le vrai, que sont-ils ? sinon, comme nous l'avons reconnu, la manifestation des attributs de Dieu. Aussi, le bien, le beau et le vrai sont les choses que l'homme cherche obstinément sur la terre, par cela qu'il cherche obstinément Dieu, ou le bonheur infini. Or, les artistes sont ceux qui, sentant plus vivement ce besoin, se consacrent tout entiers à le satisfaire. Généreux fils de Prométhée, il n'est rien qu'ils ne mettent en œuvre pour ravir ses rayons à la céleste lumière, pour la faire descendre et la fixer ici-bas. Et les hommes, saisis d'admiration et de reconnaissance, se prennent d'enthousiasme en présence des artistes, ils les appellent, à la lettre, des hommes divins, et ils recueillent avec soin le produit de leur génie comme pour s'entourer ici-bas des souvenirs de la Patrie ! Car les uns, par la peinture, offrent à nos yeux des images qui nous ravissent et nous rappellent à la beauté infinie ; les autres, par la musique, nous font entendre des sons dont l'harmonie nous donne comme un vague sentiment de la félicité ; ou enfin, par la poësie, ils élèvent nos pensées jusqu'aux séjour de la vérité. Eh bien ! ici, il ne s'agit point d'écrire un poëme ou de tailler quelque statue sur la pierre, mais de réaliser le poëme, ou de former une statue vivante. Il ne s'agit plus de dresser une pâle idole, qui ait des yeux et ne voie pas, des oreilles et n'entende pas, des pieds et ne marche pas ; mais d'élever la créature spirituelle, cette noble fille de la causalité que Dieu brûle d'enivrer de ses faveurs éternelles ! L'homme vertueux, a dit Cousin, est un artiste à sa manière. Oui, c'est un artiste de l'école de Dieu.

Les autres artistes réalisent hors d'eux : celui-ci réalise en lui-même. Les autres agissent sur la nature morte : celui-ci agit sur la nature vivante. Les autres travaillent sur la matière : celui-ci travaille sur l'esprit. Les autres font une œuvre qui sera admirée des hommes : celui-ci fait un être qui sera aimé de Dieu... Oh ! l'homme est bien le plus grand de tous les artistes ; car le plus grand de tous les arts est celui de se former le Cœur ! [1]

Or, si le Cœur est le fond même de l'homme, s'il est ce moi pour lequel ont été faites toutes ses autres facultés, comme autant d'instruments pour le mettre en relation, soit avec la nature intelligible, soit avec la nature physique ; si le Cœur est le siége de la personnalité, s'il est le centre d'où partent tous les actes des facultés

---

[1] « Architecture, sculpture, peinture, musique, poésie, tels sont les degrés par lesquels il est donné à l'imagination humaine de tendre à l'immortelle beauté. C'est là l'échelle de Jacob sur laquelle s'élèvent constamment les rêves de l'esprit de l'homme. Mais, sont-ce là tous les arts par lesquels on peut gravir vers la beauté divine ! Je crains bien d'avoir omis le premier et le plus important de tous. Eh ! cet art souverain, quel peut-il être, si ce n'est celui de la sagesse, de la justice, de la vertu, ou, pour tout comprendre à la fois, l'art de la vie ? En effet, toute vie humaine n'est-elle pas en soi une œuvre d'art ? Chaque homme, en naissant, n'apporte-t-il pas dans son cœur un certain idéal de beauté morale qu'il doit peu à peu révéler, exprimer, réaliser par ses œuvres ? Je ne cacherai pas la moitié de ma pensée : Oui, il y a du Phidias dans chacun de vous, parce qu'il y a du Phidias dans toute créature morale. Oui, chaque homme est un sculpteur qui doit corriger son marbre ou son limon jusqu'à ce qu'il ait fait sortir de la masse confuse de ses instincts grossiers une personne intelligente et libre. Le juste, c'est-à-dire celui qui règle ses actions sur le modèle divin, est celui qui sait dépouiller la vie mortelle comme le sculpteur dépouille le marbre pour atteindre la statue intérieure.

M. Ed. QUINET, *Du Génie de l'Art* ; leçon faite à la Faculté des lettres.

actives, et le centre où viennent aboutir toutes les impressions des facultés réceptives ; si le Cœur est l'homme lui-même, si c'est dans le Cœur que l'homme aime, si c'est dans le Cœur que l'homme veut, si c'est dans le Cœur que l'homme agit, si c'est dans le Cœur que l'homme est responsable ; si c'est dans le Cœur que l'homme vit, si c'est dans le Cœur qu'il éprouve la joie et la douleur, si c'est dans le Cœur qu'il est bon ou méchant ; si c'est dans le Cœur que l'homme, créé en puissance d'être, devient de lui-même ce qu'il doit être, si c'est dans le Cœur qu'il concourt à sa propre formation, si c'est dans le Cœur qu'il est tout ce qu'il se fait ; en un mot, si c'est dans le Cœur que s'opère ce que nous avons appelé la *loi du choc en retour*, par laquelle le Cœur, quel que soit l'état dans lequel il se trouve, peut s'élever à la perfection ; enfin, pour répondre directement à la question de ce chapitre, si le Cœur est ce que l'homme a été envoyé former et sanctifier en ce monde, le Cœur est donc l'élément de la nature humaine appelé à jouir de la vie absolue ?... Où l'homme agit, il mérite ; où il mérite, il sera récompensé.

Comme on le voit, cette théorie du Cœur est d'une fécondité inépuisable. Indépendamment de ce qu'elle nous donne la solution des problèmes les plus profonds de la psychologie, elle nous amène naturellement à des questions que nous n'aurions jamais eu la hardiesse de poser ; questions qui se rattachent aux problèmes les plus intéressants et les plus profonds de la théologie, et qu'il n'était pas possible effectivement d'éclairer des lumières de la raison, sans une connaissance de la nature essentielle de l'homme, fondée sur les véritables notions de l'ontologie. Or, en tête de ces problèmes, le problème qui les couronne tous, est certainement celui qui a pour objet la béatification de l'homme !

Cette simple observation psychologique, que le Cœur est l'homme lui-même, devient donc de la première importance ; elle nous fait comprendre que, pour la sanctification de l'homme, c'est-à-dire pour sa préparation à la vie absolue, tout ce qui ne porte pas dans son Cœur, est tout-à-fait sans résultat. *Prends de ton Cœur tous les soins possibles*, dit l'Écriture, *car c'est de lui que vient la vie* [1]. Et cette vérité nous fait découvrir une erreur assez répandue dans le vulgaire ; erreur qui consiste à croire que, par une pratique extérieure parfaitement en harmonie avec les prescriptions de la loi, mais qui n'aurait aucun retentissement dans le Cœur, c'est-à-dire qui n'aurait pas pour effet de le rendre lui-même et dans son essence conforme à sa loi, l'homme peut s'assurer des droits certains à la vie éternelle. Il vaudrait certes mieux, si cela était possible, que le bien fût dans notre Cœur plutôt que dans nos actes, si la bonté de nos actes n'était pas elle-même un résultat naturel de la bonté de notre Cœur. *Si de bonnes œuvres ont été trouvées en toi*, dit l'Écriture, *c'est parce que tu as préparé ton Cœur pour chercher Dieu.* [2]

Dieu ne nous demande pas des actes pour les actes eux-mêmes ; car, qu'est-ce que Dieu peut faire de nos actes, restreints comme ils le sont aux conditions du temps ?

---

[1] *Proverbiorum* liber, caput IV, versus 23.

[2] *Paralipomenon*, liber II, caput 19, versus 3.

Dieu ne nous demande des actes que parce que les actes sont des manifestations et surtout des moyens de développement des vertus qui sont dans le Cœur, et que comme tels ils accroissent encore en lui ces vertus. Mais que signifient des actes accomplis tout-à-fait indépendamment du Cœur? Si ces actes, produits en quelque sorte artificiellement, n'entraînaient aucun effet dans notre Cœur, Dieu ne nous les demanderait pas. Ce ne sont pas nos actes accomplis dans le temps, que Dieu veut admettre à la vie absolue, ce sont nos Cœurs!

Tous les actes moraux que nous réalisons ne sont que pour l'amélioration de notre Cœur. Accomplir des actes pour eux-mêmes, comme si ces actes étaient notre propre sanctification, c'est prendre les moyens pour le but. Nos bonnes actions ne sont pas notre sanctification, elles l'opèrent. Dieu donne à chacun, non pas *selon ses œuvres*, mais, *selon le fruit de ses œuvres*, comme dit l'Écriture. Si les actes étaient eux-mêmes la sanctification, l'homme n'aurait qu'à s'astreindre d'un côté à une certaine pratique, pendant que de l'autre son Cœur serait tout entier aux objets de ce monde. Nos actes ne sauraient être opérés sans la participation du Cœur, pour lequel seul ils sont opérés : ils doivent partir du Cœur, puisque c'est le Cœur qui doit en retirer les fruits.

Mais, par l'effet de notre habitation dans le temps, nous prenons l'habitude de former notre croyance sur les idées que l'imagination emprunte à ce monde; et par une sorte d'anthropomorphisme, que l'on tolère à notre faiblesse, nous nous représentons Dieu agissant à la manière de l'homme. Alors, comme Dieu est le plus puissant et que lui seul possède le bonheur, nous nous regardons comme fatalement exposés à toutes les conditions qu'il voudra nous imposer pour l'obtenir; trop heureux qu'à ce prix il veuille condescendre à nous faire partager une félicité qu'il aurait pu garder. De là, nous nous figurons Dieu au milieu de sa toute-puissance, comme un souverain terrible et défavorable, sans cesse occupé, la balance en main, à calculer exactement le poids du bien et du mal que nous avons fait, pour savoir si nous avons réellement gagné la vie éternelle, d'après les clauses qu'il y a mises.

Et dans cette idée, comme des écoliers plus soucieux de terminer leur tâche pour ne pas encourir les punitions d'un maître rigoureux, que de lui témoigner un attachement et un amour sincères, nous mettons une grande attention à remplir avec une scrupuleuse exactitude les moindres ordres qu'il nous a donnés, afin que dans notre conduite il ne puisse rien trouver à redire. Alors, suivant que nous croyons Dieu plus ou moins exigeant, il n'est pas de sacrifices extérieurs que nous ne nous imposions, pas de marques de flatterie respectueuse et de profonde soumission que nous ne témoignions en sa présence, toujours dans le but d'attirer les bonnes grâces de ce maître inflexible. Notre adoration intéressée est toute dans un sentiment de crainte, et non dans un sentiment d'amour; et s'il se mêle à notre prière quelque chose du Cœur, c'est l'espoir de réussir dans nos sollicitations auprès de ce monarque absolu.

Les calculs secrets que, sans nous l'avouer, nous faisons dans ce culte servile, sont déplorables; comme nous croyons avoir à faire à un être exclusivement jaloux des honneurs qui lui sont dus, s'il arrive que d'un côté nous lui abandonnions plus qu'il ne demande en pratiques extérieures, qui ne nous coûtent rien, c'est dans l'espoir que d'un autre côté elles compenseront certaines habitudes dont nous désirerions bien avant tout ne pas nous détacher. Nous passons avec lui, par capitulation de conscience, une sorte de traité dans lequel nous lui abandonnons régulièrement tant de prières, tant d'aumônes, tant d'œuvres pies, pourvu qu'à son tour il nous permette tant de petits vices qui nous seront toujours chers. Il y a moyen de s'accommoder et de faire des échanges : il veut que l'on fasse du bien, nous en ferons ; il désire que l'on ait de la piété, nous en donnerons mille témoignages ; mais aussi, quand une fois nous aurons dûment satisfait à toutes ses exigences, et que nous aurons accompli tout ce qui lui plaît, il n'aura plus rien à nous demander ; nous pourrons alors penser un peu à nous, et contenter en paix les secrètes affections que nous nous sommes réservées. En un mot, nous sommes prêts à faire à Dieu tous les sacrifices... excepté le sacrifice de notre Cœur.

Dieu, pensons-nous, est jaloux de son bonheur, il veut nous le faire payer ; nous l'achèterons. Dieu compte avec nous, nous compterons avec lui ; nous ne lui donnerons rien pour rien. Dieu est pour nous le marchand de la vie éternelle. Or, pour notre droit à la vie éternelle, il exige absolument telles et telles choses ; une fois ce compte soldé, si nous lui faisons quelques avances, si Dieu se trouve en reste avec nous, c'est à condition qu'à son tour il nous obligera dans ce monde, et qu'il nous gratifiera en attendant de quelques biens temporels auxquels, ceci on peut le croire, notre cœur reste bien sincèrement attaché [1]. Alors nous continuerons de lui rendre régulièrement nos hommages et de l'assurer de notre parfaite considération, afin de ne point en-

---

[1] « L'idée d'une justification et d'une sanctification de l'homme ne peut être comprise que d'une manière qui se concilie avec la morale, savoir : comme un bien que l'on ne peut absolument obtenir que par un sincère changement du Cœur, sans lequel toutes les expiations possibles sont impuissantes, loin de pouvoir en tenir lieu. Le scrutateur des cœurs considère le sentiment, qui est la source des faits, comme au dessus des faits. C'est par la moralité des sentiments que les hommes parviennent à plaire à Dieu ; et à ses yeux, le péché commis dans la pensée égale le fait même : haïr dans son cœur n'est pas différent du meurtre lui-même.

« La façon de penser de ceux qui regardent ce qui est réglementaire comme l'essence de la religion, est une présomption religieuse qui conduit à un faux culte. Ce faux culte est l'anthropomorphisme, c'est-à-dire, la nature et le caractère de l'homme attribués à Dieu. C'est d'après cela que nous nous faisons un Dieu tel que nous croyons devoir le faire pour qu'il soit plus facilement gagné dans notre intérêt, et afin de nous délivrer par là de la peine importune et toujours renaissante, d'agir nous-mêmes conformément à la morale pure.

« On se fonde alors sur ces deux maximes : 1° que l'on peut servir Dieu par quelque chose d'indifférent en soi (c'est-à-dire indifférent à la morale) entrepris en vue de lui plaire ; et de là les souffrances volontaires que l'on considère comme d'autant plus agréables à Dieu qu'elles ne sont commandées par aucun devoir de la conscience ; 2° que la foi pure et simple en ce que Dieu peut faire pour notre amélioration, suffit pour nous sauver. Alors on commence par le *sacrifice des lèvres*, qui de tous est le moins dispendieux pour l'homme, jusqu'à celui des biens naturels. L'homme livré à ce culte faux offre tout à Dieu, excepté son sentiment moral, et s'il dit du bout des lèvres qu'il lui consacre aussi son cœur ; il n'entend point par là changer le genre de vie qui lui est agréable, mais il forme le vœu sincère que ses petits sacrifices extérieurs, ses assiduités à l'église, seront acceptés comme un équivalent de ce qu'il se réserve : *Natio gratis anhelans multa agendo nihil agens.*

« On ne s'inquiète plus de savoir si le culte que l'on rend à Dieu est réellement moral, mais s'il peut, au besoin, réconcilier avec lui ; et l'on s'enfonce dans une manière mécanique de le servir. Or, il s'agit de savoir si l'on peut plaire à Dieu par des jeux pieux, sans profit pour la moralisation intérieure, ou bien par la moralité des sentiments du cœur se manifestant par des actions ! Cette persuasion que l'on peut agir sur Dieu par d'autres moyens que par la moralité des sentiments et des actions, devrait être appelée *Magie*, puisque le propre de celle-ci est de produire des effets surnaturels par des moyens naturels.

« Le vrai culte moral est invisible comme le règne de Dieu : c'est le culte du cœur, qui consiste dans le sentiment et l'observation de tous les devoirs, comme étant

DE LA NATURE DE L'HOMME.

courir les disgrâces de ce prince puissant de qui dépend notre fortune. Enfin, après avoir ainsi *réglé nos comptes* avec Dieu, nous nous endormons tranquillement dans la confiance que notre place aux Cieux est payée... pourvu que Dieu sache seulement que nous ne sommes pas pressés de la prendre ! Puis, nous disons naïvement, que *nous nous sommes acquittés de tous nos devoirs envers Dieu !*

Comme si l'on pouvait s'acquitter envers Dieu ! Comme

---

prescrits par Dieu. Seulement l'invisible, pour l'homme, a besoin d'une représentation visible, qui constitue le culte extérieur, lequel ne peut être qu'une représentation du premier, mais qui ne peut le remplacer. Car il n'a lui-même aucune valeur, il n'est qu'un moyen de vérifier en nous les sentiments intérieurs d'une conduite de vie agréable à Dieu.

« Entre les différents dons de Dieu, comme la sainteté, la grâce, la justice, l'homme s'adresse plus ordinairement à la seconde, pour échapper aux conditions plus difficiles exigées par la première. L'homme aimerait mieux être *un favori*, pour lequel on aurait beaucoup d'indulgence, même quand il violerait le plus grossièrement la loi du devoir, qu'un véritable serviteur. Il applique à Dieu l'idée qu'il s'est faite d'un homme puissant qui distribuerait des grâces à son gré ; il espère prendre tous les moyens possibles de soumission pour obtenir ces divines faveurs ; et il transforme ainsi le saint perfectionnement intérieur de l'homme en un culte de cour. C'est là une opinion qui s'accorde très bien avec la façon de penser d'un bon bourgeois dans l'ordre civil, et qui s'empresse de satisfaire aux convenances extérieures ; mais ce n'est point là la manière de penser d'un citoyen de l'empire de Dieu.

« Ce lâche serviteur suit toutes les formalités qui peuvent témoigner combien il *respecte* les commandements de Dieu, se dispensant ainsi de les observer. Alors, pour que ses vœux inactifs puissent compenser leur violation, il crie : *Seigneur, Seigneur !* mais c'est pour ne plus être obligé de faire la volonté du *Seigneur*. Et il abandonne complètement à la sollicitude divine le soin de faire de lui un homme meilleur. Lorsqu'enfin la présomption de ce prétendu favori du Ciel s'élève à ce fanatisme, qu'il se figure sentir l'effet particulier de cette grâce, la vertu le dégoûte, et devient pour lui un objet de mépris. Il n'est donc plus surprenant ensuite que l'on se plaigne sans cesse de ce que la religion concourt si peu au perfectionnement de l'homme, que ceux qui paraissent être les favoris du Ciel ne l'emportent jamais en quoi que ce soit sur le simple honnête homme, quand il serait tout naturel d'exiger des premiers plus de vertus ! L'Évangile nous a mis dans la main la pierre de touche de ces hommes, lorsqu'il a dit : *Vous les reconnaîtrez à leurs fruits !* »

KANT, *Théorie de la religion purement morale : Des moyens de grâce*, § VI.

Nous devons ce passage, traduit de l'allemand, à l'obligeance de M. P. Lortet, qui a bien voulu nous confier le manuscrit encore inédit de sa traduction.

si Dieu profitait de sa position pour nous accabler d'épreuves indifférentes en soi, mais utiles seulement à nous faire sentir le poids de sa puissance ! Dieu a-t-il besoin de nous vendre la vie éternelle au prix de nos flatteries ? Oh ! que c'est peu connaître la nature de Dieu ! L'imagination peut-elle avoir à ce point abusé notre foi !.. Non, je ne puis souffrir davantage ces idées ; il me semble qu'elles doivent mettre dans notre Cœur un obstacle invincible à l'amour. Ah ! cessons, comme le dit un grand Saint, cessons de mesurer les raisons du Ciel à l'aune des sentiments humains. Si vous saviez dans quelle position Dieu se trouve lui-même vis-à-vis de nous, par rapport au bonheur !.

Il est indispensable que nous revenions là-dessus à des notions ontologiques ; il faut voir les choses comme elles sont ; sans cela, jamais nous ne saurions gré à l'Éternel du sacrifice inouï que lui a coûté la création.

Non, les Cieux ne sont point un lieu où l'on puisse ainsi payer sa place. Ah ! si pour y pénétrer, il ne s'agissait que de satisfaire à quelques conditions d'étiquette de cour, Dieu, en faveur de ses créatures, aurait d'abord levé cette consigne arbitraire ! Mais les lois de notre introduction dans la vie absolue, tiennent aux lois les plus profondes de l'essence divine, et Dieu lui-même ne saurait y déroger ; car ce sont les lois éternelles sur lesquelles il a lui-même éternellement fondé sa propre existence. Or, Dieu ne peut changer ses lois : ce qu'il veut, il le veut éternellement ; parce que ce qu'il veut éternellement, est ce qui devait être éternellement, et que Dieu, qui est l'éternelle perfection, ne saurait être contraire à lui-même en aucun point de son éternité [1]. C'est à ces lois qu'il faut remonter :

L'existence de Dieu, comme toute existence, repose sur des lois ; car les lois ne sont que les conditions de l'existence [2]. Dieu donc, comme tout être, a ses lois ; seulement, tout être les reçoit, tandis que Dieu se les donne. Les lois sur lesquelles repose l'existence éternelle de Dieu sont celles de la Puissance, en vertu de laquelle il s'engendre ; celles de la Sagesse, en vertu de laquelle il se connaît ; et celles de l'Amour, en vertu duquel il s'aime et jouit de la félicité.

Mais parmi ces lois, il en est une avant toutes les autres, c'est celle sur laquelle reposent toutes les autres ; il en est une qui les domine et les vivifie toutes, c'est celle qui, les liant et les unissant toutes, rassemble dans leur ineffable identité les universelles substances de l'infini, et constitue à proprement parler la Divinité. Cette loi est l'amour. L'amour réunissant les éternelles conditions de l'existence, ramène toutes les substances de

[1] En effet, Dieu ne peut vouloir contrairement à lui-même ; car pour qu'il eût une nouvelle volonté qui remplaçât l'ancienne, il faudrait que cette nouvelle volonté fût plus parfaite et plus excellente que l'ancienne ; or comme Dieu est de toute éternité la perfection par excellence, il ne peut avoir une volonté plus parfaite et plus excellente. Voilà pourquoi Dieu ne veut qu'une fois pour toujours. C'est la perfection de toute volonté de Dieu, qui rend toute volonté de Dieu immuable ; et comme les lois ne sont autre chose que des volontés de Dieu, de là vient que toutes les lois sont immuables. Nous nous sommes bien aperçus de cela dans la nature. Car c'est même à ce caractère que nous y reconnaissons les lois ; tout ce que nous y trouvons d'immuable, devient loi à nos yeux. En effet, depuis le commencement du monde, quel perfectionnement avons-nous vu apporter au grand mécanisme de l'univers ? Tout y a été parfait dès le premier jour, et conséquemment immuable. Ainsi les lois ne sont que des volontés de Dieu, et comme ces volontés ne sauraient être plus parfaites, elles ne sauraient être modifiées : de là les lois sont immuables.

[2] Le mot *condition* vient du verbe latin *condo*, je fonde.

l'infini dans l'identité divine : il fait de tout l'Être un moi. L'amour est le principe vital de l'être absolu. Or Dieu, par suite de ce principe d'amour qui l'embrase, le rend un, et lui donne la vie, a voulu que des êtres qui ne soient pas lui puissent prendre part à sa félicité. — Telle est l'origine de la création.

Mais, participer à la félicité de Dieu, c'est vivre de sa vie ; or la vie de Dieu étant l'amour, un être, pour participer à la félicité divine, devait donc avoir pour vie l'amour. Dieu fit l'homme en conséquence ; il créa le Cœur, en lui donnant la raison pour s'éclairer sur l'objet de son amour, et la causalité pour s'y porter de lui-même. L'homme ainsi créé en puissance d'être, devient l'artisan de ses destinées : *il sait* en quoi consiste la nature et la vie de Dieu ; *il peut* par ses actes se conformer à cette divine ressemblance : c'est à lui désormais de le faire. La béatification de l'homme dépend nécessairement de sa sanctification, c'est-à-dire, de la conformité de sa nature avec la nature de Dieu. Car,

Pour jouir de la félicité de Dieu, il faut absolument trouver le bonheur là où Dieu trouve le sien ; et pour trouver le bonheur là où Dieu trouve le sien, il faut être nécessairement d'une même nature que Dieu. Soyons parfaits comme Dieu, nous serons heureux comme lui. Notre béatification ne dépend point d'un consentement surpris à la bonté de Dieu : c'est une affaire d'identité de substance. On n'achète pas la vie éternelle, on s'y prépare. Notre béatification se décide en vertu de la même loi qui, au Ciel, fait l'union et comme la trame de l'essence divine ; et qui, sur la terre, fait la distinction du bien et du mal dans la conscience humaine ; à savoir : l'identification des substances de même nature, et l'incompatibilité des substances de nature opposée.

Il est donc de toute nécessité que l'homme prenne pour vie, la vie de Dieu, s'il veut que ce qui fait la félicité de Dieu fasse également la sienne. Ici, il n'y a pas de milieu : ou nous deviendrons conformes à la nature de Dieu, et alors nous nous rendrons susceptibles de nous unir à lui, de vivre de sa vie ; ou nous deviendrons d'une nature opposée à la perfection de Dieu, et alors il nous sera impossible de nous unir à lui, notre vie se trouvera incompatible avec la sienne. Ce sont là des lois éternelles auxquelles on ne peut échapper. Que l'homme s'y prenne comme il voudra, qu'il fasse ou qu'il ne fasse pas, qu'il sollicite ou qu'il ne sollicite pas, qu'il crie *Seigneur ! Seigneur !* ou qu'il ne le crie pas, il n'y a qu'un moyen d'arriver à Dieu, c'est de se conformer à sa loi, afin de se rendre conforme à sa nature. Or la loi de Dieu, comme sa vie, est l'amour.

Vous pensiez que Dieu nous jugerait sur des clauses purement arbitraires, imposées seulement pour mettre une condition à sa félicité, et que notre sort éternel dépendait d'épreuves ou de conditions indifférentes en soi ! Vous le voyez, ces conditions dérivent tellement de l'essence de Dieu, que Dieu lui-même ne saurait les changer ; elles tiennent tellement à ses lois absolues, qu'il ne saurait nous y faire échapper. Maintenant, si nous manquons à ces conditions, si notre cœur n'a point opéré sa sanctification, que voulez-vous que Dieu fasse ? On ne peut être heureux que par l'amour; si l'homme ne veut pas aimer! On ne peut être heureux que par le bonheur; si l'homme ne veut pas du bien qui donne le bonheur! l'homme ne pourra pas jouir alors de ce qu'il a fui toute sa vie... Une fois créés, notre bonheur ne dépend plus de Dieu, mais de nous.

Il n'y a qu'une félicité, celle qui luit dans la substance divine; si l'homme veut jouir de la félicité, il faut qu'il emprunte la félicité de Dieu; et s'il veut trouver réellement la félicité où Dieu trouve la sienne, il faut bien qu'il rende sa nature semblable à celle de Dieu. Il y a impossibilité ontogénique à ce que les choses soient autrement. Car, Dieu ne peut donner sa vie au mal, ni le bonheur à la haine : le mal, c'est le néant qui commence, comment voulez-vous que ce soit la vie absolue? la haine, c'est le contraire de l'état de Dieu, comment voulez-vous que ce soit la félicité infinie? Aussi, j'en fais la supposition, lors même que Dieu, par un excès de son amour, voudrait recevoir le méchant dans son sein, il ne réussirait pas à lui communiquer le bonheur : celui-ci souffrirait plus de l'amour que de tous les tourments de l'enfer! Oui, ce sont là des vérités terribles, Dieu, malgré sa toute-puissance, ne saurait faire qu'une âme criminelle pût, même au milieu des cieux, jouir de la félicité!!

Car il ne faut pas croire que le méchant ne sera privé du bonheur que parce que Dieu désire qu'il soit puni; le méchant sera privé du bonheur parce qu'il lui sera impossible de le goûter.

Je vous prends à témoin, poëtes sublimes, vous qui devant un grand spectacle de la nature entrez dans des ravissements inexprimables, et qui ne changeriez pas en cet instant la joie de votre âme contre tous les trésors, faites donc éprouver le même sentiment à l'âme enveloppée de cet enfant, qui a des yeux ainsi que vous, mais dans lequel n'est point encore ouvert le sens de la contemplation ! Je vous prends également à témoin, véritables artistes, vous qui, en présence d'une symphonie admirable, éprouvez des délices inouïes, et qui sentez se réveiller en votre Cœur ces émotions divines qui vous élèvent au dessus de vous-mêmes, faites donc partager votre ivresse à l'humble animal couché à vos pieds, qui a des oreilles ainsi que vous, mais dans lequel n'existe point le sens de la mélodie ! De même, si nous ne portons pas dans l'autre monde le sens de la vie absolue, comment pourrons-nous en jouir ?[1]

L'homme arrive dans l'autre vie avec les propriétés qu'il s'est acquises dans celle-ci ; car c'est en cela que consiste sa gloire. Et c'est ce qui fait que l'âme peut porter devant Dieu, sans rougir, tout le poids de sa félicité.

Ah ! au jour du dépouillement de la création, le départ entre le bien et le mal s'opérera tout autrement que nous le pensons ! il ne sera pas besoin pour cela d'un long triage. Cette distinction s'opérera aussi naturellement et aussi irréfragablement que s'opère dans la fournaise la distinction des divers métaux de la statue qui

---

[1] Que l'on pardonne cette comparaison en faveur de sa justesse : le méchant introduit dans le Ciel, y serait comme la brute au milieu d'un concert : où tout le monde entendrait des sons délicieux, elle ne trouverait qu'un bruit insupportable. C'est ainsi que dans l'autre vie, ce qui sera les délices infinies des bons, de ceux qui auront le sentiment de l'amour, causera les souffrances infinies des méchants, de ceux qui n'auront que le sentiment de la haine.

tombe en fusion. Le bien se sentira naturellement soulevé vers le bien, par une affinité qu'il semblait déjà connaître; le mal se sentira naturellement descendre vers le mal, par une propension qu'il ne connaissait que trop. Il n'y aura besoin ni d'aider au premier, ni de repousser le second : l'un et l'autre iront où les appellera la loi de l'identité de substance. Ce n'est pas Dieu, c'est l'homme qui prononce si redoutablement sur son sort.

Le dirai-je ? nous n'aurons pas même la terrible consolation de voir Dieu (du moins ainsi que nous aimons encore à nous le représenter dans nos anthropomorphiques imaginations), s'armant de toutes ses fureurs, afin de précipiter le mal, de son propre bras, dans un abîme scellé pour jamais. Je dis la consolation, car dans ce tableau il reste pour le méchant une dernière et lointaine flamme d'espoir, celle de voir la sentence du juge le plus redoutable tomber en présence de châtiments éternels; celle de voir la malédiction d'un père courroucé expirer devant ces mots : Pour jamais!!! Non, Dieu n'aura pas besoin de venir briser son cœur en condamnant lui-même ses créatures malheureuses : aux portes de l'absolu est l'inflexible loi qui de toute éternité a fait bien ce qui est bien et mal ce qui est mal, c'est-à-dire a distingué l'être du néant, loi qui éternellement séparera ce qui est bien de ce qui est mal, c'est-à-dire rendra l'un à l'être et l'autre au néant... Cette loi ne saurait rebrousser devant nous. L'Océan se retire-t-il lorsqu'un homme se laisse tomber dans ses gouffres ?

Au jour du dépouillement de la création, le départ du bien et du mal au sein de la substance humaine s'opérera par les lois éternelles qui régissent la substance au sein de l'absolu : tout ce qui sera de l'essence de l'absolu ira, par sa propre affinité, s'associer à la substance absolue et s'anastomoser au torrent de la vie éternelle ; tout ce qui sera le contraire de l'essence absolue ira, par son propre poids, se précipiter de soi-même dans ce qui est le contraire de la félicité et partager les tortures de l'être en désaccord avec l'être. Et Dieu subira comme une douloureuse nécessité de sa nature, que des êtres, dont il aurait voulu faire le bonheur, soient forcés, par suite de leur nature, de s'éloigner de lui et de passer l'éternité dans cette affreuse privation de la félicité infinie, où les retiendra l'incompatibilité de leur cœur avec la vie divine.

Vous connaissez les lois de l'identité de substance; vous savez que, même pour la matière, cette loi est intransgressible, et que la molécule de l'or, par exemple, ne saurait s'ouvrir à la molécule de métal étranger; eh bien ! comme Dieu est l'absolu, l'identité par excellence, la substance pure, concevez donc en elle la possibilité de l'introduction du moindre élément contraire à son essence ! Supposez donc qu'un atome d'impureté pénètre dans la sainte substance, sans que, par le mouvement instinctif des lois de sa vitalité, Dieu, pour me servir de ses propres expressions, *ne le vomisse de sa bouche!..* Il y a dans l'incandescence divine où l'amour tient la substance éternelle, un feu qui dévorera tout ce qui ne sera pas de l'amour. Et ici l'ontologie exige que nous donnions à ces expressions leur sens littéral.

Ce n'est pas sans raison qu'à la formule de ce terrible jugement la religion ajoute ces mots : *qui a été préparé de toute éternité !* car toutes ces choses s'opéreront d'après des lois qui existent de toute éternité, et sur lesquelles de toute éternité reposent l'économie et le maintien de l'existence absolue. Si l'être vivant n'est qu'un ensemble de forces qui résistent à la mort, l'Être absolu n'est-il pas l'ensemble des forces infinies qui résistent au néant ? Alors, comment le mal, qui n'est qu'un retour vers le néant, pourrait-il jamais s'introduire dans le sein de l'être essentiel ? Le monde ancien, en ôtant à Dieu toute sagesse et tout amour, en avait fait le dieu terrible du destin; croyez que cette loi de l'identité de substance avec l'amour, de laquelle dépend notre béatification, est plus irrévocable que le destin lui-même, et que malgré tout ce que Dieu peut faire, l'être entaché du mal sera irrévocablement perdu.

En effet, Dieu n'en peut pas davantage : c'est par l'amour qu'il a voulu nous faire jouir de sa félicité, c'est par l'amour que nous pouvons jouir de cette félicité, et c'est ici la nature de l'amour qui s'oppose à ce que ce qui n'est pas amour puisse s'unir avec lui et prendre part à sa félicité! Or, si nous sommes repoussés de l'amour lui-même, que pouvons-nous dire ?. L'amour ne peut rien contre l'amour.

Ah ! nous ne savons pas les luttes éternelles qui s'engagent dans le sein de Dieu entre son amour et les nécessités de son amour ! Il faudrait être père et avoir un enfant idiot et furieux, un enfant que malgré nous, nous ne pourrions faire un jour l'héritier de nos biens, pour prendre une idée de ce que Dieu, lui Père céleste, voudrait pouvoir faire pour ceux de ses enfants qui se rendent incapables de jouir avec lui de ses biens infinis ! Mon Dieu, il fallait donc que tu devinsses père, pour que tu visses se former quelques nuages dans le ciel éternellement serein de ta félicité ! Bon Père, c'est en te livrant à ton amour pour nous, que tu as préparé tant d'amertume à ton amour !...

Et remarquez que c'est pour l'exactitude de la pensée que nous citons l'exemple d'un père ; nous savons bien que nous ne pourrions prendre une idée de l'amour que Dieu a pour nous, sur l'amour que nous avons pour lui. Car nous n'avons pour lui, et encore pas toujours, nous n'avons pour lui que l'affection d'un enfant pour son père ; tandis que Dieu a pour nous la vive tendresse d'un père et d'une mère pour leur enfant. Or, comme l'observe Aristote : « les parents aiment leurs enfants comme étant une partie d'eux-mêmes, et ceux-ci aiment leurs parents comme tenant d'eux tout ce qu'ils sont. Mais les parents connaissent mieux ce qui vient d'eux, que les enfants ne savent ce qu'ils tiennent de leurs parents ; et il y a un rapprochement plus intime de la part de l'être qui a donné la vie à celui qui l'a reçue, qu'il n'y en a de ce dernier à l'auteur de son existence. Car il semble que ce qui est de notre propre substance nous appartienne en quelque manière. Il y a aussi à considérer une différence de temps : ceux qui ont donné la vie à d'autres êtres, les chérissent dès l'instant de leur naissance ; mais ce n'est que lorsque leur intelligence et leur cœur ont acquis un certain développement que les enfants chérissent les auteurs de leurs jours. Ceci même fait voir pourquoi la tendresse des mères est plus vive. Les parents aiment donc leurs enfants comme eux-mêmes ; car leur existence, détachée de celle des parents, en fait comme d'autres êtres en qui ils se retrouvent ; mais les enfants n'aiment leurs parents que comme la source et la cause de leur existence. » Or, Dieu qui est notre père, Dieu qui nous aime comme étant une partie de sa substance, qui nous aime comme d'autres êtres en qui il se retrouve, qui nous aime comme lui-même ! jugez donc de ce qui se passe dans son sein lorsqu'il voit que nous sommes perdus pour lui !..

Ah ! quand je considère ainsi les choses dans leur profondeur, c'est alors que je conçois le sacrifice inouï qu'il y eut de la part de Dieu à se décider à la création. Mais ceux qui n'entrent pas dans les lois de l'être, ne peuvent point comprendre ces choses :

Il est vrai, disent ceux qui se sentent rebelles à la loi ou qui la trouvent trop lourde à accomplir, il est vrai que la béatification de l'homme repose sur des lois, mais si ce sont là des lois, c'est Dieu qui les a faites ; et si c'est Dieu qui les a faites, il pouvait ne pas les faire. Il y a des conditions pour la vie absolue ; mais c'est Dieu qui les a mises ! Si Dieu avait bien voulu, il aurait pu nous rendre heureux sans nous exposer à toutes ces épreuves, qui ne sont, il le sait bien, que des occasions de nous perdre. Quel inconvénient y avait-il à ce que, épargnant à notre faiblesse d'aussi terribles périls, il nous mît à même de jouir aussitôt de la félicité ; ne lui en aurions-nous pas eu autant de reconnaissance ? Dieu, par un premier acte, nous a donné l'être ; par un second, ne pouvait-il pas nous donner le bonheur, qui est le bien de l'être ? Si le premier de ces actes n'a été qu'un jeu pour lui, le second ne lui coûtait pas davantage. Enfin, il semble qu'il était tout naturel en nous créant, de nous créer heureux : pourquoi Dieu ne l'aurait-il pas fait; cela ne dépendait bien que de lui ?...... Car l'on s'imagine vulgairement que Dieu aurait pu de suite nous rendre heureux, que c'était là une chose toute simple. Ah! il faudrait savoir dans quelle position nous sommes par rapport à la félicité absolue, et dans quelle position il est par rapport à nous, lui qui sacrifierait encore sa félicité s'il pouvait à ce prix assurer la nôtre!..

Créatures que nous sommes, raisons toutes temporelles, qui n'avons jamais exercé nos conceptions qu'ici-bas, nous nous représentons toujours les choses dans l'état exceptionnel où les a mises la création ; prenons-les donc avant toute création, alors que rien ne modifiait l'absolu ; considérons une fois les lois qui régissaient l'Être de toute éternité !

Croyez-vous que là, dans le sein de l'absolu, de l'absolu que rien n'avait modifié encore, l'existence d'un autre être que Dieu fût une chose toute simple ? Pensez-vous que le bonheur, lui le fils de l'infini, fût chose susceptible de se fractionner, et de se distribuer ensuite à volonté ? Le bonheur est comme l'unité, sur laquelle il repose, il disparaît s'il est divisé ; le bonheur est comme l'absolu, duquel il dérive, il disparaît s'il est particularisé. Et c'est bien là précisément ce qui fit qu'au milieu de l'essence infinie il n'y eut qu'un Dieu de possible, et qu'il ne pouvait y en avoir qu'un.

Car si toute autre existence avait pu également obtenir

pour elle les conditions de la félicité, du sein de la substance éternelle auraient jailli des myriades innombrables d'êtres divers, qui se seraient spontanément et distinctement formés et rendus heureux, sans se rien devoir les uns aux autres. C'est parce qu'il fallait la réunion infinie de toutes les conditions de l'existence pour produire la félicité, qu'il n'y a qu'un Dieu au sein de la substance éternelle. Il a fallu la réunion de toutes les puissances de l'infini pour constituer le bonheur, absolument comme pour constituer Dieu. Alors, comment voulez-vous que des êtres finis et conditionnels, arrivent tout naturellement au bonheur ! Etait-il dit au fond de l'existence éternelle, qu'une existence conditionnelle dût venir partager un jour les prérogatives de l'absolu ?

En effet, l'existence d'une création était entièrement en dehors des lois qui maintiennent de toute éternité les substances infinies. Dans les profondeurs de l'être, en remontant aux époques antécréationnelles, il n'y avait de prévu, de possible, et de nécessaire que l'existence divine ; la substance infinie ne devait produire qu'un Dieu, qu'un absolu, qu'une félicité : la créature n'était point prévue. Il a fallu que Dieu, se retournant dans sa puissance, sortît en quelque sorte de ses habitudes éternelles et débordât ses propres lois pour dire à l'absolu qui était dans son sein : « Il y aura un autre être que nous ! » et à l'amour jaloux qui l'embrasait : « Il y aura une autre « félicité que la nôtre ! » C'est alors que les cieux étonnés entendirent cette résolution inouïe : « S'il était « besoin de la substance infinie pour mon être absolu et « ma félicité, Moi, je créerai un être de ma propre subs-

… tance, afin qu'il puisse en partager les prérogatives et « connaître la félicité ! »

Il a fallu toutes les substances de l'infini pour former la félicité, comme pour former Dieu ; voilà pourquoi il ne faut rien moins que Dieu, avec toutes ses peines, pour faire partager cette félicité à d'autres êtres que lui. Il était besoin de toutes les substances de l'infini, réunies en Dieu par l'ineffable attraction de l'amour, pour produire le bonheur ; et vous voudriez que le bonheur descendît sans effort dans le sein de l'être fini !.. Ah ! cessez de considérer l'entreprise de la création comme un simple jeu pour la Divinité, et entrez une fois, par la pensée, dans les oppositions redoutables que l'amour a vaincues pour que l'éternelle substance consentît à donner l'être au fils du néant, et à l'enivrer de sa félicité !

Au moins fallait-il alors que le fils du néant, qui reçut exprès avec l'existence le don de causalité, voulût entrer dans ces vues ineffables et se prêter au bien que l'éternité cherche à lui faire ! C'était bien le moins que l'être créé fît de son côté ce dont on le chargeait, quand l'Être incréé avait fait du sien tout ce qui dépendait de lui ! Car, Dieu n'a laissé absolument à l'homme que ce qu'il ne peut pas faire lui-même, savoir, mériter pour lui ; et encore ! vous n'avez pas oublié l'histoire de la rédemption.[1]

---

[1] « Dieu a fait paraître son amour envers nous, en ce qu'il a envoyé son « Fils unique dans le monde, afin que « par lui nous ayons la vie. Et cet amour « consiste en ce que ce n'est pas nous « qui avons aimé Dieu, mais que c'est « Dieu qui nous a aimés le premier : (*In* « *hoc est caritas ; non quasi nos dilexerimus Deum, sed quoniam ipse prior dilexit nos.*) Nul homme n'a jamais vu « Dieu ; mais celui qui aime, connaît « Dieu : parce que Dieu est amour. » S. Jean, *Epître première*, chapitre iv. « Dans ce sacrifice, dit S. Liguori, la

Ainsi Dieu a vaincu les lois de l'absolu; il a fait sortir du sein de sa substance une condition qui n'y était point ; à ce qui n'était ni absolu, ni éternel, ni infini, il a livré l'existence ; en un mot, il nous a donné tout ce qui était nécessaire pour jouir du bonheur : mais il ne pouvait être heureux pour nous ! Dieu nous a mis à la portée du bonheur, mais il ne pouvait nous faire lui-même heureux, parce que les actes que lui-même aurait opérés pour notre bonheur n'auraient fait que répéter le sien. Il n'était pas aisé de sortir de l'absolu ! Eh bien, Dieu en a pris tous les moyens :

Premièrement il fallait que lui l'Être, lui le seul dans l'infini, consentît à voir un autre être que lui au milieu de son empire, afin que cet être nouveau vînt, semblable à Dieu, armé de la perfection, réclamer de l'absolu ce que l'absolu accorde à tout ce qui est de sa nature : pour cela Dieu vous a donné l'être.

Secondement il fallait, pour que vous puissiez venir offrir cette perfection à l'absolu et lui présenter votre identité, que vous connussiez la loi de cette perfection : pour cela Dieu vous a donné la raison.

toute-puissance s'est unie à l'amour : l'amour voulut aimer l'homme jusqu'à la toute-puissance ; et la toute-puissance de son côté, voulut complaire à l'amour jusqu'à accomplir tous ses désirs ! » S. Bonaventure disait à ce sujet : « O mon Dieu ! qu'avez-vous fait, comment l'amour vous a-t-il égaré à ce point ? qu'avez-vous donc remarqué en moi pour me témoigner tant d'amour ? Pourquoi, Seigneur, pourquoi en avez-vous agi de la sorte? Car, après tout, que vous importait notre perte; quel si grand intérêt pouviez-vous prendre à ce que nous jouissions de votre félicité ? » Aussi, disait S. Paul : Les Juifs regardent comme une *folie* que Dieu se soit sacrifié pour des hommes. » Et S. Laurent s'écriait : « Nous avons vu la Sagesse éternelle perdre, pour ainsi dire, la raison par l'excès de son amour envers les hommes. »

Mais il faudrait avoir des cœurs de saints pour comprendre ces choses et s'écrier comme une grande sainte : « O Dieu « d'amour ! ô Dieu d'amour ! c'est trop, « de tant aimer vos créatures ! »

Troisièmement il fallait, pour que vous vous missiez à réaliser cette loi de manière à opérer son effet en vous, que vous eussiez vous-même le pouvoir de la réaliser : pour cela Dieu vous a donné la causalité.

Maintenant, que voulez-vous que Dieu fasse encore ?

Voulez-vous qu'il fasse le bien pour vous ? qu'il opère en vous votre propre sanctification ? qu'il forme lui-même votre propre cœur, pour vous épargner la peine de le faire vous-même ? Mais, si vous ne vous constituez pas vous-même, vous ne serez point vous-même, vous n'aurez point de personnalité : notre individualité ne peut venir que de nous. Je suppose que Dieu fasse lui-même votre personnalité, mais alors ce n'est pas vous qui jouirez de la félicité... Vous voyez bien que ce que vous demandez, c'est votre anéantissement !

Alors, que voudriez-vous donc que Dieu fît pour que vous ne pussiez manquer le bonheur ? Que Dieu admît le mal pour le bien ; que, changeant son essence, il prît par amour même, la haine à la place de l'amour, et fît le malheur des bons pour faire le bonheur des méchants ? Alors, vous voulez que Dieu se dégrade et qu'il corrompe lui-même sa propre substance ; vous voulez que pour être agréable au mal, qui ne peut s'introduire en lui, il souille le bien qui est en lui ; que pour s'ouvrir à la haine, qui ne peut entrer dans son sein, anéantissant l'amour qui dans son sein unit l'être avec l'être, Dieu allume l'enfer au milieu de sa substance infinie!.. Vous voyez bien que ce que vous demandez, c'est l'anéantissement de Dieu !

De ce que l'amour a consenti à se donner, il n'a pas consenti à changer de substance. L'amour a engagé Dieu à sortir de son sein, il ne l'a pas engagé à sortir de sa nature [1]. Si nous voulons jouir de l'amour, il ne peut y avoir d'autre moyen que d'arriver nous-mêmes à l'amour.

Si donc Dieu a fait tout ce qu'il était DIVINEMENT possible de faire; si, pour tirer du néant celui qu'il voulait combler des faveurs de l'infini, il nous a donné l'être; si, pour modifier notre être de manière à l'amener à pouvoir entrer en relation de nature avec l'absolu et lui emprunter la félicité, il nous a donné la causalité; en un mot, si pour cela Dieu a tout fait, sauf d'être heureux pour nous (ce que cependant nous avons aujourd'hui la stupidité de lui demander), il nous reste donc à faire ce que nous seuls pouvons faire : constituer notre personnalité à l'image de Dieu, afin qu'elle puisse jouir elle-même de la félicité. Comment avez-vous pu penser que Dieu, comme maître absolu du bonheur, y mettait des conditions, qu'il voulait nous le faire acheter ! Dieu ne vend pas le bonheur, c'est lui au contraire qui nous donne tous les moyens de l'obtenir. Si nous avions pu arriver à la félicité sans notre concours, et si Dieu avait pu nous en faire jouir ainsi sans que le sentiment de *notre* personnalité, et par con-

---

[1] En effet : « L'essence d'un être est sa partie absolue et invariable. L'essence ne change pas; changer pour elle serait périr. Retranchez d'une ligne droite le plus ou moins de longueur de cette ligne, retranchez de cette ligne tout ce qu'il vous plaira, moins cette circonstance, qu'elle est le plus court chemin d'un point à un autre, la ligne droite demeure toute entière dans son caractère essentiel, mais touchez à ce caractère, vous ne modifiez plus une ligne droite, vous détruisez la ligne droite. La ligne droite est ou n'est pas ; elle est ligne droite ou cesse de l'être : son existence est dans son essence. » — De même, touchez à la pureté, à la perfection absolue, vous ne modifiez pas Dieu, vous détruisez Dieu. Dieu est parfait ou il ne l'est pas ; il est la perfection ou il cesse d'être Dieu : son existence est dans son essence. Alors comment lui serait-il possible de contracter quelqu'alliance avec le mal pour nous tirer d'affaire?

séquent le sentiment de *notre* propre bonheur, se fût instantanément perdu dans le tout panthéistique, croyez-vous que Dieu ne nous aurait pas de suite attirés dans son sein? Je vous le demande, si une mère pouvait (car on peut juger des caractères du créateur par les caractères des choses qu'il a créées), si une mère pouvait aussitôt procurer à ce tendre fils qu'elle aime, tous les biens qui résultent d'une bonne éducation; si elle pouvait lui donner une âme élevée, un cœur aimant, un caractère ferme, un corps sain, enfin tout ce qui assure notre bonheur sur la terre, sans faire passer ce tendre enfant par tant d'épreuves si sévères, par tant de fatigues, de peines et de corrections, qu'elle voudrait mille fois endurer pour lui, cette mère ne le ferait-elle pas ? Eh bien! mettez-vous donc à la place de celui qui a fait le cœur de nos mères... Bonté divine, il faut donc que tout dans la création se fasse à vos dépens! vous demandez seulement que nous donnions notre consentement à ce que vous nous rendiez heureux!

Ah ! vous le comprenez ! non-seulement Dieu ne pouvait nous rendre heureux en nous créant, mais Dieu voudrait aujourd'hui rendre heureux le méchant, qu'il ne le pourrait point ; car, il n'y a qu'un bonheur, qu'un amour, qu'un bien! le bonheur, l'amour, le bien, que le méchant a toute sa vie repoussés de son cœur. Dieu, pour nous rendre heureux au moment où il nous créa, aurait détruit notre personnalité; or, si notre personnalité était détruite, où serait notre félicité ? Dieu pour rendre heureux le méchant, serait obligé de détruire sa propre substance ; or, si la substance de Dieu est détruite, où sera la Félicité? Vous voyez pourquoi ce n'est pas Dieu qui doit devenir semblable à la créature, mais la créature qui doit devenir semblable à Dieu...

Je dis cela, car on ne peut savoir à quelles extrémités l'amour infini se serait porté pour tirer ses créatures de la souffrance. Comme s'écriait S. Chrysostôme : « Quand « votre amour, ô mon Dieu ! cherche à verser ses bien- « faits, il ne consulte plus la raison : il en manque vrai- « ment alors ; il va, non où il devrait aller, mais où le « conduit une sorte de délire. » Eh bien ! même après avoir épuisé toutes les suppositions que nous pouvons faire sur cette bonté sans borne, il ne peut y avoir d'autre moyen de partager le bonheur de Dieu que de lui conformer nos cœurs. Dieu est perfection, soyons parfaits, nous vivrons comme Dieu. Dieu est amour et jouit du bonheur, ayons l'amour, nous aurons le bonheur.

Vous le voyez, comment était-il possible que notre sort éternel dépendît de conditions arbitrairement imposées ! Se pouvait-il que Dieu nous en imposât de toutes différentes ; ou bien, celles-ci une fois établies, se peut-il qu'il passe outre sans inconvénient ?.. Non, non, les actes que l'homme doit accomplir pour sa sanctification ne sont point les formalités d'une procédure qu'il faille remplir pour pouvoir être admis à la vie absolue. Ce sont des actes positivement sanctificateurs et vivificateurs, des actes qui donnent au cœur de l'homme une nature propre à pouvoir devenir pour Dieu même un objet d'amour, à ce point que Dieu lui-même tienne comme à une de ses joies, de nous faire asseoir au banquet de sa félicité.

Les actes par lesquels nous nous sanctifions, ne sont donc point indifférents en soi ; ils ne tirent point leur efficacité de cela seul qu'ils nous sont prescrits par Dieu ; de telle sorte que s'il nous en avait prescrits de tout opposés, ils seraient également efficaces. Car alors tous les actes possibles, de quelque nature qu'ils soient, seraient sanctificateurs pourvu qu'ils fussent en vue de lui plaire ; et les sacrifices humains que lui offrent les sauvages, sanctifieraient leur cœur tout aussi bien que sanctifient les nôtres les sacrifices de nos passions et de nos affections terrestres. Les véritables bonnes actions sont celles qui purifient positivement notre Cœur ; c'est-à-dire qui le rapprochent de la nature divine, en augmentant cette ressemblance en laquelle déjà il a été créé.

Maintenant, si les conditions pour arriver à la vie absolue ne sont point indifférentes en soi ; si ce sont les conditions mêmes sur lesquelles reposent la vie et la félicité de Dieu ; si conséquemment Dieu lui-même ne saurait trouver un moyen de nous y faire échapper, nous devons sentir que notre béatification dépend d'une vie profondément religieuse, et non point d'une conduite composée d'actes extérieurs qui ne produiraient aucun changement dans l'essence de notre Cœur. Par tous ces actes simulés, nous ne tromperions point Dieu, nous nous tromperions nous-mêmes ; car il arriverait que le jour où nous nous présenterions aux portes de l'absolu pour jouir de la félicité divine, notre cœur ne se trouverait point de nature à comprendre Dieu, et nous serions les premiers surpris. Nous aurons beau, en imitant tous leurs actes extérieurs, nous donner beaucoup de peine pour faire comme les saints, si nous ne le sommes pas, tous ces actes à quoi serviront-ils ? Certainement, c'est toujours la raison, l'intelligence, la volonté, le corps qui doivent exécuter nos actes, mais s'ils ne tiennent d'aucune manière au Cœur, et que celui-ci reste toujours le même sous ce vêtement de piété dont il s'enveloppe en vain, comme un cadavre dans les bandelettes de l'embaumement, le Cœur qu'y gagnera-t-il ? ce ne sont point la raison, l'intelligence, le corps, simples instruments de relation, qui passeront à la vie absolue ! N'est-ce pas ainsi que les Égyptiens, en parfumant leurs corps d'aromates incorruptibles, croyaient conserver leur âme pour l'immortalité ?

Aimez Dieu, ce sera plus court que tout cela. Car si vous aimez Dieu, vous ferez tout naturellement sa volonté, vous pratiquerez de vous-mêmes sa loi : alors vous serez bien sûrs de ne pas vous tromper. *Aimez Dieu*, disait S. Augustin, *et faites tout ce que vous voudrez*. En effet, ce que vous voudrez, ce sera ce qu'il veut ; et ce qu'il veut, c'est votre sanctification, pour que vous alliez partager son amour et sa félicité. N'oublions plus ceci : la béatification de l'homme n'est pas une affaire de formalité, c'est une affaire de modification de substance. C'est la modification, la transformation de notre être jusqu'à ce qu'il soit parfait comme Dieu, *estote perfecti sicut Pater vester* [1].

---

[1] « Serait-ce donc, comme s'écrie Aristote, qu'il y a des œuvres propres au cordonnier, au charpentier, au sculpteur, et aucune qui le soit à l'homme ! et la création l'aurait fait un être inerte et incapable de rien produire ! Ne peut-on pas affirmer plutôt, que de même que l'œil, la main, le pied, et chacun des membres de l'homme a sa fonction particulière, ainsi l'homme lui-même en a une qui lui est propre ? Mais cette fonction, quelle est-elle ? Et d'abord, la vie semble lui être commune avec les plantes : or, nous cherchons ce qu'il y a de propre,

Or cet être que nous formons, cet être qui est nous, cet être dans lequel nous existons, nous agissons, et nous méritons, cet être dans lequel nous vivons, nous aimons et nous nous portons vers la vie absolue, c'est le Cœur. Le Cœur est l'homme ; aussi ce que Dieu nous demande, c'est notre Cœur. De là,

Quand l'homme agit dans ce monde, c'est d'après son Cœur ; quand l'homme sera jugé dans l'autre, ce sera sur son Cœur ; quand l'homme jouira de la félicité, ce sera dans son Cœur.

A ce propos, savez-vous la remarque qu'on a faite ? c'est que parmi les hommes, il est presque permis de parler des bonnes qualités de son Cœur, tandis qu'il est tout-à-fait intoléré de parler des qualités de son esprit ! J'aime beaucoup cette observation : elle prouve que les hommes sentent que le Cœur est si important, par les destinées qui l'attendent, qu'il sort de toutes les lois d'appréciation temporelle et de convenance ordinaire, d'après lesquelles les hommes se tiennent réservés sur leur propre compte, soit par un juste sentiment d'humilité personnelle, soit pour ne pas blesser l'amour-propre de leurs semblables.

il faut donc mettre de côté la vie de nutrition. Vient ensuite la vie sensitive : mais celle-ci est encore commune au cheval, au bœuf, et à tous les animaux. Reste enfin la vie de relation, la faculté active de l'être qui a la raison en partage. Si donc le travail de l'homme est dans une activité de l'âme, conforme à la raison, et si alors l'œuvre de l'homme est un certain genre de vie composée d'actions conformes à la raison, qu'il appartient à l'homme vertueux d'exécuter, il résulte que le but de l'homme est l'activité de l'âme dirigée par la vertu ; et s'il y a plusieurs vertus, par celle qui est la plus parfaite, et de plus qui produit l'homme le plus parfait et la vie la plus accomplie. »

ARISTOTE, *La morale et la politique*, tom. 1, livre 1, chap. 7.

Mais quand il s'agit du Cœur ! l'homme doit éprouver tant de joie de l'avoir bon, qu'on peut lui passer la naïveté de l'avouer et de l'annoncer aux autres comme une bonne nouvelle dont ils doivent se réjouir. Les qualités de notre esprit peuvent faire ombrage à ceux qui nous entourent, les qualités de notre Cœur ne peuvent que les rendre heureux ; les qualités de notre esprit font notre position dans ce monde, où les hommes peuvent s'en montrer jaloux, les qualités de notre Cœur feront notre position dans l'autre, où il y aura place pour tous [1]. Voyez jusqu'où le sens commun va pénétrer !

A propos du sens commun, la théorie du Cœur à laquelle nous avons été conduits d'abord par la démonstration ontologique, ensuite par l'observation psychologique ; cette théorie qui consiste à nous faire regarder le Cœur comme l'homme lui-même, comme le siége de sa personnalité, comme cette partie de lui-même dans laquelle il vit et agit en ce monde, et conséquemment comme cette partie de lui-même qui est appelée à vivre et à jouir de la vie absolue ; cette théorie, disons-nous, doit

---

[1] On peut dire de la félicité des Cieux ce que S. Augustin disait de la Sagesse qui nous y conduit : « Nous pouvons jouir également et généralement de la Sagesse, elle nous appartient à tous. On ne se presse point, et l'on n'est point à l'étroit dans les routes qui nous y conduisent. On ne trouve en elle aucun défaut qui nous en dégoûte ; elle reçoit bien tous ses amis sans les rendre jaloux les uns des autres ; elle s'abandonne à tous, et cependant chacun la trouve toujours chaste et fidèle. L'un ne dit point à l'autre : Retirez-vous pour me laisser approcher à mon tour ; dégagez-la d'entre vos bras et laissez-moi l'embrasser ; tous sont unis à elle, tous embrassent le même objet. La nourriture qu'elle donne est indivisible, vous ne buvez pas une goutte de ses eaux que je ne puisse boire, et par l'union que vous avez avec elle, vous n'en consommez rien dont vous profitiez seul : ce que vous en recevez demeure tout entier pour moi, elle est en même temps à chacun et à tous. »

S. Augustin, *Du libre arbitre*, livre II, chapitre 14.

nous inspirer assez de confiance maintenant pour que nous ne craignions pas de lui faire affronter la plus terrible épreuve à laquelle on puisse soumettre une idée, savoir, de chercher sa conformité avec le sens commun. La science n'a pas de meilleure pierre de touche et conséquemment de preuves plus infaillibles. Ainsi,

Cherchons nos preuves justificatives dans le sens commun. Comme le sens commun dépose ses jugements les plus sûrs dans les langues, ce sont elles qu'il nous faut consulter. — Mais il est une observation que je veux faire ici, avant de quitter ce chapitre :

———

Les notions auxquelles nous sommes arrivés sur la nature des conditions de la vie absolue, me font revenir à l'esprit une réflexion que j'ai faite souvent ; et je désire, lecteur, que nous nous comprenions bien sur ce point, car sans cela nous ne nous entendrions plus à l'avenir. On croit vulgairement, et même parmi des esprits qui ne manquent pas d'une certaine philosophie, que toutes les lois de ce monde, que toutes les difficultés que l'homme y rencontre, ont été en quelque sorte arbitrairement et comme gratuitement imposées; que l'homme, par exemple, aurait pu obéir à de tout autres lois, éprouver de tout autres difficultés, ou n'en pas éprouver du tout. On a enfin quelques soupçons sur la nécessité réellement absolue de certaines lois morales, et quoiqu'on les admette bien comme indispensables au but à atteindre maintenant qu'elles sont introduites dans la création et qu'elles en font partie, on se demande si ontologiquement, si avant toute création, il était de toute nécessité, il était de condition Absolue, que ces mêmes lois, telles qu'elles sont dans le monde existant, fussent les lois sur lesquelles il devait indispensablement reposer. On ne sait pas pourquoi le bien est bien, et pourquoi c'est le mal qui est mal, plutôt que tout autre chose. Le bien, dit-on, est ce qui est conforme à la loi, et le mal, ce qui est contraire à la loi : oui, maintenant que cette loi est faite; mais Dieu n'aurait-il pas pu établir une loi toute différente, et le bien n'aurait-il pas été alors ce qui aurait été conforme à cette loi, et le mal, ce qui lui aurait été contraire ? Alors on ne voit pas, par exemple, pourquoi l'amour de Dieu et du prochain serait la plus grande vertu de l'homme, ou pourquoi l'orgueil serait le plus grand de tout les vices ; on ne voit pas positivement ce que cela peut faire à l'âme dans son essence, dans son rapport avec l'absolu; quel bien l'amour peut produire substantiellement en elle, et quel tort l'orgueil peut lui causer; on est tenté, en expliquant ces lois par un motif presque sordide, de dire qu'il était tout naturel que celui qui nous a créés, nous donnât pour première loi, pour plus grande vertu, de l'aimer, et par la même raison pour plus grand mal, pour plus grand vice, de l'oublier. On prête alors à la création des motifs tout personnels ; on ne comprend rien de rien, toute l'hygiène religieuse nous semble arbitraire, loin d'avoir été calculée sur le strict intérêt de notre nature; on ne voit pas Dieu comme il est, on ne voit pas l'homme comme il est, on ne voit pas les nécessités de la création comme elles sont ; et il nous est impossible à nous-mêmes de devenir ce que nous devons être. Eh bien, tout cela n'a qu'une cause : notre peu d'études ontologiques. On s'imagine tout expliquer par quelques apparences empruntées à ce monde! Et cette absence d'étude ontologique vient elle-même d'une seule cause : notre peu d'amour. Si nous avions le cœur grand et réellement jaloux d'aimer et de glorifier Dieu, nous sentirions bien vite le besoin d'expliquer les actes de Dieu par d'autres motifs que ceux qu'on lui prête vulgairement, et nous saurions bien ne tenir ni paix ni fin à notre raison, qu'elle nous ait révélé les mystères de bonté dont notre cœur serait avide !

Une des plus grandes Saintes dont nous honorions la mémoire et aimions le souvenir, nous parle d'une vision, qu'elle rapporte avec une naïveté touchante. Dieu, dans cette vision, lui aurait dit : « Tout le dommage qui ar« rive dans le monde provient de ce qu'on ne connaît « pas les vérités de l'Écriture avec une claire vérité. Ah ! « qu'il y en a peu qui m'aiment avec vérité : s'ils m'ai« maient, mes secrets ne leur seraient point cachés. « Sais-tu ce que c'est que de m'aimer avec vérité : c'est « comprendre que *tout ce qui ne m'est pas agréable est* « *mensonge et n'est pas au profit de l'âme.* » Il y a peu de temps que j'ai lu ceci, j'en ai été ébloui, parce que c'était là le sentiment qui, à mon insu, m'avait inspiré dans toute ma philosophie. Nous avions toujours été convaincus que ce que Dieu appelait *le bien*, n'était pas seulement ce qu'il avait décidé être tel, mais ce qui d'après les lois absolues de l'être était indispensable à notre âme pour arriver au bonheur ; et que ce que Dieu appelait *le mal*, n'était pas ce qu'il avait décrété être tel, mais ce qui ontéthiquement s'opposait à ce que l'âme pût atteindre ses destinées ; et qu'en même temps, le bien était ce qui se trouvait de toute éternité conforme à la nature de Dieu, et le mal ce qui de toute éternité s'y trouvait contraire. C'est là ce qui nous a toujours portés à chercher la raison ontologique des choses ; car nous n'avons jamais pu être satisfaits sur une vérité tant que nous n'avons pas vu comment elle se rattachait à Dieu, comment elle tenait à l'existence absolue, en un mot, comment elle était tellement vérité que Dieu n'aurait pu faire qu'elle fût autrement, à moins d'être contraire à lui-même, ce qui est impossible. Et en effet, nous nous sommes toujours aperçus, dans l'ordre de vérités dont nous nous sommes occupés, que Dieu ne pouvait pas plus faire que les choses fussent autrement, qu'il ne peut faire qu'une ligne droite ne soit pas le plus court chemin d'un point à un autre. Aussi, le contraire des lois de la création, surtout dans l'Ordre moral, ne nous paraît pas seulement (comme en science) être *le faux*, c'est-à-dire ce qui n'existe pas : le contraire des lois de la création nous paraît être *l'absurde*, c'est-à-dire ce qui ne peut pas exister. Le contraire des lois sur lesquelles repose notre être moral, et sur lesquelles repose le Monde moral, est contradictoire, c'est-à-dire impossible. Et, pour nous en tenir aux notions que nous avons parcourues jusqu'ici, essayez, par exemple, de supposer l'homme sans raison ! ou bien, sans causalité ! ou bien, sans le Cœur ! Supposez donc une raison non impersonnelle, une liberté non libre, une causalité non responsable, un Cœur non aimant, non poursuivi par le besoin du bonheur! Supposez aussi, que Dieu n'ait pas mis la créature dans ce monde, la tenant séparée de lui par le fini et la souffrance, pour qu'elle pût former sa personnalité et se préparer d'elle-même à la vie absolue, etc., etc.! [1]

Mais ces caractères d'une divine et providentielle nécessité, apparaîtront bien plus éclatants par la suite, par rapport aux grandes vérités cosmogoniques qu'elle viendra nous expliquer ; vérités cosmogoniques qui nous paraîtront elles-mêmes si vraies, si indispensables, que le contraire implique la contradiction, l'impossibilité. Alors, rien d'inouï comme le respect que cette vue inspire pour la création, et la profonde confiance qu'elle nous donne en Dieu.

Ah! si nous pouvons arriver au terme de ce travail, le lecteur aura plus d'une fois l'occasion de voir se vérifier ce que nous disons sur l'absoluité ontéthique du bien et

---

[1] Nous sommes entrés ici dans des idées trop profondes peut-être, car je crains de n'avoir pu les rendre comme je les entendais. Mais je ne pouvais souffrir davantage de voir supposer de l'arbitraire dans les plans de Dieu, et c'était un besoin pour moi d'exprimer sur ce point ma pensée. O lecteur! reçois donc cette pensée dans ta méditation, mais couvre-la prudemment de l'égide de ton silence, car je sens, à mon insuffisance, que je n'ai pu ni dire ni faire comprendre tout ce que je désirais. J'ai critiqué avec raison ceux qui croient que notre béatification dépend de dispositions purement arbitraires de Dieu ; peut-être devrais-je être critiqué moi-même pour y avoir opposé trop fortement les caractères d'absoluité qui accompagnent la volonté de Dieu ; mais il était indispensable de faire concevoir ce qui est vrai, savoir, que Dieu ne pourrait pas mettre plus d'amour, plus de bonté, plus de tendresse même dans le plan de sa création. Dieu est l'opposé de l'arbitraire. Dieu ne peut pas ne pas être juste ; il ne peut pas ne pas être conforme à sa nature. Il ne peut pas émettre des volontés qui y soient contraires, parce que Dieu ne peut pas ne pas être Dieu. Lecteur, je voudrais donc que dans cette théorie de la béatification, tu t'attachasses non pas tant à ce que j'ai dit, qu'à ce que j'ai voulu dire.

du mal ainsi que de toutes les lois de la création. Il en sera surtout frappé, lorsqu'il reconnaîtra quel est le but de ce qu'il y a de plus universel dans le genre humain, le travail ou la douleur, la famille ou l'amour. A celui qui lève aujourd'hui le voile de cette manière, de grandes découvertes sont réservées.

Sommaire. — L'homme se trouvant en contact avec deux mondes, desquels il reçoit des impressions, et dans lesquels il réalise des actions, il fallait bien qu'il y eût au fond de la nature humaine, une partie propre à recevoir les premières, et une partie propre à produire les secondes. — De là, deux parties bien distinctes dans le Cœur : celle où sont reçus les mobiles, et celles d'où partent les volitions; l'une toute de réceptivité, et l'autre toute d'activité : celle-ci conséquemment toute responsable, et celle-là ne l'étant point. — C'est ainsi que des deux grandes fonctions du Cœur, aimer et vouloir, la première ne dépend point de lui, tandis que la seconde ne dépend que de lui. — Il y a cependant ici une restriction à faire : car l'homme peut, par la volonté, réagir sur son Cœur, au point de lui faire aimer ce qu'il doit aimer, tout comme il lui fait vouloir ce qu'il veut. — De même qu'il y a dans le corps humain deux systèmes d'organes : 1° *Les organes de nutrition*, qui sont entièrement soumis aux lois physiologiques; 2° *Les organes de relation*, qui sont entièrement soumis à la volonté; — de même, dans l'âme, il y a deux systèmes d'organes : 1° la rationalité et le Cœur, qui sont les organes de la vie de nutrition spirituelle; 2° l'intelligence et la volonté, qui sont les organes de la vie de relation spirituelle. — Aussi, les conceptions de la raison et les sentiments du Cœur

sont entièrement sous le domaine des lois psychologiques !
Au contraire, les facultés de notre intelligence et nos actes
de détermination sont entièrement sous le domaine de
notre volonté ! — mais comme pour la vie psychologique,
l'homme peut, par un bon ou un mauvais usage des organes
de relation, améliorer ou altérer les organes de la nutrition ;
de même pour la vie spirituelle, l'homme peut, par un
bon ou un mauvais usage des organes de relation de l'âme,
développer ou dégrader les organes de sa vie de nutrition.
— De sorte que, si la santé et la force de notre corps dépendent de la prudence de nos actions, la sainteté et l'énergie de notre Cœur, dépendent de la sagesse de nos volitions. C'est ainsi que l'homme devient le fruit de ses œuvres.
— Or, ces efforts de la volonté pour arriver au bien lors
même que les mouvements de notre nature ne nous y porteraient pas, s'appellent *vertu :* voilà pourquoi la vertu n'est
qu'un élan vers l'innocence. — Par la vertu nous tendons à
rendre telle notre nature, qu'elle fasse le bien spontanément ; nous la ramenons à l'état de perfection qu'elle connaissait déjà par l'innocence. La vertu est d'un être faible par sa
nature et fort par sa volonté. — Il faut conclure de ce qui
précède que la volonté, par ses surprises, doit nous déterminer pour le bien quand même notre cœur serait disposé pour le mal ; et que dans ce cas nos actions, indépendamment de ce qu'elles concourent à réformer notre cœur,
n'en ont que plus de mérite. — Si l'homme n'avait pas dans
le Cœur le moyen de refaire son propre Cœur, à quoi lui
servirait la causalité ? Dieu a créé l'homme en puissance
d'être, c'est à lui de devenir en réalité d'être. — L'homme
ne naît perfectible que parce que c'est à lui de devenir parfait ; c'est-à-dire de se former de plus en plus à la ressemblance de Dieu. — Dieu ne nous a donné l'être que comme
la matière première que nous devons nous-mêmes former à
la perfection pour arriver au bien-être. L'homme est l'artiste
de son propre Cœur. — Les autres artistes réalisent hors

d'eux : celui-ci réalise en lui-même ; les autres travaillent sur la matière : celui-ci travaille sur l'esprit ; les autres font une œuvre qui sera admirée des hommes : celui-ci fait un être qui sera aimé de Dieu. L'homme de bien est un artiste de l'école de Dieu. — Or, si le Cœur est le siége de la personnalité, si c'est dans le Cœur que l'homme vit, qu'il aime, qu'il veut, qu'il agit, qu'il mérite ; si c'est dans le Cœur que l'homme est bon ou méchant, qu'il est tout ce qu'il se fait, et qu'il concourt à sa propre formation ; enfin si le Cœur est ce que l'homme a été envoyé former et sanctifier dans ce monde, le Cœur est donc l'élément de la nature humaine appelé à jouir de la vie absolue. — Où l'homme agit, il mérite ; où il mérite, il sera récompensé. C'est au Cœur que revient l'immortalité. — De là, quant à la sanctification de l'homme, c'est-à-dire quant à sa préparation à la vie absolue, tout ce qui ne porte pas son effet dans son Cœur, est sans résultat. — Nos actes n'ont pas de valeur par eux-mêmes ; s'ils n'entraînaient aucun effet dans notre Cœur, Dieu ne nous les demanderait pas. — Ce ne sont pas nos actes, accomplis dans le temps, ce sont nos Cœurs que Dieu veut admettre à la vie absolue. — Nos actes ne sont pas notre sanctification, ils l'opèrent. Si nos actes étaient eux-mêmes la sanctification, l'homme n'aurait qu'à s'astreindre d'un côté à une certaine pratique, tandis que d'un autre côté son Cœur resterait tout entier aux choses de ce monde. — Les habitudes de penser dans le temps, qu'a contractées notre esprit, donnent à nos idées sur ce point un caractère d'anthropomorphisme qui nous conduit à un culte faux et servile. Nous nous faisons un Dieu tel que nous croyons devoir le faire pour qu'il soit plus facilement gagné dans notre intérêt. — Il arrive que l'on ne s'inquiète plus de savoir si le culte que l'on rend à Dieu est réellement moral, mais s'il peut au besoin réconcilier avec lui ; et l'on s'enferme dans une manière toute mécanique de le servir. — On commence alors par le sacrifice des lèvres, qui de tous est le moins dispendieux, et l'homme livré à ce culte intéressé, est prêt à faire à Dieu tous les sacrifices.... excepté le sacrifice de son Cœur. — Nous regardons les conditions imposées pour arriver à la vie absolue, comme indifférentes en soi, Dieu ayant seulement voulu par là nous faire bien sentir tout le poids de sa puissance! — Dieu, pensons-nous, est jaloux de son bonheur, il veut nous le faire payer; Dieu est le marchand de la vie éternelle. Il exige en retour de l'adoration, des flatteries, une soumission profonde : nous ne manquerons pas de lui adresser régulièrement de profonds hommages, et de l'assurer à tout instant de notre parfaite considération. — Après cela, nous disons avoir *réglé* nos comptes, et nous *être acquittés* de nos devoirs envers Dieu, et nous nous endormons tranquilles dans la pensée que notre place est payée aux cieux. — Ah! que c'est peu connaître la nature de Dieu! Si nous savions dans quelle position Dieu se trouve vis-à-vis de nous, par rapport à la félicité ! — Il est indispensable que nous revenions là-dessus à des notions ontologiques; les lois de notre introduction dans la vie absolue tiennent aux lois les plus profondes de l'essence divine. C'est à ces lois qu'il faut remonter : — L'existence de Dieu, comme celle de tout être, repose sur des lois; et Dieu, comme tout être, obéit à ses lois; seulement, c'est lui qui les a faites : ces lois sont celles de la puissance, de la sagesse et de l'amour. — Parmi ces lois il en est une avant toutes les autres, une qui les domine et les vivifie toutes : c'est celle qui les réunissant toutes, rassemble dans leur identité les universelles substances de l'infini, et constitue, à proprement parler, la divinité. — Cette loi est l'amour. Réunissant les éternelles conditions de l'existence, il les ramène toutes dans l'identité divine. L'amour est le principe vital de l'être absolu. — Dieu, par suite de l'amour qui l'embrase, le rend un et le vivifie, a voulu que des êtres qui ne soient pas lui, puissent participer à sa félicité. De là, la création. — Comme participer à la félicité de Dieu c'est vivre de sa vie, et que la vie de Dieu est l'amour, un être, pour participer à la félicité de Dieu doit donc avoir pour vie l'amour. — Dieu fit l'homme en conséquence : créé en puissance d'être, l'homme arrive lui-même à sa réalité d'être, c'est-à-dire à la béatification. Or, sa béatification dépend de sa sanctification, c'est-à-dire, de la conformité de sa nature avec la nature de Dieu. — Car, pour trouver le bonheur là où Dieu trouve le sien, il faut être nécessairement de la même nature que Dieu. Ce sont là des lois irrésistibles et indispensables. — Nous n'avons qu'à être parfaits comme Dieu, nous serons heureux comme lui. Aussi, notre béatification ne dépend point d'un consentement surpris à la bonté de Dieu : c'est une affaire d'identité de substance. — Il n'y a pas de milieu : ou nous deviendrons conformes à la nature de Dieu, et alors susceptibles de vivre de sa vie ; ou nous serons opposés à la perfection de Dieu, et alors notre vie sera incompatible avec la sienne. — Que l'homme s'y prenne comme il le voudra, il n'y a qu'un moyen d'arriver à Dieu, c'est de se conformer à sa loi, afin de se rendre conforme à sa nature. Or la loi de Dieu, comme sa vie, est l'amour. — Elles ne sont donc point indifférentes en soi les conditions de la vie absolue ! Maintenant, si nous manquons à ces conditions que voulez-vous que Dieu fasse ?.... On ne peut être heureux que par l'amour ; si l'homme ne veut pas aimer ! — Aussi, Dieu lui-même avec toute sa puissance ne saurait faire qu'une âme criminelle pût, au milieu des cieux, jouir de la félicité. Car il ne faut pas croire que le méchant ne soit privé du bonheur que parce que Dieu désire qu'il soit puni : le méchant sera privé du bonheur parce qu'il lui sera impossible de le goûter. — L'artiste au milieu d'un concert entre dans une joie inexprimable ; pourquoi l'animal qu'on y introduit n'éprouve-t-il pas le même sentiment, sinon parce qu'il n'a point le sens de la mélodie ? — Si nous n'emportons pas dans l'autre monde le sens de la vie absolue, comment pourrons-nous en jouir ? L'homme n'arrive dans l'autre vie qu'avec les propriétés qu'il s'est acquises dans celle-ci ; car c'est en cela que consiste sa gloire. — Au jour du dépouillement de la création, le départ entre le bien et le mal s'opérera aussi irréfragablement que s'opère dans la fournaise le départ des métaux en fusion : l'un et l'autre iront où les appellera la loi de l'identité de substance. — Il ne sera pas nécessaire que Dieu vienne briser son cœur en nous condamnant : aux portes de l'absolu se trouvera l'inflexible loi qui de toute éternité a fait bien le bien et mal le mal, c'est-à-dire a distingué l'être du néant, qui éternellement séparera le bien du mal, c'est-à-dire rendra l'un à l'être et l'autre au néant. — Alors tout ce qui sera de l'absolu se sentira naturellement soulevé par sa propre affinité vers la substance absolue, et ira s'anastomoser au torrent de la vie éternelle ; tout ce qui sera le contraire de l'absolu se sentira précipité par son propre poids dans ce qui est le contraire de la félicité, et ira partager les tortures de l'être en désaccord avec l'être. — Comment s'introduirait-il en Dieu, lui l'identité par excellence, la substance pure, le moindre élément contraire à son essence ! Aussi Dieu subira comme une cruelle nécessité de sa nature la douleur de voir des êtres qu'il avait faits pour le bonheur, forcés de s'éloigner de lui par l'incompatibilité de leur nature. — Nous ne savons pas les luttes éternelles qui s'engagent dans le sein de Dieu entre son amour et les nécessités de son amour. C'est en considérant ces choses que l'on conçoit le sacrifice inouï que lui a coûté la création. — Ah ! si Dieu avait pu nous rendre heureux en nous créant ! mais, il a fallu la réunion de toutes les substances de l'infini pour former la félicité comme pour former Dieu ; voilà pourquoi il ne faut rien moins que Dieu aujourd'hui pour faire partager cette félicité à d'autres êtres que lui. — Si l'amour a vaincu les obstacles redoutables que l'éternelle substance opposait à ce que l'être qui n'est ni l'absolu, ni l'éternel, ni l'infini vint s'enivrer à sa félicité, il faut au moins que le fils du néant veuille se prêter aux vues ineffables du Créateur. — Car Dieu n'a laissé à l'homme absolument que ce qu'il ne pouvait pas faire pour lui, savoir de mériter à sa place. Il nous a donné tout ce qui était nécessaire pour le bonheur; mais il ne pouvait pas être heureux pour nous. — Si Dieu faisait le bien pour nous, s'il opérait notre propre sanctification, s'il formait lui-même notre cœur, nous n'aurions point de personnalité; et si nous n'avons point de personnalité, ce n'est pas nous qui jouirons. — Ou bien, si Dieu, par amour même, voulait accueillir la haine à la place de l'amour, le méchant pour le bon, il faudrait qu'il changeât sa propre essence. Or, l'essence ne change pas; changer pour elle, c'est se détruire; et si la substance de Dieu se détruit où sera la félicité? — De ce que l'amour a engagé Dieu à sortir de son sein, il ne l'a pas engagé à sortir de sa nature. Dieu est perfection, soyons parfaits nous vivrons comme Dieu; Dieu est amour et jouit du bonheur, ayons l'amour nous aurons le bonheur. — Les actes que l'homme doit accomplir pour sa sanctification ne sont donc point les formalités d'une procédure imposée pour être admis à la vie absolue, ce sont des actes positivement sanctificateurs, qui donnent à notre Cœur une nature semblable à la nature de Dieu. — La béatification de l'homme n'est point une affaire de formalité, c'est une affaire de modification de substance; c'est la modification, la transformation de notre cœur jusqu'à ce qu'il soit, ainsi qu'il nous en a prévenus, *parfait comme Dieu!* — De là, quand l'homme agit dans ce monde, c'est d'après son Cœur; quand l'homme sera jugé dans l'autre, ce sera sur son Cœur; quand l'homme jouira de la félicité, ce sera dans son Cœur. — Les hommes comprennent que le Cœur est si important, et qu'il sort tellement de la ligne d'appréciation commune, qu'il est permis parmi eux de parler des bonnes qualités de son Cœur tandis qu'il n'est pas permis de parler des qualités de son esprit.

Réflexions ontologiques sur les lois de la création.

XVIII.

PIÈCES JUSTIFICATIVES.

Retrouve-t-on, dans le sens-commun, le Cœur considéré comme l'élément fondamental de la nature humaine ?

L'observation psychologique nous a amenés à reconnaître que le Cœur est non-seulement l'organe principal auquel se rattachent toutes les autres facultés de la nature humaine, non-seulement le centre vital d'où ces facultés reçoivent le mouvement et la vie; mais qu'il est encore l'organe pour lequel tous les autres organes ont été faits, le centre auquel se rapportent toutes les opérations des autres facultés, qu'alors le Cœur est l'homme lui-même, et que Dieu conséquement ne juge l'homme que par son Cœur. Eh bien ! les hommes sur ce point ne se méprennent pas plus que Dieu : quand il s'agit d'apprécier quelqu'un, ils savent bien aller trouver le Cœur ! En effet, quoique nos actions nous soient tour à tour inspirées, soit par les sentiments rationels, soit par les instincts du corps, soit par les calculs de l'intelligence, comme ces divers mobiles, avant d'arriver à la volition qui décide leur exécution, sont obligés de passer par le Cœur, pour le solliciter à se déterminer, et qu'enfin c'est dans le Cœur que s'élabore l'acte qui doit s'opérer, le bon sens vulgaire, si juste dans sa manière de voir, le bon sens qui ne fait pas de l'analyse scientifique, ne dit point : « Voilà un acte qui vient de la raison !. En voici un « qui vient de l'intelligence !. Un autre qui vient des « sens !. » mais voyant les choses en général, et attribuant au Cœur les actes que les autres facultés n'ont pu que lui inspirer, le bon sens, pour qualifier les hommes qui produisent ces différentes sortes d'actes, se borne à donner pour épithète au Cœur, la qualité du mobile par lequel ces mêmes hommes se déterminent habituellement.

De là cette multitude d'expressions où le langage prend constamment le Cœur pour tout l'homme, telles que :

Un Cœur dur, pour dire un homme que rien ne peut émouvoir; *un Cœur tendre*, pour dire un homme qui se laisse facilement émouvoir; *un Cœur féroce*, pour dire un homme qui fait le mal sans pitié; *un Cœur compatissant*, pour dire un homme qui ne peut voir le mal sans éprouver le désir de le soulager; *un Cœur irascible*, pour dire un homme que tout met en colère; *un Cœur doux*, pour dire un homme qui ne se fâche jamais; *un Cœur sensible*, pour dire un homme qui se laisse toucher; *un Cœur insensible*, pour dire un homme que rien ne peut toucher; *un Cœur gai*, pour dire un homme enclin à la joie; *un Cœur triste*, pour dire un homme enclin à la tristesse; *un Cœur magnanime*, pour dire un homme qui est toujours prêt à faire de grandes choses ; *un Cœur simple*, pour dire un homme qui n'a point de malice; *un Cœur confiant*, pour dire un homme qui n'a aucune méfiance; *un Cœur droit*, pour dire un homme qui agit avec loyauté; *un Cœur pur*, pour dire un homme dont rien n'a souillé l'innocence; *un Cœur élevé*, pour dire un homme dont les penchants et les idées sont nobles ; *un Cœur bas*, pour dire un homme dont les instincts et les idées sont ignobles ; *un grand Cœur*, pour dire un homme qui comprend et qui fait les choses largement ; *un Cœur étroit*, pour dire un homme avare et petit; *un bon Cœur* et *un mauvais Cœur*, expressions sublimes par leur exactitude et le sens profond qu'elles renferment : car si le Cœur est la faculté d'aimer, comme le propre de l'amour est de faire du bien, *un bon Cœur* est celui qui donne tout et qui ne se fâche de rien, ces deux marques de l'amour; comme le *mauvais Cœur* est celui qui ne donne rien et qui se fâche de tout, ces deux marques de la haine. Or, *un bon Cœur*, comme tout le monde le sait, signifie un homme excellent ; et *un mauvais Cœur*, un homme méchant.

Et remarquez bien que ce n'est pas dans notre langue seule que le Cœur est pris pour l'homme lui-même ; nous trouverons dans la langue latine une multitude d'expressions employées dans le même sens. Ainsi pour dire des hommes valeureux, nous trouverons : *fortissima Corda* [1]; des hommes inertes : *inertia Corda* [2]; des hommes difficiles : *aspera Corda* [3]; des hommes frappés d'étonnement :

---

[1] Virgile ; — [2] Idem ; — [3] Idem.

stupefacta corda [1]; des esprits légers : *levissima corda* [2]; un homme apaisé : *sedatum cor* [3]; un esprit mélancolique : *triste cor* [4]; des hommes oublieux de leurs travaux : *oblita corda laborum* [5]; des hommes perfides : *perfida corda* [6]; des hommes dangereux : *noxia corda* [7]; des hommes ensevelis dans le vin : *sepulta corda multo mero* [8]; dompter les hommes féroces : *domare dura corda* [9]; assouvir la cruauté : *ferreum cor satiare* [10]; des hommes féroces : *ferrea corda* [11]; un homme capable de tous les crimes : *capax cor multorum scelerum* [12]; des esprits fatigués : *anhela corda* [13]; un homme gonflé d'orgueil : *tumefactum cor* [14]; des hommes bouillants : *acria corda* [15]; des hommes dans l'attente : *anxia corda* [16]; des esprits qu'on s'est aliénés : *aliena corda* [17]; un homme prudent : *sagax cor* [18]; adoucir la colère du peuple : *permulcere corda* [19]; avoir peur : *trepidare corda* [20]; etc.

Si nous jetons les yeux sur la langue grecque, nous y retrouverons également le mot Cœur considéré et employé comme nous venons de le voir dans la langue latine et dans la langue française. Ainsi, un homme bon, c'était un bon Cœur : ευκάρδιος (ευ, *bien*, καρδια, *cœur*.) Un homme méchant, c'était un mauvais Cœur : μελανοχαρδιος (μελασ, *noir, méchant*; καρδια, *cœur*.) Un homme paresseux, mou, c'était un Cœur lent : νωθροκάρδιος (νωθρος, *lent*; καρδια, *cœur*.) Un homme porté à la colère, c'était un Cœur vif : οξυκάρδιος (οξυς, *piquant, aigre*;

---

[1] Virgile; — [2] Idem; — [3] Idem; — [4] Idem; — [14] Idem; — [15] Lucrèce; — [16] Lucain; — [5] Idem; — [6] Ovide; — [7] Idem; — [17] Valère; — [18] Silius; — [19] Idem; [8] Idem; — [9] Idem; — [10] Idem; — [20] Cicéron. [11] Claudien; — [12] Sénèque; — [13] Idem;

DE LA NATURE DE L'HOMME.

καρδια, *cœur.*) Un homme sans pitié, c'était un Cœur dur : σκληροκάρδιος (σκληρος, *dur* ; καρδια, *cœur.*) Un homme lâche, c'était un homme sans Cœur : ακάρδιος (α privatif ; καρδια, *cœur.*) Un homme difficile, c'était un Cœur âpre : κερχαλεος (κηρ, *cœur* ; χαλεος, *âpre.*) Un homme qui supporte les maux, c'était un Cœur patient : ταλακάρδιος (ταλαω, *supporter* ; καρδια, *cœur.*) C'est ainsi qu'Hercule était appelé, *fils patient de Jupiter* : Διος ταλακάρδιος υιος. Un homme mort, c'était un homme privé du Cœur : ακηριος (α privatif ; κηρ, *cœur.*) Un homme cruel, c'était celui qui fend le Cœur : κερτομος (τεμνω, *couper, fendre* ; κηρ, *cœur.*) Ou bien, c'était celui qui perce le Cœur : διακαρδιος (δια, *à travers* ; καρδια, *le cœur.*) Ou bien, c'était celui qui aime à fendre le cœur : φιλοκερτομος (φιλεω, *aimer* ; τεμνω, *fendre* ; κηρ, *le cœur.*) Un homme railleur, sarcastique, c'était celui qui déchire le Cœur : θυμοδακης (θυμος, *cœur* ; δακνω, *mordre.*) Une méchanceté, une raillerie, c'était quelque chose qui fend le Cœur : επικερτομενα (επι, *contre* ; κηρ, *cœur* ; τεμνω, *fendre.*) Jeter dans la douleur, c'était faire une blessure au Cœur : καρδιουλκεω (ελκος, *blessure* ; καρδια, *cœur.*) Epouvanter, c'était troubler le Cœur : ταραξικάρδιος (ταρασσω, *troubler* ; καρδια, *cœur.*) Etre triste, c'était être frappé au Cœur : καρδιοβολεισθαι (βαλλω, *frapper* ; καρδια, *cœur.*) Dieu, c'était celui qui connaît le Cœur : Καρδιογνωστης (γιγνωσκω, *connaître* ; καρδια, *cœur.*)

Dans la langue hébraïque, on retrouve les mêmes composés, ce qui prouve que les Hébreux considéraient également le Cœur de la même manière. Ainsi le mot לבב (labeb) qui veut dire *Cœur*, signifie aussi *ce qui plaît* ;

c'est de là que les Latins ont fait *libet*, et *libido*, désir du Cœur. Or du substantif לבב, les Hébreux ont tiré le verbe לבב, qui signifie enhardir, donner du Cœur, toucher le Cœur, le rendre sensible. On trouve au *Cantique* 4, 9 לבבתנו (ἐκαρδίωσας ἡμᾶς) vous nous avez blessé le Cœur. כלבב (θρασύνεσθαι) signifie avoir le cœur enflé, agir avec orgueil, etc.

Il est tellement vrai que dans le sens commun le Cœur est considéré comme l'homme même, que le langage regarde les différents états et les différentes qualités du Cœur comme étant les différents états et les différentes qualités de l'homme.

C'est pourquoi l'on dit d'un homme qu'il a le cœur neuf... le cœur sincère... le cœur généreux... le cœur corrompu... le cœur content... le cœur chagrin... le cœur gâté... le cœur enflammé... le cœur ulcéré... le cœur loyal... le cœur inhumain... le cœur souillé... le cœur attendri... le cœur abattu... le cœur altier... le cœur abject.. le cœur réjoui... le cœur enthousiaste... le cœur enthousiasmé... le cœur transporté de joie... le cœur ferme... le cœur pénétré... le cœur pris... le cœur amolli... le cœur flétri... le cœur résolu... le cœur entier... le cœur perfide... le cœur confiant... le cœur enchaîné... le cœur usé... le cœur chaleureux... le cœur blasé... le cœur passionné... le cœur d'un ange... le cœur impétueux... le cœur ardent... le cœur froissé... un cœur fidèle... un cœur bouillant... un cœur de rocher... un cœur de pierre... le cœur sec... le cœur froid... le cœur brûlant... un cœur de glace... le cœur glacé, etc., etc.

Les Latins avaient une multitude d'expressions de ce genre, telles que : stupor cordis [1]... acri corde tumere [2]... ægrum cor [3]... alto de corde [4]... alto corde uri [5].. attonito corde [6]... cordis copia [7]... cor sapientiæ [8]... cupidum cor [9]... discordantia corda [10]... effera corda... equifera corda... flammatum cor [11]... hebes cor [12]... tumidum cor [13]... curæ cordis [14]... maculosa bibentium corda [15]... ex corde excessit cura [16]... in corde instituere aliquid [17]... corde et viribus aliquid persequi [18]... micat cor timore [19]... metum corde solvere [20]... rabie corda tument [21]... gerere corda [22]... cor perurere [23]... æquo corde, etc. — Toutes expressions que, soit en latin, soit en français, l'on n'applique point aux autres éléments de la nature humaine, et par lesquelles on prétend toujours peindre l'homme tout entier, et non pas seulement une de ses facultés. En un mot, on place constamment dans le Cœur de l'homme ses qualités et ses défauts, et l'on dit de son Cœur ce que l'on pense de lui : tant il est vrai que l'on considère le Cœur comme l'homme lui-même.

Il est tellement vrai que le langage considère le Cœur comme étant l'homme, et que c'est dans le Cœur, par conséquent, que doivent se trouver toutes les différentes qualités de l'homme, que le langage dit tout simplement de celui qui a ou qui n'a pas telle qualité, qu'il a ou qu'il n'a pas de Cœur. Ainsi tous les jours nous enten-

---

[1] Lucrèce ; — [2] Valère ; — [3] Idem ; — [4] Ovide; — [5] Idem; — [6] Idem ; — [7] Plaute; — [8] Idem ; — [9] Sénèque ; — [10] Idem; — [11] Virgile ; — [12] Lucrèce ; — [13] Horace ; — [14] Lucrèce ; — [15] Stace ; — [16] Ovide ; — [17] Plaute ; — [18] Idem ; — [19] Ovide ; — [20] Virgile ; — [21] Idem ; — [22] Martial ; — [23] Idem.

dons dire d'un homme plein de courage et d'intrépidité : *Qu'il a du Cœur*; d'un homme lâche et paresseux : *Qu'il est sans Cœur*; d'un homme qui tient à sa parole et qui a de l'honneur : Que c'est un *homme de Cœur*; d'un homme qui ne répond pas à l'affection que l'on a pour lui : *Qu'il manque de Cœur*; d'un homme plein de franchise : *Qu'il a le Cœur sur la main*; d'un homme qui avoue ses sentiments et ses pensées : *Qu'il ouvre son Cœur*; d'un homme affligé et rempli de tristesse : *Qu'il a le Cœur gros*; d'un homme qui s'intéresse vivement à une chose et qui promet de s'y employer tout entier : *Qu'il l'a prise à Cœur*; d'un homme qui supporte la honte et les outrages que lui attirent de mauvaises actions : *Qu'il n'a point de Cœur* (les Latins disaient : *Non habere Cor*; les Grecs : μὴ ἔχειν Καρδίαν, n'avoir pas de Cœur); d'un homme vif, laborieux, qui ne craint pas ses peines : *Qu'il est plein de Cœur*. Et effectivement, l'homme courageux et actif ne calcule pas s'il fait plus d'avance qu'il ne retirera, il commence par se sacrifier, par donner tous ses efforts, ce qui prouve qu'il a beaucoup d'amour ou beaucoup de Cœur.

Mais du reste, on reconnaîtrait que ces expressions, si on les passait en revue, rentrent toutes avec une justesse frappante dans l'explication que nous avons donnée de la nature et de l'objet du Cœur. N'est-il pas remarquable de voir que jamais le langage n'a envisagé ces choses autrement ! or vous savez que le langage est l'expression du sens commun. Ainsi on emploie le mot *Cœur* en lui donnant l'acception de l'homme en général, ce qu'on ne fait point pour les autres facultés. En effet, la raison n'est point l'homme, l'intelligence n'est point l'homme, le corps n'est point l'homme ; mais tous ces organes réunis par le Cœur constituent l'homme, cet être qui reçoit et les inspirations de la raison, et les lumières de l'intelligence, et les sensations du corps ; cet être enfin qui conçoit, raisonne, pense, aime, sent, se détermine et agit.

C'est donc parce que le Cœur est tout l'homme que nous avons ces expressions : donner son cœur... retenir son cœur... être dans un cœur... garder son cœur... recevoir son cœur... porter dans son cœur... retirer son cœur... gagner les cœurs... régner sur les cœurs... placer son cœur... séduire les cœurs... s'aliéner tous les cœurs... s'attirer tous les cœurs... ouvrir son cœur... posséder tous les cœurs... lire dans les cœurs... purifier son cœur... élever son cœur. Aussi, l'homme n'ayant été mis sur la terre que pour devenir de lui-même parfait comme Dieu, le chrétien adresse tous les jours, en s'éveillant, cette prière à Dieu pour lui demander de le rendre semblable à lui : « Mon Dieu ! je vous donne mon Cœur ; donnez-moi le « vôtre ; et, s'il vous plaît, rendez le mien semblable au « vôtre ! » Comme on le voit, dans ce cas, l'homme ne parle ni de sa raison, ni de son intelligence, ni de sa volonté, ni de son corps, mais de ce en quoi il se trouve tout entier. Il sait bien que si son Cœur est semblable à celui de Dieu, tout son être le sera. Lorsque, par exemple, on veut exprimer que deux personnes, par l'union de leur esprit et de leur volonté, n'en forment pour ainsi dire qu'une seule, on dit : *Qu'elles ne font qu'un Cœur*, parce qu'on regarde le Cœur comme le siége de la personnalité.

Quand l'homme a dit : *Je vous aime de tout mon Cœur*, il n'a plus rien à ajouter ; et quand, s'adressant à une personne qu'il aime, il l'appelle de ces mots : *Mon Cœur*, c'est pour employer l'expression de la plus intime tendresse. Le meilleur de nos amis est celui qu'on nomme *l'ami de Cœur*, et celui que nous aimons le plus est *l'ami du Cœur*.

Il y a encore, pour rendre les divers états de l'homme, une infinité d'expressions dans lesquelles on rapporte tout au Cœur, comme par exemple : Le calme du cœur... la paix du cœur... la vie du cœur... les élans du cœur... les joies du cœur... les peines du cœur... les inclinations du cœur... le cœur rempli d'amertume... un cœur qui soupire... les mouvements du cœur... les tristesses de cœur... les besoins du cœur... les misères du cœur... la mort du cœur... etc., etc., ou d'autres semblables à celles-ci : agir suivant son cœur... ne point consulter son cœur... ses forces ont trahi son cœur... c'est son cœur qui parle... un cœur qui bondit... se porter de cœur... n'avoir pas le cœur à une chose... être tout de cœur... avoir sur le cœur... avoir le cœur à l'ouvrage... en avoir le cœur net... avoir le cœur bien placé... avoir à cœur... peser sur le cœur... partir du cœur... mettre le cœur au ventre... prendre à cœur... tenir au cœur... tenir à cœur... donner du cœur... faire contre mauvaise fortune bon cœur... avoir le cœur brisé... fléchir le cœur... fendre le cœur... vous me percez le cœur... vous me saignez le cœur... vous m'arrachez le cœur... être blessé au cœur... du fond du cœur... à cœur ouvert... de tout mon cœur... de grand cœur... de bon cœur... de mauvais cœur... à contre-cœur... avoir la rage dans le cœur... s'en donner à cœur joie. — Toutes expres-

DE LA NATURE DE L'HOMME.   659

sions qu'on emploie comme étant les plus énergiques à cause du mot *Cœur*.

Il est tellement vrai que le langage considère le Cœur comme étant l'homme, qu'il regarde les différentes facultés de l'homme comme étant les différentes facultés du Cœur; et que c'est dans le Cœur, par conséquent, qu'il place toutes nos facultés [1]. Ainsi,

De même que nous, c'est dans le Cœur que les Latins plaçaient la sagesse : *Jam instructa sunt mihi in*

---

[1] Ce fait a paru si frappant que nos grands lexicographes l'ont eux-mêmes signalé. Le *Thesaurus linguæ latinæ* de Forcellini et Facciolati, porte à l'article *Cor* : In Corde veteres nonnulli animi sedem, atque adeo sapientiæ, consilii, solertiæ, prudentiæ et acuminis collocarunt; teste : Cicero (1 Tusc. 9). Aliis Cor ipsum animus videtur ; ex quo *excordes*, *vecordes*, *concordesque* dicuntur. Lucretius : Id licet cognoscere Corde. Alib : Ingenio præstare, et Corde vigere. Plaut : Atque in meo Corde, si quod est mihi Cor, eam rem volutavi, et diu disputavi. Terrentius : Jam instructa sunt mihi in Corde consilia omnia. — *Les latins disaient* : Æquo Corde, pro æquo animo ; Cor habere, pro est sapere, vel sapientem esse; Cor longævom, pro senilis sapientia ; Cordatus, pro præditus, solers, sapiens, fortis et animosus ; Cordate, pro sapienter, prudenter, docte. Plaut : Quos tu sapienter docte et Cordate. Cicero : Diuto, docto et Cordate. — *Le Cœur de quelqu'un c'est lui-même* : Cor alicujus est illo ipso, vel ejus animus, prudentia, scientia; teste Pers: Cor jubet hoc Enni; Suet : En Cor Zenodoti. — *Le Cœur était aussi pour eux le siège de l'amour* : Cor est etiam sedes affectuum ; teste Ovid : Molle cupidinis nec expugnabile telis Cor mihi. Horat : Tremere Corde ; excutere Corde motus. Plaut : Corde amare inter se , Labentissimo Corde; Persequi aliquid Corde. — Cor pro voluntate, aut pro mente sæpe sumatur. — *Pour signifier qu'une chose plait, les latins ne disaient pas non plus, qu'elle va à la raison, ou à l'intelligence, mais qu'elle va au Cœur*: Cordi est mihi, Dionisius nobis Cordi est; Id Deis Cordi non esse. (Cicer. ad Atti. liv. 3.)

Dans les *Concordantiæ sacrorum Bibliorum hebraïcorum*, on trouve également : לבב (cœur) est principium vitæ, in creatione ejus, aut existentia ipsius. Per metaphoram significat medium et interius cujusque rei , sicut Cor est interius hominis. Item est omne, cujus sedes est in Corde ; mens ; animus ; voluntas ; cogitatio ; ingenium ; sapientia ; intellectus ; motus animi ; affectus ; sensus ; animositas ; animi robur ; studium ; consilium. Hinc fit verb. כלבב, cordatus , sapiens , prudens factus est. לבב Cor abstulit , Corde privavit , Cor transfixit, vel vulneravit. לבב, roboratus , consolatus , exhortatus , gratulatus. אולבב, cordatus , bono animo fuit , etc., etc.

corde consilia omnia, dit Térence. C'est dans le Cœur qu'ils plaçaient l'amour : *amare ex toto corde*, dit Plaute. C'est dans le Cœur qu'ils plaçaient la volonté : *quid tibi magnopere cordi est, mihi vehementer displicet*. C'est dans le Cœur qu'ils plaçaient la conscience : *longo sudore corda satisfacere*, dit Stace. C'est dans le Cœur qu'ils plaçaient la haine : *cor cumulatur irâ*. C'est dans le Cœur qu'ils plaçaient la causalité : *libero corde*. C'est dans le Cœur qu'ils plaçaient le caractère : *levissima corda*, dit Virgile. C'est dans le Cœur qu'ils plaçaient le jugement : *cor sapit*, dit Cicéron. C'est dans le Cœur qu'ils plaçaient le bon sens : *cordatus, vecors, excors*. C'est dans le Cœur qu'ils plaçaient l'intelligence : *sagax cor*, dit Silius. C'est dans le Cœur qu'ils plaçaient le courage : *fortissima corda*, dit Virgile. C'est dans le Cœur qu'ils plaçaient la crainte : *concipere metus corde*, dit Stace. C'est dans le Cœur qu'ils plaçaient l'orgueil : *tumefactum cor*, dit Sénèque. C'est dans le Cœur qu'ils plaçaient la vertu : *cor purum vitio*, dit Horace. C'est dans le Cœur qu'ils plaçaient la pudeur : *in imo corde pudor æstuat*, dit Virgile. C'est dans le Cœur qu'ils plaçaient la miséricorde : *prescibus mansuescere corda*, dit Virgile. C'est dans le Cœur qu'ils plaçaient les passions : *cupidum cor*, dit Ovide. Et pourquoi ? sinon parce que c'est dans le Cœur qu'ils plaçaient l'homme lui-même.

De même que nous, c'est dans le Cœur que les Grecs plaçaient l'amour : ἐκ Καρδίας φιλεῖν, *aimer du fond du Cœur*; ὅν Ζεὺς φιλεῖ περὶ Κῆρι, *celui que Jupiter aime de tout son cœur*, dit Homère dans l'Odyssée ; d'où vient le mot Κηροθι, *cordialement*. C'était dans le Cœur qu'ils plaçaient la colère : χολώσατο Κηροθι μᾶλλον, *la colère*

DE LA NATURE DE L'HOMME.

s'allumait de plus en plus dans son cœur, dit Homère dans l'Iliade. C'est dans le Cœur qu'ils plaçaient le courage : μη εχειν Καρδίαν, *n'avoir pas de cœur*; μαχαιραν μὲν εχουσι, Καρδιαν δὲ μὴ εχουσι, *ils* (les Erétriens) *ont bien de larges épées, mais ils n'ont pas de cœur*, dit Plutarque dans ses Apophthegmes; ὡσ' ἐφυεν ευ Καρδιώς, *comme il était courageux*, dit Sophocle dans Philoctète; αυταρ εμοι Καρδιη αγηνωρ, *je possède un cœur vaillant*, dit Homère dans l'Odyssée. C'est dans le Cœur qu'ils plaçaient la tristesse: Καρδιουσθαι, *être affligé*, racine simple de Καρδια. C'est dans le Cœur qu'ils plaçaient la joie: ἐφ' ὁγε τὸ Κεαρ ευφρανθην, *la chose qui me rejouissait le cœur*, dit Aristophane. C'est dans le Cœur qu'ils plaçaient le bon sens ; ἀμβλυνειν τας Καρδιας, qu'on peut traduire par cette expression latine *hebetare sensum*. C'est dans le Cœur qu'ils plaçaient la conscience : ὑπο-Καρδιος ομφη, mot à mot, *voix au fond du cœur*. C'est dans le Cœur qu'ils plaçaient les trois conceptions rationelles du bien , du beau et du vrai : ροος αυδης ὑπο-Καρδιος, métaphore intraduisible sinon par ces mots , *un ruisseau de voix au fond du cœur*. C'est dans le Cœur qu'ils plaçaient l'amitié : φιλον Κηρ, *mon cher cœur*, pour dire *mon cher ami*. Et pourquoi? sinon parce que c'est dans le Cœur qu'eux aussi plaçaient l'homme lui-même.

De même que nous, c'est dans le Cœur que les Hébreux plaçaient l'amour : לבבך ובכל יהוה את, *Diliges Deum ex toto Corde tuo*, dit Moïse dans le Deuteronome, chapitre 6, v. 5; — *Idem* 10, 12; — *Idem* 26, 16 ; — *Idem* 30, 6. Et encore : *Effunde Cor tuum sicut aquam ante conspectum Domini*, dit Jérémie [1]; *Charitas Dei in Cordibus nostris*, dit S. Paul.

C'est dans le Cœur qu'ils plaçaient la haine : את אחיך בלבבך לא תשנא, *Ne odio habeas fratrem tuum in corde tuo*, dit le Lévitique [2]. Et encore : *Furatus es Cor meum*, dit la Genèse [3]; *Despexit eum in Corde suo*, dit Samuel [4]; *Amove iram a corde tuo*, dit l'Ecclésiaste [5]; *Dies ultionis in Corde meo*, dit Isaïe. [6]

C'est dans le Cœur qu'ils plaçaient la sagesse : תנוח מח בלב נבון חכ, *In Corde intelligentis sapientia requiescet*, dit Salomon [7]. Et encore : *Et fecerat omnis sapiens in corde*, dit l'Exode [8]; *Et replevit eos sapientia Cordis*, dit encore l'Exode [9]; *Cum intraverit sapientia in corde tuo*, disent les Proverbes. [10]

C'est dans le Cœur qu'ils plaçaient l'intelligence : לך לב חכם וכביך כתתי, *Dedit tibi Cor sapiens et intelligens*, dit Samuel [11]. Et encore : *Scies cum Corde tuo*, dit Moïse [12]; *Scietis in corde vestro*, dit Josué [13]; *Et Corde suo intelligat*, dit Isaïe [14]; *Quod dedisti Cor tuum ad intelligendum*, dit Daniel [15]; *Et dabo eis Cor ad sciendum*, dit Jérémie [16]; *Qui Cor eorum abscondisti ab intelligentia*, dit Job [17]; *Et meditatio cordis mei intelligentias*, dit David [18]; *Hæc tractavi in corde meo*, dit l'Ecclésiaste;

---

[1] Lament. 11, versus 19.
[2] Caput 19, versus 7.
[3] Caput 31, versus 26.
[4] Caput 6, versus 60.
[5] Caput 11, versus 10.
[6] Caput 63, versus 4.
[7] Caput 14, versus 33.
[8] Caput 36, versus 8.
[9] Caput 35, versus 35.
[10] Caput 5, versus 10.
[11] Regum, caput 3, versus 12.
[12] Deuter, caput 8, versus 5.
[13] Caput 23, versus 14.
[14] Caput 6, versus 10.
[15] Caput 10, versus 12.
[16] Caput 24, versus 7.
[17] Caput 17, versus 4.
[18] Psalm. caput 49, versus 4.

DE LA NATURE DE L'HOMME.

Cor intelligens acquiret scientiam, dit Salomon [1]; *Et dabo eis Cor ut sciant me, quia ego sum Dominus*, dit Jérémie.

C'est dans le Cœur qu'ils plaçaient la pensée : מחשבת לבי יכל יצר, *Et omnis imaginatio cogitationum Cordis*, dit Moïse [2]. Et encore : *Quia cogitatio Cordis homini*, dit la Genèse [3]; *Cor machinans cogitationes*, disent les Proverbes; *Ego dixi in Corde meo*, dit l'Ecclésiaste [4]; *Deus autem novit abscundita Corda*, dit David [5]; *Meditatio Cordis mei in conspectu tuo semper*, dit le livre des Psaumes [6]; *Et Cor ejus non ita putabit*, dit Isaïe [7]; *Ad statuendum cogitationes Cordis tui*, dit Jérémie. [8]

C'est dans le Cœur qu'ils plaçaient la conscience : שאר לבבך את כל חזה, *Omne malum quod novit Cor tuum*, dit Malachim [9]. Et encore : *Magni decretarii Cordis*, dit Jérémie [10]; *Æquitatem Cordis tui*, dit le Deutéronome ; *Quid Deus meus dedisset in Cor meum ad faciendum*, dit Nahum [11]; *Lex Dei ejus, in Corde ejus*, dit Job ; *Loquens veritatem in Corde suo*, dit le même ; *Et in justitia et in rectitudine Cordis*, dit Malachim. [12]

C'est dans le Cœur qu'ils plaçaient la volonté : לבו נתתי לו תאות, *Desiderium Cordis ejus dedisti*, dit David [13]. Et encore : *Voluntas Cordis mei*, dit S. Paul ; *Et omnis voluntarius Corde*, dit le livre des Paralipomènes [14]; *Omni viro quem spontaneum faciet eum Cor ejus*, dit

---

[1] Proverb., caput 18, versus 15.
[2] Genesis, caput 6, versus 5.
[3] Caput 8, versus 21.
[4] Caput 2, versus 1.
[5] Psalm., caput 43, versus 22.
[6] Caput 18, versus 15.
[7] Caput 11, versus 7.
[8] Caput 23, versus 20.
[9] Regum, lib. ter. cap. 2, versus 44.
[10] Caput 5, versus 15.
[11] Caput 2, versus 12.
[12] Reg. lib. ter. cap. 3, versus 6.
[13] Caput 21, versus 3.
[14] Caput 29, versus 31.

Moïse [1]; *Arbitrio Cordis sui*, dit Samuel ; *Inclinavi Cor meum ad faciendum statuta tua*, dit David [2]; *Hominis dispositiones Cordis*, dit le même [3]; *Petitiones Cordis tui*, disent les Psaumes [4]; *In obstinatione Cordis mei ambulabo*, dit Moïse [5]; *Et erit Cor fortium*, dit Jérémie [6]; *Ne forte mollescat Cor vestrum*, dit le même [7].

C'est dans le Cœur qu'ils plaçaient la source du mal : תפעלון אף בלב עולת, *Etiam in Corde iniquitates operabimini*, dit David [8]. Et encore : *Iniquitatem si vidi in Corde meo*, disent les Psaumes [9]; *Cor fabricans cogitationes iniquitatis*, dit Salomon [10]; *Quia sunt septem abominationes in Corde illius*, dit le même [11]; *Dolus in Corde fabricantium malum*, dit le livre des Proverbes [12]; *Cor contumax et rebelle*, dit Jérémie [13]; *Lava a malitia Cor tuum*, dit le même [14]; *Et Cor ejus faciet iniquitatem*, dit Isaïe [15].

C'est dans le Cœur qu'ils plaçaient les inclinations et les passions : יהוה וחטו לבבכם אל, *Et inclinate Cor vestrum ad Dominum*, dit Josué [16]. Et encore : *Inclinavit Cor eorum post etc.*, dit le même [17]; *Et declinare fecerunt mulieres Cor ejus*, dit Samuel [18]; *Cor surgentium in me ventum corrumpentem*, dit Jérémie [19]; *Concupiscentium Cordis tui*, dit l'Ecclésiaste ; *Exaltationem Cordis ejus*, dit

---

[1] Exode, caput 25, versus 2.
[2] Psalm. 119, versus 112.
[3] Psalm. 16, versus 8.
[4] Psalm. 10, versus 1.
[5] Deuteron. caput 29, versus 19.
[6] Caput 49, versus 22.
[7] Caput 51, versus 46.
[8] Psalm. 58, versus 3.
[9] Psalm. 66, versus 18.
[10] Prov. 6, versus 18.
[11] Prov. 26, versus 25.
[12] Prov. 12, versus 20.
[13] Caput 5, versus 23.
[14] Caput 4, versus 14.
[15] Caput 32, versus 6.
[16] Caput 24, versus 23.
[17] Caput 9, versus 3.
[18] Regum, caput 11, versus 3.
[19] Caput 51, versus 1.

DE LA NATURE DE L'HOMME.

le même [1]; *Post appetitionem suam Cor ambulans*, dit Ezéchiel [2]; *Ne inclines Cor meum ad malum*, dit David [3].

C'est dans le Cœur qu'ils plaçaient l'orgueil : את רך לבבך את דרנך, *Novi superbiam tuam et malitiam Cordis tui*, dit Samuel [4]. Et encore : *Decepit te superbia Cordis tui*, dit Jérémie [5]; *Superbia Cordis tui extulit te*, dit Abdie [6].

C'est dans le Cœur qu'ils plaçaient le repentir : לב נשבר נחכוד, *Cor contritum et fractum*, dit David [7]. Et encore: *Cor meum cruciabitur in Corde meo*, dit le même [8]; *Sanans contritos Corde*, dit le livre des Proverbes. [9]

C'est dans le Cœur qu'ils plaçaient la joie et la douleur; la joie : לבב בשמחה ובטוב, *In lætitia et in bonitate Cordis*, dit Moïse [10]. Et encore : *Dedisti lætitiam in Corde meo*, dit David [11]; *Quia in eo lætabitur Cor nostrum*, disent les Psaumes [12]; *Lætos et bono Corde*, disent les Paralipomènes [13]; *Gaudebit Cor vestrum*, dit Isaïe [14]; la douleur: *Cor meum vulneratum est*, disent les Psaumes [15]; *Dolorem in Corde meo*, dit David [16]; *Cor meum mœrens*, dit Malachim [17]; *In medio mei desolabitur Cor meum*, disent les Psaumes [18]; *Ingemuerunt omnes læti Corde*, dit Isaïe. [19]

C'est dans le Cœur qu'ils plaçaient la perfection de l'homme : שלם באמת ולבב, *In veritate et in Corde perfecto*, dit Samuel [20]. Et encore : *Quia in perfectione*

---

[1] Caput 48, versus 29.
[2] Caput 33, versus 31.
[3] Psalm. 141, versus 4.
[4] Caput 17, versus 28.
[5] Caput 49, versus 16.
[6] Caput 1, versus 3.
[7] Psalm. 51, versus 11.
[8] Caput 55, versus 5.
[9] Caput 47, versus 5.
[10] Deuter. caput 8, versus 5.
[11] Psalm. 4, versus 8.
[12] Psalm. 33, versus 21.
[13] Caput 7, versus 10.
[14] Caput 66, versus 14.
[15] Psalm. 109, versus 22.
[16] Psalm. 13, versus 3.
[17] Caput 1, versus 22.
[18] Psalm. 143, versus 4.
[19] Caput 24, versus 7.
[20] Regum, caput 20, versus 3.

Cordis tui fecisti hoc, dit la Génèse [1]; *Et non fuit Cor ejus perfectum cum Domino Deo suo*, dit Samuel [2]; *Tantum Cor Asa erat perfectum*, dit le même; *In Corde perfecto Deum servito : enim omnia corda scrutans Dominus*, dit le livre des Paralipomènes [3]; *Ambulabo in perfectione Cordis mei*, dit David. [4]

C'est dans le Cœur qu'ils plaçaient le besoin de la vie absolue : יהוה ישמח לב מבקשי, *Lætetur Cor quærentium Dominum*, dit David [5]. Et encore : *In toto Corde meo exquisivi te*, dit le même [6]; *Exultabit Cor eorum in Domino*, dit Daniel [7]; *Clamaverunt ad Deum in Corde suo*, dit Osée [8]; *Præparaverunt Cor suum Deo*, disent les Paralipomènes [9]; *Paratum Cor meum, Deus ! paratum Cor meum*, disent les Psaumes [10]; *Etiam in ridendo, dolebit Cor meum*, dit Salomon. [11]

C'est dans le Cœur qu'ils plaçaient le fond de l'homme : ימץ וקרב איש ולב, *Et intimum viri et Cor profundum*, dit David [12]. Et encore : *Examina renes meos, et Cor meum*; dit le même [13]; *Ne des Cor tuum*, dit l'Ecclésiaste [14]; *Investiga me Deus, et scito Cor meum*, disent les Psaumes [15]; *Sic Cor hominis homini*, disent les Proverbes [16]. — Et pourquoi ? sinon parce que c'est dans le Cœur qu'eux aussi plaçaient l'homme lui-même. Au reste, voici des ex-

---

[1] Caput 20, versus 6.
[2] Reg. ter. caput 13, versus 3.
[3] Lib. prim. caput 28, versus 9.
[4] Psalm. 101, versus 2.
[5] Psalm. 105, versus 3.
[6] Psalm. 119, versus 10.
[7] Caput 11, versus 12.
[8] Caput 7, versus 14.
[9] Caput 20, versus 33.
[10] Psalm. 57, versus 8.
[11] Prov. caput 14, versus 13.
[12] Psalm. 64, versus 7.
[13] Psalm. 10, versus 1.
[14] Caput 7, versus 22.
[15] Psalm. 139, versus 23.
[16] Prov. 27, versus 9.

pression qui l'attestent formellement : *Cor filiorum hominum* [1] ; *Cor tuum et seminis tui* [2] ; *Cor filiorum Isracel* [3] ; *Liquefecerunt Cor populi* [4] ; *Cor sacerdotum* [5] ; *Loquimini ad Cor Jerusalem* [6], etc.

Oui, il est tellement compris que le cœur est l'homme lui-même que le langage en laisse, comme malgré lui, transpirer le sentiment dans tous les mots qui ont un rapport direct à la nature humaine. C'est ainsi que pour exprimer l'action par laquelle on ramène un enfant au bien, on dit COR-RIGER, dont l'étymologie est COR REGERE (*régir le cœur*); et de là *cor-rectio* (*redressement du cœur*). Pour exprimer au contraire l'action par laquelle on éloigne un enfant du bien, on dit COR-ROMPRE, dont l'étymologie est COR RUMPERE (*rompre le cœur*); et de là *corruptio* (*rupture, ruine du cœur*); c'est ainsi que les Grecs disaient dans le même sens Κηρ-αινω de κηρ αινω (*détruire, consumer le cœur*). Pour exprimer l'action par laquelle on fortifie quelqu'un dans son opinion, dans ses déterminations, on dit COR-ROBORER dont l'étymologie est COR ROBUR (*cœur* et *force*). Pour exprimer l'action par laquelle on donne enfin à quelqu'un ce qu'il a long-temps désiré, on dit AC-COR-DER dont l'étymologie est, AD COR DARE (*donner au cœur*). Pour exprimer l'action par laquelle les hommes se concilient et s'entendent, on dit CON-COR-DER, dont l'étymologie est CUM COR DARE, (*donner, mettre son cœur avec*). Ou bien on se servira du mot DIS-CORDE,

---

[1] Paralip. Caput 6, versus 30.
[2] Deut. Caput 30, versus 6.
[3] Num. Caput 32, versus 7.
[4] Jos. Caput 14, versus 8.
[5] Josué Caput 18, versus 20.
[6] Dans toute l'Ecriture sainte on trouve : Il a dit dans son Cœur, pour : Il a dit en lui-même.

pour exprimer le contraire. Les Latins n'ont-ils pas dit avant nous, CON-CORS, qui est d'accord, et DIS-CORS, qui est en désaccord ? Pour exprimer l'action par laquelle on se rappelle une chose importante, ne disaient-ils pas RE-COR-DARE, dont l'étymologie est RETRO COR DARE ? ne disaient-ils pas aussi, *cor-rodere* (ronger) de *cor rodere ? Cor-repo* (remper) de *cor repo ? Cor-ripio* (saisir) de *cor rapio ? Cor-rogo* (supplier) de *cor rogo ? Cor-tex* (écorce) de *cor tego* (couvrir) ? En hébreu le mot לבש (labess) écorce, est exactement formé de la même étymologie. Les Latins ne sont-ils pas allés jusqu'à appeler le trépied sur lequel la sybille rendait ses oracles *cor-tina*, de κηρ (cœur) τινασσα (émouvoir), dont on a fait *cortinopotens ?* etc.,

Maintenant, je crois que nous avons parcouru toutes les certitudes humaines. D'abord nous sommes partis de la certitude ontologique, celle qui nous vient de la raison, par le moyen de la déduction ; de là nous sommes allés à la certitude psychologique, celle qui nous vient de l'expérience, par le moyen de l'induction ; de là nous sommes allés à la certitude universelle, celle qui nous vient du sens commun, par le moyen des langues ; pour la dernière et suprême épreuve, allons à la certitude absolue, celle qui nous vient de Dieu même, par le moyen de ses prophètes.

Or ici, il ne sera pas difficile de faire observer que les Ecritures ont toujours employé le mot *cœur* avec l'acception que nous lui donnons dans cette théorie, et que nous venons de lui retrouver dans le langage ; c'est-à-dire qu'elles ont toujours pris le Cœur pour l'homme lui-même. En effet, qu'il s'agisse dans les Ecritures du don que l'homme doit faire à Dieu de sa personne, c'est du Cœur qu'elles parlent; qu'il s'agisse de Dieu dictant lui-même sa loi à l'homme, c'est au Cœur qu'elles s'adressent; qu'il s'agisse du changement que l'homme doit opérer dans tout son être pour atteindre la perfection, c'est au Cœur qu'elles demandent cette métamorphose; qu'il s'agisse des plaintes de Dieu, à propos du mal que nous avons pu faire, c'est le Cœur qu'elles en accusent; qu'il s'agisse du contentement de Dieu à propos du bien que nous avons fait, c'est au Cœur qu'elles l'attribuent; qu'ils s'agisse des vertus que l'homme doit posséder, c'est du Cœur qu'elles les réclament; qu'il s'agisse enfin du Jugement dernier, c'est le Cœur qu'elles appellent à comparaître. En un mot, l'homme ne s'y voit jamais désigné que par le Cœur.

C'est ainsi qu'elles diront :

« L'esprit et les pensées du *Cœur* de l'homme sont inclinés au mal dès sa jeunesse [1].... Seigneur, j'ai agi dans la sincérité de mon *Cœur* [2].... Tu aimeras le Seigneur ton Dieu de tout ton *Cœur* [3].... Gardez soigneusement les commandements que je vous ai donnés, et qu'ils ne s'effacent jamais de votre *Cœur* [4].... Vous trouverez Dieu si vous le cherchez de tout votre *Cœur* [5].... Si vous voulez revenir à Dieu de tout votre *Cœur*, otez-en toutes les idoles, et préparez ce *Cœur* pour lui seul [6].... L'homme regarde au visage, à la taille, il voit ce qui pa-

---

[1] Bibl. sacr. Genèse, cap. vIII, 21.
[2] Bibl. sacr. Genèse, cap. xx, 5.
[3] Bibl. sacr., Deut., cap. vi, 5.
[4] Bibl. sacr., Deut., cap. iv, 9.
[5] Bibl. sacr., Deut., cap. iv, 29.
[6] Bibl. sacr., Regum viii, 3.

raît : mais Dieu regarde le *Cœur* [1].... Disposez votre *Cœur* à chercher le Seigneur, c'est en lui qu'il faut bâtir votre sanctuaire [2].... Ah ! sers Dieu avec un *Cœur* parfait, car Dieu sonde les *Cœurs*, et pénètre toutes les pensées des esprits [3].... Je sais, mon Dieu, que vous sondez les *Cœurs*, et que vous y aimez la simplicité [4].... Affermissez les justes, vous, ô mon Dieu, qui savez ceux qui ont le *Cœur droit* [5].... Créez dans moi, Seigneur, un *Cœur* pur, et renouvelez jusqu'au fond l'esprit de droiture [6].... La loi de Dieu est dans le *Cœur* du sage, aussi ses pas ne chancelleront point [7].... Que Dieu est bon à ceux qui ont le *Cœur* pur ! Oh, je sais que vous êtes la force de mon *Cœur*, et ma part éternelle [8].... Inclinez mon *Cœur* vers vos préceptes : j'ai couru dans la voie de vos commandements toutes les fois que vous avez dilaté mon *Cœur* [9].... Comme le fourneau éprouve l'argent, et le creuset l'or, ainsi Dieu éprouve le *Cœur* [10].... Qui peut dire : mon *Cœur* est pur, je suis exempt de toute faute [11]? Aimez le Seigneur, et vos *Cœurs* seront remplis de lumière; les *Cœurs* droits vivront en présence du Seigneur [12].... Ne cherchez pas à paraître sage et à vous justifier devant Dieu, parce que les yeux du Seigneur, plus lumineux que le soleil, pénètrent l'intime des *Cœurs* [13].... Toute plaie est dans la tristesse du *Cœur;* choisissez toute plaie et non

---

[1] Bibl. sacr., Reg. xvi, 7.
[2] Bibl. sacr., Paralip. xxii, 19.
[3] Bibl. sacr., Paralip. xxviii, 9.
[4] Bibl. sacr., Paralip. xxix, 17.
[5] Bibl. sacr., Psalm. vii, 21.
[6] Bibl. sacr., Psalm. x, 12.
[7] Bibl. sacr., Psalm. xxxvi, 31.
[8] Bibl. sacr., Psalm. lxxii, 1, 26.
[9] Bibl. sacr., Psalm. cxviii, 32.
[10] Bibl. sacr., Proverb. xvii, 3.
[11] Bibl. sacr., Prov. xx, 19.
[12] Bibl. sacr., Eccles. ii, 9.
[13] Bibl. sacr., Eccles. vii, 5, xxiii, 28.

la plaie du *Cœur* ; s'il y a quelque joie en ce monde, elle est le partage d'un *Cœur* pur [1].... La joie du *Cœur* est la vie de l'homme, c'est un trésor inépuisable de sainteté : un *Cœur* bon et serein est un festin continuel, et sa nourriture est toujours prête [2].... Qui connaîtra le *Cœur* impénétrable de l'homme? Moi, le Seigneur, qui sonde les *Cœurs*, et qui donne à chacun selon le fruit de ses œuvres [3].... Rejetez toutes les iniquités par lesquelles vous avez été souillé, et faites vous un *Cœur* nouveau [4].... Voici ce que dit l'Eternel : Revenez à moi de tout votre *Cœur*; ce ne sont pas vos vêtements, c'est votre *Cœur* qu'il faut déchirer [5].... Bienheureux ceux qui ont le *Cœur* pur, car ils verront Dieu [6].... Amassez-vous des trésors dans le Ciel ; car, où est votre trésor, là est aussi votre *Cœur* [7].... Comment pourrez-vous dire de bonnes choses, si vous êtes mauvais ? la bouche parle de l'abondance du *Cœur* [8].... Ce peuple m'honore du bout des lèvres, mais son *Cœur* est loin de moi [9].... L'homme bon tire de bonnes choses du bon trésor de son *Cœur* ; et l'homme mauvais tire de mauvaises choses du mauvais trésor de son *Cœur* [10].... Notre espérance n'est point vaine, parce que Dieu, par son Esprit, a répandu son amour dans nos *Cœurs* [11].... Notre gloire, c'est le témoignage d'avoir vécu avec la simplicité du *Cœur* selon la grâce de Dieu [12].... Vous êtes vous-même la lettre de

---

[1] Bibl. sacr., Eccles. xxv, 17, 18.
[2] Bibl. sacr., Eccles. xxx, 23, 27, 28.
[3] Bibl. sacr., Jerem. xxvii, 10.
[4] Bibl. sacr., Ezech. xviii, 31.
[5] Bibl. sacr., Joël ii, 12.
[6] Evang. S. Math. v, 8.
[7] Evang. S. Math. vi, 21.
[8] Evang. S. Math. xii, 34.
[9] Evang. S. Math. xv, 8.
[10] Evang. S. Luc, vi, 45.
[11] S. Paul, ad Rom., v, 5.
[12] S. Paul, ad cor. 2, cap. 1, 12.

Dieu, écrite non sur des tables de pierre, mais dans votre *Cœur* ,.... Que Dieu éclaire les yeux de votre *Cœur*, afin que vous sachiez à quelle espérance il vous a appelé [2].... Que le Seigneur dirige vos *Cœurs* et les porte à l'amour; la fin de tous les commandements est la charité d'un *Cœur* pur [3].... Aimons, c'est par là que nous connaissons que nous sommes enfants de la vérité, et que nous approchons nos *Cœurs* de Dieu [4].... Si notre *Cœur* ne nous condamne pas, nous pouvons approcher de Dieu avec confiance [5].... » Enfin, nous y trouvons ces paroles qui semblent faites pour résumer tout ce que nous avons dit sur la nature et les fonctions psychologiques du Cœur: « *C'est du Cœur que viennent quatre choses : le bien et le* « *mal, la vie et la mort* [6]; » autrement dit, c'est le Cœur qui est doué de la liberté, c'est le Cœur qui est l'homme.

Nous voyons que, dans la langue de l'homme comme dans la langue de Dieu, le mot *cœur* occupe la place que, selon nous, le Cœur occupe dans l'homme. De sorte que quand bien même nous n'aurions pas été amenés à reconnaître l'existence et la nature du Cœur, en partant des lois nécessaires et absolues qui ont présidé à l'introduction de la créature spirituelle dans le temps ; quand bien même nous n'aurions pas ensuite retrouvé cet élément fondamental de la nature humaine, en partant des

---

[1] S. Paul, ad Cor. 2, cap. III, 3.
[2] S. Paul, ad Ephes. cap. I, 18.
[3] S. Paul, ad Thess., cap. III, 5.
[4] S. Joan., prim. epist.. cap. III, 19;
et S. Jac, prim. epist., cap. IV, 8.
[5] S. Joan., prim. epist. III, 21.
[6] Evang. S. Math., cap. XXXVII, 21.

phénomènes par lesquels ces lois absolues se manifestent au milieu du temps, la seule observation du sens dans lequel le mot *cœur* est universellement employé, suffirait désormais pour nous fixer décidément dans l'idée que nous nous en sommes faite. Je m'empresse donc d'accepter les témoignages que le langage vient de nous fournir ; je les accepte avec joie et en quelque sorte avec reconnaissance, car le langage est l'autorité philosophique dont je fais le plus de cas : tout homme ne peut déposer qu'au nom de sa raison ; tandis que le langage dépose au nom de la raison de tous, et son assentiment, je l'avoue, est peut-être bien ce qui me confirme le plus dans la théorie que nous donnons ici. Ainsi cette vérité, que je considérais d'abord comme une idée nouvelle en psychologie, est précisément la plus populaire et la plus ancienne de toutes les idées... Que voulez-vous ! c'est le sort de la philosophie d'arriver toujours la dernière. [1]

On conçoit donc que nous devions facilement nous consoler d'avoir été ainsi devancés ! car, je veux bien que le sens commun puisse, jusqu'à un certain point, se passer de la science, mais la science ne peut en dire autant du sens commun. Or, comme nos esprits, à

---

[1] « La science philosophique, dit M. Cousin, n'est que le compte sévère que la réflexion se rend à elle-même d'idées qu'elle n'a point faites. L'âme de l'humanité est une âme poétique, qui découvre en elle-même les secrets des êtres, et les exprime en des chants poétiques qui retentissent d'âge en âge. A côté de l'humanité est la philosophie qui l'écoute avec attention, recueille ses paroles ; et quand le moment de l'inspiration est passé, les présente avec respect au poëte admirable, qui souvent n'avait pas la conscience de son génie. Toute vérité est dans le genre humain, mais le genre humain n'est pas philosophe. L'humanité en masse est spontanée et non réfléchie : la spontanéité est le génie de la nature humaine, la réflexion est le génie de quelques hommes. »

cause des inquiétudes de nos cœurs, deviennent de jour en jour plus exigeants, et que nous quittons si vite les rivages tranquilles du sens commun, notre terre natale, pour entrer dans les mers agitées de la science, je suis bien aise que de pareilles idées nous y suivent et viennent apaiser les besoins que la réflexion ouvre continuellement en nous.

Mais ce qui surtout me réjouit d'avance devant d'aussi belles notions sur la nature de l'homme, c'est de penser aux avantages que je dois en retirer bientôt pour éclairer la Science sociale. Noble science de la nature de l'homme, dis le moi ! quelle grande lumière vas-tu jeter sur l'étude que nous nous sommes proposée ? Ah ! ne m'abandonneras-tu pas ? tu vois que je m'avance sans savoir à quel résultat tu dois me conduire, sans savoir même si tu dois me conduire à un résultat, et que je me repose entièrement sur toi. L'on ne pouvait jeter les fondements de la théorie de la Société humaine que sur une connaissance de la théorie de la nature humaine ; eh bien ! je me suis mis de suite à cette étude sur la foi de ta méthode : me ferais-tu repentir d'une confiance si sincère ? Mais peut-être tu prends déjà ceci pour un reproche... ah ! garde-toi de croire que le moindre doute me soit venu à cet égard ; plus je vais, au contraire, plus je conçois d'espérance, car plus je vois l'horizon que tu m'ouvres s'agrandir et s'éclairer devant moi. Ne me crois donc point trop impatient de finir avec toi pour entrer dans une étude plus chérie : par l'effet des lumières que tu m'a procurées, n'en fais-tu pas partie maintenant ! Oui, noble étude de l'homme, il me reste, il est vrai, peu de chose encore à te demander, mais je t'écoute avec plus d'attention et de reconnaissance que jamais ; tu ne sais jusqu'à quel point tout ce que tu m'as dit de l'homme m'élève et m'intéresse, et combien ce que tu m'apprends du Cœur me console et me ravit.

Sommaire. — Un témoignage bien remarquable et bien puissant en faveur de notre théorie, c'est que le sens commun considère exactement le Cœur sous le même point de vue que nous. Il est si vrai qu'il regarde le Cœur comme l'homme lui-même, que le jugement qu'il forme sur un homme, il le porte sur son Cœur ; — De là, cette multitude d'expressions dans lesquelles le langage prend le Cœur pour l'homme, telles que *un Cœur dur, un Cœur droit, un grand Cœur, un bon Cœur,* etc., pour dire un homme dur, un homme loyal, un homme grand, un homme excellent. — Par suite, le sens commun regarde les différents états et les différentes qualités du Cœur, comme étant les différents états et les différentes qualités de l'homme ; — De là, cette multitude d'expressions, telles que *le Cœur content, le Cœur chagrin, le Cœur attendri, le Cœur ferme, le Cœur ardent,* etc., pour dire un homme content, un homme chagrin, un homme attendri, un homme ferme, un homme ardent. — C'est parce que le Cœur est tout l'homme, que nous avons ces expressions dans le langage : *Donner son Cœur, être dans un Cœur, garder son Cœur, régner sur les Cœurs,* etc. — Quand l'homme, conformément à sa destination, prie pour devenir semblable à Dieu, il ne parle ni de sa raison, ni de son intelligence, ni de son corps, il dit : *Mon Dieu, donnez-moi un Cœur semblable au vôtre !* — Enfin, si le langage, qui est la voix du sens commun, ne considérait pas le Cœur comme le fond de la personnalité de l'homme, il ne renfermerait pas ces expressions : *Agir suivant son Cœur, se porter de Cœur, avoir le Cœur à une chose, avoir à Cœur, de tout mon Cœur*, etc. — En jetant les yeux sur la langue latine, sur la langue grecque et sur la langue hébraïque, nous trouvons également que le mot *cœur* est employé dans le même sens que dans la langue française, c'est-à-dire dans le sens que lui donne notre théorie. — Ce n'est pas tout, la langue de Dieu confirme sur ce point la langue des hommes ; dans les traditions, le mot *cœur* occupe la même place que le Cœur, selon nous, occupe dans l'homme ; — De là, ces expressions employées dans les Écritures : « Aimer Dieu *de tout son Cœur* ; Seigneur, donnez-nous un *Cœur nouveau* ; Dieu *purifiera nos Cœurs* ; ce peuple m'honore des lèvres, mais *son Cœur est loin de moi* ; l'homme regarde au visage, mais *Dieu regarde le Cœur*, etc., etc. ; enfin, pour exprimer que Dieu voit le fond de l'homme, on l'a appelé Καρδιογνωστης, *celui qui sonde le Cœur*. — Nous avons parcouru maintenant toutes les certitudes : 1° la certitude ontologique, donnée par la raison, au moyen de la déduction ; 2° la certitude psychologique, donnée par le sens intime, au moyen de l'induction ; 3° la certitude universelle, donnée par le sens commun, au moyen des langues ; 4° la certitude absolue, donnée par Dieu, au moyen des prophètes. — Et c'est ainsi que cette théorie du Cœur, que je considérai d'abord comme une idée nouvelle en psychologie, est précisément la plus ancienne de toutes les idées.

XIX.

Résumé de la théorie psychologique du Cœur.

Ainsi, le Cœur domine toutes les facultés de l'homme. Il est la partie par excellence, l'élément fondamental de la nature humaine, puisqu'il est tout à la fois l'organe principal où se rattachent toutes les facultés de l'homme, le centre vital qui les anime toutes de son innervation spirituelle, le sensorium commun où viennent aboutir toutes les modifications de l'âme et d'où partent toutes ses actions. C'est le Cœur qui 1° centralise, 2° harmonise, 3° vitalise tout l'organisme psychologique ; organe central d'impulsion de la nature humaine, l'appareil de la nutrition rationelle reçoit de lui son énergie, et celui des organes de l'action lui doit le mouvement et la vie. C'est à lui qu'appartient la causalité ; c'est en lui conséquemment qu'est la source de nos volitions. C'est à lui qu'appartient la spontanéité ; c'est en lui conséquemment qu'est la source de notre amour. C'est à lui qu'appartient la personnalité ; c'est en lui conséquemment qu'est le siége de l'homme. Aussi, c'est dans le cœur que nous vivons, c'est dans le cœur que nous éprouvons la joie et la douleur, c'est dans le cœur que nous prenons conscience de notre identité, c'est dans le cœur que nous disons, MOI ! C'est dans le cœur que nous croyons, que nous aimons, que nous voulons, et que nous agissons ; on peut (mais dans le sens psychologique) lui appliquer avec une parfaite exactitude ces paroles célèbres : *In eo vivimus, movemur, et sumus.* D'après le langage lui-même, qui est la voix du sens-commun, c'est dans le cœur qu'est l'amour, c'est dans le cœur qu'est la causalité, c'est dans le cœur qu'est la volonté, c'est dans le cœur qu'est la raison, c'est dans le cœur qu'est la conscience, c'est dans le cœur qu'est le bon sens, c'est dans le cœur qu'est la sagesse, c'est dans le cœur qu'est l'intelligence, c'est dans le cœur qu'est la joie, c'est dans le cœur qu'est la douleur, c'est dans le cœur qu'est le courage, c'est dans le cœur qu'est la prudence, c'est dans le cœur qu'est la vertu, c'est dans le cœur qu'est le vice, c'est dans le cœur qu'est la bonté, c'est dans le cœur qu'est la méchanceté, c'est dans le cœur qu'est la miséricorde, c'est dans le cœur qu'est la cruauté, c'est dans le cœur qu'est l'humilité, c'est dans le cœur qu'est l'orgueil, c'est dans le cœur qu'est la douceur, c'est dans le cœur qu'est la colère, c'est dans le cœur qu'est l'amitié, c'est dans le cœur qu'est la haine, c'est dans le cœur que sont les inspirations, c'est dans le cœur que sont les passions, enfin, c'est dans le cœur qu'est le bien et le mal, la vie et la mort ; parce que, toujours selon le langage, c'est dans le cœur qu'est l'homme lui-même. Oui, le cœur c'est l'homme, c'est cet être que Dieu a doué de la rationalité, pour qu'il connaisse son bien ; de l'amour, pour qu'il éprouve le besoin de le posséder ; de la causalité, pour qu'il se porte de lui-même vers ce bien ; de l'imputabilité, pour qu'il puisse le mériter ; enfin d'une intelligence, pour servir sa raison, et d'un corps, pour servir sa volonté dans ce but. Aussi, le cœur est cet être qui devient le fruit de ses œuvres, ce qui restera de l'homme après la mort ; c'est dans le cœur que s'opère la sanctification de l'homme, c'est-à-dire sa préparation à la vie absolue. C'est dans le cœur que l'homme mérite en cette vie, c'est dans le cœur que l'homme jouira en l'autre. C'est en effet le cœur que Dieu nous demande ! Le cœur, en un mot, est ce pourquoi Dieu entreprit la création.

O Cœur ! toi, la plus importante des facultés de l'homme, comment se fait-il que tu aies été précisément oublié ? La liberté, qui naît de la volonté, la science, qui naît de la raison, ont fait jusqu'à présent bien du bruit dans le monde, et l'amour, lui qui naît de ton sein, n'a pas encore trouvé de place dans la philosophie ? Va, ne crains rien ! tu es le dernier venu dans la science, un jour tu seras le premier dans le monde ! tu apparais aujourd'hui proclamé par le plus inconnu des philosophes ; humble et timide, tu oses à peine te présenter devant la doctrine ; si satisfaite qu'elle est d'elle-même, voudra-t'elle seulement jeter sur toi un regard de protection?... Eh bien ! un jour la doctrine ne s'occupera que de toi ! un jour tu prendras la première place dans les pensées des hommes ; et les questions qui reposeront sur toi, seront celles des destinées du monde. Et c'est parce que tu viens après tous, c'est parce que tu as été le plus méconnu, parce que tu as été le plus humble parmi nous, en un mot, c'est parce que tu as été comme l'amour, que tu survivras à tous, que tu seras reconnu le plus grand, que tu deviendras le plus glorieux parmi nous, en un mot, que tu seras comme l'amour, ce qui doit régner dans le Ciel et sur la terre ! Je te préviens qu'un temps se prépare où il ne sera parlé que de toi. Ce sont sur tes grands intérêts que les hommes discuteront ; tous les progrès ne se feront que par toi ; et ton époque sera plus particulièrement le règne du S.-Esprit sur la terre. Alors, ô Cœur, de grands philosophes viendront qui élèveront sur toi des édifices de science aussi majestueux que ceux qu'Aristote et Kant ont élevés sur la raison, aussi majestueux que ceux que S. Augustin et Fichte ont élevés sur la liberté ; et la gloire de ces nouveaux philosophes ne sera pas la moins grande.

Mais avant de finir, comment pourrions-nous omettre une des plus sublimes attributions du Cœur : car, comment l'homme oublierait-il qu'il lui doit sur la terre l'idée du bonheur !.. Eh ! n'était-il pas tout naturel que la faculté de laquelle nous tenons le sentiment de l'amour, nous donnât ici-bas l'idée de la vie des Cieux ! De telle sorte que, si c'est déjà dans le Cœur que nous prenons la conscience de nous-mêmes et de notre identité personnelle, c'est-à-dire, l'idée de notre existence au milieu du temps; c'est dans le Cœur également que nous trouvons la notion du bonheur, c'est-à-dire, l'idée de notre existence dans la vie absolue.

Nous allons le reconnaître dans le chapitre suivant en cherchant, ainsi que nous avons fait pour tous les autres éléments de la nature humaine, quel est le produit spécial du Cœur, et ce qui résulte pour lui d'avoir en quelque sorte passé de la Réalité infinie dans les sphères désertes de la création.

Sommaire. — Résumé de la théorie psychologique du cœur. — Destinée de cette nouvelle faculté, reconnue la dernière en psychologie. — En terminant, n'allons pas omettre une des plus sublimes attributions du Cœur : celle de nous donner sur la terre l'idée du Bonheur. En sorte que si c'est dans le Cœur que nous prenons l'idée de notre existence en ce monde, c'est dans le Cœur également que nous trouvons l'idée de notre existence dans l'autre. — C'est ce que nous allons reconnaître actuellement, en cherchant quel est le produit spécial du Cœur, et ce qui résulte pour lui de se trouver au milieu du temps.

XX.

Quel est le produit du Cœur ? — Ou, de l'idée du Bonheur.

Si l'intuition est le produit de la rationalité, la volition le produit de la causalité, la pensée le produit de l'intelligence, et l'exécution le produit du corps, l'idée du Bonheur est le produit spécial du cœur. Et c'est même cette idée qui est le ressort de l'amour, source de toutes nos volitions. De sorte que, si nos volitions viennent de l'amour, l'amour est lui-même entretenu et ravivé en nous par l'idée du Bonheur.

Par le cœur, nous prenons l'idée absolue du Bonheur, comme par la rationalité nous avons l'idée absolue du juste, du vrai et du beau ; comme nous avons toutes les conceptions impersonnelles, qui représentent en nous des attributs essentiels de la Réalité divine. Seulement, il reste à faire sur ces deux sortes de notions absolues une bien belle remarque, à savoir : si l'idée du beau, du bien et du vrai sont en nous la représentation des éléments de la substance de Dieu, l'idée du Bonheur est en nous la représentation de la vie de Dieu.

Aussi, quand cette idée s'éveille dans notre cœur à propos de quelqu'objet de ce monde, nous ressentons ici-bas quelque chose de la vie du Ciel. Effectivement, comme l'intuition amène un état particulier de l'esprit qu'on nomme croyance, et la démonstration, un état particulier de l'esprit qu'on nomme certitude ; de même le sentiment du Bonheur place l'âme dans une certaine manière d'être que l'on appelle joie; et si la conception rationelle est déjà une vue anticipée des attributs de Dieu, la joie est une possession également anticipée, mais passagère et bornée, de la vie absolue.

Le cœur, par son origine, par sa nature, et par suite de l'évènement de la création, emporte nécessairement avec lui, comme nous l'avons vu, le besoin et conséquemment le sentiment du Bonheur (c'est ici que Platon eût parlé de *souvenir !*); et il serait aussi impossible au cœur de se départir de ce sentiment que de se départir de sa nature et de la position où le tient la création. Seulement, cette idée du Bonheur gît endormie au dedans de nous comme toutes les idées impersonnelles; et, comme toutes les idées impersonnelles, elle attend une révélation extérieure pour se dégager du fond de notre cœur. Cette idée se réveille ordinairement en nous à propos de certains faits de notre vie extérieure, tels que les émotions que nous éprouvons par rapport à nos semblables, l'aspect des grandes scènes de la nature, etc. Ainsi, comme l'apparition d'un effet ne nous donne pas l'idée de cause, mais peut devenir pour la raison l'occasion du réveil de l'idée de cause; de même la conception du Bonheur ne tire point son origine de l'observation des faits de la vie temporelle, mais ces faits peuvent en solliciter le réveil. Ce serait donc, comme on le prévoit déjà, une erreur de croire que l'idée du Bonheur nous vient par les sens, et qu'elle nous est positivement fournie par l'expérience de cette vie.

Mais d'abord, pour bien établir ceci, la première chose à faire, c'est de ne pas confondre l'idée du Bonheur avec l'idée du plaisir. Le plaisir, comme on le sait, n'est que la satisfaction des sens; tandis que le Bonheur est la satisfaction de l'âme. Or les sens ne peuvent être satisfaits que par des objets sensibles; tandis que l'âme ne trouve sa joie que dans les choses intelligibles : aux premiers il faut la nature, à la seconde il faut Dieu. De même que toute sensation apporte du plaisir au corps, de même tout sentiment procure de la joie à l'âme; la joie est le plaisir spirituel; mais avec cette différence, que le contact de la

---

« Si l'on donne le nom de *bonheur* à quelques *plaisirs* répandus dans cette vie, il y a du bonheur en effet; mais si par là on entend autre chose, le bonheur n'est pas fait pour ce globe : cherchez ailleurs. » VOLTAIRE.

« Une infinité d'hommes sont dans des états qu'ils ont raison de ne pas aimer: les voilà presque tous exclus du *bonheur*, et il ne leur reste pour toute ressource que des *plaisirs* semés çà et là sur un fond triste. » FONTENELLE.

« Lorsque le rapport avec le monde extérieur nous est agréable, nous l'appelons *plaisir* : mais cet état passager n'est pas le *bonheur*. Nous entendons par bonheur un état qui serait tel que nous désirassions de ne pas en sortir. » P. LEROUX.

matière sur nos sens ne peut être comparé aux délices des attouchements de Dieu sur notre âme. Au reste, il y a entre le plaisir et la joie une différence sensible qui empêchera toujours de les confondre, c'est l'effet opposé qu'ils produisent sur nous ;

Le plaisir centuple le moi, il resserre toutes ses affections en lui : la joie dilate le moi, elle cherche à épancher toutes ses affections hors de lui. L'homme qui éprouve du plaisir, savoure sa jouissance en lui-même : l'homme qui ressent de la joie, est transporté hors de lui. Le premier, dans son ivresse, jette un œil hagard autour de lui pour s'assurer si personne ne le voit ; son égoïsme est si complet en ce moment qu'il envie jusqu'au regard avide de son semblable, il voudrait cacher à tout le monde le sujet de sa volupté : le second, dans son transport cherche des yeux, autour de lui, s'il peut avoir des témoins ; son ravissement est tel, qu'il voudrait entretenir tout le monde du sujet de son bonheur. Dans le plaisir, l'homme est irascible, il serait tenté d'égorger son ami, s'il venait alors le troubler : dans la joie, l'homme est magnanime, il serait tenté d'embrasser son ennemi, si alors il s'offrait à lui. Enfin, après que le plaisir est passé, l'homme est triste, son cœur troublé et irrité contre lui-même, voudrait s'en prendre à ceux qui l'entourent, de la mauvaise humeur qui le ronge : après un sentiment de joie, le cœur de l'homme apaisé et en paix avec lui-même, voudrait répandre sur ceux qui l'entourent la sérénité et la satisfaction qui l'animent. En un mot, dans le plaisir l'homme se concentre en lui-même : dans la joie, l'homme sort de lui-même. Dans l'un, il ne cherche qu'une chose, c'est de recueillir son plaisir pour lui seul : dans l'autre, il n'a qu'un besoin, c'est de faire partager sa joie. De sorte que le premier entretient l'égoïsme, et le second le dévoûment. A des caractères si différents qui ne reconnaîtrait dans l'un le fils de la terre, et dans l'autre la noble fille du Ciel !

Voilà quant à l'âme. Maintenant quant au corps, si nous étions physiologiste, nous pourrions montrer des résultats aussi frappants. D'un côté, tous les funestes effets du plaisir sur l'organisme, et de l'autre, les effets si favorables sur lui, d'une joie habituelle entretenue par de nobles sentiments, nous signaleraient la différence complète qui existe entre ces deux choses. Mais nous voulions seulement faire observer ici qu'il ne faut point confondre l'idée du plaisir avec l'idée du Bonheur ou de la joie, pour mieux déterminer ensuite l'origine de l'une et de l'autre. Or déjà l'observation d'une différence aussi complète suffirait seule pour nous avertir que l'idée du Bonheur ne peut avoir la même origine que l'idée du plaisir.

L'idée du plaisir s'est donc naturellement formée en nous à propos des impressions agréables que nous avons reçues par nos sens. Mais ces impressions finies, finies comme les organes qui les ont éprouvées, finies comme les objets qui les ont occasionnées, n'ont pu que nous donner l'idée d'une satisfaction finie, c'est-à-dire l'idée du plaisir. Car, bien loin de s'exagérer cette satisfaction au point de s'en former l'idée d'une satisfaction infinie, c'est-à-dire l'idée du Bonheur, l'esprit est au contraire continuellement porté à dénigrer la jouissance sensible ; jamais il n'en est satisfait, il la trouve mesquine, illusoire, passagère en comparaison de ce qu'il attendait. Or, pourquoi s'attend-il ainsi toujours à trouver dans les sens plus qu'ils ne peuvent lui donner ? pourquoi trouverait-il mesquine, illusoire, passagère la jouissance que ceux-ci lui procurent, s'il n'avait pas antérieurement l'idée d'une jouissance incomparablement plus grande, si en un mot il n'avait pas déjà l'idée du Bonheur ? L'idée du plaisir est relative, sensible, bornée; l'idée du Bonheur est absolue, intelligible, infinie : comment ces deux idées pourraient-elles avoir la même origine ?

Sur ce point d'ailleurs, si l'homme ne jouissait pas d'un autre enseignement que de celui qu'il recueille de l'expérience sensible, bien loin d'en retirer l'idée du Bonheur, c'est plutôt l'idée du malheur et de la souffrance que les sens lui fourniraient. Car pour quelques plaisirs qui l'effleurent à peine, que de sensations pénibles et douloureuses ! Quand l'homme s'éveille le matin, c'est pour s'arracher au repos, c'est pour courir aux travaux et aux fatigues de la veille; la journée de l'homme n'est qu'une pénible et continuelle épreuve pour son corps, c'est à cette seule condition qu'il pourvoit à son entretien; et toute sa récompense, s'il l'obtient toutefois, est de n'avoir point souffert et travaillé en vain. Sans parler de ceux qui sont sans cesse en proie à la faim, au froid et à toutes les suites de l'excès de la misère; de ceux qui sont en proie à l'ennui, aux maladies et à toutes les suites de l'excès de l'opulence; sans parler des remords et de toutes les peines du cœur, je demande quel est celui qui n'a pas éprouvé dans la vie, vingt fois plus de fatigues et d'inquiétudes que de plaisir et de satisfaction ? *Omnis creatura ingemiscit*, dit St Paul. Les peines et les maux remplissent tellement notre vie, disait Métrodore, que la nature ne saurait où mettre le bien et la joie, si auparavant elle ne délogeait pas la douleur [1]. Un Père de l'Église ajoute : *Vincula hujus vitæ asperitatem habent veram : jucunditatem falsam ; certum dolorem : incertam voluptatem ; durum laborem : timidam quietem ; rem plenam miseriæ : spem beatitudinis inanem.* Et c'est ainsi que d'après une École célèbre, trouver le bonheur c'était seulement échapper au malheur. Savoir que l'on a échappé à un grand mal, disait-elle, c'est en cela que consiste uniquement le bonheur, c'est là qu'il faut le chercher et nulle autre part : le plaisir ne consiste qu'à se guérir d'une douleur. Échapper à de grandes douleurs, voilà donc le souverain bien de l'homme sur la terre ! Oh ! pauvre nature humaine, que l'on dise maintenant que tu as pu prendre sur la terre l'idée du Bonheur !.. [2]

L'expérience acquise par les sens n'aurait donc tout au plus réussi qu'à nous fournir l'idée du malheur. Et cependant l'homme possède bien l'idée du Bonheur ! Eh certes,

---

[1] « La vie présente, dit Charron, n'est qu'une suite de misères diverses enchaînées de tous costés ; il n'y a que mal qui coule, que mal qui se prépare, et le mal pousse le mal, comme la vague pousse l'autre. La peine est toujours présente, et l'ombre de bien nous déçoit ; la bestise et l'aveuglement possèdent le commencement de la vie ; le milieu est tout en peine et travail ; la fin en douleur ; mais toute entière en erreur. »
P. Charron, *De la Sagesse*, liv. 1, chapitre xxxvi. — Description de la vie humaine, page 107, — 1602.

[2] « O la grande félicité et la grande volupté dont ils jouissent, s'écrie Plutarque, se réjouissant de ce qu'ils n'endurent pas de mal, et qu'ils ne souffrent douleur quelconque ! Epicure et Métrodore définissent le bien-estre dans son essence, la fuite et la délivrance du mal, et s'éjouissent d'une joie d'esclaves que l'on a tirés des prisons et déferrés, qui tiennent pour un grand bien que l'on les lave et les huile après qu'ils ont été bien fouettés et déchirés. »

ce n'est pas lui qui consentirait à s'en séparer, à en déshériter son cœur.

Quand donc je demande le Bonheur à tous les objets, quand je le cherche dans toutes mes actions, et que j'ai eu cent fois l'expérience que je ne l'y trouve pas, j'ai certainement l'idée du Bonheur que j'y cherche ; je connais nécessairement ce que je n'y rencontre point, ce que je n'y puis rencontrer. Dès lors que je suis à la poursuite du Bonheur, dès lors que je le recherche par tous les actes de ma vie, et dès lors que j'ai reconnu que je ne le trouve point, je connais donc ce que peut être le Bonheur ! Bien plus : si l'homme a le désir et la connaissance d'une chose qu'il ne possède pas, n'est-ce point parce qu'il est dans sa nature de posséder cette chose ? Or, il ne peut être dans sa nature de posséder cette chose, si cette chose n'existe pas.

N'ayant jamais connu le Bonheur par expérience, et comment l'aurions-nous connu n'étant jamais sortis de cette terre ? ayant reçu le jour au milieu des misères, des souffrances et des inquiétudes qui grandissent avec nous, comment se fait-il que si l'on nous demande : Voulez-vous être heureux ? l'idée du Bonheur se présente aussitôt à notre esprit, et que nous ne puissions concevoir cette idée du Bonheur sans nous empresser de répondre : Que nous voulons être heureux ! N'est-ce pas ainsi qu'en présence d'une action, nous la qualifions de bonne ou de mauvaise, par suite d'un jugement rationel ; et que nous ne pouvons faire cette distinction du bien et du mal sans concevoir à l'instant que ce qui est bien doit être fait, et que ce qui est mal ne doit pas l'être ; de sorte que l'idée du devoir suit immédiatement et inévitablement l'idée du bien et du mal? De même, la conception du Bonheur et du malheur, ne peut s'offrir à notre esprit sans que nous concevions à l'instant que le Bonheur est ce que nous devons chercher, et que le malheur est ce que nous devons éviter; de sorte que l'idée du désir de le posséder suit immédiatement et inévitablement l'idée du Bonheur. L'idée du Bonheur est donc nécessaire, conséquemment universelle, conséquemment absolue, conséquemment d'origine divine, comme toutes les idées rationelles.

La conception du Bonheur, suivie de l'idée de le posséder, est même plus commune s'il est possible, ou du moins plus vivement sentie que la conception du bien suivie de l'idée du devoir, bien que l'homme ne puisse renier celle-ci, ni l'étouffer dans sa conscience. C'est que l'idée du Bonheur est tout ce qu'il y a de plus vivace dans l'être. De déplorables dégradations auraient conduit l'homme jusqu'à perdre l'idée du devoir, que l'idée du Bonheur resterait seule debout dans son âme dévastée, comme une haute colonne au milieu du désert. Le sauvage ni le criminel ne peuvent chasser l'idée du Bonheur. Oui, nous sentons tous que nous sommes faits pour le Bonheur; mais hélas! dans notre faiblesse et notre aveuglement, nous oublions quelquefois le chemin qui doit nous y conduire.

Remarquez que les animaux n'ont point l'idée du Bonheur, et c'est une preuve que cette idée ne vient point par les sens, puisqu'ils ont des sens aussi bien que nous. Mais il y a plus, si le Bonheur est la possession de l'existence infinie, l'animal, qui n'a reçu dans la création qu'une si petite portion d'être, devrait précisément souffrir plus que l'homme de sa triste position, et éprouver un besoin incomparablement plus grand du Bonheur; cependant il ne paraît point troublé d'une semblable inquiétude. « Un peu d'herbe satisfait l'agneau, un peu de « sang rassasie le tigre », et quand sa faim est apaisée, il est content de ce qu'il est ; comme un être qui a la conscience d'avoir atteint sa plénitude, il ne cherche pas autre chose et s'abandonne au repos. L'animal ne peut éprouver le besoin du Bonheur, parce qu'il n'en a pas l'idée ; et il n'en a pas l'idée, parce qu'il ne doit pas être autre chose que ce qu'il est. Tous les êtres de la création sont satisfaits en eux-mêmes, parce qu'ils ne pensent pas à être autre chose que ce qu'ils sont. L'homme seul aspire à un bien-être inconnu de la terre, parce que ce n'est point sur la terre qu'il a pris l'idée de ce bien.

C'est ainsi qu'en observant la nature de l'idée du Bonheur, on reconnaît parfaitement qu'elle ne peut nous venir par les sens ; puisque tout ce qui est sensible est fini, passager, et devient conséquemment la négation du bonheur, qui n'admet point de borne; car là où le Bonheur s'arrête, commence la souffrance de la privation. Mais voici pourquoi il est si important de constater que cette idée est absolue, intelligible, divine :

Si l'idée du Bonheur était relative, sensible, humaine, c'est-à-dire, si elle venait de l'homme, comme l'homme est exposé à l'erreur, ou en d'autres termes, à se former des idées qui n'ont point de valeur objective dans la réalité, le Bonheur pourrait n'être qu'une erreur, le Bonheur pourrait ne pas exister; mais si l'idée du Bonheur est absolue, intelligible, divine, c'est-à-dire, si elle vient de

Dieu, comme Dieu est infaillible, le Bonheur est une réalité, il existe nécessairement. — Ce n'est pas une faible consolation pour l'homme que de le savoir !

En effet, depuis longtemps la philosophie est en droit de réclamer l'explication de cette idée. Car s'il est en nous certaines idées qui, ayant un caractère de nécessité, d'absoluité et d'impersonnalité, prouvent par là qu'elles ne viennent point de nous, mais d'une Réalité objective, parmi ces idées, celle du Bonheur infini, est sans doute la plus intéressante et la plus magnifique. Toute psychologie est donc tenue d'expliquer cette idée, c'est-à-dire de déterminer la réalité objective qui lui correspond nécessairement. Si cette idée n'avait pas un objet réel qui lui correspondît, le cœur de l'homme serait dans l'erreur la plus fondamentale; et chaque fois qu'il nous fait aimer le bien, qu'il nous fait aspirer à lui, qu'il nous porte vers le bonheur, en un mot, chaque fois qu'il nous fait vouloir ou agir, il tromperait étrangement notre nature.

Pauvre être renfermé dans le temps, je trouve au milieu de mon cœur une idée qui me ravit et m'enlève au-delà du temps; être malheureux, j'ai l'idée du Bonheur ! misérable, souffrant, meurtri par tout ce qui m'environne, exposé à toutes les privations, j'ai l'idée de la jouissance pure, de la plénitude de l'être, de la possession du bien, en un mot, j'ai l'idée du Bonheur. Et cette idée est si positive dans mon cœur, que les souffrances et la privation, qui devraient me convaincre de mon néant, ne font que la réveiller avec plus d'ardeur. La douleur ne peut l'effacer, ne peut même l'affaiblir; plus la douleur la comprime, plus elle réagit; plus elle cherche à la détruire, plus cette idée revit en moi. Je ne puis la soumettre, elle gouverne ma volonté, elle me commande, que dis-je? je ne puis penser, je ne puis agir sans que cette idée soit l'objet de ma pensée, sans que cette idée soit le motif de mon action.

Oui, qu'on me recompose toute mon expérience de sujets de douleurs et de désespoir, mon expérience ne pourra jamais prévaloir contre cette idée du Bonheur, du Bonheur que je n'ai cependant trouvé nulle part. Et cette idée brille aussi visible dans la conscience de chacun de nous. L'idée du Bonheur est si claire que lorsque j'en parle, on me comprend de suite; tous les hommes portent donc au fond de leur cœur cette grande et impérissable idée! et c'est même parce qu'ils ont si positivement cette idée, qu'ils cherchent dans tous les objets de ce monde ce qui peut répondre au besoin qu'elle fait naître en eux. Mais comment se peut-il que j'aie une pareille idée? d'où me vient-elle cette idée, qui est le contraire de l'état de mon être, le contraire de l'état du monde? ce n'est donc pas moi qui l'ai faite, ce n'est donc pas ce monde qui me l'a inspirée? le monde et moi sommes si malheureux, que nous serions plutôt tenté de la nier...

Oui, qui a mis l'idée de la jouissance infinie dans un cœur privé du bien infini? Se l'est-il donné lui-même cette idée qui est en lui une véritable représentation du Bonheur? Hélas! je ne puis la porter par ma propre nature, puisque je ne suis que misère et que plainte; aucun

---

Voir ce que Fénélon dit de la Raison, dans son traité *De l'existence de Dieu*, et l'exposition de l'idée de l'infini, dans le livre de M. Maret, sur *Le Panthéisme*.

des objets de ce monde ne m'ont non plus donné cette image, car ils n'ont pu me donner une image que de ce qu'ils sont. D'où la tenons-nous donc cette image si éclatante, qui ne ressemble à rien de ce que nous sommes, ni a rien de ce que nous voyons ici-bas ? D'où ?. mais du Bonheur lui-même, puisque nous l'en appelons l'image ! Alors où est donc le Bonheur ? où est-il ? car s'il n'était pas pourrait-il graver son image au fond de ma nature ? Ah ! où est-elle cette vie parfaite dont j'ai si bien l'idée en moi, et qui est si différente de moi ! Il faut qu'elle soit quelque chose de réel, de positivement objectif ; car le néant, qui n'est pas l'être, ne peut pas posséder le bien-être, ni par conséquent m'en donner l'idée.

Puisque je conserve l'idée d'une vie de Bonheur même au milieu de cette triste vie ; puisque cette idée est toujours présente dans ma conscience ; puisque même c'est parce qu'elle est si positive en moi que mon cœur cherche au milieu de tous les objets de ce monde quelque chose qui puisse s'en rapprocher ; puisque des millions d'hommes le cherchent avec moi, mais ne l'y trouvent pas, nous n'avons donc jamais reçu cette idée par le moyen des sens, nous ne la devons donc pas à ce monde. Ainsi, voilà en moi une idée qui est, et indépendante de moi, et indépendante de ce monde ? Alors, elle me vient donc d'un autre monde ? Il faut donc qu'un autre monde produise en moi cette grande idée de lui même ? Il faut donc qu'il y ait un bonheur objectif qui mette en nous son image et se révèle ainsi à notre cœur ?... Et en effet, la révélation de l'idée du Bonheur, n'est que la révélation de ce qu'on appelle le Ciel.

Avant de savoir comment s'éveille en nous l'idée du Bonheur, il faut d'abord observer qu'elle n'est point, comme l'idée du beau ou du vrai, une idée purement intellectuelle : je veux dire que nous n'aurions jamais l'idée du Bonheur, si nous n'en avions éprouvé le sentiment. L'aveugle de naissance se fait si peu une idée de la lumière et des couleurs, que l'on cite comme une preuve de sagacité la réponse de celui à qui on expliquait que la couleur rouge était la plus éclatante, et qui se mit à dire qu'elle devait ressembler au son de la trompette. Je crois que l'homme qui n'aurait pas éprouvé le sentiment du Bonheur, s'en formerait encore moins une idée.

Comme il y a certaines idées qui nous viennent à propos des sensations, de même l'idée du Bonheur nous apparaît à propos du sentiment que nous en éprouvons ; et nous éprouvons ce sentiment à l'âge où l'amour augmente tout à coup en nous. De sorte que ce n'est qu'au moment où le cœur reçoit son développement naturel (qui arrive peut-être un peu plutôt que celui de la raison), que pénètre en lui avec l'influx divin le sentiment du Bonheur, et que nous nous en formons l'idée. Il était en effet impossible que la substance de Dieu entrât aussi directement et avec tant d'abondance dans notre cœur, sans que nous en ressentissions un ravissement inexprimable. Dieu ne pouvait faire descendre en nous quelque peu de sa vie, sans faire descendre en nous quelque chose du Bonheur !

On fixe l'âge de majorité pour l'homme au moment où, comme on le dit, *la raison lui est venue* ; non point que jusqu'alors l'homme n'ait pas joui de ses conceptions rationelles, mais parce que c'est l'âge où ordinairement ces notions ont pu pénétrer assez dans le cœur pour rendre l'homme raisonnable. Eh bien ! il y a de même un âge de majorité pour le cœur, que l'on pourrait fixer à cette époque de la vie où il se développe presque subitement. Non point que jusqu'alors le cœur n'ait pas exécuté au milieu de l'organisme psychologique son indispensable et importante fonction, mais parce qu'il reçoit du sentiment du Bonheur, qui fait alors explosion en lui, un mouvement et une énergie qui mettent l'homme tout en émoi et opèrent une véritable révolution dans toutes ses facultés. Chacun peut sur ce point en référer à sa propre expérience, il n'est personne qui ne conserve un précieux souvenir de cette époque, la plus intéressante de la vie.

Ce n'est, disons-nous, qu'au moment où le cœur se développe et où l'amour s'accroît en lui, que nous viennent le sentiment et l'idée du Bonheur. Remarquez-bien que l'enfance n'a pas l'idée du Bonheur, elle n'a que l'idée du plaisir ; c'est dans l'adolescence que ce sentiment vient nous surprendre et que nous commençons à nous en former l'idée. Aussi, c'est un spectacle curieux et touchant que celui de l'adolescent, quittant tout à coup les amusements qui jusque-là faisaient ses délices, pour devenir triste et rêveur ! On voit tout ce qui lui faisait plaisir s'échapper de ses mains, au moment où la grande idée du Bonheur vient s'offrir à lui ; et celui sur la figure duquel vous aimiez tout à l'heure encore à retrouver la candeur des joies paisibles de l'enfance, vous effraie maintenant par la vivacité de son regard et la profondeur de l'interrogation que vous lisez sur tous ses traits.

DE LA NATURE DE L'HOMME.

Cette époque, la plus intéressante de la vie par la longue et considérable influence qu'elle exerce sur nous, est celle que Rousseau, dans son traité d'éducation, ne craint pas d'appeler une *seconde naissance*[1]. C'est ici seulement, à vrai dire, que la vie commence pour l'homme. Auparavant, il n'est guère plus que ce qu'il était dans le sein de sa mère; il n'a nulle émotion profonde, nulle pensée motivée; son existence s'est bornée à quelques sensations, et il n'a point eu le vif sentiment de lui-même. *Vivit et est vitæ nescius ipse suæ.* Mais à l'instant où l'amour pénètre dans le sein de l'adolescent et que les battements de son cœur se sont réveillés sous l'impression du Bonheur, il semble en quelque sorte une statue dans laquelle on aurait injecté du sang. N'oublions pas que le Cœur est l'organe central d'impulsion dans l'organisme psychologique; et que son degré de vitalité donne le ton à la vie générale.

Un grand poëte de nos jours, dans un ouvrage qui vivra autant que l'homme, nous a peint cette situation du cœur sous le nom *Du vague des passions*. Il nous dit que c'est le moment qui précède leur développement;

---

[1] « Nous naissons, pour ainsi dire, en deux fois : l'une pour exister, et l'autre pour vivre. L'homme n'est pas fait pour rester toujours dans l'enfance, il en sort au temps prescrit par la nature. Comme le mugissement de la mer précède de loin la tempête, cette orageuse révolution s'annonce par le murmure des passions naissantes. Aux signes moraux d'un changement d'humeur se joignent des changements sensibles dans la figure. Sa physionomie se développe et s'empreint d'un caractère. Ses yeux, ces organes de l'âme, qui n'ont rien dit jusqu'ici, trouvent un langage; ils sent déjà qu'ils peuvent trop dire; il commence à savoir les baisser et rougir. Il devient sensible avant de savoir ce qu'il sent; il est inquiet sans raison de l'être. Souvent il s'irrite et s'attendrit d'un instant à l'autre, et verse des pleurs sans sujet. C'est ici la *seconde naissance* dont j'ai parlé; c'est ici que l'homme naît véritablement à la vie. »

J.-J. ROUSSEAU, *Émile*, livre IV.

et il doit en être ainsi psychologiquement : car ce *vague*, dont parle l'auteur de *René*, est l'étonnement qu'éprouve l'âme de l'émotion nouvelle et inaccoutumée, dans laquelle la jette l'idée du Bonheur au moment où elle commence à se faire sentir en nous [1]. En effet, quoi de plus vague que l'idée d'une chose, lorsque l'on n'a jamais rien vu ni compris sur la terre qui puisse lui être comparé ? Il n'est point surprenant que cette idée mette tout le cœur en émoi, qu'elle donne l'éveil à ses premières passions, et provoque un mouvement irrésistible vers des jouissances inconnues, chez un être affamé des biens éternels ! Puis, que la beauté soit alors ce qui exerce le plus d'action sur son cœur, c'est tout naturel : la beauté est la forme accessible de la substance de Dieu.

Aussitôt que le cœur commence à goûter le sentiment du Bonheur, sa première pensée est que le Bonheur est de ce monde. Alors on voit l'homme comme un fou,

---

[1] « Il est un état de l'âme qui, ce nous semble, n'a pas encore été observé ; c'est celui qui précède le développement des passions, lorsque nos facultés jeunes, actives, entières, mais renfermées, ne se sont exercées que sur elles-même, sans but et sans objet. Plus les peuples avancent en civilisation, plus cet état du *vague* des passions augmente. Il arrive alors une chose fort triste ; l'imagination est riche, abondante et merveilleuse, l'existence pauvre, sèche et désenchantée ; on habite avec un cœur plein un monde vide. L'amertume que cet état de l'âme répand sur la vie est incroyable, le cœur se retourne et se replie en cent manières pour employer des forces qu'il sent lui être inutiles. Les anciens ont peu connu ces inquiétudes secrètes ; n'étendant guère leurs regards au delà de la vie, et ne soupçonnant point des plaisirs plus parfaits que ceux de ce monde, ils n'étaient point portés à ces désirs par le caractère de leur culte. Au lieu que la religion chrétienne nous offre sans cesse le double tableau des chagrins de la terre et des joies célestes, et par ce moyen elle fait dans le cœur une source de maux présents et d'espérances lointaines, d'où découlent d'inépuisables rêveries. »
M. de CHATEAUBRIAND, *Génie du christianisme*, liv. II, chap. IX. Du vague des passions.

demandant le Bonheur à tout ce qu'il rencontre. Les grandes scènes de la nature surtout, prennent sur son imagination enflammée une influence magique. Un clair de lune, une belle nuit, lui font verser des larmes; et dans l'attendrissement dont ces spectacles le pénètrent, il se passe quelquefois en son cœur un mouvement si étrange, qu'il y porte avec effroi les mains pour le retenir, comme s'il avait cru qu'il lui échappait... La nature porte nécessairement sur elle l'empreinte de la beauté de son créateur, elle doit même en être un symbole touchant; de là, quoique fini, ce symbole de la Réalité infinie ne peut passer devant notre âme sans soulever ses instincts immortels!

Mais l'homme s'aperçoit bientôt que le Bonheur n'est pas autour de lui. Cependant il ne lâche pas encore prise, il s'imagine que c'est seulement par exception que le Bonheur ne s'y trouve pas, mais qu'il est un peu plus loin, qu'il est là-bas, par exemple, où se rend ce beau nuage tout vêtu de lumière. Les crépuscules, dans le lointain, en remplissant l'horizon de leur athmosphère d'or, nous appellent comme des climats enchantés où le bonheur nous attend. Alors, chose inouïe, le dégoût du pays se fait sentir, et une envie démesurée des voyages s'empare de nous. Hélas, ce n'est pas seulement ce pays-là qu'il faudrait quitter!

Je me rappelle avoir fait vingt fois le projet de fuir la maison de mon père pour courir après cette image d'une vie de bonheur, qui me poursuivait. Surtout devant un beau coucher du soleil, je ne pouvais plus y tenir; je voyais, dans la couleur de feu dont l'astre embrasait l'horizon, des promesses indicibles ; et lorsque les Messageries du midi de la France ou de l'Italie passaient près de moi, le cœur me battait jusqu'à m'en trouver mal. En cet état un rien suffit à l'homme pour le jeter dans des rêveries sans fond ; la vue des montagnes l'inspire, le bruit des vents provoque son courage ; le nuage qui passe excite son intérêt, il le suit des yeux, pensant qu'il va aborder vers quelques climats lointains où il place aussitôt la vie idéale dont son imagination est sans cesse enchantée. Nous croyons le bonheur partout, excepté dans l'endroit où nous sommes, jusqu'à ce qu'hélas ! nous finissions par nous apercevoir qu'il n'est nulle part... Mais ce n'est pas moi qui vous apprendrai comment on se console de cette triste nouvelle : suis-je donc si éloigné de cette cruelle époque ! et si le voile de la vérité s'est déchiré devant ma raison, mon cœur, quoi qu'il en dise, ne saigne-t-il donc plus de la blessure qui lui est faite ?

Toutefois, jetons quelque peu les yeux sur l'habile peinture des symptômes qui accompagnent l'état du cœur, au moment où l'idée du Bonheur vient s'emparer de l'homme. Voici quelques passages du remarquable morceau de psychologie en action que nous en a donné M. de Châteaubriand. René, après avoir raconté qu'il essaya plusieurs genres de vie, espérant calmer les inquiétudes et l'ardeur de désir qui le poursuit partout, s'écrie: « Cette vie ne tarda pas encore à me devenir insupportable. Je me mis à sonder mon cœur, à me demander ce que je désirais, je ne le savais pas ; mais je crus tout à coup que les bois me seraient délicieux. Me voilà soudain résolu d'achever, dans un exil champêtre, une carrière à peine commencée. J'embrassais ce projet avec l'ardeur que je mets à tous mes desseins ; je partis précipitamment pour m'ensevelir dans une chaumière, comme j'étais parti autrefois pour faire le tour du monde. On m'accuse d'avoir des goûts inconstants, de ne pouvoir jouir longtemps de la même chimère, d'être la proie d'une imagination qui se hâte d'arriver au fond de mes plaisirs ; on m'accuse de passer toujours le but que je puis atteindre : hélas ! je cherche seulement un bien inconnu, dont l'instinct me poursuit. Est-ce ma faute, si je trouve partout des bornes, si ce qui est fini n'a pour moi aucune valeur ?.... La solitude absolue, le spectacle de la nature me plongèrent bientôt dans un état presque impossible à décrire. Sans parents, sans amis, pour ainsi dire seul sur la terre, n'ayant point encore aimé, j'étais accablé d'une surabondance de vie. Quelquefois je rougissais subitement, et je sentais couler dans mon cœur comme des ruisseaux d'une lave ardente. Quelquefois je poussais des cris involontaires, et la nuit était également troublée de mes songes et de mes veilles. Il me manquait quelque chose pour remplir l'abîme de mon existence : je descendais dans la vallée ; je m'élevais sur la montagne, appelant de toute la force de mes désirs l'idéal objet d'une flamme future : je l'embrassais dans les vents ; je croyais l'entendre dans les gémissements du fleuve ; tout était ce fantôme imaginaire, et les astres dans les cieux, et le principe même de vie dans l'univers. Toutefois, cet état de calme et de trouble, d'indigence et de richesse, n'était pas sans quelques charmes.... L'automne me surprit au milieu de ces incertitudes : j'entrai avec ravissement dans les mois des tempêtes. Tantôt j'aurais voulu être un de ces guerriers errant au milieu des vents, des nuages et des fantômes. Tantôt j'enviais jusqu'au sort du pâtre que je voyais réchauffer ses mains à l'humble feu de broussailles qu'il avait allumé au coin d'un bois. J'écoutais ses chants mélancoliques qui me rappelaient que dans tout pays, le chant naturel de l'homme est triste, lors même qu'il exprime le bonheur. Notre cœur est un instrument incomplet, une lyre où il manque des cordes, et où nous sommes forcés de rendre les accens de la joie sur le ton consacré aux soupirs.... Le jour, je m'égarais sur de grandes bruyères terminées par des forêts. Qu'il fallait peu de choses à ma rêverie : une feuille séchée que le vent chassait devant moi, une cabane dont la fumée s'élevait dans la cime dépouillée des arbres, la mousse qui tremblait au soufle du nord, un étang désert où le jonc flétri murmurait ! Le clocher du hameau s'élevant au loin dans la vallée a souvent attiré mes regards ; souvent j'ai suivi des yeux les oiseaux de passage qui volaient au dessus de ma tête. Je me figurais les bords ignorés, les climats lointains où ils se rendent ; j'aurais voulu être sur leurs ailes. Homme, attends que le vent de la mort se lève, alors tu déploieras ton vol vers ces régions inconnues que ton cœur demande ! Levez-vous vite, orages désirés, qui devez emporter René dans les espaces d'une autre vie ! Ainsi disant, je marchais à grands pas, le visage enflammé, le vent sifflant dans ma chevelure, ne sentant ni pluie ni frimats, enchanté, tourmenté, et comme possédé par le démon de mon cœur. La nuit, lorsque l'aquilon ébranlait ma chaumière, que les pluies tombaient en torrent sur mon toit, qu'à travers ma fenêtre je voyais la lune sillonner les nuages amoncelés, comme un pâle vaisseau qui laboure les vagues, il me semblait que la vie redoublait au fond de mon cœur, que j'aurais eu la puissance de créer des mondes.... Hélas, j'étais seul, seul sur la terre! Une langueur secrète s'emparait de mon cœur. Ce dégoût de la vie que j'avais ressenti dès mon enfance, revenait avec une force nouvelle. Bientôt mon cœur ne fournit plus d'aliment à ma pensée, et je ne m'apercevais de mon existence que par un profond sentiment d'ennui. Je luttai quelque temps contre mon mal, mais sans avoir la ferme résolution de le vaincre. Enfin ne pouvant trouver de remède à cette étrange blessure de mon cœur, qui n'était nulle part, et qui était partout, je résolus de quitter la vie [1].... »

Lorsque l'homme a passé la jeunesse, qu'on appelle *l'âge des illusions*, parce qu'en effet c'est alors que l'idée du Bonheur s'est présentée à lui, et que dans la naïveté de son cœur il l'a crue réalisable en ce monde, remarquez bien que l'homme sur le retour (et c'est l'observation qui nous le montre) redevient jusqu'à un certain point, dans ses goûts, ce qu'il était avant d'atteindre l'adolescence. Aussitôt que l'idée du Bonheur lui apparut, il quitta les plaisirs bruyants et devint triste et rêveur; aussitôt que l'idée du Bonheur en ce monde le fuit comme illusoire, ses tristesses et ses rêveries le quittent à leur tour; et revenant de ce qu'il appelle ses chimériques

---

[1] Chateaubriand; *René*, ou Du vague des passions, tome III du *Génie du christianisme*, page 252 à 253. Edition de Ballanche père et fils, 1809.

espérances, il se remet, ainsi que l'enfant, à poursuivre le plaisir. Le Bonheur n'étant plus pour l'homme qu'un mot dont il oublie le sens, il se conduit comme lorsqu'il ne le savait pas encore.

C'est donc parce que l'idée du Bonheur commence à sortir de son esprit, que celle du plaisir y rentre; tout comme l'apparition de l'idée du Bonheur fit un jour fuir en lui l'idée du plaisir. Aussi, comment croire que deux idées aussi hostiles l'une à l'autre, soient filles l'une de l'autre? L'homme arrivé à l'âge mûr pense qu'après tout, en fait de jouissance, le plaisir est encore ce qu'il y a de plus *positif*; cette dernière expression lui sourit tout particulièrement, comme naguère le mot *idéal* avait tant de charme pour lui. Il dit qu'il a compris la vie, et qu'il a acquis de l'expérience : croyez-le, il ne s'agit que de la vie temporelle et de l'expérience des choses qui passent. Il parle de mettre de l'ordre dans ses affaires, s'il en a; ou de faire fortune, s'il n'en a pas. Il quitte ses folies, s'il a fait des folies; ses rêves, qui sont les folies de l'esprit, s'il a fait des rêves; ou du moins n'en fait plus d'autres que celui de mettre tout son espoir dans la richesse, qui ne procure que le bien-être du corps! Il se jette donc à la poursuite de la fortune, et c'est ce que sérieusement il appelle de la sagesse et de la raison.

Or, remarquez bien : quel est le but de la fortune, sinon la satisfaction des appétits du corps, c'est-à-dire, comme pour l'enfant, de ce qui plaît à ses sens! seulement l'un le cherche dans le badinage, et l'autre dans la volupté; tous deux n'en veulent qu'au plaisir, avec cette différence que l'un le prend ingénuement, l'autre après y avoir mûrement réfléchi ; l'un avec toute la naïveté qui caractérise son âge, l'autre avec toute la gravité de son expérience ; c'est bien plus respectable ! Aussi, dans sa sagesse, celui-ci ne trouve plus assez de dédain pour les futiles rêves du bonheur, et il condamne sévèrement toutes les illusions de la jeunesse, tandis qu'il reprend tous les goûts de l'enfance !

De sorte que l'homme ne paraît triste et préoccupé qu'autant que l'idée du Bonheur s'empare vivement de son esprit ; et comme il est facile de connaître l'époque où cette idée lui apparaît pour la première fois, par la révolution qu'elle opère en lui, on ne peut donc pas confondre l'idée du Bonheur avec celle du plaisir, ramener la première à la seconde et leur donner la même origine. Toutefois, nous n'avons fait mention ici que des hommes qui réfléchissent peu et dont les sentiments ne sont presque pas développés ; jetons les yeux sur ce que font les autres.

Comme nous venons de le voir, l'homme avait cru d'abord que le bonheur existait sur la terre, mais si les instincts de son âme ne se sont point dépravés et appauvris dans le vice, il ne tarde pas à acquérir la douloureuse certitude du contraire : et c'est là le moment critique de la vie. Plus il s'est enivré de l'espoir du bonheur, plus son désespoir est amer ; il passe de l'excès de la joie et des illusions à l'excès de la tristesse et du désenchantement, et tombe momentanément, quel que soit son courage, dans une désolation digne de pitié. Il est des jeunes hommes pour qui ce passage est si cruel qu'ils en périssent de consomption. Que voulez-vous ? nous sommes enfermés dans la création !..

Ordinairement deux autres cas se présentent :

1. Ou bien l'homme s'aperçoit de son erreur et porte plus haut ses espérances ; l'idée d'une autre vie vient le tirer de ses perplexités et il supporte comme il peut les misères de celle-ci ; que dis-je ? il se plaît à voir dans ces misères mêmes autant de moyens disposés pour l'éducation de sa liberté morale et la formation de son cœur. Alors ceux dont l'âme ardente veut marcher directement à son but, entrent avec impétuosité dans la voie la plus courte. — Ces hommes deviennent parmi nous des apôtres, des ministres de Dieu, des saints, des martyrs.

Pour ceux qui partagent les mêmes convictions, mais dont les âmes ne brûlent pas d'un enthousiasme aussi grand, ils restent dans le monde, seulement ils savent y prendre les bons chemins, et pleins de patience et de courage dans la pratique des vertus et des devoirs de leur être, ils marchent également avec sureté à leur fin. — Ces hommes deviennent parmi nous les bons, les sages et les honnêtes gens.

2. Ou bien l'homme acquérant la triste conviction que le bonheur n'est point sur la terre, et n'ajoutant pas foi aux prophéties de son cœur, sur la nécessité d'une autre vie, prend celle-ci pour une déception cruelle ; il s'applique, mais d'une autre manière, la parole sainte : *Melius mihi esset si natus non fuissem*. Il se croit le fils du destin. Dès lors, afin de mettre un terme à ses maux et d'arracher au destin la joie qu'il semble prendre à le faire souffrir, il se décide lui-même à sortir de la vie. — Ces

hommes deviennent parmi nous des mélancoliques, des misanthropes et des suicides.[1]

Pour ceux qui restent sur la terre avec ces malheureux sentiments, ils vouent une haine mortelle à tout ce qui leur paraît bien, bon, sage et content de la vie. Leur cœur s'endurcit, ils se croiraient bien dupes d'avoir plus de pitié pour leurs semblables, que le destin n'en a pour eux. Comme la bête féroce, ils sacrifient tout à eux-mêmes ; et le sang à répandre ne saurait être un motif capable de les arrêter. — Ces hommes deviennent parmi nous des méchants, des voleurs, des impies et des assassins.

Il est néanmoins un dernier cas. Il existe des hommes qui, dans l'étroitesse de leur cœur, y ont si peu laissé pénétrer l'amour, et qui ont eu conséquemment une si pauvre idée du Bonheur, qu'ils ne trouvent réellement aucune peine à endurer cette vie. Ceux-là, vous l'avouerez, ne sont pas difficiles ! Pour satisfaire les instincts rétrécis et grossiers de leur âme, ils se contentent tout bonnement des plaisirs de ce monde. Aussi, n'ont-ils pas mal été nommés les pourceaux d'Epicure. — Ces hommes deviennent parmi nous légers, voluptueux, gourmands, égoïstes, avares, paresseux et avides de richesses.

---

[1] Tout le monde connaît bien ces vers du *Désespoir* :

> Quel crime avons-nous fait pour mériter de naître ?
> L'insensible néant t'a-t-il demandé l'être,
>   Ou l'a-t-il accepté ?
> Sommes-nous, ô destin ! l'œuvre de tes caprices ?
> Ou plutôt, dieu cruel, fallait-il nos supplices
>   Pour ta félicité ?

C'est ainsi que Shakspeare disait : Le bonheur, c'est de n'être pas né.

Mais quelque médiocre que soit dans l'homme le sentiment du Bonheur, il est toujours suffisant pour lui faire apercevoir qu'il n'a rien trouvé dans ce monde qui puisse y répondre, et que parconséquent sa vie n'est point de ce monde. Autrement il faudrait supposer qu'au moment où Dieu, pour lui donner le sentiment du Bonheur, redoublait le torrent d'amour envoyé à son cœur, il faudrait supposer, dis-je, que ce cœur était déjà tellement comprimé par l'égoïsme, et s'était tellement pourri dans une criminelle oisiveté, qu'il lui devenait désormais impossible de s'ouvrir à rien de grand. Mais comme le sage ordonnateur des choses humaines a soin de nous envoyer ce sentiment précieux dans un âge encore tendre, une pareille dépravation organique n'est jamais possible.

Car trouvez, s'il se peut, un homme qui, par un vice de conformation spirituelle, n'ait jamais pu éprouver un sentiment d'amour, et conséquemment se former une idée du Bonheur, en un mot, un homme qui soit idiot sur ce point : si vous le trouvez, cet homme sera incapable de marcher à ses destinées, parce qu'il ne les connaît point, parce qu'il lui est impossible de s'en former une idée. Mais cette dégradation ne se voit pas; la folie et l'imbécillité ne vont point jusque-là. C'est une observation psychologique que l'on peut faire dans les hôpitaux. Vous rencontrerez des hommes à qui il manque l'idée du vrai, des hommes à qui il manque l'idée du beau, l'idée de cause, l'idée de temps, l'idée de rapport, enfin toutes les idées dont l'intelligence a besoin pour l'exercice de ses différentes facultés : mais vous n'en trouverez point qui n'ait jamais eu, d'une manière ou d'une autre, l'idée du

Bonheur. Oui, je demande s'il est un sauvage, un enfant, un malade, un idiot, un crétin qui n'ait point son idée du Bonheur? Vous surprendrez même sur la figure de celui que l'idiotisme ramène presque à l'état du végétal, une sorte d'extase, horrible il est vrai, mais qui atteste que l'idée du Bonheur, loin d'en être bannie, est la seule qui subsiste encore au milieu de cette intelligence déserte. Il est vrai, il ne reste absolument de cet homme que ce qui ne peut plus mourir, que ce qui doit passer à l'autre vie.

Oui, remarquez-le bien : il vaudrait mieux pour l'homme qu'il fût privé de toute autre de ses facultés, que d'être privé de son cœur; et il le serait réellement, s'il n'avait pas l'idée du Bonheur; parce que, ce qui revient au même, il ne saurait point alors s'en servir, l'idée du Bonheur jouant exactement, par rapport au cœur, le même rôle que la parole par rapport à l'intelligence. L'homme peut, à la rigueur, se passer de ses autres facultés, puisqu'elles ne lui ont été données que pour sa vie temporelle, c'est ainsi que nous avons des idiots, des fous, etc.; tandis que l'homme ne peut se passer de son cœur sans perdre l'organe de la vie immortelle. S'il vient à perdre la moindre partie de son cœur, il risque de devenir un scélérat. Ainsi l'homme peut être privé de l'usage des membres de son corps, comme le paralytique; l'homme peut être privé de l'usage des facultés de son intelligence, comme l'idiot; bien plus, l'homme peut être privé de l'usage de sa raison, comme le fou : mais on ne dit pas que le malade, l'idiot, et le fou soient expressément repoussés par Dieu, tandis que l'homme qui est privé de son cœur, comme le méchant, est nécessairement rejeté de la vie absolue.

Or, voici où j'en veux venir : Tout le monde a bien reconnu que l'idée du Bonheur appartient à tous les hommes, et qu'elle leur appartient à ce point qu'elle est l'idée dominante, qu'elle est en première ligne dans le cœur; mais ce qu'on n'a pas encore constaté, c'est l'importance et l'utilité de cette idée; c'est la nécessité indispensable où est l'homme de la posséder. Une simple réflexion cependant va nous montrer que cette idée est la seule peut-être dont l'homme ne puisse absolument se passer pour remplir sa destination.

Ainsi, je suis bien sûr que beaucoup de philosophes se trouvent scandalisés de ce que Dieu ait attaché de si vives jouissances de cœur à cette disposition de l'âme, connue sous le nom *d'amour Platonique;* et qu'ils n'ont pas encore pu s'expliquer pourquoi Dieu semblait attacher une telle récompense à un sentiment qui peut conduire, il est vrai, aux plus belles actions et aux plus généreux sacrifices (nous parlons de l'amour platonique exclusivement), mais qui peut conduire aussi aux plus dangereux résultats [1]. Quoi qu'il en soit, voilà il faut l'avouer un phénomène bien surprenant ! Mais comme Dieu ne fait rien d'absurde, il faut croire que s'il pénètre de la joie la plus

---

[1] Ainsi, par exemple, si l'amour platonique est la seule chose qui puisse préserver les jeunes gens d'un tempéramment ardent, d'être la proie des passions de la chair; s'il est la plus précieuse fortune que des époux puissent s'apporter en mariage, ne peut-il pas aussi consumer l'âme candide qui s'y livre en s'oubliant; et ne peut-il pas dans certains cas être un véritable adultère moral, que les lois ne sauraient atteindre et qui peut devenir dans les ménages une source de maux aussi graves que ceux qui résultent de l'adultère positif?

énivrante, le cœur embrasé de l'amour platonique, c'est qu'il attend de ce fait un résultat proportionné à l'importance et à l'action profonde qu'exerce sur la nature humaine un sentiment si remarquable. Il faut donc pénétrer le motif de ce fait. Afin de conserver toujours de l'ordre et de la clarté dans nos raisonnements, commençons par observer la nécessité qu'il y avait à ce que l'homme eût l'idée absolue du Bonheur, nous verrons ensuite l'efficacité du moyen que Dieu a employé pour la réveiller en nous.

Une seule réflexion, avons-nous dit, va nous éclairer sur ce phénomène. En effet, remarquons bien que si l'homme n'avait pas connu l'amour, il n'aurait pas connu le sentiment du Bonheur; s'il n'avait pas connu le sentiment du Bonheur, il n'aurait pu se faire une idée de la vie éternelle; et s'il n'avait pu se former une idée de la vie éternelle, il n'aurait pas été capable de toutes les vertus et de tous les efforts nécessaires pour y arriver. Car, on ne peut se le dissimuler, ce que l'homme tient d'abord pour certain, c'est qu'il possède cette vie, et avant de la sacrifier à une espérance toute future, il y regarde à deux fois; d'autant plus que le corps auquel il est lié, trouvant son plaisir dans cette vie, fait tout ce qu'il peut de son côté pour y retenir l'homme et l'y plonger exclusivement. Alors il ne faut rien moins qu'une conviction bien profonde pour l'en arracher, et une preuve bien saisissante pour lui donner cette conviction. Quand il s'agit d'une affaire aussi importante et pour laquelle il en coûte tant, quand il y va de la vie, l'homme se résoud difficilement. D'ailleurs, comment pourrait-il ajouter toute confiance à une chose dont il ne sentirait pas la réalité? et comment serait-il convaincu de la réalité d'une chose dont il n'aurait aucun indice? et comment aurait-il quelqu'indice d'une chose à laquelle l'œil de l'homme n'a jamais rien vu, son oreille jamais rien entendu, son esprit jamais rien compris qui puisse y être comparé?

C'est au sentiment du Bonheur qu'il faut rapporter toutes nos idées religieuses. Il est impossible d'être pieux à la manière des esprits secs; car il ne suffit pas de prouver par des démonstrations scientifiques que le Bonheur doit exister, il faut en éprouver le sentiment. « Le raisonnement dans de tels sujets sert à montrer où finit le raisonnement, et là où finit le raisonnement commence la véritable certitude. Les vérités de sentiment ont seules une force d'intensité qui appelle tout notre être à leur appui. »

Aussi, combien d'hommes, aujourd'hui, que nous sommes étonnés de trouver dans une indifférence si complète sur la pensée des joies de la vie future! Ils ne savent trop vraiment, s'ils y croient où s'ils n'y croient pas; tout ce qu'il y a de certain, c'est que cela ne les touche point... Cela ne les touche point!!. Comment est-il possible que la pensée d'une vie de Bonheur ne touche point un être qui dans tous ses instants, par tous ses mouvements, n'aspire qu'au Bonheur? — Vous voyez bien qu'une pareille inadvertence ne peut s'expliquer que par l'absence de la pensée même du Bonheur; et l'absence de cette pensée, que par l'absence du sentiment de l'amour qui devait la donner. Vraiment on ne peut s'empêcher de dire que ces gens-là doivent manquer d'un sens, et du plus précieux de tous ! Comme le disait Mad. de Staël : « La puissance d'aimer tient de très près de la morale et de la religion ; il se peut donc que notre répugnance pour les âmes froides et dures, soit un instinct sublime qui nous avertit que de tels êtres, leur conduite fût-elle estimable, ne peuvent agir que mécaniquement. »

L'amour étant la vie de Dieu, c'est-à-dire la félicité absolue, devait nécessairement, en entrant dans notre cœur, le remplir de joie; et Dieu le fit bien dans cette intention. Car de même que, pour nous faire connaître sa nature, afin que par là nous l'imitions, Dieu nous envoie, au moyen de l'intuition rationelle, l'idée absolue du bien, du vrai et du beau : de même, pour nous faire connaître sa vie, afin que par là nous y aspirions, Dieu nous envoie, au moyen du sentiment de l'amour, l'idée absolue du Bonheur. Le sentiment de l'amour est donc pour nous une révélation positive de l'existence du Ciel ? Le sentiment de l'amour nous donne la conception du Bonheur, qui est la vie de Dieu, vie à laquelle nous devons arriver; comme le sentiment rationel nous donne la conception du bien, du vrai et du beau, qui sont les attributs de Dieu, attributs que nous devons assimiler à notre être afin que devenant de la même nature que Dieu, nous nous rendions capables de jouir de sa vie.

Que l'homme porte maintenant son amour sur une chose ou sur une autre; qu'il s'imagine que ce sentiment naît de l'objet même auquel il l'applique ici-bas, tandis qu'il le reçoit immédiatement de Dieu : c'est là une chose qui dépend de l'usage qu'il fait de sa liberté. Mais ce qu'il y a de certain, c'est que cet amour lui a fait goûter un instant la vie du Ciel. Or, quand une fois l'homme a éprouvé le sentiment du Bonheur, il n'y a pas de raisonnement, il n'y a pas de puissance qui fasse, il faut qu'il croie à une chose qu'il a tenue positivement en sa possession; et s'il croit à une pareille chose, il ne peut moins faire que de la désirer ardemment; et s'il la désire ardemment, il ne peut moins faire que de prendre les moyens qui doivent le conduire à la posséder.

—Je défie l'homme qui a ressenti de l'amour, de ne pas avoir éprouvé le sentiment du Bonheur; je défie celui qui a éprouvé le sentiment du Bonheur, de ne pas avoir été frappé de la pensée du Ciel; et je défie celui qui est préoccupé de la pensée du Ciel, de ne pas prendre, tôt ou tard, le chemin qui doit le conduire à la jouissance de ce que la créature ne peut pas ne pas désirer d'obtenir. Demandez aux Saints quelles sont les idées qui ont le plus contribué à leur donner une si grande soif de Dieu!.. Où voudriez-vous que nous prissions le désir du Ciel, si nous n'en avions pas éprouvé un avant-goût sur la terre?

C'est ainsi que nous devons au cœur la conception de notre vie future. Assurément, l'œil de l'homme n'a jamais rien vu, son oreille rien entendu, et son esprit rien compris qui puisse être comparé à la vie absolue; mais son cœur a senti dans l'amour ce qui peut lui donner l'idée d'une telle vie! Or c'est là une pensée qu'il faudrait ne pas avoir eue pour ne pas y croire. Quelle que soit la conduite que l'on tienne, pour ne pas désirer le Ciel, il faut nécessairement ne pas en avoir l'idée; pour ne pas s'en faire une idée, il faut nécessairement qu'on n'ait pas éprouvé le sentiment du Bonheur ; pour ne pas avoir éprouvé le sentiment du Bonheur, il faut, par une inconcevable dépravation prématurée, avoir un cœur si étroit que jamais le sentiment de l'amour n'ait pu y pénétrer assez profondément ; et pour avoir un cœur si étroit à cet âge encore tendre que Dieu choisit pour nous faire éprouver le sentiment du Bonheur, il faudrait que l'enfant n'eût jamais aimé ni son père, ni sa mère ; ce qui est impossible, ce qui est du moins excessivement rare, comme tous les cas monstrueux.

Si nous n'éprouvions pas ce sentiment, jamais dans ce monde nous n'aurions pu nous former une idée des joies de la vie absolue, jamais nous n'aurions pu concevoir les délices que nous réserve la possession de Dieu ; enfin, ne trouvant ici-bas qu'une vie de souffrances à peine interrompues par quelques plaisirs aussi courts que nos sens, jamais nous n'aurions eu la conception du Bonheur. C'est une chose à laquelle il faut sérieusement faire attention, parce que c'est là une des vérités les plus intéressantes pour la psychologie : comme par les sens nous n'aurions jamais eu l'idée du bien, du vrai et du beau, qui sont la représentation des caractères de la nature de Dieu, qu'il nous révèle par les conceptions de la rationalité ; de même, par l'expérience de ce monde, nous n'aurions jamais eu l'idée du Bonheur, qui est la représentation du caractère de la vie de Dieu qu'il nous révèle par le sentiment de notre cœur. Or, si cette idée du Bonheur ne se formait pas en nous, comme on ne peut se préoccuper sans cesse de ce dont on n'a pas d'idée, jamais nous n'aurions pu réellement aspirer au Ciel, et par conséquent jamais nous n'aurions pu entrer dans les vues de la religion [1]. Nous marmotterions, du bout des lèvres, le mot de bonheur, comme cet oiseau que nous habituons à articuler quelques sons de notre voix. Car si nous n'avions aucune idée du Bonheur, c'est-à-dire aucune perception qui répondît à la signification de ce mot, nous aurions beau dire que nous croyions au Bonheur, ce serait ne rien dire, puisque cela ne porterait aucune signification à notre esprit. « Il faut, dit Malebranche, que le goût du bien, que la délectation spirituelle se fasse sentir en nous, car c'est par elle que les vérités de la religion frappent notre esprit. Sans elle, on lit l'Ecriture comme les Juifs, un voile sur les yeux. »

C'est au sentiment du Bonheur que nous devons tout ce qu'il y a de sincère, de vif et de vraiment profond dans nos pensées comme dans nos actes de religion. C'est à lui qu'il faut attribuer toutes nos émotions pieuses; ces émotions pleines de trouble et de pureté tout à la fois que fait naître en nous l'idée merveilleuse d'un bien infini : c'est le sentiment du Bonheur qui fait battre notre cœur pour Dieu. Celui qu'anime véritablement cette noble idée du Bonheur, court, vole, et ne sent pas sa charge ; tout est léger pour lui dans le service de Dieu. Mais celui que n'enchante pas cette idée, se lasse et se fatigue vite; il se traîne aux pieds des autels, ses genoux se plient péniblement pour la prière, et son oraison, loin d'être entrecou-

---

[1] « La réforme du cœur, disent les livres de piété, est la fin que l'on doit se proposer toute la vie ; or, la méditation est un moyen efficace pour l'opérer, parce qu'en nous rappelant les vérités les plus importantes de la foi, elle nous porte à la reconnaissance et à tous les actes de vertus. Or, la méditation doit avoir pour objet le Bonheur du Ciel, etc. »

Mgr. Devie, évêque de Belley, *Méditations*, etc.

pée par ses soupirs, est interrompue par les bâillements qu'il s'efforce de retenir.

Ceux à qui il manque le sentiment du Bonheur, ne sont religieux que par faiblesse ; ils n'ont de piété que par crainte. S'il pouvait arriver que Dieu perdît sa puissance sur eux, ils auraient bientôt secoué toute retenue et toute obligation envers lui ! L'homme chez lequel le sentiment du Bonheur n'entre pas comme instinct religieux, est réduit, pour faire le bien, à la froide philosophie du stoïcisme ; il sert Dieu, en quelque sorte par calcul ; son âme se sèche et tarit devant le Dieu inflexible qui exige de lui tant de sacrifices pénibles et coûteux. C'était là un des caractères du jansénisme. Ces hommes durs sortent la religion du cœur et la mettent toute dans la volonté ; tandis qu'au contraire la volonté, comme nous l'avons prouvé, ne doit travailler que pour enrichir le cœur. En retirant la religion du cœur, pour la renfermer dans la conscience et dans la volonté, ils font de l'Evangile un code pénal, et donnent au gouvernement de Dieu sur ses créatures, le caractère d'un gouvernement despotique.

Dieu ne nous chasse pas brutalement de cette terre par le fouet de la crainte ; il nous attire librement vers lui par l'idée du Bonheur. Si Dieu n'avait pas pensé que pour notre liberté et nos mérites il était nécessaire qu'il en fût ainsi, il ne nous aurait pas mis si soigneusement cette idée dans le cœur. Aussi, ce culte pénible et désenchanté se voit obligé, afin de sauver l'âme du peu d'attrait qu'elle trouve dans la pensée de Dieu, de recommander un grand nombre de pratiques pour compenser par des témoignages de bonne volonté, la sécheresse des dispositions de notre cœur, et pour qu'au moyen de cet expédient, le souvenir de Dieu soit à tous les instants du jour rappelé par les obligations mêmes qu'il impose. Mais si naturellement et sans effort, la vie entière pouvait n'être qu'un soupir vers Dieu, si la vie entière, pour son propre besoin, n'était qu'une adoration de tous les instants, le but ne serait-il pas encore mieux rempli? Eh bien! c'est l'effet que produit le sentiment du Bonheur, que réveille en nous l'amour platonique.

Oui, il fallait en nous un sentiment dont l'entrainement fit un contre-poids à celui des passions. Or, ceux qui ont reçu cet amour intellectuel, qui l'ont goûté tel que Dieu le leur a envoyé, peuvent dire si les délices dont il combla leur cœur sauraient être comparées aux délires des passions; ils peuvent dire si ce sentiment sait nous donner du goût pour la vie éternelle! Jugez alors si Dieu, afin que nous ayons le sentiment du bien auquel nous devons tendre, pouvait s'abstenir de verser dans nos cœurs quelque chose de ce torrent d'amour qui fait sa vie aux Cieux! Vous voyez que nous ne devons rien moins à ce sentiment que l'idée de notre vie future; et rien moins à l'idée de notre vie future que le désir de la posséder. Mais éprouver, à propos de l'amour platonique, un si remarquable sentiment de Bonheur, est un phénomène trop grave: il devait y avoir quelque chose là...

C'est ainsi qu'il a été donné d'allumer au flambeau d'une vie passagère, le flambeau d'une vie sans fin. [1]

---

[1] Et ici nous ne parlons pas de tout ce que ce sentiment peut avoir d'utile et d'heureux même pour cette vie. Tout le monde connaît l'influence prodigieuse que l'amour platonique a exercée sur les hommes de génie en général, surtout

DE LA NATURE DE L'HOMME. 749

Nous venons de reconnaître pourquoi il était indispensable que Dieu nous inspirât, au moyen de l'amour, une idée positive du Bonheur ; nous allons voir maintenant pourquoi il fut obligé d'employer pour cela une arme

sur les grands poëtes, les grands artistes et même, dans leur jeunesse, sur les Saints. L'histoire du Dante, sur ce point, est devenue populaire. Comme le dit l'admirable et savant interprète de sa philosophie, M. Ozanam : « Naître dans l'exil et mourir, c'est là un côté par lequel Dante se confondrait avec la foule, si au milieu des agitations de la vie publique d'autres circonstances ne lui avaient fait une vie intime dont il faut pénétrer le mystère. Selon les lois qui régissent le monde spirituel, pour élever une âme, il est besoin de l'attraction d'une autre âme ; cette attraction c'est l'amour, qui s'appelle aussi charité dans la langue du christianisme. Dante dut éprouver quelque chose de pareil. A neuf ans, dans un âge où l'innocence ne laisse rien soupçonner d'impur, il rencontra dans une fête de famille, une jeune enfant pleine de noblesse et de grâce ; cette vue fit naître en lui une affection qui n'a pas de nom sur la terre, et qu'il conserva plus tendre et plus chaste encore durant la périlleuse saison de l'adolescence. C'étaient des rêves où Béatrix se montrait radieuse, c'était un désir inexprimable de se trouver sur son passage, c'étaient des craintes et des espérances qui exerçaient, épuraient sa sensibilité, et le dégageaient peu à peu des habitudes et des sollicitudes vulgaires. Mais surtout quand Béatrix quitta la terre, dans tout l'éclat de la jeunesse et de la virginité, il la suivit par la pensée dans ce monde invisible dont elle était devenue l'habitante, et se plut à la parer de toutes les fleurs de l'immortalité. Cette beauté qui s'était montrée à lui sous des formes réelles, devenait un type idéal qui remplissait son imagination ; il sut dire ce qui se passait en lui, il sut noter les chants intérieurs de l'amour, et Dante fut poëte. Béatrix fut pour Dante une chose céleste à laquelle il fallait atteindre en se dégageant du limon des affections vicieuses. Encore enfant, une voix secrète le convia maintes fois à visiter la maison où grandissait la jeune fille : toujours il en revint meilleur. Plus tard, à l'âge des passions, au milieu des violences d'un tempérament fougueux, des exemples d'une jeunesse indisciplinée et qui ne s'arrêtait pas devant l'effusion du sang, c'était assez pour le réduire à l'impuissance du mal, pour lui rendre l'énergie du bien, c'était assez d'avoir aperçu de loin la pieuse figure de sa bien-aimée. »

Mais, entendons parler le poëte lui-même : « Déjà neuf fois depuis ma naissance le ciel de la lumière avait accompli sa révolution sur lui-même, lorsque apparut à mes yeux la glorieuse dame de mes pensées, que le commun des hommes appelait Béatrix, ne sachant quel nom lui donner digne d'elle. (Béatrix signifie qui donne le bonheur). L'image chérie ne me quitta plus, et sa présence fut si bienfaisante, qu'elle ne permit jamais à mes désirs de me soustraire aux conseils de la raison...... Aussitôt qu'elle se montrait, une flamme soudaine de charité s'allumait en moi, qui me faisait pardonner à tous et n'avoir plus d'ennemis. Et quand elle était près de me saluer, un Esprit d'amour anéantissait pour un moment les autres esprits sensitifs ; et qui eût voulu savoir quelle

aussi tranchante que celle de la beauté, et pourquoi il était nécessaire que la beauté produisît en nous un sentiment aussi vif et aussi enivrant que celui de l'amour platonique. Voici comment s'explique ce phénomène :

chose c'est qu'aimer, l'aurait appris en voyant trembler tous mes membres. De sorte qu'en cela seul résidait mon bonheur. » Et ailleurs : « Quand la noble dame traversait les rues de la cité, on accourait sur son passage pour la voir, ce dont je ressentais une merveilleuse joie ; et ceux dont elle approchait étaient saisis d'un sentiment si honnête, qu'ils n'osaient lever les yeux. Elle, s'enveloppant de son humilité comme d'un voile, s'en allait sans paraître touchée de ce qui se disait dans la foule. Et quand elle avait passé, plusieurs s'écriaient en se retirant : « Celle-ci n'est point une « femme, c'est un des beaux anges du « Ciel ! » Et ailleurs : « Un ange s'est « adressé à la Sagesse divine : Sei- « gneur, a-t-il dit, on voit au monde « une vivante merveille, une âme dont « l'éclat resplendit jusqu'à nous ; c'est la « seule beauté qui manque au Ciel ; il « vous la demande, Seigneur, et tous « les Saints la réclament à grands cris. » La Miséricorde cependant parle en ma faveur, et Dieu qui sait bien quelle âme on lui demande, répond en ces mots : « Souffrez, mes bien-aimés, que votre « sœur reste encore sur la terre, où elle « console un homme qui s'attend à la « perdre, et qui un jour ira dire aux « damnés de l'enfer : J'ai vu l'espoir des « bienheureux ! »

« Le Dante tenait des doctes leçons de Brunetto Latini, les éléments des sciences et des arts, et il recevait de Béatrix l'inspiration qui les rapproche et les anime. Entre le grave secrétaire de la république et la douce fille de Portinari, prédestiné jeune homme, il prenait sans peine le chemin de la gloire... L'apothéose de Béatrix est le point culminant, et le thème primitif de la Divine Comédie. »

F. OZANAM, *Dante, et la Phil. cathol. au 13e siècle*, 1re part., chap. IV.

De nos jours, un homme de génie, chez lequel on ne sait qu'admirer le plus, ou de la vertueuse candeur, ou de la beauté de l'intelligence, l'auteur de la *Palingénésie Sociale*, ne nous laisse-t-il pas échapper de semblables aveux en tête de ce livre immortel, dans la dédicace qu'il en fait à celle qui est aussi pour lui, comme Eurydice pour Orphée, la fille de la vision :

« Ainsi que le Dante, dit l'illustre palingénésiste, je veux visiter les lieux infréquentés de la foule, les lieux qu'habitent les intelligences, où est le berceau mystérieux de toutes les destinées humaines. Béatrix abaissa, en quelque sorte, les gloires célestes, afin de pouvoir y introduire un être doué de toutes les facultés de la poésie, mais en qui ces facultés éminentes étaient comprimées par des organes mortels. S'il fut donné au Dante de se rendre l'expression de son temps, qui me donnera d'être l'expression vraie du mien ? qui abaissera pour moi les gloires célestes ? de qui tiendrai-je le rameau d'or de l'initiation ? qui me présentera les faits divins sous la forme accessible du symbole ? — Un statuaire d'une grande renommée qui naguère jetait tant d'éclat sur la patrie illustre du Dante, un jour, pour la première fois, vit une femme qui fut pour lui comme une vive apparition de Béatrix. Plein de cette émotion religieuse que

La première sauve-garde que Dieu a donnée à chaque créature, c'est l'amour personnel. Que ce soit une des malheureuses nécessités de la création qui, séparant de l'être infini des êtres finis et tout conditionnels, a été obligée de faire de ces êtres autant de petits centres de conservation et d'amours personnels, au lieu de les embraser de suite de l'amour intégral dans lequel l'être infini comprend toute existence : je ne le nie pas. Mais toutefois, il fallait d'abord pour obéir aux exigences du fini, dans lequel ces créatures descendaient vivre, que l'individu commençât à se resserrer en lui-même, et constituât sa propre existence avant d'entrer et de se retrouver dans l'Ordre de l'existence générale.

Aussi, n'est-il pas d'être plus égoïste que l'enfant. Pauvre fleur ! si elle ne commençait par attirer vers elle les sucs qui doivent la former, comment pourrait-elle plus tard donner ses parfums ! Habitué à ne voir tout ce qui est autour de lui ne s'occuper que de lui ; à se

---

donne le génie, aussitôt il demande au marbre, toujours docile sous son ciseau, d'exprimer la soudaine inspiration de ce moment ; et la Béatrix du Dante passa, du vague domaine de la poésie, dans le domaine réalisé des arts. Le sentiment qui réside dans cette physionomie harmonieuse, maintenant est devenu un type nouveau de beauté pure et virginale, qui à son tour inspire les artistes, les poètes. Cette femme, dont je veux taire ici le nom, que je veux laisser voilée, comme fit le Dante, est douée de toutes les sympathies généreuses de ce temps. Elle a visité, avec le petit nombre, le lieu qu'habitent les intelligences : c'est dans ce lieu de paix immuable, d'inaltérable sécurité, qu'elle a contracté de nobles amitiés, ces amitiés qui ont rempli sa vie, qui, nées sous d'immortels auspices, sont également à l'abri du temps et de la mort, comme de toutes les vicissitudes humaines. Je m'adresse donc à celle qui a été vue comme une vive apparition de Béatrix. Puisse-t-elle m'encourager de son sourire, de ce sourire sérieux d'amour et de grâce, qui exprime à la fois la confiance et la pitié pour les peines de l'épreuve, pour les ennuis d'un exil qui doit finir ; présage doux et serein, où se lit dès à présent la certitude de nos espérances infinies, la grandeur de nos destinées définitives. »

trouver comme le centre où toutes les pensées, tous les soins, toutes les sollicitudes de la famille viennent aboutir, comment l'enfant ne prendrait-il pas, en quelque sorte malgré lui, la plus haute idée de lui-même ? Mais tout avait bien été préparé pour cela ; car c'est par ce sentiment de son importance qu'il commence à fonder en lui son individualité.

L'égoïsme est et devait être, physiquement et intérieurement, la première disposition de l'enfant. Si plus tard celui-ci doit se dépouiller de cet égoïsme, il ne faut pas croire qu'il doive perdre aussi la haute et importante idée qu'il s'est faite de lui-même ; il faut, au contraire, qu'il la conserve toujours, mais seulement qu'il en prenne une pareille de tous ses semblables. Il comprendra d'abord qu'ils sont comme lui, et aussi dignes d'affection que lui ; et il s'apercevra ensuite que loin de trouver sa joie en lui seul, il ne la rencontre que dans les unions qu'il contracte avec eux. Et c'est ainsi que l'égoïsme peut disparaître de l'âme, tandis que l'individualité y reste.

De là, c'est un fait d'expérience bien reconnu que l'égoïsme de l'enfance. « L'égoïsme, dit le plus profond des physiologistes modernes, l'emporte chez l'enfant sur le sentiment moral. Il a besoin de se fortifier au dedans de lui-même, et de tout rapporter à soi ; il a besoin de se bien saisir de son moi avant de pouvoir le conduire dans des relations d'un ordre plus élevé. Aussi ne trouve-t-on point en lui de sympathie générale ; il tourmente les animaux et se montre d'autant plus dur envers eux, qu'ils ressemblent moins à l'homme. Voulant avant tout accomplir sa volonté, il n'a aucune idée du droit d'autrui et cherche à se procurer tout ce qui le flatte [1]. » Ainsi, la robe d'égoïsme dont l'enfance a été revêtue renforce l'individualité qui, d'un autre côté liée au corps dont elle partage les vicissitudes, réagit également au dehors par son antagonisme contre le monde physique.

Mais, comme on l'a déjà dit, le principe de l'homme n'est point en lui, et sa fin est hors de lui ; de sorte que l'homme ne peut agir conformément à sa nature et à sa destination qu'en sortant de soi-même pour tendre vers autre chose que soi et atteindre le bien pour lequel il a été créé. Alors, comment parviendra-t-on à faire sortir l'individu de lui-même ? comment le fera-t-on passer de l'intérêt personnel, qui commence à lier notre vie en nous-même, à l'intérêt universel, qui la lie à celle de l'humanité et de Dieu ? Car par la première nous nous assurons de l'existence, mais par la seconde nous la complétons ; et la seconde est le but pour lequel a été faite la première.

On comprend déjà qu'il ne faut rien moins qu'un moyen extraordinairement puissant pour arracher l'enfant à cet état d'égoïsme originaire, et le rendre à la vie générale ; et l'on conçoit que ce devait être là une des difficultés de la création. Aussi, Dieu emploie-t-il ici de tous les moyens le plus héroïque : sans doute les parents avaient accablé l'enfant de tendresse, et leur amour devait naturellement donner l'éveil au sien ; eh bien ! il semble que ce n'était pas assez encore, car à mesure que

---

[1] Burdach, *Traité de physiologie*, seconde enfance ; Facultés morales : La comme science d'observation. — De la caractère, pag. 496.

l'adolescent grandissait, tout cela ne faisait que confirmer davantage l'idée qu'il prenait de son importance. Alors, sur l'être qui doit arracher l'adolescent à cet état, Dieu fait descendre le symbole de la plus séduisante propriété divine; il vient offrir ce qui ne devait jamais descendre des Cieux, parce que c'est la compagne de l'Être, il vient offrir à l'homme la beauté. Sans trop s'expliquer ce que ce peut être que la beauté en elle-même, mais entraîné par un infaillible instinct spirituel, l'homme se trouve aussitôt emporté vers elle par un charme irrésistible... Comment pourrait-il en être autrement ? la beauté est l'apparence et comme la forme de la substance divine.[1]

Le cœur de l'homme ne se sentirait pas aussi ému auprès de la femme, si celle-ci n'avait pas quelque chose de Dieu ! L'homme donc se précipite en dehors de son égoïsme pour s'attacher à celle qui, revêtue de ce symbole, est pour lui comme une apparition vivante de la Divinité. Puis, comme la sagesse du créateur avait tenu prête pour ce moment la puberté du corps humain, l'homme se trouve à la fois arraché de lui-même par les deux plus puissants véhicules, l'amour spirituel, qui entraîne son âme, et l'amour physique, qui entraîne son corps. Car ils ont l'un sur l'autre une grande et heureuse influence, et se modifient profondément : le dernier

---

[1] Entre toutes les œuvres de Dieu, il y en eut une qui sembla couronner toutes les autres, qui embellit la solitude d'Éden, et qui ravit le premier père à son premier réveil. L'attrait merveilleux qu'alors il éprouva, n'a cessé de se faire sentir dans l'âme de ses fils. »

F. Ozanam, la Phil. cath. au 13ᵉ siècle.

En hébreu le mot femme, ou *fiancée*, était formé d'un mot qui signifiait *ce qui plaît*. C'est ainsi que les Hébreux disaient ארש (aress) fiancée, dont ils ont fait ארשית (aresseith) ce qui plaît ; d'où les Grecs ont dit ἀρέσειν, et les Latins *placitum*.

transmet souvent au premier toute son énergie, et celui-ci communique à l'autre toute sa pureté.[1]

Oui, lorsque la beauté se présente à l'homme pour la première fois, il lui semble que ce soit Dieu même qui ait fait apparition ! De là le respect que les peuples moralisés ont toujours porté à la femme, à celle que Dieu a pour un instant revêtue de sa plus merveilleuse forme, la beauté, et qu'il a pour toujours enrichie de son plus ineffable attribut, la bonté. Et l'on dirait que la jeune fille se sent préparée pour une pareille mission ; ne semble-t-il pas qu'encore enveloppée de sa chaste ignorance, elle dise comme la Ménade éprise d'Orphée : « Parmi les

---

[1] Ce qu'il y a de remarquable, c'est que ce fait a été observé et positivement constaté par les physiologistes : « A l'invasion de la puberté, dit l'un d'eux, la vie intérieure entre dans un état de plus grande tension. L'imagination prend un vol plus hardi, qui l'élève jusqu'au monde supérieur à celui des sens. Les sensations étranges qui accompagnent cette métamorphose organique, labourent le sol dans lequel le caractère prend ses racines, de manière qu'il en peut pousser des sentiments plus profonds. Il s'éveille surtout une tendance vers l'infini et l'invariable qui fait qu'on ne se trouve plus satisfait de tout ce qui est périssable, tendance qui n'a point d'abord de forme précise, ni de but arrêté. L'unité de la vie et la paix de l'enfance ont disparu ; l'adolescent reconnaît avec chagrin que la maturité de l'individualité ne lui amène pas le bonheur qu'il attendait d'elle. Un désir vague s'empare de lui, et, dans son désappointement, il détourne son regard du présent. Il se livre volontiers à l'enthousiasme, se berce de rêveries, ou tombe dans la mélancolie. Pour la jeune fille, elle a beaucoup de propension aux idées religieuses les plus exaltées, ce qui ne l'empêche pas de sentir vivement et d'être facile à séduire; elle éprouve alors les tourments d'un désir avide de choses célestes. On voit s'éveiller en elle la tendance à l'idéalité, le sentiment moral et religieux, la sympathie générale, et le besoin d'agir pour l'humanité. »

GROHMANN, cité dans la *Physiologie considérée comme science d'observation*.

« Le jeune garçon montre comme l'enfant un égoïsme encore légitime : car pour s'assurer un fonds de vie, il est obligé d'attirer tout à lui ; or, l'égoïsme est nécessaire à la formation de soi-même. L'invasion de la puberté est un levier puissant pour amener le développement de la vie morale ; alors la tendance à la vie universelle s'éveille avec la faculté procréatrice, qui n'en est qu'une expression particulière, et la conscience de soi-même s'ouvre au sentiment de la vie générale. » — *Idem*.

« rapides jours de la jeunesse, peut-être en est-il un
« seul, et dans ce jour encore, peut-être un seul ins-
« tant où le fragile chef-d'œuvre de la beauté, parvenu à
« toute sa perfection, ne peut plus que perdre de son
« fugitif éclat; ce jour si remarquable entre les jours,
« cet instant si rapide, brillent-ils sur mon visage? est-
« ce à cette heure même que la puissance du charme est
« invincible ? »

Ce premier mouvement de l'homme en dehors de lui, a décidé de lui-même. Il fallait que cet amour déracinât l'égoïsme de son cœur en plaçant hors de lui l'objet de son affection et de son contentement : or, l'homme s'est oublié un instant pour se reporter dans l'objet qu'il aime, tout est fait [1]. Maintenant si le cœur n'est point déjà gâté, c'est là une impulsion qu'il conserve, qu'il augmente et avec laquelle il pourra s'élever jusqu'à Dieu : comme le jeune aiglon profite de l'essor que lui donne sa mère pour conduire son vol vers les cieux, nous pouvons par cet amour aller à tous les autres. Il ne s'agissait que de sortir le cœur de lui-même et de lui donner le premier mouvement.

Cette vive apparition de la beauté opère absolument comme si Dieu avait fait une descente lui-même auprès de l'homme, pour que celui-ci, s'arrachant aussitôt à cet

---

[1] « D'où vient, dit naïvement Malebranche, qu'un amant s'oublie si fort, qu'il ne s'occupe que de l'objet qu'il aime ?.. c'est qu'il ne trouve son bonheur que dans la jouissance de l'objet aimé. Ainsi l'on voit que plus le plaisir est grand, moins l'amour qu'il produit est égoïste et intéressé, ou moins il y a de retour sur soi : car plus on s'anéantit, on se perd, on se transforme dans l'objet aimé, et plus on prend ses intérêts. » MALEBRANCHE, Traité de l'amour de Dieu, adressé au R. P. Lamy, Bénédictin, édit. de 1699, pag. 19.

état d'égoïsme, qui fût devenu mortel, pût dès-lors se mêler au torrent de la vie générale. Aussi, l'homme ne peut résister à l'effet que Dieu vient de produire sur son cœur. Il n'avait que le mouvement de rotation sur lui-même, il vient de recevoir le mouvement de projection qui le lance dans la circulation de l'existence universelle de l'humanité, laquelle se rattache elle-même à l'existence absolue. Ce coup de levier suffit pour déraciner l'amour personnel, c'est à l'homme à en extirper le reste. L'égoïsme est ébraulé sur son pivot, c'est à l'homme à le rejeter tout à fait de son cœur.

Il ne s'agissait donc que de donner au cœur ce premier mouvement ; il l'a reçu, il peut le conserver et le continuer lui-même par sa spontanéité et se porter ainsi jusqu'au but qu'il doit atteindre. Car il faut qu'à son tour il entretienne ce mouvement, qu'il l'augmente, autrement il ne mériterait pas. Un intérêt puissant entraîna l'homme dans cet amour platonique, dont toute la violence était nécessaire pour l'arracher à son égoïsme originel, mais s'il en restait là, il n'aurait acquis aucun mérite par lui-même ; car il n'y aurait d'autre mouvement en son cœur que celui qu'il aurait reçu. Or, Dieu n'envoya précisément cet amour platonique à l'homme que pour engrener son cœur, sa causalité pouvant faire le reste. Alors, comme cet amour platonique convie naturellement l'homme au mariage, et que le mariage le rend père, il faut, maintenant qu'il a goûté de l'amour, que son cœur aille sans solution de continuité de son épouse à ses enfants, à ses amis, à son prochain, à l'humanité, à Dieu enfin, l'objet suprême des amours, ignorés ou connus, de toute créature spirituelle.

Lorsque Dieu nous présenta son symbole dans la beauté, il était bien sûr qu'il réveillerait tous les cœurs et les soulèverait de leur égoïsme ! Et c'est parce que Dieu n'a besoin de l'amour platonique que comme d'un levier pour nous arracher à ce premier pas, qu'il retire insensiblement la beauté de l'être à qui il l'a confiée. Voilà pourquoi la beauté est fugitive. Dieu la retire, disons-nous, parce que le cœur de l'homme qu'elle a éveillé à la vie, ne doit plus avoir besoin de cet attrait pour aimer, et peut être livré à ses propres forces : les vertus et les affections qui font la beauté morale de la personne que l'homme commença peut-être à aimer pour sa beauté physique, suffisent amplement dès lors pour lui inspirer les motifs d'un amour plus solide, plus inébranlable, et vous qui en avez l'expérience vous l'avouerez, d'un amour plus intime peut-être et plus consolant. A mesure qu'il écarte une illusion, il y substitue une qualité réelle. Or, ce sont ces nouveaux motifs d'amour qui conduisent définitivement l'homme à l'amour positif de ses semblables, en qui il retrouve les mêmes attraits spirituels, et à l'amour de Dieu, en qui il les pressent à l'infini.

C'est alors que l'homme peut employer toutes ses forces spirituelles ; qu'il peut s'élever de lui-même aux suprêmes régions où son cœur doit retrouver la vie absolue. N'importe : il se rappellera toujours les instants délicieux où l'impression de Dieu descendit pour la première fois sur son cœur. Ce n'est jamais sans soupirer que l'homme pense à sa jeunesse, à l'âge de l'espérance, à ce qu'il appelle, avec tant de raison, le *printemps de la Vie !* ¹

Pour nous faire secouer l'égoïsme il fallait donc absolument que, par l'amour platonique, Dieu jetât le cœur un instant hors de lui-même, afin qu'il s'aperçût (et c'est là le grand mystère) que l'objet de son bonheur est hors de lui-même. C'est à lui de profiter de cette leçon, et de poursuivre la réalité à mesure que Dieu retire le prestige, et rend peu à peu l'homme à lui-même et à tous ses mérites.

Nous avons reconnu tout à l'heure pourquoi il était nécessaire que Dieu nous inspirât l'idée absolue du Bonheur, nous comprenons maintenant pourquoi il employa la beauté, qui provoque en nous le sentiment connu sous le nom d'*amour platonique*. C'est ainsi que d'un sentiment délicieux, le Créateur a fait une cause perfectrice de notre nature. Comme le dit Bacon : *Sanctus enim Deus in multitudine operum suorum, sanctus in ordine eorum, sanctus in unione.* St Augustin disait bien : « Il y a certaines choses

---

¹ . . . .
   Tout me charmait au jour de ma jeunesse,
Chaque rayon avait son reflet dans mon sein,
Si le ciel était noir, je le voyais serein.
Comme de doux accords j'écoutais tous les bruits ;
Dans les réalités que me rendait l'aurore
Je pouvais oublier les songes de mes nuits,
Car ces réalités les surpassaient encore.
C'est que j'avais alors un printemps dans mon cœur,
C'est qu'en moi s'éveillaient des milliers d'espérances,
C'est que vivre, pour moi, signifiait bonheur,
C'est que même mes pleurs n'étaient pas des souffrances.
Ce n'est pas le printemps qui donne les beaux jours
Et ce n'est pas non plus l'hiver qui les enlève ;
Les saisons sont en nous . . . .

     Échos de l'âme, par M. de Poudras.

dans le corps qui ne sont que pour l'ornement et non pour le service. Et s'il n'y a aucun membre de ceux qui paraissent, qui n'orne autant qu'il sert, et qu'il y en ait même qui ne soient que pour l'ornement, je pense que l'on comprend aisément que dans la structure du corps, Dieu a eu plus d'égard à la beauté qu'à l'utilité. Dans le fait, le temps de la nécessité passera, et il en viendra un autre où nous ne jouirons que de la beauté les uns des autres sans aucune concupiscence, ce dont nous devons extrêmement louer le Créateur. » [1]

C'est à dessein que nous avons appelé *amour platonique* le mouvement produit dans le cœur par la beauté; car si malheureusement, par un funeste retour d'égoïsme, l'homme vient à se retourner en lui pour chercher sur sa personne une nouvelle occasion de plaisir, tout est perdu; son entrée dans la vie est manquée. Au lieu d'aimer les autres et de se dévouer à eux, il s'aime et se dévoue les autres; au lieu d'être embrasé de la flamme spirituelle, il est saisi par le feu mortel de son corps; au lieu de s'élever à l'amour impersonnel, il tombe dans le vice solitaire. Ce vice ignoble est le tombeau de l'amour, il est rare que l'homme s'en relève. Son âme et son corps devaient trouver la vie dans l'impersonnalisme de l'amour, son âme et son corps trouvent la mort dans cet horrible accès de l'égoïsme. Car plus cette espèce d'ἔρος s'enfonce dans le spasme des sens, plus il s'éloigne de ce que cherchait son cœur. De sorte qu'il finit par tomber, abruti et sans vie, désespéré de n'avoir pu rencontrer le bonheur.

---

[1] St Augustin, *De la Cité de Dieu*, liv. xxii, chap. 24, Des biens de cette vie.

On peut dire que le sentiment du Bonheur est le plus important attribut de l'âme, puisque c'est à lui qu'il faut rapporter l'amour des choses éternelles et ce saint enthousiasme de la vertu qui nous conduit à leur possession. Dieu a voulu réveiller ce sentiment sublime par la plus tendre des émotions de notre cœur, et par les plus ravissants spectacles de la nature ; tout ce qu'il y a de plus beau dans le monde physique, tout ce qu'il y a de plus doux dans le monde moral, ne semble fait que pour l'entretenir toujours embrasé dans notre cœur. C'est ici qu'il faut s'écrier : « Tout ce qui est beau et tout ce
« qui est bien, excite en nous l'espoir et le désir d'un
« avenir éternel et d'une existence sublime ; on ne peut
« entendre ni le vent dans la forêt, ni les accords déli-
« cieux des voix humaines, ni éprouver l'enchantement
« de l'éloquence ou de la poésie ; enfin surtout, enfin on
« ne peut aimer avec innocence sans être pénétré de reli-
« gion et d'immortalité. L'idée du Bonheur agit sur l'âme
« pour l'élever et le dégager du temps. L'œuvre de la vie
« est de sacrifier les instants de notre existence passagère
« à cette immortalité qui commence déjà pour nous, si
« nous en sommes dignes. C'est là le but de la religion ;
« et les beaux-arts, la poësie et l'amour, ne sont que des
« religions dans lesquelles il entre plus ou moins d'al-
« liage. Chaque homme peut trouver dans une des mer-
« veilles de l'univers celle qui parle plus puissamment à
« son âme : l'un admire la Divinité dans les traits d'un
« père; l'autre, dans l'innocence d'un enfant ; l'autre,
« dans le céleste regard des vierges de Raphaël, dans la
« musique, dans la poësie, dans la nature. La source

« inépuisable de l'espérance et de la charité, des vertus
« et du dévouement, du talent et du courage, est le senti-
« ment du Bonheur. C'est lui qui entretient continuelle-
« ment la religion dans notre âme. Or, la religion n'est
« rien, si elle n'est tout, si l'existence n'en est pas
« remplie. » [1]

[1] Pour moi je sais bien qu'après Dieu, c'est à l'idée du Bonheur que je dois tout. Éloigné de bonne heure de ma famille, et enfermé encore enfant dans les murs d'un collège, déjà je ne faisais que creuser mon cœur pour y trouver ma vie ; c'est-à-dire pour y trouver ces affections amicales du jeune âge qui, je me le rappelle bien, jetèrent seules quelque douceur au milieu des amertumes de ces années si tristes pour nous. Alors, que de nuits je passais à rêver à la maison de mon père, aux bois qui l'environnent, et à l'enceinte éloignée des montagnes qui en forme la vue ! Ce spectacle de la nature m'avait déjà pénétré à mon insu de tant d'émotion que son souvenir me faisait verser des pleurs. Le mal était fait ; cette nature avec le silence de ses nuits, la beauté de son ciel, et les lignes grandioses et lointaines de ses horizons, avait fait entrer dans mon cœur je ne sais quel instinct de grandeur et de sérénité qui plus tard devait prendre plus de consistance et devenir le besoin le plus vif : j'étais inoculé à la grande illusion.

Ce fut d'abord un sentiment dont je ne me doutais pas, il était en moi et je l'ignorais, tant il se mêlait doucement au sentiment de ma vie. Toutefois, il était plein de charmes, car je guettais les occasions de fuir l'étude ou les jeux pour me retirer dans ma pensée. Aussi je ne crois pas que personne ait jamais traversé une vie d'écolier plus douloureuse, précisément à cause de cette illusion dont il est impossible que personne ait été séduit autant que moi : je croyais que le bonheur existait dans la vie ! c'était en moi une conviction aussi sincère, aussi naturelle que celle de ma propre existence. Je ne voyais pas que nous fussions sur la terre pour autre chose, enfant que j'étais !

De retour en vacances, les émotions que j'éprouvais en retrouvant mon beau spectacle de la nature, jointes à l'attendrissement que m'inspiraient l'affection et l'intérêt des amis que je revoyais dans la maison de mon père, achevaient de me jeter dans la plus complète illusion. Quelqu'un qui m'aurait dit alors que le bonheur n'existait pas, n'aurait pas même éveillé mon attention, je ne l'aurais point compris ; car je ne savais même pas si je croyais au bonheur, ce sentiment se confondait avec celui de mon existence. Et je m'en retournais persuadé que ce monde était au niveau de tous les besoins que l'on sent naître dans le cœur. Aussi, à la vue du collège où je rentrais, il me prenait une telle angoisse, que je suis encore étonné aujourd'hui de n'avoir pas succombé à l'action renouvelée d'une affection si violente pour moi.

Jugez si ce devait être un temps de douleur et de tristesse que celui qu'il fallait passer enfermé dans ces murs que je regardais comme le seul obstacle entre moi et le bonheur ! La stupeur dans laquelle je tombais engourdissait à un tel point mes facultés, et finissait par épuiser tellement ma volonté, que je me trouvais incapable de tout travail ; et

DE LA NATURE DE L'HOMME.

L'idée du Bonheur, qu'on ne peut confondre avec celle du plaisir, est donc le produit spécial du cœur.

j'étais rejeté comme un esprit inepte. Mes études ont été des plus mauvaises. Du reste, n'étant préoccupé que de l'idée du Bonheur, et ne voyant pas ce que nos études de latinité pouvaient faire pour cette question, il me devenait impossible de m'y attacher. Je ne trouvais quelques consolations que le soir; nous remontions de bonne heure dans les dortoirs, là je pouvais à mon aise tremper mon chevet de mes larmes, sans être vu de mes camarades, auxquels je n'aurais su expliquer mes maux, et qui d'ailleurs me délaissaient comme peu habile dans les différents jeux.

J'étais d'autant plus malheureux, ne pouvant interpréter mon chagrin, ni trouver personne à qui j'eusse seulement la pensée de le faire partager, que je ne comprenais aucunement la religion, et n'avais sur Dieu aucune idée qui pût m'apporter le moindre soulagement. De sorte que je manquais même de la dernière consolation des malheureux. Que ce fût ma faute, que ce fût la faute de ceux qui étaient chargés de me le faire comprendre, Dieu me semblait l'être le plus indifférent pour nous. J'étais loin d'oser lui faire part de mes angoisses : hélas! j'avais pour lui plus de crainte que d'amour! Et il est une certaine crainte de Dieu qui sert comme de poison pour donner la mort à notre âme.

Ainsi obligé de me renfermer en moi-même et de vider ma plainte dans mon sein, ne trouvant pour me soulager d'autre expansion que celle de mes larmes solitaires, mon caractère finit bientôt par en être enflammé. Cet état de contrainte de tout mon être accumulait en moi avec la vie un immense besoin de débordement, et je me sentais venir avec l'âge un esprit inouï de révolte. Sous les dehors fatigués de la tristesse, je cachais désormais des fougues intraitables. Eh! que ne pouvais-je combattre avec ceux que je regardais comme la cause de mes maux! J'aurais voulu cent fois verser mon sang et donner mille vies pour avoir ma liberté. Dans les transports où je tombais, j'allais jusqu'à désirer voir la ville embrasée, pour trouver une occasion de fuir à travers les flammes sans être poursuivi. Et, quelle liberté voulais-je? celle de retrouver la nature, de m'embarquer, de me perdre, de ne plus voir qu'elle. La nature m'enivrait, il me semblait que ce qui était loin, que ce que je n'avais pas vu était encore plus beau... Je ne crois pas que jamais passion ait plus ardemment convoité son objet que je ne désirais d'aller vivre seul, livré tout entier à la contemplation de ses merveilles. Que voulez-vous! quand l'œil de l'homme n'a pas été ouvert à d'autres contemplations, que peut-il faire de son cœur?

Les huit années que j'ai passées dans cette situation d'esprit ont tellement plié mon caractère à la douleur que depuis je n'ai pu me débarrasser d'une certaine tristesse qui fait l'état ordinaire de mon âme. Mais lorsque je sortis de cette longue retraite universitaire, que j'entrai au milieu de ce monde, que me plaçant en quelque sorte sur le carrefour de la vie, je me mis à appeler de tous côtés le bonheur, et que la nature, au lieu de me répondre, fit venir son désert autour de moi, le coup fut terrible : mon tempérament quoique ardent et plein de vie en fut profondément attaqué, et je ne sais comment mon âme a pu se retirer de ce naufrage.

Dire dans quel affreux état je me trouvai, est une chose impossible. Je ne me vis pas seulement dans l'impuissance d'avoir aucune des croyances sur les-

Ainsi, c'est au cœur que nous devons le sentiment de l'amour ; c'est à l'amour que nous devons la conception

quelles l'homme s'appuie, je perdis jusqu'aux mobiles ordinaires sur lesquels il se soutient journellement ; je devins incapable non-seulement de croire à quelque bien, mais encore d'espérer et même de former le moindre désir. Il y avait en moi un vide affreux de tout ce qui nous porte à la vie. Je n'aurais voulu ni sortir, ni manger, ni faire aucun des actes qui remplissent l'existence ; tous m'étaient à charge, je voyais qu'ils ne menaient à rien. Il n'y avait point de plaisir, de distraction, d'éloge, même de témoignages d'amitié, qui fussent capables de me tirer de cette indifférence ; mon âme était entièrement paralysée.

La nature que j'avais adorée, elle qui si riante avait porté à mes lèvres tant de doux breuvages, n'était plus pour moi qu'un tombeau resté ouvert. Le sentiment de l'existence m'était si pénible, que je ne trouvais d'autre soulagement que celui d'en perdre de temps en temps la conscience dans le sommeil. Rien ne pouvait me tirer de cette léthargie. Autant dans la santé on trouve de jouissance à satisfaire ses besoins, autant je trouvais de dégoût à satisfaire les miens ; à ce point, je me le rappelle, que je portais la nourriture avec répugnance à ma bouche. Mes forces s'affaiblissaient, je trouvais une énorme peine à vivre, et je sentais que pour tomber tout-à-fait, il ne s'agissait que de me laisser aller.

Cependant j'avais l'âme honnête ; si je n'eusse pas craint de causer trop de peine à mes parents, je me serais certainement laissé mourir, je n'avais qu'à m'abandonner tant soit peu à la consomption qui m'entraînait. Un symptôme évident de mort, c'est qu'à la fleur de l'âge, l'image de la femme ne produisait pas la moindre impression sur moi. Quelque vierge que soit un jeune homme, il ne voit jamais en vain la jeune fille jeter sur lui ses regards ; si ses membres ne frissonnent, son cœur s'émeut, et quelle que soit la sagesse de ses pensées, il se passe toujours quelque chose en son âme, ne fût-ce que le sentiment de pudeur qui vient colorer son front. Eh bien ! je ne crois pas que jamais vieillard ait eu dans le cœur une cendre plus froide.

Du reste, mon âme n'était sur ce point ni moins ni plus anéantie que sur les autres ; c'était absolument sur tous les mobiles qui font mouvoir l'homme, que s'étendait cette véritable mort. Quoique ce soit ici une réalité, je puis bien emprunter cette expression du poète : « jamais créature vivante ne s'était sentie engagée plus avant dans le néant. » Ah ! je suis resté bien long-temps dans cet état ! je ne chercherai pas à le peindre ; mais lorsqu'un jour la mort m'appellera, fût-ce par la maladie la plus douloureuse, jamais elle ne fera sentir aussi profondément à mon corps l'empreinte de sa main, qu'elle ne l'a fait sentir à mon âme ! Je puis m'approcher du tombeau sans effroi ; sur les champs de bataille le soldat s'habitue à voir de près la mort, moi hélas ! ne l'ai-je pas déjà portée dans mon sein ?

Je ne disconviens pas que j'étais entièrement perdu ; le désespoir commençait à tourner tout mon cœur en haine, je me sentais déjà une volonté et un courage tout organisés pour entreprendre le mal et m'y précipiter par un horrible dépit... ce fut l'idée du Bonheur qui me sauva !! Oui, chose étrange ! ce fut cette idée vague encore, qui pourtant jusque-là avait fait mes angoisses, ce fut cette idée qui, éclatant tout-à-coup en moi plus vive et plus forte que jamais, me tira de cette position abandonnée. Car j'éprouvai

du Bonheur ; c'est au sentiment du Bonheur que nous devons l'idée du Ciel. Si le cœur est l'organe fondamental

alors ce sentiment d'amour platonique si positivement envoyé par Dieu, qu'il se manifeste dans notre sein avant même que nous ayons trouvé l'objet qui doit l'inspirer ; et que le cœur aime sans savoir encore ce qu'il doit aimer. Cet amour vint aussitôt éclaircir en moi mille idées confuses que dans mon enfance douloureuse je n'avais point eu la force de saisir et d'embrasser ; et tout en y faisant descendre sa lumière, il répandit dans mon âme glacée une chaleur que depuis long-temps elle ne connaissait plus. Ah ! ce sentiment nouveau m'inonda tellement de délices, qu'il ne fallut plus me parler du néant ! je venais de saisir une réalité dont mon cœur avait trop bien reconnu l'existence pour que désormais je crusse au désespoir, je veux dire, à la négation du bonheur ! J'aime ; donc le bonheur existe ! Et cette idée qui m'apparut soudainement, fut pour moi le *Cogito ergo sum* du cœur.

Oh ! quand je me fus une fois saisi de l'idée du bonheur, de ce bonheur dont l'amour tout incertain encore qui m'embrasait, m'avait donné l'avant-goût, je ne pouvais pas lâcher prise ainsi : il fallait que quelqu'un me le donnât ! ce monde s'y refusait, eh bien ! il fallait aller frapper à une autre porte ! il n'y a pas de milieu, m'écriai-je, j'ai éprouvé le bonheur, il existe, il faut qu'il soit quelque part ! Si la nature reste interdite, lorsque je viens lui poser ma question, alors qu'un autre me réponde ! Je ne voulais pas avoir aimé en vain ; il fallait à toute force que l'on me trouvât la demeure de l'amour !... Et pendant ce temps-là, l'amour m'enlevait et m'emportait avec lui ; car voici ce que je me dis dans mon cœur, quoique cette logique ne s'y fît point sentir comme un raisonnement mais comme un sentiment plein de lumière et de charme, voici ce que je me dis :

Il ne peut rien y avoir dans l'effet qui ne soit dans la cause ; de plus, l'effet étant fini et la cause infinie, il ne peut y avoir de bien fini dans ce monde, qui ne soit infini en Dieu. Or, comme il y a de l'amour dans ce monde, et que ce peu d'amour, respiré sur le sein de nos mères, de nos épouses et de nos enfants, nous comble déjà d'ivresse, que sera-ce donc dans la vie absolue, où nous devons trouver tout cela dans une perfection infinie !! O mon Dieu, se peut-il qu'il y ait en vous à l'infini toutes les douceurs qui sont sur la terre !... Maintenant que je le sais, ne vous semble-t-il pas, mon âme, que ce soit plus sérieusement que nous désirons la vie éternelle ?

Ah ! que je regrette le temps où je n'ai pas compris ces choses ! Mais je parle de ce changement comme s'il s'était fait en un jour ! Il y a une chose plus difficile encore que de peindre l'état de mort dans lequel mon âme était tombée, c'est de donner une idée de ce qu'il m'en a coûté pour en sortir. Il a fallu que je prisse goût à toutes les choses de la vie, les unes après les autres ; que je me misse à aimer ce que l'on y aime ; à trouver du plaisir où les autres en trouvent, et à dire pendant long-temps que j'avais quelque joie dans mille choses qui ne m'en causaient aucune. Il m'a fallu, lecteur, jamais vous ne prendrez ces mots assez à la lettre, il m'a fallu reconstruire toute mon âme ; y ramasser tous les mobiles qui peuvent l'animer, les réchauffer les uns après les autres, les prier de me solliciter, puis agir d'après ces mobiles quand je n'en sentais pas encore l'effet, me forcer à vouloir quand je ne me sentais point de volonté, et me dire que j'aimais telle ou telle chose quand au fond je ne désirais rien.

de la nature humaine, l'idée du Bonheur qui en résulte, est celle qui joue le plus grand rôle dans la vie de l'homme.

Chaque jour je cherchais à faire un nouvel apprentissage de la vie; aujourd'hui, je me condamnais à me promener et à y trouver du plaisir; demain, je me condamnais à en trouver dans tel endroit où je devais me rendre, à sourire, à montrer du contentement de ce que l'on me dirait, à paraître désirer quoique ce soit, à avoir l'air de chercher, d'aller au-devant des choses. Je tâchais d'abord d'éveiller en moi les mobiles ordinaires à mon âge; je m'adressais aux plus faciles, comme, par exemple, celui de trouver du plaisir à être bien mis, à être jeune, à ne manquer de rien, à entreprendre quelque petit voyage, à quitter Paris pour revoir mon pays, etc.; et par là j'essayais de faire rentrer la vie dans mon âme par où je pourrais. Mais, chose remarquable! ce furent les grands et sublimes mobiles de l'homme qui exigèrent le moins d'efforts; je les retrouvais dans mon âme, bien plus que je ne les y formais. Mon Dieu, je dois reconnaître là votre main!

Mais comme ces mobiles ne pourraient tenir long-temps s'ils ne s'appuyaient chacun sur la croyance qui leur sert de base, je cherchai avec tant d'ardeur les vérités qu'ils supposaient, que peu à peu j'en retrouvai un bon nombre. Toutefois je ne croyais que petit à petit; l'intelligence va si peu vite, et la volonté surtout! Car à mesure qu'une vérité entrait dans mon âme, elle faisait une place, et je désirais l'autre; et en même temps chacune de ces croyances exigeait en moi une qualité que j'étais bien obligé de travailler à obtenir.

Le vice qui m'a coûté le plus à vaincre, c'est le découragement. Lorsque l'idée du Bonheur était présente, et qu'elle embrasait mon âme de son sentiment infini d'amour, tout allait à merveille; mais ce sentiment, pour venir me visiter dans de rares et courts instants, me laissait ensuite si long-temps privé de toute consolation, que je doutais de l'avoir jamais éprouvé. Alors ne me souciant de rien, et ne pouvant rien vouloir, comment aurais-je pu me décider à des efforts considérables pour obtenir ce que je ne désirais pas? Cependant je m'y obligeais, et je m'accoutumais à tout faire avec résignation. Enfin lassé d'être ainsi la proie des variations d'un mobile indépendant de moi, je me mis à travailler imperturbablement : que l'inspiration vînt, que l'inspiration s'en fût, elle me trouva toujours le même. Ma volonté en acquit un notable avantage. Aujourd'hui je sais bien qu'il n'y a pas de chose qui me coûte moins que les efforts et la patience, et que je ne me décourage plus même dans le danger d'une maladie. Je dis cela pour faire comprendre combien l'homme peut sur lui-même, combien il a de ressource pour faire venir la force précisément dans les parties de l'âme les plus faibles.

Oui, l'homme peut énormément sur lui-même; car je sais bien que maintenant je ne suis plus si malheureux, et que même j'ai des instants où je suis très heureux, et où je trouve des choses dans la vie qui me réjouissent et me font battre le cœur, de telle sorte que je les désire vraiment comme devant être mon bien. Et ce qui donne à cela plus de charme, c'est de sentir que toutes les dispositions de l'âme sur lesquelles reposent ces sentiments, je ne les avais pas, et que je me les dois, à ne parler qu'humainement. Quoique la passion de la vie ne soit pas ma passion dominante, je m'aperçois pourtant aujourd'hui que je l'aime, et j'en attends même beaucoup; je sens tous les jours mon cœur revivre de

Mais il ne suffit pas de constater 1° que l'idée du Bonheur est distincte de l'idée du plaisir, 2° que l'idée du

plus en plus à mesure que la vérité s'offre mieux à moi. Enfin j'aime la vie, ainsi que les dispositions que je contracte sincèrement pour elle, comme une mère aime l'enfant qu'elle a allaité, et qu'elle n'a conservé qu'à grand'peine. Eh bien ! comme je l'ai avoué, c'est l'idée du Bonheur qui m'a sauvé ; c'est elle qui m'a fait faire mes premiers pas hors du désespoir, et qui m'a conduit par la main jusqu'à ce que j'eusse insensiblement acquis du courage et quelque force.

Ah ! cela ne m'étonne pas qu'il nous faille être inspirés du goût de la vie éternelle, pour trouver quelque goût à celle-ci !

Telle fut donc ma première religion : je commençai à sentir l'amour ; l'amour me fit croire au bonheur ; le bonheur me donna des désirs infinis ; ces désirs infinis me firent croire à Dieu ; et dès que je le vis comme l'idéal de cet amour, tout le reste me fut expliqué. Alors mécontent des tristes et ingrates idées de Dieu qui s'étaient formées en moi pendant mes études, irrité contre cette manière aride de croire en Dieu qui n'était jamais parvenue seulement à me le faire trouver aussi tendre que mon père ou ma mère, je me vis forcé de renverser dans mon cœur cette croyance informe et barbare, et d'y rétablir une religion que je n'avais jamais eue. Sans m'inquiéter du peu d'aptitude que j'avais montré dans les travaux de l'esprit, poursuivi par un besoin inconcevable de m'éclairer sur le bonheur, je voulus donc entreprendre une étude complète des destinées de l'homme et du but de la création. La nécessité fait faire bien des choses !

En commençant, je me traçai un cadre trop vaste, peut-être dans le secret espoir de mourir à la peine et de passer ainsi de mes idées à la Réalité. Mais lorsque ce travail, que j'avais entrepris pour moi seul, fut avancé, j'en recueillais tant de consolation, les grands doutes de mon esprit s'en trouvaient si naturellement apaisés, que voyant autour de moi un siècle tout en peine et saisi par le même mal, je ne pus d'abord me défendre du désir de communiquer les idées qui m'apportaient tant de soulagement. J'entrepris la rédaction de ce travail, et dès ce moment je ne désirai rien autant que de pouvoir l'achever.

Voilà ce qui dans cet ouvrage explique tout-à-la-fois, une mission philosophique si sincère, et si peu de talent pour la remplir. J'ai écrit parce que j'y ai été forcé par mon cœur. Me défiant même d'un âge où l'inspiration et les sentiments découlent plus naturellement des lèvres que le raisonnement, dans la crainte de ne travailler que pour moi, j'ai pris à tâche d'étouffer autant que je l'ai pu tous mouvements de poésie, soit dans mes pensées, soit dans mon style. J'ai voulu avant tout que mon travail fût raisonnable pour que ma croyance le fût. Et les nécessités de mon esprit m'ont ainsi obligé de donner la forme de la philosophie au poëme qui se formait dans ma pensée. Ce livre a été enfanté dans l'inspiration, pour s'exécuter dans le labeur. L'inspiration serait venue de l'amour et du besoin; le labeur, de la patience que l'amour porte avec lui, et de la reconnaissance que la satisfaction du besoin laisse après elle.

Ah ! bon lecteur, couvrez ces aveux de votre silence ; je me sentais le besoin de vous les faire ; depuis quelque temps je cherchais à ne pas vous cacher davantage le motif qui m'a fait entreprendre une étude si patiente et si laborieuse pour moi. Oui, la question du Bonheur, la question de savoir en quoi il consiste, ce qu'il est, où il est, s'il attend l'homme, s'il est le but de ses destinées, comment, par quelle voie, et ce que signifie à cet égard la création ; voilà la question qui m'agite.

Bonheur est une idée absolue, 3° que cette idée est réveillée en nous par l'amour platonique, 4° que cet amour tire l'homme de son égoïsme natif pour le rendre à la vie générale, 5° que l'idée du Bonheur, qui est en nous une image de la vie absolue, n'est autre chose que l'idée du Ciel, 6° enfin que cette idée inspire à l'homme le sentiment de la réalité de cette Vie à laquelle il est appelé : ne faut-il pas savoir maintenant ce que devient l'homme, ainsi enfermé dans le temps avec l'idée du Bonheur, quelles sont les voies qu'il suit sur la terre dans l'espoir d'y arriver, et quelles sont les voies qu'il devrait suivre pour y arriver réellement ?

Sommaire. — Si l'intuition est le produit de la rationalité, la volition le produit de la causalité, la pensée le produit de l'intelligence, l'exécution le produit du corps, l'idée du bonheur est le produit du Cœur. — Si l'idée du bien, du beau et du vrai sont en nous la représentation des éléments de la substance de Dieu, l'idée du Bonheur est en nous la représentation de la vie de Dieu. — Par suite de son origine, de sa nature, et de l'événement de la création, le cœur emporte nécessairement en lui l'idée du Bonheur, et cette idée repose en lui comme toute autre idée impersonnelle. — Aussi, comme l'apparition d'un effet ne nous donne pas l'idée de cause, mais peut devenir pour la raison l'occasion du réveil de cette idée ; de même la conception du Bonheur ne tire point son origine de l'observation des faits de la vie temporelle, mais ces faits peuvent solliciter

ter dans le cœur le réveil de cette conception. — Ce serait donc une erreur de croire que l'idée du Bonheur nous vient par les sens : c'est l'idée du plaisir qui nous vient de cette manière. — Or on ne peut confondre le plaisir, qui est la satisfaction des sens, avec le Bonheur, ou la joie, qui est la satisfaction de l'âme ; le premier, qui naît des objets sensibles, avec le second, qui naît des choses intelligibles. — Du reste, le plaisir resserre le moi et ramène en lui toutes ses affections ; la joie, au contraire, dilate le moi et fait qu'il épanche hors de lui toutes ses affections ; dans le plaisir, l'homme se retire en lui-même pour jouir seul ; dans la joie, l'homme sort de lui-même pour faire partager son transport. — Deux sortes d'idées aussi différentes ne peuvent avoir la même origine. En effet : l'idée du plaisir s'est formée en nous à propos de sensations agréables ; mais ces sensations, finies dans leur sujet comme dans leur objet, n'ont pu que nous donner l'idée d'une satisfaction finie, c'est-à-dire l'idée du plaisir ; — et l'homme est si loin de s'exagérer cette satisfaction, au point de s'en former l'idée d'une satisfaction infinie, c'est-à-dire l'idée du Bonheur, qu'il ne fait au contraire que la dénigrer, la trouvant trop mesquine en comparaison de ce qu'il attendait. — Or, il ne la trouverait pas mesquine, s'il n'avait pas antérieurement l'idée d'une jouissance plus grande. — Du reste, si l'homme n'avait d'autre lumière sur ce point que celle de l'expérience, loin de l'idée du Bonheur, c'est plutôt l'idée du malheur que cette lumière lui offrirait. Car l'homme souffre du moment où il naît à celui où il meurt : *Omnis creatura ingemiscit*, dit St Paul. — Si sur la terre le nombre des peines est incomparablement plus grand que celui des plaisirs, et si le plaisir n'y consiste, le plus ordinairement, qu'à se sentir échapper à la douleur, comment aurions-nous pu prendre sur la terre l'idée du Bonheur ? — Cependant quand par toutes mes actions je cherche le Bonheur, et que je ne le trouve pas, j'ai donc certainement l'idée du Bonheur que je cherche, je connais donc certainement ce que je ne puis rencontrer ! — Car comment se fait-il que, n'ayant jamais connu le Bonheur par expérience, si quelqu'un me demande : voulez-vous être heureux ? l'idée du Bonheur se présente aussitôt à mon esprit ; et que je ne puisse concevoir cette idée du Bonheur, sans vouloir aussitôt le posséder ? — En effet, de même que nous ne pouvons avoir l'idée du bien et du mal sans concevoir à l'instant que l'un doit être fait, et que l'autre ne doit pas l'être ; de même, nous ne pouvons avoir l'idée du Bonheur sans concevoir à l'instant que nous devons le chercher. — Cette seconde conception serait même en quelque sorte plus vivace dans l'homme que celle de la conscience ; de déplorables dégradations ont amené l'homme jusqu'à perdre l'idée du devoir, mais jamais l'idée du Bonheur ; les sauvages, les criminels ne peuvent se départir de cette idée. — L'animal n'a pas l'idée du Bonheur ; car il ne doit pas être autre chose que ce qu'il est actuellement ; sa faim apaisée, il paraît content, comme un être qui a conscience d'avoir atteint son but ; il n'en est pas de même de l'homme. — Si donc l'idée du Bonheur est une idée nécessaire, elle est impersonnelle, elle est absolue, elle est divine ; et si elle vient de Dieu, comme Dieu est infaillible, le Bonheur est une réalité, il existe nécessairement. — La psychologie était depuis long-temps en droit de réclamer l'explication de l'idée du Bonheur, c'est-à-dire de réclamer que l'on assignât la réalité objective à laquelle cette idée correspond. — Êtres malheureux, nous avons l'idée du Bonheur ; souffrants, exposés à toutes les privations, nous avons l'idée de la jouissance pure, de la plénitude de l'être ; et la douleur, loin d'affaiblir en nous cette idée, ne fait que la réveiller plus vive encore ! — L'expérience des misères de cette vie ne peut prévaloir contre cette idée ; elle reste si claire et si impérissable dans la conscience des hommes que tous, malgré le cruel démenti que leur donne ce monde, n'y cherchent que ce qui pourrait correspondre à cette idée. —

D'où me vient-elle cette idée qui est le contraire de l'état de mon être, le contraire de l'état de ce monde ? Ce n'est pas moi qui la porte par ma propre nature, ce n'est pas ce monde qui me l'a inspirée : ce monde et moi sommes si malheureux que nous serions tentés plutôt de la nier. — D'où tenons-nous cette image si éclatante d'une vie qui ne ressemble en rien à la nôtre ? Sans doute du Bonheur lui-même, puisque nous l'en appelons l'image. S'il n'était pas, pourrait-il graver en moi son image et se révéler ainsi à mon cœur ? — Alors, puisque voilà en moi une idée qui est et indépendante de moi et indépendante de ce monde, il faut donc qu'un autre monde produise en moi cette grande idée de lui-même ?.... Et en effet, la révélation de l'idée du Bonheur, n'est que la révélation de ce qu'on appelle le Ciel. — L'idée du Bonheur n'est pas comme l'idée du bien, du beau, ou du vrai, une idée purement intellectuelle ; nous n'aurions jamais l'idée du Bonheur si nous n'en avions éprouvé le sentiment. — Nous éprouvons ce sentiment à l'âge où Dieu augmente tout-à-coup l'amour en nous, où le cœur reçoit son développement naturel : il était impossible que la substance de Dieu entrât avec plus d'abondance en nous sans que nous en ressentissions un ravissement inexprimable. — Cet âge de majorité du cœur devance un peu celui que nous tenons de la raison. Remarquez bien que l'enfant n'a pas l'idée du Bonheur, il n'a que l'idée du plaisir ; aussi, est-ce un touchant spectacle que celui de l'adolescent quittant tout-à-coup ses amusements pour courir après cette grande idée du Bonheur qui vient de s'offrir à lui. — Cette époque, la plus intéressante de la vie par l'influence considérable qu'elle a sur nous, est celle que Rousseau appelle *une seconde naissance* ; cette orageuse révolution s'annonce par le murmure des passions ; elle met notre âme dans cet état que Châteaubriand appelle l'état *du vague des passions*. — En effet, quel étonnement ne doit pas éprouver l'âme de la nouvelle émotion dans laquelle la jette le sentiment du

Bonheur, et quoi de plus *vague* qu'une chose à laquelle elle n'a rien vu qui puisse être comparé ? — De là, aussitôt que le cœur commence à goûter ce sentiment, sa première pensée est que le Bonheur est de ce monde ; c'est alors qu'on voit l'homme, comme un fou, demander le Bonheur à tout ce qu'il rencontre. — L'homme s'aperçoit bientôt que le Bonheur n'est pas autour de lui ; mais alors, il croit qu'il est plus loin, et qu'il ne s'agit que d'aller le chercher ; il prend le dégoût du pays, et le désir des voyages s'empare de lui. — Nous croyons que le Bonheur est partout, excepté dans l'endroit où nous sommes, jusqu'à ce que hélas ! nous finissions par nous apercevoir qu'il n'est nulle part. — Lorsque l'homme a traversé la jeunesse, qu'il appelle pour cela *l'âge des illusions*, il redevient, à mesure que l'espoir du Bonheur s'enfuit, ce qu'il était avant que cette idée lui apparût : alors, il avait quitté les plaisirs pour ne rêver qu'au Bonheur ; aujourd'hui, il quitte ses rêveries pour se remettre, ainsi que l'enfant, à poursuivre le plaisir. — Il abandonne ce qu'il appelle *l'idéal* pour poursuivre ce qu'il appelle le *positif*, il dit qu'il a compris la vie et acquis de l'expérience : croyez-le, il ne s'agit que de l'expérience des choses qui passent ! — Il se jette à la poursuite de la fortune, qui ne procure que le bien-être du corps, et c'est ce qu'il appelle de la sagesse, de la raison ! — Comme l'enfant, il ne cherche que le plaisir ; et il condamne sévèrement toutes les illusions de la jeunesse, tandis qu'il reprend lui-même tous les goûts de l'enfance. — Mais c'est là la conduite des hommes légers et qui réfléchissent peu. Pour ceux qui ont vivement cru à l'existence du Bonheur sur la terre, quand ils s'aperçoivent qu'il n'y est pas, ils tombent dans une désolation extrême ; il en est même qui ne peuvent échapper à cet âge critique de l'homme. — Mais ordinairement deux cas se présentent : 1° ou l'homme s'aperçoit de son erreur et porte plus haut ses espérances, il attend d'une autre vie l'accomplissement de l'idée que lui a donnée celle-ci ; alors prenant la voie qui conduit à l'autre vie, ces hommes deviennent parmi nous des hommes de bien et des saints. — 2° Ou l'homme n'ayant pas foi aux prophéties de son cœur sur les nécessités d'une autre vie, croit que le destin se fait un spectacle cruel des souffrances de celle-ci ; alors afin d'y échapper il s'arrache lui-même la vie, ou ne recule devant aucun moyen pour s'y procurer quelques biens ; et de tels hommes deviennent parmi nous des méchants, des impies et des assassins. — Il existe un troisième cas, c'est celui de ces hommes qui ont eu une si maigre idée du Bonheur qu'ils ne trouvent aucune peine à endurer cette vie, ils se contentent tout bonnement des plaisirs de ce monde. Ce sont là ceux qu'on nomme les pourceaux d'Épicure. — Toutefois, quelque médiocre que soit le sentiment du Bonheur qu'ait éprouvé l'homme, ce sentiment suffit pour lui faire apercevoir qu'il n'a rien trouvé sur la terre qui puisse y répondre, et pour lui inspirer l'idée et le besoin d'un autre monde. — S'il arrivait que, par un horrible vice de conformation, un homme n'eût jamais pu éprouver un sentiment d'amour et conséquemment se former une idée du Bonheur, il serait impossible à un tel homme de marcher vers ses destinées. — Or, l'idiotisme et la folie ne vont pas jusque là, comme on peut l'observer dans les hôpitaux des aliénés ; on rencontre des hommes à qui il manque jusqu'à un certain point l'idée du vrai, ou l'idée du beau, ou l'idée de cause, ou toute autre idée rationnelle, mais jamais à qui il manque l'idée du Bonheur. — En effet, l'homme pourrait à la rigueur se passer de toutes ses autres facultés, mais non point de son cœur. Privé de l'usage naturel de son corps, comme le paralytique, privé de l'usage naturel de son intelligence, comme l'idiot, privé même de l'usage de sa raison, comme le fou, l'homme n'est point pour cela repoussé de Dieu ; mais privé de l'usage naturel de son cœur, comme le méchant, l'homme est nécessairement rejeté de la vie absolue. — Voici où j'en veux venir par rapport à la nécessité indispensable où est l'homme de posséder l'idée du Bonheur : beaucoup de philosophes se sont sans doute scandalisés de ce que Dieu ait attaché de si vives jouissances de cœur à cette disposition de l'âme connue sous le nom d'amour platonique. — C'est il est vrai un phénomène assez surprenant; mais comme Dieu ne fait rien d'absurde, il faut croire que s'il attache à ce sentiment la joie la plus enivrante qu'on puisse éprouver, c'est qu'il attend de ce phénomène un résultat proportionné à la profondeur de l'action qu'il a sur nous. — En effet, si l'homme n'avait pas connu cet amour, il n'aurait pas connu le sentiment du Bonheur; s'il n'avait pas connu le sentiment du Bonheur, il n'aurait pu se faire une idée de la vie éternelle; et s'il ne s'était pas fait d'idée de la vie éternelle, il n'aurait pas été capable des efforts nécessaires pour y arriver. — Comment l'homme aurait-il senti toute la réalité d'une chose à laquelle l'œil de l'homme n'a jamais rien vu, son esprit jamais rien compris qui puisse être comparé ? Le raisonnement dans de pareils sujets ne sert qu'à montrer où finit le raisonnement : les vérités de sentiment ont seules une force d'intensité qui appelle tout notre être à leur appui. — Comme l'amour est la vie de Dieu, c'est-à-dire la félicité absolue, l'amour ne pouvait descendre en nous sans nous remplir de Bonheur : or, de même que pour nous faire connaître sa nature, afin que par-là nous l'imitions, Dieu nous envoie par les conceptions rationelles, l'idée du bien, du vrai et du beau; de même pour nous faire connaître sa vie, afin que par-là nous y aspirions, Dieu nous envoie par le sentiment de l'amour, l'idée absolue du Bonheur. — Où voudriez-vous que nous prissions le désir du Ciel, si nous n'en avions pas éprouvé un avant-goût sur la terre ! C'est ainsi que nous devons au cœur la conception de notre vie future. — Or, sans cette idée du Bonheur, jamais nous n'aurions pu réellement aspirer au Ciel, et conséquemment jamais nous n'aurions pu entrer dans les vues de la religion. — C'est au sentiment du Bonheur qu'il faut attribuer toutes nos émotions pieuses, tout ce qu'il y a de vif et de vraiment profond dans nos pensées et dans nos actes de religion ; c'est lui qui fait battre notre cœur pour Dieu. — Ce sentiment nous fait tout trouver léger dans le service de Dieu ; hors de ce sentiment, la religion redevient pour nous la froide philosophie du stoïcisme ; et l'âme se sèche et tarit dans un culte pénible et désenchanté. — Avec ce sentiment, la vie entière n'est naturellement et sans effort qu'un long soupir vers Dieu, une adoration de tous les instants, la plus douce satisfaction que l'homme puisse goûter ici-bas. — Voilà pourquoi il était indispensable que Dieu nous inspirât positivement l'idée du Bonheur en nous faisant éprouver le sentiment de l'amour platonique. C'est ainsi qu'il a été donné d'allumer au flambeau d'une vie passagère, le flambeau d'une vie sans fin. — Voyons maintenant pourquoi il nous était nécessaire d'éprouver un sentiment aussi vif que celui de l'amour platonique, et pourquoi Dieu fut obligé, pour le réveiller, d'employer une arme aussi tranchante que celle de la beauté. — La première sauvegarde que Dieu a donnée à la créature est l'amour personnel ; il fallait, pour obéir aux exigences du fini où se trouvent les créatures, que l'individu se resserrât en lui-même et constituât sa propre existence, avant de rentrer dans l'Ordre de l'existence générale. — De là rien de plus égoïste que l'enfant ; centre de toutes les pensées et de toutes les sollicitudes, tous les soins que l'on prend de lui ne font que le confirmer dans son égoïsme ; mais cela lui fait prendre en même temps le sentiment de son importance, et sur ce sentiment commence à se fonder son individualité. — Cependant comme le principe de l'homme n'est point en lui, et que sa fin est hors de lui, l'homme ne peut agir conformément à sa nature sans sortir de soi-même pour tendre vers le bien pour lequel il a été créé. — Alors, comment parviendra-t-on à faire sortir l'individu de lui-même ? comment le fera-t-on passer de l'intérêt personnel, par lequel nous nous assurons de l'existence, à l'intérêt universel, par lequel nous la complétons ? — On conçoit qu'il ne faut rien moins ici qu'un moyen extraordinairement puissant, pour arracher l'adolescent à cet état d'égoïsme originaire et le rendre à la vie générale ; aussi Dieu emploie-t-il ici de tous les moyens le plus héroïque : — Dieu fait descendre sur l'être qui doit arracher l'homme à cet état, le symbole de la plus séduisante propriété divine, il vient offrir, ce qui ne devait jamais descendre des Cieux, il vient offrir à l'homme la beauté. — Sans trop s'expliquer ce que peut être la beauté, mais entraîné par son instinct spirituel, l'homme se trouve aussitôt emporté vers elle par un charme irrésistible. Comment pourrait-il en être autrement, la beauté est l'apparence et comme la forme de Dieu ! — L'homme se précipite donc en dehors de son égoïsme pour s'attacher à celle qui, revêtue de ce symbole, est pour lui comme une apparition vivante de la Divinité. Et Dieu ayant réservé pour ce moment la puberté du corps humain, l'amour qui embrase le corps se combine avec celui qui vient d'embraser l'âme, et ces deux amours exercent l'un sur l'autre une profonde et heureuse modification. — Ce premier mouvement de l'homme en dehors de lui a décidé de son sort. Il fallait que l'homme se déracinât de lui-même, en plaçant hors de lui l'objet de son affection ; or, il s'est oublié un instant pour se reporter dans celle qu'il aime, ce coup de levier suffit pour ébranler l'égoïsme sur son pivot ; c'est à l'homme désormais à le renverser tout-à-fait. — L'homme n'avait que le mouvement de rotation sur lui-même, il vient de recevoir le mouvement de projection qui le lance dans la circulation de l'existence universelle. — Il ne s'agissait que de sortir le cœur de lui-même et de lui donner le premier mouvement ; c'est à lui maintenant de profiter de cette impulsion, de la continuer, de l'augmenter par sa force de spontanéité, afin qu'elle le porte jusque vers Dieu. — Si l'homme en restait à l'amour platonique, il n'acquerrait aucun mérite, car il n'y aurait d'autre mouvement dans son cœur que celui qu'il aurait reçu : Dieu ne lui envoya cet amour que pour engrener sa causalité. — Comme cet amour platonique le convie au mariage, que le mariage le rend père, il faut dès-lors que son cœur aille sans solution de continuité, de son épouse à ses enfants, à ses amis, à son prochain, à Dieu enfin, l'objet suprême des amours ignorés ou connus de toute créature. — Dieu, n'ayant besoin de l'amour platonique que comme d'un levier pour faire faire à l'homme son premier pas hors de lui-même, retire insensiblement la beauté de l'être à qui il l'a confiée, parce que l'homme commence à n'avoir plus besoin de cet attrait pour aimer : un amour plus solide et plus volontaire substitue une qualité réelle à chaque illusion qu'il écarte. — Ainsi, c'est au cœur que nous devons le sentiment de l'amour; c'est à l'amour que nous devons l'idée du Bonheur; et c'est au sentiment du Bonheur que nous devons l'idée du Ciel. — L'Auteur raconte tout ce qu'il doit personnellement à l'idée du Bonheur.

Mais il ne suffit pas de constater l'idée du Bonheur, de déterminer sa réalité objective, sa nature, son origine, son rôle et son but, ne faut-il pas savoir ce que devient l'homme, ainsi enfermé dans le temps, avec cette idée du Bonheur ?

XXI.

Que devient l'homme, ainsi enfermé dans le temps avec l'idée du Bonheur ?

Nous venons de voir la révolution que l'idée du Bonheur opère dans le cœur de l'homme, ainsi que le rôle important et indispensable qu'elle joue dans sa vie; mais, quelles que soient les modifications que cette idée éprouve dans le cœur par suite de l'âge, comme elle n'en reste pas moins le mobile et l'aliment de l'amour, et conséquemment le grand ressort de la vie, voyons ce que devient l'homme, au milieu du temps, ainsi doué d'un cœur rempli d'amour et continuellement ravivé par l'idée et le besoin du Bonheur. Reprenons, en peu de mots, la suite de nos raisonnements où nous les avons laissés lorsqu'arrivant à la démonstration ontologique de l'existence du cœur, nous avons reconnu dans quelle position il se trouve au milieu de ce monde, où il est comme exilé de la Réalité infinie.

L'amour, dans son acception générale, n'est autre chose que le mouvement de l'être vers l'être. C'est le mouvement naturel et nécessaire de toute substance vers la perfection, c'est-à-dire vers la vie absolue, c'est-à-dire vers le Bonheur. Le bonheur est en raison de l'être : l'être infini est le Bonheur infini. Or, le Bonheur existait de toute éternité, car de toute éternité l'être possédait l'être. Et il n'est pas possible à Dieu de se diviser, parce qu'il n'est pas possible que l'être veuille se séparer de la félicité infinie. L'amour est l'attraction spirituelle; c'est lui qui constitue l'unité et l'identité de Dieu. Telle est la notion de l'amour qui résulte de la considération de l'absolu.

Or, si c'est par une pareille propriété de l'être que l'infinie variété des attributs de la divinité ne forme qu'un seul Dieu et arrive au Bonheur, combien à plus forte raison l'être créé, et par conséquent fini et contingent, ne se précipitera-t-il pas de toute la force dont il est doué vers l'être infini, vers la Réalité absolue, vers le Bonheur ? En effet par suite de la création, qui détacha l'être fini de l'Être infini, c'est-à-dire qui sépara l'être qui a besoin du bonheur de celui qui le possède, il est clair que l'homme, cet être créé, doit tendre par la propriété même de son essence à recouvrer le bonheur, attribut indispensable de toute réalité, bonheur qu'il ne possède pas parce que le temps le retient à cet égard dans une position toute exceptionnelle. La terre n'est qu'une vallée de larmes, et l'homme tend les bras vers la vie absolue.

Aussi, au milieu de cette création, le but de tout être n'est-il pas d'arriver au bonheur ? Le bonheur ne résulte-t-il pas de ce qu'on appelle le bien pour chaque être ? Le bien n'est-il pas la possession de l'être [1] que comporte la nature d'un être; et le mal, par opposition, n'est-il pas la privation d'une portion de l'être qui lui est réservée d'après sa nature ? Alors toute création étant une portion d'existence délivrée par le Créateur à ce qui n'était point, ce que la créature qui en résulte possède de l'être, éprouve une tendance invincible à se réunir à l'être intégral, qui seul possède l'existence véritable, complète, absolue; l'existence de la créature n'étant en quelque sorte qu'une diminution de l'existence, conséquemment une souffrance. La privation ! la privation ! voilà à quoi l'on reconnaît le créature; voilà à quoi elle se reconnaît elle-même, car c'est là qu'elle trouve sa limite, qu'elle trouve sa douleur. *Causa mali non sit à Deo sed à nihilo, non à positivo sed à privativo, hoc est, ab limitatione creaturarum*, disait Leibnitz. [2]

Maintenant, nous figurons-nous quel est l'état de tous ces êtres au milieu du temps !.

Ce grand caractère de privation qui se révèle dans toute créature, reparaît jusque dans les parties de la créa-

---

[1] « Tout ce qui a tant soit peu d'être, dit St Augustin, est un bien. Car comme la souveraine nature est le souverain bien, parce qu'elle est au plus haut degré de l'être, qu'elle en possède la plénitude, toute nature est un bien à proportion de ce qu'elle a de l'être; ainsi, celle qui sera le moins d'être sera le moindre de tous les biens, mais cependant un bien. »
St Augustin, *De la véritable religion*, chap. xxvii.

[2] Leibnitz, *Système de théologie*, page 5, édit. d'Emery.

tion qui, à ce qu'il semble, ne devraient point le ressentir. Dans le monde physique, tout être ne cherche qu'à se procurer ce qui lui manque de substance. Ici la faim est le besoin, la privation est le mal, et l'assouvissement est le bien. Mais l'animal repu s'endort, il n'a pas l'idée d'accroître encore son existence par la possession d'un plus grand bien. Tandis que l'homme après avoir apaisé son estomac, ne dort point ; il lui reste une autre faim qui de sa vie entière ne fait qu'un long tourment. Ce n'est plus dans son corps, c'est dans son cœur que le besoin se fait sentir ! Alors, l'un croit le satisfaire par les plaisirs, l'autre par les richesses, celui-ci par les honneurs, celui-là par les voyages, un autre par les batailles, un autre par la science, un autre par les arts, un autre par la gloire, un autre par les affections ; enfin l'homme essaie de tout, parce qu'il poursuit partout un bien pour lequel il sent profondément que sa nature est faite ; mais après avoir tout essayé, il est irrassasié comme le premier jour. « J'ai joui de tout, disait l'empereur « Sévère, et me voilà aussi avancé qu'auparavant ! »

La pensée du Bonheur est si intime à l'homme, il lui semble si naturel d'être heureux, qu'il ne manque jamais de rapporter ses malheurs et ses peines à la situation particulière dans laquelle il se trouve; mais il reste bien persuadé que si cet état particulier changeait, rien ne s'opposerait plus à ce qu'il fût heureux. « Heureux qui voit le jour, dit un aveugle ; mais un homme qui voit clair ne le dit plus ! Heureux celui qui est sain, dit un malade ; mais quand il a la santé, il ne le dit plus ! » Heureux celui qui est riche, dit le pauvre ; mais quand il possède la fortune, il ne le dit plus ! Heureux celui qui a l'intelligence, dit l'ignorant; mais quand il connaît la science, il ne le dit plus ! Heureux celui qui est puissant, dit l'ambitieux; mais quand il possède la puissance, il ne le dit plus ! Heureux celui qu'environne la gloire, disent quelques âmes élevées; mais quand elles l'ont obtenue, elles ne le disent plus... Le pauvre cœur de l'homme repasse ainsi tout ce qu'il trouve sur la terre sans rencontrer le véritable objet de ses désirs.

Malgré cela l'homme ne peut douter du bonheur; et la pensée qu'il est possible de l'obtenir est en lui si sincère, que chacun croit réellement que tous les autres hommes sont heureux; que pour lui, s'il ne l'est pas, cela tient à telle ou telle affaire, à telle ou telle circonstance qui malheureusement a été suivie de telle autre; mais que sans ces circonstances là, il aurait été certainement heureux. Un autre, au contraire, sans cesse animé de l'idée du Bonheur, croit à chaque instant le rencontrer dans chaque objet qu'il poursuit; puis, lorsqu'il saisit cet objet et qu'il le voit s'échapper sans lui laisser le bonheur, il le suit encore des yeux comme pour lui dire : Mais tu m'avais promis le bonheur, et voilà que tu es venu, tu as passé, et tu ne me l'as point donné !

Oui, nous disons souvent avec une naïveté étonnante, que tout est déception en ce monde; mais cela ne peut pas être autrement ! car ce monde est Dieu ou il ne l'est pas; s'il ne l'est pas, comment pourrait-il nous donner le bonheur ? Et bien plus, si ce monde a été créé précisément pour éveiller nos désirs, à condition de ne les point satisfaire, ce serait une preuve de maladresse de

Dieu, qu'un seul homme y trouvât de quoi rassasier son cœur.

Ainsi, même sans profiter des lumières de l'ontologie, et d'après les seules observations de l'expérience, l'homme n'a donc pas tout ce qu'il doit avoir d'après la nature de son être? Alors comment ne se trouverait-il pas ici-bas dans un état mortel d'inquiétude, de désir et de souffrance? Voilà pourquoi il cherche par tous les moyens à se guérir, c'est-à-dire à se procurer ce dont il est privé. Mais quand il ignore sa véritable nature, il ignore par là même ce qui lui manque, et comme il lui en reste le besoin et le pressentiment, par suite du rapport d'analogie indestructible entre les éléments de l'être qui est en lui et ceux de l'être qu'il ne possède pas encore, l'homme se met aveuglément à la poursuite de tout ce qui semble lui ouvrir un espoir, lui promettre quelque satisfaction. C'est alors qu'il tombe dans son erreur accoutumée, dans l'erreur de son enfance, erreur où il s'oubliera peut-être jusqu'à son dernier jour, l'idolâtrie.

L'homme voulant invinciblement être heureux, l'ardeur avec laquelle il désire être heureux fait naturellement qu'il voudrait l'être tout de suite; et comme les objets de ce monde, toujours prêts à flatter nos sens, le sollicitent à tout instant, l'homme ne sait pas résister à l'attrait continuel et surtout actuel des plaisirs sensibles; selon l'expression de Malebranche, il ne peut remettre à être heureux. Nous avons été faits pour Dieu, et Dieu étant la joie infinie, aussitôt que nous éprouvons un plaisir, nous nous arrêtons... Voilà pourquoi la plupart des hommes s'en tiennent au plaisir, et ne savent plus, par les choses sensibles, s'élever jusqu'à Dieu. Le moyen de s'élever à lui serait donc, en passant sur les choses sensibles, de ne point s'y arrêter pour les goûter, et de poursuivre sa route. Mais la chair est faible, et le cœur si prompt à jouir du bonheur ! Aussitôt qu'il en voit l'apparence, il ne sait plus se contenir ; il se laisse malheureusement aller aux biens temporels, qui souvent lui font perdre de vue le véritable bien. On conçoit du reste que notre cœur se trouve situé d'une telle manière entre Dieu et la nature, qu'il ne peut s'approcher avec amour de la nature sans s'éloigner de Dieu. Pourquoi l'homme quitte-t-il donc ainsi la nature éternelle pour la nature mortelle ? Existe-t-il donc un être si insensé qu'il oublie le bonheur pour courir après le plaisir ?...

Il faut bien avouer une chose, c'est qu'il y a là pour l'homme une difficulté réellement sérieuse. Ainsi comme le souverain bien est le souverain bien, c'est-à-dire ce qui plaît souverainement, le cœur cherche naturellement ce qui plaît, par cela qu'il cherche le bien. De là (et c'est un fait d'expérience), on ne peut aimer que ce qui plaît, parce que ce qui plaît nous apparaît comme étant pour nous un bien ; et on ne peut haïr que ce qui déplaît, parce que ce qui déplaît nous apparaît comme étant pour nous un mal. Or, tous les objets de ce monde qui peuvent apporter quelque satisfaction au corps ont, par suite des relations momentanées de l'âme et du corps, la propriété de procurer du plaisir à l'âme qui s'y laisse prendre. Dès-lors le plaisir plaît à l'âme, car le plaisir c'est ce qui plaît ; puis, comme on ne peut moins faire que d'aimer ce qui plaît, et que mille objets extérieurs plaisent à l'âme, l'âme aime ces différents objets ; elle éparpille alors sur ces biens relatifs et passagers, l'unique et grand amour qu'elle possède pour le bien absolu et éternel. C'est ainsi qu'elle se perd dans les infidélités des amours de la terre.

Sans cela, vous comprenez qu'il n'est pas un homme qui ne se portât tout d'abord et exclusivement vers le bien absolu. Mais sans cela aussi, c'est-à-dire sans cet antagonisme avec la nature, sans cette épreuve, sans cette résistance continuelle aux sollicitations du plaisir, la liberté ne se serait point exercée ; conséquemment l'individualité ne se serait point formée et caractérisée ; conséquemment l'être créé ne se serait point constitué une personne distincte des Personnes éternelles ; conséquemment il ne se serait point rendu capable de jouir en personne des biens éternels ; conséquemment absorption panthéistique aussitôt après la création, et la création qui n'a précisément été faite que pour éviter une pareille issue, n'atteindrait point son but. Ce monde-ci a dû être conçu comme un système d'antagonisme propre à développer notre liberté par les efforts et la constante opposition qu'elle est obligée de faire pour vivre et rester maîtresse sur ce champ de bataille. Et du reste dans ce monde, le bien-être ne pouvait se trouver la propriété nécessaire de l'être, comme dans l'absolu ; la jouissance et la perfection ne pouvaient y être unies. Nous allons comprendre pourquoi.

Nous savons que le bonheur consiste dans la possession du bien, et que le bien est la possession de l'être ; ensorte que celui qui possède la plénitude de l'être, possède par-là même la plénitude de la félicité. Or, la plénitude de l'être est la perfection. D'où il suit qu'en Dieu la félicité est inséparable de la perfection, dont elle est l'effet, comme la perfection est inséparable de la félicité, dont elle est la cause. Alors Dieu aime sa perfection aussi bien que sa félicité, et ces deux amours ne forment en lui qu'un seul et inséparable amour. Mais, ainsi que le remarque Malebranche, l'amour que Dieu communique au cœur de l'homme, étant semblable à celui que Dieu se porte à lui-même, puisqu'il ne peut communiquer à sa créature un autre amour que le sien, c'est-à-dire un amour qui tendrait où ne tend pas le sien, Dieu, en donnant à l'homme cet amour qui doit le ramener vers lui, lui donne donc aussi comme deux sortes d'amour : celui de la félicité et celui de la perfection. Il est vrai que l'un de ces amours n'est que le revers de l'autre; puisque la félicité suppose toujours la perfection, qui est la plénitude de l'être, et que la perfection produit la félicité, qui est la possession de l'être.

Mais ici malheureusement il n'en est pas comme dans l'absolu : ici l'amour de la félicité et l'amour de la perfection se combattent. La félicité étant une chose qui ne peut être acquise que par la formation de notre personnalité, il faut nécessairement que l'amour de la perfection précède l'amour de la félicité; et c'est là que consiste notre mérite, notre gloire, en même temps que la condition indispensable de jouir de cette félicité. En un mot, pour nous servir d'un langage moins ontologique, il ne suffit pas pour posséder le bonheur de le désirer, mais il faut le mériter.

Cette vie n'est donc point semblable à l'autre : l'autre est achevée, celle-ci se forme; l'autre est une fin, celle-ci une tendance; l'autre est le bonheur, celle-ci est le perfectionnement qui y conduit. Nous ne sommes pas en ce monde pour être heureux, mais pour nous perfectionner, c'est-à-dire pour nous préparer à le devenir. Telle est la véritable notion de cette vie. Si la vie absolue, pour laquelle nous sommes faits, est le bonheur; la vie relative, dans laquelle nous sommes placés auparavant, n'est qu'un moyen de nous y amener. Aussi cette vie, loin d'être un repos pour l'homme, ne peut être qu'un continuel mouvement, une perpétuelle aspiration. [1]

[1] Je trouve que M. Pierre Leroux a rendu admirablement cette idée : « La fin de cette vie n'est pas le bonheur, comme l'entend Voltaire; les créatures ont été faites pour vivre et se développer en marchant vers un certain type de perfection. Nous avons de cela une image bien sensible dans l'enfant. Dites-moi quel est le but de la nature dans un enfant ? je parle à la fois de son corps et de son esprit. Tout en lui n'a qu'un but, une fin ; c'est d'arriver à l'état d'homme. Il n'en a pas moins pour cela une vie d'enfant. Mais enfin cette vie là n'est évidemment pas son but, sa fin ; il n'est pas enfant pour rester enfant, il est enfant pour devenir homme. De même que la vie de l'enfant est une aspiration vers la vie de l'homme, notre vie actuelle ne serait-elle pas une aspiration à un état futur ?

« En ce cas, la question serait bien changée ; car il ne s'agirait pas d'être heureux, mais de vivre de cette vie pour vivre ensuite d'une autre vie. Vous aurez beau vouloir vous rabattre à la vie présente, vous retrouverez toujours en vous-même cette nécessité de vous avancer sans cesse. Pindare a dit admirablement : *La vie est la trace d'un char*; mais c'est de la vie écoulée, de la vie morte qu'il a parlé. Quant à la vie vivante, nous pouvons nous en faire une idée par la roue en mouvement. Mais qu'est-ce que la roue en mouvement ? Si la roue s'arrête, ce n'est plus la roue en mouvement ; et de même si la vie s'arrête, ce n'est plus la vie. La roue en mouvement n'est jamais fixée; elle n'est plus ici, car elle est déjà là ; ainsi de la vie : nous ne sommes plus dans une idée, dans un état de l'âme, mais toujours nous sortons d'une idée, d'un état de l'âme. Notre vie n'est donc pas même un point mathématique. Emersion d'un état antérieur, et immersion dans un état futur, voilà notre vie. L'état permanent de notre être est donc l'aspiration.

« Or, la multitude des hommes, qui n'a pas réfléchi à cela, accomplit ses phases de changement et de transformation sans en avoir conscience. Elle cherche le bonheur sans jamais le rencontrer; mais, en cherchant le bonheur, elle remplit sa fin, qui est, non pas d'être heureuse, mais d'avancer. Nous rêvons le repos dans le monde, où il n'y a que mouvement; de même nous rêvons le bonheur dans la vie, où il n'y a que changement continuel. Mais en cherchant la pierre philosophale, on a découvert la chimie ; en cherchant le souverain bien, l'humanité s'est perfectionnée. »

Encyclopédie nouvelle, De la vraie notion de la vie, à propos du Bonheur.

En Dieu, qui est tout fait, si l'on peut se servir d'une telle expression en parlant de Celui qui n'a jamais été fait, en Dieu, qui est tout fait, qui est ce qu'il doit être, qui est identique et accompli de toute éternité, la perfection et la félicité sont de toute éternité inséparables; et Dieu ne peut chercher sa perfection sans trouver sa félicité, ni chercher sa félicité sans trouver sa perfection. Alors en Dieu ces deux mouvements sont aussi légitimes l'un que l'autre, ils ne forment tous deux qu'un seul et ineffable amour. Mais en l'homme, qui n'est pas encore fait, qui n'est point encore ce qu'il doit être, qui n'est point accompli, l'amour de la félicité et l'amour de la perfection ne sont point dans le même accord; et l'homme pourrait chercher sa félicité sans trouver sa perfection. Alors l'homme doit travailler à opérer en lui, dans un ordre chronologique, ce qui s'opère en Dieu dans un ordre logique. Il doit atteindre successivement ce qui est identiquement en Dieu.

Or, comme en Dieu la félicité résulte de la perfection, et non la perfection de la félicité, l'homme ne peut chercher la félicité pour trouver la perfection, mais chercher la perfection pour trouver la félicité. L'homme, dit-on, a été créé à l'image de Dieu; oui, mais il n'a été créé qu'en puissance d'être; alors ne faut-il pas que, pour arriver à sa réalité d'être, il se conduise toujours d'après l'image de Dieu? L'homme, qui a été créé semblable à Dieu afin de devenir parfait comme lui, doit réaliser temporellement en son être ce qui est éternellement en Dieu.

Voici sans doute ce que le cœur dit pour s'absoudre de chercher plutôt la félicité que la perfection : si le souverain bien est ce qui plaît, ou satisfait souverainement, il est clair que l'âme doit être prévenue qu'elle possède un bien, dès l'instant qu'elle éprouve un plaisir; d'où il résulte que pour trouver tous les biens elle doit naturellement s'attacher à tout ce qui lui promet du plaisir. Si nous étions dans la vie absolue, ce raisonnement, qui est juste, serait parfaitement applicable; parce que là, le bien étant absolu, essentiel, parfait, la satisfaction qui reviendrait à l'âme de la possession de ce bien, serait absolue, essentielle, parfaite, en un mot capable de rendre l'âme heureuse. Mais dans cette vie, où tous les biens sont relatifs, passagers, imparfaits, la satisfaction qui reviendrait à l'âme de la possession de ces biens, serait relative, passagère, imparfaite, en un mot incapable de rendre l'âme heureuse.

Et de plus, comme l'âme poursuit ces biens relatifs et passagers avec un amour fait pour le bien absolu et essentiel, elle leur prête une valeur qu'ils n'ont pas, elle les aime sérieusement, de l'amour absolu et essentiel, elle les aime comme elle aimerait Dieu. Or, pendant que l'âme s'attache à ces biens relatifs et passagers, elle oublie et perd de vue le bien absolu et essentiel; et comme ces biens relatifs et passagers, pour lesquels elle n'a point été faite, ne peuvent que la nourrir de choses relatives et passagères, ils exposent à la dégradation et rapprochent du néant une âme qu'ils rendent de plus en plus incapable de se nourrir de ce bien absolu et essentiel, pour lequel elle a été faite, et qui seul la mènerait à la vie de perfection et de félicité. [1]

---

[1] « Nous n'assurons notre bonheur, dit Malebranche, qu'autant que nous nous formons sur Dieu, notre modèle. Toutes nos pensées, et tous nos senti-

De sorte que, dans la vie absolue, le Bonheur et la perfection, la jouissance et le bien, sont éternellement unis; d'ailleurs là le bien étant véritable, produit le bonheur véritable, celui que l'on doit rechercher. Mais dans cette vie, l'amour de la félicité et l'amour de la perfection se combattent; d'ailleurs là le bien étant un faux bien, ne peut y produire qu'une fausse jouissance, celle que l'on doit rejeter. Dans cette vie, en un mot, l'amour de la félicité et l'amour de la perfection se combattent, parce que c'est le lieu du mérite, le lieu de l'antagonisme, le lieu de l'épreuve; c'est-à-dire tout simplement, le lieu où l'être a été séparé du bien-être, et où il doit, pour personnaliser son être, endurer les rigueurs de la séparation du bien-être.

Dans la vie absolue, tout ce qui nous plaira nous perfectionnera; plus notre joie sera grande, plus notre perfection le sera, parce que notre joie deviendra de plus en plus grande à mesure que notre âme s'unira davantage à Dieu, qui est le bien véritable. Aussi cet amour se trouvera tout à la fois le plus saint et le plus tendre de tous les amours. Oui, quand l'amour se tourne vers Dieu, il mérite seul d'être appelé amour, parce qu'il est plus satisfaisant que la plus délicieuse affection! Dans cette vie, au contraire, tout ce qui nous plaît nous dégrade; plus le plaisir est grand, plus notre dégradation est pro-

---

ments, tous les devoirs que nous rendons à la sagesse, à la puissance et à l'amour infini, sont autant de traits qui nous réforment sur notre modèle ; et c'est de la disposition habituelle à former de ces pensées et de ces sentiments, que consiste la véritable perfection de la créature, qui est essentiellement dépendante du souverain bien, et qui est faite uniquement pour trouver dans sa ressemblance avec Dieu sa perfection et son bonheur. »

fonde, parce que notre plaisir devient plus grand à mesure que notre âme s'unit davantage avec la nature, qui n'est pas le bien véritable, et que nous nous éloignons de la vraie félicité à mesure que nous nous attachons à ces objets qui nous en détournent. Aussi cet amour se trouve tout à la fois le plus bas et le plus perfide de tous les amours. Oui, quand l'amour se tourne vers ces objets, il ne mérite pas, dit Abadie, d'être appelé amour, parce qu'il est plus dangereux que la plus cruelle haine !

Mais comme le plaisir, satisfaction finie, est la seule chose ici-bas qui ait quelque rapport avec le bonheur, satisfaction infinie, les hommes emportés par le besoin de leur nature, à défaut du bonheur poursuivent le plaisir. Il faut donc leur apprendre une grande nouvelle, c'est que ce n'est point le plaisir qu'ils poursuivent, puisqu'aussitôt qu'ils l'ont atteint, ils le quittent pour aller plus avant ! il faut donc leur dire que ce n'est point le plaisir qu'ils aiment, puisque s'ils connaissaient une autre jouissance plus grande que celle du plaisir, ils le laisseraient aussitôt pour cette jouissance. Ce qu'ils poursuivent, ce qu'ils aiment, c'est le bien qui pourra satisfaire le besoin infini qu'ils éprouvent; car ils ne poursuivent le plaisir que parce qu'ils espèrent à chaque instant y rencontrer ce bien.

C'est pourquoi les hommes qui se sont une fois convaincus que le plaisir ne peut les satisfaire, mettent autant d'efforts à fuir le plaisir qu'ils en avaient mis à le rechercher; et ils lui gardent une rancune mortelle de les avoir ainsi trompés. En un mot, l'homme déposé ici-bas avec le besoin du Bonheur, n'y trouve plus que le plaisir, de sorte qu'il paraît réellement chercher le plaisir, quand au fond il ne poursuit que le bonheur.

Oui, il faut qu'il y ait quelqu'autre chose de plus excellent que le plaisir, puisque le plaisir, loin de nous satisfaire, ne fait que réveiller notre soif; il faut qu'il y ait quelque chose de plus doux dont il ne fait, en quelque sorte, que nous donner l'avant-goût! Mais le grand malheur est que par ce fâcheux plaisir qui flatte les sens, les hommes vont jusqu'à prendre les beautés corporelles pour la souveraine beauté. Et faisant descendre ici-bas quelqu'image du Ciel, notre imagination et notre sentiment de l'infini, en parant ces objets corporels de grâces et de beautés qui ne leur appartiennent point, leur donnent encore plus d'attrait à nos yeux, et finissent par nous rendre ces beautés réellement divines. Comment voulez-vous que le cœur de l'homme résiste à ces enchantements?

Cependant c'est bien notre faute si les objets sensibles nous trompent à ce point. Il est clair que si nous n'écoutons que les sens, nous ne ferons jamais que des sottises.

---

[1] Si les plaisirs sensibles sont ceux que les hommes poursuivent le plus volontiers, c'est parce que ces plaisirs sont ceux qui coûtent le moins de peine à obtenir, et que les âmes les moins élevées, les caractères lâches, et les intelligences les moins cultivées peuvent se les procurer. C'est, dit Aristote, parce que ces plaisirs sont les plus communs qu'ils ont usurpé l'héritage du nom; et certaines gens les regardent comme les seuls, parce qu'ils sont les seuls qu'ils connaissent. Ce philosophe, qui basait sa théorie de la morale sur la pratique de la vertu, avait observé que la vivacité de ces plaisirs les faisait rechercher par tous ceux qui sont incapables d'en goûter d'autres. « Le vulgaire, ajoutait-il, et « les hommes les plus grossiers, ont « placé le bonheur dans la volupté : on « peut regarder comme tout-à-fait ser- « vile ce sentiment du vulgaire, qui « donne la préférence à la vie purement « animale, et il ne mérite guère qu'on « en fasse mention qu'à cause de cette « foule d'hommes qui se montrent as- « servis à de telles passions. » — Voir *La Morale*, livre I, chap. v.

Car, si l'on regarde par les sens, on croit recevoir de ces objets mêmes, ce que l'on ne reçoit au fond que de Dieu seul. L'action divine n'est pas perceptible aux sens, mais seulement à la raison, qui place cette action sous chaque objet, par suite de l'idée de cause qui est en elle. Si nous avons peu de raison, ou plutôt comme on le dit et comme on a droit de le dire souvent, si nous n'avons point de raison, nous attribuons à ces objets, qui agissent si visiblement sur les sens, tout ce que nous éprouvons par notre rapport avec eux. Alors nous croyons que ce sont ces choses qui agissent réellement sur nous et nous rendent heureux; et c'est là pourquoi nous les aimons en elles-mêmes. Voilà la bévue à laquelle nous exposons tous les jours notre cœur.

Dieu fait tout ce que l'homme croit que fait la nature. En bonne philosophie, il mérite donc seul, comme cause, tout l'honneur qu'on rend à ses créatures. Nous attribuons indiscrètement aux objets physiques, dit Malebranche, le pouvoir de faire ce qu'il n'y a que Dieu qui opère par eux. C'est Dieu seul qui produit dans l'âme tous les plaisirs dont elle jouit dans l'usage des biens sensibles. Ah! si le voluptueux connaissait le crime horrible qu'il commet! s'il savait qu'il se sert adroitement de Dieu pour arriver à sa volupté! que dis-je? s'il savait qu'il oblige Dieu même de l'aider à l'obtenir, par suite de la bonté qu'il a mise à rendre ses lois immuables, dans l'espoir que nous ne les emploirions que pour le bien!..

Mon Dieu, si nous pouvions voir la nature telle qu'elle est! Quoi! un agrégat poreux, une combinaison de molécules dont l'arrangement fait toute la beauté, et dont l'arrangement ne lui appartient pas ! Car enfin, ce n'est pas cet agrégat poreux qui nous charme, mais sa disposition ; eh bien ! précisément cette disposition est de Dieu. Aimeriez-vous les molécules par hasard ? la nature n'a que cela à vous offrir. Comment se fait-il que le squelette de la mort ne nous ait pas ouvert les yeux sur ce point ? il est l'image la plus exacte de la nature. La nature n'est qu'un squelette recouvert par Dieu. Demandez donc une fois à la physique, ce que c'est au fond que le rose, le bleu, le blanc ; à la physiologie, ce que c'est que le goût, l'olfaction, la sensation, et vous verrez s'il y a réellement autre chose dans la nature que ce que Dieu veut bien y mettre pour nous dissimuler un peu cette vie. Enfin, il est impossible que vous ne soyez pas encore désenchanté sur la nature et que vous y trouviez d'autre poésie que celle que Dieu y répand ! Mais vous avez l'idolâtrie jusque dans le sang, vous l'avez jusque dans les yeux ; vous divinisez continuellement la nature, car il n'est pas possible que vous aimiez autre chose que Dieu ; et si l'on vous surprend à aimer réellement quelque chose dans la nature, il faut absolument que ce soit quelque chose que vous divinisiez... Mais voyez donc quelle idolâtrie terrible ! [1]

---

[1] Combien nous aurions encore besoin qu'Isaïe vînt nous dire :

« Un homme vient, il abat un cèdre ; il a brûlé la moitié de cet arbre, et il a préparé sa nourriture, et il s'est rassasié, et il s'est réchauffé.

« Et de ce qui lui reste, il a fait une idole, et il s'incline devant elle, et il l'adore en disant : Tu es mon Dieu.

« Ils ne connaissent pas, ne comprennent pas ; leurs yeux sont obscurcis, ils ne voient pas, et leur cœur n'entend pas.

« Ils n'ont pas assez de sentiment et d'intelligence pour dire : J'ai brûlé une partie de ce bois, et le reste serait une idole ! je me prosternerai devant un tronc d'arbre !

« Une partie est de la cendre : ce cœur insensé l'adore ! Et il ne se sauvera pas de là, et il ne dira pas : Le mensonge est peut-être dans mes mains ! »

Isaïe, *Prophéties*, chapitre XLIV, v. 16.

Alors, pourquoi nous moquer si amèrement de l'idolâtrie des anciens ! Nous les regardons comme tellement absurdes, que nous ne pouvons pas encore comprendre comment il leur était possible d'adorer des choses qu'ils voyaient bien évidemment ne pas être Dieu ! Mais nous-mêmes, pourquoi sommes-nous tellement absurdes, que l'on ne puisse pas comprendre comment il nous est possible d'aimer réellement des choses que nous voyons tout aussi évidemment ne pas être Dieu ? Sans contredit notre idolâtrie n'est pas moins ridicule, et elle est bien autrement condamnable. Eux, au moins, avaient la franchise d'adorer publiquement ce qu'ils aimaient intérieurement ; nous, au contraire, nous sommes assez lâches pour aimer secrètement dans nos cœurs les idoles que nous désavouons publiquement. Leur culte était donc sincère ; nous savons donc que le nôtre est impie. Belles idoles, que la volupté, la gourmandise, l'égoïsme et la cupidité ! Appelez l'artiste célèbre qui a votre confiance, commandez à un nouveau Michel-Ange l'idole de la volupté, l'idole de l'égoïsme, l'idole de la gourmandise, l'idole de la cupidité ; et l'on dira aux siècles futurs : Voilà les dieux auxquels les hommes du dix-neuvième siècle sacrifiaient encore dans leur cœur !.. Quel jugement pensez-vous que les hommes des siècles futurs porteront à leur tour sur les hommes du dix-neuvième siècle !

Aime, aime la matière, pauvre créature, comme si la matière pouvait t'aimer ! Oui, aime la matière, si tu as de l'amour de trop, et attends qu'elle te le rende ! Un jour viendra qu'épuisée de tes caresses tu demanderas une goutte de rosée pour tant d'amour, et la nature ingrate, parce qu'elle est une idole, dira à la dissolution de reprendre ton corps ; puis il lui échappera un sourire en voyant des fleurs croître et s'épanouir sur ta tombe. C'est là le deuil que te réserve la nature. Car, que lui sert ton amour ? Et toi, que crois-tu faire avec elle : les esprits ne possèdent point les corps. « Que servent les libations à « une idole, dit l'Ecriture, elle ne peut ni s'en nourrir, « ni en respirer l'odeur ; ainsi celui qui s'éloigne de « Dieu : il voit et gémit comme l'eunuque qui embrasse « une vierge, et soupire. »

C'est une grande bassesse d'aimer directement même la plus excellente des créatures : c'est Dieu seul qu'il faut aimer en elle. C'est Dieu, disons-nous, qu'il faut aimer dans toutes les créatures, la raison en est bien simple, c'est que tout ce que nous aimons en elles est de Dieu. Alors faut-il au moins aimer celui que nous aimons ! L'âme, qui trouve une certaine satisfaction dans le plaisir qu'elle éprouve lorsque le corps goûte un objet délicieux, doit naturellement aimer ; oui, mais aimer Dieu, qui fait que cet objet lui est agréable. Cependant voici ce qui arrive, tandis que d'un côté, notre raison affaiblie ne réitère point assez vivement en nous l'idée de la cause qui rend cet objet tel, d'un autre côté, les sens enivrés ne nous reportent que sur cette matière si agréable, et par-là nous donnent à croire que c'est elle qui répand la saveur dont nous sommes réjouis. Alors, comme l'action de Dieu ne paraît point à nos yeux, nous ne voyons plus que cet objet auquel nous puissions attribuer la cause de notre satisfaction passagère. Et voilà comment par faiblesse, autant que par manque d'intelligence, nous nous laissons prendre à de si grossières illusions.

L'homme ne peut tomber dans le mal que par aveuglement ou par faiblesse; c'est-à-dire, par manque de raison, ou par manque de volonté. Mais je crains que ce soit le plus souvent par manque de volonté. Le but de l'homme étant le bien, il ne faut pas s'étonner que les hommes se précipitent vers ce qui leur paraît tel, c'est-à-dire le beau : alors il s'agit de les éclairer par la raison. La fin de l'homme étant le bonheur, il ne faut pas s'étonner que les hommes se précipitent vers ce qui leur paraît tel, c'est-à-dire le plaisir : alors il s'agit de les ramener par la vertu. Or il est facile d'éclairer la raison ; il n'est pas aussi facile de fortifier la volonté. Car la lumière de l'esprit peut nous venir d'autrui; mais l'effort de la vertu ne peut venir que de nous.

Cependant il paraît bien que nous n'avons pas toujours l'esprit nécessaire pour comprendre le fond des choses. Car sans cela d'abord, nous rendrions à Dieu le devoir d'estime ; et si nous rendions à Dieu le devoir d'estime, nous ne serions pas si loin de lui rendre le devoir du cœur. En effet, quant au devoir d'estime, il est bien clair, comme le remarque l'auteur du Traité de morale, que l'être infiniment parfait doit être infiniment estimé, et il n'y a point d'esprit qui puisse refuser à Dieu ce devoir spéculatif, puisqu'il ne consiste que dans un simple jugement impossible à suspendre quand l'évidence est si entière ; c'est là un jugement rationel, conséquemment nécessaire. Aussi, les impies et ceux qui nient toute providence, rendent volontiers ce devoir à Dieu. Pour refuser à Dieu ce devoir, il faudrait être tout-à-fait borné. C'est cependant ce qui arrive, non que nous soyons précisément trop bornés pour comprendre cette vérité, mais parce que nous n'y faisons pas attention; or, ne pas comprendre une vérité parce qu'on est trop borné ou parce qu'on ne met pas l'attention nécessaire pour la comprendre, cela revient toujours à ignorer cette vérité.

Eh! certainement, si nous rendions à Dieu le devoir d'estime, nous lui rendrions bientôt le devoir du cœur; parce que si nous reconnaissions qu'il est infiniment parfait, nous reconnaîtrions bientôt qu'il est infiniment aimable. Car ici comme partout, le jugement de notre esprit n'est que pour éclairer l'affection de notre cœur. Ce qui est bien n'est pas bien pour que nous l'estimions, pour que nous l'apprécions, mais pour que nous l'aimions. Nous n'estimons les choses que pour les aimer à leur valeur. Comme le dit S. Thomas d'Acquin: *Majus est amare quàm cognoscere : nam dilectio est cognitionis terminus.*

O Être des êtres, réalité des choses vraies, splendeur des choses belles, nos cœurs aveugles vous confondent avec l'ouvrage de vos mains! ils ne savent pas que tout être tire de vous sa vie, sa convenance et ses charmes; et que sous cette vie, sous cette convenance et ces charmes que vous versez sur eux, il n'y a peut-être pas même la substance inerte qu'ils supposent. Cependant ils l'adorent! s'ils avaient appuyé l'oreille quelques instants contre la matière, ils auraient senti que dans ses flancs on n'entend point battre de cœur. Ils adorent donc des spectres que vous avez sortis du néant pour un jour; car s'ils allaient sous le phénomène de cette matière, que trouveraient-ils?

« Nuit affreuse qui enveloppe les enfants d'Adam ! s'écriait
« Fénélon, l'homme n'a des yeux que pour voir des om-
« bres, et la réalité lui paraît un fantôme ! ce qui n'est
« rien est tout pour lui, ce qui est tout ne lui semble plus
« rien ! » O mon Dieu, il faut effectivement n'y rien voir
pour vous préférer vos créatures ! La mission de toutes
ces créatures est de raconter votre gloire et d'exprimer
votre beauté dans le temps ; où seront toutes ces images
et ceux qui courent après elles, lorsque le temps se retirera pour ne laisser paraître que votre réalité ? *Amantis-
sima eorum quid proderunt eis*, disait Isaïe ? Mais qu'ils sont
déjà punis de cette erreur ! au moment où ils embrassent
leur idole, la mort que conduit le temps, vient la rede-
mander, et l'idole tombe en dissolution dans leurs bras...
Aimons ce qui est éternel.

Oui, aimons; ce n'est pas par l'abondance de notre
amour que nous nous perdons, c'est par la pauvreté de
notre amour, c'est par cette bassesse du cœur qui se
satisfait de misérables plaisirs disputés aux sens. Il ne saurait y avoir trop d'amour dans l'homme, car il n'y a que
des désirs médiocres qui puissent porter ainsi son cœur
vers les créatures ! Comme nous l'avons déjà observé, il
ne saurait y avoir du trop dans le désir qu'il a d'être heureux ; il ne saurait y avoir du trop que dans l'impatience
qu'il met à le vouloir et qui fait qu'il s'empresse de ramasser dans ce monde des plaisirs qui ne vont qu'à son
corps. Cette impatience est la grande preuve de la faiblesse
de l'être qui ne peut encore supporter avec quelque courage sa séparation du bien-être. Chaque fois que l'âme va

chercher un plaisir pour le corps, elle commet un acte d'impuissance, elle signale une nouvelle faiblesse, et elle descend d'un degré dans la mort. *Omne malum est impatientia boni ; nemo impudicus nisi impatiens pudicitiæ ; nemo crudelis nisi impatiens bonitatis ; nemo odiosus nisi impatiens amoris.* Ah! pour combattre et vaincre les plaisirs, pour renverser la coupe qu'ils approchent sans cesse de nos lèvres, il faut le courage et le dévouement du soldat sur le champ de bataille. Voilà pourquoi les guerres ont servi si longtemps à relever le caractère et la grandeur de l'homme, lorsqu'il n'y avait d'autre moyen que la fatigue et le péril pour forger la personnalité. Partout où il y a dévouement il y a héroïsme, et l'héroïsme est l'apothéose de la personnalité. L'homme vertueux est un héros à sa manière : c'est lui qui sacrifie noblement cette vie à l'espoir d'une vie immortelle.

Non, nous ne saurions jamais aimer assez, nous ne saurions jamais désirer assez d'être heureux. Aimons, il faut aimer, il faut se servir de toutes les forces de son cœur! Mais, savez-vous maintenant ce qui me dépite le plus, c'est de voir que nous nous éloignons de Dieu précisément par le mouvement qui doit nous porter vers lui. On ne peut en effet s'éloigner de Dieu que par l'amour même de Dieu. Vous le comprendrez bien aisément : Dieu voulant que nous puissions jouir de sa félicité, nous imprime sans cesse le mouvement d'amour vers le bien pour que cet amour nous porte vers lui, puisqu'il est lui-même le bien. Et si par notre faiblesse, notre impatience, notre erreur, nous prenons un mal pour le bien, alors nous aimons le mal par l'amour que nous avons pour le bien :

nous fuyons Dieu par le mouvement d'amour que nous avons pour lui ! C'est là ce qu'il y a de cruel...

Car il faut le dire, nous ne pouvons haïr Dieu que par l'amour même de Dieu. Dieu nous ayant créés pour le bonheur, nous imprime sans cesse un mouvement vers le bonheur; et comme Dieu est le bien dont la possession fait le bonheur, ce mouvement vers le bonheur se trouve par là même le mouvement vers Dieu. C'est dans ce sens que nous avons dit qu'au fond tout homme n'aime que Dieu. Si l'homme ne peut pas ne pas vouloir être heureux, il ne peut pas ne pas désirer le bien qui rend heureux; conséquemment il ne peut pas ne pas aimer Dieu, qui est ce bien. Alors, puisque l'homme veut invinciblement être heureux, il ne peut pas haïr le bonheur; conséquemment il ne peut pas haïr le bien qui le rend heureux; conséquemment il ne peut pas haïr Dieu, qui est ce bien. Ne désirant qu'être heureux nous ne pouvons donc pas repousser ce qui nous rend heureux; nous ne pouvons repousser que ce qui peut nous rendre malheureux; c'est-à-dire que le mal, dont la possession est ce qui rend malheureux. Mais s'il arrive que, par erreur, nous prenions le bien pour ce mal, il est clair que nous haïrons le bien par l'amour même que nous portons au bien. Si donc par idolâtrie, par cupidité, par passion ou par crainte, nous croyons voir que Dieu soit contraire à notre bonheur (« et c'est là ce que voient les impies et les scélérats, car on ne peut aimer que son bien, et Dieu ne peut pas être le bien de celui qui n'est pas juste »), nous croyons voir que loin d'être pour nous le bien, ce qui doit nous procurer le bonheur, Dieu sera pour nous le mal,

celui qui doit nous châtier, il est clair que nous haïrons Dieu par l'amour même que nous avons pour le bonheur, c'est-à-dire que nous haïrons Dieu par l'amour même que nous avons pour Dieu. C'est ainsi que cette haine n'est autre chose, dans le fond, qu'un mouvement d'amour [1].
« Nous ne pouvons haïr qu'à cause de l'amour, dit S. Tho-
« mas. *Malum non agit nisi virtute boni*, dit S. Denys. »

Mais à quelles cruelles extrémités sommes-nous conduits ? Quoi ! l'amour avec lequel nous devons aimer Dieu serait, par un abus abominable, la haine avec laquelle nous le détesterions ? Ce qu'il y a de plus divin peut devenir entre nos mains ce qu'il y a de plus infernal ?... Voyez s'il est urgent que nous sachions gérer notre amour !

De sorte que, puisque le cœur n'est qu'un mouvement nécessaire vers le bonheur, et que le cœur pourrait être défini, l'amour du bonheur ; et puisque la volonté n'est que la direction que prend l'amour vers tel ou tel bien, et que toute volonté pourrait être définie, une nouvelle décision du désir d'être heureux, le grand point consiste donc à veiller notre cœur, à savoir ce que devient notre amour. Alors, pour que l'amour que Dieu nous imprime sans cesse demeure amour au lieu de se changer en haine, pour que ce mouvement vers le bonheur continue de nous porter vers le bonheur au lieu de nous pousser au

---

[1] Nous pouvons prendre le bien pour le mal et haïr le bien par la haine que nous avons pour le mal ; nous ne fuyons le mal que par l'amour que nous avons pour le bien. Dieu nous ayant faits pour être heureux en l'aimant, il ne nous a pas donné de mouvement pour nous séparer de lui, mais pour nous unir à lui. Ainsi, les criminels ou les damnés haïssent Dieu d'une haine irréconciliable ; mais c'est par l'amour même que Dieu leur a donné pour l'aimer. Car Dieu n'étant plus leur bien, mais leur mal, ils le haïssent par le mouvement invincible que Dieu, toujours immuable dans sa conduite, leur donne pour le bonheur. »

malheur; en un mot, pour que Dieu demeure pour nous un bien au lieu de devenir un mal, ne faut-il pas que, conformément aux lois ontologiques, c'est-à-dire conformément à ce que Dieu même fait, nous aimions ce qui est réellement le bien, nous nous portions vers ce qui peut réellement nous donner le bonheur, qu'en un mot, et c'est bien simple, nous prenions toujours Dieu pour Dieu? Mais peut-on ainsi diriger son cœur, peut-on se rendre maître de l'amour? peut-on résister à tout instant au désir invincible du bonheur?

Il est vrai que ce n'est point parce qu'il le veut que l'homme veut être heureux; qu'il ne lui est pas possible de ne pas vouloir être heureux; que cet amour du bonheur lui est impersonnel, qu'il se fait en lui sans lui, qu'il n'est point de son choix. Mais ce qui est de son choix, ce qui vient de lui, ce qui dépend de sa détermination, c'est l'objet qu'il choisit pour le bien auquel il doit tendre. Et c'est là, en effet, que consiste sa gloire ou sa honte, c'est là qu'est tout son mérite ou son démérite. Aimer ne dépend nullement de nous; ce qui dépend de nous, c'est d'aimer ce qu'il faut aimer. Comme le dit Malebranche : « Ce qui « dépend de nous, c'est de bien placer notre amour »; c'est d'aimer, comme bien absolu, ce qui réellement est le bien absolu. Ce n'est donc pas dans l'amour qu'est le mal, mais dans ce que nous aimons, quand c'est un mal. Ce n'est pas dans l'amour, qui est nécessaire, mais dans le choix de notre amour, qui est volontaire, que se trouve l'imputabilité, la grandeur et la dignité de l'homme.

L'amour du bonheur n'est pour l'homme ni un mérite

ni un démérite. L'amour en lui-même est plutôt le mérite de Dieu que le nôtre. Ce sentiment, impersonnel et nécessaire, est dans le même cas que nos conceptions rationelles ; l'amour ne devient un mérite pour l'homme que lorsqu'il l'emploie à aimer ce qu'il doit aimer, comme la lumière rationelle ne devient un mérite pour lui que lorsqu'il l'emploie à éclairer son cœur sur ce qu'il doit aimer. L'amour est primitivement donné à l'homme pour qu'il se porte ensuite de lui-même vers l'objet de tout amour, comme la lumière rationelle lui est primitivement donnée pour qu'il devienne ensuite de lui-même raisonnable. De sorte que cet amour, qui est la vie de son cœur, ne lui est précisément envoyé que pour qu'il ait à le diriger, par sa liberté, vers le bien auquel il doit s'attacher.[1]

---

[1] Je trouve dans St Augustin un passage que je suis fâché de ne pas avoir connu plus tôt, car d'après ce qu'il dit de l'amour et même de la volonté, j'aurais dû le citer dans le chapitre XVI de ce même Livre :

« Chaque corps tend par son propre poids à la place qui lui a été assignée dans l'ordre. Car on appelle poids, non-seulement ce qui porte en bas, mais ce qui porte chaque chose où elle doit être; et par conséquent ce qui fait que le feu se porte en haut, est un poids, aussi bien que ce qui fait qu'une pierre se porte en bas. Chaque chose est donc remuée par son poids qui la porte où les lois de la nature veulent qu'elle soit. Chaque chose cherche sa place, et les choses hors de leur place n'ont point de repos. Or, mon poids, c'est mon amour; et quelque part que je me porte, c'est ce qui m'y porte. Ainsi, mon Dieu, dès que nous sommes embrasés de votre feu, il nous porte en haut dès le moment. C'est là que nous porte cette bonne volonté, dont le propre est de réduire tous nos désirs à un seul, qui est de vous posséder éternellement. »

« La volonté, en tant qu'elle est capable d'aimer, dit également Malebranche, n'est que le désir du bonheur que Dieu imprime sans cesse en nous pour nous porter à l'aimer comme notre fin. Le désir d'être heureux est invincible. Le désir de la béatitude formelle est le fond ou l'essence de la volonté, en tant qu'elle est capable d'aimer; et c'est uniquement dans cet amour que consiste la volonté (on voit combien ceci s'accorde avec notre théorie du Cœur, et combien nous avions raison de dire qu'on prenait la volonté pour le cœur) ; c'est cet amour que ceux qui étudient le cœur humain conviennent qu'il est impossible de détruire. Aussi St Augustin dit que tous les hommes

DE LA NATURE DE L'HOMME.

Il faut donc bien comprendre et bien distinguer ces deux choses : l'amour, qui est la force impersonnelle du cœur, et la volonté, qui est la force personnelle du cœur; l'amour, qui nous porte indistinctement vers tout ce qui plaît, et la volonté, qui nous dirige délibérément vers ce qui doit nous plaire; l'amour, ou le vent qui emporte la barque du cœur, et la volonté, ou le gouvernail qui doit la conduire vers le port. Enfin, voici l'idée que nous pouvons nous former de l'homme : Un être ayant par l'amour une force d'ascension que par sa volonté il a le pouvoir de diriger vers le bien absolu.

L'attraction spirituelle, ou l'amour, est comme nous le disons l'impulsion générale vers le bien que Dieu donne à tout être. Alors cette impulsion peut agir tantôt avec et tantôt contre la raison, tantôt avec et tantôt contre la loi, tantôt avec et tantôt contre le devoir, tantôt avec et tantôt contre la vérité, tantôt avec et tantôt contre les préjugés, tantôt avec et tantôt contre les passions. C'est une impulsion si irrésistible que lorsqu'elle ne se porte pas au bien, il faut qu'elle se porte au mal ; quand elle ne trouve pas

cherchent le bonheur dans tout ce qu'ils font de bien et de mal. L'amour du Bonheur, dit-il encore, est une impression du Créateur souverainement heureux lui-même, et cet amour n'est que le mouvement naturel qu'on appelle volonté. L'amour de la béatitude est donc une impression générale du Créateur; alors l'amour de la béatitude formelle est physique et nécessaire, et les Commandements ne peuvent que regarder l'amour de choix, l'amour libre, ce qui dépend de nous. *Et ce qui dépend de nous, c'est de bien placer notre amour.* »

« L'amour est le motif universel, le principe général de toutes les actions des êtres qui sont capables d'agir pour quelque fin, dit S. Thomas. *Propter amorem boni omnia agunt quæcumque agunt*, dit S. Denys l'aréopagite. *Omnes passiones ex amore causantur*, dit S. Augustin. *Amor est pondus mentis et origo omnis affectus*, dit S. Bonaventure. C'est lui également qui disait : « La crainte est la loi des esclaves ; l'intérêt est la loi des mercenaires ; et l'amour est la loi de l'amour, car il n'y a que l'amour qui puisse faire obéir la volonté. »

sa satisfaction dans la vertu, elle la cherche dans le vice. Cet amour général ne nous a jamais été imposé comme une loi, parce qu'il existe nécessairement ; on ne nous a pas fait une loi de respirer, de manger, d'aimer ce qui nous plaît, parce que cette loi est toute faite. L'amour est donc cette impulsion nécessaire, impersonnelle, vers ce qui peut nous satisfaire. Et cette impulsion naît en nous avec nous, elle est nous ; quand l'intelligence vient à poindre, elle ne fait qu'indiquer les moyens bons ou mauvais qu'elle doit prendre.

La morale, c'est-à-dire la loi, ne commence que là. Elle commence où commence la volonté, qui peut, comme par un coup de gouvernail, imprimer librement une direction à cette impulsion nécessaire, mais indéterminée. Alors c'est la morale qui se met à éclairer et à diriger l'amour pour lui faire prendre son impulsion vers le bien plutôt que vers le mal. Mais toute morale, toute obligation repose d'abord sur l'amour, qui est le mouvement invincible du cœur, et elle ne consiste qu'à montrer au cœur son vrai bien, ce qui doit attirer son amour. Si le cœur n'avait pas la force de se porter vers un bien, c'est-à-dire d'aimer, la morale ne l'y porterait pas plus que ne feraient les rênes d'un char, sans la force du coursier qui l'entraîne. Et si le cœur n'avait pas la morale qui le dirige vers ce bien, l'amour ne l'y dirigerait pas plus que le coursier fougueux ne mènerait le char vers son but, sans les rênes qui l'y conduisent. Aimer, c'est obéir à l'attraction spirituelle qui nous attire invinciblement vers l'être ; connaître, c'est savoir vers quoi il faut diriger cette impulsion de notre cœur ; agir, c'est l'y diriger positivement au moyen des déterminations de notre volonté. Le cœur est donc tout à la fois amour, raison et volonté : l'amour, c'est sa vie, c'est sa force ; la raison, c'est la connaissance du but de sa vie, du but de sa force ; la volonté, c'est son pouvoir de diriger librement son amour vers ce but. « Les hommes, disait Leibnitz, choisissent « les objets par la volonté. » Ainsi, son cœur, ses amours, sa direction, tout dans l'homme dépend de sa volonté ; or sa volonté c'est lui-même.

Hommes du plaisir, vous ne pouvez donc pas nous tromper ici ! vous ne pouvez pas vous prévaloir de ce que l'amour est nécessaire, de ce que le mouvement vers le bonheur est invincible, de ce que vous ne pouvez pas ne pas aimer ce qui vous paraît un bien et vous promet un plaisir, puisque votre volonté est précisément le pouvoir de diriger où il vous plaît cet amour invincible ! Vous ne pouvez pas compter sur l'impersonnalité du mouvement d'amour pour vous absoudre, car personne ne vous fait un crime, ni un mérite, de ce que vous avez de l'amour, puisque cet amour ne vient point de vous ; mais ce que l'on vous impute à mérite ou à crime, c'est l'usage que vous faites de votre amour, c'est la direction que vous lui donnez, puisque cette direction ne vient que de vous. Vous dites que l'amour vous entraîne, qu'il est plus grand que vous, qu'il vous est impossible de ne pas aimer ; mais personne ne se plaint de ce que vous aimez : on se plaint au contraire de ce que vous n'aimez pas. On se plaint de ce que vous n'aimez pas assez, puisque vous n'aimez encore que si peu de chose. Car, si l'on doit aimer une chose en proportion de l'excellence de son être, c'est un pauvre et triste amour que le vôtre. Ah, ah! n'allez pas vous donner comme des victimes de l'amour ! tout votre mal vient de ce que vous n'avez qu'un cœur étroit et un amour affaibli.

Du reste, on le voit bien que vous êtes des esprits faibles et des cœurs petits ! Où sont les preuves de votre amour ? Quels sont les grands travaux qu'il vous a fait accomplir ? Pour lui, êtes-vous allés chercher bien loin votre holocauste ? On a honte de le dire, vous ne savez lui offrir que ce qu'il y a de plus facile et de plus bas ; non vos tendances, mais vos inclinations. Vous n'avez fait que fouiller dans votre cœur et vous lui avez présenté les premières passions que vous avez rencontrées. Croyez-vous que toutes les âmes ne pétrissent comme vous leur idole qu'avec le limon de la terre ? Ah ! il en est qui ne craignent pas de sacrifier les biens que vous chérissez, pour gravir les sentiers de l'art, de la science, de la philosophie ; qui ne craignent pas d'aborder des régions plus élevées pour se rapprocher de la source de leur amour : ces âmes veulent au moins avoir leur idole dans le monde invisible de l'esprit. Aussi, avons-nous plus de condescendance pour de plus nobles idoles ; et l'humanité, qui vénère ses Saints, honore ses artistes, ses savants et ses philosophes. Elle sait la route qu'ont suivie les nobles cœurs, elle les a vus débuter par le culte du beau, de la poésie ; plus tard, elle les a vus pénétrer dans la philosophie, où ils croyaient saisir la vérité toute vive ; mais là, quand ils ont compris ce qu'elle est, le besoin de l'aimer les a pris, et ils se sont attachés à celui-là seul pour lequel on poursuit la beauté et la vérité. Il est vrai que ces âmes, sans se rechercher elles-mêmes, ne poursuivaient ces objets que pour ce qu'ils ont de bien, que pour ce qu'ils ont de Dieu; et ne trouvant en eux que des motifs de l'aimer, elles se sont élevées par une échelle merveilleuse jusqu'à Dieu.[1]

---

[1] Spinosa, que l'on aurait tort de ne pas considérer comme une grande intelligence, malgré les erreurs de son système, nous raconte ainsi avec naïveté, sa propre histoire intérieure, au commencement de son livre *De emendatione intellectus* :

« Après que l'expérience m'eût appris, dit ce philosophe, que les choses qui se présentent communément dans la vie, sont vaines et futiles, je me décidai enfin à chercher s'il n'existait pas une chose qui fût un bien véritable, et par lequel, tout le reste étant mis de côté, l'esprit ne pût être affecté que par lui ; en un mot, s'il n'existait pas une chose telle que l'ayant une fois trouvée, je pusse jouir pour toujours d'une félicité suprême et continuelle.

Je dis que je m'y décidai enfin, car au premier abord je devais trouver déraisonnable de consentir à perdre des choses certaines, pour une chose encore incertaine. Je voyais clairement le bonheur qui s'acquiert par les honneurs et la richesse, et je voyais que si, m'abstenant de ces choses pour en chercher une toute différente, si, dis-je, par hasard, la souveraine félicité était dans ces choses, il faudrait me résoudre à en être privé. Cependant, voici comme je raisonnai :

Ce que les hommes en général estiment comme le souverain bien se réduit à trois choses : la richesse, les honneurs et l'amour. Mais les deux premières distraient tellement l'esprit, qu'il lui est impossible de songer à un autre bien. Quant à l'amour, il met dans le même état l'esprit que s'il se reposait véritablement dans un bien ; mais quand on en a joui, il vient une tristesse profonde qui, si elle ne paralyse pas entièrement l'esprit, du moins le met dans le trouble et l'abattement.

Enfin, après une méditation assidue, j'arrivai à voir que si, laissant toutes ces choses de côté, je suivais une nouvelle marche, je ne ferais, en vérité, que renoncer à des maux certains pour un bien certain. Hélas ! les objets que recherche communément le vulgaire, loin de fournir un remède propre à la conservation de notre être, tendent au contraire à le détruire : ils sont une cause de perte ordinaire pour ceux qui les possèdent, et une cause de perte constante pour ceux qui se laissent posséder par eux !

Il me parut donc que tout notre bonheur ou tout notre malheur, naît de la qualité de l'objet avec lequel nous arrivons à contracter adhérence par l'amour. Car, à l'égard de la chose que l'on n'aime point, il ne s'élève ni tristesse, ni jalousie, ni crainte, ni haine. Eh bien! tous ces sentiments peuvent se produire dans l'amour des choses périssables, comme celles dont nous venons de parler; tandis qu'au contraire, l'amour pour la Chose éternelle et infinie ne nourrit l'âme que de joie, exempte de tristesse, de jalousie, de crainte et de haine : résultat bien désirable et bien digne d'être cherché à toute force. »

Il est certain que tous les hommes, *bons* ou *mauvais*, aiment le bien, ou veulent être heureux; toute la différence consiste en ce que les premiers prennent les *bons* moyens pour le devenir, et que les seconds prennent les *mauvais*. Car dans ce monde, où il ne s'agit pas de posséder ce bien, mais de l'acquérir, la conformité à la loi (laquelle n'est que le moyen d'arriver au bien), se nomme déjà le bien, et toutes les actions faites en ce sens sont appelées *bonnes*; au contraire, la violation de cette loi, se nomme le mal, et toutes les actions faites en ce sens sont appelées *mauvaises*. Dénominations admirables ! puisque ce qu'on nomme le bien, ce sont les actions qui doivent nous conduire au bien, c'est-à-dire au bonheur; et que ce qu'on nomme le mal, ce sont les actions qui doivent nous conduire au mal, c'est-à-dire au malheur; qu'enfin, on appelle bonnes actions celles qui servent à quelque chose, et mauvaises, celles qui ne sont bonnes à rien, qu'à nous perdre.

Ces notions nous conduisent donc directement à savoir en quoi consistent positivement le bien et le mal ; à savoir en quoi consiste la vraie religion, et en quoi consistent les fausses religions. Comme on le voit, le bien est dans l'amour de ce que nous devons aimer; le mal est dans l'amour de ce que nous ne devons pas aimer. Ainsi, la vraie religion consiste dans l'amour de ce que nous devons aimer, c'est-à-dire le bien absolu, le créateur de tous les biens temporels; les fausses religions consistent dans l'amour de ce que nous ne devons pas aimer, c'est-à-dire les biens relatifs, les créatures, qui ne sont point le bien éternel. Et toute fausse religion n'est qu'une idolâtrie, laquelle consiste à nous faire aimer autre chose que Dieu.[1]

Or, ce n'est pas seulement pour lui, pour son honneur, que Dieu tient à ce que nous l'aimions, c'est aussi pour nous-mêmes, pour que la création réussisse ; ce n'est pas dans le seul but de satisfaire à sa gloire que nous devons aimer Dieu, c'est aussi parce que c'est ontologiquement le seul moyen qu'ait sa créature d'arriver au but pour lequel il l'a faite. Car voici ce qui arrive lorsque nous aimons autre chose que Dieu : c'est que notre âme tend vers le néant, c'est-à-dire descend dans la privation de l'être, ou la souffrance, au lieu de tendre vers Dieu, c'est-à-dire de monter dans la possession de l'être, ou la félicité. En un mot, lorsque l'âme aime autre chose que Dieu, elle s'expose à la mort. En effet,

Comme il ne peut y avoir d'anéantissement pour une substance, ou autrement cessation de l'être, il ne peut y avoir pour elle que la mort, ou autrement diminution de l'être. Les êtres meurent donc à mesure qu'ils perdent de

---

[1] St Augustin commence ainsi son livre *De la véritable Religion* : « La véritable religion est celle qui nous fait rendre au vrai et unique Dieu le culte que nous lui devons, et qui par-là nous purifiant, nous fait connaître intimement cet Être ineffable qui, étant le principe de toute chose, donne à chacun l'être qui le fait subsister. Une chose qu'il est bien important de bien retenir et qui est si claire que vous n'aurez aucune peine à la comprendre, c'est qu'il n'y aurait jamais eu d'erreur en fait de religion s'il n'était point arrivé à l'homme d'adorer et de prendre pour son Dieu ses créatures, soit des âmes, soit des corps, soit des fantômes de son imagination ; et de sorte qu'ayant eu soin de s'acquitter de tous les devoirs de la société qui lie les hommes, il n'eût eu dans le cœur que ce qui est éternel, il n'eût adoré que le seul véritable Dieu qui est si immuable que son immutabilité est ce qui fait subsister et tient en être toutes les autres substances. La véritable religion ne consiste donc qu'à nous attacher au culte du vrai Dieu. Or, en nous attachant à ce Dieu éternel, nous participerons nécessairement à son éternité. C'est donc dans ce que je viens de dire que consiste la Religion chrétienne, que Dieu a fait éclater dans ces derniers temps, et qui conduit sûrement à l'éternité ceux qui la suivent. »

St Augustin, *De vera Religione*, Édition des Pères Bénédictins de St. Maur.

leur être; ils meurent d'autant plus qu'ils viennent à être moins qu'ils n'étaient, et c'est ainsi qu'ils se rapprochent du néant. Le propre de la Substance essentielle est de communiquer l'être à tout ce qui existe, pour le faire subsister; tandis que le propre de la substance créée est de recevoir l'être, qu'elle n'a point par elle-même. Mais comme Dieu ne peut envoyer les divins attributs de son essence à l'être spirituel sans violer sa liberté, ce qui ne laisserait à celui-ci aucun mérite à posséder de telles vertus, Dieu doit donc attendre pour augmenter la perfection ou l'être de sa créature, qu'elle le lui demande, qu'elle y aspire d'elle-même. Or, la créature y aspire par l'amour. L'amour est l'aspiration de la créature vers Dieu, aspiration à laquelle Dieu répond aussitôt en répandant les biens que l'on aspire en lui. Telle est l'explication ontologique de cet axiôme généralement répété, mais généralement admis par instinct, que *l'amour établit une conformité nécessaire entre celui qui aime et celui qui est aimé.* Et c'est sur ce fait que repose toute l'économie de la sanctification de l'homme par la religion, c'est-à-dire par l'amour du vrai Dieu. Mais maintenant, au lieu d'aimer Dieu, conséquemment de tendre vers lui, vers la possession de l'être, ou la perfection, si nous aimons les choses corporelles, nous tendons vers le néant, vers la privation de l'être, ou la dégradation. Car, quoique les choses corporelles existent, elles n'ont point l'être essentiel, l'être par lui-même, et elles ne peuvent le donner, elles qui le reçoivent au contraire. Ces choses corporelles étant ce qu'il y a de plus sujet à la mort, de plus voisin du néant, il en résulte que tout être qui se laisse aller à leur amour et au plaisir de les posséder, se nourrit d'une nourriture vide, s'attache à la mort, et tend vers le néant. « Comme Dieu est la vie souveraine, disait S. Augustin, rien de vivant ne peut être regardé comme un mal qu'en tant qu'il penche vers la mort, et qu'il incline vers le néant. Et de là, ajoute-t-il, vient le nom que la langue latine donne aux méchants, qu'elle appelle des Hommes de néant : *Homines nequam*, *homines necquicquam*, comme dit Cicéron, dans ses Tusculanes. »

Au reste, il est assez clair qu'on ne peut s'éloigner de Dieu sans re rapprocher du néant.

Comme le bien absolu est éternel, en aimant ce bien éternel nous nous en nourrissons, et par-là nous devenons substantiellement de plus en plus conformes à sa nature. Et, en devenant conformes à ce qui est éternel, nous participons nécessairement de cette éternité, nous entrons directement en elle. En un mot, si nous aimons ce qui est éternel, nous vivons; si nous aimons ce qui est mortel, nous mourons. Ici nous voyons clairement en quoi consiste notre bien. Voilà pourquoi il est si important de savoir ce que nous devons aimer : la religion est pour l'âme une question de vie ou de mort.

Ainsi, le bien pour l'homme, c'est l'amour de ce qu'il faut aimer; et le mal, c'est l'amour de ce qu'il ne faut pas aimer. Le bien et le mal ne sont pas autre chose. Et, ce qu'il faut aimer, est ce qui doit nous rendre heureux; ce qu'il ne faut pas aimer, est ce qui ne peut nous rendre heureux; voilà tout. Le bien est donc tout ce qui peut conduire l'homme au bonheur; le mal, tout ce qui peut l'en éloigner. Bien et mal : bonheur et malheur. Le mal est l'erreur; le bien est la vérité. Car l'erreur consiste à prendre une chose pour ce qu'elle n'est pas; contrairement à la vérité, qui consiste à prendre une chose pour ce qu'elle est. Par exemple, prendre les objets de ce monde comme étant capables de nous rendre heureux, c'est les prendre pour ce qu'ils ne sont pas. Prendre une chose pour ce qu'elle n'est pas, c'est là le mal, car le mal consiste à aimer ce qui ne doit pas être aimé; prendre une chose pour ce qu'elle est, c'est là le bien, car le bien consiste à aimer ce qui doit être aimé. Enfin il se trouve que la chose qui ne doit pas être aimée, est précisément celle qui ne peut pas faire notre bonheur; et que la chose qui doit être aimée, est précisément la seule qui peut faire le bonheur. O harmonies sublimes ! ô lois ontologiques ! ô lois toutes d'amour! on ne me trompera pas maintenant sur la nature de celui qui vous a faites!..

L'idée du Bonheur nous a expliqué toute la théorie de cette vie : cette idée nous a donné la clé du cœur humain; nous savons que tout ce que fait l'homme, que ce soit secrètement ou ostensiblement, d'une manière détournée ou d'une manière directe, c'est pour arriver au bonheur. L'idée du Bonheur nous a expliqué la théorie de l'autre vie : cette idée nous a donné la clé du bien et du mal ; nous savons que le bien consiste pour nous dans l'amour de ce que nous devons aimer ; que le bien en ce monde nous conduit au bien dans l'autre, et que le bien dans l'autre est la félicité.

Nous ne pouvons terminer sans indiquer positivement les raisons ontologiques pour lesquelles l'homme, qui n'a jamais senti le bonheur, en éprouve le besoin si pressant. En effet, lui, qui n'a jamais connu que l'être, est si avide du bien de l'être; lui, qui n'a jamais connu Dieu, est si avide de la vie absolue, qu'il semblerait à le voir, non que la création ait commencé pour lui l'existence, mais qu'elle n'ait fait en quelque sorte que le séparer de Dieu ! expressions que je me suis surpris à employer plusieurs fois moi-même, pour exprimer ce que je sentais dans mon être. Oui, le besoin du bonheur est tel qu'il semblerait que l'homme a été, en propres termes, exilé de la Réalité infinie, comme si déjà il l'avait habitée, comme si l'essence de l'homme n'était qu'une partie de l'essence que Dieu aurait abstraite de lui-même par le fait de la création ! Hélas! il n'est que trop vrai, pour le temps, que l'homme en recevant l'existence a reçu quelque chose de l'être, et qu'en recevant quelque chose de l'être, il a reçu quelque chose de Dieu ! non que l'homme ait quelque chose de Dieu, comme lorsqu'en puisant dans la mer l'on peut en avoir de l'eau ; mais, selon le sens donné à ces mots par notre langue, l'homme a quelque chose de Dieu, en ce qu'il lui ressemble beaucoup.

Alors, si l'homme a reçu un être semblable à celui de Dieu, n'est-ce pas absolument comme s'il avait reçu de la substance même de Dieu ; puisqu'étant à l'image et ressemblance de Dieu, il doit être en ce monde dans la même position que celle où se trouveraient les différentes personnes de Dieu, si elles y étaient séparément enfermées ? Ah! il ne faut pas s'étonner que l'œil de l'Aigle de Meaux se laissât éblouir devant une telle pensée ; la divinité de la partie impersonnelle de l'homme ressortait si vivement à son esprit que, sans crainte de forcer la notion stricte de la création, il voulait absolument retrouver en Dieu le principe et la source de notre essence immortelle : « Lorsque « Dieu, s'écrie-t-il, eût formé le corps de l'homme avec de « la terre, il n'est pas dit qu'il en ait tiré son âme, mais « il est dit dans la Genèse *qu'il inspira sur sa face un* « *souffle de vie, et que c'est ainsi qu'il en a été fait une âme* « *vivante*. Dieu fait sortir chaque chose de ses principes : il « produit de la terre les animaux, mais l'âme de l'homme « est tirée d'un autre principe, qui est Dieu. C'est ce que « veut dire ce souffle de vie que Dieu tire de sa bouche. « L'homme, selon l'âme, vient de Dieu. » [1] Descartes avait dit de l'âme, *Divinæ quasi particula auræ*.

---

[1] Bossuet, xie *Élévation : La plus excellente distinction de la création de l'homme dans celle de son âme*.

L'esprit qui de nos jours s'est mis le plus en garde contre le panthéisme, et qui en a poursuivi jusqu'à l'ombre dans les philosophes et les écrivains modernes, l'abbé Maret lui-même, n'a pu résister au besoin de placer, antérieurement à la création, de placer dis-je l'homme en Dieu de quelque manière, ne fût-ce que de la manière la plus subtile, ne fût-ce que comme pensée. Voici, dit-il, comment il faut pénétrer le mystère de la création : « Dieu réalise *extérieurement* « l'étendue qu'il conçoit, et donne nais- « sance à l'univers matériel ; Dieu anime « *quelques-unes de ses pensées*, leur « donne la conscience d'elles-mêmes, « et produit les esprits, le monde intel- « lectuel. Il pose *hors de lui* le monde, « les êtres qu'il renferme, les rapports « qui lient ces êtres, conçus de toute « éternité *dans son intelligence*. Tous les « êtres existent donc *en types vivants* « *dans la pensée divine*. Le monde est « comme un miroir vivant où viennent « se réfléchir les idées, les volontés et « les perfections infinies de Dieu. Le « monde est de Dieu ; il est par Dieu ; il « est bon. » — M. Maret, *Essai sur le panthéisme dans les sociétés modernes*, chap. vii : Exposé des dogmes du Catholicisme, *pag*. 260.

Hélas ! il en faudrait moins pour nous donner les douleurs du temps. Si nous avons été des pensées de Dieu, des pensées auxquelles il a seulement donné la conscience d'elles-mêmes, en s'éveillant ici-bas ces pensées n'ont-elles pas pris en même temps la conscience de la tristesse de leur nouvelle position ? Si nous sommes des pensées de Dieu, auxquelles il a donné conscience d'elles-mêmes, comment voulez-vous que ces pensées puissent s'accoutumer ailleurs que dans le sein de Dieu ? Si nous avons été en types vivants dans l'intelligence divine, comment voulez-vous que nous puissions vivre heureux ici-bas : pouvons-nous y perdre la notion de la vie absolue !

Au reste, je ferai voir plus tard où est le nœud du panthéisme.

C'est donc notre similitude avec Dieu qui fait que nous avons quelque chose de Dieu ; c'est ce quelque chose de Dieu en nous, qui nous fait souffrir de notre position, comme si nous avions réellement déjà joui de la vie de Dieu ; c'est cette similitude qui fait que nous le cherchons comme si nous le connaissions, comme si nous avions habité en lui ; et, pour me servir du langage si profond et si poétique de la religion, comme si nous avions été exilés sur cette terre. Voilà pourquoi je me servirai toujours de cette expression, que l'homme a été séparé de Dieu, comme s'il avait été uni avec lui, comme s'il l'avait connu et possédé avant de venir ici-bas. Car vraiment mon cœur sent qu'il est séparé de Dieu...

Ainsi, par cela que l'homme est l'être séparé de l'être infini, qu'il a un mouvement irrésistible vers la vie absolue, qu'il est un être doué d'amour, enfin que le cœur est le fond de sa nature, et qu'il n'est pas le maître de changer sa nature, par cela, il n'est pas le maître d'aimer ou de n'aimer pas, de vouloir ou de ne vouloir pas être heureux. La nature de l'homme est d'aimer, ou de se porter vers l'existence absolue, comme la nature d'un corps est de graviter, ou de se porter vers le centre de la terre. Seulement, il se peut que dans sa route l'homme soit dévié par des objets qui le jettent de côté ou d'autre ; mais soyez sûr qu'il ne s'égarera jamais que par amour. Il aimera ce qu'il ne faut pas aimer. Qu'il avance dans le bien, ou qu'il se perde dans le mal, qu'il arrive à la félicité ou qu'il se précipite dans le malheur, c'est toujours en cherchant le bonheur.

C'est pourquoi tous les hommes ont nécessairement

l'amour de Dieu, c'est-à dire du bien absolu, parce qu'il leur est impossible de ne pas vouloir être heureux. Seulement, tous ne savent pas se porter exclusivement vers ce bien : ils se trompent dans la direction qu'ils donnent à leur amour. Non, ce n'est point volontairement que je veux être heureux ; car il ne m'est pas possible de ne pas vouloir l'être. Je cherche le bonheur par cela que je suis un être, et que dans l'absolu l'être et le bonheur sont inséparables, puisque l'un y est l'être, et l'autre la manière d'être.

Une preuve que dans l'absolu, le bonheur (ou le bien de l'être) est la manière d'être nécessaire et essentielle de l'être ; que même, c'est par le bonheur que l'être prend le sentiment qu'il a de son existence, c'est que dans le temps, la créature, chez laquelle cependant le bien-être a été séparé de l'être, la créature, qui n'a encore connu que l'être, préfère incomparablement le bien-être à son être. Car, où est celui de nous qui ne préfère pas n'être point à être continuellement malheureux, c'est-à-dire, qui ne préfère pas perdre l'être à perdre complétement le bien-être? On n'aime donc l'existence que pour le bonheur, l'être que pour le bien-être ! Oui, ce sentiment se fait sentir jusque dans la sphère du temps, tellement il est vrai que le caractère essentiel de l'être est le bien-être, et que l'être qui est séparé du bien-être par le fait de la création, ne peut avoir de tendance plus intime et plus forte que celle de rentrer dans le bien-être, ou la félicité.

Ainsi au fond de tout, il n'y a que trois choses : le mal-être, l'être, et le bien-être. Toute cosmogonie est dans ces trois mots.

Le mal-être, c'est ce que doit éviter l'être, c'est l'état contraire à celui pour lequel il est; l'être, c'est le passage nécessaire du non-être au bien-être, c'est le milieu pour aller de l'un à l'autre; enfin le bien-être, c'est le but de l'être, c'est son état naturel et définitif. Toute l'histoire de la création est là : faire un *être* qui puisse, en évitant le *mal-être*, traverser du néant au *bien-être*. Ce monde-ci n'a été fait que pour recevoir l'être, c'est pourquoi il n'est qu'un passage. Ce qu'il y a d'important ce n'est donc pas l'être, car l'être n'est que le moyen d'arriver au bien-être. L'être, si l'on veut permettre cette expression, n'est que la lampe à laquelle doit s'allumer la flamme de la félicité.

Et, comme nous venons de l'observer, l'homme ne s'y trompe pas ! il sent tellement que le bien-être est le but de l'être, que même il préfère le non-être au mal-être, l'anéantissement de son être à l'anéantissement de son bien-être. Déjà sur la terre, ne voit-on pas l'amant préférer son amie à lui-même, le riche préférer aussi son trésor à lui-même; c'est-à-dire préférer à leur être ce qui fait leur bien-être ? et ne les voit-on pas également l'un et l'autre se donner la mort quand ils ont perdu ce qui faisait le bonheur de leur vie; c'est-à-dire, ne les voit-on pas rejeter l'être quand ils ont perdu ce qui faisait leur bien-être [1] ? En effet, la mort n'est que la perte de l'être; or, qu'im-

---

[1] C'est Malebranche qui fait cette observation : « D'où vient, dit-il, qu'un avare se pend, qu'un amant se donne la mort lorsqu'ils se voient pour toujours privés de ce qu'ils aiment ? Sinon qu'ils considèrent la mort comme l'anéantissement de leur être, et qu'ils préfèrent ne pas être à être privés du bien-être. »

Voir le *Traité de l'amour de Dieu* par le P. Malebranche; brochure de 40 pages, en réponse au R. P. Lamy, religieux bénédictin.

porte l'être à qui a perdu le bien-être ? L'artisan qui travaille du soir au matin, le soldat qui expose cent fois sa vie, le commerçant qui court à tout instant les chances de perdre sa fortune, ne sont que des variétés de l'homme employant tout son être pour se procurer le bien-être... encore n'est-ce que le bien-être d'ici-bas!

L'être n'est donc pas ce qui importe le plus à l'homme; puisqu'il aime son être ou s'en dégoûte, selon que son être est dans le bonheur, qui est le bien-être, ou dans la souffrance, qui est le mal-être ? Si l'homme paraît tant tenir à l'être, ce n'est que parce qu'il conserve l'intime persuasion que son être n'a été fait que pour le bien-être: il ne cherche à conserver l'être que pour le bien-être qu'il en attend. Car s'il renonce à l'être, il renonce au moyen d'avoir le bien-être. Or, comme l'homme éclairé s'aperçoit d'abord qu'il ne trouve en lui-même que l'être, mais non point le bonheur, il porte naturellement l'amour qu'il avait pour lui-même à ce qui peut causer son bonheur; car ce qu'il veut, ce qu'il aime, ce n'est pas l'être, mais le bien-être.

C'est ainsi que l'homme commence à sortir son amour de lui-même, que l'amour-propre se change en amour pur, que ce qui était égoïsme devient sacrifice. Et le sacrifice porte précisément l'homme à donner sa vie dans ce monde, où il n'y a que l'être, pour la vie dans l'autre, où il y a la félicité; l'amour le porte à se donner, lui qui n'a que l'être, à celui qui fait son bien-être. De sorte que, comme il n'aime l'être que pour le bien-être, l'homme oublie facilement son être pour ce qui fait son bien-être: c'est pourquoi l'homme peut aimer Dieu plus que son être. Aimer Dieu, c'est s'aimer soi-même comme il faut.¹

Mais, nous le savons, cet être qui n'a été créé que pour le bien-être, est précisément obligé, afin de former la personnalité de son être, de rester enfermé ici-bas séparé du bien-être! Il ne faut donc plus nous étonner de ce qu'il cherche le bonheur jusque sur la terre. Ne croit-il pas à tout instant qu'il va rencontrer ce complément de son être; celui-ci par l'amour, celui-là par la richesse, celui-là par les honneurs, celui-là par la gloire? Et il tâche, en accumulant richesses sur richesses, honneurs sur honneurs, gloire sur gloire, d'absorber de ce monde tout ce qu'il peut pour s'agrandir; il ne travaille que pour se donner tout l'être possible. Quand il a acquis quelque bien qu'il n'avait pas, au moment où il croit en jouir, il éprouve un besoin pour un bien plus grand et plus difficile à atteindre; quand il a obtenu cet autre bien, comme il est encore loin de l'infini, il recommence incessamment sa poursuite; à mesure que son être grandit, sa soif augmente; du développement de l'être naît le développement de la vie et le besoin de s'assimiler plus d'être encore. C'est donc dans toute la terre un immense et éternel mouvement vers l'être, une incessante aspiration vers Dieu, qu'on le sache ou qu'on l'ignore. Seulement quand on le sait, on s'y

---

¹ Voir Malebranche et Abadie. Comme le disait ce dernier : « L'amour de Dieu « est le bon sens de l'amour de nous-« mêmes. » Ceci nous explique pourquoi plus l'homme se cherche, moins il se trouve. Il faut que nous sortions de nous-mêmes, et que nous nous délaissions ; car, qui est plus à Dieu est réellement plus à soi-même. De là, nous lisons dans le Livre sacré : « Celui qui voudra se « sauver se perdra, et celui qui se per-« dra pour l'amour de Dieu se sauvera ; « que celui qui veut venir à Dieu com-« mence à renoncer à soi-même. »

porte directement; quand on l'ignore, on s'égare. Et Dieu nous transporterait des milliers d'années de monde en monde, nous élevant toujours dans la sphère de l'être, que nous marcherions toujours dans la souffrance jusqu'à ce que nous possédions l'être infini; car chacun de nos développements deviendrait la raison d'un développement supérieur.

Oui, l'homme n'est autre chose que l'être qui a besoin de Dieu. Et il faut lui prédire qu'il ne trouvera point de repos qu'il ne possède celui dont il a besoin. S'il n'était pas absurde de supposer un temps où Dieu n'eût pas encore rassemblé dans sa suprême identité toutes les puissances de l'infini dispersées dans l'immensité absolue et gravitant les unes vers les autres par suite de leur mouvement nécessaire de l'être vers l'être; en un mot, s'il n'était pas absurde de supposer un temps où Dieu n'eût pas encore ramené dans leur ineffable union ses divines Personnes se portant les unes auprès des autres par suite de leur mouvement d'amour, nous aurions par là un exemple de l'état dans lequel se trouvent toutes les créatures spirituelles se débattant dans les sphères de la création afin de se précipiter vers Dieu. Ce n'est que parce que ces créatures sont trompées par des objets de ce monde qui les séduisent en leur faisant respirer l'odeur de Dieu, qu'il en est qui se précipitent, loin de lui, à la poursuite de ces objets étrangers.

Mais loin des tristes sentiers du plaisir, il est des âmes dont le char, enlevé de la terre, roule déjà dans les sphères de l'esprit; peut-être trouveront-elles tracée au fond des cieux la grande voie qui conduit au trône de

Celui qui est ! L'une par exemple, se trompant sur l'instinct de son cœur, aime d'un amour platonique une créature mortelle aussi en peine et aussi souffrante qu'elle; l'autre, sur la foi de l'instinct de grandeur qui est en elle, poursuit les grandeurs de ce monde et aspire à la gloire comme moyen de les obtenir; celle-là mieux avisée, ne consultant que ses désirs spirituels, espère qu'ils seront satisfaits par la possession du beau, et elle le poursuit dans les arts ; cette autre, se rapprochant plus encore de l'être, croit que la vue de la vérité apaisera les cris de son cœur, et elle se précipite avec avidité dans les hautes sciences, dans la philosophie. Mais les arts, la science, la philosophie, ne font qu'aiguiser sa faim; en lui jetant à mesure quelques miettes pour l'attirer encore, ils l'amènent ainsi jusque sur le bord de l'infini où l'âme toute haletante s'écrie : Père, où es-tu?.... en m'approchant de ta demeure sans m'y introduire, ils ne font qu'accroître ma douleur, Père, où es-tu?....

Ah! nos âmes peuvent s'écrier ainsi que dans Ahaswérus s'écrie le Chœur des femmes ressuscitées : « Toutes nous
« portons au cœur la même plaie; c'est, si tu le connais,
« le mal que rien ne guérit, ni les simples, ni le baume,
« ni la plaine, ni le mont, ni le désir, ni le regret, et qui
« croit encore dans la mort comme une fleur dans son
« vase. Nos histoires sont différentes, nos paroles le sont
« aussi ; mais toutes elles ont le même sens. Dans maint
« endroit nous avons vécu bien loin les unes des autres;
« par la douleur nous nous touchions sans le savoir. Dans
« nos pleurs, dans nos chants, dans nos soupirs, nous
« sommes, l'une après l'autre, l'écho toujours répété du

« grand amour qui fit les cieux si beaux pour durer, et
« le monde si triste pour mourir. »

Hélas ! il fallait bien que le cœur de l'homme fût frappé d'une blessure que tous les dictames de la terre ne puissent guérir, pour qu'il se décidât à aller chercher sa guérison ailleurs ! Mais vous comprenez la triste position de l'âme sur la terre; vous comprenez cette faim qui cherche partout vainement à se rassasier; vous comprenez ces cris d'un cœur que rien ne peut apaiser, et qui restent comme sans écho au milieu du désert de la création ?.... Eh bien, non ! moi je ne crois pas que ces cris restent sans écho ! je ne crois pas que cette faim du bonheur creuse continuellement mon sein sans que rien ici-bas puisse l'apaiser! je ne crois pas que mon âme soit dans une si triste position quand je me sens plein d'amour ; et j'ai la folie de croire encore au bonheur!!.

Et cette folie ne me passera pas qu'elle ne soit devenue une raison ! Non, non, je ne puis pas être ébranlé sur la foi au bonheur. Je crois qu'il y a des chimères dans l'esprit, je crois qu'il y a des chimères dans les passions ; mais je ne crois pas qu'il y ait une chimère dans le cœur. Périsse ma raison, périssent mes sens s'ils veulent m'enseigner à me défier de ta voix. O mon cœur, tu es ma réalité ! c'est toi que j'écoute, toi seul me comprends, et sais ce que je cherche ; j'étoufferai au besoin toute autre voix que la tienne, je ne veux plus entendre parler que toi. Oui, répète-le moi, nous ne savons qu'une chose, l'amour; nous ne comprenons qu'une chose, le bonheur ! Et si nous ne pouvons le posséder en ce monde, au moins devons-nous trouver en ce monde la route qui y conduit. Quoi ! la route du bonheur ? Ah ! ceux qui y marchent doivent se sentir embrasés...

Quittons, quittons les champs de l'idolâtrie ; abandonnons de tristes préoccupations ; l'expérience ne sert qu'à nous désespérer par la vue du mal que nous faisons. Je n'ai que trop laissé parler les faits, je veux en détourner mes yeux. Prenons la méthode rationnelle: las de ce qui est, je veux savoir ce qui doit être. Moi, je cherche le bonheur! je ne vois pas d'autre question dans mon âme. Je n'ai vraiment entrepris ce livre que pour me rendre compte du profond sentiment d'amour qui m'agitait, pour savoir ce que c'est que le bonheur, s'il existe, où il est.

O mon âme, je touche donc enfin à votre grande question ; je la débattrai en science rangée. Nous saurons bien une fois où est le bonheur! Je veux construire à ma pensée un escalier de fer pour y arriver, et pour l'indiquer à ceux qui sont en peine comme nous.

Alors, pour répondre directement à la question du chapitre précédent, il faut dire : que l'idée du Bonheur est le produit spécial du cœur. Pour répondre directement à la question de ce chapitre, il faut dire : que l'homme enfermé dans le temps avec cette idée, y poursuit partout le bonheur. Et, pour répondre directement à la question du chapitre suivant, il faudra dire: en quoi consiste le bonheur; c'est-à-dire ce souverain bien dont Dieu nous a donné l'idée, afin que possédant l'idée nous puissions en trouver l'objet.

Sommaire. — Il ne suffit pas de constater la révolution que l'idée du Bonheur opère dans le cœur de l'homme et le rôle important qu'elle joue dans sa vie, ne faut-il pas encore savoir ce qui résulte pour l'homme d'être ainsi enfermé dans le temps avec l'idée du Bonheur ? — L'amour, comme mouvement de l'être vers l'être, est le mouvement naturel de toute substance vers la perfection, vers la vie absolue, vers le Bonheur. Ainsi, le Bonheur existait de toute éternité, car de toute éternité l'être possédait l'être. — Si c'est par une pareille propriété de l'être que l'infinie variété des attributs de la divinité ne forme qu'un seul Dieu, il est clair que l'être qui a été détaché de Dieu par la création, doit tendre par la nature même de son essence à revenir auprès de l'être infini. — Aussi, le but de tout être, au milieu de la création, est-il d'arriver au Bonheur. La privation, voilà le grand caractère de la créature : *Causa mali ab limitatione creaturarum*, disait Leibnitz. — L'homme en proie à ce besoin de son être, croit le satisfaire ici-bas tantôt par le plaisir, tantôt par les richesses, tantôt par les honneurs, les voyages, les sciences, les arts, la gloire, etc. ; et après avoir essayé de tout, il se trouve aussi irrassasié qu'auparavant. — L'homme croit si naturellement au bonheur qu'il ne manque jamais de rapporter son malheur à quelques circonstances particulières, bien persuadé que si ces circonstances venaient à changer, rien ne s'opposerait plus à ce qu'il fût heureux. — Chaque homme pense que tous les autres hommes sont heureux ; et il s'attend à tout instant à trouver le bonheur dans quelque nouvel objet ; mais voilà que tous les objets dans lesquels il avait espéré, passent sans lui laisser le bonheur, et l'homme tombe dans la déception. — C'est une grande naïveté de notre part d'avouer que tout est déception dans ce monde : il ne peut pas en être autrement ! Car si ce monde a été fait pour réveiller nos désirs à condition de ne les point satisfaire, ne serait-ce pas de la part de Dieu une preuve de maladresse qu'un seul homme y eût trouvé à rassasier son cœur? — L'ardeur avec laquelle l'homme désire être heureux fait naturellement qu'il voudrait l'être tout de suite; et il arrive que l'âme, qui n'est jamais sans vouloir être heureuse, ne sait point résister à l'attrait actuel du plaisir. — Voilà pourquoi la plupart des hommes s'arrêtent au plaisir, au lieu de franchir les choses sensibles pour arriver jusqu'à Dieu. — Or, on conçoit que notre cœur se trouve situé d'une telle manière entre Dieu et la nature, qu'il ne peut s'approcher de la nature sans s'éloigner de Dieu. — Alors, comment se peut-il que l'homme oublie le Bonheur pour courir ainsi après le plaisir! — Il faut avouer que pour lui la difficulté est réellement sérieuse : comme le souverain bien est ce qui plaît souverainement, le cœur s'attache naturellement à ce qui plaît, par cela qu'il cherche le bien. — Aussi, remarquez qu'on ne peut aimer que ce qui plaît, et qu'on ne peut haïr que ce qui déplaît. Or, mille objets de ce monde ont la propriété de plaire à l'âme, par suite des relations que le corps a momentanément avec elle; — alors comme l'âme aime ce qui plaît, et que mille objets extérieurs plaisent à l'âme, l'âme les aime; elle éparpille sur ces objets passagers le grand amour qu'elle possède pour le bien absolu. — Sans cela, il n'est pas un homme qui ne se fût d'abord porté vers le bien absolu; mais aussi sans cela, point d'antagonisme, point d'épreuve pour la liberté; conséquemment point d'individualité; conséquemment point de personnalité pour l'homme vis-à-vis des Personnes éternelles; conséquemment absorption panthéistique aussitôt après le temps. — Le bien-être ne pouvait se trouver ici-bas la propriété nécessaire de l'être, comme dans l'absolu; là, la félicité est inséparable de la perfection dont elle est l'effet, comme la perfection est inséparable de la félicité dont elle est la cause. — De sorte qu'en Dieu l'amour de la félicité et l'amour de la perfection ne forment qu'un seul et même amour; et comme Dieu ne peut communiquer à sa créature un autre amour que le sien, c'est-à-dire, un amour qui tendrait où ne tend pas le sien, en lui communiquant son amour, Dieu lui communique donc simultanément l'amour de la perfection et l'amour de la félicité. — Mais ici-bas, l'amour de la félicité et l'amour de la perfection se combattent; la félicité ne pouvant s'acquérir que par la formation de la personnalité, il faut nécessairement que 'amour de la perfection précède l'amour de la félicité. — L'autre vie est complète, elle est une fin : celle-ci se forme, elle est une tendance; l'autre vie a pour but le bonheur : celle-ci a pour but le perfectionnement qui y conduit. Nous ne sommes point en ce monde pour être heureux, mais pour nous perfectionner, c'est-à-dire pour le devenir. — En Dieu, qui est ce qu'il doit être de toute éternité, la perfection et la félicité sont de toute éternité inséparables; Dieu ne peut chercher sa perfection sans trouver sa félicité, ni chercher sa félicité sans trouver sa perfection. — En l'homme, qui n'est pas encore ce qu'il doit être, l'amour de la félicité et celui de la perfection ne se trouvent point dans le même accord : il faut qu'au milieu du temps l'homme travaille à opérer en lui, dans un ordre chronologique, ce qui s'opère en Dieu, dans un ordre logique. — Or, comme en Dieu la félicité résulte de la perfection, l'homme doit chercher la perfection pour trouver la félicité; afin que réalisant successivement en son être ce qui est éternellement en Dieu, il devienne réellement à sa ressemblance et soit *parfait comme lui.* — D'ailleurs, dans la vie absolue, le bien étant infini, la satisfaction qui résultera pour l'âme de la possession de ce bien, sera infinie, et l'âme sera heureuse; tandis que dans cette vie, tout bien étant fini, la satisfaction qui reviendrait à l'âme de la possession de ces biens, serait finie, et l'âme ne serait point heureuse. — De plus, comme l'âme aime des biens finis avec un amour fait pour le bien infini, elle les aime comme elle devrait aimer Dieu; et pendant qu'elle se nourrit de ces biens passagers, qui l'exposent à la dégradation et à la mort, elle oublie le bien infini, qui l'entretiendrait pour la vie de la félicité. — Ainsi, dans la vie absolue, plus notre joie sera grande, plus notre perfection le sera, parce que notre joie deviendra de plus en plus grande à mesure que notre âme s'unira davantage à Dieu, ou le bien absolu : dans cette vie, plus notre plaisir est grand, plus notre dégradation est profonde, parce que notre plaisir devient plus grand à mesure que notre âme s'unit plus étroitement avec la nature, ou le bien passager. — Mais les hommes, aveuglément emportés par le besoin de leur être, à défaut de bonheur poursuivent le plaisir. Eh bien ! il faut leur apprendre une grande nouvelle, c'est que ce n'est point le plaisir qu'ils poursuivent, puisque s'ils connaissaient une jouissance plus grande, ils laisseraient le plaisir pour cette jouissance. — Ce que les hommes poursuivent, c'est le bien infini qui doit satisfaire le besoin infini dont ils sont tourmentés ; et ils ne courent après les plaisirs que parce qu'ils espèrent à chaque instant rencontrer en eux ce bien. — Une chose encore prête à l'illusion : l'action divine qui fait que les objets produisent un effet sur l'âme, n'étant pas perceptible aux sens, mais seulement à la raison, et les hommes, faisant moins usage de la raison que des sens, attribuent ce qu'ils éprouvent à ces objets qui agissent visiblement sur les sens ; de là nous aimons ces objets eux-mêmes. — C'est Dieu seul qui produit sur l'âme tout le plaisir dont elle jouit dans l'usage des biens sensibles. Le voluptueux ne sait pas qu'il se sert adroitement de Dieu pour obtenir sa volupté. — Si nous pouvions voir la nature telle qu'elle est ! la nature n'est au fond qu'un agrégat poreux, un squelette garni par Dieu ; elle n'a d'autre poésie que celle que Dieu veut bien y répandre pour nous dissimuler un peu cette vie. Il faut donc que nous la divinisions continuellement pour pouvoir l'aimer de la sorte ! — Ne nous moquons point autant de l'idolâtrie des anciens, la nôtre est pire : eux avaient la franchise d'adorer publiquement ce qu'ils aimaient intérieurement ; nous, nous sommes assez lâches pour désavouer publiquement les idoles que nous aimons secrètement dans nos cœurs. — Nous aimons la matière, comme si elle pouvait nous aimer ! que croyons-nous faire avec elle ? les esprits ne possèdent pas les corps. — C'est une grande bassesse d'aimer directement une créature. C'est Dieu qu'il faut aimer dans toutes les créatures, car tout ce que nous aimons en elles est de Dieu : il faut au moins aimer celui que nous aimons ! — L'homme ne peut tomber dans le mal que par aveuglement ou par faiblesse, c'est-à-dire par manque de raison ou par manque de volonté ; mais c'est le plus souvent par manque de volonté. Et c'est là le plus difficile, car la lumière de l'esprit peut nous venir d'autrui, mais l'effort de la vertu ne peut venir que de nous. — Cependant nous n'avons pas toujours l'intelligence de comprendre le fond des choses ; car si nous rendions à Dieu le devoir d'estime, nous lui rendrions bientôt le devoir de cœur : reconnaissant qu'il est infiniment parfait, nous reconnaîtrions bientôt qu'il est infiniment aimable. — Au reste, le jugement de l'esprit n'est que pour éclairer l'affection du cœur ; ce qui est bien n'est pas bien pour que nous l'estimions, mais pour que nous l'aimions. Nous ne devons estimer les choses que pour les aimer à leur valeur. — Il faut vraiment n'y rien voir pour préférer à Dieu ses créatures ; elles ne sont que des images qui servent à exprimer dans le temps quelque peu de sa beauté ; où seront ces images et ceux qui s'attachent à elles, lorsque le temps se retirera pour ne laisser paraître que la Réalité ? Aimons ce qui est éternel. — Oui, aimons ; ce n'est point par l'abondance de notre amour que nous nous perdons, c'est par la pauvreté de notre amour ; il n'y a que des désirs médiocres qui puissent ainsi porter le cœur vers les créatures ! — Cette impatience à vouloir jouir est une preuve de la faiblesse de l'être, qui ne peut supporter sa séparation du bien-être ; chaque fois que l'âme cherche le plaisir, elle commet un acte d'impuissance. Pour résister au plaisir, il faut avoir le courage du soldat. L'homme vertueux est un héros. — Mais ce qu'il y a de plus cruel, c'est que nous nous éloignons de Dieu par l'amour même que nous avons pour Dieu; car lorsque nous prenons un mal pour le bien, nous aimons ce mal par l'amour même que nous avons pour le bien. — C'est ainsi également que nous ne pouvons haïr Dieu que par l'amour même que nous avons pour Dieu; car si par idolâtrie, par cupidité, par crainte, nous croyons voir que Dieu soit contraire à notre bonheur, il est clair que nous haïrons Dieu par l'amour même que nous avons pour le bonheur, c'est-à-dire, que nous haïrons Dieu par l'amour même que nous avons pour Dieu. — Le grand point consiste donc à veiller notre cœur et à savoir ce que devient notre amour. Alors pour que l'amour que Dieu nous imprime sans cesse, reste amour au lieu de se changer en haine, pour que Dieu reste pour nous le bien, il faut que nous aimions ce qui est réellement le bien, que nous prenions toujours Dieu pour Dieu. — Il est vrai que ce n'est point parce qu'il le veut que l'homme veut être heureux, cet amour du bonheur se fait en lui malgré lui, il n'est pas de son choix; mais ce qui est de son choix, ce qui vient de lui, de sa détermination, c'est l'objet qu'il choisit pour aimer. — Ainsi, aimer ne dépend nullement de nous; ce qui dépend de nous, c'est d'aimer ce qu'il faut aimer, c'est de bien placer notre amour. — L'amour n'est pour l'homme ni un mérite, ni un démérite, parce que l'amour est nécessaire; mais ce qui lui est un mérite ou un démérite, c'est le choix de son amour, parce que ce choix est volontaire. — Comme la lumière rationelle a été donnée à l'homme pour qu'il devienne de lui-même raisonnable, de même l'amour est donné à l'homme pour qu'il le dirige de lui-même vers l'objet de tout amour. — Voici en un mot l'idée que nous pouvons nous former de l'homme : un être ayant par l'amour une force d'ascension que par sa volonté il a le pouvoir de diriger sur le bien absolu. — On ne nous a pas fait une loi de l'amour, c'est-à-dire, de cette impulsion générale vers le bien, parce que cette loi est toute faite ; elle agit sur nous indépendamment de nous. Seulement nous pouvons diriger cette impulsion ; la morale, ou la loi, ne commence que là, c'est-à-dire là où commence l'action de la volonté. — Mais si le cœur n'avait pas la force de se porter vers le bien, c'est-à-dire d'aimer, la morale ne l'y porterait pas plus que des rênes n'entraîneraient un char sans la force du coursier; *et vice versâ*. — Le cœur est tout-à-la-fois amour, raison et volonté : l'amour est sa vie, la raison est la connaissance du but de sa vie, la volonté est le pouvoir de diriger sa vie vers ce but. — Tout dans l'homme dépend donc de sa volonté ; or sa volonté c'est lui-même. Les hommes du plaisir ne peuvent donc se prévaloir de ce que l'amour est nécessaire, puisque la volonté est précisément le pouvoir de diriger librement cet amour nécessaire. — Qu'ils ne disent pas que l'amour est plus fort qu'eux, qu'il est impossible de ne pas aimer, car on ne se plaint pas de ce qu'ils aiment, mais de ce qu'ils n'aiment pas assez, puisqu'ils n'aiment encore que si peu de chose. — Ainsi, tous les hommes, *bons* ou *mauvais*, aiment le bien, ou veulent être heureux ; avec cette différence que les premiers prennent les *bons* moyens, et que les seconds prennent les *mauvais*. — Ceci nous amène à des notions précises sur le bien et le mal, sur la vraie religion, et sur les fausses religions : la vraie religion consiste dans l'amour de ce que nous devons aimer, c'est-à-dire le bien absolu ; les fausses religions consistent dans l'amour de ce que nous ne devons pas aimer, c'est-à-dire les biens relatifs. — Et voici pourquoi la question de la religion est si importante : lorsque nous aimons Dieu, nous aspirons en lui des attributs d'être et de perfection qu'il nous communique d'autant plus volontiers qu'il le fait alors sans violer notre liberté, de sorte que nous nous approchons de la vie absolue ; — lorsque nous aimons les choses corporelles, comme ces choses n'ont point l'être par elles-mêmes, et qu'elles sont ce qu'il y a de plus sujet à la mort, tout être qui se laisse aller au plaisir de les posséder, prend une nourriture vide, s'expose à la privation de l'être, et s'approche de la mort. — Du reste, il est clair qu'on ne peut s'éloigner de Dieu sans se rapprocher du néant ! Comme le bien absolu est éternel, en aimant ce bien nous nous en nourrissons, nous devenons substantiellement de plus en plus conformes à sa nature, nous entrons dans la vie éternelle. — Ainsi, le bien pour l'homme, c'est l'amour de ce qu'il faut aimer; le mal, c'est l'amour de ce qu'il ne faut pas aimer. Or, la chose qu'il ne faut pas aimer est précisément celle qui ne peut nous rendre heureux; et la chose qu'il faut aimer est précisément la seule qui peut faire le Bonheur. — Bien et mal : Bonheur et malheur. Telle est la sublime harmonie des lois ontologiques. — L'idée du Bonheur nous donne la théorie de cette vie, elle nous donne la clé du cœur humain; l'idée du Bonheur nous donne la théorie de l'autre vie, elle nous donne la clé du bien et du mal, de la souffrance et de la félicité. — Nécessité d'expliquer ontologiquement pourquoi l'homme, qui n'a jamais connu le bonheur, peut le désirer si vivement ici-bas. — Motifs des expressions dont nous avons été obligé de nous servir à cet égard, expressions plus formelles encore, dont s'est servi Bossuet. Notre similitude avec Dieu fait dire que nous avons quelque chose de Dieu; et cette ressemblance avec Dieu fait que nous sommes en ce monde dans la même position où s'y trouverait Dieu. — L'homme cherche le bonheur par cela qu'il est un être, et que dans l'absolu l'être et le bonheur sont inséparables, puisque l'un y est l'être, et l'autre la manière d'être. — On trouve une preuve de ce que dans l'absolu le bonheur (ou bien de l'être) est la manière d'être essentielle de l'être, en voyant dans le temps la créature, qui n'a connu encore que l'être, préférer incomparablement son bien-être à son être; puisque souvent des hommes dans le malheur se donnent la mort, c'est-à-dire préfèrent ne pas être à être privés du bien-être. — Au fond de tout, il n'y a que trois choses : le mal-être, l'être, et le bien-être. Le mal-être est ce que doit éviter l'être ; l'être est le passage nécessaire du non-être au bien-être ; le bien-être est le but de l'être. — Toute cosmogonie est là : faire un *être* qui puisse, évitant le *mal-être*, traverser du néant au *bien-être*. L'être n'est que le moyen pour arriver au bien-être ; aussi ce monde, fait pour recevoir l'être, n'est qu'un passage. — L'homme sent tellement cela, qu'il préfère le non-être au mal-être, c'est-à-dire l'anéantissement de son être à l'anéantissement de son bien-être ; et l'on voit partout l'homme préférer à son être ce qui fait son bien-être : l'avare son trésor, l'amant son amie. — Les différentes professions de la vie ne sont que des variétés de l'homme employant tout son être pour se procurer le bien-être. — L'être n'est donc pas ce qui importe le plus à l'homme ; s'il paraît autant tenir à l'être, c'est parce que s'il renonce à l'être, il renonce au moyen d'avoir le bien-être. — Ce qu'il aime ce n'est pas l'être, mais le bien-être ; alors, comme il s'aperçoit qu'il ne trouve en lui-même que l'être, il porte naturellement l'amour qu'il a pour lui-même, sur ce qui peut causer son bien-être. — C'est ainsi que l'homme sort de lui-même, et que l'amour-propre, l'égoïsme, peut se changer en amour pur, en sacrifice ; et le sacrifice le porte précisément à donner sa vie dans ce monde, où il n'y a que l'être, pour la vie dans l'autre, où il y a le bien-être. — Alors comme il préfère le bien-être à l'être, l'homme oublie aisément son être pour ce qui fait son bien-être. Et c'est ainsi que l'homme peut aimer Dieu plus que son être. Aimer Dieu, c'est s'aimer soi-même comme il faut. — Mais cet être qui n'a été créé que pour le bien-être, afin de former sa personnalité, est précisément ici-bas séparé du bien-être ; de là c'est dans toute l'humanité un immense et éternel mouvement vers le bonheur. L'homme étant l'être qui a besoin de Dieu, il ne trouvera pas de repos qu'il ne possède celui dont il a besoin. — S'il n'était absurde de supposer un temps où Dieu n'eût pas encore ramené dans sa suprême identité toutes les puissances de l'infini dispersées dans les sphères de l'absolu et se portant les unes vers les autres par suite de leur mouvement d'amour, nous aurions par-là un exemple de l'état dans lequel se trouvent toutes les créatures spirituelles se débattant dans les sphères de la création. — L'amour, les arts, la philosophie, ne font qu'aiguiser la faim de l'âme; en lui jetant à mesure quelques miettes pour l'attirer, ils l'amènent jusque sur le bord de l'infini, où l'âme s'écrie toute haletante : Père, où es-tu ?... en m'approchant de ta demeure sans m'y introduire, ils ne font qu'accroître ma douleur! — Alors, vous comprenez cette faim que rien ne peut apaiser dans la création! Eh bien! non, il ne faut pas croire que cette faim creuse ici-bas notre âme sans que rien puisse l'apaiser : quand on a le cœur plein d'amour, on ne peut douter du bonheur! — En effet, si dans ce monde nous n'avons pas trouvé le bonheur, peut-être devons-nous trouver la route qui y conduit. Moi, je n'ai entrepris ce livre que pour me rendre compte du sentiment d'amour qui m'agite, pour savoir ce que c'est que le bonheur! C'est là toute ma question.

Ainsi, pour répondre directement à la question du chapitre précédent, il faut dire : que l'idée du Bonheur est le produit spécial du cœur. Pour répondre directement à la question de ce chapitre, il faut dire : que l'homme enfermé dans le temps avec cette idée, y poursuit partout le bonheur. Pour répondre directement à la question du chapitre suivant, il faudra dire : quel est le souverain bien d'où dépend le bonheur.

XXII.

Qu'est-ce que le souverain bien? et en quoi consiste le Bonheur?

Si dans l'absolu l'être et le bien-être sont inséparables; si l'être n'a été fait que pour le bien-être; mais si l'homme, qui par suite de la création n'a pu recevoir d'abord que l'être, se trouve séparé du bien-être; si même il a été créé ainsi séparé du bien-être pour qu'il s'y élève par la force de sa personnalité; et s'il sent si vivement sa position qu'il n'ait en lui d'autre mobile, et hors de lui d'autre but, que de se porter vers ce bien, quel est ce bien? où est ce bien? comment l'homme peut-il se le procurer?

Car, si l'idée du Bonheur est une idée absolue, c'est qu'il y a dans la réalité objective un Bien absolu dont cette idée est la représentation; alors quel est ce bien absolu, ce bien souverain vers lequel cette idée attire l'homme ? Ah! n'est-ce pas là pour le genre humain la plus grave et la plus intéressante question ; et la réponse à cette question ne sera-t-elle pas la plus grande et la plus précieuse solution qu'il puisse posséder ? Tous les siècles, tous les poètes, tous les philosophes, tous les hommes ont cherché cette solution; ils se sont tous dit : Où est le bonheur? en quoi consiste le souverain bien ?....

Mais, avant de chercher où est le bonheur, et d'en connaître la source, formons-nous une idée précise de ce haut phénomène psychologique. D'abord, il ne faut pas confondre le bonheur, qui est la joie infinie que l'âme éprouve, et le bien, qui est l'objet qui la lui fait éprouver. Le bonheur est une manière d'être de notre âme, comme l'admiration, comme l'amour, comme l'enthousiasme; seulement, c'est sa manière d'être suprême, son état de vitalité absolue. Le bonheur n'est donc pas une chose objective, une chose hors de nous ; c'est une modification de notre âme, une chose qui doit se passer en nous : c'est le bien qui le procure qui, hélas ! est souvent trop loin de nous.

Nous avons déjà distingué le plaisir, qui est la satisfaction du corps par la possession d'un bien du corps, de la joie, qui est la satisfaction de l'âme par la possession d'un bien de l'âme. Or, la joie est un commencement du bonheur, c'est en quelque sorte un prélude à la félicité, c'est déjà une véritable satisfaction de l'âme. Maintenant, comme la satisfaction augmente en proportion du bien qui la procure, le bonheur, ou la souveraine satisfaction, doit résulter de la possession du souverain bien. Alors, la question du Bonheur ne consiste plus qu'à savoir quel est le bien suprême de l'homme.

Mais raisonnons pas à pas :

D'abord, ne savons-nous pas que, par la création, l'homme a été détaché de l'infini, et placé momentanément dans le fini pour y constituer une personnalité capable de jouir de l'infini ?

L'homme, qui n'a été fait que pour le bonheur, étant ainsi momentanément séparé de la vie absolue, c'est-à-dire du bonheur, ne se trouve-t-il pas ici-bas dans un inconcevable besoin de le retrouver ?

De là, dit Aristote, tout art, toute recherche, toute action de l'homme, et pareillement toute cité, toute association, se propose pour but quelque bien. Aussi, a-t-on eu raison de dire que c'est pour le bonheur que les hommes font tout ce qu'ils font ?

Le bonheur ne pouvant résulter que de la possession du bien, le bien est donc ce que nous cherchons exclusivement ? De là, toutes nos entreprises, tous nos efforts, tous les moyens que nous employons, ne sont-ils pas en vue de nous procurer ce bien ?

Mais tous ces moyens si nombreux d'obtenir le même résultat ne doivent-ils pas se trouver nécessairement subordonnés les uns aux autres, de telle sorte que les uns ne soient que des moyens pour arriver aux autres, et ainsi jusqu'au but final ?

Au milieu de ces fins diverses que se proposent nos actes, il en est donc que nous prenons comme des moyens pour arriver à d'autres fins ; et celles-ci nous les cherchons pour elles-mêmes, puisque nous ne cherchons les autres que pour elles. Tous nos actes ont donc un but que nous voulons pour lui-même et en vue duquel nous désirons et faisons tout le reste ?

Par exemple, lorsque nous désirons la fortune, est-ce pour elle-même ; n'est-ce pas pour les avantages qu'elle procure ? et lorsque nous cherchons les honneurs, est-ce pour eux-mêmes ; n'est-ce pas pour la satisfaction qu'ils donnent ? Nous ne cherchons donc pas la fortune et les honneurs pour eux-mêmes, mais en vue du bien que nous en attendons ?

Si nous voyons distinctement qu'il y a des biens que l'on recherche pour eux-mêmes, et des biens que l'on ne recherche que pour arriver à ceux-ci, nous reconnaissons donc ici-bas deux espèces de biens : ceux qui le sont par eux-mêmes, et ceux qui ne sont que des moyens d'obtenir les premiers.

Mais si, au milieu de ces différents biens, il y a un bien que nous ne cherchons en vue d'aucun autre, un bien que nous voulons pour lui-même, et en vue duquel nous désirons les autres biens, il est clair que ce bien est un bien en soi.

Pour que ce bien soit un bien en soi, il faut qu'il soit le bien en lui-même, c'est-à-dire qu'il soit lui-même le bien. Et s'il est le bien en lui-même, n'est-ce pas là le bien véritable, le bien même, celui que cherche l'homme ? Alors où se trouve ce bien ?

D'abord, tout le monde cherche ce bien, mais tout le monde ne s'accorde pas sur ce qu'il est ; chacun ne le poursuit-il pas dans l'objet qui lui paraît être tel ? N'en résulte-t-il pas qu'il y a une multitude de choses différentes qui sont regardées comme un bien, puisque toutes sont cherchées par la volonté, laquelle ne peut avoir d'autre but que de se procurer le bien?

Si le bien est pour chacun ce qui lui paraît tel, comme celui-ci voit le bien dans une chose, et la poursuit dès lors exclusivement; comme celui-là voit le bien dans une autre chose, et se met pareillement à sa poursuite, et qu'il en arrive ainsi pour toutes les choses considérées comme un bien, n'en résulte-t-il pas qu'il y aurait des biens différents les uns des autres?

En effet, puisque les objets que l'on poursuit sont différents, que si tel objet, par exemple, n'est pas poursuivi par celui-ci, c'est qu'il s'est déjà aperçu que cet objet n'est pas le bien; et que si tel autre objet est poursuivi par celui-là, c'est qu'il ne s'est pas encore aperçu que cet objet n'est pas le bien, n'en résulte-t-il pas qu'il y aurait des biens opposés les uns aux autres?

Or, ces biens étant différents et même opposés les uns aux autres, il en résulte que s'il s'en trouve un parmi eux qui soit le bien, les autres ne sont pas le bien. Mais si ce que j'appelle le bien est regardé par un autre comme le mal, et s'il en arrive ainsi de tout ce qui est considéré comme bien, ce ne sont donc là que des biens relatifs et personnels, et non point le bien universel et absolu.

Cependant, si l'homme a cherché le bonheur dans chacun de ces objets que lui offre le monde, n'est-ce pas parce que chacun de ces objets lui semblait être un bien? et s'il n'a trouvé le bonheur dans aucun de ces objets, n'est-ce pas parce qu'aucun de ces objets n'était pour lui le bien?

Mais si ces différents objets, quoique n'étant pas le bien, ont cependant quelque chose du bien, ce bien dont ils ont quelque chose existe donc? ce bien existe donc puisqu'il semble que l'on en retrouve quelque chose en chacun de ces objets, et que ces objets eux-mêmes ne sont insuffisants que parce qu'ils ne sont pas tout ce bien?

Alors, à travers ces biens si nombreux, il en existe donc un qui est le bien en soi et la cause de tout ce que les autres ont de bon? Ainsi, il faut qu'il existe un bien en soi, un bien absolu, condition de tous les biens qui méritent ce nom, et principe de ce qui nous fait rechercher tous les autres?

Comme le disait Platon, puisque l'âme tend constamment et par toutes sortes d'efforts à la possession du bien, c'est-à-dire de ce à quoi tout le reste se rapporte comme à une fin, cet objet des désirs et des vœux de toute créature intelligente, doit avoir une réalité incontestable, doit exister par soi-même. Puis, il ajoutait :

« Le bien en soi, ou absolu, est donc la condition nécessaire de tout ce qui porte le nom de bien ; il n'y a rien de particulier que l'on puisse appeler ainsi qu'autant qu'il participe à ce bien absolu. Aussi, le caractère qui le distingue, c'est d'être parfait, suffisant, d'être à lui-même son but, et d'être un objet nécessaire de désir pour toute créature douée de raison [1]. » Continuons :

---

[1] Voir l'excellent travail de M. Thurot, sur la philosophie de Socrate, de Platon, et d'Aristote, dans son admirable traduction de *La Morale et de la Politique* d'Aristote. Aristote nous est d'un grand secours ; les premiers pas qu'il fait dans la question sont admirables ; mais, suivant ici comme partout la méthode expérimentale, il se voit bientôt obligé de s'arrêter dans les limites de l'expérience ; or, que pouvons-nous savoir sur la question du bonheur si nous nous en tenons à l'expérience ? Sur ce point, Platon s'est élevé bien plus haut.

S'il est vrai que le bien soit réellement un, quelque chose qui existe en soi, quelque chose d'absolu, mais dont on rencontre les caractères plus ou moins répandus sur différents objets, selon que ces objets se rapprochent de lui, la qualification du bien, et conséquemment sa définition, ne doit-elle pas se retrouver la même dans chacun de ces objets, comme celle du calorique, par exemple, dans tous les corps qui ont de la chaleur?

Or, le mot *bon*, n'est-il pas précisément l'adjectif dont on qualifie tout ce qui possède quelque chose de bien ? et ce mot ne se dit-il pas sans exception de tous les objets qui sont recherchés par les hommes? en un mot, ne se dit-il pas de toutes les choses qui paraissent nous convenir et être un but de notre volonté ?

Aussi, la qualification de cette multitude de choses, en tant qu'elles nous semblent des biens, ne se trouve-t-elle pas la même pour toutes? ne dit-on pas de toutes qu'elles sont *bonnes ?* et cette qualification peut-elle varier autrement que par le degré, telle de ces choses pouvant être plus ou moins *bonne ?*

Lorsqu'on dit qu'une chose est plus ou moins *bonne*, c'est bien par comparaison avec un type dont elle se rapproche plus ou moins, avec une chose qui est exclusivement bonne ? car si différentes choses deviennent meilleures à mesure qu'elles se rapprochent davantage du bien, il faut que ce bien existe !

Il est donc évident que le mot *bon* exprime quelque chose de réel, que l'on retrouve en plus ou en moins dans les différents biens de ce monde ? Alors le bien est quelque chose de réel, qui existe en soi, qui est indépendant des biens de ce monde, dont les biens de ce monde dépendent au contraire en tant qu'ils sont bien, et dont ils ne sont que la faible image, la temporelle participation.

Ainsi, dans une vaste série de faits régis par une même loi, ne retrouve-t-on pas quelque chose de commun, de semblable, le principe qui donne à tous leur caractère ? Ce quelque chose de commun et de semblable qui se retrouve dans tous ces faits, ce principe qui leur donne leur caractère et les rend ce qu'ils sont, n'existe-t-il pas pur, indépendamment et abstraction faite de ces faits ? Pourrait-on dire, par hasard, que l'existence de ce principe dépend de ces faits, lorsque c'est l'existence de ces faits qui dépend de lui ?

De même, dans la vaste série des objets que recherche la volonté, ne se trouve-t-il pas quelque chose de commun, de semblable, le principe du bon, qui donne à tous leur caractère ? Ce quelque chose de commun et de semblable qui se retrouve dans tous ces objets, ce principe qui leur donne leur caractère et les rend ce qu'ils sont, n'existe-t-il pas pur, indépendamment et abstraction faite de ces objets ? Pourrait-on dire, par hasard, que l'existence de ce principe dépend de ces objets, lorsque c'est l'existence de ces objets qui dépend de lui ?

De là, comme il n'y a qu'une seule cause de tous ces effets régis par une même loi, et que ces effets pourraient ne pas avoir lieu sans que leur cause en fût le moins du monde attaquée ; de même ne doit-il pas n'y avoir qu'une seule cause de toutes ces choses bonnes, et ces choses bonnes ne pourraient-elles pas ne pas avoir lieu, sans que l'existence de leur cause, c'est-à-dire le bien en soi, en fût le moins du monde attaquée?

Alors, comme il n'y a qu'une seule science des effets qui ont une même cause, une seule théorie qui les explique tous; de même, s'il n'y a qu'une seule cause de tout ce qui est bon, ne doit-il pas n'y avoir qu'une seule science de toutes les choses bonnes, une seule théorie qui les explique toutes?

Or, pour arriver à cette théorie qui explique tous les effets, pour saisir la cause qui les fait ce qu'ils sont, ne faut-il pas précisément écarter ces effets mêmes dans ce qu'ils ont de divers, pour ne s'attacher qu'à ce qu'ils ont de commun, au principe qui fait leur réalité? De même, pour arriver à cette théorie qui explique toutes ces choses bonnes, pour saisir la cause qui les fait ce qu'elles sont, ne faut-il pas précisément écarter ces choses mêmes dans ce qu'elles ont de divers, pour ne s'attacher qu'à ce qu'elles ont de commun, au principe qui fait leur réalité?

Puisque cette science du bon (et il en est de même de toute science possible) repose, non pas sur la variété et la différence des choses bonnes, mais précisément au contraire sur ce qu'il y a de commun et de semblable en toutes ces choses, c'est-à-dire sur le bon en soi, cette science n'est donc que la science du bon en soi; et puisque c'est le bon en soi qui fait la réalité de cette science, que c'est le bon en soi qui en est le seul objet, que cette science n'existe que parce qu'il existe, c'est donc au milieu de toutes les choses bonnes, le bon en soi qui est la réalité?

Or, de même que la méthode l'indique à la science, la raison ne nous indique-t-elle pas que si nous voulons le bien réel, il faut chercher aussi, non pas ces différentes choses qui ne sont que bonnes, mais le bon en soi, dont on ne voit en elles qu'une ombre altérée? Pour écarter ces choses et trouver le bien dont on ne voit en elles qu'une ombre altérée, ne faut-il pas éviter ces choses mêmes et chercher le bien qui, n'étant point mêlé et confondu en elles, est resté pur et absolu?

Ainsi, lorsqu'on dit ce fer est chaud, cette eau est chaude, n'indique-t-on pas qu'il y a une chose commune à ces différents objets, le calorique, qui se trouve plus ou moins en eux? Et celui qui veut ce fer, non parce qu'il est fer mais parce qu'il est chaud, cette eau, non parce qu'elle est eau mais parce qu'elle est chaude, ne cherche-t-il pas la chaleur elle-même, et n'est-ce pas elle seule qu'il désire?

De même lorsqu'on dit la santé est bonne, l'amour est bon, la fortune est bonne, n'indique-t-on pas qu'il y a une chose commune à ces différents objets, le bon, ou le bien, qui se trouve plus ou moins en eux? Et celui qui veut la santé, non parce qu'elle est la santé mais parce qu'elle est bonne, la fortune, non parce qu'elle est la fortune mais parce qu'elle est bonne, ne cherche-t-il pas le bon lui-même, et n'est-ce pas lui seul qu'il désire?

Aussi Aristote s'écrie : « Comment se fait-il que le mot
« *bon* se dise d'autant de manières que le mot être? qu'il
« s'applique à la substance, à la qualité, à la quantité,
« au rapport, au temps, au lieu? Ici la similitude ne
« semble pas être l'effet du hasard ! Est-ce donc que tous

« les biens ont une source unique, ou concourent à une
« fin commune? Je crois qu'il est convenable de renoncer
« à cette recherche; car si ce qu'on appelle bien en gé-
« néral, a une existence absolue et indépendante, il est
« clair que ce ne peut pas être une chose que l'homme
« puisse posséder ou produire. » [1]

Non, non, Aristote! il est convenable au contraire de se mettre à cette recherche; car il n'y a précisément qu'un bien absolu qui puisse satisfaire l'homme; et il est clair que si ce bien était une chose que l'homme pût produire, elle ne saurait satisfaire l'homme. Je te ferai répondre par St. Augustin, que : «Comme ce qui fait vivre le corps n'est
« pas un corps, mais quelque chose au-dessus du corps,
« de même ce qui rend l'homme bienheureux ne vient pas
« de l'homme, mais est au-dessus de l'homme. » [2]

Et d'abord, si à prendre les choses comme elles s'offrent, il y a plusieurs sortes de biens, dont les uns ne sont que des moyens pour arriver aux autres; si de plus, ces biens sont différents les uns des autres, s'il en est même qui sont l'opposé les uns des autres; si l'un trouve celui-là un bien, si l'autre ne le trouve qu'un mal, et ainsi réciproquement de tous; si, en un mot, l'homme ne s'arrête à aucun de ces biens, parce qu'il n'a trouvé le bonheur en aucun, il est évident qu'ils ne sont pas le bien absolu.

Alors, n'est-ce point parce que ces biens ne sont pas le bien absolu qu'ils n'ont pu nous satisfaire? et que, conformément à l'instinct de notre nature, nous les

---

[1] Aristote, *De la morale et de la politique*, livre I, chapitre 7.

[2] Saint Augustin, *De la Cité de Dieu*, livre XIX, chapitre 25.

avons d'abord poursuivis parce qu'ils nous semblaient des biens, et les avons ensuite abandonnés parce qu'ils n'étaient point le bien absolu ?

De sorte que le bien absolu doit être le bien parfait ; car s'il n'est pas parfait, il n'est point complet ; s'il n'est pas complet, il ne nous satisfera point complétement, il nous restera quelque chose à désirer, il ne procurera point le bonheur, qui ne laisse rien à désirer, et ce ne sera point le bien que cherche l'homme. Il faut donc chercher quel est ce bien parfait, et même s'il y en avait plusieurs, ce serait le plus parfait de ceux-là ; car en fait de bien, comme dit Aristote, le plus parfait ne saurait manquer d'obtenir la préférence.

Il est donc de toute nécessité que ce bien soit ce qu'il y a de plus parfait, qu'il suffise à celui qui le possède, qu'il soit le but final de tous les biens que nous cherchons, et qu'il ne soit le moyen d'aucun d'eux ; car s'il n'était qu'un moyen comme les précédents, comme pour les précédents l'homme ne s'y arrêterait point, ce ne serait pas le bien qui est la fin de tous les autres, et dans lequel l'homme doit s'arrêter, après avoir traversé tous les autres.

S'il n'y a qu'un seul bien qui soit parfait, complet, absolu, ne sera-ce pas précisément celui-là que nous cherchons ? et ne sera-t-il pas d'autant plus celui que nous cherchons, que ce bien est le seul que l'on cherche pour lui-même et jamais en vue d'aucune autre fin, puisqu'il est lui-même la fin de tous les autres, qu'il est le bien en soi, le bien absolu, le bien qui se suffit à soi-même?

Mais, maintenant que nous savons que ce bien-là est ce qu'il y a de plus parfait, de plus délicieux, que lui seul peut satisfaire l'homme, que lui seul peut donner le bonheur, ne désirons-nous pas connaître plus clairement ce qu'il est?..

Or, il semble que l'on y parviendrait si l'on pouvait savoir quel est ce bien qui est la source de tous les biens; ce bien d'après lequel les choses sont plus ou moins bonnes selon qu'elles se rapprochent de lui ; ce bien indépendant des biens de ce monde et dont les biens de ce monde dépendent au contraire en tant que bien ; ce bien que, sans le savoir, l'homme poursuit à travers toutes les choses qui lui paraissent bonnes, en vue duquel il cherche toutes les choses qui lui paraissent bonnes, et pour lequel il quitterait aussitôt toutes les choses qui lui paraissent bonnes ; ce bien qu'il veut pour lui-même et non en vue d'aucun autre ; il semble, en un mot, que l'on y parviendrait si l'on connaissait celui qui est le bien en soi, qui est la cause de tout ce que les autres ont de bon, et qui possède d'une manière pure, complète, absolue, infinie, ce que les autres n'ont que d'une manière empruntée, incomplète, relative, finie.

Mais, pour connaître clairement ce bien, il y a un autre moyen tout aussi direct, plus conforme même aux habitudes psychologiques; ce moyen consisterait à déterminer quelle est la fin de l'homme. Et il semble que l'on y parviendrait si l'on pouvait déterminer par l'inspection de ses facultés, pour quelle fonction l'homme a été créé. En effet, comme l'homme, ainsi que tout être, a dû nécessairement être constitué pour arriver à sa fin, il ne s'agit que de déterminer d'après la nature de l'homme quelle est sa fin, quelle est la fonction souveraine pour

DE LA NATURE DE L'HOMME.

laquelle il a été créé. Eh bien ! cette grande fonction de l'homme quelle est-elle ?

En premier lieu se présente le corps ; mais le corps n'a été donné à l'homme que comme un moyen d'exécuter ici-bas les actes de la volonté : il ne faut donc pas chercher le but de l'homme dans les opérations du corps ! Vient en second lieu la volonté ; mais la volonté n'a été donnée à l'homme que comme un moyen de se déterminer de lui-même selon les lumières de la raison : il ne faut donc pas chercher le but de l'homme dans la volonté ! Vient ensuite l'intelligence ; mais l'intelligence n'a été donnée à l'homme que comme un moyen d'interpréter ici-bas la lumière absolue de la raison : il ne faut donc pas chercher le but de l'homme dans les opérations de l'intelligence ! Vient alors la raison ; mais la raison n'a été donnée à l'homme que comme un moyen d'éclairer ici-bas le cœur sur le bien vers lequel il doit se porter : il ne faut donc pas chercher le but de l'homme dans les conceptions de la raison !

Reste enfin le cœur, pour lequel ont été faites la raison, l'intelligence, la volonté et le corps : la raison, qui éclaire le cœur, et l'intelligence, qui dessert la raison ; la volonté, qui détermine le cœur, et le corps, qui dessert la volonté. Comme toutes ces facultés n'ont d'autre fin que de servir le cœur, toutes leurs fonctions n'ont donc d'autre fin que de concourir à la fonction générale du cœur ? Or, si la fonction du corps est d'exécuter, la fonction de la volonté de se déterminer, la fonction de l'intelligence de penser, la fonction de la raison de concevoir, la fonction du cœur n'est-elle pas d'aimer ? Et, comme le cœur est l'homme lui-même, il résulte que la souveraine fonction de l'homme est d'aimer. — Mais d'aimer quoi ?

Un instant !.. Si avant d'aller plus loin et pour la satisfaction de notre pensée, nous rapprochons ce résultat de celui que nous avons déjà obtenu au xve chapitre de ce même Livre, sur la nature ontologique de la créature spirituelle, à savoir que le Cœur est le fond même de l'homme, et que l'homme n'est autre chose qu'un être doué d'amour, nous serons doublement frappés du fait vers lequel après tant de détours notre raisonnement se trouve ramené. En effet, là, nous vîmes que l'homme est un principe aimant ; ici, nous voyons que sa fonction souveraine est d'aimer.

Et si d'un côté nous avons vu que l'homme, emporté par le mouvement indispensable de son être, poursuit à travers tous les biens, un bien dont tous les autres ne font que réveiller la soif ; si d'un autre côté nous arrivons à voir que la souveraine fonction de son être est d'aimer, c'est-à-dire de se porter précisément au-devant d'un bien ; il en résulte, d'une manière comme d'une autre, que l'homme n'a été fait qu'en vue d'un bien qui doit être la fin et la satisfaction de son être, puisqu'il ressort si évidemment que son être n'a été formé que pour ce bien. En un mot, il résulte à n'en plus douter, d'abord que l'homme a été fait pour un bien, ensuite que c'est au moyen de l'amour qu'il doit obtenir ce bien. Si d'un côté, l'homme a été créé exclusivement pour posséder un bien, et si d'un autre côté, sa nature a été entièrement organisée pour la fonction d'aimer, il faut assurément que l'amour joue un grand rôle dans la possession de ce bien !.. Ici, je crois, nous approchons de la lumière qui doit nous le faire reconnaître.

En effet, qu'est-ce qu'aimer, sinon se porter vers un objet par un mouvement d'adhésion ? et cet objet vers lequel nous nous portons par un mouvement d'adhésion qu'est-il pour nous, sinon un bien ? Si donc la souveraine fonction de l'homme est d'aimer, il en résulte que la fin de l'homme est l'amour d'un bien ; et, s'il y a plusieurs biens, de celui qui est le plus parfait, du souverain bien, c'est-à-dire de celui qui peut produire l'amour le plus parfait, l'amour souverain. Alors, quel est le souverain bien ?... Oh lecteur, vous l'avez dit avant moi ! le souverain bien ne peut être que le Souverain-Bien, source de tous les biens finis qui passent sur cette terre, réunion de tous les biens infinis qui reposent dans l'absolu, DIEU ?

Quoi ! Dieu serait le bien de l'homme ?.. Allons doucement ; examinons comment il se pourrait que Dieu fût le bien de l'homme ; et d'abord, voyons ce que c'est positivement que le bien par rapport à un être :

Afin de savoir ce que c'est que le bien par rapport à un être, il s'agit de prendre un exemple dans un être qui, fait exclusivement pour ce monde, doive conséquemment y trouver son bien. Car si nous venons à connaître en quoi consiste le bien pour cet être, nous saurons en quoi consiste en général le bien pour tout être, il ne s'agira plus alors que de déterminer la nature de ce bien suivant la nature de l'être à qui il doit se rapporter. Prenons donc le corps, qui n'a été fait que pour ce monde.

Le bien pour le corps, n'est-il pas dans la satisfaction

de ses besoins ? En d'autres termes, ses organes ne souffrent-ils pas à chaque instant du manque d'un certain complément qu'il faut à chaque instant leur fournir; et la possession de ce complément n'est-elle pas le bien pour le corps? En sorte que la satisfaction de ses besoins est pour lui le bonheur. Seulement, comme le corps est fini et qu'il ne peut éprouver qu'une satisfaction finie, on donne à cette satisfaction le nom de plaisir. Mais, dans tous les cas, le plaisir est le bien-être du corps, son bonheur à lui, c'est-à-dire sa fin, sa satisfaction.

Eh bien ! de même que le corps, l'âme n'est-elle pas un être créé, c'est-à-dire un être conditionnel, un être séparé de la vie absolue ? Mais n'y a-t-il pas entre eux cette différence : que pour le corps, formé d'une substance finie et doué d'une vie relative, il faut afin de le satisfaire la possession d'une substance finie qui lui corresponde; tandis que pour l'âme, formée d'une substance infinie, il faut afin de la satisfaire la possession d'une substance infinie qui lui corresponde? En un mot, l'âme et le corps, comme tout être, ne trouvent-ils pas leur satisfaction ou leur bien, à se compléter dans la possession de la substance dont ils sont formés ?

Si donc le corps avoue qu'il n'est que besoins, s'il ne s'agite ici-bas que pour les satisfaire, et s'il semble effectivement ne trouver son bien-être que là, l'âme, de même que le corps, n'avoue-t-elle pas aussi qu'elle n'est que besoins, que désirs, tout ce qu'elle fait ici-bas n'a-t-il pas pour but de les satisfaire, et ne dit-elle pas que son bonheur ne peut être que là? Alors, si pour un être le bonheur consiste dans l'acquisition des biens qui lui manquent pour satisfaire ses besoins, c'est-à-dire pour compléter son être, quel sera le bien pour l'homme ? ne sera-ce pas celui qui renferme tout ce qui peut satisfaire ses besoins ? Ici la question devient bien simple :

Si l'on demandait, par exemple, quels sont les biens du corps, nous l'interrogerions lui-même pour savoir quels sont ses besoins ; et comme il nous dirait qu'il a besoin de se nourrir, de se vêtir, de se loger, afin d'avoir la santé, la chaleur et le repos, il nous serait aisé de répondre que les biens du corps sont les aliments, les vêtements et le logement, et que par conséquent son bien-être consiste dans la possession de ces biens. Puis, si le corps réclamait de nous ces biens, nous dirions au corps : Adresse-toi à la substance dont tu es sorti ; elle t'a donné l'être, elle seule peut te donner le bien-être, qui est le complément de l'être ; en un mot, adresse-toi à la nature, elle te fournira tous ces biens, elle qui les renferme pour toi.

Maintenant, si l'on demande quels sont les biens de l'âme, nous ne serons pas plus embarrassés ; nous l'interrogerons elle-même pour savoir quels sont ses besoins ; et comme elle nous dira également qu'elle a besoin de se nourrir, c'est-à-dire de connaître, d'espérer et d'aimer, il nous sera aisé de répondre que les biens de l'âme sont le vrai, le bon et le beau, et que par conséquent son bonheur consiste dans la possession de la vérité, de la justice et de la beauté infinies. Puis, si l'âme réclame de nous ces biens, nous dirons à l'âme : Adresse-toi à la substance dont tu es sortie ; elle t'a donné l'être, elle seule peut te donner le bien-être, qui est le complément de l'être ;

en un mot, adresse-toi à celui qui doit te fournir tous ces biens, à celui qui les renferme pour toi.

Si donc premièrement, l'âme comme être créé, comme être conditionnel, ne jouit point d'une existence absolue ; secondement, si l'âme comme formée d'une substance infinie, ne peut trouver le complément de son être, ou la satisfaction de ses besoins, que dans la possession d'une substance infinie ; troisièmement, si l'âme, dirigée par l'instinct de sa nature, annonce, quoique retenue ici-bas, sa prédilection pour le vrai, le bon et le beau, et cherche déjà à s'enivrer d'extase, d'enthousiasme et d'amour : ce qui doit satisfaire tous les besoins de l'âme, ce qui doit lui donner le complément de son être, en un mot le bien de l'âme, ne peut être que celui qui est tout à la fois la Vérité, la Bonté et la Beauté infinies, celui qui suffit à tous les besoins de l'être, celui qui porte en soi la vie absolue, DIEU !

Dieu ! voilà donc l'objet réel des amours ignorés ou connus de toute créature ! voilà donc ce bien d'après lequel tous les biens sont plus ou moins parfaits selon qu'ils se rapprochent plus ou moins de lui ; ce bien indépendant et dégagé de tous les biens de ce monde, mais dont tous les biens de ce monde dépendent en tant que biens ; ce bien que l'homme poursuit à travers toutes les choses qui lui paraissent bonnes, en vue duquel il cherche toutes les choses qui lui paraissent bonnes, et pour lequel il quitterait toutes les choses qui lui paraissent bonnes ; voilà donc ce bien qu'il veut pour lui-même, et non en vue d'un autre, puisqu'il n'est le moyen d'aucun autre, mais la fin de tous les autres, et dans lequel l'homme doit s'arrêter après avoir traversé tous les autres; voilà donc enfin celui qui est le bien en soi, celui qui est lui-même le bien, et qui possède d'une manière intégrale, absolue, infinie, ce que les autres n'avaient que d'une manière incomplète, relative et douloureusement finie; en un mot, voilà donc le Souverain-Bien, le Bien que cherche l'homme !

Or, si Dieu est le Souverain bien, comme le Souverain bien procure la souveraine satisfaction, qui est le bonheur, le bonheur consiste donc dans la possession de Dieu? C'est lui-même effectivement qui a dit : JE SERAI TA GRANDE RÉCOMPENSE!.. Et c'est de lui que le Roi des prophètes a dit : « Je sais, ô mon Dieu, que vous êtes le besoin de mon cœur et ma part éternelle! »

Salut ! salut ! toi que je retrouve au bout de toutes mes investigations ; toi que j'essaie en vain de chasser devant ma pensée et qui, revenant sans cesse dans mon esprit, m'arrache cette conclusion sublime : O mon Dieu, mon Dieu ! n'es-tu pas celui que je cherche ?.. Mais n'es-tu pas aussi celui que cherchent tous ceux qui ont soif du bonheur ? Et vous tous qui avez repoussé les idoles que l'on adore sur la terre pour conduire vos cœurs dans les sphères de l'esprit, vous le cherchez comme moi ! Oui, hommes de la raison, hommes de la conscience, hommes de l'imagination, je vous dis que c'est lui que vous cherchez à travers la philosophie, la justice et la beauté !

Car ce que vous cherchez, ô philosophes, c'est le principe d'où la raison tire tout ce qu'elle a de lumière ; et ce principe n'est autre chose que la Vérité absolue. Ce que vous cherchez, hommes de bien, c'est le principe d'où votre conscience tire tout ce qu'elle a de juste ; et ce principe n'est autre chose que la Justice éternelle. Ce que vous cherchez, nobles artistes, c'est le principe d'où votre imagination tire tout ce qu'elle rêve de beau ; et ce principe n'est autre chose que la Beauté infinie.

Oui, celui-là est le terme de tous ceux qui raisonnent, et auquel ils ne manquent pas d'arriver quand ils raisonnent bien. Celui-là est le terme de tous ceux qui marchent à la justice, et auquel ils ne manquent pas d'arriver quand ils cherchent véritablement la justice. Celui-là est le terme de tous ceux qui poursuivent la beauté, et auquel ils ne manquent pas d'arriver quand ils cherchent réellement la beauté.

Et vous, rois, héros, stoïciens, ce que vous cherchez, c'est le principe d'où votre volonté tire tout ce qu'elle a de puissance. Vous, sages, législateurs, hommes de génie, ce que vous cherchez, c'est le principe d'où votre intelligence tire tout ce qu'elle a de sagesse. Vous, pères et mères, époux et amants, frères et amis, ce que vous cherchez, c'est le principe d'où votre cœur tire tout ce qu'il a d'amour ! Et ce principe n'est autre chose que celui qui est tout à la fois la Puissance, la Sagesse, et l'Amour infinis.

Oui, celui-là est le terme de tous ceux qui s'élèvent, et ils ne manquent pas d'y arriver quand ils cherchent la véritable grandeur. Celui-là est le terme de tous ceux qui méditent, et ils ne manquent pas de le découvrir quand ils cherchent réellement la sagesse. Celui-là est le terme de tous ceux qui aiment, et ils ne manquent pas de le posséder quand ils aiment véritablement.

Philosophes, hommes de bien, artistes; sages, hommes de génie, héros; pères, époux, frères, et vous amants si tendres, soyez-en sûrs, au fond vous ne cherchez que Dieu! Car si vous vous prenez déjà de tant d'amour pour la puissance, la vérité et la beauté qui apparaissent dans nos pâles demeures, combien aimez-vous davantage la puissance, la vérité et la beauté éternelles! Eh bien! si vous ne cherchez que Dieu, pourquoi vous embarrasseriez-vous encore à travers les objets de ce monde? allez directement à lui. Par-là vous vous délivrerez des déceptions que laisse la puissance, des amertumes que laisse la science, et des pleurs, hélas! que laisse après lui l'amour.

Prenez-y garde! vous êtes ses cœurs d'élite, c'est de vous certainement que Dieu attend le plus; et c'est vous que l'on verrait, renouvelant l'erreur des anciens âges, vous laisser prendre au brillant des choses d'ici-bas! Prouvez donc que dans les grandes âmes la nature humaine n'est point aussi déchue : ce serait là une belle gloire! Je ne vous le cache pas, c'est vous surtout que Dieu aime; car quel est le cœur que Dieu aime davantage que le cœur qui cherche la puissance, lui qui est la puissance absolue? Quel est le cœur que Dieu aime davantage que le cœur qui cherche la vérité, lui qui est la vérité éternelle? Enfin, quel est le cœur que Dieu aime davantage que le cœur qui cherche l'amour, lui qui est l'amour infini?

Héros, philosophes, artistes, vous avez été taillés pour être des saints; vous êtes des lions par le cœur et par le courage. Les saints n'étaient que des hommes de courage, des hommes de vérité et des hommes d'amour. Saint Paul, saint Jérôme, saint Augustin, encore enfants, qu'avaient-ils de plus que vous? Eux, ils n'ont jeté les yeux sur les choses de ce monde que pour s'apercevoir qu'elles ne pouvaient satisfaire leurs nobles convoitises. Mais vous, pourquoi avez-vous ouvert les yeux de votre esprit pour ne point voir? ou plutôt, pour contempler des choses que vous deviez franchir? Ah! si vous avez aussi du génie et du courage, employez-les donc à découvrir la vérité immuable à travers toutes ces vérités éphémères qui passent comme les phénomènes que le temps emporte avec lui. — Car enfin, ne seriez-vous pas trop humiliés si l'on vous comparait à ces hommes sans intelligence qui ne savent pas distinguer l'erreur de la vérité?

Et vous, chastes amantes, vous à qui je ne puis penser sans que mon cœur s'attendrisse, vous êtes faites pour devenir des saintes; vous êtes des anges par le cœur et par l'innocence. Les saintes n'étaient que des vierges d'amour, de candeur et de pureté. Sainte Thérèse, sainte Cécile, sainte Elisabeth, qu'avaient-elles dans leur jeunesse de plus que vous? Elles n'ont ouvert leurs yeux à ce monde que pour voir que l'époux rêvé de leur cœur ne s'y trouvait point. Mais vous, pourquoi êtes-vous montées sur votre tige pour ne pas fleurir? ou plutôt, pour porter un bouton qui s'effeuillera sur la terre? Ah! si vous aussi, vous avez de l'amour et du courage, employez-les donc à vous détourner de ces affections temporelles pour vous élever à l'éternelle affection. — Car enfin, ne seriez-vous pas accablées, si l'on vous comparait à ces femmes sans pureté qui ne savent distinguer l'amour de la volupté?

Ainsi, nous pouvons répondre directement à la question de ce chapitre : Dieu est le souverain bien, et c'est dans sa possession que consiste le bonheur. Mais Dieu est dans le Ciel et l'homme sur la terre... Comment peut-on donc posséder le bonheur dès cette vie ?

Sommaire. — Si dans l'absolu l'être et le bien-être sont inséparables, et si l'homme a été mis dans la création, séparé du bien-être, pour qu'il y arrive par la force de sa personnalité, quel est donc ce bien ? où est-il ? comment l'homme peut-il se le procurer ? — N'est-ce pas la plus grande et la plus intéressante question que les hommes puissent poser ? La première chose à faire, c'est de ne pas confondre le bonheur, qui est la joie infinie que l'âme éprouve, avec le bien, qui est l'objet qui la lui fait éprouver. — Le bonheur est un phénomène psychologique, la manière d'être suprême de notre âme, son état de vitalité absolue ; c'est le bien qui procure le bonheur, qui est une réalité objective souvent trop loin de notre âme ! — Or, comme la satisfaction de l'âme augmente en raison du bien qui la procure, le bonheur, ou la souveraine satisfaction, résulte de la possession du souverain bien. La question du bonheur consiste donc à savoir quel est le souverain bien.

Voici comment nous pouvons raisonner :

Pour venir ici-bas constituer sa personnalité, l'homme, séparé de la vie absolue, ou du bonheur, ne se trouve-t-il pas dans un inconcevable besoin de recouvrer le bonheur ? — Le bonheur ne pouvant résulter que de la possession du bien, toutes nos pensées, tous nos efforts, toutes nos recherches, tous nos amours, ne sont-ils pas en vue de nous procurer ce bien ? — Parmi tous les biens que nous poursuivons ici-bas, n'en est-il pas que nous regardons comme des moyens d'arriver aux autres ? — Ces différents biens se trouvant ainsi subordonnés les uns aux autres, il en est donc que nous ne cherchons que pour arriver aux autres ; et nous ne cherchons que ces derniers pour eux-mêmes, puisque nous ne cherchons les autres que pour ceux-ci ? — Si nous reconnaissons des biens que l'on recherche pour eux-mêmes, et des biens que l'on ne recherche que pour arriver aux premiers, nous reconnaissons donc deux espèces de biens : ceux qui le sont par eux-mêmes, et ceux qui ne sont que les moyens d'arriver aux premiers ? — S'il y a un bien que nous recherchons pour lui-même, et non en vue d'aucun autre, il est clair que ce bien est le bien en soi, c'est-à-dire qu'il est lui-même le bien, le bien réel, le souverain bien, celui que cherche l'homme. — Mais les hommes, tout en cherchant ce bien, ne s'adressent-ils pas à une multitude de choses différentes qu'ils regardent comme des biens ; et l'un voyant le bien dans une chose, et celui-là dans une autre, n'en résulterait-il pas qu'il y aurait des biens différents ? — Et si, de plus, telle chose n'est pas poursuivie par celui-ci, parce qu'il s'est déjà aperçu que ce n'est pas un bien ; et si telle chose est toujours poursuivie par celui-là, parce qu'il ne s'est pas encore aperçu que ce n'est pas un bien, n'en résulterait-il pas qu'il y aurait des biens opposés ? — Ces biens étant différents et même opposés, s'il s'en trouve un parmi eux qui soit le bien, les autres ne le sont donc pas ? et si cette chose que j'appelle bien est vue par un autre comme un mal, et ainsi de toutes généralement, toutes ne seraient donc encore que des biens relatifs, personnels, et non point le bien universel, absolu ? — Cependant, si l'homme a cherché le bonheur dans tous ces objets, n'est-ce pas parce que ces objets lui semblaient avoir quelque chose du bien ; et s'il n'a trouvé le bonheur dans aucun de ces objets, n'est-ce pas parce que ces objets n'étaient pas pour lui le bien ? — Mais, si ces objets ont quelque chose du bien, ce bien dont ils ont quelque chose, existe donc; alors il en existe un qui est le bien en soi, la cause de tout ce que les autres ont de bon, le principe qui nous fait les rechercher? — Aussi, le mot *bon* est-il devenu l'adjectif dont on qualifie tout ce qui a quelque chose de bien; et tous les objets auxquels on applique ce mot, ne sont-ils pas effectivement recherchés par les hommes? — Or, ce mot *bon* ne se dit-il pas et ne doit-il pas se dire de toutes ces choses; car varient-elles autrement de l'une à l'autre que par le degré, telle de ces choses pouvant être plus ou moins *bonne*? — Mais, lorsqu'on dit qu'une chose est plus ou moins bonne, c'est bien par comparaison avec son type, avec une chose qui est exclusivement bonne; car si ces choses deviennent meilleures à mesure qu'elles ont plus de ce bien, il faut que ce bien existe. — Le mot *bon* exprime donc quelque chose de réel que l'on retrouve en plus ou en moins dans les différents objets de ce monde; et tous ces objets dépendent de ce bien, en tant qu'ils sont bien et n'existent que par lui, loin que ce soit ce bien qui dépende de ces objets et existe par eux. — De là, au milieu de tous ces biens, ne se trouve-t-il pas quelque chose de commun, le principe du bon qui leur en donne à tous le caractère; ce principe qui les fait ce qu'ils sont, n'existe-t-il pas pur et au-dessus de ces objets ? Pourrait-on dire, par exemple, que l'existence de ce principe dépend de ces objets, lorsque ce sont ces objets qui dépendent de ce principe, comme les effets de leur cause? — Alors, comme il n'y a qu'une seule science des effets qui ont une même cause, cause à laquelle on arrive en écartant les effets mêmes dans ce qu'ils ont de divers, pour ne s'attacher qu'à ce qu'ils ont de commun, au principe qui fait leur réalité : ainsi, pour faire la science de toutes les choses bonnes, pour saisir la cause qui les fait ce qu'elles sont, ne faut-il pas précisément écarter ces choses mêmes dans ce qu'elles ont de divers, pour ne s'attacher qu'à ce qu'elles ont de commun, au principe qui fait leur réalité ? — Puisque la science du bien, comme toute science, repose, non sur la variété des choses bonnes, mais sur ce qu'il y a de commun entre ces choses, c'est-à-dire le bon en soi, cette science est donc la science du bon en soi ; et puisque c'est le bon en soi qui fait cette science, que cette science n'existe que parce qu'il existe, c'est donc le bon en soi qui est la réalité ? — Alors, de même que la méthode l'indique à la science, la raison ne nous indique-t-elle pas à nous-mêmes, que si nous voulons le bien réel, il ne faut pas chercher les différentes choses, qui ne sont que bonnes, mais le bon en soi ; et voulant trouver le bien dont on ne voit en ces choses qu'une ombre altérée, ne faut-il pas éviter ces choses mêmes afin de saisir le bien qui, n'étant point mêlé et confondu en elles, est resté pur et réel ? — Or n'avons-nous pas vu précisément que ces biens sont différents les uns des autres, qu'ils sont même l'opposé les uns des autres ; que l'homme ne s'arrête en aucun, parce qu'il ne trouve le bonheur en aucun ; que conformément à l'instinct de notre nature nous les avons d'abord poursuivis, parce qu'ils nous semblaient des biens, et que nous les avons ensuite laissés, parce qu'ils n'étaient point le bien absolu ? — De sorte que le bien absolu doit être complet, infini, sans quoi il ne nous satisferait pas complètement, il ne nous donnerait pas le bonheur, qui est la satisfaction infinie : il faut donc que ce bien soit ce qu'il y a de plus parfait ; qu'il soit le bien final et non le moyen d'aucun autre ; qu'il soit le bien en soi, le bien qui se suffit à soi-même. — Mais, quel est ce bien ? — Il semble que l'on parviendrait à le savoir si l'on pouvait découvrir quel est le bien qui est la source de tous les biens, ce bien d'après lequel les choses sont plus ou moins bonnes selon qu'elles se rapprochent de lui, ce bien en vue duquel on poursuit toutes les choses qui paraissent bonnes, en un mot, le bien qui possède d'une manière complète, absolue, infinie, ce que les autres n'ont que d'une manière incomplète, relative, finie. — Il y aurait encore un moyen tout aussi direct et plus conforme à nos habitudes psychologiques, il consisterait à déterminer quelle est la fin de l'homme, c'est-à-dire le bien pour lequel il a été créé. Et l'on y parviendrait si l'on déterminait, par l'inspection de ses facultés, pour quelle fonction spéciale il a été créé. Cette fonction quelle est-elle ? — D'abord se présente le corps ; mais il n'a été donné à l'homme que pour exécuter les actes de sa volonté : il faut donc chercher plus loin la fonction spéciale de l'homme. Alors vient la volonté ; mais elle n'a été donnée à l'homme que pour qu'il se détermine d'après les lumières de la raison : il faut donc chercher plus loin la fonction spéciale de l'homme. — Ensuite vient l'intelligence ; mais elle n'a été donnée à l'homme que pour exploiter les lumières de la raison : il faut donc chercher plus loin la fonction spéciale de l'homme. Vient alors la raison ; mais elle n'a été donnée à l'homme que pour éclairer son cœur sur le bien vers lequel il doit se porter : il faut donc chercher plus loin la fonction spéciale de l'homme. — Si le corps n'a été fait que pour la volonté, l'intelligence que pour la raison, et si la volonté et la raison n'ont été faites que pour le Cœur, toutes les fonctions de ces organes ne sont que pour arriver à la fonction définitive du Cœur. C'est donc en lui qu'il faut chercher la fonction spéciale de l'homme ! — Or, comme la fonction du cœur est d'aimer, et comme le cœur est le fond de l'homme, la souveraine fonction de l'homme est d'aimer. Effectivement, n'avons-nous pas déjà découvert, par voie ontologique, qu'au fond, l'homme n'est autre chose qu'un être doué d'amour ? — Nous vîmes alors que l'homme est un principe aimant, nous voyons ici que sa fonction souveraine est d'aimer... Mais d'aimer quoi ? — Ne venons-nous pas précisément de reconnaître dans ce qui précède, que l'homme a été fait en vue d'un bien qu'il poursuit de toutes ses forces, et que ce bien sera la fin et la satisfaction de son être ? — Or si, d'un côté, l'homme a été créé exclusivement pour posséder un bien ; et si, d'un autre côté, sa nature a été entièrement organisée pour la fonction d'aimer, il faut que l'amour joue un grand rôle dans la possession de ce bien ! — En effet, aimer, n'est-ce pas se porter vers un objet par un mouvement d'adhésion; et cet objet n'est-il pas pour nous un bien ? Il résulte donc que la fin de l'homme, sa souveraine fonction, est l'amour d'un bien; et s'il y a plusieurs biens, du plus parfait, du souverain bien, de celui qui peut produire l'amour le plus parfait, l'amour souverain. Or, le souverain bien peut-il être autre chose que le Souverain-Bien, celui qui est la source infinie de tous les biens qui sont sur cette terre, Dieu ? — Comment Dieu peut-il être le bien de l'homme ? D'abord, qu'est-ce que le bien par rapport à un être ? Prenons un exemple dans un être qui, créé exclusivement pour ce monde, doive y trouver conséquemment son bien. Le bien pour le corps n'est-il pas dans la satisfaction de ses besoins ? et ses besoins ne consistent-ils pas à trouver dans la substance dont il est formé, le complément de son être ? — Comme l'âme, ainsi que le corps est un être créé et non pas l'être essentiel, si pour le corps, formé d'une substance finie, il faut la possession d'une substance finie qui lui corresponde; pour l'âme, formée d'une substance infinie, il faut la possession d'une substance infinie qui lui corresponde. — L'âme, comme le corps, comme tout être, n'avoue-t-elle pas qu'elle n'est que besoins à satisfaire, et que pour elle le bonheur consiste dans l'acquisition des biens qui lui manquent pour satisfaire ses besoins, c'est-à-dire pour compléter son être. La question devient donc bien simple : — Pour savoir quels sont les biens finis du corps, il faut savoir quels sont ses besoins; et comme il a besoin de se nourrir, de se vêtir et de se loger, les biens du corps sont donc les aliments, les vêtements, le logement. Pour les posséder, que le corps s'adresse à la substance dont il est sorti : elle lui a donné l'être, elle seule peut lui donner le bien-être, qui est le complément de l'être. — Pour savoir quels sont les biens infinis de l'âme, il faut savoir quels sont ses besoins; et comme elle a un besoin infini de connaître, d'espérer et d'aimer, les biens de l'âme sont donc le vrai, le bien et le beau infinis. Pour les posséder, que l'âme s'adresse à la substance dont elle est sortie : elle lui a donné l'être, elle seule peut lui donner le bien-être infini, qui est le complément de son être. — Si l'âme ne peut trouver le complément de son être, c'est-à-dire le bonheur, que dans la possession d'une substance infinie, et si, quoique retenue ici-bas, elle poursuit déjà le bien, le vrai et le beau; ce qui doit donner à l'âme le complément de son être, c'est-à-dire le bonheur, ne peut être que celui qui est tout-à-la-fois la Vérité, la Bonté, et la Beauté infinies, Dieu ! — Dieu ! voilà donc l'objet des amours ignorés ou connus de toute créature ! voilà donc le bien d'après lequel tous les biens sont plus ou moins parfaits selon qu'ils se rapprochent plus ou moins de lui, le bien en vue duquel l'homme poursuit toutes les choses qui lui paraissent bonnes, le bien qu'il veut pour lui-même, parce qu'il est le bien en soi, le bien intégral, absolu, infini, en un mot, le Souverain-bien, le bien que cherche l'homme ! — C'est ainsi que Dieu peut être le bien de l'homme. — Or, si Dieu est le Souverain-bien, comme le souverain bien est la souveraine satisfaction, c'est-à-dire le bonheur, le bonheur consiste donc dans la possession de Dieu ! Et c'est lui effectivement qui a dit: JE SERAI TA GRANDE RÉCOMPENSE ! — Oui, c'est celui que cherchent tous les hommes, et surtout ceux qui poursuivent le bonheur, la vérité, la justice, la beauté. Car, ce que cherche le philosophe, par exemple, c'est le principe d'où la raison tire toute sa lumière ; et ce principe n'est autre chose que la Vérité. Elle est le terme de tous ceux qui raisonnent, et auquel ils ne manquent pas d'arriver quand ils raisonnent bien. — Et il faut en dire autant des hommes de bien par rapport à la Justice, et des artistes par rapport à la Beauté, et enfin des rois, des héros et des stoïciens; des sages, des législateurs et des génies ; des pères, des époux et des amis ; en un mot, de tous ceux qui cherchent la Puissance, la Sagesse, et l'Amour. — Ce sont là certainement les plus illustres créatures de Dieu, celles dont il attend le plus. — Héros, philosophes, artistes, vous êtes taillés pour devenir des saints ; les saints n'étaient que des hommes de courage, de vérité et d'amour ; mais ils n'ont jeté les yeux sur ce monde que pour s'apercevoir que rien ne pouvait y remplir leur cœur. — Chastes amantes, vous êtes faites pour devenir des saintes ; les saintes n'étaient que des vierges d'amour, de candeur et de pureté ; mais elles n'ont ouvert les yeux à ce monde que pour voir que l'époux rêvé de leur cœur ne s'y trouvait point.

Ainsi disons, pour répondre directement à la question de ce chapitre : Dieu est le souverain bien, et c'est dans sa possession que consiste le bonheur. Mais Dieu est au Ciel et l'homme sur la terre.... comment peut-on posséder le bonheur dès cette vie ?

XXIII.

Comment peut-on posséder le Bonheur dès cette vie ?

Nous avons vu que le bonheur résulte de la possession du souverain bien ; alors comme Dieu est le souverain bien, le bonheur consiste dans la possession de Dieu. Mais si cette vie consiste précisément dans la privation momentanée de la possession de Dieu, comme la privation du bonheur infini est la souffrance infinie, cette vie doit être un Enfer véritable, et l'homme doit y souffrir le supplice du dam.

Cependant, si ce monde a été fait pour nous mener à l'autre, la vie de ce monde doit être une préparation à la vie de l'autre, une pente naturelle qui nous y conduise. Et, si la vie de l'autre monde est la félicité, la vie de celui-ci doit être une sorte de commencement, de prélude de la félicité. Si donc, pour que cette vie remplisse son but, il y a en elle comme un prélude, un commencement de la félicité, ce doit être là sans doute pour ce monde la jouissance la plus délicieuse, le bonheur le plus grand que l'homme puisse espérer au sein de nos sphères créées ! Or, c'est ce bonheur là qu'il nous importe maintenant de connaître, nous à qui il reste tant de temps à passer sur la terre !

Pauvre philosophe, qu'as-tu fait ?.. tu as prouvé à l'homme qu'il ne cherchait que le bonheur ? Mais il ne le savait que trop ! Tu lui as prouvé que le bonheur est dans le ciel ? Cruel, c'est là tout ce que tu voulais lui apprendre ! Lorsque tout à l'heure l'homme t'écoutait attentivement, c'est qu'il s'attendait à ce que tu lui découvrisses où est le bonheur sur cette terre; car c'est sur cette terre qu'il habite, triste et dépouillé ! Et tu viens renouveler sa plainte en en ramenant plus vivement le sujet sous ses yeux !

Homme, ne te hâte pas de m'accuser. Tu dois bien songer que je suis homme aussi, que je sais comme toi les longs jours qu'il nous reste à passer sur la terre ; que mon cœur s'y trouve toujours ou embrasé d'une grande impatience, ou absorbé dans une grande tristesse, et qu'il n'est pas une heure de sa vie où il ne demande le bonheur. Repose-toi seulement sur le besoin qui le déchire, du soin de chercher si l'on peut ici-bas quelque chose à nos maux ! Penses-tu que ce soit pour rien que j'aie analysé si patiemment les éléments du bonheur ? Crois-moi, ce n'est point seulement pour prouver qu'il est dans l'autre vie que j'ai cherché d'un œil embrasé à le connaître. Ah! ne crains pas que je veuille maintenant t'engager à la modération! ce n'est pas moi qui essayerai de refroidir tes désirs infinis sous le cilice mortel de la patience, ni d'endormir ton cœur à demi-étouffé, dans la tombe glacée du stoïcisme. Non, non! cela est au-dessus de mes forces; quoi qu'il en dise, mon cœur saigne et sanglote aussi bien que le tien, et la plainte est peut-être plus près de mes lèvres que des tiennes. Et cependant, j'en jure par mon âme! l'homme se consolera de tant d'infortune; oui, il souffrira encore patiemment tous ses malheurs, s'il peut seulement entrevoir d'ici-bas l'aurore lointaine de la félicité, si à de rares instants une faible lueur de cette délicieuse lumière vient entr'ouvrir son âme et faire tressaillir son cœur, pour lui rappeler au moins qu'il tient encore à la vie au milieu de ces régions abandonnées à la mort.

Eh bien! il y a plus que cela; et je vais t'apprendre une importante nouvelle : c'est que le bonheur, oui le bonheur, existe aussi sur cette terre. Et de plus, tu sauras où il est; et, en présence de tous nos semblables, je défie un seul de ceux qui en firent l'expérience, de me démentir!.. Mais, comment obtenir ce bonheur? Sans doute par quelque moyen plus difficile encore que ceux par lesquels on cherche la fortune? un de ces moyens que l'on emploie pendant toute la vie, sans quelquefois saisir de résultat?.. Ah! le moyen est plus simple et plus aisé! et quoiqu'il faille à ton cœur un noble élan pour l'atteindre, il est plus près de nous que tu ne penses. En effet,

Dieu, avons-nous dit, étant le souverain bien, le

bonheur consiste dans la possession de Dieu. Mais, demanderons-nous, quel moyen de posséder Dieu en ce monde ?.. Lecteur, écoute; ou plutôt, dis à ton esprit de se retirer, c'est ton cœur seul qui peut comprendre. En jetant les yeux sur une créature mortelle parée de tous les dons de la vertu et de la beauté, ne t'est-il jamais arrivé de te dire : Mon bonheur serait de la posséder ! Et cette pensée ne t'est-elle pas revenue bien souvent ; et à chaque fois ne te semblait-il pas que tu l'aimais davantage ? Et à mesure que tu l'aimais, ne te sentais-tu pas déjà bien heureux, heureux comme si tu la possédais ? Et n'allais-tu pas alors jusqu'à dire dans ta joie : Elle est vraiment à moi, moi seul je la possède, car c'est moi seul qui l'aime ! Et tu disais vrai ! toi seul la possédais, parce que toi seul l'aimais, et toi seul étais heureux, parce que vraiment tu la possédais dans ton amour. O toi qui sais ce que c'est qu'aimer, tu sais si celui qui aime possède ; toi qui connais l'amour, tu peux dire si c'est là une douce possession ! Eh bien !..... par l'amour nous pouvons posséder Dieu.

Quand je vous disais, ô mon âme, que nous pouvions posséder Dieu dès ce monde, et d'une manière aussi délicieuse que les anges le possèdent dans le Ciel, puisque nous le possédons par l'amour ! Eh ! ne nous étonnons pas de la merveille de cette possession ; elle n'est pas plus miraculeuse sur la terre, qu'elle ne l'est pour les bienheureux dans le Ciel. C'est la même manière de le posséder de part et d'autre, la différence n'est que dans le degré. Aimer dans le ciel, aimer sur la terre, vous possédez toujours Dieu. Le Ciel n'est pas ici ou là, le Ciel est d'aimer Dieu. Or, comme le dit St. Thomas,

Deus in hâc vitâ possit immediatè amari. Seulement il faut bien dire que, renfermés dans les conditions du temps, nous ne pouvons encore l'aimer de l'amour infini ; nous ne pouvons l'aimer que de toute notre âme et de toutes nos forces. Mais puisque cet amour, qui fait toute notre joie dans le temps, n'a de borne que celle de notre être, cette joie remplit donc tout notre être. En aimant Dieu de tout son cœur, l'homme est heureux dans toute l'étendue de son cœur. Je crois que pour le moment sa nature ne demande pas davantage.

Observons les effets ontologiques de l'amour. L'amour, en portant l'être qui aime vers l'objet aimé, l'unit et le fait tellement un avec lui, qu'il jouit de sa vie au point de lui dire comme S. Paul : « Je ne sais plus si c'est moi « qui vis en vous, ou vous qui vivez en moi ! » Remarquez que nous allons bien plus loin avec l'amour qu'avec la connaissance ; si le propre de la connaissance est de nous mettre en face du bien, le propre de l'amour est de nous faire entrer dans ce bien [1]. L'amour produit l'union, et l'union produit le bonheur de celui qui aime et de l'objet aimé. Le premier effet de l'amour est de nous porter vers l'objet aimé [2] ; le second effet de l'amour est de nous unir à l'objet aimé [3] ; le troisième effet de l'amour est de nous procurer le bonheur, qui résulte de la possession de l'objet aimé [4]. Ces trois effets de l'amour ont été signalés par les plus profonds théologiens, ils sont la base méta-

---

[1] « Le propre de l'amour est d'entrer dans son bien pour s'y délecter. »
S. Thomas, *Summa theologica.*
[2] Amor est virtus appetitiva.
S. Augustin.
[3] Amor est virtus unitiva.
S. Denys.
[4] Gaudium est effectum charitatis.
S. Thomas.

physique de la théologie. — D'abord, que l'amour nous porte vers l'objet aimé, c'est ce que l'on retrouve dans la notion absolue de l'amour, savoir qu'il est le mouvement de l'être vers l'être ; c'est ce que l'on retrouve dans le langage lui-même, qui nous l'eût révélé au besoin par ces seules expressions, *les trans-ports de l'amour*, lesquelles indiquent précisément que l'être se *porte au-delà* de lui-même pour s'approcher d'un autre ; c'est ce que l'on retrouve dans S. Augustin lorsqu'il le définit : *Charitatem voco motum animi ad fruendum Deo*; c'est ce que l'on retrouve aussi dans S. Thomas : *Charitas est virtus appetitiva ; charitas attingit ipsum Deum, quia in ipso sistat, non quia ex eo nobis perveniat.* — Ensuite, que l'union soit l'effet de l'amour, qu'il nous unisse à l'objet aimé, c'est ce que l'on retrouve dans S. Paul, lorsqu'il dit : *Qui adhæret Deo per amorem, unus spiritus cum illo est ;* c'est ce que l'on retrouve aussi dans S. Denys : *Amor est virtus unitiva ;* c'est ce que l'on retrouve dans S. Augustin : *Charitas est virtus quæ conjungit nos Deo ;* et c'est ce que décide S. Thomas : *Unio aut adhærentia est effectus amoris ; unionem efficit charitas, animam immediatè Deo conjungit spiritualis vinculo unionis.* — Enfin, que l'amour procure le bonheur, c'est ce que l'on retrouve dans les Ecritures, lorsqu'elles disent : *Ultimum bonum est Dei fruitio, secundum illud Psalmi: Mihi adhærere Deo bonum est ; et ad hoc ordinatur homo per amorem ;* c'est ce que l'on retrouve dans la Théologie, lorsqu'elle décide : *Gaudium est effectum consequentem charitatis actum principalem, qui est dilectio ;* et c'est ce que l'on retrouve dans S. Paul : *Gaudium in nobis causatur ex Spiritu Sancto*, d'où

S. Thomas tire cette conclusion : *Spiritus Sanctus est charitas, ergo charitas est causa gaudii.*

Tels sont les effets de l'amour : de l'amour naît le mouvement vers l'objet aimé ; de l'amour naît l'union avec l'objet aimé ; et de l'amour naît le bonheur que cause la possession de l'objet aimé. L'amour est lui-même son principe, son moyen et son but ; il est sa soif, sa recherche et sa satisfaction. *Amor motu circulo agitur*, disait Aristote. L'amour prend son origine dans l'amour, il opère son ascension dans l'amour, il trouve son terme et son accomplissement dans l'amour. C'est l'amour qui demande l'union, c'est l'amour qui produit l'union, c'est l'amour qui jouit du bonheur que produit l'union. Comme l'exprime l'auteur de la Somme théologique, « l'union ou l'inhérence par laquelle celui qui aime est dans l'objet aimé, et l'objet aimé dans celui qui l'aime, est l'effet le plus délectable que puisse produire le pouvoir de l'amour. »

Ainsi par l'amour, celui qui aime est dans le bien aimé : *qui manet in charitate in Deo manet* ; et le bien aimé est dans celui qui l'aime : *et Deus manet in eo.* A quoi S. Denys ajoute, *Charitas autem est amor Dei, ergo amor facit amatum esse in amante.* Or, celui qui aime est dans le bien aimé de trois manières : par une sorte de complaisance délicieuse en toutes les perfections, les inclinations et les pensées de celui qu'il aime ; par une sorte d'amour de concupiscence qui se délecte dans l'ineffable jouissance que lui procure le bien aimé ; et par une sorte d'amour de bienveillance [1] qui estime les biens de ce

---

[1] Quand on dit que nous aimerons Dieu d'un amour de bienveillance, ce mot doit être pris dans le sens d'amitié, de tendresse, de consanguinité. On ne peut

qu'il aime comme ses propres biens, en ce qu'il le considère comme un autre lui-même, puisqu'il ne peut se séparer de lui. Enfin, le bien aimé est à son tour dans celui qui l'aime ; et comme ici le bien aimé est Dieu, jugez de la manière dont il se comporte dans le cœur de celui qui l'aime ! « Tanta virtus est amoris, dit S. Bernard, « quod non solum facit angelos et homines excedere na- « turam propriam, ut in Deum ascendant ; sed et Deum « ipsum quasi naturam egredi facit, ut ad creaturas suas « quasi infra naturam suam procedendo condescendat. »

Le voilà ce moyen de posséder le bonheur dès cette vie ! le voilà ce prélude de la félicité, c'est l'amour de Dieu ! Si dans l'autre vie la félicité consiste à aimer Dieu, il n'est pas étonnant que l'amour de Dieu soit ici-bas le prélude de la félicité. Mais quoi ! ce qui fait toute notre vie, ce qui est le mouvement le plus invincible de notre être, l'amour, se trouve précisément ce qui nous conduit au bonheur ! et celui qui est l'idéal poursuivi par nos cœurs à travers tous les objets de ce monde, Dieu, est précisément lui-même le bonheur ! Notre être aurait donc pour tendance fondamentale et irrésistible celle qui le porte directement à la félicité ! Je ne m'étonne plus que naguère voyant d'un côté, l'homme créé exclusivement pour pos-

---

avoir pour Dieu de la bienveillance, selon le sens que nous donnons dans le monde à ce mot. En effet, le fond de l'amour, c'est l'union avec l'objet aimé ; maintenant, comme l'objet aimé peut être ou au-dessus de nous, ou au-dessous de nous, il y a deux sortes d'amour : l'amour par lequel on aime celui qui est au-dessus de nous, celui qui peut tout pour nous, et l'amour par lequel on aime celui qui est au-dessous de nous, celui pour lequel nous pouvons tout. Or, dans ce sens, nous ne pouvons aimer Dieu d'un amour de bienveillance, puisque nous ne pouvons rien pour lui ; nous devons l'aimer d'un amour de concupiscence (dans le sens latin de ces mots, *amor est in concupiscibili*, dit S. Thomas), puisqu'il peut tout pour notre bonheur.

séder un bien, et d'un autre côté, sa nature entièrement organisée pour la fonction d'aimer, nous en avons conclu que l'amour devait jouer un si grand rôle dans la possession de ce bien ! A cette heure, tout s'éclaircit : ce bien, c'est Dieu ; et cet amour, c'est l'amour de Dieu. Maintenant je puis parler, je puis répondre :

Qu'est-ce que le bonheur ? s'écriait Aristote ; voilà la question. ¹ Le bonheur, c'est d'aimer Dieu ; voilà la réponse.

Mais dites où je pourrai écrire cette solution en lettres d'or, pour qu'elle soit vue de toutes les âmes qui passent ! Je ne suis plus étonné si dans la langue la plus ontologique de toutes, dans la langue hébraïque, le même mot חפץ (e'phets) signifie tout à la fois *amour* et *bonheur* ! Ah ! il n'y a pas à s'en dédire, l'amour est la joie la plus grande qu'on puisse goûter sur cette terre. Le dernier degré des jouissances de la personnalité, la gloire, dit Mad. de Staël, que vaut-elle auprès de l'amour ? Le langage, lui qui n'ignore rien, a des expressions charmantes ; il dit : *posséder dans son cœur* ; et le pieux auteur de l'Imitation s'écrie : « Mon Dieu, quand par l'amour vous viendrez dans mon cœur, toutes mes entrailles en tressailleront de joie ! »

Oui, Dieu est le souverain bien, et par l'amour nous possédons Dieu dès ce monde ; la vie absolue commence

---

¹ « Tous les hommes cherchent le « bonheur : mais, qu'est-ce que le « bonheur ? Voilà la question. »
ARISTOTE, *Morale*, Livre I, ch. 4.

« Le bonheur est le but de tout être « sensible et le seul qui ne le quitte jamais. Mais où est le bonheur ? »
ROUSSEAU, *Émile*, Livre V, t. 3.

donc sur cette terre pour celui qui sent en lui-même l'amour des choses éternelles. Nous pouvons dire, en faisant allusion à des paroles célèbres : Chose admirable ! cet amour qui ne semble avoir d'objet que la félicité de l'autre vie, fait encore notre bonheur dans celle-ci ! C'est ainsi que durant le temps de l'absence, la jeune fiancée conserve dans son cœur la pensée de celui qu'elle aime ; et cette pensée, qui devrait être une source d'amertume, est la seule qui répande des charmes sur les jours de l'absence.

Enfin, l'on peut donc être heureux sur la terre. Encore si le bonheur exigeait de grands efforts ! mais on le trouve dans la plus entraînante, dans la plus invincible des inclinations de notre cœur, dans l'amour de Dieu. Par là on voit bien que nous n'avons été faits que pour le bonheur, et que si la souveraine fonction de l'homme est d'aimer, son but souverain est d'être heureux par la possession de l'objet de son amour. Oh ! pardonnez si je ne puis me contenir ; mais j'éprouve trop de joie, je vois réalisé le plus doux de mes rêves, je vois confirmé par la science l'idéal que poursuivait ma pensée ; là-dessus je ne tarirais plus. Cependant il faut aussi que nous fassions comprendre ces choses à notre esprit ; ne voyant pas en quoi consiste positivement le phénomène de l'amour, il ne sait comment s'expliquer les joies qui l'accompagnent.

Au fait, comment s'expliquer une telle joie ? comment se fait-il que nous soyons si heureux d'aimer ? Car enfin c'est là un phénomène de psychologie aussi intéressant que tous ceux que nous avons pu étudier. Mais se peut-il, mon Dieu, que nous soyons si indiscrets ? Quoi ! vous nous enivrez avec l'amour, et nous ne sommes point satisfaits, nous voulons encore savoir pourquoi... Enfin la science dit qu'elle n'est autre chose que la connaissance du pourquoi : prenons prétexte de la science.

Nous ne serons point étonnés des joies que, même dès cette vie, l'âme éprouve dans l'amour, quand nous saurons quel est le phénomène qui se passe. Il faut d'abord se rappeler que dans l'absolu l'être est un ; que l'amour, qui est le mouvement de l'être vers l'être, s'emparant de toutes les puissances de l'infini, les porte à se pénétrer les unes les autres pour rentrer dans leur identité éternelle ; c'est par l'amour que l'Être est un au milieu de sa variété. Si, sortant de l'absolu, nous suivons la créature qui en fut détachée, nous retrouverons l'amour, comme mouvement de l'être vers l'être, poussant l'être qui est séparé de l'existence infinie à se reporter vers elle pour rentrer dans la vie absolue : c'est là le cas de l'homme.

L'amour se trouve alors une aspiration de l'âme vers Dieu; aspiration dont l'effet est incroyable si l'on songe que Dieu, comme créateur et comme être dont le sein déborde par amour, ne cherche qu'à se répandre dans ses créatures pour les remplir des richesses de l'être. De sorte que, par l'amour, le cœur attire en lui la substance de Dieu. Et comme être créé, comme être séparé de l'être absolu, l'âme altérée sent descendre cette substance en elle avec des délices inouïes.

Nous savons que la satisfaction de tout besoin porte avec elle sa jouissance; et il semble que la nature ait fondé sur ce plaisir la conservation de notre existence. Le corps trouve une telle jouissance à assouvir ses besoins, qu'il désirerait les voir à chaque instant se renouveler, pour renouveler à chaque instant le plaisir de les satisfaire. Le mot de *satisfaction* n'est-il pas devenu lui-même synonyme de jouissance ? Or cette jouissance que tout être éprouve dans la satisfaction de ses besoins, n'est autre chose que le sentiment de l'accroissement de son être. Au reste, si le bien n'est que la possession de l'être, il est clair que tout accroissement de l'être doit se trouver accompagné de jouissance.

Mais si le corps éprouve une telle jouissance dans la satisfaction de ses besoins qu'il désirerait les voir se renouveler à chaque instant, que sera-ce donc s'il s'agit de la satisfaction des besoins de l'âme ? Et, si la jouissance s'accroît en raison de la grandeur du besoin que l'on satisfait, que sera donc la jouissance qu'éprouve l'âme dans la satisfaction de ses besoins infinis ? La jouissance profonde qui accompagne l'amour de Dieu n'a pas d'autre cause : c'est la substance de Dieu attirée et venant alimenter notre cœur; c'est le sentiment délicieux de notre accroissement spirituel. Eh ! vous êtes enivrés dans l'amour, je le crois bien, vous vous nourrissez de la substance de Dieu ! Vous satisfaites le besoin infini, comment voudriez-vous ne pas éprouver de jouissance ?...

Et, comme on le voit, ce sont là des phénomènes tout-à-fait ontologiques. Car, comme l'essence de Dieu est d'exister, et que l'âme, en tant qu'être, tient de la nature de Dieu, la tendance essentielle et fondamentale de l'âme est de persister dans l'existence, d'accroître la réalité de son être. L'âme sortant de l'infini, se manifeste ici-bas comme tendance à une vie infinie. L'existence de l'âme n'étant qu'une tendance à l'accroissement de son être, un mouvement indispensable vers la vie absolue, tout ce qui favorise ou opère cet accroissement de sa perfection, est pour l'âme une grande joie, comme tout ce qui s'oppose à cet accroissement, est pour elle une grande douleur. De sorte que l'amour, qui unit l'âme avec l'objet aimé, avec son bien, avec Dieu, est pour elle la plus profonde jouissance. L'amour est un commencement de vie absolue.

D'ailleurs il est facile de concevoir que l'être qui doit goûter le plus de bonheur, est celui qui entre le plus dans sa véritable nature, c'est-à-dire, qui approfondit en lui la réalité et les attributs de l'existence qu'il a reçue. Ainsi, tout acte qui élève l'homme à la perfection, et le rapproche par là de la vie absolue, lui fait éprouver un sentiment de bonheur; tout acte qui le rabaisse, et l'éloigne par là de la vie absolue, le rend triste et mécontent de lui-même. Et c'est ce qui explique la satisfaction de la vertu. Car tous les actes qui assurent quelque perfection à notre âme sont vertueux, et toute notre satisfaction consiste précisément dans le sentiment intérieur d'avoir acquis quelque perfection. Alors, quel sentiment pourrait procurer plus de joie que l'amour, qui est l'acte même de notre réunion à ce qui est pour nous le bien, le complément si désiré de notre être? Et où trouver les bornes d'une pareille joie, si ce bien est précisément Dieu, le souverain bien, celui dont la possession rend l'âme à la vie absolue?

Mais réjouis-toi, ô ma raison, mon cœur veut te découvrir encore d'autres mystères qui lui ont été révélés par l'amour, et qui jusque-là faisaient en secret son bonheur, quoiqu'il ne pût s'en rendre compte. A cette heure tout s'éclaire, je viens de découvrir le sens de tout ce qui se passait de délicieux dans mon cœur lorsqu'il s'approchait de Dieu, et il me semble que je sais ce qu'il est lui-même. En effet, nous avons vu que le bonheur consiste dans la possession de Dieu, et que l'amour n'est autre chose que cette possession de Dieu ; si maintenant nous savions ce que c'est que Dieu, ne parviendrions-nous pas à nous faire une notion plus exacte du bonheur lui-même ?

Que la nature se retire, que les cieux et la terre disparaissent pour moi, je veux étudier Dieu dans son plus bel ouvrage, je veux étudier Dieu dans celui que Dieu n'a pas craint de déclarer fait à sa ressemblance, je veux étudier Dieu dans le cœur de l'homme.

Lorsque Descartes, renouvelant le sublime trait de génie de S. Anthelme, donna la démonstration de l'existence de Dieu par l'idée de l'infini qui le représente en nous, il ouvrit les yeux de l'intelligence sur la nécessité de l'existence de Dieu. Lorsque Kant, faisant marcher le char de la pensée dans les voies royales de son prédécesseur, démontra que les conceptions rationnelles étaient la représentation en nous des attributs divins, il ouvrit les yeux de la science sur les éléments de la nature de Dieu. Illustres bienfaiteurs de la pensée humaine, venez prêter l'appui de votre autorité à la plus chérie de mes pensées : vous avez retrouvé les caractères de la substance de Dieu dans les notions de la raison, je veux chercher les caractères de la vie de Dieu dans les sentiments du cœur.

Après vous, je n'ai plus besoin de rappeler que, pour déterminer scientifiquement les caractères de la nature de Dieu, il faut procéder comme procèdent les physiciens dans la recherche des propriétés de la matière, et comme procèdent les psychologistes dans la recherche des facultés de l'esprit ; c'est-à-dire, que les physiciens apprécient les propriétés de la matière par leurs phénomènes ou manifestations, et que les psychologistes apprécient les facultés de l'esprit également par leurs produits ou manifestations, et qu'alors nous devons apprécier les propriétés, les facultés, les attributs de Dieu par ses produits ou manifestations, c'est-à-dire par ses œuvres. Je n'ai pas besoin de rappeler que les œuvres de Dieu sont la nature et l'humanité ; mais seulement je rappellerai que Dieu, après avoir créé la nature physique, la trouva bonne ; qu'avant de créer la nature humaine, il dit : *Faisons-la à notre divine ressemblance !* et qu'après l'avoir créée, il la trouva très bonne, *valde bona*. De sorte que ce doit être par l'étude de la nature de l'homme que nous devons arriver à connaître le plus intimement la nature de Dieu.

Nous savons bien également que l'effet dévoile la nature de la cause, (car la cause ne peut produire ce qu'elle ne renferme pas), et qu'il ne peut rien y avoir dans l'œuvre, dont l'idée et le sentiment ne soient dans celui qui l'a faite. Alors, si l'homme non-seulement est fait à l'image de Dieu, mais s'il est fait pour vivre un jour de la vie de Dieu, nous devons retrouver dans la vie de l'homme, ce qui, conçu à l'infini, doit constituer la vie de Dieu. De là, si c'est dans la raison qu'on a étudié les attributs de la substance de Dieu, c'est dans le cœur qu'il faut étudier les attributs de la vie de Dieu, c'est-à-dire de ce qu'il y a de plus essentiel dans sa nature, de ce qui fait le but et le terme de son être. Car l'être n'est fait que pour exister, la substance n'est faite que pour la vie.

Si la raison reçoit la notion impersonnelle du bien, c'est le cœur qui reçoit le mouvement impersonnel vers ce bien; dans le cœur nous trouvons notre vie, dans la raison, l'indication du but de notre vie. Or comme nous savons que la raison, par suite de la lumière dont Dieu la pénètre, voit la vérité absolue d'une vue qu'on reconnaît nécessaire et impersonnelle, parce que cette vue ne vient point de l'homme, que ce qui vient de l'homme c'est l'acte de l'intelligence, avec laquelle il pense à telle ou telle idée relative ; de même le cœur, par suite de l'amour dont Dieu le pénètre, se porte vers le bien en général d'un mouvement qu'on reconnaît nécessaire et impersonnel, parce que ce mouvement ne vient point de l'homme, que ce qui vient de l'homme c'est l'acte de la volonté, avec laquelle il se porte vers tel ou tel bien spécial. De sorte que l'amour reste aussi impersonnel au fond du cœur, malgré l'usage qu'en fait la volonté, que la conception au fond de la raison, malgré l'usage qu'en fait l'intelligence.

Alors, de même que si la rationalité ne recevait pas directement de Dieu le rayon impersonnel de la lumière intelligible, le bien, le vrai et le beau, dont cette lumière nous donne la conception, ne seraient pas le bien, le vrai et le beau, et ces notions ne seraient point infaillibles ; de même, si le cœur ne recevait pas directement de Dieu le sentiment impersonnel de l'amour intelligible, le mouvement vers le bien, le bon et le beau, dont cet amour nous inspire l'affection, ne serait pas le mouvement vers le bien, le bon et le beau, et ces affections ne seraient point légitimes. De sorte que si la lumière de la raison nous révèle les caractères de la substance de Dieu, et, selon la belle expression du philosophe, nous donne le droit d'en parler, puisque cette raison nous vient directement de lui; de même le sentiment de l'amour, qui nous révèle la vie de Dieu, ne nous donne-t-il pas également le droit d'en parler, puisque cet amour nous vient directement de lui?

Ou bien, le sentiment intégral d'amour que Dieu envoie à notre cœur pour le vitaliser, serait-il moins divin que le rayon intégral de lumière que le même Dieu envoie à notre raison pour l'éclairer ? Comme déjà nous l'avons reconnu, l'amour, ou la vie, que Dieu communique à l'homme, n'est-il pas semblable à l'amour, ou la vie, que Dieu a en lui-même ; car pourrait-il communiquer à sa créature une autre vie que la sienne, c'est-à-dire une vie qui tendrait où ne tend pas la sienne ? La partie impersonnelle du cœur, à laquelle nous avons laissé ce nom pour la distinguer de la volonté, serait-elle moins certaine que la partie impersonnelle de la raison, à laquelle nous avons laissé le nom de rationalité pour la distinguer de l'intelligence ? Si, comme le rayon de lumière qui s'adresse à la raison, le sentiment d'amour qui s'adresse au cœur, vient de Dieu, ne sont-ils pas l'un et l'autre aussi divins, c'est-à-dire aussi infaillibles comme révélation de l'être qui se manifeste à nous par leur moyen ? Devons-nous croire que Dieu traite moins bien le cœur, qui doit le posséder, que la raison, qui ne doit que le connaître? qu'enfin il traite moins bien notre cœur, qui est le but de la raison, que la raison, qui est un moyen donné à notre cœur ?

Mad. de Staël dit qu'en Allemagne les philosophes regardent le sentiment comme le fait primitif, le fait fondamental de l'âme; et la raison, comme destinée seulement à rechercher la signification de ce fait. Je crois qu'en retranchant de cette proposition ce qui pourrait s'y trouver d'exclusif, il faut entrer dans ces vues. Maintenant donc qu'on a interprété la voix de la raison, il reste à interpréter la voix qui parle dans le cœur. Eh ! que peut-il y avoir dans la partie divine de l'homme, que ce que Dieu lui-même y a mis ? Quelle langue peut se faire entendre dans notre nature impersonnelle, que celle que Dieu lui-même y parle? Or, quelle autre bouche saurait mieux nous entretenir de lui ?

Ici cependant une chose me surprend : pourquoi le cœur a-t-il quelque chose de plus intime que la raison ? d'où vient qu'on est toujours prêt à ouvrir sa raison, tandis qu'on ne peut se résoudre à ouvrir son cœur, si l'on ne voit autour de soi des oreilles discrètes et de la sympathie? Ah ! c'est que réellement je crois que le cœur doit nous révéler sur Dieu quelque chose de plus intime. Le cœur, par nature, est tout craintif; on dirait qu'il éprouve une espèce de pudeur à parler de ce qui lui semble devoir rester dans le mystère. Peut-être touchons-nous là au secret des Saints; moi je m'imagine qu'ils avaient, dans les délices de la prière et de l'extase, des pensées d'amour qu'ils ne croyaient pas possible d'exprimer ici-bas.... O vous tous qui avez aimé! Platon, Dante, Paul, René! Béatrix, Virginie, Atala, Rachel, et vous âmes plus ignorées, mais non moins chastes et moins ardentes, qui avez versé le trésor de vos vertus et de votre affection dans le secret de la vie privée; oui, vous surtout, nobles femmes, qui avez porté dans le mariage la pureté de l'amour platonique, et qui l'avez ainsi introduit dans la famille, son véritable sanctuaire, venez, vous aurez bientôt compris ma pensée! Venez, il me semble que vous m'aiderez à pénétrer mon propre secret : si je ne sais que c'est vous qui m'écoutez, je n'oserai jamais dire ce que j'ai appris de mon cœur.

Comme nous l'avons reconnu, si un seul être était à la fois pour l'homme, comme son père, comme sa mère, comme son épouse, et comme son fils; si cet être était couronné de toute la splendeur de la nature; enfin, s'il avait dans une perfection infinie tous ces dons que l'homme n'a trouvés que finis sur la terre, n'est-ce pas vers cet être que le cœur de l'homme se précipiterait de tout son amour? Et si déjà l'homme n'a trouvé de joie ici-bas que dans la bonté de son père, dans la tendresse de sa mère, dans l'amour de sa femme, dans l'affection de ses enfants, dans l'amitié de ses amis, et dans la contemplation des beautés de l'univers, quelle joie trouverait-il avec celui qui serait tout à la fois pour lui comme son père, comme sa mère, comme une épouse, comme un frère, comme un ami, et comme la nature avec tous ses enchantements?

Or, voici ce qui m'arrivait : lorsque je pensais profondément à Dieu, et que mon âme se sentait approcher de lui, il se faisait quelque chose en moi comme s'il était mon plus proche parent; l'émotion que j'éprouvais était si tendre, que je n'osais la comparer au seul sentiment auquel elle ressemblait, et je m'en revenais troublé autant que ravi. Car, lorsque je n'éprouvais qu'un sentiment de piété respectueuse, je croyais que Dieu devait être naturellement adoré ainsi; mais lorsque je ressentais pour vous, mon Dieu, le sentiment de l'époux pour sa bien-aimée, cet amour était si délicieux que je voyais bien vite que je n'en étais pas digne, et je le reprochais à mon cœur. Je pleurais toujours après l'avoir éprouvé. Alors je cherchais à éteindre cet amour; mais il revenait enflammer mes pensées, il me pénétrait surtout d'une vive curiosité, et si je le défendais à mon cœur, je ne pouvais en défendre mon esprit.

Et c'est vrai, mon Dieu, je vous retrouve toujours avec un charme inouï dans la nature; mais j'aime encore mieux vous retrouver dans mon cœur. Je ne sais pourquoi, là, vous m'apparaissez plus doux, et je vous aime avec plus de délice. Dans la nature, lorsque j'admire la beauté des cieux, il me semble bien que je m'élève à vous; mais dans mon cœur, il me semble que je vous possède. Vraiment, lorsque je suis avec mon cœur, je crois être plus près de vous, vous êtes mon ami, vous m'êtes quelque chose de plus doux, je vous dis tous mes secrets, et je me sens tout inondé; enfin, je tombe dans un égarement dont je ne puis revenir, je ne suis plus le même, je ne vous trouve plus le même... Ah ! je rougis d'une pareille familiarité ! Cependant, si je vous trouve ainsi dans mon cœur, c'est bien parce que vous........ et je n'osais jamais achever, lorsque me vint cette idée toute simple :

Il ne peut rien y avoir dans l'effet qui ne soit dans la cause ; et de plus l'effet que nous voyons étant fini, tandis que sa cause est infinie, il ne peut y avoir de biens finis en ce monde qui ne soient à l'infini en Dieu... Mais, mon âme, y pensez-vous ? quoi ! c'est Dieu qui a fait la bonté de mon père, la tendresse de ma mère, la beauté de la vierge, et l'innocence de l'enfant ; c'est-à-dire que Dieu est à la fois, mais d'une manière tout infinie, comme votre père, comme votre mère, et comme la vierge de vos amours ! Ne vous étonnez donc plus, ô mon cœur, si vous avez ressenti pour cette Personne infinie qui habite les Cieux, les plus douces émotions que l'homme puisse éprouver au sein de la famille !

Et je vis bien que cette idée ne me trompait point, lorsque je me mis à la sonder scientifiquement. Car c'est une chose bien claire qu'il doit y avoir, pour le moins, autant de réalité dans la cause que dans l'effet ; et par conséquent, puisqu'ici l'effet se compose de personnes qui aiment et en qui l'on trouve le cœur d'un père, d'une épouse et d'un enfant, quelle que soit la cause de ces personnes, il faut nécessairement que cette cause soit aussi une personne qui aime et en qui l'on trouve les perfections et les charmes qui caractérisent sur la terre un père, une épouse et un enfant. Mais, bien plus, comme cette cause est infinie dans ses perfections, que tout est en elle de la manière la plus pure, la plus excellente, cette cause renferme donc en soi, de la manière la plus pure et la plus excellente, toutes les perfections que je retrouve dans ses créatures. Et Dieu me fut montré comme la plus douce personne de la famille... Alors je compris le sens de mon cœur.

En effet, si, en analysant les notions fondamentales de la raison, nous avons trouvé pour éléments nécessaires, l'idée du vrai, l'idée du bien, et l'idée du beau; en analysant les sentiments fondamentaux du cœur, ne trouvons-nous pas pour éléments nécessaires, l'amour paternel, l'amour conjugal, et l'amour filial? Or, de même que nous n'avons pu rencontrer dans la raison l'idée du vrai, du juste et du beau, sans reconnaître que Dieu est la vérité, la justice et la beauté infinies; de même nous ne pouvons rencontrer dans le cœur l'amour paternel, conjugal et filial, sans dire que Dieu est pour nous à l'infini tout ce qu'un père, une épouse et un enfant sont pour nous sur cette terre. Car, prenez-y garde : il ne faut pas croire que ce soit l'expérience qui, par les organes des sens, ait transmis en nous ces sentiments tels que nous les éprouvons; elle nous a seulement transmis la vue des objets qui, par le pouvoir naturel qu'il en a, ont donné à notre cœur l'occasion de réveiller ces sentiments en un temps plutôt qu'en un autre, et de les exercer librement en nous à propos des objets pour lesquels le germe de ces sentiments a été déposé dans notre nature.

Chose très remarquable! n'ai-je pas en moi l'élément de l'amour paternel, à ce point que je veux être père et aimer des enfants, avant même d'être père? N'ai-je pas en moi l'élément de l'amour platonique, à ce point que je cherche à être époux et veux avoir une amie pour l'aimer, avant même de connaître cette amie [1]? Enfin, n'ai-je pas en moi l'élément de l'amour filial, à ce point qu'ayant été en naissant séparé de ma mère, je la cherche et veux l'aimer, moi qui ne l'ai jamais vue? Dès-lors, si, avant de posséder les objets qui répondent à ces amours, mon cœur se surprend à les aimer de lui-même; si ces amours existent en moi antérieurement à la présence des objets aimés, ce ne sont donc point ces objets aimés qui mettent en moi ces amours, et ces amours ne me viennent donc point de l'expérience ; en un mot, ces trois amours sont donc des éléments indispensables de notre cœur, comme les trois notions impersonnelles le sont de la raison. Alors ils ont la même origine et les mêmes caractères.

Sans aller si loin, nous savons bien que les objets extérieurs ne mettent rien dans l'esprit; qu'ils ne peuvent qu'y réveiller les idées et les sentiments auxquels ils correspondent. C'est ainsi que les effets ne mettent point en

---

[1] Nous avons déjà fait remarquer ce fait, que l'amour platonique, par exemple, est si positivement une inspiration intelligible et conséquemment impersonnelle, qu'il se manifeste en nous avant même que nous ayons trouvé l'objet sur lequel il doit se porter, et que le cœur aime sans savoir encore ce qu'il doit aimer. Nous trouvons dans un physiologiste une observation qui s'accorde avec la nôtre : « Mais la haute origine « de l'amour ne se dévoile jamais mieux « que quand il prend naissance par une « sorte d'inspiration, et non par la vue « de choses extérieures. Alors, un seul » coup d'œil nous fait apercevoir dans « la réalité le but véritable des désirs et « des rêves qui nous avaient assiégés « jusqu'alors ; tout-à-coup, sans réflexion ni choix, nous sommes embrasés du plus brûlant amour, qui « cherche à confondre notre individualité avec celle de l'objet aimé. Ainsi, « sous la plus élevée de ses formes, « de même que sous la dernière, partout l'amour s'annonce comme une révélation d'une puissance supérieure. « L'amour le plus pur et le plus noble « ne tire point son essence de l'individualité humaine, du libre arbitre ; « c'est une chose qui a été donnée, une « chose incompréhensible. » *Physiologie comme science d'observation.*

nous l'idée de cause, mais en provoquent le réveil et l'exercice. Les amours de la famille ne naîtraient point dans mon cœur à propos des objets qui en occasionnent le réveil, si ces amours n'étaient pas en puissance dans mon cœur. Du reste, si ces amours ne devaient pas se trouver primitivement et nécessairement dans le cœur, et si, au lieu d'avoir besoin pour y naître d'un acte du moi, c'est souvent au contraire l'acte du moi qui les étouffe, il n'y aurait pas une telle monstruosité à en être privé. Loin d'être en droit d'attendre de l'homme ces sentiments, il faudrait les considérer comme une chose empirique et tout-à-fait contingente. Il n'y aurait pas plus de crime à ne point éprouver ces affections qu'à ne pas recevoir telle ou telle perception extérieure, et les sentiments n'auraient pas plus de valeur morale que les sensations.

Comment serait-on en droit de réclamer de l'homme l'amour filial, l'amour conjugal et l'amour paternel, comme on est en droit de réclamer de lui le sentiment du bien, le sentiment du juste et le sentiment de l'injuste, si l'amour filial, conjugal et paternel n'étaient pas dans le même cas que le sentiment du bien, du juste et de l'injuste; c'est-à-dire si ces amours, non quant aux développements, qu'ils ne reçoivent que de l'homme, mais quant à leur germe, ne faisaient pas positivement partie de notre être? Aussi se borne-t-on à se moquer de l'homme qui manque des produits du moi, qui manque de volonté, ou qui est faible, qui manque d'idée, ou qui est ignorant; tandis que l'on condamne l'homme qui manque de tout ce que l'on possède indépendamment du moi, qui manque de raison, ou qui est insensé, qui manque de sentiment, ou qui est criminel. En effet, comme les actes de la volonté, ainsi que les idées de l'intelligence, naissent du moi, il suffit pour être faible ou ignorant que, par paresse, le moi n'ait pas agi ; mais comme l'idée du bien et du vrai, ainsi que les affections de la famille, font partie de notre nature, il faut pour être criminel ou ingrat que, par perversité, le moi ait agi de manière à étouffer fces sentiments.

Ce n'est pas seulement parce que son père lui est bon et utile, qu'il est si monstrueux pour l'enfant de ne pas aimer son père ; ce n'est pas seulement parce que sa femme lui est bonne et utile, qu'il est si criminel à l'époux de ne pas aimer sa femme ; c'est parce que ces affections sont naturelles à l'homme, qu'il ne lui faut pas des efforts du moi pour les avoir, mais qu'il lui faut des efforts du moi pour ne pas les avoir. Si la reconnaissance, si les trois affections de la famille étaient dues entièrement au moi, sans qu'elles aient un germe préexistant, au lieu d'être de rigueur dans l'homme, elles seraient des états tout-à-fait supérieurs et rares, comme le génie ou l'héroïsme, comme tout ce qui dépend exclusivement d'un développement extraordinaire de l'individu. Mais puisque j'éprouve ces amours antérieurement à la présence des êtres auxquels ils doivent m'attacher, comment pourrais-je aimer ces êtres si je n'avais en moi des sentiments prêts pour m'attacher à eux dès que je les rencontre ? L'air et le soleil me sont également bons et utiles, et jamais je ne me suis trouvé un sentiment spécial pour l'air ou pour le soleil, tandis qu'indépendamment de tout, l'homme sent qu'il a un amour spécial pour être père et aimer des enfants, un amour spécial pour être époux et aimer une femme, et ainsi de l'enfant par rapport à son père.

Si ces amours ne viennent ni du monde extérieur, puisqu'ils existent antérieurement à ses apparitions, ni du cœur, puisqu'ils existent en lui d'une manière impersonnelle, ils viennent donc de l'être objectif qui les met dans le cœur en le créant, et qui nous parle ainsi de lui par ces sentiments et ces idées qu'il nous donne de lui-même. Or, l'être objectif d'une idée a nécessairement en réalité ce qu'il met dans nous en idée; l'être objectif d'une idée ne peut être moins que cette idée, il est au contraire l'idéal et la réalité suprême de cette idée. Nous ne pouvons donc trouver dans le cœur l'idée et le sentiment de l'amour paternel, de l'amour conjugal et de l'amour filial, sans dire que Dieu est l'idéal et la réalité suprême de tous ces amours.

Toute la force de cette démonstration sur la nature intime de Dieu, consiste en ce qu'il ne serait pas possible que les créatures eussent reçu telles propriétés et telles perfections, et que mon cœur eût reçu les éléments des affections qui leur correspondent, si Dieu, qui en nous créant à son image nous a donné les unes et les autres, ne les possédait pas lui-même à l'infini. C'est, du reste, sur la même argumentation que Descartes fait reposer son immortelle démonstration de l'existence de Dieu, tirée de l'idée de l'infini qui est en nous ; et c'est pourquoi j'invoquais le nom de ce grand homme avant de donner cette démonstration de la nature de Dieu, tirée des sentiments d'amour qui sont également en nous. [1]

---

[1] « Il doit y avoir autant de réalité dans la cause que dans son effet ; par conséquent, puisque je suis une chose qui pense et qui ai en moi quelque idée de Dieu, quelle que soit la cause de mon être, il faut nécessairement avouer que cette cause est aussi une chose qui pense et qu'elle a en soi l'idée de toutes les per-

Ainsi, des êtres ont pour moi un caractère spécial et un charme particulier qui provoquent directement des sentiments dont je trouve en mon cœur les éléments sans les y avoir mis ; de sorte que ces êtres, ainsi que les charmes particuliers qu'ils ont pour moi, et mon cœur, ainsi que les affections particulières qu'il éprouve pour eux, ont été positivement créés tels ; et si ces êtres, avec leurs qualités spéciales, mon cœur, avec ses affections qui y correspondent, ont été créés avec de tels caractères, c'est que ces caractères se trouvent dans l'être qui les a créés. Or, ces êtres sont un père, une femme, des enfants ; ces affections sont l'amour filial, l'amour conjugal, l'amour paternel : l'être qui les a créés a donc tout à la fois le caractère du père, le caractère de l'épouse, le caractère de l'enfant ; la bonté du premier, la beauté de la seconde, l'innocence du dernier. Alors mon cœur, après avoir été délicieusement formé à tous ces amours, se trouvera tout prêt à aimer Celui en qui brillent tous les dons qu'il a communiqués à ces êtres déjà si chéris de nous.

Ce n'est pas tout ; ainsi que le dit S. Thomas : *Semper*

---

fections que j'attribue à Dieu. Or, si cette cause tient son origine et son existence d'elle-même, il s'ensuit qu'elle est Dieu. Et par cela que Dieu m'a créé en quelque façon à son image et ressemblance, je conçois cette ressemblance par la même faculté par laquelle je me conçois moi-même ; c'est-à-dire, que non-seulement je connais que je suis une chose imparfaite, incomplète et dépendante, qui tend et qui aspire sans cesse à quelque chose de meilleur et de plus grand que je suis ; mais je connais aussi que celui dont je dépends, possède en soi toutes ces grandes choses auxquelles j'aspire, et dont je ne trouve en moi que les idées. Et toute l'argumentation dont j'ai usé ici pour prouver l'existence de Dieu, consiste en ce qu'il ne serait pas possible que ma nature fût telle qu'elle est, c'est-à-dire, qu'elle eût en elle l'idée de Dieu, si ce Dieu, duquel l'idée est en moi, ainsi que l'idée de toutes ses hautes perfections, n'existait véritablement. »

Descartes, *Médit. III*, Démonstr. de l'exist. de Dieu, tirée de l'idée de Dieu qui est en nous.

causam opportet esse potiorem causato ; ou encore comme Descartes : *Rien dans un effet qui ne soit d'une plus excellente façon dans sa cause.* Et effectivement, comme c'est une chose évidente qu'il ne peut pas y avoir moins de réalité dans la cause que dans l'effet, mais que la cause étant infinie, il y a nécessairement en elle à l'infini ce que l'on retrouve fini dans l'effet, il faut donc que cette cause ait en elle à l'infini tout ce qu'il y a de charme pour nous dans un père, dans une épouse, dans un enfant, et que nous devions nous trouver épris pour elle de toutes les affections de notre cœur. Eh quoi ! par sa bonté, par sa beauté et par son innocence, Dieu serait tout cela pour nous ! Voilà donc pourquoi il me semblait toujours, lorsque j'aimais Dieu, que je n'avais pas de plus proche parent ? Je ne m'étonne plus si son sentiment dans mon cœur me faisait toujours l'effet de la plus tendre affection de famille.

Oui, Dieu sera positivement pour nous comme notre père, comme notre frère, comme notre épouse, comme notre ami, comme notre enfant, comme notre prochain, et même, comme tout ce qu'a pour nous de plus délicieux la nature. Car l'enfant aime son père comme la source et la cause de son existence : or, Dieu est bien la source et la cause suprême de notre existence ! Le frère aime son frère parce qu'il se sent porté vers lui par la ressemblance de goût et de nature : or, Dieu est bien l'être à la suprême ressemblance duquel nous avons été faits ! L'homme aime la femme parce qu'elle l'enchante par sa beauté et le réjouit par sa tendresse : or, Dieu est bien la source suprême de la tendresse et de la beauté infinies ! L'homme aime son ami parce qu'il est comme un second lui-même toujours prêt à l'assister : or, Dieu est bien la providence suprême toujours attentive à nous secourir ! L'homme aime son enfant parce qu'il se retrouve en lui orné de toute la pureté de l'innocence : or, Dieu est bien l'idéal infini de notre ressemblance ! L'homme aime son prochain parce que, comme Aristote le dit des frères, nous sommes une même substance dans des individus distincts : or, Dieu est bien la substance intégrale dont la possession nous procurera la félicité absolue ! L'homme aime la nature parce qu'elle a quelque chose qui le pénètre du sentiment de l'infini : or, Dieu est bien cet infini dont l'ombre seule répandue sur la nature, suffit pour nous jeter dans des extases et des mélancolies indicibles ! Demandez à présent pourquoi Dieu est si doux à aimer !

Celui qui aime Dieu aime tout ce qui est bon ; voilà pourquoi l'amour de Dieu est le plus haut degré d'amour. Celui qui aime Dieu aime implicitement son père, sa mère, son amie, son enfant, son prochain ; il aime implicitement le bien, le beau, le vrai ; il est artiste, philosophe, homme de bien, il est le plus heureux des pères, des époux, des enfants ; il réunit tous les ravissements qu'un mortel peut éprouver. Mais un tel amour doit porter un nom sacré, et bien doux à tous les cœurs ? Oui, il existe un sentiment qui serait au-dessus même de l'amour, s'il n'était l'amour lui-même, mais l'amour idéal, l'amour pur : c'est la Piété ! C'est là l'amour dont brûlent les vierges, c'est l'amour de prédilection de ces âmes trop célestes pour s'arrêter quelque part dans le temps. Y a-t-il rien de plus heureux que la Piété ! Quoi, pouvoir dire qu'on l'aime à celui qu'on aime ! et le lui dire à chaque instant ! La Piété est pour le cœur une continuelle ouverture de son amour, où il trouve un moyen de soulager sa peine et d'épancher ses tendres sentiments. Quel est celui de nous qui voudrait renoncer à l'amour de son père ou de sa mère : celui qui n'a pas la Piété renonce à plus que tout cela vraiment ! Celui qui renonce à la Piété, prive son cœur de la plus douce affection de famille.

Mais ce sont là des choses auxquelles nous n'avions jamais réfléchi ! C'est toujours par le monde physique que nous sommes remontés à Dieu; alors ne retrouvant en lui que de la puissance et de l'intelligence, nous ne savions concevoir pour lui qu'une grande admiration. Si nous étions remontés à Dieu par le monde moral, alors nous aurions retrouvé en Dieu tant de tendresse et d'amour que nous aurions été épris pour lui d'une ineffable passion. Nous ne faisons donc pas attention que ce qui nous charme tant ici-bas est de Dieu, et se retrouve infiniment en lui; qu'il est souverainement tout ce qu'il y a de bon et d'aimable sur la terre ! Eh quoi ! dans le sein même de la famille, dans les bras de ceux que nous aimons, au milieu de nos plus pures délices, vous n'avez pas pris garde que nous n'étions que dans le temps, et que Dieu portait à l'infini tout ce bonheur dans son sein ?.. votre cœur ne sait donc pas raisonner en amour ! c'est-à-dire, remonter des effets qui le charment à la cause qui doit l'enivrer.

Ah ! vous n'avez jamais réfléchi que Dieu était sublimement et en réalité ce que nous aimons ici d'une manière si pâle et si passagère ; parce que si vous vous en étiez aperçus, je vois bien que lorsque vous prodiguez une si vive tendresse à votre mère, vous aimeriez Dieu, lui qui est la meilleure et la plus tendre des mères ! Je vois bien que lorsque votre cœur est épris de l'ardent amour de l'épouse, vous aimeriez Dieu, lui qui est aussi la plus chaste et la plus ravissante des épouses ! que lorsque vous idolâtrez votre enfant, parce que vous croyez vous retrouver en lui avec toute la beauté de l'innocence et de la pureté, vous aimeriez Dieu qui est la pureté et l'innocence au point de déclarer que son Royaume appartient à ceux qui seront comme de petits enfants ! que lorsque vous affectionnez votre frère ou votre ami, vous aimeriez Dieu, qui est celui qui vous veut le plus de bien, et qui est le plus tendre de vos amis ! qu'enfin, lorsque vous êtes ravis en extase devant la nature, vous aimeriez Dieu, puisqu'il est l'éternelle et splendide source de toutes les beautés, dont il n'a fait apercevoir en ce monde que de pâles lueurs.

Et il ne faut pas dire que nous ne puissions aimer Dieu parce qu'il est trop au-dessus de nous. Car, loin que les perfections de la personne que nous aimons soient un motif d'indifférence et d'éloignement, elles sont au contraire, et proportionnellement, une cause directe de l'amour que nous avons pour elle. Les trop grandes vertus d'un père, la trop vive tendresse d'une mère, la trop grande beauté de l'épouse, sont-elles des motifs qui nous les fassent moins aimer ? L'amour que l'on ressent pour ce qu'on aime, loin d'être en raison inverse, est en raison directe de ses perfections ; plus ce qu'on aime est parfait, plus il nous embrase, plus nous voudrions nous unir à lui, et prendre avec ardeur ses intérêts. Car il ne faut pas oublier que l'union est un effet de l'amour, que l'on se considère avec l'objet aimé comme un tout dont on n'est qu'une partie, et que l'on rapporte tellement les soins et les attentions qu'on a pour soi-même à la conservation de ce tout que l'on met entièrement son cœur dans l'objet aimé, qu'en un mot l'on aime ses perfections comme si elles étaient les nôtres propres. C'est ainsi que les biens et les perfections de l'objet aimé font notre bonheur ; or, comme l'homme aime son bien-être plus que son être, il aime l'objet aimé plus que lui-même. De sorte que l'amour de Dieu devient naturellement le plus vif et le plus enivrant de tous nos amours.[1]

Vous ne pouvez donc pas vous plaindre de ce que vous n'aimez pas, puisqu'on ne vous surprend partout qu'à aimer ! Mais voilà : c'est que vous n'aviez jamais assez réfléchi à ce que c'est que Dieu ! car je viens de vous prouver qu'au fond vous ne cherchez et vous n'aimez que lui. Si nous pouvions voir Dieu comme il est ! Dieu est tout ce qu'il y a de plus beau, de plus doux, de plus

---

[1] « Je ne fais aucun doute, dit Descartes, que nous ne puissions aimer Dieu par la seule force de notre nature ; je n'assure point que cet amour soit méritoire sans la grâce, mais j'ose dire qu'à l'égard de cette vie, c'est la plus ravissante et la plus forte passion que nous puissions avoir. Ce qui pourrait faire douter que nous puissions aimer Dieu, c'est qu'il est trop élevé au-dessus de nous. Mais je crois au contraire que, de sa nature, l'amour est plus grand pour les choses parfaites que pour les choses moindres. Aussi, la route qu'on doit suivre pour parvenir à l'amour de Dieu, est de considérer qu'il est un esprit, une chose qui pense (Nous, à présent, nous devons dire *une chose qui aime*), en quoi la nature de notre âme a quelque ressemblance avec la sienne. Si avec cela nous prenons garde à l'infinité de ses œuvres, la méditation de ces choses remplit un homme qui les entend bien, d'une joie si extrême, qu'il pense déjà avoir assez vécu, de ce que Dieu lui a fait la grâce de les connaître, et se joignant à lui de cœur, il l'aime si parfaitement, qu'il ne désire plus rien au monde, sinon que la volonté de Dieu soit faite ; d'où il arrive qu'il ne craint plus ni la mort, ni les disgrâces, et recevant les biens avec joie, sans avoir aucune crainte des maux, son amour le rend parfaitement heureux. »

Descartes, tom. 1er, Lettre xcv.

tendre, de plus séduisant, tout ce qu'il y a de plus en sympathie avec notre nature. Ah! si Dieu n'était pas si plein de douceur et de simplicité, vous n'aimeriez pas tant la douceur et la simplicité des jeunes filles! « Plus « suave que le parfum le plus exquis, dit le Prophète, « ton nom est comme une huile répandue : c'est « pourquoi les jeunes filles ont recherché ton amour. » L'homme, disait Platon, ne veut jamais autre chose que le bien suprême, et il ne s'écarte de lui que faute de le connaître. Quelle grande vérité! celui qui ne connaît pas Dieu, ne l'aime pas.

Et vous tous que j'invoquais tout à l'heure, Abailard, Paul, Werther, Harold, Oswald, René, vous qui fûtes si avides d'amour que vous vîntes en recueillir quelques gouttes sur des lèvres mortelles, comment avez-vous fait de ne pas vous approcher de la grande coupe? Je crois que vous n'avez point connu les délices de l'amour! Dites-moi, était-il assez profond pour vous y perdre, assez enivrant pour vous y oublier, assez doux pour n'en vouloir jamais d'autre, assez infini pour n'en trouver ni la fin, ni les bornes? Dites! s'il n'était pas tel, vous n'avez point connu l'amour. Vous tous qui aimez ainsi, vous faites bien voir que votre cœur s'amuse encore à des enfantillages : l'amour platonique n'est que l'enfantillage du cœur. Grandissez vite! Lorsque vous aurez atteint la puberté spirituelle, que vous aurez rougi pour la première fois sous le baiser de Dieu, vous nous direz alors, si jusque-là vous saviez ce que c'est que l'amour!

Ah! si Dieu vous apparaissait, vous quitteriez et votre père, et votre amie, et votre frère; vous diriez : Mais c'est vous que j'ai toujours aimé dans mon père, dans mon amie et dans mon frère ! Et votre cœur embrasé ne voudrait plus solliciter d'autres faveurs que celles de la beauté souveraine. Mais la Divinité ne peut nous apparaître telle qu'elle est, parce que ses charmes séduiraient si irrésistiblement nos cœurs, que notre liberté en serait brisée, nous n'aurions aucun mérite à les apprécier, et notre personnalité, avant de s'être constituée, irait expirer dans le sein de la félicité infinie.

Et voilà précisément pourquoi Dieu, afin de soulager et d'exercer nos cœurs pendant son absence, nous a donné père, mère, frère, épouse, enfants, amis et prochain à aimer ; affections que vous avouez vous-même être les seules douceurs de cette vie ! Et ces amours sont sérieux et pleins de charmes, parce qu'ils sont les préludes qui doivent nous conduire insensiblement au grand amour. Les affections de la famille sont la route que Dieu a tracée ici-bas pour arriver au bonheur, c'est-à-dire à la possession de Dieu.

Cependant, il faut bien y faire attention, toutes ces affections ne nous ont été données que pour élever notre cœur à l'amour de Dieu ; si pour elles vous alliez l'oublier, c'est là qu'il reconnaîtrait que ce n'est point lui que vous aimez, mais seulement les faveurs qu'il veut vous accorder, et Dieu se refuserait à vos caresses adultères. C'est ainsi que la jeune fiancée envoie à celui dont elle est encore séparée, quelques doux gages d'amour ; mais elle s'informe en même temps si le fiancé se réjouit de ces simples dons, et s'il les serre avec enivrement sur son sein comme un témoignage certain du cœur qu'il doit posséder ; elle veut savoir si l'époux l'aime d'un amour pur, ou si, ne voyant là que les futiles jeux de l'imagination d'une enfant, il presse le temps de son impatience pour hâter la satisfaction de ses coupables désirs. Car si elle prévoyait qu'on ne l'aime point assez pour son âme, elle s'attristerait, et il lui répugnerait de se donner à celui dont les convoitises ne seraient point dans le cœur. Dieu guette avec la même inquiétude la pureté et l'ardeur de nos affections sur la terre.

Dieu entretient une véritable correspondance d'amour avec nous par le moyen de la famille. Il vous a fait sa première déclaration d'amour dans le cœur de votre mère; là, pouvait-il paraître plus innocent et plus pur à vos yeux ! Dans le cœur de votre frère, il vous a rappelé qu'il ne saurait vivre loin de vous ; là, pouvait-il paraître avec plus de bonté ! Dans l'amour de l'épouse, il vous a déclaré qu'il brûle d'amour pour vous; là, pouvait-il paraître plus tendre et plus passionné ! Dans le cœur de votre ami, il vous a dit qu'il ne pouvait se passer de vous; dans le cœur de votre enfant, il vous a dit combien il était doux à aimer; et il n'est pas jusqu'au milieu de la nature où il ne vous ait parlé des magnificences qu'il réserve pour le jour des noces éternelles.

Et Dieu est pressé de savoir le cas que vous faites de ses déclarations, et le prix que vous attachez à ses gages d'amour. Il sourit lorsqu'il vous voit aimer votre mère, il se réjouit lorsqu'il vous voit aimer votre frère, il tressaille lorsqu'il vous voit aimer votre amie, il ne rêve que de vous lorsqu'il vous voit aimer vos enfants, il verserait volontiers des larmes de joie lorsqu'il vous voit aimer votre prochain ; et quand il vous voit contempler la nature, il se dit : Bon ! l'homme me saura aimer ! Et dans son adorable bonté, le temps que dure la création lui semble ne jamais finir; car il se promet des délices pour le jour où il vous possédera, lui qui *trouve ses délices à habiter avec les fils des hommes!* Dieu nous convoite ainsi à travers toutes les affections de la famille.

Dieu a donc établi avec soin l'amour de notre père, l'amour de notre mère, l'amour de notre frère, l'amour de notre épouse, l'amour de notre enfant, l'amour de notre ami, et l'amour de notre prochain, parce que chacun de ces amours développe chacun des côtés de notre cœur et le prépare ainsi tout entier au grand et intégral amour. Notre évolution dans le temps a été disposée de telle sorte que notre cœur s'éveille à tous ces amours les uns après les autres, parce que Dieu est celui vers lequel conduisent tous ces amours ; et Dieu est celui vers lequel conduisent tous ces amours, parce que, comme nous l'avons dit, il possède dans une réalité infinie tous les caractères des personnes auxquelles nos cœurs s'attachent en ce monde. O mon Dieu, que de joie à apprendre ces choses! Mais, pour que je susse t'aimer, il fallait bien que je te visse comme l'idéal de tout ce que mon cœur pouvait aimer. Comment voulais-tu que l'idée du Ciel me sourît s'il m'avait fallu quitter ici l'amour de mon père, de mon amie, enfin s'il m'avait fallu ne jamais plus retrouver la famille !

Et, que Dieu soit positivement comme notre père, comme notre femme, comme notre enfant, nous allons en voir une preuve flagrante ; c'est qu'il n'y a point d'idolâtrie à aimer son père, sa femme, son enfant.

En effet, nous devons aimer un père, une femme, des enfants ; mais l'idolâtrie ne consiste-t-elle pas précisément à aimer autre chose que Dieu ! Alors, comment expliquer une si surprenante exception ? Eh ! vous l'avez déjà compris : nous aimons Dieu parce qu'il est celui qui possède toutes les perfections ; or ici-bas les plus parfaites et les plus aimables créatures sont celles qui possèdent le plus les caractères de Dieu, celles qui se rapprochent le plus du souverain bien. Si donc nous devons aimer Dieu parce qu'il possède tous les caractères de la perfection, il est clair que ce n'est point lui faire une infidélité que d'aimer ses propres caractères là où nous les rencontrons, parce que nous ne faisons par-là que nous essayer à son amour. Dans notre père nous aimons la bonté, qui est de Dieu ; dans notre femme nous aimons la beauté, qui est de Dieu ; dans notre enfant nous aimons l'innocence, qui est de Dieu. Pourquoi doit-on aimer toute chose en raison de sa perfection, la justice, le vrai, le beau, le bon, sinon parce que toute chose tient de Dieu en raison de sa perfection ? D'ailleurs si nous n'aimions pas les êtres en proportion de l'excellence de leur nature, il n'y aurait plus de raison pour aimer Dieu, qui est l'être par excellence. Comme dit Malebranche, « Dieu ne peut pas vouloir qu'on n'aime pas
« ce qui est aimable ; autrement Dieu ne voudrait pas qu'on
« l'aime. »

Mais bien plus, si Dieu a lui-même répandu ses perfections sur les êtres qui se tiennent autour de notre cœur, pour le réveiller à l'amour et l'accoutumer peu à peu à aimer Celui qui porte toutes ces perfections dans son sein, c'est qu'assurément l'amour que les êtres parés de ces perfections sollicitent en nous, loin de nous détourner de Dieu, ne fait que nous attirer et nous glisser doucement vers lui. De là vient que nous aimons notre père, notre femme et nos enfants, non-seulement sans idolâtrie, mais encore que Dieu nous fait de les aimer un devoir, une vertu, une perfection. Dieu ne nous ferait point ainsi de ces amours un devoir, une perfection, et même une nécessité de notre position dans ce monde, si ces amours ne devaient pas nous conduire au sien ; et ces amours ne nous conduiraient pas au sien, s'ils n'étaient pas les éléments mêmes de l'amour intégral, dont nous devons l'aimer ; et l'amour dont nous devons l'aimer ne se composerait pas de tous ces amours, si Dieu n'était pas la réalité infinie de toutes les perfections que possèdent les personnes qui réveillent en nous ces amours. Nous ne perdrons rien en quittant cette terre, Dieu est la véritable famille.

Il est permis d'aimer son père, son épouse et son enfant, comme il est permis d'aimer le bien, le beau et le vrai ; puisque c'est déjà aimer quelque chose de Dieu. Le mal consiste à aimer autre chose que Dieu ; le bien consiste au contraire à aimer Dieu et tout ce qui est de Dieu. Tout autre amour est une idolâtrie, un crime, une mort pour l'âme. C'est ainsi, par exemple, qu'il y a le péché de l'orgueilleux, qui aime son esprit ; de l'égoïste, qui aime son cœur ; du sensualiste, qui aime son corps.

Nous aimons donc sans idolâtrie le bien, le beau et le vrai, parce qu'ils sont quelque chose de Dieu, et qu'en les aimant nous ne faisons que nous mettre à aimer Dieu.

Or, pour qu'en aimant le bien, le beau et le vrai, nous aimions Dieu, il faut qu'il y ait en Dieu le bien, le beau et le vrai. De même, nous aimons sans idolâtrie un père, une épouse, un enfant, parce qu'ils sont quelque chose de Dieu, et qu'en les aimant nous nous mettons à aimer Dieu. Or, pour qu'en aimant notre père, notre épouse, notre enfant, nous aimions Dieu, il faut qu'il y ait en Dieu le caractère du père, de l'épouse et de l'enfant. Voilà pourquoi ces amours ne sont pas des idolâtries. (Mais, il aime avec idolâtrie son père, sa femme et ses enfants, celui qui ne sait pas ces choses ; c'est-à-dire celui qui ne sait pas qu'il ne doit aimer son père, sa femme et ses enfants que pour Dieu, et qui ne sait pas pourquoi il ne doit les aimer que pour Dieu. Aussi, lisons-nous positivement dans l'Evangile de S. Luc : *Si quis venit ad me et non odit patrem, et matrem, et uxorem, et filios, et fratres, et sorores, non potest meus esse discipulus.* A quoi S. Thomas s'empresse d'ajouter : « Ergo Deus est magis ex « charitate diligendus, quam pater, mater, uxor, filius, « fratres, sorores, et proximus. [1] »)

Eh ! du reste, y aurait-il ici-bas des affections de père,

---

[1] La Théologie ne donne pas d'autre raison de ce que Dieu doit être plus aimé que le prochain, et que notre père, notre femme, nos enfants, sinon que Dieu renferme, d'une manière plus excellente et plus propre à nous donner le bonheur, tous les dons qui se trouvent en eux : « Quilibet amor respicit principaliter id, in quo principaliter invenitur illud bonum, super cujus communicatione fundatur. Amor charitatis autem fundatur super communicatione beatitudinis, quæ consistit in Deo essentialiter sicut in primo principio, à quo derivatur in omnes. Cum Deus sit primum principium beatitudinis, proximus autem sit tantum in beatitudinis participatione ; ideo magis debemus Deum, quam proximum diligere. Nam Deus habet bonum essentialiter, proximus autem participative. Deus ergo magis diligibilis propter majorem bonitatem. »

Sancti Thomæ, *Secunda secundæ partis Summæ Theologicæ*. Quæstio xxvi, artic. 2 : *Utrum Deus sit magis diligendus, quam proximus.*

d'épouse et d'enfant, si ces affections ne devaient mener à rien ! Dieu aurait-il mis dans notre cœur le germe d'amours parasites ? Il emploie plus à propos le temps pendant lequel il nous tient sur la terre ! Car, d'abord, il ne nous y a mis qu'afin de nous laisser former de nous-mêmes notre personnalité pour arriver à sa possession, c'est-à-dire pour développer dans notre nature les saintes affections qui doivent nous attirer à lui et nous y attacher. Eh ! vous devez bien penser que toute la création est organisée dans ce but. De sorte que si en arrivant sur la terre, nous trouvons la famille comme la constitution fondamentale de l'humanité, et si, pour faire notre traversée en ce monde, nous sommes inévitablement saisis d'amour, d'abord pour un père, plus tard pour une épouse, enfin s'il faut que nous passions par l'amour de nos enfants, c'est que l'amour avec lequel on doit un jour aimer et posséder Dieu doit être tout à la fois ce qu'il y a de plus tendre dans l'amour de notre père, de plus ravissant dans l'amour de l'épouse, de plus doux dans l'amour de nos enfants ; et si l'amour dont nous aimerons Dieu renferme les éléments de nos affections pour un père, pour une épouse, et pour nos enfants, c'est bien parce que Dieu doit être tout à la fois pour nous, comme un père, comme une épouse et comme un enfant. Par la famille nous commençons à nous unir à Dieu : c'est pourquoi la famille repose sur un Sacrement. Tout Sacrement signale une alliance avec Dieu.

Comprenez-vous que Dieu eût été faire à notre cœur une nécessité des affections qui l'auraient détourné de lui ? dans toute la création les moyens sont trop bien disposés pour leur fin ! Ces amours ne pouvaient être que des voies pour arriver à l'amour éternel. J'irai jusqu'au bout, je demanderai ce que signifieraient les affections de la famille si elles devaient être emportées avec les âges ? Où est le cœur sérieusement occupé de l'amour qui voudra jeter son trésor le plus précieux à l'urne dévorante de ce fleuve sans Océan? L'homme, obéissant en quelque sorte comme l'abeille à une loi de son être, s'empresserait-il de suspendre à la voûte du temps le nid de la famille, si elle devait être emportée comme une tente légère par le vent de la mort? Enfin quel est ici-bas, je le demande, celui qui voudra se livrer en paix à l'amour, si cet amour ne trouve pas sa continuation en Dieu? Ah! qu'ont-ils donc éprouvé ceux qui n'ont point lu sur les traits du père qu'ils vénèrent, dans les yeux de la femme qu'ils adorent, sur le front des enfants qu'ils chérissent, les promesses de la vie éternelle? Ont-ils connu l'amour, ceux qui n'ont pas cru à tout instant retrouver Dieu dans les joies de la famille? La famille est le programme de l'éternité.

Voilà ce que je crois avoir appris de Dieu dans mon cœur.

Ah! quand la psychologie aura pris l'habitude de consulter les sentiments du cœur, comme jusqu'à présent elle a consulté avec tant de fruit les intuitions de la raison, l'on s'apercevra que la philosophie, et surtout la poësie, sont loin d'être épuisées : dans l'horizon de la pensée humaine, la vérité n'est encore qu'à son premier quartier. Mad. de Staël, que l'on rencontre sur la voie de presque toutes les grandes idées, ne disait-elle pas déjà à l'appui de l'une de nos croyances les plus importantes et les plus répandues : « Mais, que savons-nous de plus que nos sentiments, et pourquoi prétendrait-on qu'ils ne doivent point s'appliquer aux vérités de la foi ? Ce qu'il y a de plus sublime nous est révélé par la divinité de notre cœur. Pourquoi, sous prétexte d'anthropomorphisme, empêcher l'homme de se former, d'après son âme, une image de Dieu ? Nul autre messager ne saurait mieux, je pense, lui en donner des nouvelles. »

Vienne, vienne l'époque du cœur ; elle sera le règne des petits et des humbles. Le jour où l'on approfondira ses sentiments, le cœur nous fera assister à de plus merveilleux spectacles que tous ceux que l'intelligence humaine a entrevus jusqu'à présent. Ce jour-là seulement la foule sera émancipée, parce que tout homme aura acquis son droit de citoyen dans les domaines de l'esprit. L'égalité, qu'une divine religion a fait reconnaître devant la loi de Dieu et plus tard devant la loi civile, s'étendra aux fruits précieux de la pensée : car tous les hommes ne peuvent cultiver leur intelligence, et tous peuvent cultiver leur cœur. Vienne ce jour où la philosophie ne sera pas seulement le rare apanage de quelques esprits privilégiés, mais où elle deviendra le partage des cœurs purs, et où les femmes et les enfants en sauront dire plus sur Dieu et sur le Ciel que les plus célèbres docteurs. Alors la philosophie, retournant son antique nom, ne sera plus seulement *l'amour de la science*, elle sera aussi *la science de l'amour*. Ne faut-il pas que les *Pauvres d'esprit* parviennent à connaître Dieu aussi bien que les doctes intelligences, et que dès ce monde s'accomplisse cette pensée de l'Evangile : « Heureux ceux qui ont le cœur pur, car « ils verront Dieu ! »

Pourquoi est-il des hommes qui n'aiment point Dieu ? pourquoi même en est-il qui sont fatigués d'entendre prononcer trop souvent son nom, et qui ont une répugnance pour quiconque leur en parle ? Je le sais bien ; c'est qu'ils se sont fait sur Dieu des idées si ingrates et si dures, ils en ont fait un être tellement étranger à la nature humaine, qu'ils se trouvent privés de toute sympathie pour lui. Ah ! s'ils savaient si bien Dieu selon leur cœur, ils seraient plus empressés d'en entendre parler, de savoir ce qu'il pense, ce qu'il veut, s'il nous aime, que jamais, en l'absence de l'objet de ses amours, mortel aimé ne fut avide d'en apprendre des nouvelles [1] ! Je tiens, pour moi, que s'il était possible à Dieu de se découvrir avec ravissement à ceux qui l'oublient au milieu de ce monde, comme il fait aux âmes embrasées de son amour, ils ne pourraient plus se résoudre à l'offenser, non point par crainte, mais par amour. « Je crois que si ceux qui l'offensent le voyaient, di-« sait une Sainte, ils n'auraient plus le cœur de le faire. »

Certainement, les sciences nous ont éclairés sur la nature de Dieu, lorsqu'elles ont été amenées par l'étude des faits à le reconnaître comme la *Cause souveraine* ; la philosophie nous a éclairés sur la nature de Dieu, lorsqu'elle a été amenée par les notions métaphysiques à le reconnaître comme la *Vérité suprême* ; l'histoire nous a éclairés sur

---

[1] C'est là sans doute ce qui faisait dire à un homme d'un grand esprit : « La créature spirituelle n'est heureuse que quand l'idée de l'infini est devenue pour elle une jouissance au lieu d'être un poids. » Et Mad. de Staël ajoutait : « Le génie, le sentiment, l'enthousiasme inondent l'âme de délices quand on les consacre à ce souvenir, à cette attente de l'infini qui se représente dans la philosophie sous la forme des idées rationnelles, dans la vertu sous celle du dévouement, dans les arts sous celle de l'idéal, et dans la religion sous celle de l'amour divin.

la nature de Dieu, lorsqu'elle a été amenée, en suivant la marche des événements, à le reconnaître comme la *Providence universelle*. Mais il était réservé à la psychologie, en étudiant celui que vous avouez à votre image, ô mon Dieu, de nous dévoiler vos plus précieuses, vos plus touchantes qualités, et de nous faire reconnaître, aux pressentiments de nos cœurs sur votre Trinité, que vous êtes la divine Famille.

Certainement la puissance, l'intelligence, et la direction suprême que l'étude du monde extérieur retrouve en vous, sont de magnifiques attributs; et cette contemplation qui remplit l'âme de l'idée de votre grandeur, soulève toute notre admiration. Mais l'admiration ne peut tenir lieu d'amour; or l'amour ne peut exister sans l'attendrissement, et l'attendrissement sans la sympathie. C'est parce que vous êtes selon mon cœur, c'est parce que vous êtes l'idéal de toutes ses affections, qu'à votre pensée je suis saisi d'un attendrissement et d'un amour inexprimables. Aussi, je n'aime point ces noms d'Intelligence-infinie, d'Être-suprême, de Cause-souveraine; ces dénominations éveillent plus mon imagination qu'elles n'intéressent mon cœur. Un seul vous a nommé d'un nom qui ravit toute mon âme; c'est Celui qui le premier vous a donné un nom tiré de la famille, Celui qui le premier vous a appelé : Mon Père ! Il est vrai que Celui-là vous connaissait...

Le Dieu du savant me semble aussi insensible et aussi fatal que la matière, dans laquelle on l'a étudié. Le Dieu du métaphysicien me semble une abstraction réalisée, un substantif, une entité, comme les idées dans lesquelles on l'étudie. Quel intérêt, quelle sympathie peut inspirer en moi un être qui a pour tout attribut l'immensité, l'ubiquité, l'immutabilité, l'éternité, l'invisibilité, l'incompréhensibilité, etc.? Que voulez-vous que je fasse, moi, petit et délaissé, devant cette puissance inconnue qui n'appartient pas aux mêmes régions d'amour ! l'absolu a-t-il une oreille pour moi ?.... En face d'un tel Dieu l'enthousiasme et l'attendrissement s'éteignent ; ce Dieu me dépasse, il n'est plus de ma nature, je ne vois plus son rapport avec moi, je ne vois plus comment il peut aimer, et je ne sais plus moi-même comment l'aimer. Ah! ce n'est point là le Dieu de la famille !

Oui, pour aimer, il me faut le Dieu de mon cœur ; celui auquel s'adressent naturellement toutes mes affections, celui qui est l'idéal et la réalité infinie de tant d'objets si doux qu'il a faits pour réveiller ces affections. Celui-là est le Dieu aimé du cœur, qui est tout ce que cherche le cœur. Et, comment aimerais-je avec quelque confiance mon père, ma femme, mon enfant, si ces affections ne préparaient en rien mon cœur à aimer Dieu ? A quoi me sert de parcourir ici-bas l'orbite de la famille, si après avoir aimé sur la terre, mon cœur n'est pas plus avancé, et se trouve obligé de tout recommencer ? Non, mon Dieu, tout en conservant dans ma pensée vos proportions infinies de beauté, de tendresse et de pureté, je sais que déjà je vous aime dans l'amour de mon père, dans l'amour de ma femme, dans l'amour de mon enfant ; et près d'eux je marche avec enivrement vers vous... parce que vous êtes la grande Famille.

Et s'il faut tout vous avouer, ô mon Dieu, ce n'est pas parce que vous êtes la suprême Puissance que je vous aime, et ce n'est pas non plus parce que vous êtes la divine Sagesse, c'est parce que vous êtes le St.-Esprit ; c'est votre troisième Personne que j'adore en vous. Mais que viens-je de dire ? Chacune de vos merveilleuses Personnes ne jouit-elle pas des attributs et de toute la divinité des deux autres ? Alors, qu'est-ce que j'apprends ? c'est que votre amour est tout ce qu'il y a de plus puissant et de plus sage ! Ah ! je reviens maintenant de mon erreur ; et c'est bien là ce que je veux, que votre amour soit d'une puissance et d'une sagesse infinies. Oui, c'est ainsi que je l'entends, votre puissance ne sera que la puissance de votre amour, et votre sagesse que sa divine sagesse. Mais, que dis-je encore ? mes idées peuvent-elles me troubler à ce point ? Quand l'amour et la sagesse viennent dans la puissance, l'amour n'y devient-il pas tout puissant et d'une sagesse infinie ? et, n'est-ce pas ainsi qu'il en sera dans le Père ! Quand la puissance et l'amour viennent dans la sagesse, la sagesse ne devient-elle pas la toute-puissance de l'amour infini ? et, n'est-ce pas ainsi qu'il en sera dans le Fils ! Enfin quand la sagesse et la puissance viennent dans l'amour, l'amour ne devient-il pas tout puissant et tout brillant de sagesse ? et, n'est-ce pas ainsi qu'il en sera dans l'Esprit ! Alors, de quelque côté que je me tourne je rencontre ce que je cherche : dans le Père, je trouve l'amour et la sagesse infinis de la puissance ; dans le Fils, je trouve l'amour et la puissance infinis de la sagesse ; dans l'Esprit, je trouve la puissance et la sagesse infinies de l'amour. O mon âme, dis maintenant, si tu le peux, quelle est de ces trois Personnes, celle que tu préfères ?

Mais il ne suffit pas de savoir ce qu'est Dieu, et de

savoir que le bonheur sur la terre consiste à l'aimer : ne faut-il pas savoir à cette heure en quoi consiste l'amour de Dieu? c'est la dernière chose qu'il nous reste à connaître dans cette précieuse question.

En quoi consiste l'amour de Dieu ? ou, pour se servir de la question scientifiquement posée par le Catéchisme : A quoi reconnaissons-nous que nous aimons Dieu ?

Nous devons reconnaître que nous aimons Dieu aux mêmes caractères auxquels nous reconnaissons que nous aimons une personne quelle qu'elle soit. Or, à quoi reconnaissons-nous que nous aimons une personne, sinon à ces trois grands caractères : d'abord, que nous l'aimons exclusivement à toute autre ; ensuite, que nous l'aimons pour elle-même, quels que soient les biens ou les maux qui pourront lui arriver; enfin, que nous sacrifierions tout pour elle, et même que nous regarderions comme le plus doux des tourments de nous sacrifier nous-mêmes, si par-là nous pouvions mieux lui prouver notre amour.

Il en est de même pour Dieu : nous l'aimerons seul, nous l'aimerons pour lui-même, et nous nous sacrifierons à lui. Nous l'aimerons seul, si nous ne recherchons les choses que dans le rapport qu'elles ont avec Dieu; nous l'aimerons pour lui-même, si nous ne nous recherchons point nous-mêmes dans cet amour; et nous nous sacrifierons à lui, si réellement ne nous recherchant point, nous faisons joyeusement le sacrifice de toutes les petites privations temporelles que nous sommes obligés de nous imposer pour son amour. Or, ces trois choses se rencontrent à la fois dans une seule : *Faire le bien !* Car d'abord, si nous faisons le bien, c'est que nous l'aimons ; et si nous aimons le bien nous aimons Dieu, qui est lui-même le bien. Ensuite, si nous faisons le bien, c'est que nous y trouvons notre joie; et alors nous l'aimons pour lui-même, comme nous étant lui-même un bien. Enfin, si nous aimons et si nous faisons le bien, nous sommes nécessairement obligés de lui sacrifier souvent nos plaisirs, et de retrancher de notre cœur tout ce qui nous détournerait de lui.

De sorte que si le bonheur consiste dans la possession de Dieu; si Dieu peut être possédé dès ce monde par l'amour; si conséquemment le bonheur sur la terre consiste dans l'amour de Dieu ; si l'amour de Dieu consiste à faire sa volonté; et si sa volonté consiste à pratiquer le bien, comme la pratique du bien constitue ce qu'on appelle la vertu, nous arrivons à cette conclusion que :

LE BONHEUR SUR LA TERRE CONSISTE DANS LA VERTU.

Descartes disait : « Tout notre contentement ici-bas ne consiste que dans le témoignage intérieur que nous avons d'avoir quelque perfection; ainsi, nous ne saurions jamais pratiquer aucune vertu que nous n'en recevions de la satisfaction et du plaisir. » Si la vertu porte avec elle sa satisfaction, comment la plus grande des vertus, l'amour de Dieu, ne renfermerait-elle pas la plus grande de toutes les satisfactions? Mais, mon Dieu, se peut-il que ce soit une vertu de vous aimer? n'est-ce pas au contraire la plus ardente inclination de notre âme? Alors, quel mérite avons-nous dans cet amour ? C'est trop, que le moyen d'obtenir le bonheur soit le bonheur lui-même !

La question a été menée assez loin maintenant : nous voyons que le bonheur dépend de nous-mêmes, puisqu'il dépend de la vertu. Comme nous venons de nous rencontrer ici avec le sens commun, et avec la morale des philosophes les plus élevés de tous les âges, nous sommes dispensés de nous étendre davantage sur cette démonstration. D'ailleurs, c'est une vérité trop généralement reconnue pour que nous osions faire à la raison l'insulte de nous y arrêter [1].

---

[1] Mais surtout, qu'il était sublime de la part des anciens de regarder la morale comme l'art d'arriver au bonheur, et de considérer le souverain bien comme l'objet de la morale ! Cette pensée est si belle, si profonde, si ontologique, que je ne puis croire que les anciens la comprissent véritablement. En effet, qu'est-ce que la morale, sinon la loi de l'être moral ? Qu'est-ce que la loi d'un être, sinon ce qui renferme pour lui les conditions de l'existence ? Alors qu'est-ce que la loi de l'être moral, sinon la loi dont l'application lui procure toutes les conditions de l'existence comme être moral ? Et qu'est-ce que l'existence de l'être moral, sinon une existence spirituelle, puisque l'être moral est un être spirituel ? Or quelle est la nature d'une existence spirituelle, sinon l'immortalité, puisque l'esprit est immortel ? Quel est l'attribut de l'immortalité, sinon l'infinité, puisque l'immortalité n'est que l'infini appliqué à la durée ? Et quelle est la propriété de l'infini, sinon la félicité infinie, puisque le bonheur est en raison de l'être ?

Ainsi, qu'est-ce qu'accomplir la morale pour l'homme ? c'est suivre sa loi. Qu'est-ce que suivre sa loi pour l'homme ? c'est jouir de l'existence morale. Qu'est-ce que jouir de l'existence morale ? c'est jouir de l'existence spirituelle. Qu'est-ce que jouir de l'existence spirituelle ? c'est jouir de l'existence infinie. Qu'est-ce que jouir de l'existence infinie ? c'est posséder l'être infini. Et qu'est-ce que posséder l'être infini ? c'est posséder le bonheur. La morale est donc l'art d'arriver au bonheur.

Cette pensée si profondément philosophique était si naturelle aux anciens, qu'elle avait pénétré jusque dans leurs langues. Nous voyons Aristote faire cette belle remarque : « Les hommes instruits, « aussi bien que les ignorants, appellent « le bien suprême, le *Bonheur*; et même « tous admettent que, bien vivre, bien « agir, et être heureux, c'est absolu- « ment la même chose. Car les expres- « sions, bien vivre, bien agir, être « heureux, sont synonymes dans notre « langue. »

Quelle superbe pièce justificative fournie par le sens commun en faveur de la solution à laquelle nous sommes arrivés dans ce chapitre, que le bonheur sur la terre consiste dans la vertu !

Nous dirons donc, pour répondre directement à la question de ce chapitre :

Comme ce monde a été fait pour nous conduire à l'autre, la vie de ce monde doit être une préparation à la vie de l'autre ; et si la vie dans l'autre monde est la félicité, la vie dans celui-ci doit être une sorte de commencement, de prélude de la félicité. Or l'amour de Dieu, qui est la joie la plus enivrante que l'homme puisse éprouver ici-bas, est ce commencement, ce prélude de la félicité éternelle. Et c'est ainsi que l'on peut posséder le bonheur dès cette vie.

Vous le voyez, la théorie du bonheur est bien simple, elle consiste en trois mots. Mais c'est l'application ?.. Eh bien, l'application est peut-être plus simple encore. Ne croyez pas que pour avoir toutes les vertus il soit besoin de se mettre à poursuivre toutes les vertus à la fois. Pour posséder toutes les vertus, il s'agit d'en avoir une seule ; une seule, car en elle toutes les autres se trouvent comprises, toutes les autres n'étant, suivant les différents cas, que les différentes applications de cette grande et unique vertu. Et, par une harmonie admirable, cette vertu suprême est l'amour de Dieu.

Vous avez déjà compris pourquoi. En effet, il y a deux sortes de vertus : 1° celles que l'homme pratique vis-à-vis de la nature, c'est-à-dire la chasteté, la tempérance et le travail, qui sont les trois vertus opposées aux trois faiblesses du corps, l'impureté, l'intempérance et la paresse ; 2° celles que l'homme pratique vis-à-vis de ses semblables, c'est-à-dire la charité, la bienveillance et la justice, qui sont les trois vertus opposées aux trois faiblesses du cœur, l'égoïsme, l'envie et l'injustice. Or, quant aux premières de ces vertus, comme elles consistent dans une victoire remportée sur la nature par une préférence donnée à Dieu, chaque fois que nous repoussons la nature nous faisons à Dieu un aveu d'amour : tous nos actes de chasteté, de tempérance et de travail sont autant de traits d'amour de Dieu. Si nous étions bien persuadés de cette pensée, avec quelles délices nous ferions le bien ! Et quant aux secondes de ces vertus, comme elles consistent à aimer notre prochain par rapport à Dieu, chaque fois que nous sacrifions notre égoïsme au prochain, nous faisons à Dieu un aveu d'amour : tous nos actes de charité, de bienveillance et de justice sont autant de traits d'amour de Dieu.

Ainsi, celui qui aime Dieu est chaste, tempérant et laborieux, il est dévoué, bienveillant et juste; il possède les six vertus qui font la perfection de l'âme. L'amour de Dieu serait la septième, qui les couronnerait toutes, si, comme nous venons de le voir, elle n'existait par le fait des autres, les autres vertus n'étant que les éléments de la souveraine et divine vertu de l'amour de Dieu. Sous le nom d'amour de Dieu sont renfermées toutes les affections désintéressées, c'est-à-dire toutes les affections vertueuses. La chasteté, la tempérance, et le travail, c'est l'amour de Dieu dans son rapport avec la nature; la charité, la bienveillance, et la justice, c'est l'amour de Dieu dans son rapport avec le prochain.

En un mot, il n'est pas étonnant que par l'amour de Dieu l'homme possède toutes les vertus, il y a pour cela deux raisons; l'une toute psychologique, qui s'explique par les lois mêmes de la nature humaine; l'autre toute ontologique, qui s'explique par les lois essentielles de toute communication entre substances. Voici la première : l'on sait que pour aimer Dieu, ou le bien absolu, il faut oublier tous les biens de ce monde, à l'exception de ceux qui nous conduisent à Dieu, tels que les affections de la famille ; or, comme les actes par lesquels on aime et l'on s'attache aux biens de ce monde, sont les vices, tandis que les actes par lesquels on oublie et l'on se détache des biens de ce monde, sont les vertus, il suit que l'amour de Dieu, qui ne repose que sur l'oubli et le refus de tous les biens de ce monde, renferme toutes les vertus, qu'il est la vertu elle-même. Pour la seconde de ces raisons, nous en avons déjà parlé, mais elle va nous être énoncée ici par le Dante : « L'amour, selon l'unanime sentiment des sages qui en ont discouru, et selon les enseignements journaliers de l'expérience, a pour effet essentiel de rapprocher et d'unir la personne qui aime à celle qui est aimée; de là vient que Pythagore a dit cette parole : *dans l'amour plusieurs ne font qu'un*. Et comme deux choses unies ensemble se communiquent naturellement leurs qualités, au point que l'une peut toute entière s'assimiler à l'autre, par cela même, les affections de la personne aimée passent dans le cœur de la personne aimante, en sorte que celle-ci ne saurait dès-lors s'empêcher d'aimer ce qu'aime celle-là [1]. » Or, comme ici la personne aimée est Dieu, ou l'être doué des biens éternels, l'homme en aimant Dieu s'assimile à lui, et l'affection des biens éternels passe dans son cœur. C'est dans cette vue qu'a été institué le plus grand Sacrement de

---

[1] Dante Alighieri, *Convito* II, 15, IV, 1. Traduction de M. Ozanam.

la religion, le Sacrement du bonheur; celui par lequel l'homme possède Dieu dès ce monde.

Oui, je sais un moyen positif de ne plus commettre aucune faute! Quoi que nous fassions, quelque part que nous soyons, avec ce moyen il n'est plus possible d'en commettre une seule! Ce moyen est d'aimer Dieu, mais de l'aimer réellement; car alors quoi que l'on fasse et quoi que l'on aime, l'on est bien sûr de le faire et de l'aimer pour Dieu. Par là, n'accomplissons-nous pas complétement la loi, n'entrons-nous pas jusqu'au fond du précepte de S. Paul : « Soit que vous mangiez, ou que vous buviez, ou « quelque autre chose que vous fassiez, faites tout pour la « gloire de Dieu ? » Quand donc on aime Dieu, on peut faire après tout ce qu'on veut, on est bien sûr de faire autant d'actes qui lui sont agréables. Car celui qui aime Dieu, aime ce que Dieu aime; et comme sa volonté prend la même direction que celle de Dieu, leurs deux volontés se rencontrent dans leur but et n'en forment plus qu'une. Il est impossible de trouver un moyen plus agréable de faire à Dieu l'hommage de notre volonté !

Considérez donc combien est juste et profonde la pensée de Saint Augustin : *Aimez Dieu, et faites tout ce que vous voudrez !* Pensée qui vient elle-même de nous apparaître en philosophie sous cette proposition : *Ayez l'amour de Dieu, et vous aurez toutes les vertus!*

Voyez-vous combien la théorie de la vertu se simplifie? Oh! que l'on croit souvent la vertu plus difficile qu'elle n'est! Si on sait la prendre, la vertu est au contraire la chose la plus facile et même la plus entraînante, on ne peut plus lui résister. Et pour cela que faut-il ? L'enthousiasme. Vous savez bien qu'il est plus facile de se laisser entraîner par l'enthousiasme que de lui résister. Et pareillement, il est plus facile de se laisser entraîner par la vertu que de lui résister. On la pratique alors avec bonheur, avec enivrement ; la vertu n'est plus, comme avec celui qui ne l'aime pas, farouche, dure et d'un abord austère ; elle est, comme avec son amant, gracieuse, bonne et pleine de caresses.

La vertu sans enthousiasme est bien difficile ! je vous avoue qu'elle me paraît inabordable, surtout dans les commencements. Aussi, il ne faut pas s'étonner que la vertu soit rare ; on néglige le seul levier avec lequel on puisse la faire mouvoir. Il n'y a que l'entraînement de l'enthousiasme qu'on puisse opposer à l'entraînement des passions. L'enthousiasme est le foyer de la pensée et de l'action ; quand il s'éteint, la pensée se refroidit, et l'action s'arrête sur le bord de la volonté. L'enthousiasme est le courage de l'âme, et l'on ne fait rien sans un peu de courage. La patience elle-même n'est que l'enthousiasme mis à l'œuvre : c'est le seul sentiment qui puisse se calmer sans se refroidir [1]. Ah ! si les hommes la cherchaient avec enthousiasme, la vertu serait vraiment la chose la plus

---

[1] « Sans doute, dit Mad. de Staël, la conscience doit suffire pour conduire le caractère le plus froid dans la route de la vertu ; mais l'enthousiasme est à la conscience ce que l'honneur est au devoir, et lui seul peut contre-balancer la tendance à l'égoïsme. On peut le dire avec confiance, l'enthousiasme est de tous les sentiments celui qui donne le plus de bonheur. Ni l'amour, ni la vie, ni la religion, ni la gloire, ni la science, ni le génie, ni la nature, ni les arts, ni la beauté, ni la vertu, ni même les affections les plus simples, ne peuvent être sentis sans l'enthousiasme. »

Mad. DE STAËL, *De l'Allemagne*, Quatrième partie, chapitre XII ; *De l'influence de l'enthousiasme sur le bonheur*.

répandue et la plus adorée, parce que c'est en elle qu'ils trouveraient le plus de délices !.. Mais maintenant comment peut-on posséder l'enthousiasme?

En effet, si le bonheur est dans la possession de Dieu, si la possession de Dieu est dans l'amour, si l'amour est dans la vertu, et si la vertu vient de l'enthousiasme, ne faut-il pas chercher d'où vient l'enthousiasme ? Par là nous achèverons cette Théorie du Bonheur, et nous connaîtrons le précieux moyen de la mettre en pratique.

Sommaire. — Nous avons vu que le bonheur consiste dans la possession de Dieu ; mais comme cette vie est précisément la privation momentanée de Dieu, l'homme ne doit-il pas souffrir en ce monde le supplice du dam ? — Cependant, ce monde étant fait pour nous conduire à l'autre, la vie de ce monde doit être une préparation à la vie de l'autre ; et si la vie de l'autre est la félicité, la vie de celui-ci ne doit-elle pas être une préparation, un prélude à la félicité ? — Or, ce prélude à la félicité étant le bonheur le plus grand dont l'homme puisse jouir ici-bas, il faut nous empresser de le connaître. — Alors, la question se présenterait ainsi : Si le bonheur consiste dans la possession de Dieu, par quel moyen peut-on posséder Dieu dès ce monde ? — Le voici : En jetant les yeux sur une créature mortelle parée de tous les dons de la vertu et de la beauté, n'arrive-t-il pas à l'homme de se dire que son bonheur serait de la posséder ? et chaque fois qu'il se le dit, ne s'aperçoit-il pas qu'il l'aime davantage ? et à mesure qu'il l'aime, ne se sent-il pas déjà heureux comme s'il la possédait, et ne dit-il pas : Elle est vraiment à moi, car c'est moi seul qui l'aime! — Celui qui connaît l'amour peut donc dire si c'est là une douce possession. Eh bien! par l'amour nous pouvons posséder Dieu; et vraiment d'une manière aussi délicieuse que les anges le possèdent dans le Ciel. — Il ne faut pas s'étonner du miracle de cette possession; n'est-elle pas de la même nature de part et d'autre? Aimer dans le Ciel, aimer sur la terre, c'est toujours posséder Dieu : le Ciel n'est pas ici ou là, le Ciel est d'aimer Dieu. — Pour comprendre ce phénomène, observons les effets ontologiques de l'amour. D'abord nous remarquerons que nous allons plus loin par l'amour que par la connaissance : la connaissance nous fait venir devant l'objet, l'amour nous fait entrer dedans. — Le premier effet de l'amour est de nous porter vers l'objet aimé; le second est de nous unir à l'objet aimé; le troisième est de nous procurer le bonheur, qui résulte de la possession de l'objet aimé. — Ainsi, de l'amour naît le mouvement vers l'objet aimé; de l'amour naît l'union avec l'objet aimé; de l'amour naît le bonheur que cause la possession de l'objet aimé. — L'amour prend son origine dans l'amour, opère son ascension dans l'amour, et trouve son accomplissement dans l'amour. — Par l'amour celui qui aime est dans l'objet aimé : *Qui manet in charitate, in Deo manet;* et le bien aimé est dans celui qui l'aime : *et Deus manet in eo.* — Si donc l'amour est le moyen de posséder Dieu dès ce monde, comme le bonheur consiste dans la possession de Dieu, nous pouvons déjà posséder le bonheur en ce monde. — Et puisque dans l'autre vie la félicité consiste à aimer Dieu, il n'est point étonnant que dans celle-ci l'amour de Dieu soit le prélude de la félicité! — Nous tenons, à cette heure, la solution depuis si longtemps désirée : « Qu'est-ce que le bonheur? s'écriait Aristote; voilà la question? » Le bonheur c'est d'aimer Dieu; voilà la réponse. — Mais pour s'expliquer la joie qui accompagne l'amour, il faut savoir en quoi consiste psychologiquement ce phénomène. Rappelons-nous que dans l'absolu l'être est un, au milieu de ses variétés, et que c'est l'amour qui, s'emparant de toutes les puissances de l'être, les ramène dans leur identité infinie. — Alors pour l'homme, qui séparé de l'infini tend, comme être, à rentrer dans l'existence absolue, l'amour devient une aspiration de l'âme vers Dieu. — Et Dieu, comme Créateur dont le sein déborde par amour, ne cherche que le moment où il pourra répandre les richesses de sa substance dans sa créature, sans violer sa liberté et anéantir ses mérites; et l'âme sent cette substance descendre en elle avec des délices inouïes. Car toute satisfaction d'un besoin porte avec elle sa jouissance, au point que le mot *satisfaction* est devenu synonyme de *jouissance*. — Or cette jouissance que tout être éprouve dans la satisfaction de ses besoins, n'est autre chose que le sentiment de l'accroissement de son être. — Si déjà le corps éprouve tant de jouissance dans la satisfaction de ses besoins finis, et que la jouissance s'accroisse en raison du besoin que l'on satisfait, quelle doit être la jouissance de l'âme dans la satisfaction de ses besoins infinis ? — La jouissance profonde qui accompagne l'amour de Dieu, ne s'explique pas autrement. La substance de Dieu pénétrant dans notre cœur, nous procure le sentiment délicieux de notre accroissement spirituel. — Comme l'essence de Dieu est d'exister, l'homme en tant qu'être tient de la nature essentielle de Dieu. — Et chez un être dont la tendance essentielle et primordiale est l'accroissement de son être, tout acte qui favorise cet accroissement, le rapproche de la vie absolue, et lui fait éprouver le sentiment du bonheur. — De sorte que l'amour, qui est l'acte même de notre union à ce qui est pour nous le bien, ou le complément si désiré de notre être, est pour l'homme la plus profonde jouissance. L'amour est un commencement de la vie absolue. — Pénétrons plus loin encore. Nous venons de voir que le bonheur consiste dans la possession de Dieu; si nous savions ce que c'est que Dieu, il semble que nous nous formerions une notion plus exacte du bonheur. — Afin de déterminer scientifiquement les caractères de la nature de Dieu, il faut procéder comme procèdent les physiciens pour les corps, et les psychologistes pour l'âme; c'est-à-dire apprécier les propriétés, les attributs de Dieu, par ses manifestations, ou ses œuvres. — Alors ne faut-il pas étudier Dieu dans celui qu'il n'a pas craint d'avouer être à sa divine ressemblance; ne faut-il pas étudier Dieu dans le cœur de l'homme ? — Nous savons que l'effet manifeste la nature de sa cause; et que si l'homme a été fait pour jouir de la vie de Dieu, nous devons retrouver dans la vie de l'homme ce qui, conçu à l'infini, doit constituer la vie de Dieu. — De sorte que, si déjà l'on a retrouvé les caractères de la substance de Dieu dans les éléments de la raison, il faut chercher les caractères de la vie de Dieu dans les mouvements du cœur; car si la raison reçoit la notion impersonnelle du bien, c'est le cœur qui reçoit le mouvement impersonnel vers ce bien : dans le cœur nous trouvons notre vie, dans la raison seulement le but de notre vie. — De même que la raison, par suite de la lumière dont Dieu la pénètre, reçoit le vrai absolu d'une manière nécessaire; de même le cœur, par suite de l'amour dont Dieu le pénètre, se porte vers le bien en général par un mouvement nécessaire. — L'amour reste donc aussi impersonnel au fond du cœur, malgré l'usage que peut en faire la volonté, que la conception au fond de la raison, malgré l'usage que peut en faire l'intelligence. — Au reste, le sentiment d'amour que Dieu envoie au cœur pour le vitaliser, serait-il moins divin que le rayon de lumière qu'il envoie à notre raison pour l'éclairer ? — Maintenant qu'on a interprété la voix qui parle dans la raison, il faut interpréter la voix qui parle dans le cœur. Mais le cœur n'a-t-il pas quelque chose de plus intime que la raison ? c'est qu'en effet je crois que le cœur va nous révéler sur Dieu quelque chose de plus intime.

Ne nous est-il pas arrivé, lorsque notre âme s'élevait à Dieu, de sentir dans nos cœurs comme s'il était notre plus proche parent ? et l'émotion éprouvée alors avait quelque chose de si tendre, qu'on n'ose la comparer au seul sentiment auquel elle ressemble. Toutes les fois que ceci nous arrivait, nous en restions troublés autant que charmés, lorsque nous vint cette idée toute simple : — Il ne peut rien y avoir dans l'effet qui ne soit dans la cause ; et l'effet étant fini tandis que sa cause est infinie, il ne peut y avoir de biens finis en ce monde qui ne soient à l'infini en Dieu : or c'est Dieu qui a fait la bonté du père, la tendresse de la mère, la beauté de la vierge et l'innocence de l'enfant ; Dieu sera donc pour nous, mais d'une manière tout infinie, comme notre père, comme notre mère et comme la vierge de nos amours ! — Sondons cette idée plus scientifiquement. Il est clair qu'il doit y avoir pour le moins autant de réalité dans la cause que dans l'effet ; et puisque l'effet se compose de personnes qui aiment et en qui l'on trouve le cœur du père, de l'épouse et de l'enfant, quelle que soit la cause de ces personnes, il faut nécessairement que ce soit une Personne qui aime et en qui se trouvent tous les charmes d'un père, d'une épouse, d'un enfant ; et de plus, comme étant une cause infinie, elle doit posséder ces charmes à l'infini. — Ici nous comprîmes le sens de notre cœur. Car, de même qu'en analysant la raison, nous avons trouvé pour éléments nécessaires, les idées du vrai, du bien, et du beau, et que nous n'avons pu y rencontrer ces idées sans reconnaître que Dieu est la vérité, la justice et la beauté infinies ; de même, en analysant le cœur, nous trouvons pour éléments nécessaires, l'amour paternel, l'amour conjugal et l'amour filial, et nous ne pouvons y rencontrer ces amours sans reconnaître que Dieu est à l'infini tout ce que notre père, notre épouse et notre enfant sont pour nous sur cette terre. — Ces amours n'ont point leur origine dans les objets du dehors ; seulement la vue de ces objets réveille dans notre cœur ces sentiments, dont le germe repose en lui. — Oui, le cœur porte tellement en lui l'élément de l'amour paternel, conjugal et filial, que l'homme voudrait être père et aimer ses enfants avant d'avoir des enfants ;

qu'il cherche à être époux et voudrait aimer son amie, avant de connaître cette amie; et qu'il en est ainsi de l'enfant qui n'a jamais vu son père ni sa mère. — Si ces amours existent ainsi dans le cœur antérieurement à la présence des objets aimés, ils n'ont donc pas leur origine dans les objets aimés, c'est-à-dire dans l'expérience; ces trois amours se trouvent donc dans notre cœur comme les trois notions impersonnelles dans la raison; alors ils ont la même origine et les mêmes caractères. — D'ailleurs, si ces affections venaient du dehors, il n'y aurait pas plus de crime à ne les point ressentir qu'à ne point recevoir toute perception extérieure, et les sentiments n'auraient pas plus de valeur que les sensations; tandis qu'on est en droit de réclamer de l'homme l'amour filial, l'amour conjugal, et l'amour paternel, comme on est en droit de réclamer de lui le sentiment du bien et du mal, du vrai et du faux, du juste et de l'injuste. — Si ces amours ne viennent ni du monde extérieur, puisqu'ils existent antérieurement à ces apparitions, ni du cœur, puisqu'ils existent en lui d'une manière impersonnelle, ils viennent donc de l'être objectif qui les met dans le cœur en lui envoyant son amour. — Or, l'être objectif d'une idée a nécessairement en réalité ce qu'il met dans nous en idée. Nous ne pouvons donc trouver dans le cœur l'idée et le sentiment de l'amour paternel, de l'amour conjugal et de l'amour filial, sans dire que Dieu est l'idéal et la réalité suprême de tous ces amours. — Il ne faut plus nous étonner si, lorsque nous aimons Dieu, ce sentiment nous fait toujours l'effet de la plus tendre affection de famille! Dieu est précisément ce que nous cherchons dans tous nos amours. Celui qui aime Dieu aime tout ce qui est bon; il aime implicitement son père, sa mère, sa femme, son prochain; il est artiste, philosophe, homme de bien. Voilà pourquoi l'amour de Dieu est le plus haut degré d'amour. — Mais cet amour suprême doit porter un nom sacré et bien doux à tous les cœurs ? on l'appelle Piété. Pouvoir dire à chaque instant qu'on l'aime à celui qu'on aime, voilà la Piété; elle est le plus grand soulagement du cœur. Celui qui renonce à la Piété se prive de la plus douce affection de famille. — Ce sont là des choses auxquelles nous n'avions jamais réfléchi! Car c'est toujours par le monde physique que nous sommes remontés à Dieu; et ne trouvant en lui que de la puissance et de l'intelligence, nous n'avons conçu pour lui que de l'admiration; mais en remontant à lui par le monde moral, nous aurions trouvé en Dieu tant de tendresse et d'amour, que nous aurions été épris d'une ineffable passion. — Il ne faut pas croire que l'on ne puisse aimer Dieu parce qu'il est trop au-dessus de nous, puisque au contraire l'amour est plus grand pour les choses parfaites que pour les choses moindres. — Et puisque l'union est l'effet de l'amour, et que l'on se considère avec l'objet aimé comme un tout, on aime ses perfections comme si elles étaient les nôtres. C'est ainsi que les biens et les perfections de l'objet aimé font notre bonheur, et que l'amour de Dieu peut devenir le plus vif et le plus enivrant de tous les amours. — Il ne faut pas nous plaindre de ce que nous ne pouvons pas aimer, puisqu'on nous surprend partout à aimer! Nous sommes si avides d'amour, qu'on nous voit venir en cueillir quelques gouttes jusque sur des lèvres mortelles. Mais hélas! l'amour platonique n'est que l'enfantillage du cœur. — Ah! si Dieu nous apparaissait, notre cœur embrasé ne voudrait plus d'autre faveur que celle de la beauté souveraine! mais Dieu ne peut nous apparaître, parce que ses charmes séduiraient si irrésistiblement nos cœurs que notre liberté et notre imputabilité seraient anéanties. — C'est alors que Dieu, pour soulager et exercer nos cœurs pendant son absence, nous a donné père, mère, frère, épouse, enfant et prochain à aimer. — Les affections de la famille sont la route que Dieu a tracée ici-bas pour arriver jusqu'à lui; si donc nous venions à oublier Dieu au milieu de ces affections, nous n'en remplirions point le but. — Dieu entretient avec nous une correspondance d'amour par le moyen de la famille. Il nous a fait sa première déclaration dans le cœur de notre mère; puis il nous a témoigné ses différents sentiments dans le cœur de notre frère, dans celui de notre épouse, dans celui de nos enfants et de nos amis. — Le Créateur a donc établi avec soin chacun des amours de la famille, parce qu'ils développent chacun des côtés de notre cœur, et que Dieu, possédant en réalité tous les caractères des personnes de la famille, est celui vers lequel conduisent tous ces amours. — Une preuve frappante que Dieu sera pour nous comme notre père, comme notre femme, comme notre enfant, c'est que, quoique l'idolâtrie consiste à aimer autre chose que Dieu, il n'y a point d'idolâtrie à aimer son père, sa femme et son enfant. — Il est permis d'aimer son père, son épouse et son enfant, comme il est permis d'aimer le bien, le beau et le vrai. — Ainsi nous aimons sans idolâtrie le bien, le beau et le vrai, parce qu'en les aimant nous ne faisons que procéder à l'amour de Dieu; or, pour qu'en aimant ainsi le bien, le beau et le vrai, nous aimions Dieu, il faut qu'il y ait en Dieu le bien, le beau et le vrai. — De même nous aimons sans idolâtrie un père, une épouse et un enfant, parce qu'en les aimant nous ne faisons que procéder à l'amour de Dieu; or, pour qu'en aimant ainsi notre père, notre épouse et notre enfant, nous aimions Dieu, il faut qu'il y ait en Dieu le caractère du père, de l'épouse et de l'enfant. — Dieu n'aurait pas fait des affections de la famille, une nécessité de notre traversée en ce monde, si ces affections devaient nous détourner de lui, ou si elles ne devaient nous mener à rien. Dans toute la création les moyens sont trop bien disposés pour leur fin; tous ces amours ne pouvaient être que des voies pour arriver au grand amour. — Par la famille nous commençons à posséder Dieu; c'est pourquoi la famille repose sur un Sacrement. Tout Sacrement signale une alliance avec Dieu. D'ailleurs, quel est ici-bas celui qui se livrerait en paix à l'amour, si l'amour ne trouvait pas sa continuation en Dieu?

— Lorsque les sciences nous ont présenté Dieu comme la Cause souveraine, lorsque la philosophie nous l'a présenté comme la Vérité suprême, et l'histoire comme la Providence universelle, elles nous ont certainement éclairés sur sa nature; mais il était réservé à la psychologie de nous dévoiler, par l'étude du cœur de l'homme, les plus précieuses et les plus touchantes qualités de Dieu. — La contemplation du monde physique soulève toute notre admiration, mais l'admiration ne peut tenir lieu d'amour; or l'amour ne peut exister sans l'attendrissement, et l'attendrissement sans la sympathie. — S'il est tant d'hommes qui n'aiment point Dieu, c'est qu'ils s'en sont fait une idée si étrangère à la nature humaine, qu'ils se sentent privés de toute sympathie pour lui. — Il faut à l'homme le Dieu de son cœur; il faut qu'il sache que Dieu est tout ce qu'il cherche et que déjà il l'a aimé dans l'amour de son père, de sa femme, de son enfant, et qu'auprès d'eux il marche vers lui. Dieu est la grande famille.

Maintenant que nous savons ce qu'est Dieu, et que le bonheur sur la terre consiste dans l'amour de Dieu, ne faut-il pas savoir en quoi consiste cet amour ? — L'amour que nous avons pour Dieu, comme l'amour que nous avons pour toute personne, se reconnaît 1° à ce que nous l'aimons exclusivement à toute autre, 2° à ce que nous l'aimons pour elle-même, 3° à ce que nous regarderions comme un doux tourment de nous sacrifier pour elle. — Il en est de même de Dieu : nous l'aimerons seul, nous l'aimerons pour lui-même, et nous nous sacrifierons à lui. Et ces trois choses se rencontrent dans une seule : *faire le bien*. — De sorte que, si le bonheur consiste dans la possession de Dieu, comme par l'amour nous pouvons déjà posséder Dieu dès ce monde, que l'amour consiste à faire le bien, et que la pratique du bien constitue ce qu'on appelle la vertu, le bonheur sur la terre consiste donc dans la vertu. — Ici nous pouvons répondre à la question de ce chapitre : Ce monde ayant été fait pour nous conduire à l'autre, la vie de ce monde doit être un prélude de la vie de l'autre ; et la vie de l'autre étant la félicité, la vie dans celui-ci doit être un prélude de la félicité. Or nous venons de voir que l'amour de Dieu, qui est la félicité de l'autre vie, fait précisément la nôtre dans celle-ci.

Comme on s'en aperçoit, la théorie du bonheur est bien simple ; l'application en est plus simple encore. Pour posséder toutes les vertus, il n'est pas besoin de les poursuivre toutes en détail, il suffit d'en avoir une seule : il est vrai que celle-là les renferme toutes. Cette suprême vertu est l'amour de Dieu. — Car, 1° quant aux vertus que l'homme pratique vis-à-vis de la nature, telles que la chasteté, la tempérance et le travail, comme elles ne consistent que dans une victoire remportée sur la nature par une préférence donnée à Dieu, tous nos actes de chasteté, de tempérance et de travail sont autant de traits d'amour de Dieu ; — 2° quant aux vertus que l'homme pratique vis-à-vis de ses semblables, telles que la charité, la bienveillance et la justice, comme elles ne consistent qu'à aimer nos semblables par rapport à Dieu, tous nos actes de charité, de bienveillance et de justice sont autant de traits d'amour de Dieu. — Ainsi celui qui aime Dieu, par cela qu'il l'aime, est chaste, tempérant et laborieux, charitable, juste et bienveillant. La chasteté, la tempérance et le travail, c'est l'amour de Dieu dans son rapport avec la nature ; la charité, la justice et la bienveillance, c'est l'amour de Dieu dans son rapport avec le prochain. — Il y a donc un moyen positif de ne plus commettre de faute, c'est d'aimer Dieu ; car alors quoi que nous fassions, nous sommes bien sûrs de le faire pour Dieu. Quand on aime Dieu, on peut faire après tout ce qu'on veut, parce que l'on est bien sûr de faire tout ce qui lui est agréable. — C'est ainsi que la volonté de l'homme et la volonté de Dieu se rencontrant dans leur direction et dans leur but, n'en forment plus qu'une. Est-il un plus doux moyen de faire à Dieu l'hommage de notre volonté? — Nous voyons ici combien la vertu est simple; elle serait aussi la chose la plus facile et même la plus entraînante si on savait la prendre, c'est-à-dire si on l'embrassait avec enthousiasme. Nous savons bien qu'il est plus aisé d'être entraîné par l'enthousiasme que de lui résister; dans ce cas, il en est tout-à-fait de même de la vertu. — La vertu est presque inabordable sans l'enthousiasme. L'enthousiasme est le foyer de la pensée et de l'action; quand il s'éteint, la pensée se refroidit, et l'action s'arrête sur le bord de la volonté. L'enthousiasme est le courage de l'âme, et l'on ne fait rien sans courage.

Puisque le bonheur sur la terre dépend de la vertu, et la vertu de l'enthousiasme, cherchons maintenant d'où dépend l'enthousiasme; par là nous compléterons cette théorie du Bonheur, et nous connaîtrons le précieux moyen de la mettre en pratique.

XXIV.

Résumé de la théorie du Bonheur ; moyen de la mettre en pratique.

Voici la marche que nous avons suivie :

Si en analysant la raison, on trouve l'idée absolue du bien, du beau et du vrai, en analysant le cœur, on trouve l'idée absolue du Bonheur. Il ne faut point confondre le plaisir, qui est la satisfaction des sens, avec le bonheur, qui est la satisfaction de l'âme. Aussi l'idée du bonheur ne nous vient point par les sens; c'est une idée impersonnelle, nécessaire, universelle, et conséquemment la représentation en nous d'une réalité objective de nature absolue. Du reste, comment cette idée viendrait-elle de l'homme, puisqu'elle est le contraire de l'état de son être; et comment viendrait-elle de l'expérience, puisqu'elle est le contraire de l'état de cette vie ! Mais si par tous ses actes l'homme cherche le bonheur, n'est-ce point parce qu'il est dans sa nature de le posséder ? Or, il ne pourrait être dans la nature de l'homme de posséder le bonheur, si le bonheur n'existait pas. Il ne s'agit donc que de chercher où il est.

Alors nous avons dit : Puisque l'idée du bonheur ne vient ni de nous, ni de ce monde, il faut chercher quel autre monde produit en nous cette grande idée de lui-même ; par là, nous parviendrons à découvrir cette existence qui semble faite pour nous. — Or, nous avons vu que l'idée du bonheur n'est que la révélation de ce qu'on appelle le Ciel.

Alors nous avons dit : Puisque le bonheur est la suprême manière d'être de l'être, son état de vitalité absolue, il faut chercher la cause qui procure le bonheur ; par là, nous parviendrons à savoir quel est ce but de toutes les poursuites de l'âme. — Or, nous avons vu que le bonheur pour un être est dans la possession de son bien.

Alors nous avons dit : Puisque toute satisfaction résulte de la possession d'un bien, et que la satisfaction augmente en raison de ce bien, il faut chercher quel est le souverain bien, par là nous parviendrons à connaître la cause de la souveraine satisfaction, c'est-à-dire du bonheur. — Or, nous avons vu que le bonheur consiste dans la possession du souverain bien.

Alors nous avons dit : Puisque le bonheur consiste dans la possession du souverain bien, il faut chercher ce que c'est que le souverain bien ; par là, nous parviendrons à savoir où se trouve le bonheur. — Or, nous avons vu que le souverain bien n'est autre chose que Dieu.

Alors nous avons dit : Puisque le bonheur se trouve dans la possession de Dieu, il faut examiner comment on peut posséder Dieu dès cette vie ; par là, nous parviendrons à savoir comment on peut y posséder le bonheur.—Or, nous avons vu que l'amour est une véritable possession de Dieu.

Alors nous avons dit : Puisque le bonheur consiste dans l'amour de Dieu, il faut examiner ce que c'est que Dieu ; par là, nous parviendrons à nous former une notion plus exacte du bonheur. — Or, nous avons vu que Dieu est à l'infini tout ce que déjà nous aimons sur la terre.

Alors nous avons dit : Puisque Dieu est à l'infini tout ce que nous aimons sur la terre, et que notre suprême joie y est dans l'amour de Dieu, il faut examiner en quoi consiste cet amour ; par là, nous parviendrons à connaître le moyen positif d'assurer notre bonheur. — Or, nous avons vu que l'amour de Dieu consiste dans la pratique de la vertu.

Alors nous avons dit : Puisque l'amour de Dieu, qui procure le bonheur ici-bas, consiste dans la vertu, il faut savoir comment on peut le mieux arriver à la vertu ; par là, nous parviendrons à savoir comment on peut le mieux arriver au bonheur. — Or, nous avons vu que le grand moyen de s'élever à la vertu c'est l'enthousiasme.

Mais l'enthousiasme, comment l'obtenir ?.. Il ne faut pas l'obtenir, il faut le conserver ; car vous êtes tous nés enthousiastes. Mais hélas ! tous les jours vous travaillez à éteindre en vous cette flamme sacrée. Croyez-vous que les héros, que les saints et les poëtes, tous ces rois de l'enthousiasme, soient d'une autre race que la nôtre ? L'enthousiasme naît de la double vigueur de l'âme et du corps. C'est une impulsion presque physique et spirituelle tout à la fois; il s'allume dans l'esprit et bouillonne dans le sang. L'enthousiasme vient de la plénitude du cœur et de l'intégrité du corps. Aussi est-il un moyen infaillible d'être pénétré d'enthousiasme, un moyen sûr, positif, que tout homme peut de suite mettre en pratique, c'est la chasteté. Dans la chasteté, l'homme sent tellement son courage grandir et ses facultés prendre une énergie inaccoutumée, qu'il ne se reconnaît plus. D'abord il n'y a pas moyen d'avoir de l'amour sans cela; la chasteté est la nourrice de l'amour. L'amour est quelque chose qui déborde notre être; si nous ne sommes pas dans notre intégrité, si la vie qui nous reste nous suffit à peine, comment voulez-vous qu'elle cherche à s'élancer hors de nous ? Il faut que l'âme, ainsi que les organes, soient enivrés de virginité, pour être embrasés d'enthousiasme.

Nous voulons croire que sans la chasteté on puisse être jusqu'à un certain degré vertueux sur d'autres points; mais alors la vertu doit coûter bien de la peine ! Vous le comprenez; si déjà nous n'avons de force que ce qu'il en faut pour accomplir le bien, et que nous laissions encore le vice prélever la fleur de notre énergie, que nous restera-t-il ? Volney fait, sur l'état précaire et les nécessités de la vie sauvage, une observation qui s'applique parfaitement aux nécessités de la vie morale : « C'est, dit-il, par nécessité de « conservation que le sauvage est obligé d'être continent et « presque chaste : la moindre perte de ses forces par la « débauche peut lui coûter la vie dès le lendemain, en di- « minuant ses moyens de défense. » De même, c'est par nécessité de conservation que l'être moral doit être chaste : à la moindre perte de volonté par une faiblesse coupable, la vertu lui devient tout à coup plus pénible, il tombe d'autant sous la dépendance des passions, et toute la vie morale est en péril.

Le chaste seul est libre. Lui seul possède toute la puissance du bien, et la vertu ne lui coûte plus rien. Il trouve dans la force de son corps, dans le courage de sa volonté, et dans l'abondance de son cœur, une vie inouïe; en lui tout déborde, et l'amour de Dieu est presque une conséquence de l'énergie de sa vitalité. La chasteté nous tient dans une telle plénitude d'existence, elle nous pénètre de tant d'ardeur et d'enthousiasme, que nous sommes presque toujours hors de nous-mêmes et prêts à tout. L'homme chaste est dans un état continuel d'héroïsme; les grandes et les belles actions ne lui coûtent pas plus qu'à tout autre les plus simples devoirs de la vie. Cette vertu fut le secret de tous les grands hommes. Newton, Leibnitz et Kant moururent vierges.

Mais, qui pourra dire les joies de la chasteté? La chasteté conserve l'âme dans une éternelle jeunesse. Aussi, rien n'est doux à voir comme l'homme chaste. On le reconnaît autant à l'énergie paisible de son caractère qu'à l'aménité incomparable de ses mœurs et au sentiment exquis de politesse dont il entoure ses semblables. Il semble qu'il se soit formé de la nature humaine une estime si relevée que cela devient pour lui un besoin de la manifester à tous ceux qui l'entourent. Rien n'est plus gracieux que l'homme chaste; la paix de sa conscience et la suavité de son cœur se peignent à la fois dans son sourire. Si ses pensées paraissent sévères, les sentiments qui s'élèvent de ce cœur encore plein de mystère sont empreints d'une rêverie qui répand sur toutes ses idées un grand charme de poésie.

Mais, ce qui surtout distingue l'homme chaste, c'est l'enthousiasme. Bien loin du ton et des manières de ces hommes froids, en qui cette flamme entièrement éteinte annonce déjà la décrépitude du cœur, on le distingue au milieu de tous à l'ardente vivacité de ses émotions. Son admiration pour les grandes choses ne risque point d'être déconcertée par la plaisanterie; jamais il n'a ri des sentiments élevés et des fortes convictions; tout ce qui tient au devoir lui est sérieux, et pour lui la générosité est un devoir. Les hommes de ce siècle parlent avec complaisance de leur prudence froide, de leurs calculs d'intérêt bien entendu, de leur peu de disposition à céder aux sentiments : il faut les en féliciter ! nous savons ce qu'il leur en coûte pour se réduire à cet état de castors civilisés. L'aveu des tristes conseils qu'ils arrachent à la médecine nous révélerait, au besoin, leur affreux secret. [1]

[1] Oserons-nous dire que, pour un certain nombre d'individus vivant dans le luxe et la bonne chère, la médecine fait de l'incontinence une précaution hygiénique, un devoir de santé ! Mon Dieu, est-il vrai que l'on puisse ainsi détruire son âme au profit du corps ! Si, comme les perles de Cléopâtre, votre âme pouvait se fondre en un breuvage agréable, je crois que vous l'avaleriez, hommes dénaturés ! Mais pour en finir avec votre incorrigible obésité, si la médecine est obligée de vous prescrire la débauche comme un moyen de pertes, c'est que d'un autre côté votre gourmandise vous fait absorber trop de nourritures succulentes. Soyez plus sobres, vous n'aurez pas besoin d'être moins continents ! C'est ici en quelque sorte une loi de douane : quand on a laissé entrer une trop grande quantité de denrées dans un pays, et qu'elle risque d'attaquer le prix de la production indigène, on ne jette pas ces denrées à la mer, on veille à ce que l'importation soit à l'avenir plus modérée. Mais vous aimez bien vous guérir ainsi des suites d'une sensualité par une sensualité nouvelle !

Par cette stratégie, savez-vous ce que ces hommes font d'eux-mêmes ? D'abord, dans la gourmandise ils attirent toutes les forces nerveuses et musculaires sur l'appareil digestif, et leur cerveau n'est plus qu'une petite boîte à calorique et à excitation pour le service de l'estomac : il ne faut donc pas s'étonner qu'on leur trouve si peu d'esprit ! Puis, dans l'incontinence, par suite de l'appel vénérien renouvelé, le cerveau est doublement affaibli, tout le système nerveux ébranlé, le fluide réparateur déshérité de sa partie la plus vitale, les muscles et les vais-

Aussi j'attribue absolument à l'absence de chasteté tout l'égoïsme, toute l'indifférence, et ce peu d'enthousiasme pour les grandes choses, qui dans notre siècle signalent surtout les hommes d'une certaine classe. Le vice les amoindrit tous les jours, et les ramène insensiblement aux chétives proportions où nous trouvons leur intelligence et leur caractère. Il est impossible de se sentir longtemps entraîné vers les choses nobles et généreuses, il est impossible de brûler du feu sacré, du feu de l'artiste, du héros, de l'homme de bien, lorsqu'on n'a pas la chasteté pour soi.

En perdant la chasteté, l'homme perd cette surabondance de vie qui le porte, ainsi que Dieu, à sortir de lui-même; et il ne lui reste plus de vie que pour prendre soin de sa médiocre personnalité. Il se trouve bien renfermé par force dans l'égoïsme, son cœur ne peut pas aller plus loin! L'incontinence amène la faiblesse, la faiblesse amène la crainte, la crainte amène l'avarice et le reste de l'égoïsme, qui n'est, après tout, que le rétrécissement du cœur. Or, si le comble de la joie et de l'enivrement est le partage de l'amour, le comble de la tristesse et de la sécheresse intérieure devient le partage de l'égoïsme. Pour lui plus de tendres émotions, plus de consolations divines, plus de douceurs spirituelles : l'égoïste est l'eunuque de la cité de Dieu.

---

seaux distendus, et le sang perdant de sa qualité sans perdre de sa quantité, les expose désormais sans remède aux dernières conséquences de l'obésité et de l'apoplexie : il ne faut donc pas s'étonner qu'ils aient si peu d'enthousiasme ! Ils se dégradent physiologiquement tous les jours. A chaque instant, en eux, l'homme fait une chute ; et s'ils ne laissaient pas au milieu de nos villes une postérité incapable de se perpétuer, la belle race de Japhet descendrait bientôt au niveau des races Mongoles et Malaises. Hommes de l'âge mûr ! vos exemples et le souvenir de votre vie ne seront déjà que trop pernicieux pour vos enfants !

La virginité, c'est là la virilité ! La virginité remplit les artères de sang; elle gonfle l'âme de puissance. A la moindre pensée, au moindre acte, toute la vie se précipite vers le cœur; du cœur elle s'élance au cerveau, et l'on sent dans tout son être un courage prodigieux qui vous dévore. Le vierge marche avec l'attitude d'un homme qui a l'habitude de vaincre, et qui jouit paisiblement de sa victoire. Mais montrez-lui une belle action à faire, il tressaille comme un homme qui ne peut croire à ce bonheur inattendu; puis, il se fait dans son âme un mouvement plus impétueux que s'il s'agissait pour tout autre de se venger d'un outrage.

Demandez-lui s'il connaît l'indépendance, à celui qui tient la nature sous ses pieds ! Mais surtout demandez-lui s'il connaît le bonheur, à celui dont le sein déborde d'un amour intact ! Les émotions sillonnent son âme, son sang circule avec mille vies, et ses organes, sans cesse abreuvés, éprouvent plus de délire à la fois à chaque battement de son cœur, que le lâche n'en a jamais perdu dans toutes ses voluptés. Lui, il possède dans sa plénitude le don de son créateur, il le sent jusqu'à s'enorgueillir, sa poitrine se gonfle, il la sangle de ses bras, et se dit : Je suis roi, et mes sujets sont les passions que je tiens garrottées !

Ah! la chasteté est une si heureuse chose, que ses délices ne peuvent être compensées, pour la femme, que par les joies de l'amour maternel, et pour l'homme, que par la satisfaction qu'il trouve chaque jour à soutenir sa famille !

Où est-il, celui qui cherche des émotions brûlantes, qu'il vienne; il ne sait rien, s'il ne connaît les flammes dont perce la chasteté. Homme qui poursuis quelque passion qui puisse étancher ton désir, combien tu te trompes en t'éloignant de la virginité ! La virginité est la plus ardente des émotions. La virginité, c'est la vie élevée à sa plus haute puissance ; et sa passion, à elle, c'est l'amour du sacrifice : elle ne se laisse séduire que par la charité. La charité est une sœur qui la tient par la main, et la mène partout où elle veut. Il est beau de voir ainsi ce qu'il y a de plus fort se laisser conduire par ce qu'il y a de plus doux !

Ah ! si vous saviez ce que c'est que la chasteté, comme vous quitteriez toutes ces pauvres passions que vous croyez si fécondes en douceur ! Car, il faut bien le dire, s'il vous était possible de découvrir une passion qui vous promît de plus grandes voluptés que les vôtres, c'est à elle que vous vous adresseriez. Eh bien ! il en est une qui ne vieillit jamais ; avec l'âge elle ne fait que prendre le temps d'embraser jusqu'aux extrémités de notre être ; puis, lorsque nous prions, ou que nous pensons à Dieu, elle frappe notre âme d'un tel torrent de feu, qu'il lui semble qu'elle va éclore à la vie éternelle.

Vraiment, mon Dieu, il y a des moments où l'on ne peut penser à vous sans mourir de délices ! et quelquefois par prudence, il faut nous refuser de vous aimer autant que notre cœur le voudrait, de peur d'y succomber. Je vois bien que nous n'avons pas été faits pour posséder le bonheur en ce monde ; car, lorsque vous nous envoyez votre joie un peu trop pure, nous sommes obligés de vous demander grâce. Cependant, celui à qui vous avez fait sentir combien vous êtes doux à aimer, ne veut plus que vous aimer ; il tombe dans une sainte folie, il perd le sens de tous les autres biens, il ne veut que vous et rien que vous, et il vous conjure de lui retenir une partie de ses joies spirituelles, dans la crainte qu'il vienne à penser que ce soit pour elles qu'il vous aime. Enfin, il en est à refuser le bonheur : voilà dans quelle extase divine le tient la chasteté !

Mais l'âme qui reçoit si abondamment la félicité, s'aperçoit trop vivement qu'elle n'est point ici dans une position naturelle; elle a connu ce qui fait la vie aux Cieux, elle ne peut plus vivre d'une autre vie. Ce monde lui devient un obstacle, elle se sent loin de celui qu'elle aime, elle soupire, et on l'entend prononcer avec sainte Thérèse ces paroles héroïques : « O vie ! comment peux-tu être
« soutenue étant absente de ta Vie? A quoi t'occupes-tu
« dans une si grande solitude? et qui peut te consoler, ô
« mon âme!... Eh! pourquoi dis-je ceci, mon Dieu, à qui
« me plains-je, qui m'entend, si ce n'est vous, mon Père?
« Alors, quelle nécessité de parler pour vous déclarer ma
« peine? c'est là mon impertinence. Mais aussi ! comment
« pourrais-je savoir que je ne serai point séparé de vous?
« O vie! toi qui dois vivre avec si peu d'assurance d'une
« chose si importante, qui peut te désirer? O mes délices!
« jusques à quand demeurerai-je dans l'attente de voir
« votre présence? Quel remède donnez-vous à celle qui en
« trouve si peu sur la terre ? O vie longue, ô vie pénible, ô
« vie en laquelle on ne vit point!.. Quand donc, mon Dieu,
» quand, jusqu'à quand?... Que ferai-je, mon Bien, que
« ferai-je jusque-là? désirerai-je de ne vous point désirer?
« Mon Dieu, vous navrez et vous ne donnez pas de remède;
« vous blessez et la plaie ne peut faire mourir, vous tuez
« en laissant plus de vie. Ah ! la seule attente d'en sortir
« me cause une douleur trop cruelle! mort, où l'on obtient
« la vie, ne tarde pas, je meurs de ne pouvoir mourir.... »

Oui, il arrive alors dans l'âme ce phénomène remarquable, que le bonheur dépasse les limites de son être. Sa félicité s'élève au-delà des bornes de l'individualité présente, sa vie lui devient une prison, l'âme se sent pressée comme la chrysalide sur le point d'éclore; encore sur la terre, et déjà dans le Ciel, elle est partagée entre des langueurs inexprimables et les ineffables visions de la félicité divine. Mais ce n'est pas un pauvre philosophe qui peut vous expliquer ces choses. Qu'il vous parle de la raison, de la causalité, de l'intelligence, et même du cœur comme organe central de la nature humaine, parce qu'ainsi que tout homme il s'est servi de ces facultés, et qu'il a pu observer leurs différentes opérations. Mais, comment vous parlerait-il, par sa propre expérience, des merveilles qui se passent dans le cœur des Saints? Ah! je sais bien que nous avons tous plus ou moins ressenti des mouvements d'amour qui nous ont fait ardemment désirer de voir Dieu; mais ce sont des mouvements qu'il nous imprimait lui-même, souvent parce que nous avions un grand besoin d'être vivement détachés de cette vie; et ils témoignent plutôt, hélas! de notre faiblesse et de notre indignité, que de notre ferveur et de notre élévation. Comment alors oserions-nous nous appuyer sur de pareilles données?... Nous pouvons observer ce qui se passe en notre cœur lorsqu'il s'ouvre à cette vie; mais qui pourra décrire ce qui se passe en notre cœur lorsqu'il s'ouvre à la vie divine? La psychologie ne peut s'achever que dans le Ciel.

Saint Jean, le disciple bien-aimé, saint Paul, l'apôtre favorisé de l'Esprit-Saint, ou sainte Thérèse, la sublime amante du Seigneur, pourraient seuls traiter ici-bas ce chapitre divin des Éléments de la nature de l'homme.

Pour nous, qui restons sur cette terre, au moins rappelons-nous que le bonheur consiste dans la possession du souverain bien; que le souverain bien n'est autre chose que Dieu; que l'amour produit ici-bas une véritable possession de Dieu; que la vertu constitue l'amour de Dieu; qu'alors le bonheur sur la terre consiste dans la vertu; qu'enfin le ressort de la vertu est l'enthousiasme, et que la source de l'enthousiasme est la chasteté. La chasteté est le vase de l'amour; et l'âme est une plante dont la fleur va s'épanouir dans la vie absolue.

Mais, si nous ne pouvons nous élever jusque-là par nos cœurs, au moins devons-nous nous y élever par la pensée: cherchons en quoi consiste la vie absolue. Pouvons-nous mieux terminer cette étude de l'homme que par une notion de la vie à laquelle est appelé l'homme?

Sommaire. — Nous avons vu : Que l'idée du bonheur n'est que la révélation de ce qu'on appelle le Ciel ; — Que le bonheur est dans la possession du souverain bien ; — Que le souverain bien n'est autre chose que Dieu ; — Que l'amour produit dès ce monde une véritable possession de Dieu ; — Que Dieu est à l'infini tout ce que nous aimons déjà sur la terre ; — Que l'amour de Dieu consiste dans la pratique de la vertu ; — Que le grand moyen d'arriver à la vertu est l'enthousiasme ; — Et que la source de l'enthousiasme est la chasteté. — Voilà toute la théorie du bonheur. — L'enthousiasme naît de la plénitude du cœur et de l'intégrité du corps ; le chaste seul est libre, lui seul possède toute la puissance du bien ; et l'amour de Dieu est presque une conséquence de l'énergie de sa vitalité. — La chasteté nous donne la plénitude de notre existence ; l'homme chaste est dans un état continuel d'héroïsme. La chasteté fut le secret de tous les grands hommes. — Il faut attribuer à l'absence de la chasteté l'égoïsme et ce peu d'enthousiasme pour les grandes choses, qui caractérisent dans notre siècle une certaine classe. Ce sont des hommes en qui le vice amoindrit tous les jours le caractère et l'intelligence. — La virginité, voilà la virilité. Le vierge marche avec l'attitude d'un homme qui a l'habitude de vaincre et de jouir paisiblement de sa victoire. Lui seul connaît l'indépendance, lui seul connaît le bonheur au milieu des émotions délicieuses dont ses sentiments intacts remplissent son cœur. — La virginité élève la vie à sa plus haute puissance ; elle devient comme une ardente passion, mais une passion qui ne vieillit jamais ; avec l'âge elle ne fait que s'accroître, et elle frappe quelquefois notre âme d'un tel torrent de feu, qu'il semble qu'elle va éclore à la vie éternelle. — Alors il arrive dans l'âme ce phénomène remarquable, que le bonheur dépasse les limites de son être ; et l'on a vu des Saints conjurer Dieu de diminuer en eux des délices qu'ils ne pouvaient plus supporter ; encore retenus sur la terre, ils se sentaient déjà ravis par l'autre vie. — Mais nous ne pouvons raconter les merveilles qui se passent dans le cœur des Saints. Il est possible d'observer comment notre cœur s'ouvre à cette vie, mais qui dira comment il s'ouvre à la vie absolue ? la psychologie ne peut s'achever que dans le Ciel. — Cependant, si nous ne pouvons nous élever jusque-là par nos cœurs, au moins devons-nous nous y élever par la pensée : cherchons en quoi consiste la vie absolue.

XXV.

De la Vie absolue.

Souffrez que je m'approche de vous par la pensée, ô félicité éternelle, puisque ce n'est qu'en vous connaissant que nous pouvons savoir à quelle vie nous sommes réservés, et puisque ce n'est qu'en sachant la nature d'une telle Vie que nous pouvons secrètement nous y préparer dès celle-ci. Mais qui nous donnera de parler du bonheur des Élus, si toutefois c'est en parler que de dire ce que nous sommes capables d'en dire? Cœur de l'homme, ce n'est pas en vain que l'idée du Bonheur vous a été confiée; il faut que vous nous appreniez quels biens vous le font déjà éprouver dans ce monde, afin que par là nous puissions prévoir que ces biens, portés à l'infini dans l'autre, nous donneront la félicité. Quand les philosophes ont demandé à la raison ce qu'elle croyait, elle leur a répondu qu'elle croyait à celui qui est la vérité, la justice et la beauté infinies; je vous demande, ô mon cœur, ce que vous aimez, afin de savoir ce qui doit me combler des joies éternelles.

Mais sachons d'abord pourquoi Dieu nous a appelés à jouir de la vie absolue; nous déterminerons ensuite la différence psychologique, quant au moi, de la vie du temps avec la vie absolue; et alors nous chercherons en quoi consiste la vie absolue.

Je ne sais si tous les esprits sont de même nature, mais voici une des questions qui m'ont le plus préoccupé. Lorsqu'on remonte par la pensée à l'antériorité des choses, et que là, oubliant et le temps et la création, on se trouve en présence de la vie absolue, de Dieu, mais de Dieu seul, de Dieu avant que rien n'existât, il semble qu'un froid éternel monte du néant saisir notre âme; et, perdu devant cet abîme, on se demande avec effroi : Dieu avait-il besoin de créer? ne lui suffisait-il pas d'être?... Qui l'a porté à poser en dehors de lui des existences? ou même, qui lui en a donné l'idée, lui complet, lui infini? La félicité ne remplissait-elle pas toutes ses sphères? Quel motif pouvait donc le presser? Qui expliquera ce fait prodigieux, que l'absolu ait voulu sortir de lui-même?..... Et l'esprit, de plus en plus préoccupé du motif de la création, tombe dans une profonde inquiétude.

Mais puisque le monde, comme l'a dit S. Paul, n'est qu'un système de choses visibles manifestant les choses invisibles, je pensais que la création devait trahir ce secret quelque part, et qu'il serait possible de le surprendre. Je prêtais l'oreille à toute la nature, espérant entendre une voix qui me pénétrerait d'une émotion qui, analysée, me découvrirait le mystère que je cherchais ; car la nature a été le livre de poësie qui a le plus instruit et le plus ému mon âme. Mais c'est en vain que je prêtais l'oreille au bruit des vents, au long murmure des forêts, à la plainte éternelle du fleuve : il me semblait toujours entendre plus distinctement la grande voix de l'absolu couvrant toutes les voix de sa note unique et fondamentale. Et toujours je disais : Comment l'Eternel est-il sorti de son repos? comment les trois divines Personnes ont-elles pu suspendre un instant leur amour pour songer à aimer autre chose qu'elles?

Après être resté longtemps dans ces inquiétudes, un jour ma pensée fut tout-à-coup éclaircie ; quelques notes de musique me jetèrent dans un sentiment et une intuition si vifs de la nature de Dieu, que je compris à l'instant que je devais posséder le secret que je cherchais. Mais avant de dire comment cet ineffable motif de Dieu me fut inspiré par la musique, voyons en peu de mots comment il se peut que la musique nous révéle quelque chose du mystère de la création.

Les personnes sensibles ont dû souvent se demander la cause de l'impression si profonde que la musique produit sur l'âme. Ici-bas les choses les plus belles sont celles qui nous font éprouver le plus d'émotion et nous élèvent le plus vers Dieu; et c'est qu'en effet elles se rapprochent le plus de Dieu. Ces choses sont, comme on les appelle, du ressort de la poësie. Si la poësie est l'âme des choses d'ici-bas, la musique n'est-elle pas l'âme de la poësie, et comme sa voix la plus pure et la plus spirituelle? Qui rendrait compte des émotions divines et indéfinissables que la musique a fait passer dans son âme? Et cela s'explique parfaitement :

La musique ne se compose-t-elle pas de deux choses, du son et de l'harmonie ? D'abord, quant au son, sa nature n'est-elle pas déjà d'être indéfinie ? Lorsque l'oreille ouït un son, ne le suit-elle pas de vibrations en vibrations, jusqu'à ce qu'elle se perde dans le vague de ses perceptions; et lorsque l'organe de l'ouïe cesse d'entendre ce son, l'âme ne semble-t-elle pas le retenir et le prolonger en elle-même ? Or, cette nature du son ne se trouve-t-elle pas en rapport avec le sentiment de l'infini qui est en nous ? Que sera-ce donc lorsque ce son se déploiera, qu'il prendra toute sa puissance et une vie nouvelle dans l'harmonie ? lorsque ce son, qui déjà nous a inspiré un sentiment vague de l'infini, viendra nous révéler la constitution même de l'infini! Car, d'après son étymologie même, le mot harmonie (formé de αρω *ajuster* et μovos *seul, un*), exprimerait cette pensée : Choses combinées de telle sorte qu'elles n'en forment qu'une seule. En effet, l'harmonie musicale est un ensemble de sons tellement coordonnés que leur variété est ramenée à l'unité. Cela se passe donc pour les sons de la musique absolument comme nous l'avons vu, dans notre notion de Dieu, pour les Personnes éternelles; et l'harmonie serait parmi les sons ce que l'amour est parmi les Divines Personnes ! Aussi Burdach fait-il la remarque que Platon définissait la musique, la science de l'amour en fait de rhythme et d'harmonie, parce que l'harmonie résulte de notes auparavant séparées mais réunies ensuite de manière à ne plus faire qu'un. Mais, par une analogie bien plus remarquable, cette unité de l'harmonie musicale se compose, ainsi que l'harmonie de la béatitude divine, de trois éléments distincts, de trois sons, de trois choses qui *per-se-sonant*, en un mot de trois *per-sonnes*. Car il semblerait que l'infaillible génie qui a créé les langues a tiré de là ces mots. Cette unité de l'harmonie est ce qu'on nomme l'accord-parfait; on l'appelle aussi, à cause de cela, la Triade-harmonique. Mais que dirons-nous lorsque nous réfléchirons à ce que ces trois sons deviennent les uns par rapport aux autres au milieu de la triade musicale? lorsque nous verrons l'*ut*, ou la tonique, être la note fondamentale, celle sur laquelle s'appuient toutes les autres et qui détermine leur origine; le *mi*, ou la tierce, comme un engendrement de la tonique, celle qui la nomme, qui l'exprime, qui en est l'intelligence; enfin le *sol*, ou la quinte, comme l'embrassement de la tonique et de la tierce, comme ce qui les complète toutes deux et leur donne cette union parfaite qui fait l'harmonie? De telle sorte que la tonique donne le son, la tierce l'expression du son, la quinte l'accord du son, ou l'harmonie. En vérité ne semble-t-il pas qu'on lise ici la théorie même de la sainte Trinité [1]? Comment

---

[1] Pour saisir des rapprochements plus merveilleux encore, je renvoie aux belles observations que m'a communiquées à ce sujet M. Félix Alday, mon excellent ami. Que sa modestie me le pardonne, mais je ne puis m'empêcher d'en transcrire ici un passage; il est trop intéressant pour ne pas le citer.

« C'est l'Accord parfait qui constitue l'harmonie; les autres accords ne sont que des moyens intermédiaires, et l'oreille, promenée au milieu des accords

l'âme ne serait-elle pas dominée par le charme de la musique, qui la touche en quelque sorte de l'esprit de Dieu !

dissonants, a toujours besoin de se reposer sur l'accord parfait pour goûter le charme de la mélodie. L'accord parfait est le rapport de trois sons parfaitement consonnants entre eux dont les termes divers se nomment dans la langue musicale la tonique, la tierce et la quinte : triade tellement unie que les trois sons qui la composent n'en forment qu'un pour l'oreille, et se complètent de telle sorte qu'il est impossible de les désunir sans altérer la puissance de leur impression. La tonique est la note qui crée, sur laquelle s'appuient les autres notes, et qui détermine à quelle origine celles-ci se rattachent. La tierce, dans l'économie de l'accord, est comme un engendrement de la tonique, qui nomme le ton d'une manière plus distincte, qui le précise à l'oreille. Car la tonique seule ne caractérise pas le ton; dans son isolement elle demeure sans voix et sans expression ; la tierce est obligée de faire connaître le ton. Mais cette dernière ne l'indique d'une manière précise qu'à la condition de la quinte. C'est pour ainsi dire du rapport et de l'embrassement de ce troisième terme avec le premier que la tierce devient l'expression réelle du ton et comme la parole qui le révèle. Aussi, c'est encore la tierce qui caractérise le mode majeur ou le mode mineur, c'est-à-dire qui exprime le rapport de la tonique à la quinte, avec sa nuance tantôt glorieuse et éclatante, comme dans le mode majeur, tantôt triste et souffrante, comme dans le mode mineur. Car, lorsqu'au milieu des combinaisons que le génie de l'artiste invente pour révéler le beau, l'âme saisit la tonique, elle sent qu'une puissance vient de se manifester; et lorsque, par son union avec la tonique, la quinte vient la compléter, l'oreille prévoit que de cette

union va naître une dernière manifestation. Ne dirait-on pas alors que le Verbe se fait entendre dans la tierce, comme le Père et l'Esprit se sont fait reconnaître dans la tonique et la quinte ; le Verbe, avec ses accents plaintifs, sous le mode mineur ; le Verbe avec son ineffable joie, sous le mode majeur? En effet, l'accord de la tonique et de la quinte nous représente une union si parfaite qu'il ne peut être modifié en rien sans devenir faux : l'essence de toute justesse est la quinte juste. Dès-lors ne semblerait-il pas que cette union nous représente l'union parfaite du Père et de l'Esprit? Enfin, l'amour du Père et de l'Esprit se manifeste dans le Verbe, ou comme une victime, par un acte de sacrifice, ou comme un triomphateur, par un acte de résurrection ; de même, dans l'accord, nous voyons la tierce, sur le mode mineur, nous apparaître plaintive et chantant la douleur et la souffrance, et, sur le mode majeur, célébrant pleine d'allégresse la gloire et le bonheur.

« Ainsi le fond même de l'harmonie se présente à nous posé sur une merveilleuse trinité. De ce point de vue on pourrait comprendre l'influence de l'art musical sur la nature humaine. Par la nature du son, la musique nous révèle l'infini sous la forme mélodique ; par l'accord, elle nous révèle la constitution même de Dieu sous la forme harmonique. Lorsque ces deux symboles de Dieu se trouvent réunis dans une mélodie harmonique, ils agissent sur l'homme avec une puissance qui n'a pas d'exemple et de rivalité dans les autres arts. Et l'homme aime la musique par nature, parce qu'il aime aussi l'infini par nature ; et l'harmonie le saisit par l'expression mystérieuse de ses accords, parce qu'au fond de son être repose le sentiment mystérieux de la Trinité. »

Or, voici où je voulais en venir. En entendant un jour l'accord naturel *ut-mi-sol*, j'éprouvai d'abord la satisfaction que procure l'harmonie. Mais en écoutant plus attentivement, je sentis que mon oreille désirait encore autre chose, et pendant que l'accord naturel *ut-mi-sol* avait lieu, il me sembla que l'octave désirée se faisait dans mon oreille; en venant s'ajouter à la triade harmonique, elle lui donnait une telle perfection que mon esprit ne demanda plus rien. Je fus étonné de ce fait, parce que déjà j'avais compris les rapports de la triade musicale avec la triade éternelle; et je me demandais avec inquiétude ce que pouvait être cette nouvelle note si vivement appelée par les trois autres que, par une illusion dont elle est elle-même frappée, l'oreille croyait entendre cette note alors même qu'elle n'existait pas [1]. Mais quelle fut ma surprise lorsque je m'aperçus que cette note si vivement demandée par les trois autres, était une répétition et une image de la première! Je ne veux certainement pas donner comme preuve générale une impression qui m'est peut-être toute personnelle, mais je sais bien que ma pensée crut découvrir ici la source de la création.

D'abord je remarquai que l'accord primitif *ut-mi-sol* était un *accord suffisant*, qu'il se suffisait à lui-même, mais qu'il laissait quelque chose à désirer; et que l'accord définitif *ut-mi-sol-ut* était l'accord dans toute sa plénitude, l'accord qui ne laissait rien à désirer, l'*accord parfait*. Alors, sachant que la musique exprimait si bien l'esprit de

---

[1] C'est un fait reconnu en acoustique, qu'une oreille exercée reconnaît jusqu'à cinq sons dans la vibration d'une seule note : d'abord, la tonique, puis la quinte, la tierce, et enfin l'octave et la double octave.

Dieu, il me sembla que, dans l'absolu, l'accord primitif des trois Personnes divines donnait la *Félicité suffisante*, qu'elle se suffisait à elle-même, mais qu'il lui restait aussi quelque chose à désirer ; de sorte que du fond de l'éternité les trois Personnes en appelaient également une autre qui fût une répétition et une image d'elles-mêmes, afin que cette nouvelle personne vînt, par son union avec les trois autres, constituer la *Félicité parfaite*.

Ainsi, comme l'harmonie, ou la puissance qui unit les trois notes musicales, appelle pour s'achever dans la perfection de son accord une note qui soit la répétition de leur nature ; de même l'amour, ou la puissance qui unit les trois Personnes divines, appelle pour se reposer dans la perfection de son bonheur une personne qui soit la répétition de leur nature : et je crus voir, dans ce mystère, l'homme demandé par les trois divines Personnes et créé à l'image de Dieu.

La triade harmonique est suffisante, elle pouvait rester telle : cependant vous ne le voudriez pas! Eh bien, la Triade éternelle se suffisait aussi, elle pouvait rester telle : pourquoi donc le voudriez-vous ? Essayez, dans le recueillement, de mettre vos mains sur un instrument harmonieux, de faire rendre aux trois cordes l'accord suffisant *ut-mi-sol*, et vous verrez si en même temps que l'oreille vous demandera l'accord parfait *ut-mi-sol—ut*, votre cœur ne vous révèlera pas le tendre besoin qui demanda la création à la Sainte Trinité ! Je ne suis plus étonné de ces paroles de l'Ecriture, si ineffables et si douces que nous n'osons les répéter : *Comme l'époux se réjouit avec sa jeune épouse, ainsi le Seigneur se réjouit en toi* [1]. C'est trop beau, mon Dieu, de songer que le bonheur de l'homme puisse quelque chose pour votre bonheur, et que la création soit nécessaire à votre félicité! Oui, nécessaire, de la nécessité qui porte le juste à faire le bien, et celui qui aime à donner sa vie. Non pas que la création soit un fait fatal et nécessaire; toutefois, aux yeux de celui qui a compris l'amour dans le sein de Dieu, elle ne pouvait pas ne pas être. Vous direz bien que la divinité se suffisait à elle-même, que l'amour la remplissait; mais vous ne pouvez pas dire qu'il ne débordait pas de la coupe éternelle? Eh bien! la création est un débordement de l'amour infini....... Nous sommes associés à la félicité de Dieu.

Maintenant que nous pressentons l'ineffable motif qui a porté Dieu à nous créer pour la vie absolue, établissons la distinction psychologique qui existe, quant au moi, entre la vie actuelle et la vie absolue.

Mais auparavant observons qu'il y a trois degrés dans l'être : l'existence, la vie et la félicité. D'abord on peut

---

[1] Un jour sainte Élisabeth, sortant d'une extase, fut surprise au moment où elle s'écriait avec un accent d'ineffable tendresse : « Oui certes, mon Dieu, si tu « veux être avec moi, je veux être avec « toi, et n'être jamais séparée de toi ! »

Sainte Thérèse, dans l'histoire de sa vie, que ses supérieurs lui avaient ordonné d'écrire, raconte ce qui suit :

« Un matin étant en oraison, j'eus un « grand ravissement; il me sembla que « notre Seigneur avait enlevé mon esprit « auprès de son Père, et qu'il lui dit : « *Celle-ci que vous m'avez donnée, je* « *vous la donne.* Et il me sembla qu'il « m'approchait de soi. Ceci m'advint « avec une grande certitude et une « délectation si spirituelle qu'elle ne se « peut exprimer. Il me dit quelques pa- « roles dont je ne me souviens pas, et « quelques-unes étaient de me faire des « grâces : il me tint ainsi près de lui « quelque espace de temps. »

Nos âmes seraient-elles à ce point chéries de Dieu ! Quoi! les divines Personnes de la Trinité se disputeraient une âme sainte pour le bonheur de l'avoir avec elles, comme dans une famille des parents se disputent un enfant chéri ?... Le cœur se brise de délices à cette pensée.

exister et ne pas sentir que l'on existe; ainsi la pierre existe et ne vit pas : l'existence est le moindre degré de l'être. Ensuite on peut exister et sentir que l'on existe ; ainsi l'animal existe et vit : la vie est le second degré de l'être. Enfin on peut exister, vivre et posséder le but et la plénitude de l'existence et de la vie; ainsi les élus existent, vivent et ont le bonheur : la félicité est le complément de l'être. Entre la vie et la félicité il y a la même distance qu'entre l'existence et la vie. Or, dans l'absolu, l'existence, la vie et la félicité sont inséparables. La félicité n'est que le sentiment d'une vie absolue, laquelle est la conscience d'une existence absolue.

Dans ce monde, l'homme ne prend conscience de son existence qu'en se distinguant de ce qui n'est pas lui. Sa vie, comme l'a prouvé l'analyse psychologique, n'est autre chose que la conscience du moi dans son opposition avec le non-moi. Le moi ne se pose qu'en s'opposant le non-moi ; c'est dans cette opposition qu'il acquiert la conscience de lui-même, en se distinguant de ce qui n'est pas lui. Or cette distinction ne peut venir qu'après une lutte entre le moi et le non-moi. Aussi, plus cette lutte de la part du moi est vive et puissante, plus la vie du moi s'approfondit, plus le moi se sépare du non-moi, plus l'individualité prend possession d'elle-même, enfin plus l'homme sent se développer sa réalité. Il en est ainsi, parce que dans la vie actuelle l'homme a sa personnalité à faire ; alors cette vie doit être pour lui un combat, un antagonisme avec ce non-moi, dont il faut qu'il se sépare. En un mot, l'homme ne se sent vivre dans le temps que par sa lutte contre la nature. — Telle est la vie relative.

Dans l'autre monde, au contraire, l'homme ne prend conscience de son existence qu'en s'identifiant avec ce qui n'est pas lui. Là, sa vie n'est autre chose que la conscience du moi dans son union avec le Non-moi. Le moi se saisit en saisissant le Non-moi ; c'est dans cette communion qu'il acquiert la conscience de son être en s'unissant à tout ce qui fait son bien-être. Or cette communion ne peut s'opérer que sur les convenances établies entre le moi et le Non-moi. Aussi, plus ces convenances sont grandes et parfaites, plus la vie du moi s'agrandit, plus le moi s'unit au Non-moi, plus l'individualité du moi se développe et se divinise, enfin plus l'homme se sent entrer dans la félicité. Il en est ainsi, parce que dans la vie future la personnalité de l'homme est toute faite; alors cette vie est pour lui une paix, une identification avec ce Non-moi dont il ne doit plus se séparer. En un mot, l'homme ne se sent vivre dans l'éternité que par son union avec Dieu. — Telle est la vie absolue.

Dans ce monde, qui a été fait pour nous assurer l'être, il faut, pour que l'homme forme sa personnalité, qu'il se distingue explicitement du non-moi; or toute distinction d'avec un être implique une séparation, conséquemment une limitation ; et cette vie est finie. Dans l'autre monde, qui est fait pour nous assurer le bien-être, il faut, pour que l'homme trouve sa félicité, qu'il s'unisse au bien absolu qu'il ne possédait pas; or cette identification avec le bien absolu fait disparaître toute séparation, conséquemment toute limite; et l'autre vie est infinie. Il y a donc cette différence entre cette vie et l'autre, que, dans l'une, l'homme n'acquiert le sentiment de son existence qu'en se distinguant de ce qui n'est pas lui et en opposant son moi au non-moi ; tandis que, dans l'autre, l'homme n'acquiert le sentiment de son existence qu'en s'identifiant avec ce qui n'est pas lui, et en unissant son moi au Non-moi. Et la vie du moi s'étend dans toutes les sphères de l'Être.

Dans cette vie, où c'est l'opposition du moi et du non-moi qui constitue pour l'homme le sentiment de l'existence, le non-moi apparaît non-seulement comme distinct, mais comme étranger au moi et même comme une puissance ennemie qui cherche à l'étouffer : la vertu, l'héroïsme, le plus haut degré de vie du moi, n'est que la victoire de sa force intérieure sur les forces extérieures. Dans la vie absolue, où c'est l'union du moi et du Non-moi qui constitue pour l'homme le sentiment de l'existence, le Non-moi apparaît non-seulement comme favorable, mais comme intime au moi, et même comme une puissance aimante qui ne cherche qu'à le rendre heureux : la joie, la félicité, le plus haut degré de vie du moi n'est que la délicieuse soumission de ses tendances intérieures aux conditions du bonheur qui sont autour de lui.

En un mot, dans cette vie, le moi ne prend possession de son existence qu'en se distinguant du non-moi ; le moi ne peut se distinguer du non-moi qu'en se l'opposant ; et le moi ne peut s'opposer au non-moi, qui est la nature, qu'en la repoussant. Dans la vie absolue, le moi ne prend possession de son existence qu'en s'unissant au Non-moi, le moi ne peut s'unir au Non-moi qu'en se l'identifiant ; et le moi ne peut s'identifier au Non-moi, qui est Dieu, qu'en l'aimant. Voilà pourquoi la béatification de l'homme ne peut s'opérer que par sa sanctification, c'est-à-dire par la ressemblance et la conformité de sa nature à la nature de Dieu. *Estote sicut Pater vester*. Par là nous voyons comment en cette vie nous pouvons nous préparer à la vie absolue.

La perfection chez l'homme le rapproche de Dieu ; car la perfection n'est autre chose que le développement de l'être. Dans la vie absolue, la substance de l'âme se trouvera en quelque sorte transformée en la substance de Dieu ; de sorte qu'étant réellement divinisée et de la même nature que Dieu, l'âme sera toute capable de le voir, de le comprendre et de l'aimer avec délices. « Nous devons un jour, dit S. Paul, voir Dieu à face découverte ; *transformés dans sa substance*, nous avancerons de clarté en clarté, de gloire en gloire, à l'aide du St-Esprit. »[1]

Et c'est alors que l'homme s'occupera de connaître, d'aimer et de posséder, sans discontinuer ces délicieuses opérations. Car nous goûterons de plus en plus les perfections de Dieu à mesure que nous nous unirons de plus en plus à lui, et cette union se fera par un acte, par une opération de notre part. *Felicitas enim est operatio secundum virtutem perfectam ; et hæc operatio est sempiterna*, dit S. Thomas. La béatitude n'est pas un état passif, elle constitue précisément le plus haut degré d'activité de l'âme, puisqu'elle est une vie absolue. D'ailleurs, par son union avec Dieu, l'homme prend aussitôt les proportions de l'absolu ; sa volonté devient de la toute-puissance, sa raison de la sagesse pure, et toutes deux rentrant dans son cœur, vont se mêler à l'océan de l'amour infini. La félicité

---

[1] Saint Paul, 2ᵉ Épître aux Corinthiens., chapitre III, verset 18.

ne serait qu'une vision, que pour l'obtenir il faudrait déjà de la part de l'esprit un acte d'attention; mais comme elle est aussi une possession, il faut de la part de l'homme un acte d'acquisition. La vie éternelle est l'acte éternel de possession de l'âme sur Dieu. Il y a activité de l'homme dans l'autre vie comme dans celle-ci; seulement dans celle-ci nous cherchons le bien, et dans l'autre nous le trouvons. Or pour que la béatitude de l'homme cessât, il faudrait qu'il cessât d'en prendre possession; pour qu'il cessât d'en prendre possession, qu'il cessât de la désirer; pour qu'il cessât de la désirer, qu'il cessât d'aimer; et pour qu'il cessât d'aimer, qu'il cessât d'exister, puisque l'homme est un principe aimant.[1]

Maintenant que nous nous sommes fait une idée du motif d'amour qui a porté Dieu à créer l'homme pour la vie absolue, et que nous avons déterminé la différence psychologique qui s'opérera pour le moi entre cette vie et la vie absolue, voyons en quoi consiste la vie absolue.

---

[1] Tout se vivifie qui entre dans la vie. Cependant il est des hommes qui, avec la même imagination sans doute qui les a conduits à regarder l'infini comme une négation du fini, considèrent l'autre vie comme une négation de celle-ci, c'est-à-dire comme un repos et une immobilité absolue. Cela n'étonne pas, que ceux qui ont pris la matière pour une réalité et l'esprit pour une illusion, regardent cette vie comme positive, comme une véritable vie, et l'autre comme inactive, comme une véritable mort. Qu'est-ce que ces cieux immobiles que vous avez imaginés dans votre pensée elle-même immobile ? Qu'est-ce que ces élus assis les uns auprès des autres comme des momies éternellement enchantées dans leur repos ? Il ne faut pas être surpris qu'après avoir rêvé de tels Cieux pour vos âmes inertes vous ayez amené un écrivain de notre époque jusqu'à dire :

« Suivant le mythe de la consommation « finale, l'heure une fois sonnée du « jugement dernier, tout doit prendre « une position éternellement fixe. Les élus « seront installés à leur place dans le « Paradis ; il n'y aura plus de changement « à espérer, la loi de l'immobilité sera « désormais la loi suprême. Ah ! Christ ! « votre paradis m'épouvante, et j'aime « encore mieux ma vie passagère avec « tous ses désappointements et toutes « ses peines, que votre immobilité avec « toutes ses joies et toutes ses récom-« penses. » (Encyclop. nouv., de Pierre Leroux.)

L'homme ayant été créé pour la vie absolue, si l'on veut savoir en quoi elle consiste, il ne s'agit que de savoir quel est le but de l'homme ; et si l'on veut savoir quel est son but, il ne s'agit que de déterminer pour quelle fonction il a été formé. Nous devons donc rappeler ici le raisonnement que nous avons déjà fait : qu'on ne peut chercher le but de l'homme, ni dans les opérations du corps, ni dans celles de la volonté, ni dans celles de l'intelligence, ni dans celles de la raison, mais dans celles du cœur, pour lequel ont été faits le corps, la volonté, l'intelligence et la raison. Alors, comme le cœur est l'homme lui-même, que c'est dans le cœur que l'homme vit, agit et mérite, que c'est le cœur que l'homme est venu en ce monde former et sanctifier, le cœur est l'élément de la nature humaine appelé à jouir de la vie absolue. Or si dans l'homme c'est le cœur qui est appelé à jouir de la vie absolue, comme la fonction propre du cœur est d'aimer, la vie absolue consiste dans l'amour. D'ailleurs, la joie étant le seul indice du bonheur que nous ayons ici-bas, et l'amour étant la plus enivrante de toutes les joies, nous devions présumer que le bonheur infini ne pouvait être qu'un amour infini.

Aussi S. Paul dit-il formellement : *Non est Regnum Dei esca aut potus, sed gaudium in Spiritu sancto*; à quoi S. Thomas ajoute : *Et Spiritus sanctus est amor.*

« Oui, s'écrie le grand Apôtre, si je n'ai point la Charité, je ne suis rien. Les Prophètes disparaîtront, les langues cesseront, en un mot, la science sera abolie, *mais la charité ne finira jamais !* Car nous ne connaissons que des parties, la science et les prophéties sont imparfaites ; mais lorsque nous serons dans l'état parfait, tout ce qui est imparfait disparaîtra. Nous ne voyons maintenant que comme une image en énigme ; mais un jour nous verrons face à face. Nous ne connaissons Dieu maintenant que par parties ; mais alors nous le connaîtrons tout aussi bien que nous sommes nous-mêmes connus de Dieu. C'est pourquoi maintenant la foi et l'espérance restent, quoique la charité soit plus excellente. » [1]

Cela est ainsi parce que la foi, c'est-à-dire la connaissance des biens infinis, n'est faite que pour nous conduire à l'espérance, c'est-à-dire au désir de posséder ces biens infinis ; et que l'espérance à son tour n'est faite que pour nous conduire à la charité, c'est-à-dire à l'amour de ces mêmes biens. Si la foi est « l'argument des choses que nous devons espérer », l'espérance est l'argument des choses que nous devons aimer. Conséquemment la foi n'est rien si elle ne mène à l'espérance, et l'espérance n'est rien si elle ne mène à la charité. De même la raison n'est rien si elle ne vient éclairer la volonté, et la volonté n'est rien si elle ne vient servir le cœur, pour en faire naître la charité. Or la charité étant la vie de Dieu, voilà pourquoi la science cessera et que la charité ne finira jamais. Et de même, le cœur étant l'organe de la charité, ou de l'amour de Dieu, voilà pourquoi l'intelligence passera et que le cœur ne finira jamais. Enfin, comme nous ne serons aptes à la vie absolue que d'autant que nous serons de la même nature que Dieu, ces mots de Saint Paul, *si je n'ai pas la charité, je ne suis rien*, sont d'une exactitude ontologique.

---

[1] Saint Paul, 1re Épître aux Corinthiens, chapitre XIII, v. 8, 9, 10, 12.

Il est clair que l'intelligence, qui ne nous a été donnée que pour comprendre dans le temps, cessera avec le temps. Dans la vie absolue, il ne peut pas y avoir science, c'est-à-dire connaissance partielle, parce qu'il y a voyance, c'est-à-dire connaissance intégrale. Nous verrons tous les effets dans leurs causes, et toutes les causes en Dieu, nous verrons tout en Dieu, nous verrons Dieu. La foi et l'espérance cesseront, parce qu'elles ne sont que des moyens, et que nous posséderons le but pour lequel les moyens avaient été faits. Ou plutôt, la foi et l'espérance subsisteront, puisqu'elles seront arrivées à leur terme ; c'est-à-dire que nous verrons ce qui faisait l'objet de notre foi (qui n'est qu'une vue invisible), que nous jouirons de ce qui faisait l'objet de notre espérance, et que nous posséderons ce que, par l'amour, nous avions commencé à posséder en ce monde. Mais il est vrai de dire que la foi ne subsistera plus, puisque nous verrons ; que l'espérance ne subsistera plus, puisque nous posséderons, et que la charité seule sera à son comble. Lorsque nous entrons dans l'autre vie, la foi et l'espérance deviennent donc inutiles ; c'est pourquoi la raison, qui est l'organe de la foi, et la volonté qui est l'organe de l'espérance, deviennent également inutiles ; tandis que la vie absolue étant une vie d'amour, c'est-à-dire la vie du cœur, le cœur seul arrive à son comble. La charité ne finira pas, c'est donc au cœur qu'appartient l'immortalité [1].

---

[1] « Il faut conclure de ce qu'on dit S. Paul, que la charité est le plus excellent et le plus nécessaire des dons du St-Esprit, puisque sans elle tous les autres dons sont inutiles. Dieu n'estime toutes nos actions que par la charité de nos cœurs. Il faut que par-dessus tout nous désirions la charité, qui est une participation de la bonté de Dieu, et par laquelle l'homme devient véritable-

Je ne pensais pas, lorsque nous reconnûmes précédemment ce fait, que nous nous trouvions si bien d'accord avec la doctrine de saint Paul.

Nous venons de voir que la vie absolue consiste dans l'amour, mais nous ne pouvons nous faire une idée du bonheur que l'âme trouvera dans l'amour si nous ne voyons pas l'amour dans sa source; ce qui ne peut se faire si nous n'avons quelques idées de la nature et de l'état de la Ste Trinité, qui est constituée sur le principe de l'amour. Toutefois, comment compter sur les stériles idées que notre esprit pourra se former de ces choses?

En approfondissant, dans son Traité de morale, la nature des sentiments, Aristote observe que l'amour entre celui qui aime et le bien aimé naît du contraste. Il y a là quelque chose de vrai; c'est en effet le caractère extérieur le plus frappant que présente l'amour, contraste des sexes, contraste des caractères, contraste des positions, etc. Mais pourquoi le contraste se trouverait-il la cause de l'amour,

---

ment le fils de Dieu, de sorte que participant maintenant à sa bonté il jouisse un jour de son bonheur. Aussi, la charité est perpétuelle, elle ne finira jamais, elle nous accompagnera dans le ciel. »

Explic. de la 1re Ep. de S. Paul aux Cor., dédiée à N. S. P. le pape Clément XI, par le R. P. Bernardin de Picquigny, 1706.

« S. Paul, dit un autre commentateur, après avoir signalé tous les dons les plus précieux du St-Esprit, ajoute : « Mais je vais vous montrer une voie beaucoup plus excellente, et il dit que cette voie est la charité, la plus nécessaire de toutes les vertus, puisqu'elle donne le poids et la valeur à toutes les autres, et que tout n'est rien aux yeux de Dieu sans l'amour. Aussi, est-ce la charité qui a l'avantage d'être immortelle, puisqu'elle est la seule qui ne finira jamais, tandis que la science et les prophéties, la foi et l'espérance finiront. Car la foi et l'espérance demeurent à présent, comme indispensables à la charité. Et l'on ne peut pas dire que la charité cessera, puisque le bonheur des Saints consistera à aimer Dieu éternellement. »

Paraphrase de la 1re Epître de S. Paul aux Corinth., tirée des Pères, par un Religieux bénédictin de St-Vanne.

lorsque l'amour a pour objet d'unir, et devrait à ce qu'il semble ne chercher que la conformité? D'abord, qu'est-ce que le contraste entre deux objets, sinon ce qui fait que l'un ne se trouve pas comme l'autre? Qu'est-ce que cela signifie que l'un ne se trouve pas comme l'autre, sinon que l'un n'a pas toutes les propriétés que possède l'autre? Pour qu'on s'aperçoive que l'un a des propriétés que n'a pas l'autre, et que ces propriétés leur conviendraient également, ne faut-il pas que ces deux êtres soient de même nature, car sans cela il n'y aurait pas lieu d'observer de contraste entre eux? S'ils sont de la même nature, et n'ont pas les mêmes propriétés, les propriétés de l'un manquent donc à l'autre? Si les propriétés de l'un manquent à l'autre, la somme de ces propriétés se trouve donc comme partagée entre deux êtres de même nature, mais séparés? Si entre ces deux êtres, les propriétés de l'un manquent à l'autre, ces deux êtres ont donc mutuellement besoin l'un de l'autre, et un charme irrésistible les porte donc à s'unir l'un à l'autre pour se compléter, pour rentrer dans les avantages de leur être? Si ces êtres trouvent un charme irrésistible à s'unir les uns aux autres pour se compléter, il y a donc une existence unique et intégrale de laquelle sont sortis tous les modes particuliers d'existence, formant des êtres divers et séparés? Toute chose différente est donc une chose incomplète, une chose qui n'a qu'un élément de l'existence, et qui cherche à se réunir à la chose qui contraste avec elle afin de rentrer dans leur harmonie? Et d'ailleurs, la satisfaction que ces deux choses éprouvent dans cet état, ne prouve-t-elle pas qu'elles sont arrivées à leur but? Chaque chose dans l'état actuel se trouve donc finie ; et ce qui est fini est précisément la diversité sortie de l'unité. Or la tendance à reconstituer cette unité primordiale est l'amour.

L'amour n'aime donc point une chose étrangère à lui, il aime au contraire une chose qui par sa nature lui est intime et qu'il possédait déjà par son origine. L'amour repose donc sur le contraste des phénomènes et la similitude de substance, sur la variété d'attributs dans l'identité d'essence. Car premièrement, s'il n'y avait pas identité d'essence, les sujets qui s'aiment ne pouvant se réunir et ne former qu'un, ne se rechercheraient pas ; secondement, s'il n'y avait pas variété d'attributs, les sujets qui ne se cherchent que parce qu'ils trouvent l'un dans l'autre les attributs qui leur manquent en particulier, ne s'aimeraient pas. Aussi Aristote, le plus profond des observateurs, avait bien remarqué ces deux choses séparément : la première, que *l'amour naît de l'opposition ou du contraste* [1] ; la seconde, que *l'amour semble aussi être le lien de ceux qui ont des caractères communs* ; mais il n'avait pu lier ces deux choses. Il croyait sans doute que l'amour reposait tantôt sur la similitude et tantôt sur la différence, tandis qu'il repose à la fois sur toutes deux : similitude dans l'essence, différence dans les propriétés.

---

[1] « L'amour naît de l'opposition ou du contraste, comme, par exemple, entre un homme pauvre et un homme riche, entre le savant et l'ignorant. Car celui qui reconnaît qu'une chose lui manque est porté à la désirer et à donner quelqu'autre chose en échange. On pourrait ranger dans cette classe l'amant et l'aimé, l'enfant et sa mère. »
ARISTOTE, *Morale*, liv. VIII, pag. 373.

[2] « L'amour semble aussi être le lien de ceux qui ont des caractères communs. Aussi appelle-t-on amis ceux avec qui l'on navigue dans le même vaisseau, avec qui l'on fait la guerre et avec qui il existe des circonstances propres à rapprocher. L'amitié même se mesure sur la quantité des rapports. Et de là le proverbe : « Entre amis tout est commun. »
ARISTOTE, *Morale*, livre VIII, p. 374.

Transportons maintenant ces notions à Dieu. Si en Dieu il n'y avait pas, au milieu de l'identité de substance, variété de propriétés, il n'y aurait pas plusieurs personnes. Comme le dit S. Thomas, *In Deo, omne nomen ad Personas pertinens, relationem significat ; et cùm in divinis sint plures res, et plures relationes reales in divina natura, plures quoque Personas ibi esse necesse est.* Ces personnes qui ne font qu'un même Dieu, qui appartiennent à la même essence diffèrent, selon l'expression de la Théologie, en ce que *l'une n'est pas l'autre.* Si l'une n'est pas l'autre, n'est-ce pas parce que l'une n'est point identique à l'autre? Si l'une n'est point identique à l'autre, n'est-ce pas parce que l'une est différente de l'autre ; que, par exemple, la puissance est différente de la sagesse, et la sagesse de l'amour ? Mais toutes se recherchent et s'aiment parce qu'elles ne sont qu'une même essence, que la puissance, la sagesse et l'amour sont les trois éléments nécessaires de l'absolu. Aussi, quand on les considère réunis, ces trois éléments sont tellement identifiés qu'on ne sait plus lequel est la puissance, tant celle-ci est douée de sagesse et d'amour ; lequel est la sagesse, tant celle-ci est douée d'amour et de puissance ; lequel est l'amour, tant celui-ci est doué de puissance et de sagesse. De là ces trois personnes sont égales en toutes choses, de là ces trois personnes sont Dieu, et, au lieu de former trois Dieux, forment trois personnes en Dieu. Si ces trois personnes n'étaient pas de la même essence, elles ne se chercheraient pas pour rentrer dans leur identité; et si ces trois personnes n'étaient pas distinctes, elles ne se chercheraient pas avec amour pour se compléter et jouir de la vie absolue. Ainsi, en Dieu, l'amour repose donc sur une variété d'attributs dans une identité d'essence. Cette notion de l'amour nous met sur la voie de celle du bonheur.

Le bonheur résulte de la totalité de l'être. Car la totalité est ce qui renferme dans son sein la variété, sans quoi elle ne serait point totalité. Là, chaque chose plaît à toutes les autres, et toutes les autres à chacune, et toutes se complètent réciproquement. C'est pourquoi il ne peut y avoir de bonheur que dans l'absolu, où toute variété possible se trouve ramenée par l'amour dans toute l'unité possible. La variété fait qu'elles s'y trouvent toutes distinctement, et l'unité, qu'elles s'y possèdent toutes identiquement. Si dans le sein de Dieu il n'y avait qu'unité sans variété, cette unité indivisible, eût-elle les proportions de l'infini, n'aurait jamais que la valeur d'une simple molécule, parce qu'elle ne serait jamais qu'une. L'unité de Dieu n'est pas l'absence de la variété infinie des biens, c'est au contraire leur réunion et leur communion infinie ; c'est la convenance délicieuse qui lie ces biens de manière à n'en faire qu'un, c'est l'admirable rapport qu'ils se trouvent les uns pour les autres, de telle sorte qu'ils viennent s'offrir les uns aux autres par les côtés qui les attirent et les unissent, au point de tomber dans l'identité et de se posséder tous à la fois dans chacun, comme chacun dans tous. *Sola relatio multiplicat trinitatem divinarum personarum*[1]. En Dieu il y a

---

[1] Boëtius, *De Trinitate*, ad finem libri, cité par S. Thomas.
Artic. I. Relationes ac proprietates in Personis et Personæ ipsæ sunt ; sicut essentiam esse in Deo dicimus, quæ tamen est Deus.

Artic. II. Relationibus potius quam per originem, divinæ Personæ seu hypostases distinguuntur.
Sancti Thomæ *Summa Theologicæ*, Pars prima, quæstio XL.

tout ce qui est bon, et tous ces biens ne forment qu'un seul bien ; il y a toutes les vertus, et toutes ces vertus ne forment qu'une seule perfection ; il y a toutes les joies, et toutes ces joies ne forment qu'une seule félicité. Comme dans un concert parfait, il y a tous les sons, tous les accents, toutes les voix ; et tous ne font qu'un son, qu'un accent, qu'une voix. Dieu est la grande harmonie.

Dieu, comme nous l'avons vu, est l'ensemble des conditions de l'existence infinie ; et toutes se trouvent ramenées en lui à l'unité. Ces diverses conditions sont autant de perfections infinies qui se recherchent, s'aiment et s'adorent. Toutes ces conditions de l'être, prises séparément, sont à l'égard les unes des autres comme les sexes sur la terre ; c'est-à-dire que chacune éprouve un attrait irrésistible pour l'autre, dans laquelle elle trouve le complément de sa perfection. Et Dieu étend éternellement sur sa substance infinie l'ineffable amour qui embrase éternellement tous ces attributs les uns pour les autres. Le sentiment que Dieu éprouve sur tous les points de son être, lorsqu'il étend l'unité de son amour sur les attributs de son essence absolue, est donc le même que celui qu'éprouve l'homme lorsqu'il s'unit à la femme qu'il adore. Mais en Dieu ce sentiment est infini, parce qu'il unit à des perfections infinies.

En Dieu, c'est la diversité des personnes qui fait la félicité; car c'est l'inépuisable diversité des attributs de ces personnes qui fait qu'elles s'aiment et s'attirent. Elles se goûtent et s'adorent ainsi mutuellement dans leur éternelle naïveté. Et elles se goûtent et se recherchent en ce qu'elles n'ont pas séparément, car les unes ne sont pas les autres. Ainsi, pour nous en tenir à leurs caractères principaux, la puissance ou la force cherche éternellement à posséder l'amour ou la beauté, qu'elle possède éternellement; la beauté soupire éternellement à s'attacher à la puissance, avec laquelle elle est éternellement unie; et dans leur union, la puissance et la beauté, le Père et l'Esprit cherchent éternellement à satisfaire leur tendresse pour le Fils, qu'ils possèdent éternellement. Car la réunion de la puissance et de l'amour fait que la puissance s'adoucit par l'amour, et que l'amour se fortifie par la puissance; or la douceur de la puissance et la force de l'amour font la bonté, dont le propre est d'aimer; et de là s'engendre éternellement ce Fils dans lequel le Père et l'Esprit mettent toutes leurs complaisances.

Le Père parle sans cesse à l'Esprit de sa beauté, et l'entretient de l'ivresse éternelle qu'elle lui inspire. L'Esprit raconte quel bonheur pour l'être qui a l'amour de s'appuyer sur l'être revêtu de la puissance. Et tous deux se réjouissent à jamais dans la sagesse, leur Fils, de ce que la puissance et l'amour se sont si bien compris. Car le Fils est le bien commun du Père et de l'Esprit, comme l'Esprit est l'amour commun du Père et du Fils, comme le Père est la substance commune du Fils et de l'Esprit. Or tout ce qui est commun est une source d'union, toute union est une source de joie, et leur joie est éternelle comme leur amour.

L'éternité ne souffre point de passé, pour elle aucun moment ne s'écoule, et les divines Personnes en sont toujours au premier moment de l'amour. L'éternité ne souffre point d'avenir, pour elle aucun moment qui ne soit pas encore, et les divines Personnes en sont toujours au plus doux moment de l'amour. L'éternité ne souffre point de succession, pour elle rien qui puisse n'être plus, rien qui puisse n'être pas encore ; pour elle une joie ne passe point pour en atteindre une autre, et les divines Personnes goûtent à la fois toutes les joies infinies dans la perpétuelle jeunesse de leur éternité. Aussi le mot *æternitas* ou *æveternitas*, formé de *ævum ternitas*, signifie-t-il, le Temps de la trinité. [1]

Et l'âme qui sera lancée dans le sein de Dieu, ressentira les unes après les autres toutes les félicités que Dieu éprouve dans son éternité. *Deus est essentialiter beatitudo objectiva omnium beatorum* [2]. Mais qui saurait nous donner une idée de ces félicités ? Tout ce qu'on peut dire, c'est qu'elles consisteront à posséder Dieu, et que Dieu est à l'infini tout ce que nous avons aimé sur la terre [3]. Il faut donc croire que tous les amours que nous avons éprouvés et dont nous avons trouvé le germe dans notre cœur, y seront portés à l'infini. Mais lorsque tous ces amours seront réunis dans un seul, dans l'amour intégral, dans l'amour infini, quelle sera la nature de cet amour ? je veux dire, de quel amour aimerons-nous Dieu : car c'est la nature de cet amour qui sera la nature de notre bonheur ?

---

[1] Deus immutabilis existens, æternus non solum est, sed etiam est sua æternitas. Differt æternitas ab ævo et tempore.
  Sancti Thomæ *Summa Theologicæ*, Pars prima, quæst. x, art. ii.

[2] Ibidem, quæstio xxvi, art. iii.

[3] In te desiderium omne transit in gaudium. Non est in te corruptela, nec defectus, sed lætitia sempiterna. Tibi salus, tibi vita, tibi Deus omnia. Quidquid desideratur, abundat. Et dicent : Quam bonus est Deus! Inebriabunt ab ubertate domûs tuæ, et torrente voluptatis tuæ potabis eos. Videbimus te in te, et nos in te, ut te in nobis visione continua et felicitate perpetua.
  S. Augustin., *De spiritu et anima*, tom. iii, cap. 60.

Eh bien, il semble qu'on pourrait ramener à des caractères assez faciles à apprécier, la nature du bonheur que nous trouverons avec Dieu, ainsi que la satisfaction que Dieu trouvera à posséder sa créature dans son sein. Pour cela, il suffirait d'observer la nature du lien qui nous unira à Dieu, et celle du lien qui unira Dieu à nous. On y parviendrait en déterminant ce que Dieu est par rapport à nous, et ce que nous sommes par rapport à Dieu.

Or il y a deux sortes de bonheurs, parce qu'il y a deux sortes d'amours ; et il y a deux sortes d'amours, parce qu'il y a deux sortes de rapports entre ceux qui s'aiment. Ou celui qui est aimé est inférieur à celui qui aime, ou celui qui aime est inférieur à celui qui est aimé. Ainsi, il y a amour lorsqu'un être supérieur s'incline sur un être inférieur pour lui communiquer de ses biens et de ses perfections ; et amour, lorsqu'un être inférieur s'élève vers un être supérieur en aspirant à ses perfections et à ses biens. L'amour est donc ou une *inclination*, de la part de la bonté qui donne, ou une *élévation*, de la part du besoin qui demande. De sorte que, pour arriver promptement à notre résultat :

Qu'est-ce que nous sommes vis-à-vis de Dieu ?. Des êtres qu'il a créés et qui tiennent tout de lui ; c'est-à-dire que nous sommes les enfants qu'il élève, et qui lui coûtent tant de soins, de prévoyance et de sollicitude ! Dieu aura donc pour nous la tendresse d'une mère, mais une tendresse infinie de mère ; et il sera heureux avec nous du bonheur dont jouit une mère lorsqu'elle a auprès d'elle tous ses enfants, devenus grands et hors de tout danger.

Qu'est-ce que Dieu est vis-à-vis de nous ?. Celui qui nous

a donné l'être et qui renferme les perfections auxquelles aspire notre nature ; c'est-à-dire que Dieu est notre bien-aimé, l'idéal, le rêve de nos cœurs, celui qui a tout ce qui doit nous combler de délices. Nous aurons donc pour Dieu l'amour d'un amant, mais de l'amant d'une vierge infinie ; et nous serons heureux avec lui du bonheur dont jouit l'époux lorsque des liens sacrés l'unissent pour toujours à sa bien-aimée.

Ainsi, autant que l'on peut approcher de pareilles vérités par le raisonnement, les amours qui, aux Cieux, donneront le ton et le caractère au bonheur, seront les deux amours les plus vifs et les plus délicieux, celui de la mère, et celui de l'époux. Et ce sera là l'amour infini. O Dieu, on vous appelle mon Père ! on a bien raison ; mais on devrait aussi vous dire, ma mère, mon épouse ! car vous réunissez toutes ces tendresses. Je tressaille toutes les fois que je songe à l'étonnement de l'homme lorsqu'il retrouvera en vous toutes les affections qu'il avait laissées inachevées dans ce monde : c'est vous qui accomplirez les promesses de la famille. Quel moment que celui de la première entrevue de l'âme avec Dieu !...

Mais qui dira les précautions délicieuses et l'art infini que Dieu emploie pour nous accoutumer peu à peu à son bonheur ? D'abord, pour complaire à tous les doux caprices de notre cœur, Dieu ne nous fait jouir que d'un seul de ses amours. Car l'homme, par suite de son éducation sur la terre, a aimé successivement son père, son épouse, son enfant ; et toutes ces affections lui reviennent séparément au cœur.

Et l'âme voudrait aimer Dieu seulement comme son père, il lui semble qu'elle l'aimera mieux ainsi ; et Dieu devient tout entier pour elle comme un père. Et l'âme n'a jamais adoré un père aussi plein de sollicitude et de bonté. Et son bonheur est parfait.

Et l'âme voudrait aimer Dieu seulement comme son épouse, il lui semble qu'elle l'aimera mieux ainsi ; et Dieu devient tout entier pour elle comme son épouse. Et l'âme n'a jamais connu d'épouse aussi tendre et aussi belle. Et son bonheur est parfait.

Et l'âme voudrait aimer Dieu comme s'il était son enfant, il lui semble qu'elle l'aimera mieux ainsi ; et Dieu devient tout entier pour elle comme son enfant. Et l'âme n'a jamais chéri autant d'innocence et de simplicité. Et son bonheur est parfait.

Et l'âme retrouve tout ce qu'elle a aimé sur la terre ; elle sent qu'elle a là son père, son épouse, son enfant, et tout ce qu'elle aimait. Et elle voit que tout cela est dans une réalité infinie dont elle n'avait qu'un songe brisé sur la terre. Et son bonheur est parfait.

Et elle se remet à aimer Dieu intégralement, comme étant tout à la fois et son père, et son épouse, et son enfant. C'est alors que s'ouvre devant elle le Chœur des trois divines Personnes, et l'âme entre dans le sein de la Famille éternelle.......... Mais son ravissement la dépasse, elle ne peut résister à toute la joie qu'elle trouve auprès des Personnes divines, et elle désire vivement se confondre et se perdre en elles pour ne pas supporter seule tout le poids de la félicité. Et son bonheur est parfait.

Comme le jeune époux, qui possède pour la première fois l'épouse désirée et ne peut croire encore à son bonheur, voudrait déposer un baiser sur chacun de ses traits; ainsi, tantôt l'âme veut être aimée comme la puissance; elle se met dans le sein du Père, et voilà qu'elle se sent aimée par le Fils et par l'Esprit! tantôt elle veut être aimée comme la Sagesse; elle se met dans le sein du Fils, et voilà qu'elle se sent aimée par l'Esprit et par le Père! tantôt elle veut être aimée comme l'amour; elle se met dans le sein de l'Esprit, et voilà qu'elle se sent aimée par le Père et par le Fils! Alors elle ne sait plus comment elle voudrait être aimée, tant elle est aimée! Et son bonheur est parfait.

Et à tout instant elle est surprise par l'amour. Quand elle aime le Père, il lui semble qu'elle est éprise du tendre amour du Fils et de l'Esprit; quand elle aime le Fils, il lui semble qu'elle est éprise de l'amour de l'Esprit et du Père; et quand elle aime l'Esprit, il lui semble qu'elle aime le Père et le Fils. Quand elle veut aimer la Puissance, l'âme s'aperçoit qu'elle aime la sagesse et l'amour, qui sont l'amour et la sagesse de la puissance; quand elle veut aimer la Sagesse, elle s'aperçoit qu'elle aime la puissance et l'amour, qui sont l'amour et la puissance de la Sagesse; quand elle ne veut aimer que l'Amour, elle s'aperçoit qu'elle aime la puissance et la sagesse, qui sont la sagesse et la puissance de l'amour. Alors elle ne sait plus comment elle veut aimer, tant elle est prise de tous côtés par l'amour ! Et son bonheur est parfait.

Non, elle ne sait plus lequel il vaut mieux aimer, du Père, du Fils ou de l'Esprit, et elle les aime tous. Elle s'enivre de la Puissance, parce qu'elle est la puissance de la sagesse et de l'amour; elle s'enivre de la Sagesse, parce quelle est la sagesse de l'amour et de la puissance; elle s'enivre de l'Amour, parce qu'il est l'amour dans toute sa puissance et dans toute sa sagesse. Vraiment, elle ne saurait plus dire lequel de ces amours a le plus de douceur; elle ne sait plus si elle aime la puissance, la sagesse, ou l'amour.... elle aime Dieu ! Et son bonheur est infini et pour l'éternité.

Ange divin de la poësie, pourquoi ne viens-tu pas visiter la pensée des modernes ? avons-nous trop écouté le langage de la science pour prêter désormais l'oreille aux accents de ta voix ? Ah ! j'envie aujourd'hui le génie des chants ! je voudrais être poëte, non pour chanter l'Enfer ou le Purgatoire, mais pour dire les joies du Paradis. Je sens ma pensée encore pleine de merveilles inexpliquées; les mystères les plus doux s'y dévoilent en formant des chœurs d'étoiles glorieuses dont je crois saisir le sens. Mais ces étoiles sont comme dans un second lointain, et mes yeux trop faibles encore n'en reçoivent que les dernières lueurs. Je vois dans le fond de ma raison les cieux et la terre passer et se réfléchir comme dans une eau limpide, mais cette eau frissonne, et je ne puis saisir ces célestes ombres. J'entends dans le fond de mon cœur le bruit éloigné de la félicité immortelle, mais mon intelligence trop sourde encore n'en saisit que le dernier son. Et moi qui assiste à cette vie éternelle comme si j'étais sur une autre rive, mon esprit s'illumine, l'enthousiasme me presse, et je voudrais chanter.... mais je ne trouve point les accents prophétiques de la poësie, et je ne sais plus que balbutier le langage pâle et fini de la philosophie.

D'ailleurs, pauvre enfant, qu'oserais-tu dire sur le bonheur des élus, quand l'immortel auteur des Lettres spirituelles a respectueusement recouvert ce tableau ineffable du voile de l'allégorie? Ah! reviens, reviens pleurer dans la vallée des larmes; tout ce que tu peux pour adoucir tes regrets, c'est de dire au sein de la famille à ceux que tu aimes : Vous êtes de douces images de celui que je n'ai pas. Ah! trompez, trompez mon cœur par votre amour; dans vos bras je crois encore oublier l'exil. Aimons-nous pour nous aider à traverser le temps!

Enfin, ne perdons point la mémoire de tout ce que nous venons d'apprendre : oui, si le cœur est l'élément fondamental de la nature de l'homme, et si le cœur est fait pour jouir de la vie absolue, la vie actuelle n'étant autre chose qu'une préparation à cette éternelle vie, nous devons dire plus que jamais que, quel que soit l'état naturel de l'homme sur la terre, cet état ne peut être que celui dans lequel le cœur trouvera toutes les conditions de son existence, de son exercice et de son développement, c'est-à-dire l'état dans lequel il se formera le mieux à la vie absolue.

Quel est-il, cet état naturel en cette vie, qui doit nous conduire à notre état naturel dans l'autre?. Des problèmes inouïs vont trouver leur solution...... Création ! création ! tu n'as été faite que pour l'homme, et l'homme c'est le cœur; si nous trouvons la grande énigme de la préparation du cœur à la vie absolue, ô création, nous tiendrons donc toute ta théorie !

Science sociale ! quelles proportions et quelle importance vas-tu prendre ? je devrais m'effrayer maintenant que je le vois. Quoi ! tu n'es rien moins que la science de la préparation de l'homme à la vie absolue ! Hâtons-nous d'achever notre étude préliminaire pour arriver jusqu'à toi. Nous croyons avoir étudié, autant qu'il est en nous, les éléments de la nature de l'homme; il ne nous reste plus qu'à en donner la définition.

Sommaire. — Quand les philosophes ont demandé à la raison ce qu'elle croyait, elle leur a répondu qu'elle croyait à celui qui est la vérité, la justice et la beauté infinies; demandons au cœur ce qu'il aime, afin de savoir ce qui doit nous donner la félicité dans la vie absolue. — Sachons d'abord pourquoi Dieu nous a appelés à jouir de la vie absolue, nous déterminerons ensuite la différence psychologique, quant au moi, de la vie du temps avec la vie absolue, et nous chercherons en quoi consiste celle-ci. — Lorsque, remontant par la pensée à l'antériorité des choses, et qu'oubliant le temps et la création, on se trouve en présence de la vie absolue, de Dieu avant que rien n'existât, on se demande : Dieu avait il besoin de créer? quel motif a pu porter l'absolu à sortir de lui-même? — Après être resté longtemps embarrassé dans cette idée, l'auteur de ce livre, en entendant un jour quelques notes de musique, crut pressentir le motif de la création. Il faut bien remarquer que si la poësie est l'âme des choses de ce monde, la musique est l'âme de la poësie.—En effet, la musique se compose de deux choses : du son et de l'harmonie ; du son, qui par sa nature indéfinie réveille déjà en nous le sentiment de l'infini, et de l'harmonie, qui nous offre la constitution même de l'infini.—Ainsi, à l'image de l'unité de la félicité divine, l'unité de l'harmonie musicale, ou l'accord parfait, se compose de trois éléments, de trois sons, de trois choses qui *per-se-sonant*, en un mot de trois *per-sonnes* ; et ces trois notes *ut mi sol* sont, les unes par rapport aux autres, exactement dans les mêmes relations que les trois personnes divines. — Or je m'aperçus, à l'audition de l'*ut-mi-sol*, que mon oreille demandait une nouvelle note, et que cette note était précisément l'image et la répétition de la première. Ma pensée crut découvrir ici la source de la création. — Je remarquai donc que l'union des trois notes *ut-mi-sol* donnait *l'accord suffisant*, mais que cet accord laissait quelque chose à désirer ; tandis que l'union des quatre notes *ut-mi-sol—ut* constituait *l'accord parfait*, et que cet accord ne laissait rien à désirer. — Alors, interprétant la Nature incréée par les lois de la nature qu'elle a créée, il me sembla aussi que, dans l'absolu, l'union des trois Personnes divines donnait la *félicité suffisante*, mais qu'elle laissait quelque chose à désirer ; de sorte que, du fond de l'éternité, les trois divines Personnes en appelaient également une autre qui fût leur répétition et leur image, pour venir constituer avec elles la *félicité parfaite*. Et je vis dans ce symbole l'homme créé à l'image de Dieu. — Nous sommes associés à la félicité de Dieu ; la création apparaît comme nécessaire, mais de là nécessité qui porte celui qui est bon à faire le bien. Dieu a créé pour avoir à qui faire du bien. — On peut dire que Dieu se suffisait, que l'amour remplissait son être, mais on ne pourra pas dire que l'amour ne débordait pas de la coupe éternelle ! Eh bien ! la création n'est qu'un débordement de l'amour infini. — Il y a trois degrés dans l'être: l'existence, la vie et la félicité. La pierre existe et ne vit pas ; l'animal vit et existe; l'homme vit, existe, et n'a pas la félicité. Entre la vie et la félicité, il y a la même distance qu'entre l'existence et la vie. Or, dans l'absolu, l'existence, la vie et la félicité sont inséparables, et l'être est complet. — Dans ce monde, l'homme ne prend conscience de son existence qu'en se distinguant de ce qui n'est pas lui, sa vie n'est que la conscience du moi dans son opposition avec le non-moi. En un mot, l'homme ne se sent vivre dans le temps que par sa lutte contre la nature : telle est la vie relative. — Dans l'autre monde, l'homme ne prend conscience de son existence qu'en s'identifiant avec ce qui n'est pas lui, sa vie n'est que la conscience du moi dans son union avec le Non-moi. En un mot, l'homme ne se sent vivre dans l'éternité que par son union avec Dieu : telle est la vie absolue. — Dans la vie relative, le moi ne prend possession de son existence qu'en se distinguant du non-moi, le moi ne peut se distinguer du non-moi qu'en se l'opposant, et il ne peut s'opposer au non-moi, qui est la nature, qu'en la repoussant. — Dans la vie absolue, le moi ne prend possession de son existence qu'en s'unissant au Non-moi, le moi ne peut s'unir au Non-moi qu'en se l'identifiant, et il ne peut s'identifier au Non-moi, qui est Dieu, qu'en l'aimant. — La béatitude n'est point un état passif, elle constitue au contraire le plus haut degré d'activité de l'âme, puisqu'elle est une vie absolue. La vie éternelle est l'acte éternel de possession de l'âme sur Dieu. — L'homme étant créé pour la vie absolue, si l'on veut savoir en quoi elle consiste, il faut savoir pour quelle fonction l'homme a été créé ; et chercher la fonction de l'homme dans le cœur, puisque le cœur est l'homme lui-même. — Or, comme la fonction propre du cœur est d'aimer, la vie absolue consiste dans l'amour. Le bonheur infini ne peut être qu'un amour infini. « *Les sciences, les prophéties, la foi, l'espérance passeront*, dit saint Paul, *mais la charité ne finira jamais.* » — La foi ne subsistera plus, puisque nous comprendrons ; l'espérance ne subsistera plus, puisque nous posséderons ; et la charité seule sera à son comble. — C'est pourquoi, lorsque nous entrerons dans l'autre monde, la raison, qui est l'organe de la foi, et la volonté, qui est l'organe de l'espérance, ne subsisteront plus ; mais la vie absolue étant une vie d'amour et de possession, le cœur seul sera à son comble. — Si la vie absolue consiste dans l'amour, pour nous faire une idée du bonheur que l'âme y trouvera, il faut que nous sachions ce que c'est que l'amour dans sa source, dans la sainte Trinité, qui est constituée sur lui. — Aristote a remarqué que l'amour naît des contrastes. Mais comment cela se fait-il, lorsque l'amour, qui a précisément pour objet d'unir, ne devrait chercher que des conformités ? — D'abord, que signifie un contraste entre deux êtres, sinon que l'un ne se trouve pas comme l'autre ? et qu'est-ce que cela signifie que l'un ne se trouve pas comme l'autre, sinon que l'un n'a pas toutes les propriétés de l'autre ? et qu'est-ce que cela signifie que l'un n'a pas toutes les propriétés de l'autre, sinon que les propriétés de l'un manquent à l'autre ? et qu'est-ce que cela signifie que les propriétés de l'un manquent à l'autre, sinon qu'ayant mutuellement besoin l'un de l'autre, ils cherchent à se réunir pour se compléter ? et qu'est-ce que cela signifie qu'ils cherchent à se réunir pour se compléter, sinon qu'il y a une existence intégrale, de laquelle ils sont sortis formant des êtres divers ? Toute chose diverse est donc une chose incomplète, une chose finie ; et le fini n'est donc que la diversité sortie de l'unité primordiale ? — Or, la tendance à reconstituer cette unité primordiale est l'amour. —L'amour n'aime donc point une chose étrangère à lui, il aime au contraire une chose qui lui est intime et qu'il possédait déjà par son origine. — Ainsi, l'amour repose sur le contraste des attributs dans l'identité d'essence. S'il n'y avait pas identité d'essence, les sujets qui s'aiment, ne pouvant se réunir pour ne former qu'un, ne se chercheraient pas ; et s'il n'y avait pas contraste d'attributs, les sujets qui se cherchent pour retrouver l'un dans l'autre des attributs qui leur manquent séparément, ne s'aimeraient pas. — De là, appliquant cette notion à l'absolu, il y a en Dieu, au milieu de l'identité d'essence, variété de personnes, et parmi ces personnes variété d'attributs ; et toutes se cherchent, s'aiment et s'unissent, parce que toutes ne sont qu'une même essence dont les attributs réunis constituent la divinité. — En Dieu, l'amour repose donc également sur une variété d'attributs au milieu de l'identité d'essence. — Or, le bonheur résulte précisément de la totalité de l'être. Car la totalité est ce qui renferme en soi la variété ; c'est là que tout se plaît et se complète réciproquement. Il ne peut y avoir de bonheur que dans l'absolu, où toute variété possible se trouve ramenée dans toute l'unité possible. — L'unité de Dieu n'est pas l'absence de la variété des biens, c'est leur réunion infinie. En Dieu il y a tout ce qui est bon, et tout cela ne forme qu'un bien ; il y a toutes les vertus, et toutes ne forment qu'une perfection ; il y a toutes les joies, et toutes ne forment qu'une félicité. Comme dans un concert parfait, il y a tous les sons, toutes les voix, et tous ne forment qu'un son, qu'une voix. Dieu est la grande harmonie. — En Dieu toutes les conditions de l'existence se recherchent et s'aiment. Et lorsque Dieu étend l'unité de son amour sur les attributs de sa substance, le sentiment qu'il éprouve sur tous les points de son être, est le même que celui qu'éprouve l'homme lorsqu'il s'unit à la femme qu'il adore. Seulement en Dieu ce sentiment est infini, parce qu'il s'unit à des perfections infinies. — En Dieu, c'est la diversité des personnes qui fait le bonheur ; car c'est l'inépuisable diversité des attributs de perfection de ces personnes qui fait qu'elles se recherchent et s'adorent mutuellement. Le Père parle sans cesse à l'Esprit de l'ivresse éternelle que sa beauté lui inspire ; l'Esprit raconte le bonheur qu'il y a pour l'être qui a l'amour, à s'appuyer sur l'être revêtu de la puissance ; et tous deux se réjouissent à jamais dans la sagesse, leur Fils, de ce que la puissance et l'amour se sont si bien compris. — Et leur joie est éternelle. L'éternité ne souffre point de passé, pour elle rien qui puisse n'être plus ; l'éternité ne souffre point d'avenir, pour elle rien qui puisse n'être point encore : et les divines Personnes en sont toujours au premier moment de l'amour, goûtant à la fois toutes les joies de l'infini dans le perpétuel présent de l'éternité. — L'âme qui entrera dans le sein de Dieu recevra les unes après les autres toutes les félicités que Dieu a éprouvées dans son éternité ; et comme Dieu est à l'infini tout ce que nous avons aimé sur la terre, tous nos amours se trouveront réunis et portés à l'infini. — Mais lorsque ces amours, réunis en un seul, formeront l'amour infini, quelle sera la nature de cet amour ? car c'est la nature de cet amour qui fera la nature de notre bonheur. Voyons ce que Dieu est par rapport à nous, et ce que nous sommes par rapport à Dieu. — Par rapport à Dieu, nous sommes les êtres qu'il a créés, qu'il a élevés et qui lui coûtent toutes ses sollicitudes ; alors Dieu aura pour nous la tendresse d'une mère infinie, et il sera heureux avec nous du bonheur dont jouit une mère qui possède ses enfants auprès d'elle. — Par rapport à nous, Dieu est celui qui renferme toutes les perfections auxquelles aspire notre nature, il est l'idéal et le rêve de nos cœurs ; alors nous aurons pour Dieu la passion de l'amant d'une vierge infinie, et nous serons heureux avec lui du bonheur dont jouit l'époux qui possède sa bien-aimée. — Ainsi dans le Ciel, les amours qui donneront le ton et le caractère au bonheur, seront les deux amours les plus vifs et les plus délicieux, celui de la mère et celui de l'époux. Et ce sera là l'amour infini. — Dans la vie absolue, nous reprendrons les affections que nous avons laissées inachevées dans ce monde : Dieu accomplira toutes les promesses de la famille. — Et l'âme sentira successivement revenir en elle toutes les affections qu'elle avait éprouvées sur la terre; elle voudra aimer Dieu seulement comme son père, puis comme son époux, puis comme son enfant ; mais elle sentira qu'elle a tout cela dans une réalité infinie. — Quand elle veut aimer la puissance, l'âme s'aperçoit qu'elle est éprise de la sagesse et de l'amour, qui sont l'amour et la sagesse de la puissance ; quand elle veut aimer la sagesse, elle s'aperçoit qu'elle aime la puissance et l'amour, qui sont l'amour et la puissance de la sagesse ; et quand elle ne veut aimer que l'amour, elle s'aperçoit qu'elle aime la puissance et la sagesse, qui sont la sagesse et la puissance de l'amour. Et elle aime Dieu intégralement. — C'est alors qu'elle voit s'ouvrir le chœur des trois divines Personnes.... et l'âme entre dans le sein de la Famille éternelle.

Enfin si le cœur, élément fondamental de la nature humaine, est fait pour jouir de la vie absolue, comme la vie actuelle n'est autre chose qu'une préparation à cette vie éternelle, nous devons dire plus que jamais que, quel que soit l'état naturel de l'homme sur la terre, ce ne peut être que l'état où le cœur trouvera toutes les conditions de son développement, c'est-à-dire l'état où le cœur se formera le mieux à la vie absolue. — La science sociale ne se trouvera donc rien moins que la science de la préparation de l'homme à la vie absolue. Maintenant que nous avons étudié les éléments de la nature de l'homme, il ne nous reste plus qu'à en donner la définition.

XXVI.

L'homme, c'est l'être doué d'un cœur, d'une raison, d'une volonté, d'une intelligence, et d'un corps.

AYANT terminé l'étude de l'homme, il nous reste à le définir. Or, définir un être, c'est le décrire avec exactitude dans tous ses éléments, sans y rien ajouter et sans en rien retrancher. Mais pour décrire un être dans tous ses éléments, il faut nécessairement en avoir fait l'analyse. Ainsi, définir un être, ce n'est autre chose que l'analyser, c'est-à-dire, énoncer les différents éléments dont il se compose. Voilà pourquoi, d'après la philosophie, les sciences ne doivent jamais commencer par des définitions, mais doivent au contraire finir par là. Si donc il ne s'agit, pour définir l'homme, que de l'analyser, ou, en d'autres termes, d'énoncer les éléments dont il se compose, cela ne nous sera pas difficile maintenant.

DE LA NATURE DE L'HOMME.

L'homme, c'est l'être doué d'un Cœur, d'une raison, d'une volonté, d'une intelligence, et d'un corps. D'un Cœur, pour aimer ; d'une raison, pour connaître ; d'une volonté, pour agir ; enfin, d'une intelligence, pour servir la raison ; et d'un corps, pour servir la volonté ;

Ou plutôt l'homme, c'est un Cœur auquel Dieu a donné la raison et la volonté.

Quant à l'intelligence et au corps, l'on sait que ce sont de purs instruments ajoutés, le premier à la raison, le second à la volonté, pour que l'homme puisse se mettre en communication avec ce monde ; mais que ces deux instruments ne tiennent pas plus à l'essence de l'homme que le microscope à l'œil, et le compas à la main qui s'en sert.

Si l'on voulait donner un tableau des facultés de l'homme, voici dans quel ordre il faudrait le disposer :

la raison   la volonté

LE CŒUR

l'intelligence   le corps.

Les deux organes fondamentaux, la raison et la volonté, aidés de leurs deux instruments temporels, l'intelligence et le corps, se réunissent autour du Cœur pour former l'homme.

En prenant les choses par le principe : Dieu éclaire la raison, laquelle éclaire l'intelligence, laquelle éclaire le Cœur, lequel décide la volonté, laquelle met en mouvement le corps, lequel opère l'acte. En sorte que,

Dieu envoie sa lumière à la raison pour l'éclairer ; la raison envoie ses intuitions à l'intelligence pour les faire formuler ; l'intelligence envoie ses pensées au cœur pour les faire adopter ; le cœur envoie ses inclinations à la volonté pour la décider ; et la volonté envoie ses volitions au corps pour les faire exécuter.

Puis, tous ces organes communiquent entre eux et influent les uns sur les autres :

D'abord le cœur, comme sensorium commun, reçoit le produit de chacun de ces organes. Ainsi, ce qui vient de la raison dans le cœur, ce sont les trois notions impersonnelles ; ce qui vient de l'intelligence dans le cœur, ce sont les pensées personnelles ; ce qui vient de la volonté au cœur, ce sont les résolutions qu'elle a prises ; ce qui vient du corps au cœur, ce sont les sensations qu'il a reçues. Nous ne parlons pas de l'amour, ou de l'enthousiasme, parce que c'est ce qui vient de Dieu en nous.

Ensuite le cœur, comme centre vital d'innervation, étend l'action de son amour sur tous ces organes. Ainsi, lorsque l'amour se porte sur la raison, il y produit la croyance ou l'adhésion ; lorsque l'amour se porte sur l'intelligence, il y produit l'inspiration ; lorsque l'amour se porte sur la volonté, il y produit l'inclination ; lorsque l'amour se porte sur le corps, il y produit les passions.

Mais, au milieu de toutes ces fonctions, les trois grands faits de la nature de l'homme sont, comme on le voit, connaître, aimer et agir; parce que ses trois organes fondamentaux sont, la raison, le cœur et la volonté. Car si Dieu a créé l'homme 1° pour le connaître, il lui a donné la raison; 2° pour l'aimer, il lui a donné le cœur; 3° pour le servir, il lui a donné la volonté.

Or, l'intelligence n'est que le supplément de la raison, et le corps n'est que le supplément de la volonté; l'intelligence et le corps sont comme les deux extrémités inférieures par lesquelles l'homme prend pied dans le temps. De sorte qu'on ne peut tenir compte en définitive que des organes qui ont rapport avec l'absolu : la raison, la volonté, et le cœur.

Alors l'homme, ou l'être créé pour le bien absolu, c'est le Cœur; puis le Cœur reçoit, par la raison, la connaissance de ce bien, et, par la volonté, le pouvoir de se porter vers lui.

La raison, la volonté et le Cœur, voilà trois beaux organes! Par la raison, nous avons la croyance et nous arrivons à la Foi; c'est-à-dire à croire avec confiance les choses que de ce monde nous ne voyons pas. Par la volonté, nous avons le désir et nous arrivons à l'Espérance; c'est-à-dire à souhaiter avec confiance les choses que de ce monde nous ne possédons pas. Par le cœur, nous avons l'amour et nous arrivons à la Charité; c'est-à-dire à aimer avec persévérance des choses que de ce monde nous n'aimerions pas. Or, par la Foi, nous pensons ce que Dieu pense; par la Charité, nous aimons ce que Dieu aime; par l'Espérance, nous désirons ce que Dieu veut; et par ce moyen nous nous préparons à la vie éternelle. Les trois grandes vertus de l'homme reposent sur ses trois organes fondamentaux.

Mais une concordance remarquable qui vient me frapper en ce moment et qui nous prouvera encore tout à la fois, et la vérité de la notion de Dieu, et la vérité de cette notion de l'homme, c'est que : de même que nous avons trouvé trois personnes fondamentales en Dieu, nous trouvons également trois organes fondamentaux en l'homme. Et ceci ne serait rien encore, une pareille coïncidence pourrait se rencontrer sans impliquer pour cela qu'il doive y avoir positivement trois personnes fondamentales en Dieu, et trois organes fondamentaux en l'homme. Mais, c'est qu'il arrive que ces trois organes correspondent point pour point, quant à leur nature, avec les trois personnes de Dieu ! Ainsi,

Qu'est-ce que la causalité, qui nous donne le pouvoir de produire des actes, sinon un rayon de la puissance, laquelle est attribuée au Père ? Qu'est-ce que la rationalité, qui nous donne le pouvoir de connaître, sinon un rayon de la connaissance, laquelle est attribuée au Fils ? Qu'est-ce que le cœur, qui nous donne le pouvoir d'aimer, sinon un rayon de l'amour, lequel est attribué au St-Esprit ? Il y a donc dans l'homme, comme dans Dieu, la puissance, la connaissance, et l'amour ! Et par un dernier trait de cette divine ressemblance, comme le Père et le Fils trouvent leur lien dans l'Esprit, et que c'est en lui que ces deux personnes viennent se réunir pour ne former qu'un seul être, qui est Dieu ; de même, la causalité et la rationalité trouvent leur lien dans le Cœur, et c'est en lui que ces deux facultés viennent se réunir pour ne former qu'un seul être, qui est l'homme.

De sorte que Dieu se présente comme un triangle ayant

DE LA NATURE DE L'HOMME.

pour ses trois côtés, le Père, le Fils et l'Esprit ; et ce triangle se réfléchit par la création dans un triangle à son image, ayant pour ses trois côtés, la causalité, la rationalité, et le cœur. Combien il est vrai que l'homme est créé à la ressemblance de Dieu !

Pour cette fois, je m'arrête ; ma pensée ne saurait être plus claire ni ma conviction plus satisfaite. D'abord, il me semble voir la première personne, ou la Puissance, comme un angle P s'ouvrant dans l'infini ; la seconde personne, ou le Verbe, se présente aussitôt comme un angle F s'ouvrant en face du premier pour le réfléchir ; et tous deux vont ensemble se réfléchir au sommet dans un troisième E, où ils se réunissent et forment le triangle éternel de la puissance, de la connaissance et de l'amour ; du Père, du Fils et de l'Esprit. — Mais en Dieu cette troisième personne, en unissant les deux autres, les pénètre et les embrase d'une vie commune ; en descendant en elles, elle les entraîne de tout le poids de son amour, et porte l'Être infini à déborder de son propre sein.

Alors du Père part le rayon de puissance, qui va former dans l'homme la causalité ; du Verbe part le rayon de sagesse, qui va former dans l'homme la rationalité ; et de l'Esprit descend le rayon d'amour, qui dans l'homme va former le cœur [1]. — Mais dans l'homme cette troisième faculté, en unissant les deux autres, les embrase d'une vie commune ; en pénétrant dans la rationalité et dans la causalité, le cœur les presse de toute l'ardeur de son amour, et porte l'homme à déborder de son propre sein.

---

[1] Veni Sancte-Spiritus, reple tuorum accende. — Prière chrétienne. Corda fidelium, et tui amoris in eis ignem

Alors de la raison part la lumière rationelle, qui vient éclairer l'homme sur le bien absolu ; du cœur part le sentiment d'amour, qui lui fait un besoin de posséder ce bien; de la causalité part la volition, avec laquelle il se porte au-devant de lui. Car de la volition part l'action, l'action de l'homme! laquelle remonte dans l'absolu pour y prendre ses titres à la vie éternelle. Tel est le cercle de la création.

Ces idées paraissent maintenant si exactes, qu'il nous semble que l'on pourrait les dessiner aux yeux par de simples traits, ainsi que l'on dessine la figure géométrique d'un théorème. Si on le désire, nous tracerons cette image, puisque nous venons d'en parler; toutefois, qu'on ne la prenne que pour ce que nous la donnons. En général, je n'aime point ces sortes de preuves; aussi je n'offre pas cette figure comme telle, mais seulement comme un objet plus propre à se fixer dans l'esprit au moyen de la mémoire des yeux.

―――

Le triangle **PFE** représente Dieu, ou l'éternelle union de la puissance, de la sagesse, et de l'amour. L'angle **P**, s'ouvrant sur l'infini, représente la puissance, ou le Père; l'angle **F**, réfléchissant le premier, représente la sagesse, ou le Fils ; l'angle **E**, unissant les deux autres, représente l'amour, ou l'Esprit. Du Père descend sur la volonté le rayon de puissance, ou la causalité; du Fils descend sur la raison le rayon de sagesse, ou la rationalité; de l'Esprit descend sur le cœur le rayon d'amour, ou le mouvement de retour vers Dieu.

Le point **C** indique le lieu de la création, l'endroit où la substance quitte la qualité de substance incréée pour prendre celle de substance créée, l'endroit où la créature devient distincte de Dieu.

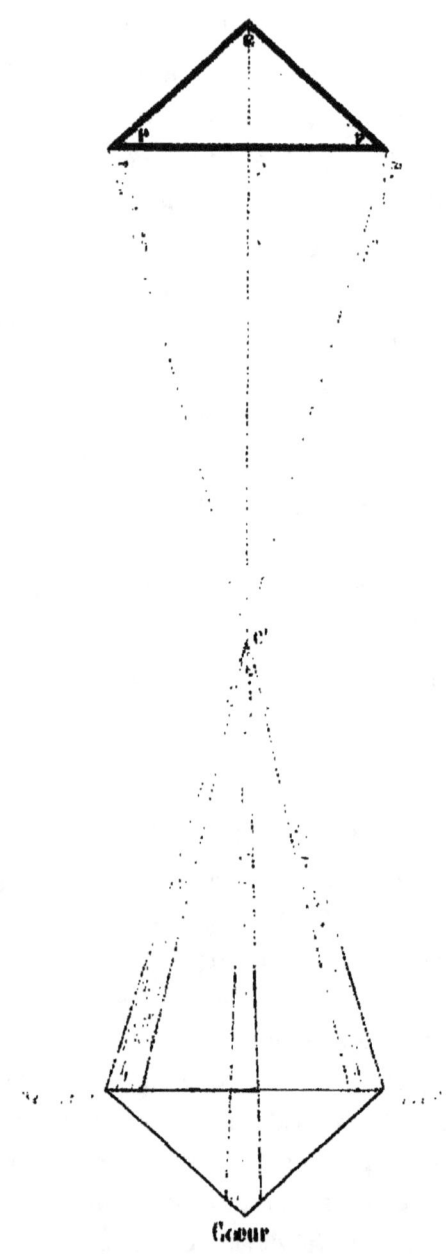
Cœur

Oui, convenons-en avec une sainte hardiesse, une si grande conformité ne doit point nous étonner! Car si Dieu a lui-même dit qu'il nous a créés à son image et ressemblance, encore qu'il y ait entre Dieu et l'homme la distance naturelle du Créateur à la créature, il suffit cependant que Dieu ait déclaré aussi solennellement un tel fait, pour que dans le faible regard que la science peut jeter sur un sujet pareil, elle retrouve au moins quelque chose de ce que les traditions lui avaient dit. Il faut bien que nous sachions qui nous sommes, et à qui nous ressemblons; et puisque nous emmenons aujourd'hui la science avec nous, il faut bien qu'elle le sache aussi, pour que, n'ignorant pas de quelle noble Famille nous sommes issus, elle conserve les égards qui sont dus à notre rang dans la création.[1]

D'ailleurs nous-mêmes, au milieu de la terre de l'exil, nous oublions la plupart du temps, et la Patrie, et le toit du Père, et notre propre nom. Cela s'est vu le siècle dernier. Nous ne savons pas combien cet oubli nous fait de tort, et dans quelle misère il nous retient! « Ne serait-ce pas, dit sainte Thérèse, une trop grande ignorance si l'on

---

[1] « Les trois personnes divines de la Trinité sainte, dit Malebranche, impriment chacune leur caractère dans les esprits qu'elles ont créés à leur image. Cependant tous les rapports de l'esprit de l'homme avec la Trinité sainte ne sont que des ombres et des traits imparfaits, qui ne peuvent imiter le principe de tous les êtres. Mais, quoique l'image de la divine Trinité que nous portons soit fort imparfaite, il n'y a rien de plus grand pour nous que cette faible ressemblance. Nous ne travaillons à notre perfection qu'autant que nous la rétablissons. On ne peut que bégayer dans la comparaison de l'âme avec la Trinité sainte. D'ailleurs on n'a point d'idée assez claire de l'âme; comment donc pourrait-on en marquer précisément les rapports? Dieu nous a créés à son image, le fait est certain : mais c'est une énigme réservée pour le Ciel. Il est bon néanmoins d'entrevoir cette grande vérité, afin que l'esprit pense à l'excellence de son être, et qu'il souhaite de connaître clairement ce qu'il aperçoit confusément. »

demandait à quelqu'un : Qui il est ! et qu'il ne se connût pas soi-même; qu'il ignorât quel est son père, quelle est sa mère, et de quel pays il est? ne serait-ce pas là une stupidité intolérable ? Sans comparaison, la nôtre l'est davantage lorsque nous ne tâchons point de savoir qui nous sommes. Nous savons bien en gros et en bloc que nous avons des âmes, parce que nous l'avons ouï dire, et parce que la foi nous en a prévenus ; mais sans cela, l'aurions-nous dit ? Et, maintenant, quelle est la nature de ces âmes, d'où elles sont, ce qu'il peut y avoir en elles, et quelle est leur valeur, c'est à quoi nous pensons à peine. Alors qu'arrive-t-il ? c'est que nos pensées, et nos soins, tout va à cette enchâssure grossière qui est le corps, parce que nous ne faisons plus bien attention qu'à lui. »

Nous avons vu l'homme dans ses éléments, nous l'avons vu dans son ensemble, alors nous avons pu le définir. La définition qui consiste dans l'énoncé des éléments d'un être, suffit à la science, parce qu'ayant la connaissance de chacun de ces éléments, lorsqu'elle les retrouve ensuite réunis, elle jouit de son admirable synthèse. Mais si nous en restions là, nous n'aurions rien fait pour le monde. Car la science ne peut pas communiquer à celui-ci toute la satisfaction qu'elle trouve dans sa lumineuse synthèse, sans le faire passer par tous les détails de sa patiente analyse. Le monde, qui ne consacre pas un long temps à l'étude, veut vite apprendre. Alors il exige qu'on lui trouve une définition significative et qui lui livre, en quelque sorte, toute la pensée d'une science ; ou bien il renonce à la connaître. Le sens commun est, il me semble, pour quelque chose dans cette opinion ; il prétend sans doute que toute pensée qui ne peut affronter sa simple énonciation, prouve par là qu'elle n'est point encore à sa maturité, puisqu'il suffit ordinairement à la vérité de paraître pour être reconnue. Comme c'est là l'avis du sens commun, je me décide donc, pour rappeler toute cette théorie de l'homme, à en chercher une autre définition que celle qui résulte de l'énoncé des éléments de sa nature; c'est-à-dire à chercher une définition qui porte sur le caractère le plus remarquable de son existence. D'ailleurs je suis bien aise, moi-même, de m'en rendre compte.

XXVII.

CONCLUSION DU LIVRE IIe.

Considéré du point de vue de l'Absolu, l'homme n'est-il pas l'être qui a besoin de Dieu ?

Toutes les fois qu'une grande philosophie s'est manifestée dans le monde, elle s'est présentée avec un système de l'homme ; et toutes les fois qu'une philosophie a donné sur la nature de l'homme une étude aussi sérieuse que celle que nous venons de faire, elle a laissé à ce sujet sa pensée définitive, afin que, traduisant cette pensée dans une formule concise, on ait une définition de l'homme qui puisse rester et servir de frontispice au système entier.

Le premier philosophe qui ait donné de l'homme une définition de ce genre, est Aristote. Ce philosophe qui, à l'aide de l'observation, avait jeté le fondement de presque toutes les sciences physiques, ne pensa pas qu'on dût

changer de méthode pour les sciences morales ; il aborda l'étude de l'homme, comme celle de tous les autres habitants du globe. Aristote venait de créer la zoologie, la connaissance de l'homme ne fut pour lui qu'une continuation de cette première science. L'homme, à ses yeux, prit naturellement place à la tête du règne organique ; de là cette définition devenue célèbre, et si conforme du reste au point de vue de son auteur :
L'homme est un animal raisonnable.

Si de là, parce qu'elle fut précisément donnée ensuite du point de vue directement opposé à celui d'Aristote, nous passons à la dernière définition de l'homme que la philosophie ait laissée, nous arrivons à celle d'un philosophe moderne également illustre, le vicomte de Bonald. Effrayé du matérialisme que l'habitude des sciences physiques, exclusivement cultivées pendant le siècle dernier, avait introduit au sein des études psychologiques, ce philosophe chercha à faire prédominer dans l'homme l'élément le plus directement opposé à l'animalité. Il brisa la chaîne de continuité par laquelle on rattachait l'andrologie à la zoologie, jeta un abîme entre la brute et l'homme ; et celui-ci ne fut plus seulement un animal débruti, mais :
Une intelligence servie par des organes.

Chacun saisit la portée de la première de ces définitions; il est inutile d'en discuter la valeur et le sens. Elle fut appliquée dans un temps où l'homme était esclave, et où conséquemment il ne devait montrer, pour toute différence avec les animaux, que le peu de raison qu'il pouvait apporter dans les travaux forcés qu'il partageait avec eux. Aussi, pour l'antiquité, et surtout aux yeux de l'expérience, l'homme ne pouvait être naturellement qu'un animal d'une espèce raisonnable; ou bien encore, *un instrument animé*, comme le dit Aristote, en le considérant sous le point de vue économique.

Mais la seconde définition, née dans les temps modernes, alors que l'homme, rentré en possession d'une partie de sa nature, a signalé aux yeux mêmes de l'expérimentation une existence libre et spirituelle, cette définition, dis-je, devient d'une toute autre importance. Et d'abord observons que le vicomte de Bonald a condamné avec justice la définition d'Aristote, *l'homme est un animal raisonnable*, en disant que l'on aurait pu tout aussi bien définir l'orang-outang, *un homme qui ne raisonne pas*. Mais ne serait-il pas également possible de retourner la définition du vicomte de Bonald, et au lieu de dire que l'homme est *une intelligence servie par des organes* (comme rien n'indique ici le but d'une pareille intelligence, tandis qu'il est indispensable au contraire que ces organes soient régis par elle), l'on aurait pu tout aussi bien définir l'homme, *un ensemble d'organes dirigés par une intelligence ?*

Voici où j'en veux venir : c'est que par le mot intelligence, qui fait la base de la définition précédente, on ne signale qu'une seule de nos facultés spirituelles, et qu'on laisse de côté les trois facultés les plus importantes de l'homme, celle d'aimer, celle de croire, et celle d'agir; le cœur, la rationalité, la causalité. Encore cette définition ne tient-elle compte que d'une faculté presque aussi subalterne que le corps; en effet, si le corps n'a d'autre valeur que celle que lui donne sa fonction d'instrument de la volonté, l'intelligence n'a également d'autre titre que celui d'instrument de la raison : or la causalité et la rationalité se valent. L'homme n'est ni un corps, ni une intelligence; mais il est celui qui se sert du corps et de l'intelligence.

A supposer qu'il fût possible de définir l'homme par une seule de ses facultés, ne vaudrait-il pas mieux dire, par exemple, que l'homme est soit une raison soit une causalité servie par des organes ? au moins, dans ce cas, on signalerait des éléments plus importants de sa nature. L'homme, dites-vous, est *une intelligence servie par des organes* ? Mais une abeille est une intelligence servie par des organes ! la fourmi, le castor, si l'on juge les résultats, sont aussi des intelligences servies par des organes ! Quel est, dans tout le règne animal, l'être qui ne reçoit pas l'intelligence nécessaire pour parcourir son cercle d'existence et arriver à sa fin ? L'homme a une intelligence plus vaste que ces êtres, mais ses destinées et la sphère de son existence sont plus vastes aussi ! L'intelligence est répartie aux différents êtres de la création, en proportion de leur destinée ici-bas ; sous ce rapport, entre les hommes et la brute, il ne pourrait y avoir que du plus au moins.

Aussi ne sommes-nous point étonnés que les philosophes qui n'ont vu en nous que l'intelligence, aient, ainsi que les zoologistes, tout bonnement placé l'homme à la tête de la série animale.

Entre l'homme et les animaux il n'y a pas différence de degré, il y a différence de nature. D'un côté, l'on verrait l'intelligence de l'homme descendre au-dessous de l'instinct de la brute, comme cela peut arriver pour quelques idiots ; d'un autre côté, l'on verrait l'instinct de la brute s'élever jusqu'à l'intelligence de l'homme, comme cela peut arriver pour quelques animaux bien dressés, que, pour cela, la brute ne saurait pas plus soutenir la comparaison qu'auparavant. Ce qui constitue l'homme, c'est la personnalité; et le centre de cette personnalité est un cœur doué d'une rationalité pour connaître, et d'une causalité pour agir. Or, retrouve-t-on tout à la fois dans l'intelligence une rationalité, une causalité et un cœur ?..... Dèslors, comment l'homme ne serait-il qu'une intelligence ?

Ces observations ne s'adressent certainement pas à l'auteur de cette définition; Dieu me préserve d'accuser d'erreur sur ce point un des Pères de notre philosophie du XIXᵉ Siècle! L'illustre écrivain sait mieux que nous toutes ces choses; par le mot *intelligence*, il entendait certainement les propriétés dont un être spirituel est nécessairement doué, c'est-à-dire la raison et la volonté. Et une preuve, c'est l'explication qu'il donne lui-même de ce qu'il entend par intelligence. Mais cette explication n'est-elle pas la déclaration même de ce que nous prétendons, à savoir : qu'il est impossible de définir l'homme, en ne désignant qu'une seule de ses facultés ? Ici notre but est seulement de faire voir que la définition du vicomte de Bonald, la meilleure qui ait été donnée après celle du catéchisme [1], ne définit nullement l'homme, sinon pour celui qui a étudié le sens de cette définition dans le vicomte de Bonald.

---

[1] Voici la définition du catéchisme :
L'homme est une créature raisonnable composée d'un corps et d'une âme. — *Une créature !* Mais précisément nous n'avons fait autre chose que prouver en quoi, sur quoi et pour quoi l'homme était distinct du créateur. — *Créature raisonnable !* Mais précisément aussi nous n'avons fait que montrer combien cette raison était une faculté divine, par son origine, et par le rôle qu'elle joue dans l'homme. — *Créature composée d'un corps et d'une âme !* Mais précisément encore notre étude a eu pour objet de savoir quelles sont les facultés de l'âme et de quoi se compose le corps!

Mais on dira : puisque le mot *intelligence* se trouve réservé par l'analyse psychologique pour exprimer une faculté spéciale de l'homme, et que dès-lors, dans la science, ce mot n'entraîne plus avec lui l'idée de raison, de causalité, etc., ne pourrait-on pas le remplacer par le mot *esprit?* ce dernier ne porterait-il pas avec lui l'idée d'intelligence et l'idée de liberté, par conséquent l'idée de raison et l'idée de volonté? Alors ne définirait-on pas plus exactement l'homme, *un esprit servi par des organes?*... Pas davantage. Si le mot intelligence ne suffit pas, le mot esprit ne vaut pas mieux. Nous allons de suite reconnaître que, pour donner une bonne définition de l'homme, il faudrait la tirer de la définition de Dieu.

En effet, le mot *esprit*, comme le mot *intelligence*, ne se trouve placé dans de pareilles définitions que pour faire opposition au mot *matière*, et établir par là en l'homme la distinction de l'être spirituel et de l'être corporel : idée excellente comme réaction contre le matérialisme, dont il fallait d'abord se débarrasser ! Mais franchement, sans parler de cette circonstance toute particulière, n'est-ce pas une vétille que de s'amuser à distinguer l'esprit de la matière, pour donner une véritable définition de l'homme ? Si la matière était plus réelle et plus considérable, si elle avait au milieu du domaine de l'être l'étendue et l'importance que lui attribuaient ceux qui ne voyaient pas autre chose, je concevrais que l'on prît ses précautions pour ne pas confondre l'homme avec elle. Mais ici le grand point, comme nous avons dû nous en apercevoir en donnant la démonstration ontologique de la causalité, le grand point est d'établir avant tout la distinction de l'homme, être fini et subordonné, avec l'Être infini et absolu.

Ce qui est le plus à craindre, ce n'est pas de confondre l'homme avec la matière, c'est de le confondre avec Dieu. Car, pour tomber aujourd'hui dans le matérialisme, il faut être tout-à-fait privé d'instruction; mais, pour ne pas être exposé à perdre l'homme de vue dans le sein de l'Être infini, c'est bien différent! Il est des gens qui y voient de fort loin, et qui sont panthéistes. Il faut même avouer que si les traditions n'étaient pas là pour nous avertir positivement du fait de la création, je ne sais pas comment la raison seule pourrait se tirer de cet abîme. Il est absolument besoin d'une autre conception que celle de la raison pour comprendre qu'en dehors de l'Infini il y ait encore autre chose; et que cette chose soit précisément un être fini, contingent, c'est-à-dire ayant toutes les propriétés qui sont la négation même des attributs de l'Être essentiel. *C'est par la foi*, dit S. Paul, *que nous savons que le monde a été créé.*

Essayez de poser devant vous la pensée de Dieu, lui éternel, immense, absolu, lui qui déborde les sphères de l'infini, lui qui est l'Être, lui qui est tout; puis, en dehors de cet Océan qui ne peut lui-même trouver ses bornes, cherchez donc une place pour ce petit être qui vit et s'agite à l'abri du premier, point mathématique qui se perdrait infailliblement devant la pensée, si Dieu, le suivant du regard, ne lui eût donné un nom, *faciamus hominem*, qui le tire à la fois du néant, et de l'oubli!.. Le grand point pour définir l'homme est de le nommer par distinction de l'être absolu; il faut échapper avant tout à l'effrayante absorption du panthéisme.[1]

Quant à nous, si l'on tient à avoir une de ces définitions qui rappellent toute une théorie, la nôtre, sous ce

---

[1] Il est d'autant plus à propos de faire cette observation, que nous touchons à une époque où le panthéisme exercera sur les méditations philosophiques une grande influence. A propos de l'ouvrage de l'abbé Maret sur ce sujet, un écrivain distingué, M. Nettement, a dit : « le panthéisme est la forme la plus « avancée, ou, si l'on veut, le dernier « mot de l'erreur. »

Le panthéisme, qui consiste à confondre l'homme avec la Divinité, est une réaction toute naturelle contre le matérialisme, qui consiste à confondre l'homme avec la matière. Après avoir si longtemps considéré l'homme comme une brute, il ne fallait rien moins peut-être, pour nous retirer de ce fossé, que considérer l'homme comme un Dieu! Il semble que l'esprit humain ne se relève d'un excès qu'en tombant dans un autre. L'esprit humain, comme l'a dit un homme qui lui-même a fait pencher de côté l'esprit humain [*], est semblable à un paysan ivre à cheval : quand on le relève d'un côté, il retombe de l'autre.

Un siècle, en général, corrige un autre siècle. Au polythéisme il a fallu le monothéisme; au pélagisme, le jansénisme; à l'égoïsme, le mysticisme; et sans doute il faut de nos jours au matérialisme le plus avilissant, le spiritualisme le plus exagéré. Si, par son rationalisme, l'Allemagne n'était venue combattre chez nous le sensualisme mortel de l'Angleterre, je ne sais qui l'aurait fait. Au sensualisme de Locke, il fallait certainement le stoïco-criticisme de Kant; au fatalisme d'Hobbes, le déterminisme de Fichte; à l'abrutalisme de d'Hollbach et d'Helvétius, le panthéisme de Schelling et d'Hégel. Il est des erreurs tombées si bas, que la religion ne saurait plus les relever.

C'est toutefois une chose remarquable, que l'erreur soit ainsi chargée de combattre l'erreur; de telle sorte que la vérité, n'ayant pas même souillé ses mains dans le sang du combat, reçoive la couronne de la victoire. Il faut aussi admirer l'honnêteté qui existe au fond de l'esprit humain; dès qu'il s'est bien convaincu d'être tombé dans une erreur, il croit s'en relever en se portant aussitôt dans la direction opposée. Tous les schismes n'ont été que des erreurs portées à l'excès; et remarquez qu'il y a toujours eu deux schismes à la fois. C'est parce que, dans un cas, on restait en deçà de la vérité, que, dans l'autre, on voulait aller au-delà. Aujourd'hui encore, tel est l'état de la question entre le rationalisme et le traditionalisme.

Des sciences physiques peu avancées, une ignorance complète des grandes lois, et des esprits énervés par la frivolité, ont pu pendant un certain temps rendre le matérialisme possible ; mais aujourd'hui, chassée de toutes les positions qu'elle avait successivement occupées à mesure qu'elle était poursuivie par la lumière scientifique, l'erreur se réfugiera dans le panthéisme, et c'est contre ce dernier qu'il faudra se prémunir.

Je crois bien que, sous un rapport, le panthéisme ne sera jamais aussi nuisible que les erreurs qui l'ont précédé. D'abord, jamais il n'avilira l'homme, comme avait pu le faire le matérialisme; ensuite, jamais il ne portera avec lui le désespoir et le

[*] Luther.

rapport, est toute prête. Nous ferons seulement observer que jamais aucune définition de l'homme, même comme nous l'entendons, ne pourra être admise généralement;

crime, comme le fait encore le scepticisme. Cependant il débilitera les âmes, parce qu'il enlèvera à l'homme la source où il puise ses forces. En enveloppant sa causalité des langes d'un nouveau fatalisme, et en amollissant les caractères au sein de ses rêveries, le panthéisme noierait la personnalité dans un vague sentiment de l'infini ; tandis que Dieu veut au contraire que, par la souffrance et le travail de la vertu, nous nous assurions de toutes les parties de notre être, et que nous prenions bien connaissance de notre individualité, avant de l'introduire dans le sein de la substance absolue. Notre passage dans le temps n'est précisément que pour éviter la panthéification de notre être.

Si, contrairement au plan et au succès de la création, il était permis de croire que les sociétés modernes, dépositaires de l'avenir de l'humanité, dussent périr, on concevrait que cela dût leur arriver dans les bras du panthéisme : il pétrifierait la civilisation, comme il l'a fait aux Indes presque dès l'origine du monde. Le panthéisme serait d'autant plus dangereux qu'il est de tous les systèmes celui qui, par une certaine grandeur de vue, séduirait le mieux les esprits qui se sentent portés vers les choses élevées. « Les athées, diront-ils, « ne voyaient Dieu nulle part ; nous, « nous le voyons partout ! A leurs yeux, « Dieu n'est rien : aux nôtres, Dieu est « tout, et tout est Dieu ! » Tandis que, pour devenir la proie du matérialisme ou de l'athéisme, il fallait déjà avoir l'âme défigurée par les outrages des sens, ou torturée par les poursuites du remords.

Aussi, n'est-il pas d'erreur qui me fasse plus de peine que le panthéisme ; parce qu'une fois que l'on possède l'idée de Dieu, il semble que l'esprit ne devrait pas se méconnaître précisément sur le plus divin et conséquemment sur le plus fondamental de ses attributs; du moins, c'est là un trop grand dommage ! Ah ! vous n'avez jamais pensé à Dieu qu'avec l'imagination ! si vous aviez pensé à lui avec le cœur, vous auriez compris que l'amour, sur lequel repose sa vie absolue, l'a conduit à vouloir être père! Vous ne voulez donc pas que Dieu ait aimé?

Si nous étions célibataires, cela se comprendrait.... Mais enfin, vous êtes pères ou époux ; vous avez senti le besoin d'aimer des êtres autres que vous, et de leur faire du bien : alors, comment voulez-vous qu'il y ait dans votre cœur des sentiments qui ne se retrouveraient pas en Dieu!

Oui, il devient urgent aujourd'hui de se prémunir contre le panthéisme, en portant dans l'étude de l'homme plus de soin et de lumière sur le point d'où pourrait naître l'erreur. La manière dont a été fait et inspiré notre travail sur les éléments de la nature humaine, a dû être secrètement influencée par nos propres besoins, et certainement ces besoins nous ont été communiqués par l'époque où nous vivons : en ce sens cette étude pourrait bien avoir été dirigée, à notre insu, contre l'erreur dont nous venons de parler. Cependant, de ce que les résultats qu'elle nous a donnés sont parvenus à calmer quelques angoisses dans notre esprit, nous ne pouvons espérer qu'ils tranquillisent aussi bien tous les esprits encore agités.

Plus loin, nous donnerons le nœud du panthéisme précisément en nous occupant d'une faute que l'homme a commise dès le principe, et qui, détruisant le bénéfice de la création, nous eût exposés à la panthéification de notre être.

parce que chaque définition ayant pour objet un point de vue spécial de la nature humaine, chacune également sera employée selon que l'homme sera considéré sous tel ou tel point de vue. Pour la zoologie, par exemple, l'homme pourra rester un animal raisonnable. Pour la psychologie il faudra une définition qui énonce toutes les facultés de l'homme, comme celle que nous avons donnée dans le chapitre précédent. Mais enfin, si l'on désire une définition ontologique, une définition qui, au moins, caractérise la partie fondamentale de la nature humaine, en un mot une définition de l'homme considéré du point de vue de l'absolu, je n'en vois pas d'autre que celle à laquelle nous avons été nous-mêmes conduits en étudiant le cœur: L'homme, c'est l'être qui a besoin de Dieu.

Mais, dans cet ouvrage, est-ce de l'homme considéré du point de vue de l'absolu qu'il s'agit spécialement? Si nous nous en souvenons, nous n'avons entrepris cette première étude que pour savoir ce qu'est l'homme considéré du point de vue du temps. Ce n'est pas l'homme dans l'absolu que nous étudions : car là nous savons parfaitement que son état naturel est le sein de Dieu; mais c'est l'homme dans le temps qui nous intéresse : car là nous voulons savoir quel est son état naturel; puisque ce n'est que par ce moyen que nous pourrons connaître ensuite comment cet état naturel de l'homme dans le temps, peut le conduire à son état éternel dans l'absolu.

C'est, en effet, le moment de nous rappeler le motif qui nous a soutenus dans le cours de cette laborieuse étude, et le but pour lequel nous l'avons entreprise.

Dans notre Livre Ier, n'avons-nous pas reconnu que, soit qu'on interroge 1° les lois nécessaires de la création, 2° les conceptions absolues de la raison, 3° l'expérience universelle, la Société doit exister de toute nécessité, et qu'elle est au genre humain ce que l'Ordre est à la nature? Alors ne fîmes-nous pas aussitôt ces deux observations : D'abord, s'il doit absolument exister une Société pour l'homme, voyons, afin de confirmer cette vérité, si l'homme est fait pour la Société? Ensuite, s'il doit absolument exister une Société pour l'homme, voyons quelle doit être la nature de cette Société, afin d'être en rapport avec la nature de l'homme?

Alors, n'y avait-il pas un moyen de s'assurer tout à la fois, et si l'homme a été fait pour la Société, et pour quelle Société l'homme a été fait? Ce moyen ne consistait-il pas à étudier les éléments de la nature de l'homme afin d'observer, et si ces éléments ne trouvent leur vie et leur développement qu'en Société, c'est-à-dire si la Société est l'état naturel de l'homme; et quelle est la Société dans laquelle ils trouvent leur vie et leur développement, c'est-à-dire quelle est la véritable Société? Or, ne venons-nous pas de reconnaître que l'homme a pour éléments, le cœur, la raison, la volonté, et leurs deux instruments, l'intelligence et le corps? Il ne s'agit donc plus maintenant, pour connaître l'état naturel de l'homme, que de savoir dans quel état le cœur, la rationalité, la causalité, l'intelligence et le corps trouvent toutes les conditions de leur vie et de leur développement. Et s'il arrivait que, par un admirable accord, tous ces divers éléments trouvassent dans le même état les conditions de leur vie et de leur développement, cet état ne serait-il pas l'état naturel de l'homme ici-bas ? Nous allons passer successivement en revue tous les éléments de la nature de l'homme, et les interroger un à un.

Pour aller par gradation de difficultés, nous chercherons d'abord les conditions de la vie du corps ; de là nous passerons à celles de la volonté, dont il est l'instrument. Nous chercherons ensuite les conditions de la vie de l'intelligence ; de là nous passerons à celles de la raison, dont elle est l'instrument. Nous chercherons enfin les conditions de la vie du cœur, dont le corps, la volonté, l'intelligence et la raison sont les instruments. — Ainsi qu'il suit :

Quelle est la condition de l'existence de l'homme 1° comme être doué d'un corps ?

Quelle est la condition de l'existence de l'homme 2° comme être doué de volonté ?

Quelle est la condition de l'existence de l'homme 3° comme être doué d'une intelligence ?

Quelle est la condition de l'existence de l'homme 4° comme être doué de raison ? Enfin,

Quelle est la condition de l'existence de l'homme 5° comme être doué du Cœur ?

Ayant donc étudié dans ce II° Livre :

LES ÉLÉMENTS DE LA NATURE DE L'HOMME,

Nous étudierons dans le III° Livre :

LES CONDITIONS DE L'EXISTENCE DE L'HOMME.

DE LA NATURE DE L'HOMME.

Sommaire. — Toute philosophie a laissé un système sur la nature de l'homme, et tout système une définition en rapport avec son point de vue. — L'homme, considéré du point de vue de la zoologie, a été appelé : *un animal doué de raison*. — Aussi cette définition fut donnée lorsque l'homme partageait, comme esclave, les fonctions des animaux. — L'homme, considéré du point de vue de la psychologie, a été appelé : *une intelligence servie par des organes*. — Aussi cette définition lui fut donnée, contrairement à la première, pour distinguer en lui l'esprit de l'animal. — — Cette dernière définition a l'inconvénient de ne pas tenir compte des trois facultés les plus importantes de l'homme, celle d'aimer, celle de croire et celle d'agir; le cœur, la rationalité, la causalité. — Mais il fallait une telle définition lorsque l'on en était encore à confondre l'homme avec la matière. — Or comme, en comparaison de Dieu, la matière n'est rien dans le domaine de l'être, c'est plutôt avec Dieu qu'il faut craindre désormais de confondre l'homme. — Ce n'est plus le matérialisme qui est à craindre, il faut être aveugle pour s'y laisser prendre, c'est le panthéisme qu'il faut éviter. — Aussi toute définition de l'homme doit s'attacher à le nommer, non par distinction de la matière, mais par distinction de l'Être absolu. — Et comme cette définition de l'homme ne peut naturellement porter que sur son organe fondamental, voici celle qui s'est présentée lorsque nous étudiâmes le cœur : L'homme, c'est l'être qui a besoin de Dieu. — Mais ici, ce n'est pas l'homme considéré du point de vue de l'absolu, qui nous intéresse, c'est l'homme considéré du point de vue du temps : — car il faut que nous connaissions son état naturel sur la terre, pour savoir comment il peut le conduire à son état naturel dans l'absolu. — Nous allons donc prendre tous les éléments de la nature de l'homme, et voir quel est l'état dans lequel chacun d'eux trouve les conditions de sa vie et de son développement. — Et si, par un admirable accord, tous ces éléments venaient à trouver dans le même état les conditions de leur vie et de leur développement, cet état ne serait-il pas l'état naturel de l'homme ici-bas ? — C'est alors que nous pourrions donner une définition de l'homme considéré du point de vue du temps ?

Ainsi, ayant étudié dans le deuxième Livre : LES ÉLÉMENTS DE LA NATURE DE L'HOMME, nous allons étudier dans le troisième Livre : LES CONDITIONS DE L'EXISTENCE DE L'HOMME.

FIN DU LIVRE DEUXIÈME.

ÉPILOGUE DU LIVRE DEUXIÈME.

Qu'étais-je, noble fils de l'Être, pour oser faire l'étude des éléments de ta nature? Etais-je plein moi-même de cœur, de raison, de liberté et d'intelligence, pour tracer la science de tes sublimes facultés? Ah! c'est là que ma pensée doit pâlir. Mais, si peu que je sois, j'étais jaloux de ta gloire... S'il n'est point de nature plus divine que la tienne, il n'est point d'être qu'on ait voulu plus avilir; et tu le sais, ô mon semblable! tes prérogatives sur cette terre ont toujours été proportionnées aux traces de divinité que l'on reconnaissait en toi.

Avant que le Fils de Dieu t'ait publiquement appelé l'enfant de son Père, on te traitait comme le fils de la terre, et tu servais avec les animaux. Plus tard, des penseurs imprudents te firent rentrer jusque sous le point de vue antique, et déjà on ne voyait plus en toi que des sens. Mais depuis, une philosophie plus relevée est venue te rendre une partie des titres que l'on te ravissait. Remercions les sages qui ont retrouvé, dans ta nature déshéritée, la raison et la liberté! Alors on s'est empressé de restituer publiquement à ces facultés les prérogatives qui leur appartenaient : aux sens, l'industrie; à la raison, les lumières; à la liberté, l'inviolabilité des droits.

Mais, est-ce là toute ta nature? n'as-tu de prérogatives que pour cette vie? ta destinée se borne-t-elle à être un citoyen de l'Empire du droit? Après le besoin de vivre, qui s'attache à tes sens; après le besoin de croire, qui s'attache à ta raison; après le besoin d'agir librement, qui s'attache à ta causalité, ne te reste-t-il pas le plus puissant et le plus essentiel de tous, le besoin d'aimer, qui s'attache à ton cœur? Alors, après le corps, après la raison, après la volonté, facultés auxquelles on a rendu sans doute les droits qui s'attachent à ta vie temporelle, ne te reste-t-il pas la plus grande et la plus importante de tes facultés, celle à laquelle s'attachent tes droits à la vie éternelle? Et cette faculté immortelle, cette faculté pour laquelle toutes les autres ont été faites, restera-t-elle complétement étouffée dans cette vie?... Eh bien! j'étais jaloux que les lois lui reconnussent aussi son inviolabilité, et qu'elles entourassent enfin de leur respect et de leur garantie les actes que le cœur émet ici-bas dans ses deux sanctuaires, la famille et la religion.

Cœur! ô la plus noble partie de l'homme, je ne puis t'exprimer ici tout ce que je pense sur toi. Tu es la plus sublime de nos facultés, et tu es celle que la psychologie a précisément négligée! Tu es la faculté pour laquelle ont été faites toutes les autres, et tu es celle dont la science, dont les législateurs, dont les sociétés, s'occupent la dernière! Tu es la faculté dans laquelle l'homme vit en ce monde, dans laquelle il vivra dans l'Eternité, et tu es celle dont on ne tient pas même compte en cette vie! Eh bien! *je ne suis pas un prophète, mais la raison prophétise*, et elle te prédit que tu es la faculté qui jouera le plus grand rôle dans l'avenir.

L'homme ne se développe que peu à peu dans le temps. La civilisation faite de puissance et de force, celle qui n'était en quelque sorte que le règne de la *volonté* et de la volonté exclusive, est bien venue la première ; et déjà n'est-elle pas loin de nous ? La civilisation faite de science et d'intelligence, celle qui n'était en quelque sorte que le règne de la *raison* et de la raison exclusive, est venue à sa suite; et déjà ne commence-t-elle pas à s'éloigner ? Mais la civilisation faite de charité et d'amour, celle qui ne sera en quelque sorte que le règne du *cœur*, et qui survivra à toutes les autres, n'est-elle pas celle où nous entrons dans l'avenir ?

Souvenons-nous aussi que le Père, de qui nous vient la puissance ou la volonté, est la première personne divine qui nous fut révélée; que le Fils, de qui nous vient la sagesse ou la raison, est la seconde personne divine qui nous fut connue; et que l'Esprit, de qui nous vient l'amour ou le cœur, est la dernière personne divine qui nous fut promise. La marche de l'homme sur la terre ne suivrait-elle pas la progression que sa pensée suit dans le Ciel ? L'ancienne civilisation n'aurait-elle pas été plus particulièrement le règne de la puissance, ou du Père ? La civilisation qui vient de lui succéder, n'aurait-elle pas été plus particulièrement le règne de l'intelligence, ou du Fils? Et ton époque, ô cœur ! ne serait-elle pas plus particulièrement le règne de l'amour, ou du St-Esprit ?..... Homme ! je ne dis point cela pour te troubler, je cherche au contraire moi-même à éclaircir la pensée qui m'agite; mais il me semble que c'est là ce dont nous avons été positivement prévenus : le Fils ne nous a-t-il pas dit lui-même, « Il est bon que je m'en aille pour vous envoyer l'Esprit consolateur. Quand l'Esprit sera venu, il vous enseignera toute vérité, et il demeurera avec vous, et il sera en vous ? » [1]

Et comme de ce que nous avons connu le Fils, nous avons mieux adoré le Père, de ce que nous posséderons l'Esprit, nous adorerons mieux le Père et le Fils. Car, le règne de l'Esprit ne doit détruire ni le règne du Père, ni le règne du Fils, mais les accomplir, *sicut Spiritus terminus est Patris et Filii.*

De même, le règne du cœur ne doit détruire ni le règne de la liberté, ni le règne de la raison, mais les accomplir. Seulement le cœur prendra dans la Société la place que, comme faculté, il occupe dans l'homme; il dominera la liberté et la raison, dont il est le terme, puisqu'il est le but pour lequel la liberté et la raison ont été faites. Or, le règne du cœur sera le règne de la charité.

Et le règne de la charité ne doit détruire ni le règne de la science, ni le règne de la justice, mais les accomplir. Seulement la charité prendra dans la Société la place que, comme vertu, elle occupe dans l'homme; elle dominera la science et la justice, dont elle est le terme, puisqu'elle est le but pour lequel la science et la justice ont été faites. Or, le règne de la charité sera le règne de Dieu.

---

[1] Mandatum novum do vobis : Ut vos diligatis invicem, sicut dilexi vos. Haec locutus sum vobis ut non turbetur cor vestrum, et non scandalizemini : Nunc vado ad eum qui misit me. Sed ego veritatem dico vobis : Expedit ut ego vadam; si enim non abiero, Paracletus non veniet ad vos; si autem abiero, mittam eum ad vos. Cum autem venerit ille Spiritus, docebit vos omnem veritatem, et quæ ventura sunt annuntiabit vobis: Spiritum veritatis quem mundus non potest accipere, quia non scit eum, vos autem cognoscetis eum, et in vobis erit. Et ego rogabo Patrem et Paracletum dabit vobis, ut maneat vobiscum in æternum. Non relinquam vos orphanos.

EVANGELIUM *secundum Joannem*, caput xiv et xvi, vers. 5. 7, 13, et 16, 17, 18.

« Que celui qui veut comprendre, s'écrie S. Augustin, porte son intelligence jusqu'à la hauteur du mystère que S. Paul désire nous faire entendre, lorsqu'il dit que c'est le Saint-Esprit qui nous a été donné, et qu'après avoir parlé de ses grâces extérieures, il ajoute qu'il a quelque chose de plus excellent à nous découvrir, qui est la voie suréminente de la Charité. » Ah! cette voie nous a été assez découverte ; mais c'est à peine si notre civilisation commence à y entrer. Nous en sommes encore à la justice ; atteindrons-nous la charité, qui complète la justice ?... Il faut cependant que le règne de l'Evangile nous *arrive*, et que sa pensée soit *faite* sur la terre comme au Ciel !

Vienne le moment où nous toucherons à ces grandes questions! Lecteur, tu vois combien il nous reste à faire ; je ne suis qu'au tiers de mon travail, et cependant la fatigue m'accable depuis longtemps. Mais aussi, je ne te dis pas que l'espérance me remplit de courage, et que, dans les résultats que nous venons d'obtenir sur la nature de l'homme, j'entrevois déjà des solutions magnifiques pour les grands problèmes sociaux auxquels nous devons arriver. Ah! si Dieu ne me permettait pas d'accomplir une tâche qui m'est si chère maintenant, lecteur, ne laisse point périr là ma pensée inachevée ; adopte-la, et si, par tes soins, elle arrivait un jour à donner également ses fruits, je n'aurai point quitté avec chagrin cette terre...

744 - 891 - 949

www.ingramcontent.com/pod-product-compliance
Lightning Source LLC
Chambersburg PA
CBHW060218230426
43664CB00011B/1465